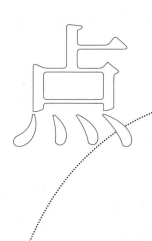

点赞·志疑

史记研读
随笔

韩兆琦　著

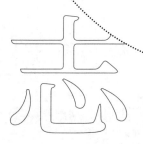

中国青年出版社

前　言

　　《史记》是我国古代雄踞于文、史两科的经典之经典，它是我国古代开天辟地以来的第一部"纪传体通史"，是我国古代四千多年历朝历代著名古史"二十四史"的第一部。它高度的真实性、思想性、艺术性都是后代类似史书所无与伦比的。

　　一、《史记》的叙事上起轩辕黄帝。黄帝既是传说中的中华民族的始祖，又是史前传说中的天才的伟大政治家，是创立我华夏民族政权的开国帝王。正是从黄帝开始，华夏民族与境内境外的其他兄弟民族，友好共处，紧密团结，相互融合，像是滚雪球一般越滚越大。前后已历四千六七百年，虽其间有过某些短暂局部的离合动荡，聚聚分分，但其总体局势是团结的、统一的。到今天，在这个以汉族为主体的华夏大家庭中，其他兄弟民族尚有五六十个之多，人口共有十四亿，大家都尊崇轩辕黄帝是这个友好大家庭的始祖，大家都是黄帝、炎帝的子孙。这样和谐亲密的光景，全世界独一无二。

　　二、《史记》的叙事上下两千多年，司马迁突出地体现了"厚今薄古"的写作原则。《史记》写了从五帝、夏、商、西周，再历东周的春秋、战国，直到秦朝统一（公元前 221 年），共历时 1800 年，在《史记》全书的 130 篇中，共有本纪、世家、列传、表，共 53 篇。

从秦始皇统一六国，到陈胜起义，到刘邦灭项羽建立汉王朝，历吕后、文帝、景帝，至武帝之末（征和四年，公元前89），共历时131年，在《史记》中共有本纪、世家、列传、表、书，共74篇。而其中单是涉及武帝一朝50多年的，就有近40篇。武帝时代是西汉王朝最强盛的时期，司马迁对武帝时期的政治、经济、军事、文化等，有所批评，但就其整体而言，是深受其鼓舞，并为之深感自豪的。

三、《史记》其书的最大成就是以其"真实性"著名，身处司马迁之后的汉代政治家刘向，历史家班固都称《史记》为"不虚美，不隐恶"的"实录"；二十世纪的大文学家鲁迅更称《史记》为"史家之绝唱，无韵之《离骚》"。

《史记》的真实性最突出地表现在他对汉武帝的政治、经济、文化、军事政策都有所批评；但令人惊异的是司马迁在批评这个时代的政策与其执政官员的时候，又都能看到他们各自的优点与成就：如对丞相公孙弘，司马迁既批评了他性格的唯唯诺诺，又写出了他在朝堂议事的大庭广众中，居然敢于当众反对汉武帝所坚持的一方面北伐匈奴，一方面向南经营开发西南夷的两面开弓的做法；又如当他批评御史大夫张汤执法酷苛，而又专门看着汉武帝脸色行事的时候，司马迁又能如实地写出了张汤的为官清廉，死后竟然穷得"有棺无椁"；司马迁曾批评汉武帝的讨伐匈奴是"劳民伤财""得不偿失"；贬抑过卫青、霍去病这些杰出将领；但当他在《卫将军骠骑列传》中描写卫青的"漠北大战"，与描写霍去病收复祁连山与登封狼居胥山的时候，读者可以透过纸面的文字，体会到作者那种难以掩抑的浓烈激情。司马迁意犹未尽，他在撰写《淮南衡山列传》的时候，又把他用于歌颂李广的语言毫无保留地加在了卫青头上。他让伍被称颂卫青说："大将军遇士大夫有礼，于士卒有恩，众皆乐为之用。骑上下山若蜚，材干绝人。"又让谒者曹梁说卫青："大将军号令明，当敌勇敢，常为士卒先；休舍，穿井未通，须士卒尽得水，乃敢饮；军罢，卒尽已度河，乃度；皇太后所赐金帛，尽以赐军吏，虽古名将弗过也。"

四、《史记》作为一部"历史"著作，其最鲜明的特点是在于它的"纪传体"，换一种说法也就是"以人物为中心"。从历史创作的发展而言，应该说早在先秦的春秋、战国时代就已经有很辉煌的成就了，其最杰出的代表是《左传》，其他还有《尚书》《国语》《国策》等。但《左传》是"编年体"，而《尚书》《国语》《国策》等多是分门别类的历史资料汇编。故清代赵翼说："古者左史记言，右史记事，言为《尚书》，事为《春秋》。其后沿为编年、记事二种，记事者以一篇记一事，而不能统贯一代之全；编年者又不能即一人而各见其本末。司马迁参酌古今，发凡起例，创为全史。本纪以序帝王，世家以记侯国，十表以系时事，八书以详制度，列传以志人物。然后一代君臣政事贤否得失，总汇于一编之中。自此例一定，历代作史者遂不能出其范围，信史家之极则也。"（《廿二史札记》）

由于《史记》的整体是分成几个部门，这就保证了叙述一个国家、一个政权诸种事务的详备；由于其"本纪""世家""列传"都是采取"以人物为中心"，于是这就无形中或有意或无意地发展了塑造人物形象、突出人物性格、选择动人故事等手段，这就与文学家们所讲的《文心雕龙》等相互通联起来了。《史记》作为我国第一部传记文学的确立，是具有世界意义的。过去欧洲人以欧洲为中心，他们称古希腊的普鲁塔克为"世界传记之王"。普鲁塔克大约生于公元46年，死于公元120年，著有《列传》50篇，是欧洲传记文学的开端。把普鲁塔克放到中国古代史的长河里来比较一下，可以发现，普鲁塔克比班固（32—92）还要晚生14年，若和司马迁相比，则要晚生191年了。司马迁的《史记》要比普鲁塔克的《列传》早产生几乎两个世纪。

今天的大学中文系讲中国小说史的源头，总爱讲魏晋的"志怪小说""轶事小说"，以及唐代、宋代的"文言小说"诸如《李娃传》《柳毅传》等，其实这些都是《史记》《汉书》等杰出历史传记的流，而不是源。清代吴曰法在《小说家言》中说："小说家之神品，大都得力于读《史记》者为多。"丘炜爰在《客云庐小说话》中说："千古小说祖庭，应归司马。"

五、司马迁笔下的人物与他同时代的以及后代其他人笔下的人物不同，他们绝大多数都具有一种英雄色彩，而尤其突出的是他们还绝大多数都具有一种悲剧色彩，因此我们可以说《史记》是一道悲剧英雄人物的画廊，是一部悲剧故事集。《史记》全书写人物的作品共 112 篇，在这当中有 57 篇是以悲剧人物的姓字标题的，此外还有近 20 篇虽然不是用悲剧人物的姓字标题，但其中都写到了悲剧人物。同时我们还要看到，在这近 80 篇中还有许多篇是几个悲剧人物的合传如《孙子吴起列传》《屈原贾生列传》《刺客列传》等。可以说，整个《史记》是被司马迁的审美观所涵盖的，《史记》的悲剧气氛无往而不在，这种现象，是《史记》所独有的。

《史记》写悲剧人物、悲剧故事，既不像古希腊悲剧那样特别强调命运的作用，也不像法国悲剧、英国悲剧那样片面地突出个人性格的原因。《史记》是扎扎实实地描写现实问题，揭露社会矛盾，充分展现造成人物悲剧的广阔复杂的社会原因，从而使矛盾的发生发展以及种种问题的解决都建立在朴素的唯物思想的基础上。这就使作品的揭露批判力和它对读者的感染力，以及对后世的警诫力，都大大地增强。

《史记》悲剧的基调是高亢激越的，它不但不使人感到消极悲沉，反而鼓舞读者的壮气。《史记》的悲剧人物都是有理想、有目标、百折不挠、奋斗不息的，他们对历史的发展都做出过重要贡献，或者至少曾经对当时的社会有某种震动，对后世产生过某种影响。我们从《史记》中读到的不是无所作为的哀叹，而是为壮丽事业而勇敢奋斗的豪歌；不是一蹶不振的颓丧，而是百折不挠，无所畏惧的进取；不是失败的感伤，而是一种胜利成功的快慰、是一种道德上获得满足的欢欣。它不仅仅激发人们对悲剧英雄人物的同情，更重要的是能召唤人们向这些英雄人物学习，像他们那样为着远大的理想，崇高的目标而生活、奋斗，乃至献身。

六、《史记》既是杰出的历史书，又是杰出的文学书，后代人应该如何读《史记》呢？我以为，一方面，《史记》是很庄严的历史，但其中有些写法，又分明是寓言。曾国藩说："太史公传《庄子》，曰：'大抵率寓言也。'余读《史记》，亦'大抵率寓言也。'"这个提点是很重要的，我们不要认为《史记》是杰出的历史书，于是就认为它书中所写的东西就一定句句都是历史。特别像《循吏列传》所写的"公仪休""石奢""李离"；《滑稽列传》所写的"优孟""优旃"，以及《日者列传》所写的"司马季主"等。这些人物的出现，都是为了说道理，道理一旦说清楚，人物的姓名也就完全用不着再去追寻、考究。就如韩愈笔下的"圬者王承福"、柳宗元笔下的"种树郭橐驼"，这些有的像是实在的名字，有的就信口说个什么"橐驼""躄者""鸡鸣""狗盗"来应景一下就完了，但书中所讲的道理却光明正大、富丽堂皇，读者诸君万万不可轻视。

另一方面，《史记》是写人文学，写人物一是要写行动，写故事；再有就是要写说话，写语言。而语言又分内心独白、与人对答，对人劝说诱导，相互争吵辩论等。《史记》中最长的劝说诱导是蒯通劝韩信脱离刘邦中立，长达一千多字，占《淮阴侯列传》的四分之一；秦始皇死后留下遗嘱立扶苏，而赵高与胡亥密谋篡改诏书立胡亥，赵高为拉李斯上贼船在对李斯边威胁、边利诱，又打又拉，又利导又哄骗的大段言辞，司马迁是依据什么把它写得如此活灵活现呢？钱锺书论《左传》之人物对话，称其多非"记言"，认为实乃作者之"代言"。此真善读《左传》者之大见解。《左传》如此，《史记》更是如此。钱锺书以为这都是司马迁的"善设身处地，代作喉舌而已。""此类语皆如见象骨而想生象。古史记言，大半出于想当然。"这就全在于作家设身处地，揣摩作品人物的心理，而为之设计作品人物语言的能力了。《伯夷列传》描写了伯夷、叔齐在首阳山饿死之前的悲愤作歌；《孙子吴起列传》描写了当庞涓陷入孙膑的埋伏，万箭飞蝗般地向自己飞来时，无奈而又不服气地说："遂成竖子之名"这样的悲歌与怨恨，当然也只能是司马迁为之所代言，读书不能死钻牛角尖。

我从1959年在复旦大学跟从蒋天枢先生读《史记》，到现在已经六十年了，没有多少成绩可讲，但可以说读得遍数较多，对《史记》其书比较熟悉。我在以往几十年伴随着古典文学的教学，曾出版过一些《史记》的选本与课堂教学的辅导资料。其中发行量最多的可能是《史记选注集说》《评注史记》与《史记精讲》。2000年我与师友同学合写过一本《史记题评》，前半是综合的介绍与讲解《史记》的方方面面，后半是将《史记》的一百三十篇逐篇地进行介绍与评论。"题"，就是解题；"评"，就是分析与评论该篇的思想与艺术。2005年又与几位同学师友合撰了《史记笺证》，共九册，五百多万字。这套书的特点是：一，注释详尽；二，收集与引证的研究资料、评论资料丰富；三，各篇均附有相关的历史地图与文物图片。此书于2006年获教育部二等奖。此书从其第二版开始改为十册，现已印至第四版，并于2016年获出版行业优秀古籍一等奖。2008年出版了《史记新译》，全书八册。特点是除了注释详尽外，还带有全部译文；还有较详细的"解题"与较全面的逐篇"研析"。2011年，又出版三全本《史记》，共九册，所谓"三全"，是指全原文、全注释、全译文。该书在每篇的开头都有较长的对该篇思想与艺术的评论。

这次的《史记研读随笔》，应该是我一生最后的一本《史记》读物。我的想法是脱离过去的那种课堂教学式的追求"全面"，不再全面地讲司马迁其人与《史记》其书，也不再原原本本地讲述《史记》中的某一篇，或是讲述《史记》中某个重要人物。这次是想轻松一点，从《史记》的每一篇中挑选一些令人感兴趣的问题，来进行点评。诸如某篇作品的某个段落涉及的人物与事件关系重大、意义突出，值得人们举一反三；又或是作家对作品人物处理问题的手段表现得分外高明，令人由衷赞颂；又或是某篇某段表现了当时难得一见的特殊规矩、特殊场面，能给读者长见识、开眼界；也或是某篇某段描写一种人物聚会、一种亲切晤谈，足令读者为之激赏；也或是某段言论，道理深刻；也或是某个场面，机锋动人，能让人获得某种感悟，产生某种影响等；另一方面，《史记》是一部两千年前的大书，年深日久，其中某些章节、某些段落存有某种纰漏差错，存在某些矛盾抵牾，形成的原因可能是由于误读、误引古书；也可能是由于误信或误引了本来就是五花八门的传说。还有就是作者当时虽已用力搜求，但经过出土文物或考古发掘的证明，作品的记载与描述不能成立，对此也就只能摆出事实，另取新说了。司马迁由于经历过特殊的灾难，他的一生又如此的艰难与短暂，他的巨著能写成今天所见的这种模样，这经是天大的不容易了，我们对之秉持着无限的敬意，怀着无限的尊仰之情。

我们这本小书的编排方式是，按着作品的顺序，先引出要讨论的原文，短的一两行、三四行，长的七八行、十多行，读者先瞄一下原文，看清这些我们要展开讨论的对象。所以要引出原文，实际上就是与读者一道回味《史记》。凡是较长的段落，多数都涉及篇中的要旨、精华，复读一遍、回味一遍，是有价值、有必要的，而后再看我们对此所做的点赞、解释与发明。当我们读到一两行、三四行的有争议，或是有抵牾、有矛盾的段落时，请读者记住这里所提出的问题，下面我们就要引证《史记》书里书外的资料，进行比较、展开论辩了。这里头有些问题可以说清楚，也有些是客观存在，只能是提醒读者，知道这里有问题，不要再跟着人云亦云。

最后是关于《史记》原文的校勘与标点。几十年来我读古书的习惯是，每当遇到句子不通畅的时候，总爱思考一下是不是这里的原文有衍文、有脱漏、有讹误，或者是在标点符号的使用上有什么不当等。凡是遇有衍文，我就试着用圆括号将其括起；凡是遇有脱漏，我就试着补入应补的字，并用方括号将其括起；凡是遇有讹误的字，我就将此讹误的字用圆括号括起，同时在该字后面补入一个应改的字，并用方括号将该字括起。其工作方式和20世纪60年代中华书局校点《史记》旧原文的方式一样。这种工作，我在过去作《史记笺证》《史记新译》《三全本史记》时也都是这样搞过一遍的。这次编写《史记研读随笔》，正好赶上2013年的《史记》新点校本上市发行。于是我也就顺势把新点校本又细细地读了几遍。新校本在旧校本的基础上做了许多工作，对于过去大家意见较多的地方，新校本做了一部分修改，并写了比较清晰的校记。至于还有些没有看出的有问题的字句，或是在断句与使用标点上存有可以商量的地方，这都在所难免。对此，读者认为这是我个人读书的体会固可；认为这是我对现在的《史记》通行本提出的商量意见亦可。

希望这本小书能对阅读《史记》的读者有点启发，能给讲《史记》课或写《史记》文章的朋友们提供一些可资参考的话题。

韩兆琦

2019 年 1 月 7 日

目录

列传 ——————————————— 275

表 ————————————— 623

本纪

一

《五帝本纪》

①

《五帝本纪》：黄帝者，少典之子，姓公孙，名曰轩辕。生而神灵，弱而能言，幼而徇齐，长而敦敏，成而聪明。

轩辕之时，神农氏世衰。诸侯相侵伐，暴虐百姓，而神农氏弗能征。于是轩辕乃习用干戈，以征不享，诸侯咸来宾从。而蚩尤最为暴，莫能伐。炎帝欲侵陵诸侯，诸侯咸归轩辕。轩辕乃修德振兵，治五气，艺五种，抚万民，度四方，教熊罴貔貅貙虎，以与炎帝战于阪泉之野。三战，然后得其志。蚩尤作乱，不用帝命。于是黄帝乃征师诸侯，与蚩尤战于涿鹿之野，遂禽杀蚩尤。而诸侯咸尊轩辕为天子，代神农氏，是为黄帝。天下有不顺者，黄帝从而征之，平者去之，披山通道，未尝宁居。

东至于海，登丸山，及岱宗。西至于空桐，登鸡头。南至于江，登熊、湘。北逐荤粥，合符釜山，而邑于涿鹿之阿。迁徙往来无常处，以师兵为营卫。官名皆以云命，为云师。置左右大监，监于万国。万国和，而鬼神山川封禅与为多焉。获宝鼎，迎日推策。举风后、力牧、常先、大鸿以治民。顺天地之纪，幽明之占，死生之说，存亡之难。时播百谷草木，淳化鸟兽虫蛾，旁罗日月星辰，水波土石金玉，劳勤心力耳目，节用水火材物。有土德之瑞，故号黄帝。……

黄帝居轩辕之丘，而娶于西陵之女，是为嫘祖。……黄帝崩，葬桥山。

以上共五百来字，是黄帝生平事历的简述。黄帝在为诸侯时，是神农氏这位中原天子的骨鲠辅弼之臣，黄帝为之讨伐残暴，维持了中原地区这个以神农氏为领导核心的多民族大家庭的和平友好共处。接着作品描述了黄帝在为中原帝王时的武力强大，领土辽阔宽广，以及他在军事、政治、文化、经济、生产、生活诸方面的管理与当时的社会习俗等。黄帝不光是当时的政治军事领袖，而且是中华民族古代科学、文明和各种章程、制度以及各种生产、生活技术的发明者与创始者。

在《史记》中，司马迁不仅把黄帝写成是我国古代有传说以来的最早的帝王、领袖，而且是我国境内各民族的共同的祖先，自黄帝以后的历朝历代的帝王诸如颛顼、帝喾、唐尧、虞舜，以及夏朝、商朝、周朝等，司马迁都把它们谱列成黄帝的子孙；不仅如此，司马迁还把当时处于华夏周边的各个少数民族，诸如西部的秦国，南部的楚国，东南部的吴国、越国，北部的匈奴等，都说成是黄帝的子孙，或者至少是它们那些民族内部掌权的人物是黄帝子孙的后代，如此等等。由于《史记》是我国历朝"正史"的第一部，它的影响非常巨大，因此司马迁在《五帝本纪》中所表现的中国境内各民族是一家，都是黄帝子孙的这种观点被各民族所接受、所公认，因而几千年来遂成为一种捍卫我们这个多民族的友好大家庭的团结统一的精神力量。这在世界各国、各地区中是极其罕见、极其可贵的。"黄帝"，像一面鲜艳的旗帜，它永远高高地飘扬在我们祖国的上空，永远映照着、凝聚着、鼓舞着散布于世界各地的龙的传人们永不疲倦地奋斗与生活。

在司马迁所生活的汉武帝时代，黄帝在当时人们的心目中是一个非常复杂、非常神奇的人物。一方面他是一位传说中的远古帝王，一位圣洁而神奇的政治家；同时他又是被方士、骗子们所吹嘘、渲染成的既好战，又炼丹吃药，最后竟乘龙上天的活神仙，而这后者才是汉武帝所痴迷、所大力追求的目标。生活在如此条件下的司马迁，他一方面在《封禅书》中不得不描写了那个痴人说梦的黄帝，但同时又在这《史记》开篇的《五帝本纪》中写出了一位人类始祖、一位创世建国的伟大政治家。这表现了司马迁生活的智慧，也表现了司马迁写史的智慧。

②

《五帝本纪》：帝尧者，放勋。其仁如天，其知如神。就之如日，望之如云。富而不骄，贵而不舒。黄收纯衣，彤车乘白马。能明驯德，以亲九族。九族既睦，便章百姓。百姓昭明，合和万国……

尧曰："嗟！四岳，朕在位七十载，汝能庸命，践朕位？"岳应曰："鄙德忝帝位。"尧曰："悉举贵戚及疏远隐匿者。"众皆言于尧曰："有矜在民间，曰虞舜。"尧曰："然，朕闻之。其何如？"岳曰："盲者子。父顽，母嚚，弟傲，能和以孝，烝烝治，不至奸。"尧曰："吾其试哉。"于是尧妻之二女，观其德于二女。舜饬下二女于妫汭，如妇礼。尧善之，乃使舜慎和五典，五典能从。乃遍入百官，百官时序。宾于四门，四门穆穆，诸侯远方宾客皆敬。尧使舜入山林川泽，暴风雷雨，舜行不迷。尧以为圣，召舜曰："女谋事至而言可绩，三年矣，女登帝位。"舜让于德不怿。正月上日，舜受终于文祖。文祖者，尧大祖也。

尧立七十年得舜，二十年而老，令舜摄行天子之政，荐之于天。尧辟位凡二十八年而崩。百姓悲哀，如丧父母。三年，四方莫举乐，以思尧。尧知子丹朱之不肖，不足授天下，于是乃权授舜。授舜，则天下得其利而丹朱病；授丹朱，则天下病而丹朱得其利。尧曰："终不以天下之病而利一人。"而卒授舜以天下。尧崩，三年之丧毕，舜让辟丹朱于南河之南。

诸侯朝觐者不之丹朱而之舜，狱讼者不之丹朱而之舜，讴歌者不讴歌丹朱而讴歌舜。舜曰："天也夫！"而后之中国践天子位焉，是为帝舜。

　　以上写尧的道德崇高与其治理国家政事、管理百姓与黎民的无限神圣；特别是在年老以后为了寻找接班人而表现出的深谋远虑与大公无私。尧、舜是被儒家盛称的我国远古时代的大"圣人"，是两位年代既早，又道德至高无上的帝王，尤其是他们之间的那种将帝王的权位相互"禅让"的故事更被后世传为美谈。过去人们称道尧、舜，往往喜欢把他们所处的时代与《礼记·天运篇》中所描写的情景联合在一起，被歌颂为自开天辟地以来的最神圣、最美好的极乐社会。其实那是不可能的。原始社会没有阶级，没有私有制不假，但当时部落之中的领袖推举制是建立在物质生活极度低下的基础上，而且当时部落之间的战争也绝对不可能少，不同的人群与不同的部落之间，都是在为自己的生存而斗争。据学者们考证，《史记》作者描写尧、舜所依据的《尚书·尧典》，其"简编"大抵产生于墨子之后、孟子之前；至于我们今天所见的《尧典》，则肯定是产生于战国末期，甚至是到秦朝的统一之后了。作者依之写成尧、舜两位古代帝王，从中寄托了自己的政治理想，并使之与秦、汉以来的专制政治形成对照，其用意是显而易见的，尧、舜无疑是《史记》中最使作者尊崇的大公无私的理想帝王。而近年来的考古发掘，倒也的确证实了尧、舜所处的那个时代的存在。但被儒家所盛赞的像尧、舜那样的人物故事，我们还是只能把它看作是一种美好的理想愿望而已，类似《礼记》所说那种"大道之行也，天下为公"云云，那样的思想与那样的物质基础、社会制度在古代都是不可能产生的。

3

　　《五帝本纪》：虞舜者，名曰重华。……舜父瞽叟盲，而舜母死，瞽叟更娶妻而生象，象傲。瞽叟爱后妻子，常欲杀舜，舜避逃；及有小过，则受罪。顺事父及后母与弟，日以笃谨，匪有解。

舜，冀州之人也。舜耕历山，渔雷泽，陶河滨，作什器于寿丘，就时于负夏。舜父瞽叟顽，母嚚，弟象傲，皆欲杀舜。舜顺适不失子道，兄弟孝慈。欲杀，不可得；即求，尝在侧。

舜年二十以孝闻。三十而帝尧问可用者，四岳咸荐虞舜，曰可。于是尧乃以二女妻舜以观其内，使九男与处以观其外。舜居妫汭，内行弥谨。尧二女不敢以贵骄，事舜亲戚甚有妇道。尧九男皆益笃。舜耕历山，历山之人皆让畔；渔雷泽，雷泽上人皆让居；陶河滨，河滨器皆不苦窳。一年而所居成聚，二年成邑，三年成都。尧乃赐舜绨衣，与琴，为筑仓廪，予牛羊。瞽叟尚复欲杀之，使舜上涂廪，瞽叟从下纵火焚廪。舜乃以两笠自扞而下，去，得不死。后瞽叟又使舜穿井，舜穿井为匿空旁出。舜既入深，瞽叟与象共下土实井，舜从匿空出，去。瞽叟、象喜，以舜为已死。象曰："本谋者象。"象与其父母分，于是曰："舜妻尧二女，与琴，象取之。牛羊仓廪予父母。"象乃止舜宫居，鼓其琴。舜往见之，象鄂不怿，曰："我思舜正郁陶！"舜曰："然，尔其庶矣！"舜复事瞽叟爱弟弥谨。

舜年二十以孝闻，年三十尧举之，年五十摄行天子事，年五十八尧崩，年六十一代尧践帝位。践帝位三十九年，南巡狩，崩于苍梧之野，葬于江南九疑，是为零陵。

以上写了舜早年的艰苦生活经历，他吃苦耐劳，多才多艺，他能耕种田地、捕鱼捉蟹、制作工具、烧制陶器，甚至经商做买卖，简直无所不能；他的品质高尚，信誉良好，人见人亲、人见人爱，故而人缘极好，威望极高，亲和力极强，大家都喜欢跟从他、效仿他、拥护他、崇拜他。他迁居到哪里，人们就跟从他到那里，甚至达到了"一年而所居成聚，二年成邑，三年成都"的地步。可以毫不夸张地说，早在帝尧还没有见到舜之前，舜就已经是一个很有声望、很有影响力、很有号召力的一位群众领袖了。

在以上描写舜的文字中，作者特别突出的是描写了舜的"孝道"。舜的父母与兄弟，都是品质很差的人，他们处处歧视舜、事事虐待舜，甚至狠毒地多次想害死舜。但舜却总能很好地躲过迫害，逃出困境，而且能丝毫不对其父母兄弟记仇，而是想尽一切办法来与他的父母兄弟搞好关系。在这里突出表现了文章作者的封建局限性，他为了赞扬舜的崇高"美德"，而把舜写成了一个逆来顺受的封建道德的奴隶。

关于舜死苍梧，九疑山有舜墓的问题，神话学家袁珂提出，在南方的神话传说中有一位名叫"帝俊"的大神，它的主要神力就是驯服大象以造福万民。后来人们把北方的"舜"与南方的"俊"传说成了一个，并演化出了舜有恶弟曰"象"，以及舜葬苍梧的传说。这的确是一种合理而又美好的说法。

比较科学的尧舜禅让的时代是怎样的一种情形呢？李学勤等《中国古代文明起源》认为：约从公元前2500年以降，在长江、黄河中下游为中心的广大地区，文化同一性因素大大增强，此时氏族贵族阶层出现，贫富分化和等级分化日益明显。在相当于尧、舜、禹酋邦的时期，较发展的社会分层已经出现，产品再分配中的不平等现象也已经存在。而在社会方面，已出现了富人与穷人，出现了阶级和阶级斗争。尧、舜时代的社会已进入酋邦（部落联合体）阶段，这个时期虽还以血缘关系为纽带，但氏族制度已趋解体，社会等级制度开始形成，统一的决策机构开始建立，最高权威出现，战争接连不断。这个时期的社会已不再是简单的部落或部落联盟阶段，而是已经进入较为发达的酋邦阶段。酋邦与酋邦之间，存在一个最高首领的问题，这就是"禅让"所反映的真实的历史背景。

尧、舜、禹时代大部分氏族部落实行父死子继、兄终弟及的酋长世袭制；而在部落与部落之间的相互联盟时，则采取推举制，也就是所谓"禅让制"。既然"禅让"只是把"共主"的名义让给别人，并不影响自己在本部落的权益，（所以阻力就相对较小）而被推举担任"共主"者，也就具有某种临时性，而不可能长期永远地担任下去。

黄帝、颛顼、帝喾、尧、舜五位领袖相继出自同一个家族，在位时间又都长达百年，这正是同一氏族的继任领袖往往继承前任者的积年的表现，例如尧执政90载，应该是该氏族或家族若干代执政者的积年的总和。如此一来，这些文献关于禅让的记载，也透露出当时确实存在的世袭。在尧、舜、禹时期，我国社会已经存在实际上的世袭制，"禅让制"所形成的首领方式存在于部落联合体中，而在各自独立的诸多部落中实际上是世袭制。

"尧、舜禅让"的故事和"夏传子，家天下"的故事，之所以在历史上广泛流传，是因为它们正处于两种继承制的交替时代，"传子制"最终代替"禅让制"是不可避免的。

4

《史记》叙事的开头与结束。《史记》是司马谈、司马迁父子前后相承共同编写的一部大书，但这部大书究竟应从什么时代写起，父子二人的计划有所不同。在《史记》最后的《太史公自序》中既有"卒述陶唐以来，至于麟止"，也就是上起唐尧虞舜，下至汉武帝元狩元年；同时又有"述历黄帝以来至太初而讫"，也就是上起轩辕黄帝，下至汉武帝太初年间两种说法。而我们今天所见的已经流传了两千多年的《史记》的实际情况，也正是上起黄帝，下至汉武帝的太初年间。对于《太史公自序》中这样两种不同起止说法的并存出现，顾颉刚《史林杂识》说："求其歧说所以发生之故，颇疑谈为太史令时，最可纪念之事莫大于获麟，故讫'麟止'者谈也；及元封而后，迁继史职，则最可纪念之事莫大于改历，故'讫太初'者迁之书也。《太史公自序》一篇本亦谈作，迁修改之而未尽，故犹存此牴牾之迹耳。"顾颉刚又说："其书起于黄帝，则以武帝之世方士言黄帝者过多，迁于《封禅书》中虽已随说随扫，而终不脱出时代氛围。且改历之事公孙卿与迁同主持之，卿之《札书》言'黄帝得宝鼎宛朐，是岁己酉朔冬至，于是黄帝迎日推策'，是即太初改历之托古改制也。在此种氛围中，迁之作史其上限必不容仅至陶唐而止。是则《史记》一书中起讫之延长固有其政治背景在，非迁故意改父之道矣。"

《史记·五帝本纪》中呈现的黄帝、颛顼、帝喾、尧、舜五个帝王，在写作方法上存有明显的不同：有关黄帝、颛顼、帝喾三个人物的事迹，都头绪清楚、条理分明，虽略显空洞，但却是经过作者个人的镕铸构思，重新结撰出来的人物小传；而有关尧、舜二帝的事迹，则分明是就近取材于《尚书·尧典》，以及《孟子》等书中的一些说法与情节。由于它没有经过作者自己的加工独创，而是一味地剪辑旧文，于是不仅造成了许多语言上的重复，而且还遗留着若干情节上的不合理。瞽叟与象再二再三非要置舜于死的狠毒已经使人难以理解；而舜已被尧选用为接班人，同时尧又派了自己的两个女儿、九个儿子到舜的身边服务时，弟象还在继续谋杀舜，甚至连尧派来的两个女儿他也要霸占，这样的情节还能让人相信吗？刘知几在《史通》里谴责司马迁"鄙俚不雅，甚于稗生"；神话学家袁珂批评《史记》在这里把舜与二女都写成了"逆来顺受"的"孝子孝妇"，写成了"奴隶社会、封建社会统治者的道德楷模"。

我以为尧舜禅让的故事，应该是首先写成的，可能是出于司马谈之手；黄帝、颛顼、帝喾的故事应该是后来由司马迁写成。

6

关于华夏民族的由来以及黄帝、炎帝关系的一些说法：李学勤等《中国古代文明起源》认为："华"是指渭河与华山一带的以花为图腾的古代部族；"夏"是指汾河流域广大平原上的古代部族。这两个部族地理相近、文化趋同，于是融合发展成"华夏"族，创造了辉煌的华夏文化。华夏族中有两个先祖，一个叫炎帝，一个叫黄帝。他们不是具体的人物专称，而是两个部族集团或其首领的沿袭性称号。这两个称号虽然不是具体人物，但它们所代表的炎、黄两个部族是的确存在的。关于华夏文化的发祥地，说法很多，但主流的看法是源于西部黄土高原今陕西渭河流域。

炎帝与黄帝是相邻的两个兄弟部落。炎帝部落与黄帝部落之间曾存在冲突，当然两者也有联盟，可谓时战时和，传说中的阪泉大战与涿鹿大战就是这种关系的反映。阪泉大战是发生在炎帝与黄帝之间的战争，涿鹿大战则是炎、黄联盟与蚩尤之间的一场战争。涿鹿大战是以炎、黄二帝为代表的华夏部族与以蚩尤为代表的东方部族在各自文化向外发展过程中的一次碰撞，是炎黄联盟夺取天下大权，排除异己力量的反映。战后，华夏部族将蚩尤氏的文化融入进来，炎黄二族巩固了新的联盟关系，共同创造和发展了华夏文化。

7

　　《五帝本纪》之文字、标点有可讨论者：

　　于是尧乃以二女妻舜以观其内，使九男与处以观其外。舜居妫汭，内行弥谨。尧二女不敢以贵骄事舜亲戚，甚有妇道。尧九男皆益笃。

　　这是目前社会上的通行本对这段文字进行整理过的原文，和整理者对这段文字所加的标点符号。其中的"尧二女不敢以贵骄事舜亲戚，甚有妇道"二句，读起来，虽然也能明白其大致意思，但总感到语气不大通畅。我想试着将它改动一下，变成："尧二女不敢以贵骄，事舜亲戚甚有妇道"。这样是不是可以显得更通畅、更明白一点呢？

二
《夏本纪》

1

《夏本纪》：当帝尧之时，鸿水滔天，浩浩怀山襄陵，下民其忧。尧求能治水者，群臣四岳皆曰鲧可。尧曰："鲧为人负命毁族，不可。"四岳曰："等之未有贤于鲧者，愿帝试之。"于是尧听四岳，用鲧治水。九年而水不息，功用不成。于是帝尧乃求人，更得舜。舜登用，摄行天子之政，巡狩。行视鲧之治水无状，乃殛鲧于羽山以死。天下皆以舜之诛为是。于是舜举鲧子禹，而使续鲧之业。

……

禹乃遂与益、后稷奉帝命，命诸侯百姓兴人徒以傅土，行山表木，定高山大川。禹伤先人父鲧功之不成受诛，乃劳身焦思，居外十三年，过家门不敢入。薄衣食，致孝于鬼神。卑宫室，致费于沟淢。陆行乘车，水行乘船，泥行乘橇，山行乘檋。左准绳，右规矩，载四时，以开九州，通九道，陂九泽，度九山。令益予众庶稻，可种卑湿。命后稷予众庶难得之食。食少，调有余相给，以均诸侯。禹乃行相地宜所有以贡，及山川之便利……东渐于海，西被于流沙，朔、南暨：声教讫于四海。于是帝锡禹玄圭，以告成功于天下。天下于是太平治。

司马迁写《夏本纪》主要是依据了《五帝德》《帝系姓》以及《尚书》中的有关篇章以及《孟子》等。这些古代书本的写定大都在春秋、战国时期，而其来源则只能是"传说"。有关夏朝的传说中最精彩、最动人的故事无疑是关于大禹的，这是一个大公无私、拯救人民于水火的英雄，所以司马迁也饱含感情地既在《五帝本纪》中大篇幅地写到了他，又在《夏本纪》中特大篇幅地写到了他。大禹作为一个无私、忘我、造福人类的英雄是感人的；作为一个尽心国事、直言进谏，与舜帝推心置腹、以义相扶的良臣楷模，也是极其感人的。这是司马迁的道德理想在人伦关系上的具体表现，具有民主思想的萌芽。

李学勤等《中国古代文明起源》说：远古洪水是一极具普遍意义的传说，在其他民族典籍中也不乏各式各样的记载。在中外这些洪水的传说中，有两点颇为相似，即洪水久远且极具毁灭性。另外也有一点区别，其他民族传说中多是讲如何消极地避水，而对大禹来说是积极的疏导。故而研究大禹的治水特别具有积极的意义。

中国史前的洪水为患，多数学者认为就是指黄河中下游的洪水泛滥，其主要地区即古河、济之间的兖州一带，也就是今山东西部、河北东部、河南东部、山东南部，以及江苏、安徽的淮北一带地区。"大禹是顺着河水下游自然散漫的形势加以疏导，使它不致壅塞，而不是创造穿凿以杀水势。""大禹治水这一古老传说，标志着原始社会中先民开始'降丘宅土'和农业的初步发展，同时也标志着我国水利事业的创始。"

关于大禹所生活的真实年代，牛鸿恩说：《太平御览》卷七引《孝经钩命诀》有所谓"禹时五星累累如贯珠，炳炳若连璧"，这是我国历史文献对于上古大禹时代的金、木、水、火、土"五星聚会"的天文景象的记录。对于这次罕见的"五星聚"，近年来中外天文学者如美国太空署天文学家彭瓞钧，中国天文学家张培瑜等，都先后进行了反复的、精确的推算，大家一致认为，这次"五星聚"应该是发生在公元前 1953 年 2 月中旬至 3 月初。据《竹书纪年》记载：大禹在位共四十五年，即公元前 1994 年至公元前 1950 年。而"五星聚"发生在公元前 1953 年，即大禹在位的第 42 年，也就是他在位的晚期了。

中国社科院对"禹会村遗址"与洪水地层考古的推断为"距今 4000 年前后"，时当大禹在位的早年（李伯谦、王巍）。"五星聚"及其年代、"洪水地层"的年代与《竹书纪年》所载的"禹时"皆相合，此为"禹时"的多重证明，是我国上古纪年的突破口。《竹书纪年》是我国祖传上古纪年的真经。

过去人们总把西周"周召共和"的元年，也就是公元前 841 年作为我国古代历史有准确纪年的开始。如今能准确地推断"五星聚"是在大禹在位的第 42 年，也就是公元前 1953 年，这就比过去司马迁所定的准确纪年的公元前 841 年早了 1100 多年，提前到了夏朝的建国之初。

程浩说："清华简中可以印证夏代历史的古书，可举出《厚父》一篇……该篇当是周武王代商后向夏朝后裔厚父'乞言'时所作。也就是说，至迟在周武王所处的时代，夏人后裔所自述的夏代历史已经与《夏本纪》的记载没有太大差异。如此一来，《史记》对夏代历史的记载大体可信，便是不言自明的了。"

"除了《厚父》之外，日前发布的清华简第八辑整理报告收录的《虞夏商周之治》篇，也有与夏代相关的内容。该篇所记载的夏代礼乐制度，虽然反映的可能只是战国人的认识，但是与相关文献对读也可以帮助我们加深这一问题的理解。"（《清华简十年重现了多少古书，重建了哪些古史》）

2

《夏本纪》：十年，帝禹东巡狩，至于会稽而崩。

或言：禹会诸侯江南，计功而崩，因葬焉，命曰会稽。会稽者，会计也。

牛鸿恩以为，依今之考古研究，禹非会诸侯于会稽，乃是会诸侯于涂山。据《左传》哀公七年说："禹合诸侯于涂山，执玉帛者万国。"《尚书·皋陶谟》："（禹）娶于涂山，辛壬癸甲。"（辛日娶妻，至于甲日，复往治水。）2014年7月社科院考古研究所发布涂山禹会村遗址发掘公报，安徽蚌埠西郊涂山南麓淮河东岸禹会村遗址就是"禹会诸侯"的涂山，"经Rb/Sr分析显示，禹会村地区在距今4000年前后的环境，正是史载的'大禹治水'时期。……禹会遗址由传说变为信史，得到了考古资料和自然科学测试、论证的支撑。""遗迹特征表明该地点曾举行过大型集会和祭祀活动"。发掘出大型祭祀活动台基近2000平方米。涂山地望其说不一，专家以为，重庆说太偏西，绍兴说太偏南，蚌埠说最合理。谭其骧、徐旭生、李学勤都认为涂山即蚌埠市怀远县之涂山。

关于禹葬会稽的问题，蒙文通说："吴阖庐、越勾践，《荀子·王霸》并列为'五霸'之二，然其突然兴起于春秋之末，忽焉微弱于战国之初，语言风俗皆与华夏不同，实当时后进民族之建国也。其情状与蒙古之勃兴而骤亡颇相似。然《史记》说吴为太伯之国，谓越为少康庶子之封，似皆华夏之裔，未必然也。此与魏、晋、隋、唐间少数民族之首领多自谓黄帝、高辛之裔者同，不足信也。"

3

《夏本纪》：十年，帝禹东巡狩，至于会稽而崩。以天下授益。三年之丧毕，益让帝禹之子启，而辟居箕山之阳。禹子启贤，天下属意焉。及禹崩，虽授益，益之佐禹日浅，天下未洽。故诸侯皆去益而朝启，曰："吾君帝禹之子也。"于是启遂即天子之位，是为夏后帝启。

关于"启遂即天子之位"，以开始"家天下"的问题，杨向奎说："夏禹的时候，选举酋长的制度废弃了，我们看到由儿子继承王位的父权制，不过这种制度的巩固还经过一个斗争的过程，在各个部落间乃至部落内部都不免对于王位的争夺，或者是对于这种制度的反对。当夏禹把王位传给他儿子夏启的时候，东夷的伯益曾经干涉，结果是夏启杀了伯益。同姓的有扈氏表示不服，也被夏启灭掉。这是一种新旧制度的斗争，是中国古代史上重要的事件。到夏启以后，某些部落的首领，还不能心悦诚服地接受这种传子制度，'家天下'的制度，仍然继续作争夺王位的斗争。传子制度虽然引起了许多麻烦和斗争，但它适应了社会发展的要求和需要。据说，其初大禹也曾经把王位让给伯益，但结果是'朝见和诉讼的人不来找益而找启'。也说明社会历史在转变着。"

据《古本竹书纪年》，启的即位不是各部落的首领不归依益而归依启，而是"启杀益"，自己夺得了政权。

④

《夏本纪》：中康崩，子帝相立。帝相崩，子帝少康立。

如此叙事很像是帝相死后，其子少康即顺利即位，没有任何周折一样。其实不然。实际情况是：帝相在位时，中途被其部下后羿所篡逐，帝相逃于斟灌；后羿又被其部下寒浞所杀，寒浞又杀帝相，夏亡三十余年。在此期间，帝相妻逃到有仍，生少康；少康逃至有虞，有田一成，有众一旅，收合余烬，灭寒浞诸部而复夏旧物，人称"少康中兴"。此有夏一朝之大事。岂能以"帝相崩，子帝少康立"八字一带而过？《正义》引《帝王纪》云："羿学射于吉甫，其臂长，故以善射闻。及夏之衰，因夏民以代夏政。帝相徙于商丘，依同姓诸侯斟寻。羿恃其善射，不修民事，淫于田兽，弃其良臣武罗、伯姻、熊髡、龙圉而信寒浞。寒浞杀羿于桃梧，遂代夏，立为帝。寒浞因羿之室，生浇及豷。浇多力，能陆地行舟。使浇帅师灭斟灌、斟寻，杀夏帝相，封浇于过，封豷于戈。初，浇之杀帝相也，妃有仍氏女曰后缗，归有仍，生少康。初，夏之遗臣曰靡，事羿，羿死，逃于有鬲氏，收斟寻二国余烬，杀寒浞，立少康，灭豷于过，后杼灭豷于戈，有穷遂亡也。"
梁玉绳曰："《左传》《楚辞》《竹书》，夏自太康失河北国都，为羿所据，仲康虽克自立，而越在河南，未能除羿。帝相更屡，迁于商丘，先经羿篡，继被浞弑，夏统中绝。其后少康灭浞中兴，乱几（近）百年而始定，故魏高贵乡公推尊少康优于汉高祖，见宋裴松之《三国志·魏纪注》。则历代中兴之主，当以少康为冠，乃《纪》《表》全逸不言，直叙世次，若守成无事者然，深所未晓。《索隐》《正义》及《左传》疏皆讥史公疏略，信矣。而宋黄震《日钞》谓'少康之事迁时已无可考'，殊非，岂未检《吴世家》乎？不载《纪》《表》而别出于《世家》，亦失作《史记》之体。"

⑤

《夏本纪》之文字、标点有可讨论者：

常卫既从，大陆既为，鸟夷皮服，夹右碣石，入于海。

这段话所讲的是当时住在今辽东湾一带海岛上的少数民族给夏朝中央进贡的路线，他们从碣石山的南侧经由古黄河的入海口溯流而上，进入黄河。而不是讲古黄河在什么地方入海。梁玉绳曰："'海'字误，徐广曰'一作河'，是也。《禹贡》及《汉书·地理志》是'河'。"旧本的错误是肯定的，但通行本仍未动原文，似乎不当。

今重新标点数句作："常卫既从，大陆既为，鸟夷皮服，夹右碣石，入于（海）〔河〕"。圆括号表示讹误，应削；方括号表示正确，是应改成的正确的字。

三
《殷本纪》

①

殷代的世系：于是诸侯毕服，汤乃践天子位，平定海内。汤崩，太子太丁未立而卒，于是乃立太丁之弟外丙，是为帝外丙。帝外丙即位三年，崩，立外丙之弟中壬，是为帝中壬。帝中壬即位四年，崩，伊尹乃立太丁之子太甲。太甲，成汤适长孙也，是为帝太甲，号称太宗。

太宗崩，子沃丁立。沃丁崩，弟太庚立，是为帝太庚。帝太庚崩，子帝小甲立。帝小甲崩，弟雍己立，是为帝雍己。帝雍己崩，弟太戊立，是为帝太戊，号称中宗。

中宗崩，子帝中丁立。帝中丁崩，弟外壬立，是为帝外壬。帝外壬崩，弟河亶甲立，是为帝河亶甲。河亶甲崩，子帝祖乙立。

祖乙崩，子帝祖辛立。帝祖辛崩，弟沃甲立，是为帝沃甲。帝沃甲崩，立沃甲兄祖辛之子祖丁，是为帝祖丁。帝祖丁崩，立弟帝沃甲之子南庚，是为帝南庚。帝南庚崩，立帝祖丁之子阳甲，是为帝阳甲。

帝阳甲崩，弟盘庚立，是为帝盘庚。帝盘庚崩，弟小辛立，是为帝小辛。帝小辛崩，弟小乙立，是为帝小乙。帝小乙崩，子帝武丁立。

帝武丁崩，子帝祖庚立。帝祖庚崩，弟祖甲立，是为帝甲。帝甲崩，子帝廪辛立。帝廪辛崩，弟庚丁立，是为帝庚丁。帝庚丁崩，子帝武乙立。武乙猎于河渭之间，暴雷，武乙震死，子帝太丁立。帝太丁崩，子帝乙立。帝帝乙崩，子辛立，是为帝辛，天下谓之纣。

以上所列，是《史记·殷本纪》所谱列的商代世袭表，共三十王。前几十年我国历史界曾组织专家集中力量对夏、商、周进行了大规模的考古研究，于 2000 年发表了《夏商周年表》，对商王朝建国与灭亡的时间，以及商朝前期历代帝王的世系与后期历代帝王的在位年限，都做了明确的考定。这项工程不仅使人们对商朝历史有了更进一步的认识，同时也无形中更进一步地肯定了《史记·殷本纪》的科学价值，这是令《史记》研究者们欢欣鼓舞的。据《夏商周年表》，商朝自成汤至殷纣共三十一王，与《殷本纪》所谱列的顺序基本相同，只是在汤之后，增加了太丁一代。太丁是汤的太子，未即位即死去了。商朝的统治年限为前 1600—前 1046 年，共历时五百五十四年。

2

关于商代的君主究竟是多少代，商代总积年应该是多少年的问题。牛鸿恩先生认为：

《史记·殷本纪》称商代共三十王。但在近来发现的《周祭谱》内者为二十七王，不在《周祭谱》者有中壬、沃丁、廪辛三人，这三个人应是司马迁的误记，应该从殷代的帝王系列中剔出。因为凡是正式当过商朝的帝王，是不可能不享受商代的周祭的。

《周祭谱》是近些年由殷代卜辞中发现整理出的一种商代先王享受祭祀的自商汤到殷纣共二十九代王的系列。其中有二十七代，是实实在在的执掌过政权、后又享受过祭祀的君主。这二十七代君主的积年为 496 年。

在《周祭谱》中除正式在过位的二十七王外，还有商汤的太子太丁，武丁的太子祖己（也称孝己），这两个人都是已被立为太子，但又都是在尚未继位前就死去了。在商朝的祭法里，这种虽未即位，但已被立为太子的人，也照例享受帝王的祭祀。故而《周祭谱》中谱列的帝王就是二十九人。虽然多出两个人，但王朝存在的总年数并未增加。这就与《竹书纪年》的"汤灭夏以至于受，二十九王，用岁四百九十六年"完全相同了。而在《史记》中，虽然《殷本纪》的谱列是三十代；但在《三代世表》的商末结语中又有"从汤至纣二十九世"的说法，从而又与《竹书纪年》与《周祭谱》的说法相同。

因此商代的世袭为二十九王，总积年为 496 年的说法，是应该确立，应该相信的；其他种种三十王、三十一王，总积年为 554、629、640 年等说法，都不足信。

3

关于商代帝王的传承，究竟是遵循"兄终弟及"，还是遵循传子制，人们对此看法不同。当年王国维写《殷周制度考》，他提出："商之继统法，以'弟及'为主，而以'子继'辅之，无弟而后传子。"这种认为商朝是"兄终弟及"的看法，很为许多学者所接受，几乎成为一边倒。但就其商代帝王传承的次序而言，的确又有许多问题令人想不通。一、商代帝王经学者们研究所共同承认的共十七代，三十一个。在这三十一个里面，可以认定是"兄终弟及"的有十四个。直接"由父传子"的有十个。还有一个特别奇特的现象是，在那些"兄终弟及"，兄弟相传的帝王中，有早期的外丙、中壬两传，而后将帝位返传给了他们长兄太丁的儿子太甲；有中丁、外壬、河亶甲兄弟三传后，帝位又返还了长兄中丁之子祖乙；有祖辛、沃甲兄弟两传后，帝位又返传给了祖辛之子祖丁；有祖丁、南庚堂兄弟间的两传后，帝位又返还给了堂兄祖丁之子阳甲。这其中是一种什么制度在起作用？看来即使在商代前期，一个帝王诸多儿子中的长幼次序，也是起着重要作用的。这种作用到后期的帝小乙开始，他的帝位是从其长兄阳甲、次兄盘庚、三兄小辛手中辗转接来，然而到他为止，他再也不把帝位返传给他长兄阳甲之子，而是断然地传给自己的儿子武丁了。以后的祖甲、康丁都依此办理，都是从兄长手中接过帝位，但都是将帝位传给自己的儿子，而且从此开始彻底地变成了传子制。因此，倘若还笼统地说商王朝是"兄终弟及"制是否合适呢？二、王国维又说："商人兄弟相及，凡一帝之子无嫡庶长幼，皆为未来之储贰。"这种说法更可疑。古代的每个帝王都有众多的后妃，儿子的数量通常都不会太少。如果每个儿子"皆为未来之储贰"，那么可供选择的数量就会很多，怎么会出现祖乙、武丁、武乙、文丁、帝乙等这么多独生子女呢？我们从商代"兄终弟及"的传承情况看，最多的一例是"阳甲、盘庚、小辛、小乙"的四兄弟，其次有两例是"小甲、太戊、雍己"与"中丁、外壬、河亶甲"的三兄弟，还有五例只是在两个兄弟之间进行。如果像王国维所说"凡一帝之子无嫡庶长幼，皆为未来之储贰"，那只能说是商代帝王的生育能力太差了，但这恐怕不合逻辑。如果说当时这种"兄终弟及"只在王后所生的嫡子之间进行，这样才显得较为合理。韩江苏、江林昌合著的《殷本纪订补》，认为商王朝是实行的嫡长子制，对商汤的长孙太甲即位与其一度被废，后又复辟为帝的过程进行了详细的考辨，并对其后出现的几次"兄终弟及"的现象进行了分析与解释。结论为"兄终弟及"不是正常合法的现象，商代中期的所谓"比九世乱"正是由于"嫡长子制"遭到破坏导致的后果。商代中期所以屡屡迁都，正是由于新夺得帝位者暂时的势力不够强大，因而迁都以躲避旧王朝的贵族势力。这些说法有一定道理，但毕竟令人感到不是十分有力。也就是说，完全否定商朝的这种"兄终弟及"，似乎也不一定合适。

4

《殷本纪》：帝小乙崩，子帝武丁立。帝武丁即位，思复兴殷，而未得其佐。三年不言，政事决定于冢宰，以观国风。武丁夜梦得圣人，名曰说。以梦所见视群臣百吏，皆非也。于是乃使百工营求之野，得说于傅险中。是时说为胥靡，筑于傅险。见于武丁，武丁曰是也。得而与之语，果圣人，举以为相，殷国大治。故遂以傅险姓之，号曰傅说。

帝武丁祭成汤，明日，有飞雉登鼎耳而呴，武丁惧。祖己曰："王勿忧，先修政事。"祖己乃训王曰："唯天监下，典厥义，降年有永有不永，非天夭民，中绝其命。民有不若德，不听罪，天既附命正厥德，乃曰'其奈何'。呜呼！王嗣敬民，罔非天继，常祀毋礼于弃道。"武丁修政行德，天下咸欢，殷道复兴。

以上即有名的"武丁中兴"的故事。其一是表现了武丁的孜孜以求贤才；其二是表现了武丁修德以战胜妖祥，与前文所叙殷帝太戊时有桑谷共生于朝，太戊修德致桑乃枯死云云相似，都表现了司马迁重视德治的一种理想。郭嵩焘曰："此史公取《国语·楚语》《孟子·告子》申明《尚书》之文，便曲尽一种逸趣。"杨慎曰："武丁尝居民间，已知说之贤矣，一旦欲举而加之臣民之上，人未必帖然以听也，故征之于梦焉。盖商俗质而信鬼，因民之所信而导之，是圣人所以成务之机也。"

这里出现的"祖己"，是武丁时期的大臣，与武丁的太子孝己之也称"祖己"者，二者不能混淆。

商代与后代的任何朝代相比，有一个分外突出的特点，这就是特别重视祭祀与特别迷信占卜。商代留给后人许多文化遗产，其中相当重要的一个部分就是甲骨文。而甲骨文的绝大部分又往往与占卜、与祭祀有关。这种占卜、这种祭祀除了可以让我们了解商代人的一些生活情景外，它们还有什么更积极、更现实的思想意义呢？宋镇豪《商代史论纲》提出了以下几方面：其一是"商人在对诸神，特别是在对诸祖先神进行祭祀时，需要大量的青铜礼器，商代铸造青铜器的手工业技术，继夏代以后逐渐走向了成熟的阶段。随着商代宗教祭祀的发展，到了商朝晚期，青铜器手工业的铸造技术已经达到了顶峰"；其二是"武丁时期的商人为年成的好坏频繁地卜问风、雨、云、雹等自然气象情况，长此以往，人们就逐渐掌握了某些自然现象的变化规律，到了商代末期，就很少见到有卜问气象的卜辞了。这说明商代的宗教祭祀促进了人们对自然规律的认识"；其三是"商代宗教祭祀促进了历法的发展，在商代末期，人们根据周祭的一个祭祀周期是三十六旬或三十七旬时间，与一个太阳年的日数相当的情况，创立了以'祀'名'年'的纪年法，还创立了用干支加周祭祭祀纪日的方法。所有这些历法上的创新，都是与宗教祭祀有关的"；其四是"商人举行宗教祭祀，要在龟甲和牛胛骨以及其他兽骨上刻写占卜文字和纪事文字，要在青铜器上铸造文字，这无疑促进了文字的发展，使甲骨文、青铜器铭文逐渐发展成为能够记录各种事项的成熟的文字。今天的汉字与三千年前的商代甲骨文是一脉相承的"。

6

《殷本纪》：太史公曰：余以《颂》次契之事，自成汤以来，采于《书》《诗》。

程浩说："《史记·殷本纪》是关于商代历史的系统记述，司马迁在篇末归纳该卷的编纂方法是：'以《颂》次契之事，自成汤以来，采于《书》《诗》。'也就是说，相关记载绝大部分乃是化用《尚书》《诗经》之文。但是在司马迁的时代，能够看到的商代《书》篇就已经不多了，大致仅剩《汤誓》《盘庚》《高宗肜日》等寥寥几篇。受此影响，从《殷本纪》就可以明显地看出该篇记成汤、盘庚事较详而其他诸王则十分简略。这当然是由于成汤、盘庚功业赫赫，需要浓墨重笔地进行描写，但也在一定程度上与司马迁所面临的史料匮乏的困境有关。

值得庆幸的是，清华简中发现了多篇前所未见的记载商代历史的古书，大大充实了商代史料。属于成汤时期的有《尹至》《尹诰》《赤鹄之集汤之屋》等篇，详细记述了汤在伊尹的辅佐下伐桀的过程以及伐夏之后的治国之道。属于武丁时期的则有《傅说之命》三篇，完整地展示了武丁梦得傅说并以之为相的历史。此外，《汤处于汤丘》《汤在啻门》《殷高宗问于三寿》等篇虽是后代托古之作，但也侧面反映了一定的历史事实，属于可资借鉴的间接史料。"（《清华简十年重现了多少古书，重建了哪些古史》）

7

《殷本纪》之文字、标点有可讨论者：

（1）帝太甲既立三年，不明，暴虐，不遵汤法，乱德，于是伊尹放之于桐宫，三年，伊尹摄行政当国，以朝诸侯。帝太甲居桐宫三年，悔过自责，反善，于是伊尹乃迎帝太甲而授之政。

连续三个"三年"，繁复词费。盖太甲被"伊尹放之于桐宫，三年"，即下文之"帝太甲居桐宫三年"，前句中的"三年"二字误衍，应削。今依例重新标点数句作："帝太甲既立三年，不明，暴虐，不遵汤法，乱德，于是伊尹放之于桐宫（三年），伊尹摄行政当国，以朝诸侯。帝太甲居桐宫三年，悔过自责，反善，于是伊尹乃迎帝太甲而授之政。"圆括号内的"三年"二字，应削。

关于太甲为帝三年，因不遵汤法被伊尹所废，放之桐宫，伊尹代之执掌国政。三年后太甲改恶向善，伊尹乃将太甲迎回，还其帝权，复其帝位。此儒家之传统说法，见《古文尚书》之《太甲篇》。《史记》之叙太甲事，即依《古文尚书》之《太甲篇》。而《竹年纪年》的说法与此不同，乃谓太甲被伊尹流放桐宫七年后，太甲由桐宫潜回，乃袭杀伊尹，夺回了政权。

（2）自中丁以来，废适而更立诸弟子，弟子或争相代立，比九世乱，于是诸侯莫朝。

"废适而更立诸弟子"。"子"字无理，乃涉下文而衍，盖谓由于传位于"弟"，而引起"弟"与"子"之相争。"废适而更立诸弟子"句中之"子"字应削。适，通嫡。

今依例重新标点数句作："自中丁以来，废适而更立诸弟（子），弟、子或争相代立，比九世乱，于是诸侯莫朝。"

四

《周本纪》

①

《周本纪》：九年，武王上祭于毕，东观兵，至于盟津。

居二年，闻纣昏乱暴虐滋甚……乃遵文王遂率戎车三百乘，虎贲三千人，甲士四万五千人，以东伐纣。

"九年"，用杨宽说，即文王接受天命而称王的第九年，文王称王七年而死，故此所谓"九年"实乃武王继其父称王之第二年。此说甚重要。《伯夷列传》写伯夷扣武王之马，指责其"父死不葬，爰及干戈，可谓孝乎"云云，若此"九年"为"武王即位九年"，则此指责不合情理；若实武王继位之二年，则尚在三年服孝期间，则此指责成立。应从杨说，于此出注说明，此处的"九年"，实为武王继位之"第二年"。

"居二年"，又过了两年，通文王受命之第十一年，实武王继位的第四年，依《竹书纪年》为前 1027 年；依《夏商断代周工程》为前 1046 年。即灭殷建周之年也。

程浩说：“周人所艳称的'文武受命'与'文王称王'等问题，过去由于文献记载多有抵牾，长期以来都是聚讼纷纭。清华简的《程寤》篇，虽然存目于汉人所编的《逸周书》中，但是文本在唐宋之后就亡佚了。简本的重新发现，为我们还原了文王去商在程，与武王并拜吉梦，代商受命的全部过程，'文王受命'也可据之彻底厘清。清华简中最早公布的《保训篇》，内容是周文王去世前所作的遗言，开篇的'惟王五十年'一句，明确指出是时文王已在位称王，有力地回击了汉代以来文王生前未称王的观点。此外，关于《西伯戡黎》是哪位西伯、武王卒年、成王即位年龄，以及周公'居东'还是'征东'等经学史上的经典话题，在《耆夜》《金縢》《系年》等篇中均有重要线索。”（《清华简十年重现了多少古书，重建了哪些古史》）

2

《周本纪》：王行暴虐侈傲，国人谤王。召公谏曰："民不堪命矣。"王怒，得卫巫，使监谤者，以告则杀之。其谤鲜矣，诸侯不朝。三十四年，王益严，国人莫敢言，道路以目。厉王喜，告召公曰："吾能弭谤矣，乃不敢言。"召公曰："是鄣之也。防民之口，甚于防水。水壅而溃，伤人必多，民亦如之。是故为水者决之使导，为民者宣之使言。故天子听政，使公卿至于列士献诗，瞽献曲，史献书，师箴，瞍赋，矇诵，百工谏，庶人传语，近臣尽规，亲戚补察，瞽史教诲，耆艾修之，而后王斟酌焉，是以事行而不悖。民之有口也，犹土之有山川也，财用于是乎出；犹其有原隰衍沃也，衣食于是乎生。口之宣言也，善败于是乎兴。行善而备败，所以产财用衣食者也。夫民虑之于心而宣之于口，成而行之。若壅其口，其与能几何？"王不听。于是国莫敢出言，三年，乃相与畔，袭厉王。厉王出奔于彘。

以上即古文选本常见之《召公谏弭谤》，原文见于《国语》之《周语上》。

由于周厉王拒召公之谏致使国人暴动，周厉王被逐，流死于外。林西仲《古文析义》说："细看当分四段，第一段言止谤有害；第二段言听政全赖民言，斟酌而行；第三段言民之有言实人君之利；第四段言民之言非孟浪而出，皆几经裁度，不但不可壅，实不能壅者。回抱防川之意，融成一片，警健绝伦。"范文澜说：这是"历史上国人第一次大起义，西周社会因这次起义的推动而前进了一步。"

阳光先生在《〈召公谏弭谤〉读后感》中说："《召公谏厉王弭谤》一向为世人所重。在其中，笔者特别留意了召穆公谏词中的两个关键词：'民'与'川'。升空为虹，入山成雾，夏日为雨，冬季结冰，驻渠为流，居湖是潴。水无常形，却始终不离须臾。居乡为农，在厂为工；居野为牧，在城为匠；居市为商，在校为师，民无常态，却始终充盈宇内。静心思之，'民'与'水'这两者的确有着难解之缘，而先贤有意无意将二者并提，确实是发人深省的。老子曾说：'上善若水，水善利万物而不争，处众人之所恶，故几于道。'水身居低位，不与万物争利，却能滋养天地之间的万物。而召穆公说：'民之有口也，犹土之有山川也，财用于是乎出；犹其有原隰衍沃也，衣食于是乎生。'全人类的衣食物品，乃至全社会的物资财富，都是由广大民众创造出来的。水滋养了世间万物，民供养了天下众生。老子曾说：'天下柔弱莫过于水，而攻坚胜者，莫之能胜，其无以易之。'又说：'圣人无心，以百姓心为心。善者吾善之，不善者吾亦善之，得善。信者吾信之，不信者吾亦信之，得信。'老子认为貌似柔弱的水最有力量，而看似平凡的民众最值得重视。召穆公则说：'防民之口，甚于防川。川壅而溃，伤人必多，民亦如之。是故为川者决之使导，为民者宣之使言。'召公以为阻塞民众之口犹如堵住水道，如果与水、民这些看起来柔弱的事物处理不好关系是很危险的。荀子说：'君者，舟也；庶人者，水也。水则载舟，水则覆舟。'水势平稳，可以载舟而行；而水湍浪急，则难免倾覆巨舟。民心归顺，可以垂拱而治；而民心浮动，则可能危及国本。荀子把民心向背与河水行船并提，显得异常贴切而有说服力。在这里，'民'与'水'的关系终于明朗起来。此格言流传不息，得到了广泛的认同，曾在历史上产生过深远的影响。以召公、老子、荀子为代表的中华先贤多方论水、论民，对我们后人是颇有启发意义的。古来圣贤，皆是我辈师长。我们不妨多汲取古人的智慧，来充实我们的头脑，指导我们的工作。"

3

《周本纪》：厉王太子静匿召公之家，国人闻之，乃围之。召公……乃以其子代王太子，太子竟得脱。

召公、周公二相行政，号曰"共和"。共和十四年，厉王死于彘。太子静长于召公家，二相乃共立之为王，是为宣王。宣王即位，二相辅之……。

刘丽文说：关于"共和行政"有两种说法。第一种说法，即上边那段引文司马迁说的"召公、周公二相行政，号曰'共和'"，附和司马迁之说者有杜预《左传注》、韦昭《国语注》，《史记·晋世家》张守节《正义》，孔颖达《春秋左传正义》、司马光《稽古录》、崔述《丰镐考信录》等。

第二种说法，说"共伯和"是指一个人，"共"为国名，"伯"为爵称，"和"乃人名。所谓"共和行政"是"共伯和"摄政。此说法早于《史记》的传世文献和出土文献有《竹书纪年》《吕氏春秋》，以及近些年出现的《清华简·系年》等。

《竹书纪年》说："（周厉王）十二年，王亡奔彘。"又说："（周厉王）十三年，王在彘，共伯和摄行天子事。"又说："（周厉王）二十六年，大旱，（周厉）王陟于彘。周定公、召穆公立太子靖为王。共伯和归其国……"

《鲁连子》说："卫州共城县本周共伯之国也。共伯名和，好行仁义，诸侯贤之。周厉王无道，国人作难，王奔于彘，诸侯奉和以行天子事，号曰'共和'元年。十四年，厉王死于彘，共伯使诸侯奉王子靖为宣王，而共伯复归国于卫也。"（《史记·周本纪》正义引）

《清华简·系年》第一章："……至于厉王，厉王大虐于周，卿士、诸正、万民弗忍于厥心，乃归厉王于彘，共伯和立十又四年。厉王生宣王，宣王即位，共伯和归于宗。"

我们认为，所谓"共和"是共伯和与召公、周公共同执政；"共伯和"指的是卫国共邑的领主共伯姬和、后来即位为卫武公。

"共"是卫国的一个城邑，周厉王末年，卫釐公之子姬和是"共"的领主，时人称之为"共伯"；为区别其他曾在共邑为主者，称他为"共伯姬和"，简称"共伯和"。周厉王三十七年，厉王暴虐而激起宗周民变，厉王奔彘，天下震动。此时，是共伯和的父亲卫釐侯在位的第十三个年头，二十三四岁的共伯和正在卫国的共邑为领主。

共伯和主政的背景有三个特点，其一，厉王末年之"暴动"实则为两次。第一次是因厉王的"专利"和"监谤"引起，主要是公卿贵族以及部分国人反"专利"、反"监谤"，厉王以残酷手段压制，故公卿惧诛遂与国人联合发起暴动，将周厉王逐出了镐京。第二次则是在厉王被逐后，召公、周公等朝廷大臣为了维护周王朝的统治体系不变，遂即拥立厉王的太子姬静继任为王（即周宣王）；而以国人为主的反对派则主张彻底消灭厉王嫡系，故而又掀起暴乱。这次暴乱以召公用自己儿子冒充太子，将其交给国人杀死，这才暂时获得了暴乱的平息。其二，当时实际形成了两个"政权"的并立。一个是以国人为中心的强硬派，他们在胁迫召公等交出了假太子，并将假太子处死后，在镐京发号施令，风行一时；另一方面则是被召公保护下来的一度继位为王的太子姬静实际并未退位，而是依然在"召公宫"中隐秘地保持着其天子的尊位，这些在某些传世文献和铜器铭文上都留有印记。后来他被召公、周公偷偷地护送到东都洛邑，于是便又大张旗鼓地公开恢复王位了。其三，周厉王末年的这场暴乱是历史上记载最早的，规模最大，而又影响非常深刻的一场大暴动。其具体表现是：上下皆乱，军民皆叛，形势险恶，矛盾错综复杂。当时王畿内部贵族及平民的政治倾向约可分为三种：一是厉王一派，代表人物为周厉王、荣夷公等；二是反对厉王专利和压制言论的一派，这派包括部分公卿及"国人"，人多势众，结果是迫使天子奔彘。三是追剿太子的斩草除根派，这派人数亦多，动机比较复杂，声势浩大，最终居然将已经即位为王的"太子"杀死。在三派中，召公、周公等应属于第二派，他们反对厉王专利和钳制言论，同时对国人暴力行为持保留态度，他们希望能妥善解决矛盾，避免发生王位篡乱，维护天朝局势的稳定，因此在厉王奔彘后，他们立即辅佐太子即位，意图就此结束厉王政策，恢复王朝秩序。也就是说，第一次骚乱，第二派（周召派）与第三派（反太子派）有共同诉求：反对专利弭谤，是统一战线。而第二次骚乱，第二派（周召派）又与第一派（厉王派）有了共同的诉求：即拥护太子继位。这就使得第二派与第三派成了相互矛盾的双方。

关于共伯和进驻宗周主政的渠道。在第二次骚乱与"假太子"姬静被交出处死后，召公曾纠集周室的宗族在洛邑聚会，《左传·僖公二十四年》富辰回忆这段历史说："昔……召穆公思周德之不类，故纠合宗族于成周而作诗，曰：'常棣之华，鄂不韡韡。凡今之人，莫如兄弟。'其四章曰：'兄弟阋于墙，外御其侮。'"召穆公就是召公虎，就是献出自己儿子以保护太子的那位朝廷的大臣。这件事情大概就发生在二次骚乱后不久，当时召公已经带着太子姬静跑到了成周，并在成周纠集同姓诸侯和一些王公大臣商量对策。共伯和应该是代表卫国，或是以王室大臣身份，或是两种身份兼而有之，参加了这次聚会，并在这次联席会上被授权统兵前往镐京平乱。有关"共伯和"的英武有为，威名冠世，参见《卫世家》相关词条。

"周召二相共辅王室"与"共伯和行政"的关系。由于曾经一度继位为王的太子在二次动乱中得以脱险，召公、周公等仍视之为天子，因此在共伯和赴宗周后，当时遂出现了两个政治中心：宗周和洛邑。共伯和居镐京，召公和太子姬静即前宣王居洛邑。当时的史官也有两套纪年体系：记录成周发生之事，成周史官以"前宣王"为纪年依据；记录镐京发生之事，镐京史官以"共和"为纪年依据。但似乎又不完全如此，有时还仍然以厉王为纪年依据，今天我们看到的《竹书纪年》就是如此。虽然《竹书纪年》是战国时期刻写，但这种纪年方式肯定是延诸旧史，暴露了当时几个政权并立的局面。

但是这几个政权的诉求和目的，都是恢复周朝天下安定、维护文武一脉相承的王权传承体系。失去复辟能力的厉王毫无疑问是希望太子姬静继承王位；召公、周公是太子姬静的铁杆保护者；共伯和是贵族联席会派出平息"暴乱"和为未来太子姬静即位扫清道路者，他们具有共同的诉求，厉王死后政权的和平交接证明了这一点。

因此，司马迁说召、周二公行政，《竹书纪年》说共伯和行政，其实都没错，关键是将谁作为行政主体的问题。

④

《周本纪》：宣王不修籍于千亩，虢文公谏曰"不可"，王弗听。三十九年，战于千亩，王师败绩于姜氏之戎。

宣王既亡南国之师，乃料民于太原。仲山甫谏曰："民不可料也。"宣王不听，卒料民。

四十六年，宣王崩，子幽王宫涅立。

崔述曰："余考宣王之事，据《诗》，则英主也；据《国语》，则失德实多，判然若两人者。心窃疑之。久之，乃觉其故有三：诗人之体主于颂扬，然《大雅》之述文、武者，多实录；而《鲁颂·闷宫篇》则专尚虚词。'荆舒是惩，莫我敢承'，僖公岂足以当之？此亦世变为之也。宣王之时，虽尚未至是，然亦不免小事而张皇之。城方城申，亦仅仅耳，而其词皆若威震万里者。是《诗》言多溢美，未可尽信，其故一也。《国语》主于敷言，非纪事之书，故以'语'名其书，而政事多不载焉。然其言亦非当日之言，乃后人取当日谏君料事之词衍之者。谏由于君之有失道，故衍谏词者，必本其失道之事言之，非宣王之为君尽若是，亦非此外别无他善政可书也，其故二也。古之人君，勤于始者多，勉于终者少。梁武帝创业之主，勤于庶政，而及其晚年，百度废弛，卒致侯景之祸。唐明皇帝躬戡大难，致开元之治，而晚年淫侈，亦致禄山之祸患，其始终皆判若两人。宣王在位四十六年，始勤终怠，固亦有之。故《国语》所称伐鲁在三十二年，千亩之战在三十九年，皆宣王晚年事。而《诗》称伐申、伐淮夷，皆召穆公经理之。穆公，厉王大臣，又历共和之十四年，其相宣王必不甚久，则此皆宣王初年事无疑也。由是言之，《诗》固多溢美，《国语》固专纪其失，要亦宣王始终本异也，其故三也。”

近年来的陕西考古，发现了记载周宣王讨伐猃狁的文物，我的朋友西安工程大学的任刚先生对之扼要撮述如下：

猃狁是殷周时期我国西北地区强悍的部族，主要分布在今陕西、甘肃北境和内蒙古西部。在先秦文献中猃狁有多种称呼：如玁狁（猃狁）、昆夷、混夷、犬夷、犬戎、西戎、太原戎、姜氏之戎等。猃狁一直是殷周的威胁。

周宣王时期，猃狁之患尤重。与猃狁的战争是宣王朝的重大事件，但相关记载不多。《国语·周语上》只有三十九年败于姜氏之戎和料民于太原两事，为《史记·周本纪》宣王纪所用，很简略。

《诗经》有讨伐猃狁的诗，如《小雅》的《采薇》《出车》《六月》《采芑》等，但是，《出车》《六月》司马迁定位周襄王时诗，见《匈奴列传》。《采薇》《采芑》也难以定为宣王时诗。司马迁大概感觉到了这种情况，因此没有采纳。

出土的青铜器，如兮甲盘铭、虢季子白盘等，一般都以为是宣王器。这些铭文有宣王讨伐猃狁的记载，既提供了新材料，也可与相关传世文献印证。如兮甲盘铭（133字）载宣王五年（前823）宣王亲率大军打败猃狁，虢季子白盘（111字）记宣王十二年（前816）虢季子白在洛之阳与猃狁交战获胜。特别值得一提的是2003年1月19日，陕西省宝鸡眉县杨家村发现一个窖藏。其中四十二年（周宣王42年，前786）逨鼎铭文有280字，记载一个叫逨的人，其家族世代军功卓著。宣王让逨辅佐封于杨地儿子长父攻击猃狁。逨没有辜负宣王的希望，立了战功，得到赏赐。

《周本纪》：昔自夏后氏之衰也，有二神龙止于夏帝庭而言曰：“余，褒之二君。”夏帝卜杀之与去之与止之，莫吉。卜请其漦而藏之，乃吉。

于是布币而策告之，龙亡而漦在，椟而去之。夏亡，传此器殷。殷亡，又传此器周。比三代，莫敢发之，至厉王之末，发而观之。漦流于庭，不可除。厉王使妇人裸而噪之。漦化为玄鼋，以入王后宫。后宫之童妾既龀而遭之，既笄而孕，无夫而生子，惧而弃之。宣王之时童女谣曰："檿弧箕服，实亡周国。"于是宣王闻之，有夫妇卖是器者，宣王使执而戮之。逃于道，而见乡者后宫童妾所弃妖子出于路者，闻其夜啼，哀而收之，夫妇遂亡，奔于褒。褒人有罪，请入童妾所弃女子者于王以赎罪。弃女子出于褒，是为"褒姒"。当幽王三年，王之后宫见而爱之，生子伯服，竟废申后及太子，以褒姒为后，伯服为太子。太史伯阳曰："祸成矣，无可奈何！"

褒姒不好笑，幽王欲其笑万方，故不笑。幽王为烽燧大鼓，有寇至则举烽火，诸侯悉至，至而无寇，褒姒乃大笑。幽王说之，为数举烽火。其后不信，诸侯益亦不至。幽王……又废申后、去太子也，申侯怒，与缯、西夷犬戎攻幽王。幽王举烽火征兵，兵莫至，遂杀幽王骊山下，虏褒姒，尽取周赂而去。

一个"洪太尉误走妖魔"（《水浒传》第一回）般的故事，热热闹闹，在中国传诵了两千年；一种类乎真实的情景，被扔到阴山背后，无人提起。诚哉，世人之爱热闹也。钱穆曰："此委巷小人之语。诸侯兵不能见烽同至，至而闻无寇，亦必休兵信宿而去，此有何可笑？举烽传警，乃汉人备匈奴事耳。骊山之役，由幽王举兵讨申，更不书举烽。史公对此番事变，大段不甚了了。"

周幽王烽火戏诸侯事，《国语》不载，《史记》此说一出，遂成家喻户晓之罪恶。据《清华大学藏战国竹简》称：幽王因宠褒姒而废太子，太子逃到了其生母之家申国，周幽王带兵围申国，"申人不畀，缯人乃降西戎，以攻幽王，幽王乃灭，周乃亡。"则"烽火戏诸侯"之事，实未必然也。

6

《周本纪》：于是诸侯乃即申侯而共立故幽王太子宜臼，是为平王，以奉周祀。平王立，东迁于雒邑，辟戎寇。

叙此段历史只叙"周平王"，而丝毫不及"携王余臣"，真"成者王侯败者贼"之观念也。《左传·昭公二十六年》："携王奸命，诸侯替之，而建王嗣，用迁郏鄏。"《孔疏》引《竹书纪年》云："先是申侯、鲁侯、许文公立平王于申，以本大子，故称天王。幽王既死，而虢公翰又立王子余臣于携。周二王并立。二十一年，携王为晋文侯所杀。"据《竹书》所云，是平王立在前，余臣被立在后。然《清华大学藏战国竹简》第二章云："幽王起师围平王于西申，申人弗畀，缯人乃降西戎，以攻幽王，幽王乃灭，周乃亡。邦君诸政乃立幽王之弟余臣于虢，是携惠王。立二十又一年，晋文侯仇乃杀惠王于虢。周无王九年，邦君诸侯焉始不朝于周。晋文侯乃逆平王于少鄂，立之于京师，三年乃东徙，止于成周。"顾炎武曰："《文侯之命》，平王所以报其立己之功，而望以杀余臣之效也。当时诸侯但知冢嗣当立，而不察其与闻乎弑为可诛，虢公之立余臣，或亦有见于此。后之人徒以成败论，遂谓平王能继文武之绪，而惜其弃岐丰七百里之地，岂当日之情哉？《古今人表》以平王、申侯同列'下下'。凡言'迁'者，自彼至此之词，盘庚迁殷是也。幽王之亡，宗庙社稷以及典章文物荡然皆尽，镐京为西戎所有；平王乃自申东保于洛，天子之国与诸侯无异，其得存周之祀幸矣，而望其中兴耶？"梁玉绳曰："按《竹书》，幽王五年，王世子宜臼出奔申；八年，王立褒姒之子伯服为太子；十一年，申人缯人及犬戎入宗周弑王、杀王子伯服，执褒姒以归；申侯、许男、郑子立宜臼于申；虢公翰立王子余臣于携，是为携王，二王并立。平王元年东徙洛邑，二十一年晋文侯杀余臣。史公不录余臣，疏矣。申侯者，平王不共戴天之雠也，乃始奔申，继立于申，终且为之戍申，不可谓非与闻乎弑矣。借手叛人，无殊推刃。虢公明冠履大义，独立余臣，辅相二十年之久，真疾风劲草哉！使当时晋、鲁、许、郑皆如虢公，则废宜臼而奉携王，周有祭主，世有人伦，岂不伟与？余方怪当时群侯之替余臣，而史并削余臣不书，毋已昧于春秋之义乎？"

程浩说："西周时期的历史文献，也存在着关于早期的记载多而中期、晚期少的情况。传世《尚书》的"周书"中，属于西周中期以后的只有穆王时期的《吕刑》一篇。清华简中多篇西周中晚期古书的重新发现，在一定程度上平衡了这种差距。穆王时期作成的《祭公之顾命》篇虽然在《逸周书》中有文本传世，但比照两种文本可知传本多有舛误，简本在"三公"制度等关键之处可以补充相关史事。新近公布的《摄命》，是一篇西周中期的重要册命文书，篇幅将近千言。关于其作者，目前有穆王与孝王两种意见。如果后说可以成立，那该篇就更加珍贵，因为此前并没有任何一篇孝王时期的文献得以传世。《芮良夫毖》虽属诗歌体，但是该篇借厉王名臣芮良夫之口阐述了当时的政治局势，也有突出的史料价值。关于厉、宣、幽三朝历史的记载，还见于前所未见的史书《系年》篇。《系年》关于国人暴动、共和行政、宣王中兴、西周灭亡等历史事件的记载与古书或依或违，为我们理解西周晚期以及两周之际的历史提供了新的视角。（《清华简十年重现了多少古书，重现了哪些古史》）

7

《周本纪》：桓王崩，子庄王佗立。庄王四年，周公黑肩欲杀庄王而立王子克。辛伯告王，王杀周公，王子克奔燕。

五年，釐王崩，子惠王阆立。惠王二年，初，庄王嬖姬姚，生子颓，子颓有宠。及惠王即位，夺其大臣园以为囿，故大夫边伯等五人作乱，谋召燕、卫师伐惠王。惠王奔温，已居郑之栎。立釐王弟颓为王。……四年，郑与虢君伐杀王颓，复入惠王。

惠王崩，子襄王郑立。襄王母蚤死，后母曰惠后。惠后生叔带，有宠于惠王，襄王畏之。三年，叔带与戎、翟谋伐襄王。襄王欲诛叔带，叔带奔齐。齐桓公使管仲平戎于周，使隰朋平戎于晋……叔带复归于周。

十六年，王绌翟后，翟人来诛，杀谭伯……初，惠后欲立王子带，故以党开翟人，翟人遂入周。襄王出奔郑，郑居王于氾。子带立为王，取襄王所绌翟后与居温。十七年，襄王告急于晋，晋文公纳王而诛叔带。

凌稚隆引金履祥曰："五霸桓公为长，而王室戎狄之祸自若。王子带以戎狄伐周，天下之大罪也，桓公不能讨，而平戎于王，岂以受王子带之奔，而为此姑息耶？桓公不能容子纠而为王容叔带，不免卒酿王室异日之祸云。"这对齐桓公的批评是很准确的。

春秋时期的东周王朝还有一个非常奇特的现象，这就是老王有太子而又分外宠爱少子，于是造成老王死后，少子与新王争夺王位：

周桓王宠少子王子克。桓王死，庄王立，王子克与周公谋杀庄王，被庄王所杀；

周庄王接着又宠少子王子颓。庄王死，惠王立，诸大夫奉王子颓攻惠王，不胜；王子颓奔卫，卫人伐周，立王子颓；惠王逃入郑。郑、虢伐周，杀王子颓；

周惠王接着又宠少子王子带。惠王死，襄王立，王子带引戎人伐周，诸侯救周，王子带逃入齐国。齐人出面调和，王子带回周。数年后，王子带又引狄师伐周，惠王逃入郑。前后乱了十八年，最后王子带被晋文公所杀，其乱始平；

其后周景王又宠少子王子朝。景王死，王子猛继立，王子朝杀王子猛；周人立猛弟敬王，王子朝自立为王，战乱长达十七年。

蔡元放对这种东周诸王相继宠爱少子的现象评论说："爱之必思所以安全之，今悖于情理而立之，后来便必致杀夺之祸。不特富贵享不成，反连性命也都断送了，又贻国家以覆乱祸败。其是非利害本自显然，却以私心所溺，遂去安从危，去利就害，自寻祸乱。前车既覆，后车复然，甚有身与其祸，到后来仍自蹈之者。此等愚人，真是愚得又可笑、又可恨、又可怜。"（《东周列国志》）

8

《周本纪》：威烈王二十三年，九鼎震。命韩、魏、赵为诸侯。

韩、魏、赵三家虽在事实上已分晋独立多年，但直到此时周威烈王始正式策命三家为诸侯。受命者为魏文侯名斯，赵烈侯名籍，韩景侯名虔。缪文远《战国史系年辑证》曰："三晋称侯，乃由上年周王命三晋伐齐有功而起，故本年周王命三家为侯，实具有酬庸性质。"据杨宽考证，三晋胜齐的战斗，即"王命韩景子、赵烈子、翟员伐齐，入长城"。见载于《纪年》、《吕览》之"下贤""不广"、《淮南子·人间训》等。据《清华大学藏战国竹简》之第二十二章，有所谓"晋魏文侯斯从晋师，晋师大败齐师。齐师北，晋师逐之，入至汧水，齐人且有陈鳖子牛之祸，齐与晋成，齐侯盟于晋军，晋三子之大夫入齐，盟陈和、陈昊于盈门之外，曰：'毋修长城，毋伐廪丘。'晋公献齐俘馘于周王。"注曰："三晋以献齐俘馘为名，要求周王命为诸侯。"正与上述诸说相合。而《史记》不载，是重大遗漏。

又，司马光写《资治通鉴》，其《周纪一》之开端事件，即从周威烈王分封晋国之三家大夫为诸侯写起，并发表长段的感慨、评论曰："晋大夫暴蔑其君，天子既不能讨；剖分晋国，天子既不能讨，又宠秩之，使列于诸侯，是区区之名分复不能守而并弃之也。先王之礼于斯尽矣。"又曰："三晋之列于诸侯，非三晋之坏礼，乃天子自坏之也。"在封建卫道者心目中这的确是一个极其严重的事件，故司马光在《资治通鉴》的一开头就大张旗鼓地这样强调它！

9

《周本纪》：慎靓王立六年崩，子赧王延立。王赧时东西周分治。

周王朝的统治，自平王东迁后，王纲下坠，积贫积弱，到周显王时代，已经成了徒有其名的傀儡。当时周国的地盘只剩下仅有的几个县，但就这仅有的几个县也被周天子下面的两家贵族所控制：占据着巩县一带的称为东周君，占据着洛阳一带的称为西周君。杨宽概述残喘中的小周国分裂为东、西周的情形说："韩国企图乘魏国内乱，把'魏分为二'，没有成功；接着又和赵国一起乘周国内乱，把周分裂为两小国。周考王把其弟揭分封在河南，即西周桓公，形成一个'西周'小国。西周桓公去世，其子威公代立。公元前 367 年，西周威公去世，少子根和太子朝争立，发生内乱，韩、赵两国帮助公子根在巩独立，这样周就分裂为'西周'和'东周'两个小国。本来周的领土就已经很小，为韩国所包围，这时又分裂为两个小国，力量更弱了。"

五

《秦本纪》

①

《秦本纪》：庄公居其故西犬丘，生子三人，其长男世父。世父曰："戎杀我大父仲，我非杀戎王则不敢入邑。"遂将击戎，让其弟襄公。襄公为太子。庄公立四十四年，卒，太子襄公代立。襄公元年，以女弟缪嬴为丰王妻。襄公二年，戎围犬丘，世父击之，为戎人所虏。岁余，复归世父。七年春，周幽王用褒姒废太子，立褒姒子为适，数欺诸侯，诸侯叛之。西戎犬戎与申侯伐周，杀幽王郦山下。而秦襄公将兵救周，战甚力，有功。周避犬戎难，东徙雒邑，襄公以兵送周平王。平王封襄公为诸侯，赐之岐以西之地。曰："戎无道，侵夺我岐、丰之地，秦能攻逐戎，即有其地。"与誓，封爵之。襄公于是始国，与诸侯通使聘享之礼。

当西周初期的时候，秦王朝的祖先们在今甘肃东部的陇西、上邽一带过着游牧生活，其首领名秦仲，因与周王朝交好，被周王朝封为西垂大夫。据考证"西垂"在今甘肃的礼县境内。秦仲后来在与周边的戎族发生矛盾，被戎人所杀。秦仲的儿子被后人称为"庄公"，承继了其父秦仲的官号。庄公有两个儿子，老大叫世父，老二即日后的秦襄公。老大生性刚烈，他放弃了在家族中的继承权，而拉起一支队伍，立志要消灭周边的戎族人，为自己的祖父报仇，从此遂一直与戎族人战斗到死。其父死后，世父的弟弟秦襄公遂继承了其父的位号，这时已经到了西周末年，是周幽王统治天下的时候了。

周幽王早年的王后姓申，生的儿子已被立为太子。后来又宠爱新来的女人褒姒，于是便废掉了原来的太子，另立褒姒所生的儿子为太子。旧王后与太子因对幽王不满，逃到王后的娘家申国（在今河南南阳一带）寻求援助。周幽王率军讨伐申国，申侯勾结西部地区的戎族袭击周幽王，周幽王兵败被杀，西周王朝陷于混乱飘摇之中。这时周王朝统治下的诸侯国，起兵援助中央政权的有三个，他们是，晋国的诸侯晋文侯、郑国的诸侯郑桓公、卫国的诸侯卫武公；此外还有一支自动跳出来的志愿军，这就是秦襄公所率领的秦地军团。当时西方秦地的势力还不算一个诸侯国，只是编外的一种附庸而已，但他们的威力却是最强的。

被申侯招引来的戎族势力被打跑了，但申侯因为持有申后与故太子两张牌，于是几派势力协商，他们拥立故太子复辟接任为周天子，这就是历史上所说的周平王。但这时周朝的都城镐京与其周边地区还在戎族人的控制与威胁之中，周平王虽已得立，但还连个安稳点的能够发号施令的立脚之地都没有，于是他们决定向东迁都，也就是要向东搬家到今河南省的洛阳去。因为洛阳早从周王朝灭商建国的时候，就将洛阳进行了开发建设，有一种国家第二都城的意思。在周平王动身向东搬迁的时候，他给秦襄公留话说："残暴的戎人颠覆了我们的国家，至今还占领着我们岐山、丰河一带的大片国土，对此我是无能为力了，那你就尽力而为吧。你能收复多少，就全归你们秦国所有。"与此同时，周平王为了感谢秦襄公的救驾之功，他将秦国的建制提高成了像齐、鲁、燕、晋、宋、郑一样的诸侯国，让他与各国平等友好地相互往来。秦襄公对此大喜过望，而对秦国不满的一些历史家则纷纷对周平王的这种随意将领土给人深致不满。《三字经》上有所谓"周辙东，王纲坠"，周天子的权威顿然垮下，一个偌大的周王朝，从此就越来越"国将不国"了。

客观地说，这是秦王朝在历史发展上向统一全国迈出的第一大步！大家应该记住秦襄公与其长兄世父这个英雄人物的名字。

2

《秦本纪》：三十年，缪公助晋文公围郑。郑使人言缪公曰："亡郑厚晋，于晋而得矣，而秦未有利。晋之强，秦之忧也。"缪公乃罢兵归，晋亦罢。三十二年冬，晋文公卒。

郑人有卖郑于秦曰："我主其城门，郑可袭也。"缪公问蹇叔、百里傒，对曰："径数国千里而袭人，希有得利者。且人卖郑，庸知我国人不有以我情告郑者乎？不可。"缪公曰："子不知也，吾已决矣。"遂发兵，使百里傒子孟明视，蹇叔子西乞术及白乙丙将兵。……兵至滑，郑贩卖贾人弦高，持十二牛将卖之周。见秦兵，恐死虏，因献其牛，曰："闻大国将诛郑，郑君谨修守御备，使臣以牛十二劳军士。"秦三将军相谓曰："将袭郑，郑今已觉之，往无及已。"灭滑。滑，晋之边邑也。

当是时，晋文公丧尚未葬。太子襄公怒曰："秦侮我孤，因丧破我滑。"遂墨衰绖，发兵遮秦兵于崤，击之，大破秦军，无一人得脱者，虏秦三将以归。文公夫人，秦女也，为秦三囚将请曰："缪公之怨此三人入于骨髓，愿令此三人归，令我君得自快烹之。"晋君许之，归秦三将。三将至，缪公素服郊迎，向三人哭曰："孤以不用百里傒、蹇叔言以辱三子，三子何罪乎？子其悉心雪耻，毋怠。"遂复三人官秩如故，愈益厚之。……

三十六年，缪公复益厚孟明等，使将兵伐晋，渡河焚船，大败晋人，取王官及鄗，以报崤之役。晋人皆城守不敢出。于是缪公乃自茅津渡河，封崤中尸，为发丧，哭之三日。乃誓于军曰："嗟士卒！听无哗，余誓告汝。古之人谋黄发番番，则无所过。"以申思不用蹇叔、百里傒之谋，故作此誓，"令后世以记余过"。君子闻之，皆为垂涕，曰："嗟乎！秦缪公之与人周也，卒得孟明之庆。"

三十七年，秦用由余谋伐戎王，益国十二，开地千里，遂霸西戎。天子使召公过贺缪公以金鼓。三十九年，缪公卒，葬雍。

以上文字叙述了秦晋之间的崤之战，以及秦缪公失败后的改变政策，奋发图强，向西、向南发展，积蓄力量，扩大版图，为日后秦孝公变法，秦国重新崛起，做好了坚实的准备。

秦缪公在春秋时代是与齐桓公、晋文公、楚庄王相并列的英雄人物，他的前半生一方面壮大了秦国自身，使秦国的国境向东推进到了黄河沿岸；同时大力帮助了晋国的稳定与晋文公辉煌霸业的形成。客观地说，秦缪公是晋国多重的再生父母，而晋国对秦国却是一代代的白眼狼。高士奇说："秦缪公，春秋之贤诸侯也。骊姬之乱，晋君数弑，国几亡，缪公立夷吾。及夷吾背德，有韩原之战，执晋侯以归，而卒反之。晋饥，又输之粟，曰：'吾怨其君，吾矜其民。'惠怀无亲，外内弃之，则又置文公以定其难。襄王之未入也，秦伯师于河上，将纳王，以晋文公纳之而止。此其天资仁厚，举动光伟，加于人一等矣。"

也正是由于秦缪公自己凭着对晋国的多次再造之恩，故而他以为他可以带着他的秦国趁势向东方迈出一大步，可以与齐、晋大国争雄、较力于中原。他估计凭着他对晋文公的恩情之深厚，晋国对秦国应该有所忍让，不会过分地伤害他。所以秦缪公才在刚刚帮着晋文公在城濮打败楚国后，又跟着晋文公一道东出讨伐郑国。晋文公讨伐郑国是为了报自己当年所受的侮辱，而秦缪公有什么必要跟着出兵呢？他有私心，或说是有雄心。一方面讨得晋国高兴，继续加强秦晋联盟；另一方面要在这天下之中的郑国打进一个楔子，建立一块根据地，为秦国在中原地区争霸创造一种良好的条件。果然，他与郑国单独媾和，获得郑国允许在都城新郑留下了一支秦国的驻军。事态进展很顺利，但秦国的用意晋国也不是瞎子，只不过互不说破而已。

紧接着机会来了，晋文公去世，晋国上下都忙于办丧事；恰好留在郑国的驻军又紧急密报，说郑国人相信秦国，把城北门交给了秦军管理。于是秦穆公立即决定出兵袭郑，谁劝也不行。为什么？秦缪公东出争霸的欲望太强烈了，郑国的机会太难得了，晋国不会对不起我们，我们对晋国恩情太天高地厚了。上下都如此想，军民都如此想。于是秦军放心大胆而行，晋军毫不迟疑地快速布防，晋文公的儿子晋襄公连一丝一毫的愧疚也没有，他想的是晋国的利益，这个消灭秦国军队的大好机会也是万万不能错过的。就这样，在崤山一战，秦军遂被晋军干净、彻底、全部消灭之，《谷梁传》《公羊传》的原文都是说"匹马只轮无反者"。

早从两千年前流传下来的《尚书》中，就有一篇《秦誓》。《秦誓》篇前有一段小序说："秦穆公伐郑，晋襄公帅师败诸崤，还归作《秦誓》。"于是讲历史的人便都依据这段《尚书·秦誓序》说《秦誓》这篇文章是写秦缪公在崤之战后，面对惨败逃回的兵将，痛苦地诉说自己的愧悔之情。令人奇怪的是，《尚书》的《秦誓》这篇文章本身并没有一个字关涉到秦国被晋国打败于崤山的问题。写文章的究竟是什么人，也无从考查。只是在其中曾提到要"询兹黄发，则罔所愆"；又说"人之有技，若己有之；人之彦圣，其心好之，不啻若自其口出。是能容之，以保我子孙黎民，亦职有利哉"云云。不仅《尚书·秦誓》本身没有涉及秦晋的崤之战；即使《左传》在写过崤之战后，有"秦伯素服郊次，乡师而哭，曰：'孤违蹇叔，以辱二三子，孤之罪也。'不替孟明。曰：'孤之过也。大夫何罪？且吾不以一眚掩大德。'"也没有提到秦缪公作"誓"的问题。只有到了《史记》中，司马迁才在《秦本纪》中叙崤之战三年后孟明等复将兵伐晋，"大败晋人，取王官及鄗，以报崤之役。晋人皆城守不敢出。于是缪公乃自茅津渡河，封崤中尸，为发丧，哭之三日。乃誓于军曰：'嗟士卒，听无哗，余誓告汝。古之人谋黄发番番，则无所过。'以申思不用蹇叔、百里傒之谋，故作此誓，令后世以记余过。"

原来是司马迁将写作《秦誓》的人归于秦缪公，将写作《秦誓》的时间改在崤之战的三年后；并将《秦誓》中的"询兹黄发，则罔所愆"云云与蹇叔、百里傒之谏连通了起来。

最早对《秦誓》提出怀疑的是清代的牟庭。他在其《同文尚书》中说《秦誓》"实无兵败悔过之言"。近人傅斯年也说："《秦誓》一篇，《书序》《史记》皆以为是秦穆公丧师于崤之罪己诏，然按其文，颇与崤战后事之情景不合。《左传》记当时秦穆公云：'孤违蹇叔以辱二三子，孤之罪也。'不替孟明，'孤之过也。'今《秦誓》并无此等意思，只在渴思有才有量之贤士。"（《诗经讲义稿》）

高士奇论秦穆公说："百里奚，虞之俘囚也，举之牛口之下；蹇叔贤而世莫知，五羖大夫荐达之，迎以为上大夫；由余，戎之贤臣也，及其来归，以客礼之。爰是益国十二，开地千里，遂霸西戎，天子使召公贺以金鼓。当是时，秦国之强，侪于齐、晋、荆楚。"（《左传纪事本末》）

马非百曰："秦以西垂小国，乘周之乱，逐戎有岐丰之地；垂及百年，至于穆公，遂灭梁、芮，筑垒为王城，以塞西来之路，由是据丰、镐故都，蔚为强国，与中夏抗衡矣。总观穆公之力征经营，其始也，致全力于东进政策之推行，及东进受挫于晋，则改而从事西进。西进既成，又转而南进。秦人异日统一之基，实自穆公建之。"（《秦集史》）

《秦本纪》：戎王使由余于秦……秦缪公示以宫室、积聚。由余曰："使鬼为之，则劳神矣。使人为之，亦苦民矣。"缪公怪之，问曰："中国以《诗》《书》礼乐、法度为政，然尚时乱；今戎夷无此，何以为治，不亦难乎？"由余笑曰："此乃中国所以乱也。夫自上圣黄帝作为礼乐法度，身以先之，仅以小治。及其后世，日以骄淫。阻法度之威，以责督于下，下罢极则以仁义怨望于上，上下交争怨而相篡弑，至于灭宗，皆以此类也。夫戎夷不然。上含淳德以遇其下，下怀忠信以事其上，一国之政犹一身之治，不知所以治，此真圣人之治也。"

此由余之论中原治国之文化，与《匈奴列传》中行说之论中原治国之弊病异曲同工，皆入木三分之论也。治中原之君臣，与治匈奴戎狄之君臣，皆应细心深入以总结之。汉族统治者固屡屡因此以致败，而匈奴戎狄之君亦往往征服汉人政权，取得中原之统治权后，遂亦迅速而不可扼制地消解于此种松散、怠惰的社会之中，乃至被消解得连一点影子也不曾留下。匈奴如此，鲜卑如此，再往后的少数民族也是如此。就一种社会生活而言，不能不说是一种进步；但从一个曾经一度相当强大的民族的发展而言，这难道不是一种悲哀吗？究竟应该如何认识，如何主动自觉地改变其中的消极因素，让不同民族的优长之处都得以发展光大，别再浑浑庸庸地重复过去的历史，这其中让人思考的问题似乎还有很多很多。

4

《秦本纪》：孝公元年，河山以东强国六，与齐威、楚宣、魏惠、燕悼、韩哀、赵成侯并。淮、泗之间小国十余。楚、魏与秦接界。魏筑长城，自郑滨洛以北，有上郡。楚自汉中，南有巴、黔中。周室微，诸侯力政，争相并。秦僻在雍州，不与中国诸侯之会盟，夷翟遇之。孝公于是布惠，振孤寡，招战士，明功赏。下令国中曰："昔我缪公自岐雍之间，修德行武，东平晋乱，以河为界；西霸戎翟，广地千里，天子致伯，诸侯毕贺，为后世开业，甚光美。会往者厉、躁、简公、出子之不宁，国家内忧，未遑外事，三晋攻夺我先君河西地，诸侯卑秦，丑莫大焉。献公即位，镇抚边境，徙治栎阳，且欲东伐，复缪公之故地，修缪公之政令。寡人思念先君之意，常痛于心。宾客群臣有能出奇计强秦者，吾且尊官，与之分土。"……

卫鞅闻是令下，西入秦，因景监求见孝公。

三年，卫鞅说孝公变法修刑，内务耕稼，外劝战死之赏罚，孝公善之。甘龙、杜挚等弗然，相与争之。卒用鞅法，百姓苦之；居三年，百姓便之。乃拜鞅为左庶长。……十二年，作为咸阳，筑冀阙，秦徙都之。并诸小乡聚，集为大县，县一令，四十一县。为田开阡陌，东地渡洛。十四年，初为赋。十九年，天子致伯。二十年，诸侯毕贺。秦使公子少官率师会诸侯逢泽，朝天子。二十一年，齐败魏马陵。二十二年，卫鞅击魏，虏魏公子卬。封鞅为列侯，号商君。

二十四年，……孝公卒，子惠文君立。是岁，诛卫鞅。鞅之初为秦施法，法不行，太子犯禁。鞅曰："法之不行，自于贵戚。君必欲行法，先于太子。太子不可黥，黥其傅师。"于是法大用，秦人治。及孝公卒，太子立，宗室多怨鞅，鞅亡，因以为反，而卒车裂以徇秦国。

以上《秦本纪》所叙述秦孝公起用商鞅，在秦国实行变法，使秦国迅速变富、变强；同时也由于变法过程中侵犯了既得利益集团，故而当秦孝公一死，其敌对势力立即兴风作浪，残酷地杀害了商鞅的情景。《秦本纪》所描写的过程，与《商君列传》之所描述相辅相成，主要情节与其思想倾向也大体一致。值得注意的是《战国策·秦策一》对此事件的描写，其文为："卫鞅亡魏入秦，孝公以为相，封之于商，号曰商君。商君治秦，法令至行，公平无私，罚不讳强大，赏不私亲近，法及太子，黥劓其傅。期年之后，道不拾遗，民不妄取，兵革大强，诸侯畏惧。然刻深寡恩，特以强服之耳。

秦孝公行之八年，疾且不起，欲传商君，辞不受。孝公已死，惠王代后，莅政有顷，商君告归。人说惠王曰：'大臣太重者国危，左右太亲者身危。今秦妇人婴儿皆言商君之法，莫言大王之法，是商君反为王，大王更为臣也。且夫商君固大王仇雠也，愿大王图之。'商君归还，惠王车裂之，而秦人不怜。"

其主要区别在于《史记》所写商鞅变法所触犯的是一个庞大的既得利益集团，太子只不过是被他们推出来的代表而已；后来掀起暴乱杀害商鞅的也是这个集团，而没有明确提到太子。因为太子即历史上的"秦惠文王"，也是对秦国发展很有贡献的人物。而据《战国策》所写，前面与商鞅对抗的主要是太子；后面更公开接受词讼，车裂商鞅的是"惠王"，并落实为"商君固大王仇雠也"，这一来秦惠文王就成了一个小肚鸡肠，为报私仇完全不讲是非大局的可憎之人。

《战国策》比《史记》最严重的是多出了秦孝公"疾且不起，欲传商君"八个字，有这八个字，商鞅就的确成了秦惠王不共戴天的"仇雠"了。缪文远说："'疾且不起，欲传商君'，可见其君臣之相得。战国时有禅让思潮，此章所言，可为佐证。"说得轻松，事实可不如此，一个当"太子"的人他所最怕的事情是什么？如果秦孝公生前真的有这么一说，那就是他有意无意把商鞅最后推上了绝路。尽管他所说的也许真是一句出自内心的好话！

郭沫若评秦孝公说："使商鞅成了功的秦孝公，我们也不好忘记，他确实是一位法家所理想的君主，他能够在二十余年间让商君一人负责，放手做去，不加以干涉，真是难能可贵的。古时候的政治家要想成功，最难得的是这种君臣的际遇，齐桓公之于管仲，远不如秦孝公之于商鞅，至于后代的刘先主之于诸葛亮，宋神宗之于王安石，更是大有愧色了。"（《十批判书》）

马非百说："自卫鞅变法后，国势顿臻强盛，发展之速，殊为可惊。考其对三晋之战略，不外贾谊《过秦论》所云'内修守战之具，外连衡而斗诸侯'二语。前者即卫鞅所施行之各种新法，后者又可分为下列数点：与楚和亲；与韩订立互不侵犯条约；与魏惠王直接谈判；组织秦、赵、齐三国同盟，共同对魏，以收东西夹攻之效。"（《秦集史》）

5

《秦本纪》：太史公曰："秦之先为嬴姓。……然秦以其先造父封赵城，为赵氏。"

司马迁此语不可取。关于秦王朝帝王的姓氏，《秦本纪》中叙述甚明，今再简述如下：秦王朝的始祖名曰"大费"，也称作"伯翳"，是虞舜时代的大臣，曾为帝舜驯养鸟兽，被舜帝赐姓"嬴"。到商朝末期，"大费"的后代有曰"蜚廉"者，是殷纣王的大臣。"蜚廉"有二子，长子叫"恶来"，少子叫"季胜"。长子"恶来"效忠于殷纣王，公元前 1046 年跟着殷纣王一同被周武王所灭。少子"季胜"没有受到商朝亡国的牵连，其子孙很快地受到了西周王室的宠爱。其中最有名的称作"造父"，他凭着养马、赶车的技术，被周穆王（前 976—922 年在位）所宠，因有功被分封于今山西省洪洞县内的赵城镇。于是这个家族遂开始以"赵"为姓。这个家族在春秋时代出过许多名人，如赵衰、赵盾、赵简子，到赵襄子时遂分晋建立了赵国。"蜚廉"的长子"恶来"的后代，在周初沉寂无闻，躲在今甘肃境内的犬丘（今礼县境内）过着游牧生活。后来他们听说生活在山西赵城的造父家族发达起来，于是他们就攀龙附凤地宣称自己与造父是同一个家族，而且愿意跟着他们一起姓"赵"，于是就如此这般地度过了数十年。直到游牧在犬丘的那个家族中出了一位名叫"非子"的领袖，以善养马与其他各种牲畜闻名。"非子"的名声很快传到朝廷，周孝王（前 891—前 886 在位）请他出山，派他到今甘肃境内的渭水、汧水一带给周王朝养马。由于"非子"为周孝王养马有大功，于是周孝王特地为"非子"分疆立邑。说："昔伯翳为舜主畜，畜多息，故有土，赐姓嬴。今其后世亦为朕息马，朕其分土为附庸。"于是"邑之秦，使复续嬴氏祀，号曰'嬴秦'。"待至周幽王（前 781—前 771 年在位）荒淫无道，西周被犬戎所灭时，在"非子"的后辈子孙中，出现了"世父"与"襄公"，襄公因抗击犬戎，救助周平王有大功，被周平王封立为诸侯。其后秦国的诸侯中先后出现了秦穆公、秦孝公、秦惠文王、秦武王、秦昭王等，到秦始皇时遂统一六国建立了秦王朝。

综上所述，可以结论说：

1、秦国帝王的家族与晋国境内的赵氏以及战国时代的赵国贵族，是同一个祖先，即尧舜时代的"大费"，也称"伯翳"。伯翳被舜帝"赐姓嬴"。因此，笼统地说晋国的"赵氏"、六国时的赵国，与秦国的帝王是同一个祖先，都姓"嬴"，是可以的。

2、秦国帝王的这个支派，在他们的祖辈"非子"还没有出现，没有为周孝王立功，没被周王朝裂土立邑，使之为周王朝的"附庸"，并下令给他们重新"赐姓嬴"，让他们"复续嬴氏祀"前，他们曾跑到赵城去向造父的家族认亲，说自己也愿意跟着他们一同姓"赵"，并如此地度过了数十年。从这个意义上，司马迁说秦国"其先造父封赵城，为赵氏"，是可以成立的。但这只说明秦国祖先有这么一段历史，而且这段历史仅指上起周穆王下至周孝王时的秦国的"非子"尚未出世之前的数十年间。而且还应指出，"造父"也不是秦国帝王的祖先，因为造父的祖先"季胜"，与秦国的祖先"恶来"，早从西周建国就已经是分别在两条道上各自行驶的列车了。

3、真正开创秦国历史的祖先是"非子"。"非子"由于为周孝王驯养马匹，而被立为周国的"附庸"。"附庸"是低于"封国"的一种建制，也是有土地、有政权的小国，只是被托管于某个大国之下，间接地归属于周王朝而已。等再过若干年到秦襄公出世，就被周平王封立为类似齐国、鲁国一样的"诸侯"了。但秦国从"非子"开始，又重新被周孝王"赐姓嬴"，让他们"复续嬴氏祀"，这种封赠是非常庄严、非常神圣的。故而两千年来研究历史的人们，没有一个不承认秦朝的帝王如秦孝公、秦昭王、秦始皇等是姓"嬴"，而从来没有什么人提出说他们姓"赵"。司马迁在《秦本纪》最后所说的"秦以其先造父封赵城，为赵氏"云云，含混谬误不足取。

六

《秦始皇本纪》

1

《秦始皇本纪》：秦始皇帝者，秦庄襄王子也。庄襄王为秦质子于赵，
见吕不韦姬，悦而取之，生始皇。以秦昭王四十八年正月生于邯郸。及生，
名为政，姓赵氏。

司马迁对秦始皇之出身的这段叙述，简明扼要，非常清晰：他是庄襄
王的儿子，他的生母原本是赵国商人吕不韦的姬妾，后来嫁给了当时正在
赵国作人质的尚未发迹的庄襄王。这个女子于秦昭王四十八年（公元前
259）正月，生了一个男孩，即后来的大名鼎鼎的秦始皇。

秦始皇的出身就是如此，简单明了，没有二话，司马迁这样地写《秦
始皇本纪》，应该说，这就是司马迁在表明一种自己的态度。

但在《吕不韦列传》里就有别的说法了，那里说是吕不韦故设圈套，
让他的一个怀了孕的姬妾嫁给了尚未发迹的庄襄王，于是这个男孩不用说
就是吕不韦的儿子了。这种说法大概在秦朝末年与西汉初年流行甚广，如
果说在秦王朝没被推翻前，这种话人们还不敢公开说，那么到了秦王朝被

农民起义推翻后，有关秦始皇的这种传说大概也就成为家喻户晓、妇孺皆知了。司马迁想肯定，没证据；想否定，没事实。于是就只好让它们两存：他在写《秦本纪》《秦始皇本纪》这种庄严郑重的大篇章时，完全不涉及这些事；但当他在写吕不韦一生劣迹的《吕不韦列传》时，就连带着涉及了秦始皇的出身以及秦始皇之母入秦宫后的种种表现。他说秦始皇之母在进入秦宫后尚与吕不韦有牵连；说与秦始皇之母姘居并阴谋在秦宫作乱的嫪毐，就是吕不韦将他送到秦始皇之母身边去的。但在写《秦本纪》与《秦始皇本纪》的时候则完全没有涉及与此相关的这些事。

除了《吕不韦列传》外，整个《史记》中提及吕不韦的事情甚少，《史记》中几乎完全没有提及吕不韦对秦国发展的历史功绩，但也没有提及吕不韦在秦国有何罪过。司马迁这种写法似乎是有意地在隔断《吕不韦列传》与其他诸篇之间的关联，也似乎是在有意地表明一种态度。

《吕不韦列传》中还有一段话说："秦昭王五十年，使王龁围邯郸，急，赵欲杀子楚。子楚与吕不韦谋，行金六百斤予守者吏，得脱，亡赴秦军，遂以得归。赵欲杀子楚妻子，子楚夫人赵豪家女也，得匿，以故母子竟得活。"这里所说的"子楚夫人"不应该就是前面所说的吕不韦的"姬妾"吗？怎么这里又成为"赵豪家女"了？她们到底是一个人，还是两个人？对此我们是应该将其视为司马迁写作上的偶然疏忽呢，还是应该将其视为司马迁故意给后世读者留下的一种"破绽"呢？

关于秦始皇的"名"与"姓"，司马迁在《秦始皇本纪》中说："庄襄王为秦质子于赵，见吕不韦姬，悦而取之，生始皇。以秦昭王四十八年正月生于邯郸。及生，名为政，姓赵氏。"意思就是其名为"政"，姓"赵"。这话对不对呢？严格说起来有对，有不对。

秦始皇是"正月"生人，其本名自然应该是叫"正"。清代梁玉绳《史记志疑》说："始皇以'正月'生，遂以'正'名之。惟其名'正'，是以《秦历》改'正月'为'端月'。《史记》古本是'正'字，不知何时尽改作'政'。"事实是因为秦始皇名"正"，故当时的人们都书写作"政"，这是一种为皇帝避讳的方式。又，两千年来人们都习惯地称阴历的"正月"为"zheng月"，读第一声，这也是一种给皇帝避讳的方式。

至于司马迁说由于秦始皇的母亲是在"赵国"生的秦始皇，故而秦始皇就姓了"赵"，这是没有道理的。秦始皇的祖先早从"非子"开始，就被周孝王"赐姓嬴"，"复续嬴氏祀"，从此六百多年来秦国的先公先王都世代姓"嬴"，秦始皇岂有擅自改为他姓的道理？春秋战国时代，常有某诸侯国的公子一度漂流到别的国家或少数民族地区，回国时携带着在那个国家招亲所生的子嗣，如晋惠公、晋文公等都有这种情况。但历史家记载这些随父归来的子嗣，无一不是随着他们父亲的姓，而没有见过哪一个随父归来的儿子便由此改取其父所一度留居的国名或地区名为自己的"姓"。司马迁所以这么说，是不是有别的缘由。

2015 年 9 月，北京大学出版文献研究所编印的《北京大学藏西汉竹书》，中有一篇早已亡佚的文献，篇名自题为《赵正书》。这份资料的原作者究竟是什么身份不得而知，从其中称秦始皇的身份为"秦王"，又从其悍然直呼秦始皇的名字为"赵正"来看，当时的政治形势应该是秦王朝已被推翻，汉王朝已经建立，但整个国家、朝廷的等级秩序、礼乐章法似乎都还处于草创，处于很不规范的时代。《赵正书》直呼秦始皇的名字为"赵正"，它比司马迁所说的"名为政，姓赵氏"要无礼得多，简直流露着一派傲慢、蔑视之气。可以想象，类似《吕不韦列传》所叙述的那种对秦始皇的藐视、嘲弄之情，在当时是迷漫于街头巷尾、茶馆酒肆的。有了《赵正书》为证，就可以知道说秦始皇"姓赵氏"不是司马迁的首创，而是来源于西汉初期街谈巷议的一种约定俗成。

《赵正书》的称谓似乎是与《吕不韦列传》的叙事相配套的，它直接宣示了秦始皇不是嬴氏祖先的后代，又直呼其名"正"以显示对他的轻蔑。当他们口头上说着"赵正"的时候，他们心里想说的是"吕正"。他们不说"吕正"而说"赵正"，这就给说话增加了一点迷离、含蓄的成分。司马迁也采用"姓赵氏"这种说法，则是明知道他所给出的解释不合情理，但这个说法恰好又有它较迷离、较含蓄的似是而非的一面。

《秦始皇本纪》：大梁人尉缭来，说秦王曰："以秦之强，诸侯譬如郡县之君，臣但恐诸侯合从，翕而出不意，此乃智伯、夫差、湣王之所以亡也。愿大王毋爱财物，赂其豪臣，以乱其谋，不过亡三十万金，则诸侯可尽。"秦王从其计，见尉缭亢礼，衣服食饮与缭同。缭曰："秦王为人，蜂准长目，挚鸟膺，豺声，少恩而虎狼心，居约易出人下，得志亦轻食人。我布衣，然见我常身自下我；诚使秦王得志于天下，天下皆为虏矣。不可与久游。"乃亡去。秦王觉，固止，以为秦国尉，卒用其计策。

秦始皇在历史上被称作独裁专制的暴君，而于此又见其虚心下士之宏量；再联系《白起王翦列传》中其罢斥王翦、起用王翦的知过必改、从谏如流之状，又令人无比心折。英雄诚非凡人之可量也。

吕祖谦曰："尉缭之计与李斯同，前此，唐雎之散合纵；后此，陈平之间项羽，以金啖之之术，每用每中。"《李斯列传》云："秦王乃拜斯为长史，听其计，阴遣谋士赍金玉以游说诸侯，诸侯名士可下以财者，厚遗结之；不肯者，利剑刺之，离其君臣之计，秦王乃使其良将随其后。"《陈丞相世家》记陈平谓汉王曰："大王诚能出捐数万斤金行反间，间其君臣，以疑其心，项王为人意忌信谗，必内相诛。汉王因举兵而攻之，破楚必矣。"史珥曰："汉高颇窥其秘，收效甚大，而赂陈豨将则以'贾人子'故，尤为妙解。"

《秦始皇本纪》：二十八年，始皇东行郡县，上邹峄山。立石，与鲁诸儒生议，刻石颂秦德，议封禅望祭山川之事。

以上数句文字错乱，梁玉绳引赵明诚《金石录》云："峄山碑文辞简古，非秦人不能为，《史记》独遗此文，何哉？"泷川引卢文弨曰："此文（指《始皇纪》）似有误脱。峄山刻石乃七篇中之第一篇也，史公必不特删此篇。疑此'上邹峄山'下，即当云'刻石颂秦德'，便接以'其辞曰'云云，如后数篇之式。颂文之后，接以'与鲁诸儒生议封禅，望祭山川'之事。"

陈仁锡曰："始皇巡狩，立石颂德凡七处，太史公载其六，独邹峄不载，何也？其辞云：

'皇帝立国，维初在昔，嗣世称王。讨伐乱逆，威动四极，武义直方。戎臣奉诏，经时不久，灭六暴强。廿有六年，上荐高号，孝道显明。既献泰成，乃降专惠，亲巡远方。登于峄山，群臣从者，咸思悠长。追念乱世，分土建邦，以开事理。攻战日作，流血于野，自太古始。世无万数，阤及五帝，莫能禁止。乃今皇帝，一家天下，兵不复起。灾害灭除，黔首康定，利泽长久。群臣诵略，刻此乐石，以著经纪。'"

谨列以上诸说，供读者参考。

《秦始皇本纪》：丞相李斯曰："五帝不相复，三代不相袭，各以治，非其相反，时变异也。……古者天下散乱，莫之能一，是以诸侯并作，语皆道古以害今，饰虚言以乱实，人善其所私学，以非上之所建立。今皇帝并有天下，别黑白而定一尊。私学而相与非法教，人闻令下，则各以其学议之。入则心非，出则巷议，夸主以为名，异取以为高，率群下以造谤。如此弗禁，则主势降乎上，党与成乎下。禁之便。臣请史官非秦记皆烧之。非博士官所职，天下敢有藏诗、书、百家语者，悉诣守、尉杂烧之。有敢偶语《诗》《书》者弃市。以古非今者族。吏见知不举者与同罪。令下三十日不烧，黥为城旦。所不去者，医药卜筮种树之书。若有欲学法令，以吏为师。"制曰："可。"

此千古所传之"焚书"始末也。一个国家政权的草创之初，敌对势力林立，没有一个有权威的人物，没有一种有权威的言论，草创政权何由得以巩固？秦朝初建如此，哪个王朝初建不是如此？有人把秦朝的"焚书"说成"毁灭文化"，其实秦始皇是想愚化被压迫的劳动大众。至于统治阶级本身，他们自己是不受这种管制的。当时把所有的书籍分为三种：一、凡是东方六国的当代历史书，统统烧毁；二、除六国历史以外的其他各种社会文化书籍，散在黎民百姓之家的一律交出销毁，而在各级政府衙门与贵族之家所收藏的，一律不烧。三、凡属于自然科学诸如医学、农业、水利、天文等一律不烧。凡是想进入官场，为国家效力的人都可以到各级衙门里跟着官吏们学习。崔适说："第烧民间之书，不烧官府之书；第禁私相授受，可诣博士受业。故陈胜反，二世召问博士诸生，博士诸生三十余人前曰'人臣无将'，语本《公羊传》，事载《叔孙通传》。若并在官者禁之，三十余人者焉敢公犯诏书，擅引经义哉？"

5

《秦始皇本纪》：于是始皇以为咸阳人多，先王之宫廷小："吾闻周文王都丰，武王都镐，丰镐之间，帝王之都也。"乃营作朝宫渭南上林苑中。先作前殿阿房，东西五百步，南北五十丈，上可以坐万人，下可以建五丈旗。周驰为阁道，自殿下直抵南山。表南山之颠以为阙。为复道，自阿房渡渭，属之咸阳，以象天极阁道绝汉抵营室也。阿房宫未成；成，欲更择令名名之。作宫阿房，故天下谓之"阿房宫"。

据《中国文物地图集》之《陕西分册》，阿房宫遗址在今西安市未央区之三桥镇南，为秦朝上林苑内的朝宫遗址。东至皂河西岸，南至上堡子、赵家堡，西至长安县境内的纪阳寨、周吴村，北至张村、三桥镇街南一带。面积约八平方公里。阿房前殿遗址东至赵家堡、巨家庄，西至长安县古城村，现存平面长方形夯土台基，东西长一千三百二十米，南北宽约四百二十米，面积为五十五万多平方米，是我国古代最大的夯土建筑台基。司马迁在本文中对阿房宫的描述至为详悉，但据2003年十二月考古工作者对阿房前殿的发掘，既未见秦代瓦当，也未见焚烧痕迹，于是考古学家李毓芳认为是阿房前殿的"主体建筑没有封顶"；刘庆柱认为是阿房前殿的"基础打好了，宫殿没有完全盖好"就停止了。结合《史记》与《汉书》的记载，除司马迁在本文中描述过阿房宫外，汉初所有的人，上至皇帝，下至文武百官，不少人去过上林苑，但却没有一个人到过阿房宫，也没有人说起过谁去过阿房宫的情景。甚至连司马迁本人也没有说他见过阿房宫或者是见过阿房宫的废墟。这真是一件很奇怪的事。阿房前殿既然如此，则其他部分也就更难说是建筑成为什么样子了。看来司马迁对阿房宫的这些描写只能说是根据了建筑的蓝图与当时人们的一些传说。至于实际情况，也许是打了一些基础，做了某些前期的工作。从秦朝灭亡到刘邦的朝廷迁到长安，中间还隔着六年。在这期间破烂的工地如果没人管，用不着焚烧，就凭周围百姓的乱抄乱拿，用不上两三年也就会片瓦无存了。阿房宫在人们头脑里所以能如此富丽堂皇，除了有司马迁如上的一段描写外，更重要的是来自唐代杜牧的一篇《阿房宫赋》，恐怕在汉朝人的心目中阿房宫远远没有唐朝以后人们的印象那样鲜明。

6

《秦始皇本纪》：至平原津而病。始皇恶言死，群臣莫敢言死事。上病益甚，乃为玺书赐公子扶苏曰："与丧会咸阳而葬。"书已封，在中车府令赵高行符玺事所，未授使者。七月丙寅，始皇崩于沙丘平台。丞相斯为上崩在外，恐诸公子及天下有变，乃秘之，不发丧。棺载辒凉车中，故幸宦者参乘，所至上食。百官奏事如故，宦者辄从辒凉车中可其奏事。独子胡亥、赵高及所幸宦者五六人知上死。赵高故尝教胡亥书及狱律令法事，胡亥私幸之。高乃与公子胡亥、丞相斯阴谋破去始皇所封书赐公子扶苏者，而更诈为丞相斯受始皇遗诏沙丘，立子胡亥为太子。更为书赐公子扶苏、蒙恬，数以罪，赐死。语具在《李斯传》中。行，遂从井陉抵九原。会暑，上辒车臭，乃诏从官令车载一石鲍鱼，以乱其臭。

秦始皇死，赵高、胡亥、李斯等封锁消息；赵高又拉李斯上贼船，共同篡改始皇帝诏书，改诏立胡亥为太子，改诏赐扶苏、蒙恬等死，致使偌大强盛的一个秦王朝遂鼎覆鱼烂，迅即崩溃灭亡。此惊险大事之详细过程，其赵高与李斯之反复较量，最后李斯被赵高制服的情景，详见于《李斯列传》。司马迁把赵高这个开天辟地以来前所未见过的奸雄，与李斯这个终生以自私自利为生活奋斗目标的大功臣与大懦夫摆在一起，为他们设计极具个性化的语言，描摹他们各自的心理神情，让读者像看戏一样惊心动魄。明代邓以瓒说："高、斯密谋，宜不令人知之，乃叙之详悉如此，且文辞甚工丽，可见古时史职。"我相信秦代宫廷不可能存有这种档案，因为最最秘密的事情是不会有档案的。那么司马迁是根据什么写出来的？

2015 年 9 月，北京大学出土文献研究所编印的《北京大学藏西汉竹书》中有一篇早已亡佚的汉代文献，篇名自题为《赵正书》。其中写到了秦始皇东巡途中患病，临终前与李斯、赵高等一道商议，立胡亥为太子。这就对了。这样的秦简、汉简还应该出土百件千件，因为这样的东西在胡亥、赵高、李斯当权的时候，是主流的声音，是官方文件最通行的说法。司马迁的说法只能出现在赵高被子婴杀掉之后。赵高拉李斯上贼船，以及他们之间的那些相互对答，应该都是出于司马迁，或者是司马迁所从听来那种传说们的想象与设计，天才地为他们代言如此。详见《李斯列传》，盖《史记》中的代言之长、代言之妙，无过于此者！

《秦始皇本纪》：阎乐归报赵高，赵高乃悉召诸大臣公子，告以诛二世之状。曰："秦故王国，始皇君天下，故称帝。今六国复自立，秦地益小，乃以空名为帝，不可。宜为王如故，便。"立二世之兄子公子婴为秦王。以黔首葬二世杜南宜春苑中。令子婴斋，当庙见，受王玺。斋五日，子婴与其子二人谋曰："丞相高杀二世望夷宫，恐群臣诛之，乃详以义立我。我闻赵高乃与楚约，灭秦宗室而王关中。今使我斋见庙，此欲因庙中杀我。我称病不行，丞相必自来，来则杀之。"高使人请子婴数辈，子婴不行，高果自往，曰："宗庙重事，王奈何不行？"子婴遂刺杀高于斋宫，三族高家以徇咸阳。子婴为秦王四十六日，楚将沛公破秦军入武关，遂至霸上，使人约降子婴。子婴即系颈以组，白马素车，奉天子玺符，降轵道旁。

宋代胡寅曰："子婴居无可奈何之地，乃能不动声色，屠戮赵高，虽不救亡，亦足抒愤，岂不可怜也哉？汉王遂王关中，必有以处之；项氏杀之，不仁甚矣。"史珥曰："子婴不德赵高立己，声色不动，而讨贼门庭之内，明而能断，叔孙昭子后一人。后世归功宦竖，受制强奴，终身不能自作一事，皆子婴罪人也。"班固曰："小人乘非位，莫不悦忽失守，偷安日日；独能长念却虑，父子作权，近取于户牖之间，竟诛猾臣，为君讨贼。高死之后，宾婚未得尽相劳，餐未及下咽，酒未及濡唇，楚兵已屠关中，真人翔霸上。素车婴组，奉其符玺，以归帝者。纪季以酅，《春秋》不名。吾读《秦纪》，至于子婴车裂赵高，未尝不健其决，怜其志。婴死生之义备矣。"

班固所说的"纪季以酅，《春秋》不名"，是班固以纪季携酅邑投降齐国的事情来比喻、赞美子婴的奉玺绶以降刘邦，典故见《左传》庄公三年或韩兆琦《史记笺证·秦始皇本纪》中的相关注释。

但据 2015 年北京大学出版的简书《赵正书》所云，乃是赵高在诬陷、杀害李斯后，又杀了秦二世胡亥；紧接着秦朝的叛将章邯引兵攻入咸阳，杀了赵高，灭了秦王朝。而根本没有赵高立子婴为秦王，子婴乃与其子诛灭赵高，捧玺符以投降汉王刘邦事。

8

《秦始皇本纪》之文字、标点有可讨论者：

（1）卫尉竭、内史肆、佐弋竭、中大夫令齐等二十人皆枭首。车裂以徇，灭其宗。及其舍人，轻者为鬼薪。

行文如此，易使人误解为是卫尉竭、内史肆、佐弋竭、中大夫令齐等二十人除被枭首外，还被"车裂以徇，灭其宗"，而唯独首犯嫪毐不知被治以何罪。实则是在"车裂以徇"的"车裂"之下少了一个"毐"字。这"车裂以徇"并"灭其宗"的最严厉惩罚才是专为嫪毐而设的。此处的"毐"字焉能漏掉？但史文偏偏竟漏掉了，应据补。

数句应标点作："卫尉竭、内史肆、佐弋竭、中大夫令齐等二十人皆枭首。车裂［毐］以徇，灭其宗。及其舍人，轻者为鬼薪。"

（2）及其舍人，轻者为鬼薪，及夺爵迁蜀四千余家，家房陵。

既曰"迁蜀"，又曰"家房陵"，于理不顺。房陵，即今湖北房县，当时属汉中郡，与蜀郡隔着巴郡。即使说汉中郡在汉代也属于益州刺史部，但称"迁房陵"为"迁蜀"，终嫌欠妥。疑"蜀"字衍文。

全句应作"及夺爵迁（蜀）四千余家，家房陵。"

（3）其舍人临者，晋人也逐出之；秦人六百石以上夺爵，迁；五百石以下不临迁，勿夺爵。

"临"，前往哭吊死者。以上数句的意思是：吕不韦家的舍人，凡是前往哭吊吕不韦者，如果是来自东方的人就被驱逐出境；如果是秦国本地的人那就分成两类：六百石以上的要被削去爵位而后流放；五百石以下的只是流放，保留其爵位。至于那些没有去哭吊吕不韦的人，就完全不在这项规定之内了。但由于原文在"五百石以下"又无端加了"不临"二字，遂使诸说歧异，龃龉难通。其实，此数句之开端即曰"其舍人临者"应如何处置，言外之意即凡"不临"者遂既往不咎。现据削"不临"二字。

数句应标点作："其舍人临者，晋人也逐出之；秦人六百石以上夺爵，迁；五百石以下（不临）迁，勿夺爵。"

（4）三十二年，始皇之碣石，使燕人卢生求羡门、高誓。刻碣石门。坏城郭，决通堤防。其辞曰……

"刻碣石门"，意即把铭文刻在石门上，不需再专门立石。新校本原文在"刻碣石门"下有"坏城郭，决通堤防"二句，上下不粘。梁玉绳引陈太仆曰："'坏城郭'二语横插中间，与上下文意不贯，当为衍文，即《碣石铭》内'堕坏城郭，决通川防'之辞而重出者。"梁说是也，今据削"坏城郭，决通堤防"七字。

全段应标点为："三十二年，始皇之碣石，使燕人卢生求羡门、高誓。刻碣石门，（坏城郭，决通堤防。）其辞曰……"

（5）隐宫徒刑者七十余万人，乃分作阿房宫，或作丽山。发北山石椁，乃写蜀、荆地材皆至。

"隐宫"应作"隐官"。隐官徒刑，即隐官管理下的劳改犯人。马非百曰："所谓'隐官'，乃是一个收容受过刑罚而因立功被赦之罪人的机关。处在隐官之罪人，必须从事劳动，其性质约与后世之劳动教养所大致相同。"但所有《史记》旧本的原文皆误作"隐宫徒刑"，于是所有旧注都通通与"宫刑"联系起来解释，谬语纷纭。近三十年来陈直、马非百等人的详审考据始廓清迷雾，详见《史记笺证》与三全本《史记》的注释。今据改"隐宫"为"隐官"。

"发北山石椁，乃写蜀、荆地材皆至"，二句乃叙述建造阿房宫与丽山陵墓所用的石材与木料系来自何处。"椁"字应是衍文；"写"的意思是运送、运输。而通行本原文于此作"发北山石椁，乃写蜀、荆地材皆至"，意思立刻出了问题。梁玉绳引何焯语曰："'椁'字疑衍。"何、梁说是，此处只说从何处调取材料，无专门调集北山人所做的石椁之理。故据削"椁"字。

全段应标点作："隐（宫）［官］徒刑者七十余万人，乃分作阿房宫，或作丽山。发北山石（椁），乃写蜀、荆地材皆至。"

（6）侯生、卢生相与谋曰："始皇为人，天性刚戾自用，起诸侯，并天下，意得欲从，以为自古莫及己。专任狱吏，狱吏得亲幸。博士虽七十人，特备员弗用。丞相诸大臣皆受成事，倚辨于上。上乐以刑杀为威，天下畏罪持禄，莫敢尽忠。上不闻过而日骄，下慑伏谩欺以取容。秦法不得兼方，不验辄死。然候星气者至三百人，皆良士，畏忌讳谀，不敢端言其过。天下之事无小大皆决于上，上至以衡石量书，日夜有呈，不中呈不得休息。贪于权势至如此，未可为求仙药。"于是乃亡去。始皇闻亡，乃大怒曰："吾前收天下书不中用者尽去之。悉召文学方术士甚众，欲以兴太平。方士欲练以求奇药，今闻韩众去不报；徐市等费以巨万计，终不得药，徒奸利相告日闻。卢生等吾尊赐之甚厚，今乃诽谤我，以重吾不德也。诸生在咸阳者，吾使人廉问，或为訞言以乱黔首。"于是使御史悉案问诸生，诸生传相告引，乃自除。犯禁者四百六十余人，皆坑之咸阳。

以上就是千古所传的秦始皇的"坑儒"罪行。坑的是什么人呢？是鼓吹炼丹吃药、长生不死，麇集在秦始皇周围的一群方士、骗子手。他们愚弄、欺骗秦始皇，说能给秦始皇找来长生不死药，向秦始皇骗走大量钱财，结果找不来长生药，还背后议论责骂秦始皇，惹得秦始皇大怒，杀了一批人。多大数目呢？四百六十余人。就是这么一个个案，再无其他。而真正的一些儒家分子，如叔孙通、郦食其等，并没有妨碍他们或在朝廷、或在社会宣扬他们的孔孟之道。梁玉绳曰："世以'焚书坑儒'为始皇罪，实不尽然。天下之书虽烧，而博士官所职与丞相府所藏固未焚矣。始皇三十六年使博士为《仙真人诗》，《叔孙通传》载二世召博士诸儒生三十余人问陈胜，又通降汉从儒生弟子百余人，征鲁诸生三十余人，则知秦时未尝废儒，亦未尝聚天下之儒而尽坑之。其所坑者大抵方伎之流，与诸生一时议论不合者耳。"史珥曰："所按问而坑者'诸生'，'生'字蒙前'侯生''卢生'来，即'博士七十人'之属，传相告引，故至四百六十余人，未尝尽天下之儒也。《叔孙通传》称'二世召博士诸儒'问楚戍卒之反，前对者三十余人，而叔孙'以文学征'，亦其明证。历代朋党株连何止此数，而秦独丛诟詈，下流固不可居，亦为恶有幸不幸哉？"

此段中值得注意的是"诸生传相告引，乃自除"一句，"乃自除"三字用法较生。我以为"乃自除"三字应属下句，整个小段作"于是使御史悉案问诸生，诸生传相告引，乃自除犯禁者四百六十余人，皆坑之咸阳。"当诸生相互推委之际，秦始皇便亲自从中圈定出四百六十余人，将其活埋在咸阳。除，从中挑出。请读者细心体察，看是否有理。

（7）秋，使者从关东夜过华阴平舒道，有人持璧遮使者曰：'为吾遗滈池君。'因言曰：'今年祖龙死。'使者问其故，因忽不见，置其璧去。

以上数句叙事明晰，唯《史记》之原文曰"今年祖龙死"，遂致预言与事实相乖谬。"祖龙"即隐指秦始皇，秦始皇死于明年七月，非"今年"也。杨慎《丹铅录》曰："今年"应作"明年"。梁玉绳亦有此说，考证详审，殆无疑义。而秦始皇闻此语后，有所谓"山鬼固不过知一岁事也"，也是因为它是说"明年祖龙死"，故而始皇乃嗤笑其妄言。应据改"今年"作"明年"。

全段应标点为："秋，使者从关东夜过华阴平舒道，有人持璧遮使者曰：'为吾遗滈池君。'因言曰：'（今）［明］年祖龙死。'使者问其故，因忽不见，置其璧去。"

（8）十一月，行至云梦，望祀虞舜于九疑山。浮江下，观籍柯，渡海渚。过丹阳，至钱唐。

"浮江下，观籍柯"，意即沿长江东下，观看了庐山瀑布。"籍柯"，旧本皆无注，周予同《历史文选》以为应作"籍河"；刘盼遂以为"籍"通"藉"，即"布"，如小孩的尿布称"藉子"；辛志贤以为"藉河"即瀑布，指庐山瀑布。

"渡海渚"，顺长江东行，哪里来的"海渚"呢？《史记正义》以为"疑'海'字误。"梁玉绳曰："《正义》以'海'字为'江'之误，《史诠》谓'江渚'一名'牛渚'，即采石矶也。"采石矶在今安徽马鞍山市西南，突出于长江中。如此则应作"江渚"无疑。

数句之标点应作："十一月，行至云梦，望祀虞舜于九疑山。浮江下，观籍柯，渡（海）[江]渚。过丹阳，至钱唐。"

（9）群臣皆顿首言曰："古者天子七庙，诸侯五，大夫三，虽万世世不轶毁。今始皇为极庙，四海之内皆献贡职，增牺牲，礼咸备，无以加。"

如此说话与事实不合，所谓"古者天子七庙，诸侯五，大夫三"云云，皆非"虽万世世不轶毁"。其太祖自是不变，而三昭三穆则经常地依次撤除。群臣的意思是请求建一所始皇的极庙，此极庙永不轶毁。故梁玉绳引卢文弨曰："'虽万世世不轶毁'，'今始皇为极庙'二句当互易之，观后云'自襄公以下轶毁'，则此句之为误倒明矣。"卢氏的说法明白晓畅，殆无疑义。又"虽万世世不轶毁"句中之二"世"字亦应削其一。

此段应重新标点为："群臣皆顿首言曰：'古者天子七庙，诸侯五，大夫三。今始皇为极庙，[虽万世不轶毁]。四海之内皆献贡职，增牺牲，礼咸备，无以加。'"

（10）《秦始皇本纪》之末载有班固评论秦王子婴的一段话，新校本之原文曰："孝明皇帝十七年十月十五日乙丑，曰：'周历已移，仁不代母……至于子婴车裂赵高，未尝不健其决，怜其志。婴死生之义备矣。'"

《史记索隐》曰："此下是汉孝明皇帝访班固评贾、马赞中论秦二世亡天下之得失，后人因取其说，附之此末。"《史记正义》引"班固《典引》曰："后汉明帝永平十七年诏问班固：'太史迁赞语中宁有非耶？'班固上表陈秦过失及贾谊言答之。"据此则"曰"字上应出"班固"二字。否则如原文所示，则"周历已移"云云，便似为孝明皇帝所发了。

今依例重新标点数句作："孝明皇帝十七年十月十五日乙丑，〔班固〕曰：'周历已移，仁不代母……至于子婴车裂赵高，未尝不健其决，怜其志。婴死生之义备矣。'"。

七

《项羽本纪》

1

　　《项羽本纪》：当是时，项羽兵四十万，在新丰鸿门，沛公兵十万，在霸上。范增说项羽曰："沛公居山东时，贪于财货，好美姬。今入关，财物无所取，妇女无所幸，此其志不在小。吾令人望其气，皆为龙虎，成五采，此天子气也，急击勿失。"……沛公旦日从百余骑来见项王，至鸿门，谢曰："臣与将军戮力而攻秦，将军战河北，臣战河南，然不自意能先入关破秦，得复见将军于此。今者有小人之言，令将军与臣有郤。"项王曰："此沛公左司马曹无伤言之，不然，籍何以至此。"……哙即带剑拥盾入军门。交戟之卫士欲止不内，樊哙侧其盾以撞，卫士仆地，哙遂入。披帷西向立，瞋目视项王，头发上指，目眦尽裂。项王按剑而跽曰："客何为者？"张良曰："沛公之参乘樊哙者也。"项王曰："壮士！赐之卮酒。"则与斗卮酒。哙拜谢，起，立而饮之。项王曰："赐之彘肩。"则与一生彘肩。樊哙覆其盾于地，加彘肩上，拔剑切而啖之。项王曰："壮士，能复饮乎？"樊哙曰："臣死且不避，卮酒安足辞？夫秦王有虎狼之心，杀人如不能举，刑人如恐不胜，天下皆叛之。怀王与诸将约曰：'先破秦入咸阳者王之。'今沛公先破秦入咸阳，豪毛不敢有所近，封闭宫室，还军霸上，以待大王来。故遣将守关者，备他盗出入与非常也。劳苦而功高如此，未有封侯之赏，而听细说，欲诛有功之人。此亡秦之续耳，窃为大王不取也。"……沛公已去，间至军中，张良入谢，曰："沛公不胜杯杓，不能辞。谨使臣良奉白璧一双，再拜献大王足下；玉斗一双，再拜奉大将军足下。"项王曰："沛公安在？"良曰："闻大王有意督过之，脱身独去，已至军矣。"项王则受璧，置之坐上。亚父受玉斗，置之地，拔剑撞而破之，曰："唉！竖子不足与谋。夺项王天下者，必沛公也，吾属今为之虏矣。"沛公至军，立诛杀曹无伤。

　　以上千余字即读者所熟悉的"鸿门宴"，两千年来一直为读古史、讲古事者所津津乐道。作为中国历史上第一次出现的两支同盟军在打败了共同的敌人，由盟友转向相互争夺统治权的转折点上的一场斗争，司马迁是展现得非常生动、非常精彩的。司马迁把项羽写得有情有义、忠厚诚实；而把刘邦集团写得有心机、耍手段，从而让读者对项羽未杀刘邦以致日后被刘邦所败的结局产生种种同情。这是司马迁《史记·项羽本纪》给人们造成的印象，实际情况未必如此。刘邦在灭秦后都做了些什么呢？其一，刘邦进入咸阳后，没有住在咸阳宫，而是听从樊哙、张良的劝导，还住于霸上军营；其二，刘邦对秦国百姓宣布废秦苛政，约法三章；其三，刘邦不杀秦王子婴，让秦国的各级官吏，各就各位，并派部下到各地宣传自己的政策主张，迅速稳定了关中秩序。使秦国官民都感动得唯恐刘邦不为关中王。相反，再看项羽在入关前后都做了些什么：项羽在河北听到了刘邦已入关灭秦的消息，于是赶紧统领大军风风火火地奔向关中。行至新安，因为秦国的降兵与东方的诸侯兵有些矛盾，于是项羽遂发动楚军一夜之间"坑秦卒二十余万人新安城南。"此外，刘邦、项羽在彭城接受楚怀王的任务分道出发时，当时就有规定，谁先入关谁就为关中王。如果项羽不仅不让刘邦当关中王，而且还杀人家，项羽在天下诸侯的众目睽睽之下，当何以自善其后？因此其顺理成章的结论应该是：鸿门宴项羽不杀刘邦，不是不想杀，而是不能杀、不敢杀。刘邦与项羽之间的相互妥协，是底下已经预定了的，不然，刘邦肯贸然前去吗？再说项伯，项伯究竟是以什么身分去找张良的，是个人行为？还是负有项羽的使命？《项羽本纪》先是说："楚左尹项伯者，项羽季父也，素善留侯张良。张良是时从沛公。项伯乃夜驰之沛公军，私见张良，具告以事，欲呼张良与俱去。"很像是个人的行为。但写到后来又有所谓："项伯复夜去，至军中，具以沛公言报项王。"如是未经允许的私自前去，何以又言"报项王"？项伯此行的最大成效是沟通了双方，为双方首脑会谈铺平了道路，使双方达成了相互妥协，作用巨大。

　　"鸿门宴"这段一千五六百字的文章出现在《项羽本纪》中写法很特殊，它不是以项羽为本位，而是反客为主地变成了以刘邦为本位，它大篇幅地从刘邦、张良的角度进行铺陈描写，而把项羽扔到脑后，竟使这长长的一段文字里提到项羽的地方没有几句。凭着司马迁的文章功夫难道他感觉不出这种写法有问题？我觉得这很可能是由于早在司马迁写作《项羽本纪》之前，社会上就已经流行着这样一个成熟的以刘邦、张良为主体的传说的段子，司马迁把它稍加改编收入了《项羽本纪》。这段故事本身很精彩，独立成章，但放在《项羽本纪》中却总让人觉得有些割裂，它太细、太长，与前后文缺乏应有的统一。

　　《项羽本纪》：项王使人致命怀王。怀王曰："如约。"乃尊怀王为义帝。项王欲自王，先王诸将相。谓曰："天下初发难时，假立诸侯后以伐秦。然身被坚执锐首事，暴露于野三年，灭秦定天下者，皆将相诸君与籍之力也。义帝虽无功，故当分其地而王之。"诸将皆曰："善。"乃分天下，立诸将为侯王。……

　　汉之元年四月，诸侯罢戏下，各就国。项王出之国，使人徙义帝，曰："古之帝者地方千里，必居上游。"乃使使徙义帝长沙郴县，趣义帝行。其群臣稍稍背叛之。乃阴令衡山、临江王击杀之江中。

据此文，击杀义帝者是衡山王吴芮与临江王共敖，然《黥布列传》则云："项氏立怀王为义帝，徙都长沙，乃阴令九江王布等行击之。其八月，布使将击义帝，追杀之郴县。"则杀义帝者主要是黥布，而且是杀于郴县，非杀于"江中"。《集解》引文颖曰："郴县有义帝冢，岁时常祀不绝。"洪亮吉曰："义帝徙长沙，道盖出九江、衡山、临江，故羽令二王及九江王布杀之。二王虽受羽命而不奉行，故布独遣将击杀耳。"梁玉绳曰："义帝之杀，此与《高纪》在汉元年四月；而《月表》在二年十月；《黥布传》在元年八月，《汉书》从《月表》，然究未知的在何月。疑四月为是。"

《项羽本纪》："韩信乃从齐往，刘贾军从寿春并行，屠城父，至垓下。大司马周殷叛楚，以舒屠六，举九江兵，随刘贾、彭越皆会垓下，诣项王。
项王军壁垓下，兵少食尽，汉军及诸侯兵围之数重。夜闻汉军四面皆楚歌……"

这里的问题是，项羽军初到垓下的时候，他所统领的还是十万从未遭遇失败的常胜军。在陷入刘邦各路大军的战略合围时，还没有进行任何正面的接触，怎么就忽然变成"兵少食尽"，而后项羽遂慷慨悲歌了一回，便领着八百余人溃围南逃了呢？这"垓下之战"到底还存在不存在？班固的《汉书·项籍传》基本上就是照抄了《史记》的这段文字。还是司马光心细，他觉得如果项羽在这里没有任何动作，那也太说不过去了，于是便在《资治通鉴》里除了照抄《汉书》外，还在这里增添了"与汉战不胜，入壁"七个字，这大概就是大名鼎鼎的"垓下之战"了。原来我读《史记》，总是记着司马迁的"互见法"，以为司马迁既然在《高祖本纪》中已经重笔浓墨地写了韩信所进行的那场光辉的歼灭战，在《项羽本纪》里跳过不提，也就可以依类推知了；后来我才悟出，还不能简单地视为这是司马迁的"互见法"。而是《史记》中存在的不同作者所表现的不同看法。刘邦与项羽所进行的这场最后决战，是在"垓下"，还是在"陈"？"垓下之战"到底有还是没有？"垓下之战"的规模到底有多大，这些在不同作者的心目中是存在很多疑问的。讲"垓下之战"最充分、最壮观的是《高祖本纪》；不提"垓下之战"，而说刘邦率韩信等是破项羽于"陈"的，有《曹相国世家》《樊郦滕灌列传》《傅靳蒯成列传》；提到了垓下，但没提在垓下有战斗的是《项羽本纪》《灌婴列传》。

4

《项羽本纪》：平明，汉军乃觉之，令骑将灌婴以五千骑追之。项王渡淮，骑能属者百余人耳。项王至阴陵，迷失道，问一田父，田父绐曰"左。"左，乃陷大泽中，以故汉追及之。项王乃复引兵而东，至东城，乃有二十八骑。汉骑追者数千人。项王自度不得脱，谓其骑曰："吾起兵至今八岁矣，身七十余战，所当者破，所击者服，未尝败北，遂霸有天下。然今卒困于此，此天之亡我，非战之罪也。今日固决死，愿为诸君快战，必三胜之，为诸君溃围，斩将，刈旗。令诸君知天亡我，非战之罪也。"乃分其骑以为四队，四向。汉军围之数重。项王谓其骑曰："吾为公取彼一将。"令四面骑驰下，期山东为三处。于是项王大呼驰下，汉军皆披靡，遂斩汉一将。是时赤泉侯为骑将，追项王。项王瞋目而叱之，赤泉侯人马俱惊，辟易数里。与其骑会为三处。汉军不知项王所在，乃分军为三，复围之。项王乃驰，复斩汉一都尉，杀数十百人。复聚其骑，亡其两骑耳。

以上三百多字即有名的"东城之战"。写"东城之战"最详尽、最壮烈的是《项羽本纪》。在《项羽本纪》中此战的规模并不大，但表现项羽作战的神通广大却是独一无二的。项羽以他的二十八个人，大战灌婴所统率的五千骑兵，杀了汉军的一个将领、一个都尉、士兵数十百人。而项羽只损失了两个骑兵。最后又让项羽突围逃走了。但在《高祖本纪》中说法与此大异：它说项羽虽在垓下被韩信打得大败，但损失的人马却并不多。它说灌婴追击项羽到东城，所斩楚军之首级多达八万，而且连项羽本人也是在东城之战中被灌婴的五个部下杀死并被分成五块的。项羽的楚兵被斩首八万人，灌婴所率领的汉军就至少不会少于二十万人。这东城之战的规模可就大了去了。

⑤

《项羽本纪》：于是项王乃欲东渡乌江。乌江亭长权船待，谓项王曰："江东虽小，地方千里，众数十万人，亦足王也。愿大王急渡。今独臣有船，汉军至，无以渡。"项王笑曰："天之亡我，我何渡为？且籍与江东子弟八千人渡江而西，今无一人还；纵江东父兄怜而王我，我何面目见之？纵彼不言，籍独不愧于心乎？"……乃令骑皆下马步行，持短兵接战。独籍所杀汉军数百人，项王身亦被十余创。顾见汉骑司马吕马童，曰："若非吾故人乎？……吾闻汉购我头千金，邑万户，吾为若德。"乃自刎而死。王翳取其头，余骑相蹂践争项王，相杀者数十人。最其后，郎中骑杨喜，骑司马吕马童，郎中吕胜、杨武各得其一体。五人共会其体，皆是。故分其地为五：封吕马童为中水侯，封王翳为杜衍侯，封杨喜为赤泉侯，封杨武为吴防侯，封吕胜为涅阳侯。

这就是传说两千年家喻户晓的楚霸王自刎乌江。时间是公元前202年，地点在长江边的乌江浦。但《史记》中说项羽是死于乌江浦的只有这《项羽本纪》一篇，而说项羽是死于东城的，除《高祖本纪》外，连《项羽本纪》的"太史公曰"也说项羽是"身死东城，尚不觉悟"云云。《灌婴列传》也是说"项籍败垓下去也，婴以御史大夫受诏将车骑别追项籍至东城，破之。所将卒五人共斩项籍，皆赐爵列侯"。而不再提及乌江浦。共同杀死项羽的吕马童、王翳、杨喜、杨武、吕胜五人在《高祖功臣侯者年表》中都写到了他们因杀项羽有功被封为列侯的事情，但都没有写到他们究竟是在什么地方杀的项羽。冯其庸先生曾力主项羽是死在东城；袁传璋先生曾考证出当时的乌江浦是属于东城县，从而可以说死在乌江浦也就是死在东城。但项羽自垓下突围南出后，一路上经过阴陵、东城、乌江浦三地，三地各有各的故事。现在若将乌江浦与东城合成一个，在逻辑上似乎不太合理。

王齐说：司马迁笔下的人物与他同时代的以及后代其他历史家笔下的人物有着截然不同的特质，他们绝大多数都具有一种英雄色彩，尤其突出的是，这些英雄人物大多呈现着一种悲剧气质，因此我们可以说《史记》是一道丰富多彩的悲剧英雄人物的画廊，是一部悲剧故事集。

《史记》中的悲剧人物至少具有如下三个特点：第一，他们的生平经历具有突出的社会意义，反映了社会政治的某种本质；第二，他们的遭遇悲惨，或者被杀，或者自杀，或者一生坎坷不平，或者老来悲凉失意；第三，他们的悲惨遭遇能激起人们对正义、对美好事物的同情和对邪恶势力的愤慨。《史记》全书中描写人物的作品共112篇，其中有57篇是以悲剧人物的姓字为标题，此外还有近20篇虽然不是用悲剧人物的姓字标题，但其中仍然写到了悲剧人物。同时，在这近80余篇中，还有许多篇是几个悲剧人物的合传，如《孙子吴起列传》《屈原贾生列传》《刺客列传》等。粗略计算，《史记》全书写到的悲剧人物大大小小约有120多个。可以说，整个《史记》是被司马迁的审美观所涵盖，《史记》的悲剧气氛无往而不在，这种现象，是《史记》所独有的。

而《项羽本纪》无疑是《史记》作品中最雄伟、最杰出、最悲壮的压卷之作；项羽其人则无疑是《史记》作品中，也甚至是整个‘二十四史’中，也甚至是整个封建时代、整个中国的历史文化中的最悲壮、最激动人心的悲剧人物。司马迁在项羽这一人物形象上寄托了他的理想主义的价值观和道德观，他倾尽热情，把项羽描述为一位殉道的英雄，由于遵守信义丧失了制敌于死地的先机。又不吝笔墨，竭力渲染项羽之死的悲壮场面，写他在四面楚歌中与爱妾诀别，为保守气节而不渡江逃生；又在以一敌百地显示了他的万夫不当之勇后，亲手割下自己的头颅，从而铸就了中国历史上独一无二的一位失败英雄的光辉形象。

6

《项羽本纪》之文字、标点有可讨论者：

（1）章邯已破项梁军，则以为楚地兵不足忧，乃渡河击赵，大破之。当此时，赵歇为王，陈馀为将，张耳为相，皆走入巨鹿城。

徐孚远曰："陈馀将兵在外，未入巨鹿城，此语误。"梁玉绳曰："'陈馀为将'四字，因下文而衍。"二家说是，应据削四字。

全段文字应作："章邯已破项梁军，则以为楚地兵不足忧，乃渡河击赵，大破之。当此时，赵歇为王，（陈馀为将，）张耳为相，皆走入巨鹿城。"

（2）项羽已杀卿子冠军，威震楚国，名闻诸侯。乃遣当阳君、蒲将军将卒二万渡河，救巨鹿。战少利，陈馀复请兵。项羽乃悉引兵渡河，皆沈船，破釜甑，烧庐舍，持三日粮，以示士卒必死，无一还心。于是至则围王离，与秦军遇，九战，绝其甬道，大破之，杀苏角，虏王离。涉间不降楚，自烧杀。当是时，楚兵冠诸侯。诸侯军救巨鹿下者十余壁，莫敢纵兵。及楚击秦，诸将皆从壁上观。楚战士无不一以当十，楚兵呼声动天，诸侯军无不人人惴恐。于是已破秦军，项羽召见诸侯将，入辕门，无不膝行而前，莫敢仰视。项羽由是始为诸侯上将军，诸侯皆属焉。

刘辰翁曰："叙巨鹿之战，踊跃振动，极羽平生。"茅坤曰："项羽最得意之战，太史公最得意之文。"郑板桥诗云："怀王入关自聱瞽，楚人太拙秦人虎。杀人八万取汉中，江边鬼哭酸风雨。项羽提戈来救赵，暴雷惊电连天扫。臣报君仇子报父，杀尽秦兵如杀草。战酣气盛声喧呼，诸侯壁上惊魂逋。项王何必为天子，只此快战千载无！千奸万黠藏凶戾，曹操朱温尽称帝。何似英雄骏马与美人，乌江过者皆流涕。"（《巨鹿之战》）

这段文字的气势无以复加，故前人颇多赏识。但细加审度，这段文字的某些用语又明显带有疏漏，如"诸侯军救巨鹿下者"之"下"字使用无理，中井积德曰："'下'字疑衍，《汉书》无。"

又，"诸将皆从壁上观"的"诸将"，应该说是"诸侯将"，单说"诸将"，含义不明。王叔岷曰："《通鉴》作'诸侯将'，此脱'侯'字。"

又，"项羽召见诸侯将，入辕门，无不膝行而前，莫敢仰视。"泷川曰："毛本重'诸侯将'三字。"武英殿本亦作"项羽召见诸侯将，诸侯将入辕门"，似重出"诸侯将"三字者为是，盖非此不能统一这段文字的风格，亦非此不足以突出当时之气势。

又，"项羽由是始为诸侯上将军，诸侯皆属焉。"此语不合实情，极度敬畏、甘心拥戴项羽的是前来跟从项羽作战的众"诸侯将"，而不是各国的诸侯都归属了项羽。梁玉绳曰："'诸侯'下疑缺'将'字，《汉书》作'兵皆属焉'。"王叔岷曰："梁说是也，《秦楚之际月表》作'诸侯将皆属项羽'，正有'将'字。"诸说皆是也。

今依例重新订正、标点这后半段的文字作："当是时，楚兵冠诸侯。诸侯军救巨鹿（下）者十余壁，莫敢纵兵。及楚击秦，诸［侯］将皆从壁上观。于是已破秦军，项羽召见诸侯将，［诸侯将］入辕门，无不膝行而前，莫敢仰视。项羽由是始为诸侯上将军，诸侯［将］皆属焉。"

（3）项王闻淮阴侯已举河北，破齐、赵，且欲击楚，乃使龙且往击之。

梁玉绳曰："韩信破赵已逾年矣，非破齐一时事，此与《高纪》皆多一'赵'字，《汉书》无。"梁说是也，应据削"赵"字。

今标点此句作："项王闻淮阴侯已举河北，破齐（赵），且欲击楚，乃使龙且往击之。"

（4）大司马怒，渡兵汜水。士卒半渡，汉击之，大破楚军，尽得楚国货赂。大司马咎、长史翳、塞王欣皆自刭汜水上。

此说与事实不合，当时自杀者只有曹咎、司马欣二人，没有董翳。梁玉绳曰："《高纪》及《汉书》纪传皆无'翳塞王'三字，此后人妄增之。翳降汉后，虽与欣同叛归楚，而不复再见。盖欣与项王有旧恩，故得弃瑕而仍任用之，非翳可比矣。"卢学士云："'翳塞王'三字必非《史记》本文，观下但举咎、欣两人可知。翳旧为都尉，不为长史。"二家之说确凿无疑义，"翳塞王"三字应据削。

此段应重新标点为："大司马怒，渡兵汜水。士卒半渡，汉击之，大破楚军，尽得楚国货赂。大司马咎、长史（翳、塞王）欣皆自刭汜水上。"

八

《高祖本纪》

①

《高祖本纪》：秦二世三年，楚怀王见项梁军破，恐，徙盱台都彭城，并吕臣、项羽军自将之。以沛公为砀郡长，封为武安侯，将砀郡兵。封项羽为长安侯，号为鲁公。吕臣为司徒，其父吕青为令尹。

赵数请救，怀王乃以宋义为上将军，项羽为次将，范增为末将，北救赵。令沛公西略地入关。与诸将约，先入定关中者王之。

当是时，秦兵强，常乘胜逐北，诸将莫利先入关。独项羽怨秦破项梁军，奋，愿与沛公西入关。怀王诸老将皆曰："项羽为人僄悍猾贼。项羽尝攻襄城，襄城无遗类，皆坑之，诸所过无不残灭。且楚数进取，前陈王、项梁皆败。不如更遣长者扶义而西，告谕秦父兄。秦父兄苦其主久矣，今诚得长者往，毋侵暴，宜可下。今项羽僄悍，今不可遣。独沛公素宽大长者，可遣。"卒不许项羽，而遣沛公西略地，收陈王、项梁散卒。

有些人读《史记》，总把楚怀王看作傀儡，其实是太低估了。

其一，楚怀王令人钦敬的是他在项梁兵败被杀，全国反秦形势急剧下落的紧要关头所表现出来大勇气、大眼光、大作为。他不是继续后退、逃跑，而是迎着困难、危险上，他由后方的盱眙前进到了反秦前线的彭城，真正以一个反秦领袖的姿态由后台走到了前台。

其二，楚怀王自己第一次抓起兵权，对军队进行了整编，进行了自己的安排部署。他一方面夺回了项羽、吕臣的军队，而同时却任刘邦为砀郡长，让刘邦统领了砀郡的起义军。楚怀王这时在稳定起义军的军心、在团聚起义军士众所起的作用，应该得到更高的评价。

其三，楚怀王在整编后，采取继续进攻的姿态，做出了救河北，同时也西进破秦的战略安排，表现了楚怀王不仅有大智，而且有大勇。

其四，楚怀王接受众老将的建议毅然地起用刘邦，任刘邦为西征军的统帅。"当是时，秦兵强，常乘胜逐北，诸将莫利先入关。独项羽怨秦破项梁军，奋，愿与沛公西入关。"但楚怀王坚决不允许。这个决策非常英明。否则，刘邦能否顺利破秦不得而知。当时楚怀王所以对刘邦与项羽做出如此安排的依据是："项羽为人慓悍猾贼。项羽尝攻襄城，襄城无遗类，皆坑之，诸所过无不残灭。且楚数进取，前陈王、项梁皆败。不如更遣长者扶义而西，告谕秦父兄。秦父兄苦其主久矣，今诚得长者往，毋侵暴，宜可下。今项羽慓悍，今不可遣；独沛公素宽大长者，可遣。"后来事实的发展正与楚怀王的估计完全相同，刘邦极其出色地完成了楚怀王交给他的任务。

其五，楚怀王派项羽随宋义北上救赵，派刘邦从南路西下。对他们约定：谁先打入关中谁就为关中王。这是不是楚怀王偏向刘邦呢？也是，也不完全是。楚怀王对项羽叔侄有意见、有不满应该是事实，所以他在项梁一兵败被杀，随即把项羽的兵权剥夺了；而且还不让项羽为救赵大军的统帅，只让他在上将军宋义手下当一名次将。这种过于压抑项羽的做法，造成了日后项羽杀宋义、夺兵权的结局。但当时的秦王朝还相当强大，不论西征，还是北上，未来的形势都还不是很分明。后来刘邦西征军的进展如此之快，是当时谁也没有料到的。楚怀王对项羽的安排、使用有失公正；但指派刘邦为西征军的统帅，是楚怀王慧眼识英雄，是量才使用，是吸取了此前西征军失败教训的结果。这一点应大书特书。

其六，楚怀王不是懦弱之辈。他既与诸将约好"先入定关中者王之"，当项羽入关后，想改变楚怀王的约定，不让刘邦当关中王时，楚怀王毅然地回答"如约"，坚持既定的方针不变，这使项羽在各路诸侯面前很丢面子。项羽坚持倒行逆施，自己做主分封诸侯，但分封刚刚完毕，天下就立即乱套，刘邦的反项羽联盟立即形成。五十六万大军攻下彭城，就是在这种局面下出现的。

楚怀王在反秦起义军中的地位与影响的确不可低估。这一点项梁当初就掉以轻心，项羽对待楚怀王的态度比项梁走得更远。

《高祖本纪》：略南阳郡，南阳守齮走保城守宛。沛公引兵过而西。张良谏曰："沛公虽欲急入关，秦兵尚众，距险。今不下宛，宛从后击，强秦在前，此危道也。"于是沛公乃夜引兵从他道还，更旗帜，黎明，围宛城三匝。南阳守欲自刭，其舍人陈恢曰："死未晚也。"乃逾城见沛公，曰："臣闻足下约，先入咸阳者王之。今足下留守宛，宛，大郡之都也，连城数十，人民众，积蓄多，吏人自以为降必死，故皆坚守乘城。今足下尽日止攻，士死伤者必多；引兵去宛，宛必随足下后。足下前则失咸阳之约，后又有强宛之患。为足下计，莫若约降，封其守，因使止守，引其甲卒与之西。诸城未下者，闻声争开门而待，足下通行无所累。"沛公曰："善。"乃以宛守为殷侯，封陈恢千户。引兵西，无不下者。……

及赵高已杀二世，使人来，欲约分王关中。沛公以为诈，乃用张良计，使郦生、陆贾往说秦将，啖以利，因袭攻武关，破之。又与秦军战于蓝田南，益张疑兵旗帜，诸所过毋得掠卤，秦人憙，秦军解，因大破之。又战其北，大破之。乘胜，遂破之。

《史记》喜欢描写项羽之胜，又喜欢描写刘邦之败。而刘邦与张良配合，大破秦兵于蓝田,遂势如破竹以入咸阳事,唯见于《高祖本纪》。李笠曰:"沛公既啖秦将以利,又令所过无得掠虏,故秦人喜悦而军心懈堕也。"徐孚远曰:"秦人已约降而复连战破之,犹项羽之于章邯也。"刘辰翁曰:"两言'大破之',又言'遂破之',势如破竹。"史珥曰:"连用三'破之'不觉其复,愈觉精神迥出,笔法全从《左氏》吴楚柏举之战来。"

③

　　《高祖本纪》:汉元年十月,沛公兵遂先诸侯至霸上。秦王子婴素车白马,系颈以组,封皇帝玺符节,降轵道旁。诸将或言诛秦王。沛公曰:"始怀王遣我,固以能宽容;且人已服降,又杀之,不祥。"乃以秦王属吏。遂西入咸阳,欲止宫休舍。樊哙、张良谏,乃封秦重宝财物府库,还军霸上。召诸县父老豪桀曰:"父老苦秦苛法久矣,诽谤者族,偶语者弃市。吾与诸侯约,先入关者王之,吾当王关中。与父老约,法三章耳:杀人者死,伤人及盗抵罪。余悉除去秦法。诸吏人皆案堵如故。凡吾所以来,为父老除害,非有所侵暴,无恐。且吾所以还军霸上,待诸侯至而定约束耳。"乃使人与秦吏行县乡邑,告谕之。秦人大喜,争持牛羊酒食献飨军士。沛公又让不受,曰:"仓粟多,非乏,不欲费人。"人又益喜,唯恐沛公不为秦王。

　　沈川曰:"《孟子》云:'武王之伐殷也,曰:无畏,宁尔也,非敌百姓也。'高祖词气与此相类。"凌稚隆引真德秀曰:"告谕之语才百余言,而暴秦之弊为之一洗,此所谓'时雨降,民大悦'者也。"凌稚隆引张之象曰:"先言'秦人喜',后言'秦人大喜',又言'秦人益喜',连用'喜'字,斯可以观人心矣。"凌稚隆曰:"不受牛酒虽小节耳,亦见沛公秋毫无犯处。然曰'仓廪多,非乏',则萧何转输之功亦因可见。"刘辰翁曰:"高祖始终得关中之力,关中人心所以不忘者,约法三章之力也。"

（4）

　　《高祖本纪》：三月，汉王从临晋渡，魏王豹将兵从。下河内，虏殷
王，置河内郡。南渡平阴津，至雒阳。新城三老董公遮说汉王以义帝死故。
汉王闻之，袒而大哭。遂为义帝发丧，临三日。发使者告诸侯曰："天下
共立义帝，北面事之。今项羽放杀义帝于江南，大逆无道。寡人亲为发丧，
诸侯皆缟素。悉发关内兵，收三河士，南浮江汉以下，愿从诸侯王击楚之
杀义帝者。"

　　项羽分封诸侯后，表面上推尊楚怀王为"义帝"，实际是把楚怀王边缘化，
把他赶到了今湖南省南端的郴州，这已经是千夫所指的大逆不道了；但项
羽还不停手，接着他又派人把楚怀王杀死在去郴州的路上。项羽的这一行
为给刘邦号召天下讨项羽，为刘邦组成浩浩荡荡的反项大军起了"为渊驱鱼、
为薮驱雀"的作用。《高祖本纪》对这一点描写得十分精彩："（汉王）
南渡平阴津，至雒阳。新城三老董公遮说汉王以义帝死故。汉王闻之，袒
而大哭。遂为义帝发丧，临三日。发使者告诸侯曰：'天下共立义帝，北
面事之。今项羽放杀义帝于江南，大逆无道。寡人亲为发丧，诸侯皆缟素。
悉发关内兵，收三河士，南浮江汉以下，愿从诸侯王击楚之杀义帝者。'"
明代凌稚隆说："汉王袒而大哭，特借此以激怒天下，非真哀痛之也。要
知项羽不杀义帝，汉王岂能出义帝下者？项羽特为汉驱除耳。"刘邦作为
一个超级的演员在这里的表演可以说是达到了登峰造极的程度，他表面上
是"袒而大哭"，而内心里可以说是乐开了花。第一是项羽自己给刘邦促
进了反项统一阵线的形成，自己把自己投进了人神共愤、天下共讨之的罪
恶深渊，这对于刘邦是多么好的一种大力帮助啊。第二是项羽还为刘邦未
来的称帝扫清了道路，试想如果没有项羽的这一手，日后刘邦在打败项羽
后又将对楚怀王如何安置呢？所以刘邦内心对项羽的感激也是不言而喻的。
至于刘邦所发布的这道讨伐项羽的檄文也大有学问，宋代真德秀说："不
曰'率诸侯王'，而曰'愿从诸侯王'；不曰'击项羽'，而曰'击楚之

杀义帝者'，词不迫切而意已独至，犹有古词命气象。"

项羽杀楚怀王是造成项羽失败的重要因素，也是项羽特别不懂政治的突出表现之一。

5

《高祖本纪》：五年，高祖与诸侯兵共击楚军，与项羽决胜垓下。淮阴侯将三十万自当之，孔将军居左，费将军居右，皇帝在后，绛侯、柴将军在皇帝后。项羽之卒可十万。淮阴先合，不利，却；孔将军、费将军纵，楚兵不利。淮阴侯复乘之，大败垓下。

杨慎曰："叙高祖与项羽决胜垓下，仅六十字，而阵法、战法之奇皆具。曰'不利'，用奇也，既却而左右兵纵，因其不利而乘之，此战法奇正相生也。"陈仁锡曰："淮阴侯极得意之阵，太史公极用意之文。曰'孔将军居左，费将军居右'，张左右翼也；'淮阴侯小却'，诱兵也；'复乘之'，合战也。所谓'以正合，以奇胜，奇正还相生'也。"郭嵩焘曰："韩信与项羽始终未一交战，独垓下一战收楚汉兴亡之全局。"

但如此一段精彩文字，只在《史记》本篇中出现一次。其他项羽、韩信诸篇皆未提及。《汉书》之各篇均不见此事；《资治通鉴》亦不载此事，但司马光叙垓下事时仅用了"与汉战不胜，入壁"七个字一带而过。其他历史家对司马迁的这段关键性文字，到底持何等看法？又《曹相国世家》有所谓"韩信为齐王，引兵诣陈，与汉王共破项羽"；樊哙传有所谓"围项籍于陈，大破之"；靳歙传有所谓"还击项籍陈下，破之"；夏侯婴传有所谓"复常奉车从击项籍，追至陈，卒定楚"。这刘邦与项羽最后的关键一战，究竟是在垓下，还是在陈？

6

《高祖本纪》：项羽卒闻汉军之楚歌，以为汉尽得楚地，项羽乃败而走，是以兵大败。使骑将灌婴追杀项羽东城，斩首八万，遂略定楚地。

《项羽本纪》详细描述了项羽在垓下突围后，又与汉将灌婴的追兵大战于东城，项羽以仅有的二十八骑大战灌婴的五千骑兵。项羽等杀死灌婴所率的一员汉将、一名都尉，以及骑兵数十百人。而项羽只损失了两名骑兵。而后项羽又突围逃到乌江浦，先是从容自杀，而后被刘邦的五个将领撕裂其体各获封侯的情景；而此处又说项羽是被灌婴追杀于东城，项羽的楚兵被灌婴等"斩首八万，遂略定楚地"，这么说灌婴所带领的汉军就不可能是五千骑兵了。这刘邦破项羽的关键之战究竟在垓下，还是在陈？还是在东城？这项羽的最后被杀，究竟是在东城，还是在乌江浦？这《项羽本纪》《高祖本纪》《樊郦滕灌列传》《傅靳蒯成列传》《曹相国世家》五篇到底都是出于哪些人之手？为什么如此众说纷纭？

7

《高祖本纪》：高祖置酒雒阳南宫。高祖曰："列侯诸将无敢隐朕，皆言其情。吾所以有天下者何？项氏之所以失天下者何？"高起、王陵对曰："陛下慢而侮人，项羽仁而爱人。然陛下使人攻城略地，所降下者因以予之，与天下同利也。项羽妒贤嫉能，有功者害之，贤者疑之；战胜而不予人功，得地而不予人利，此所以失天下也。"高祖曰："公知其一，未知其二。夫运筹策帷帐之中，决胜于千里之外，吾不如子房；镇国家，抚百姓，给馈饷，不绝粮道，吾不如萧何；连百万之军，战必胜，攻必取，吾不如韩信。此三者，皆人杰也，吾能用之，此吾所以取天下也。项羽有一范增而不能用，此其所以为我擒也。"

凌稚隆引黄省曾曰："自古辉赫于云台之上，超冠于勋庸之表，所以盟河山而垂万世者，孰非当世摈弃之匹夫哉？是故伊尹夏之材也，摈之耕亩，遗之成汤而启商；吕望商之材也，摈于鼓刀，遗之武王以兴周；三杰秦之材也，摈之困饿，遗之沛公以立汉，故曰有国家者贤材不可摈也。"锺惺曰："数语殊占地步，非谦逊归功臣下之言，正自明其能驱策，智勇出三人上耳。"吴见思曰："楚汉相争一篇大文至此已毕，不可寂然便住，故即高祖一问，先高起、王陵提论一番，后即高祖自己提论一番，两两相比，一篇文字至此收尽。"

8

《高祖本纪》：高祖还归，过沛，留。置酒沛宫，悉召故人父老子弟纵酒。发沛中儿得百二十人，教之歌。酒酣，高祖击筑，自为歌诗曰："大风起兮云飞扬，威加海内兮归故乡，安得猛士兮守四方！"令儿皆和习之。高祖乃起舞，慷慨伤怀，泣数行下。谓沛父兄曰："游子悲故乡，吾虽都关中，万岁后吾魂魄犹乐思沛。且朕自沛公以诛暴逆，遂有天下，其以沛为朕汤沐邑，复其民，世世无有所与。"沛父兄诸母故人日乐饮极欢，道旧故为笑乐。

李善曰："风起云会，以喻群凶竞逐而天下乱也；威加海内，言已静也；夫安不忘危，故思猛士以镇之。"凌稚隆引朱熹曰："自千载以来，人主之词未有若是壮丽而奇伟者也。"王世贞曰："'大风'三言，气笼宇宙，张千古帝王赤帜。"郭嵩焘曰："高祖留沛饮，极人世悲欢之感，史公穷形极态摄而取之，满纸欢笑、悲感之声，水涌云腾，絪蕴四溢。"有井范平引邓以瓒曰："亦常情常事，而写得详至，点注有神，披读之下，不啻如戏剧观。"

9

《高祖本纪》之文字、标点有可讨论者：

（1）吾以义兵从诸侯诛残贼，使刑徐罪人击杀项羽，何苦乃与公挑战？

"何苦乃与公挑战"，我何必要与你挑战呢？事实上此时是项羽点名要与刘邦"单挑"，刘邦蔑视地说"我要派刑余罪人击杀你"，怎么最后又变成"何苦乃与公挑战"了呢？榫卯不接，关系全部乱套。我认为，依照当时问答的逻辑关系与刘邦其人的说话习惯，此处的"乃与公"应作"与乃公"。"乃公"犹言"你老子""你爸爸"，正是刘邦平时习用的骂人语，如此则文气贯穿，而刘邦的人格风格又活灵活现。

此句应标点作："吾以义兵从诸侯诛残贼，使刑徐罪人击杀项羽，何苦与乃公挑战？"你有什么资格来向你老子叫阵呢？

（2）汉王复入壁，深堑而守之。用张良计，于是韩信、彭越皆往。及刘贾入楚地，围寿春，汉王败固陵，乃使使者召大司马周殷举九江兵而迎武王，行屠城父，随刘贾、齐梁诸侯皆大会垓下。

句中"败固陵"三字，与前文重复辞费。盖刘贾之入楚地围寿春与招降周殷云云，皆追述"败固陵"以前事也，梁玉绳以为"败固陵"三字衍文，应据削。

今依例重新标点数句作："汉王复入壁，深堑而守之。用张良计，于是韩信、彭越皆往。及刘贾入楚地，围寿春，汉王（败固陵，）乃使使者召大司马周殷举九江兵而迎武王，行屠城父，随刘贾、齐梁诸侯皆大会垓下。"

九

《吕太后本纪》

①

  《吕太后本纪》：吕后最怨戚夫人及其子赵王，乃令永巷囚戚夫人，而召赵王。使者三反，赵相建平侯周昌谓使者曰："高帝属臣赵王，赵王年少。窃闻太后怨戚夫人，欲召赵王并诛之，臣不敢遣王。王且亦病，不能奉诏。"吕后大怒，乃使人召赵相。赵相征至长安，乃使人复召赵王。王来，未到。孝惠帝慈仁，知太后怒，自迎赵王霸上，与入宫，自挟与赵王起居饮食。太后欲杀之，不得间。孝惠元年十二月，帝晨出射。赵王少，不能蚤起。太后闻其独居，使人持酖饮之。犁（明）孝惠还，赵王已死。……太后遂断戚夫人手足，去眼，辉耳，饮瘖药，使居厕中，命曰"人彘"。居数日，乃召孝惠帝观"人彘"。孝惠见，问，乃知其戚夫人，乃大哭，因病，岁余不能起。使人请太后曰："此非人所为。臣为太后子，终不能治天下。"孝惠以此日饮为淫乐，不听政，故有病也。

  此数行乃吕后倒行逆施之最先者。吕后气量狭窄，报复性强，毫无政治家之风度。刘邦于其生前，已决心不再动摇吕氏与孝惠矣，吕氏与孝惠之基础已经稳固，使吕氏能以宽大为怀，能对戚氏与赵王如意网开一面，则满朝称颂，大臣归心，家里家外和谐一致，此何等美好之政治局面？惜吕氏不知也。由于吕氏的昏庸残暴，既造成了亲生骨肉的离弃，又使得孝惠居位而难以做人，其危害于宗庙社稷，尚可言哉？

2

《吕太后本纪》：太后称制，议欲立诸吕为王，问右丞相王陵。王陵曰："高帝刑白马盟曰：'非刘氏而王，天下共击之。'今王吕氏，非约也。"太后不说。问左丞相陈平、绛侯周勃。勃等对曰："高帝定天下，王子弟，今太后称制，王昆弟诸吕，无所不可。"太后喜，罢朝。王陵让陈平、绛侯曰："始与高帝啑血盟，诸君不在邪？今高帝崩，太后女主，欲王吕氏，诸君从欲阿意背约，何面目见高帝地下？"陈平、绛侯曰："于今面折廷争，臣不如君；夫全社稷，定刘氏之后，君亦不如臣。"王陵无以应之。十一月，太后欲废王陵，乃拜为帝太傅，夺之相权。王陵遂病免归。

"于今面折廷争，臣不如君；夫全社稷，定刘氏之后，君亦不如臣"云云，定是陈平等后来编造的自我粉饰之辞。林伯桐曰："方王陵以白马之盟折吕后也，使朝臣皆力持正议，未必不足制吕后邪心。而陈平、周勃遽曰：'王诸吕无所不可'，岂非以顺为正者邪？及王陵让平、勃，平、勃犹以'全社稷，定刘氏之后'自许，此亦平、勃之强词；而其后成功，亦有天幸耳。向使诸吕非极庸下，能守吕后遗诫，据兵卫宫，毋为人所制，则郦寄不得绐吕禄，朱虚侯亦无由击吕产也，其何以'全'之而定之乎？"（《史记蠡测》）凌稚隆曰："周勃、陈平不以此时极谏，而顾阿意曲从，乃致酿成其祸，他日虽有安刘之功，仅足以赎今之罪耳。故曰人臣之义当以王陵为正。"史珥曰："曲逆尔时人品去长乐老（冯道）不远。"而郭嵩焘则另有说曰："是时吕后决意王诸吕，非王陵、平、勃所能争也，争则相与俱罢，而吕氏之祸益烈，无有能制其后者矣。诸吕之王无当吕氏之安危，而止益诸吕之祸。平、勃之不争，固自有见，非王陵所能及也。"郭氏所云，自是另一种做人原则，既可保永久富贵，日后倘投机成功又可炫耀其先见之明。周勃、陈平正是获得了这种投机政治的左右逢源。这种说法的产生应该在文帝即位之初的陈平死后，周勃又继位为相的短暂时期内。

又，在封建主义的社会里，刘邦掌了权可以封刘氏子弟为王，那么吕后掌了权，为什么就不能封吕氏子弟为王呢？周勃、陈平早在刘邦生前就在吕后那里为自己做好了铺垫，如果能在吕后掌权后，帮着吕后把国家治理得很好，就如同唐朝的狄仁杰，那不也是一种成功吗？令人讨厌的是他们在早期依傍讨好吕后，等后来被吕后踢开，他们又摇身变成讨伐诸吕的"元勋"时，又编出一套词令来美化他们早期的媚吕行为，真是多此一举。

3

《吕太后本纪》：诸大臣相与阴谋曰："少帝及梁、淮阳、常山王，皆非真孝惠子也。吕后以计诈名他人子，杀其母，养后宫，令孝惠子之，立以为后，及诸王，以强吕氏。今皆已夷灭诸吕，而置所立，即长用事，吾属无类矣。不如视诸王最贤者立之。"或言"齐悼惠王高帝长子，今其适子为齐王，推本言之，高帝适长孙，可立也。"大臣皆曰："吕氏以外家恶而几危宗庙，乱功臣。今齐王母家驷钧，恶人也。即立齐王，则复为吕氏。"欲立淮南王，以为少，母家又恶。乃曰："代王方今高帝见子，最长，仁孝宽厚。太后家薄氏谨良。且立长故顺，以仁孝闻于天下，便。"乃相与共阴使人召代王。……代王遂入而听政。夜，有司分部诛灭梁、淮阳、常山王及少帝于邸。

此段写大臣诛诸吕事毕，谋议立何人为帝事，其复杂矛盾之心理，既深刻又细致。梁指济川王刘太；淮阳指淮阳王刘武；常山指常山王刘朝。少帝：指现时在位的皇帝刘弘。以上是惠帝现存的四个儿子，年龄大体都在十岁上下。至此，刘邦长子惠帝刘盈的骨肉遂被"干净、彻底、全部地消灭之"。文帝是中国封建历史上的"圣明"皇帝，在处理内部问题上，其手段不可谓不毒。这段文字虽然不长，但却浸沉着极其深刻的历史内含。

何焯曰："'少帝非刘氏'，乃大臣既诛诸吕，从而为之辞。"梁玉绳曰："上文一曰'孝惠后宫子'再则曰'孝惠皇后无子，取美人名之'，则但非张后子，不得言'非孝惠子'也。乃此言'诈他人子以为子'，后又云'足下非刘氏'，何欤？《史记考要》谓'诸大臣阴谋而假之辞，以绝吕氏之党，不容不诛'，其信然矣。"郭嵩焘曰："谓太子非皇后子可也，谓非惠帝子则不可。当时以吕后所立，废之可也；分部诛灭之，亦已过矣。少帝诸王之死，史公据事直书，其情事固自显然。"凌稚隆引郑晓平曰："平、勃之留少帝以俟代王也，辟弑君之名也。少帝，真惠帝子也，平、勃不立少帝而迎代王，恐有唐五王之祸也。少帝不得其终，是以有七国之难。"

④

总计，被吕后杀害的刘邦的诸子有赵王刘如意、赵王刘友、赵王刘恢。还有刘邦的儿子燕王刘建刚刚病死，吕后便又杀了他的儿子刘某。刘邦还有一个儿子是齐王刘肥，吕后已经把毒酒摆上饭桌，结果没有杀成。被吕后杀害的惠帝的儿子有前少帝刘某。

被文帝杀害的刘邦的儿子有淮南王刘长。

被文帝杀害的惠帝的儿子有后少帝刘弘、淮阳王刘武、济川王刘太、常山王刘朝。

⑤

《吕太后本纪》之文字、标点有可讨论者：

（1）孝惠元年十二月，帝晨出射。赵王少，不能蚤起。太后闻其独居，使人持酖饮之。犁明，孝惠还，赵王已死。

"犁明，孝惠还，赵王已死。"王念孙曰："帝晨出射，则天将明矣。及既射而还，则在日出之后，不得言'犁明孝惠还'也。'犁明，孝惠还'当作'犁孝惠还'，'明'字衍。言比及孝惠还，而赵王已死也。《汉书》作'迟帝还'，与'犁孝惠还'同义。"王氏之说精警无疑，应据削"明"字。

今依例重新标点数句作："孝惠元年十二月，帝晨出射。赵王少，不能蚤起。太后闻其独居，使人持酖饮之。犁（明，）孝惠还，赵王已死。"

（2）二年，楚元王、齐悼惠王皆来朝。十月，孝惠与齐王燕饮太后前。孝惠以为齐王兄，置上坐，如家人之礼。

依此断句，则二王"来朝"是一事，不知在何月；"燕饮太后前"是又一事，不知在十月的哪一天。此不明汉代之制度故也。当时汉用秦历，以十月为岁首。十月初一是这一年的"元日"，各诸侯王都必须在这一天进京朝拜皇帝，这叫"朝十月"，三个字不能断开。"燕饮太后前"，是指按家庭内部的辈分、长幼之礼在吕后跟前欢宴，亦即所谓"家宴"。"燕饮"，不按朝廷礼法的安乐欢饮。其时间即在十月的初一。

今依例标点数句作："二年，楚元王、齐悼惠王皆来朝十月，孝惠与齐王燕饮太后前。孝惠以为齐王兄，置上坐，如家人之礼。"

（3）三年，方筑长安城，四年就半，五年六年城就。

所谓"三年，方筑长安城"与"五年六年城就"二语，皆与当时的事实不合。梁玉绳曰："筑长安城始于（孝惠）元年，成于五年。此言'三年始筑，六年城就'，误矣。""五年六年城就"一语，词法怪异，可以令人误以为是历孝惠五年，到六年时长安城筑成。泷川引沈家本曰："《汉书·惠帝纪》'五年九月，长安城成'，则'五年六年'乃'五年九月'之误。"诸家说是。

今将此段重新标点作："（三）[元]年，方筑长安城，四年就半，五年（六年）［九月］城就。"

（4）诸侯来会。十月朝贺。

七年秋八月戊寅，孝惠帝崩。发丧，太后哭，泣不下。

依照这种分段、标点，容易令人误解为"诸侯来会，十月朝贺"是在孝惠帝六年；到第七年的八月，"孝惠帝崩"。其实，孝惠帝就是死在这次诸侯来会的几个月后，是同一年内的事情。《汉兴以来诸侯王年表》在孝惠帝七年的确载有多国诸侯"来朝"的事实。因此"七年"二字，必须提到"诸侯来会"的前面。其意思是：七年的十月初一，刘姓诸侯们到京城朝贺新年的开始。到这年秋天的八月戊寅，孝惠帝驾崩。"八月戊寅"，即孝惠帝七年的八月十二。

数句应重新标点作："［七年，］诸侯来会十月，朝贺。秋八月戊寅，孝惠帝崩，发丧，太后哭，泣不下。"

（5）宣平侯女为孝惠皇后时，无子，详为有身，取美人子名之，杀其母，立所名子为太子。孝惠崩，太子立为帝。帝壮，或闻其母死，非真皇后子，乃出言曰："后安能杀吾母而名我？我未壮，壮即为变。"太后闻而患之，恐其为乱，……太后幽杀之。五月丙辰，立常山王义为帝，更名曰弘。不称"元年"者，以太后制天下事也。

先曰"帝壮"，后又曰"我未壮"，前后矛盾。张文虎曰："'帝壮'之'壮'字疑衍。"张说是，后文有帝曰"我未壮，壮即为变"，可知此时帝犹未壮也。应据削"壮"字，联"帝"与"或闻其母死"作一句读。

今重新标点数句作："孝惠崩，太子立为帝。帝（壮，）或闻其母死，非真皇后子，乃出言曰：'后安能杀吾母而名我？我未壮，壮即为变。'"

在惠帝立皇后的问题上，吕后逼着儿子娶他亲生姐姐的女儿，惠帝结婚时十七岁，他姐姐生的这位小皇后顶多过不去六七岁。这一方面使皇帝刘盈处于非常难堪的地位，另一严重问题就是由于亲缘关系太近，使小皇后根本无法生育，使得惠帝没有了嫡系的继承人。如果吕后让小皇后从其他嫔妃生的儿子中选择一个抚养起来，两个女人共同辅佐这个孩子，这种做法不是历代都很多吗？但吕后为了让她的外孙女独享"太后"之名，她们弄来一个别的嫔妃所生的孩子，而把孩子的母亲杀掉，假说这个孩子是皇后自己生的，后来小皇帝知道了很生气，吕后怕他日后作乱，于是又把这个小皇帝杀死了，而更立一个惠帝嫔妃的儿子为帝。这一来就更增加了刘氏宗室与吕后的对立。吕后在这个问题上所表现的愚蠢自私是骇人听闻的。事情到了这一步，就再也没有合情合理的办法可想，吕氏集团已把自己摆放在了即将爆发的火山上。

十
《孝文本纪》

1

《孝文本纪》：太史公曰：孔子言"必世然后仁。善人之治国百年，亦可以胜残去杀"，诚哉是言！汉兴，至孝文四十有余载，德至盛也，廪廪乡改正服封禅矣，谦让未成于今。呜呼，岂不仁哉？

"谦让未成于今"，意谓由于文帝谦让，一直到今天也没有搞那些改正朔、易服色以及封禅等的活动。

根据此语，赖长扬、赵生群等都以为《孝文本纪》乃是司马谈所作。赵生群《太史公书研究》说："司马谈作史之时，封禅、改正朔、易服色三件大事都未能举行，所以《孝文本纪》赞语说'谦让未成于今'；司马迁作史时，此三事都已大功告成，如果他作《孝文本纪》，不可能出现'谦让未成于今'这样的话，这是《孝文本纪》为司马谈所作的铁证。"

《孝文本纪》之文字、标点有可讨论者：

（1）丞相陈平、太尉周勃、大将军陈武、御史大夫张苍、宗正刘郢、朱虚侯刘章、东牟侯刘兴居、典客刘揭皆再拜言曰……

"大将军陈武"，王先谦引钱大昭曰："《高五王传》：'汉闻齐王举兵，相国吕产等遣大将军颍阴侯灌婴将兵击之'；《灌婴传》：'吕禄等以婴为大将军，婴至荥阳，乃与绛侯等谋；绛侯既诛诸吕，婴自荥阳还，与绛侯、陈平共立文帝'。观本纪元年诏书，益封户邑者止有太尉勃、丞相平、将军婴，而无名"武"之大将军，则其为灌婴何疑？"王、钱两家说是也，应据改"陈武"作"灌婴"。

今重新标点此段作："丞相陈平、太尉周勃、大将军（陈武）〔灌婴〕、御史大夫张苍、宗正刘郢、朱虚侯刘章、东牟侯刘兴居、典客刘揭皆再拜言曰……"

（2）十一月晦，日有食之。十二月望，日又食。

"十二月望，日又食"。此语甚误，日食无在月中者。李光缙引焦竑曰："'日'当作'月'。盖日食必于朔，月食必于望，时以晦既日食，望又月食，不半月而灾变两见，故于望日下诏书修省。"焦氏说是，应据改"日"作"月"。

今重新标点此句作："十一月晦，日有食之。十二月望，（日）〔月〕又食。"

（3）群臣请处王蜀严道、邛都，帝许之。

"请处王蜀严道、邛都"。梁玉绳曰："'都'乃'邮'字之讹，《淮南王传》作'请处王蜀严道邛'可证。"按：蜀是汉郡名，严道是蜀郡下的一个县，邛邮当时属于严道县。至于"邛都"，是严道县南的另一个县名，即今四川省的西昌市，当时尚属西南夷，汉王朝的流人无由到此。应据改"邛都"作"邛邮"。"严道"与"邛邮"之间不能有顿号。

今重新标点此句作："群臣请处王蜀严道邛（都）［邮］，帝许之。"

（4）朕甚自愧，其广增诸祀埠场珪币。

"诸祀埠场"。张文虎曰："'埠'毛本作'坛'。"《汉书》于此亦作"坛场"。师古曰："筑地为坛，除地为场。"而"埠"字，其音读"禅"。《说文》曰："埠，野土也。"段玉裁注："野土者，于野治地除草。"《礼记·祭法》："是故王云七庙，一坛一埠。"郑玄注："封土曰坛，除地曰埠。"是"埠"的意思与"场"相同。则此处之"埠场"应作"坛场"无疑。

今据改此句作："朕甚自愧，其广增诸祀（埠）［坛］场珪币。"

十一

《孝景本纪》

①

《孝景本纪》：孝景皇帝者，孝文之中子也。母窦太后。孝文在代时，前后有三男，及窦太后得幸，前后死，及三子更死，故孝景得立。

《外戚世家》叙窦太后自幼侍吕后及长大为代王妃所际遇诸事，屡屡因错得福，遇难呈祥，被司马迁深深感叹"命运"之不可知。即以其子刘启之为太子事，先是故太子之母死，其后是故太子死，又其后是故太子之两弟相继而死，此无望之祸一连四次飞降于故太子之门；而此一连四次的无望之福又雪片一样地飞降于窦氏与刘启之门，这老天爷究竟得到了窦氏与刘启的什么好处，而对之如此垂爱？这应该也是两千年来读者所无法想象的怪事。

据班固说，在他写《汉书》的时候，《史记》就已经有十篇是有目无文，其中就包括《景帝本纪》。但据后代学者论断，以为本篇的叙事虽较简略，但大体上还可以认为是司马迁的原作。

（2）

《孝景本纪》之文字、标点有可讨论者：

（1）三年正月乙巳，赦天下。长星出西方，天火燔雒阳东宫大殿城室。

"雒阳东宫"，《史记集解》曰："雒，一作淮。"《史记索隐》又曰："《汉书》作'淮阳王宫灾'，故徙王于鲁也。"淮阳国的国都陈县，即今河南淮阳。大殿城室：不知所谓。但遭火者乃"淮阳"而非"雒阳"则可以确定，应据改"雒"作"淮"。

今重新标点数句作："三年正月乙巳，赦天下。长星出西方，天火燔（雒）［淮］阳东宫大殿城室。"

（2）中三年冬，罢诸侯御史中丞。

"罢诸侯御史中丞"，此语大误，应作"罢诸侯御史大夫"。汉代建国初，朝廷与诸侯国的官称相同，都有"丞相""御史大夫"。七国之乱后，为贬压诸侯权势，乃将其"丞相"改称为"相"，撤消其"御史大夫"，只设"御史中丞"。此处所罢的是"御史大夫"而非"御史中丞"无疑。

此句依例应标点作："中三年冬，罢诸侯御史（中丞）［大夫］。"

（3）中五年夏，立皇子舜为常山王，封十侯。

"封十侯"。此语误，应作"封五侯"。据《惠景间侯者年表》，此年所封之五侯为亚谷侯卢它父、隆虑侯陈蟜、乘氏侯刘买、桓邑侯刘明、盖侯王信。

此句依例应标点作："中五年夏，立皇子舜为常山王，封（十）［五］侯。"

（4）中六年……梁分为五，封四侯。

"封四侯"，此语误，当作"封五王"。《梁孝王世家》云："梁王薨，……乃分梁为五国，尽立孝王男五人为王"是也。

此句依例应标点作："中六年……梁分为五，封（四侯）［五王］。"

十二

《孝武本纪》

①

　　《孝武本纪》：孝武皇帝者，孝景中子也，母曰王太后。孝景四年，以皇子为胶东王。孝景七年，栗太子废为临江王，以胶东王为太子。孝景十六年崩，太子即位，为孝武皇帝。

　　本文除开头的六十个字，其余皆节录于《封禅书》的后半截，甚至连《封禅书》的"太史公曰"也一并录了过来。有人说这件事是褚少孙做的，对此钱大昕曾有辨正，其说可信，应是更晚的妄人所为。从今天流行的裴氏《史记集解》以下的各种本子看，班固当时所说的"有录无书"的十篇，除《今上本纪》仍无其本文，《日者列传》像是后人补作外，其余八篇都有，而且《景帝本纪》与《傅靳蒯成列传》都相当完整，像是史公旧文。其他六篇则都是不同程度地有所残缺。梁玉绳曰："《太史公自序》曰：'天下翕然，大安殷富，作《孝景本纪》'；'汉兴五世，隆在建元，作《今上本纪》'，可知纪中必不作毁谤语，只残缺失传耳，岂削之哉？"《太史公自序》中司马迁说他写《今上本纪》宗旨的全文是："汉兴五世，隆在建元，外攘夷狄，内修法度，封禅，改正朔，易服色，作《今上本纪》第十二。"就此计划推想《今上本纪》的文章，也的确未必像吕祖谦所说的"指斥尤切"。汉武帝一生的文治武功，不外乎尊儒、建立各种制度与对外用兵，尤其是对匈奴的用兵两大项，这也就是司马迁所说"外攘夷狄"与"内修法度"。关于"外攘夷狄"方面的篇章有《匈奴列传》《卫将军骠骑列传》《李将军列传》《韩长孺列传》，以及《南越列传》《大宛列传》等；关于"内修法度"方面的篇章有《平津侯主父列传》《儒林列传》《酷吏列传》《河渠书》《平准书》等。这些文章都是有肯定、有批评，既反映了武帝时代功业兴隆的一面，同时也指出了其所存在的诸多问题。在"封禅""改正朔""易服色"诸多具体问题上，有属于历朝统治者照例都要进行的，如国家的祀典、朝廷与宗庙的礼仪制度等；但也有一部分是汉武帝时代所特有的迷信荒唐活动，如《封禅书》所写的登封泰山、寻求长生不死之药等。司马迁所谴责、所批判的主要在后一类，这些在《封禅书》中已经写到了。故而梁玉绳所说的"纪中必不作毁谤语，只残缺失传耳"，也确实有道理。

2

《孝武本纪》之文字、标点有可讨论者：

（1）是时上方忧河决，而黄金不就，乃拜大为五利将军。居月余，得四金印，佩天士将军、地士将军、大通将军、天道将军印。

"四金印"，即原有的天士、地士、大通，再加上新获的五利，共四个将军的金印。文通语畅，意思明晰。而通行本原文在历数四个将军时，作"佩天士将军、地士将军、大通将军、天道将军印"，于是令人陷五里雾中。关键在于它不提"五利将军"，而凭空又冒出来一个"天道将军"。中井曰："盖'天士''地士''大通'并上'五利'为四也。'天道'则下别有玉印。"此语精确无疑，可参看《封禅书》与《汉书·郊祀志》。

今据改"天道将军"作"五利将军"。

全段应重新标点为："是时上方忧河决，而黄金不就，乃拜大为五利将军。居月余，得四金印，佩天士将军、地士将军、大通将军、（天道）［五利］将军印。"

（2）泰帝使素女鼓五十弦瑟，悲，帝禁不止，故破其瑟为二十五弦。于是塞南越，祷祠泰一、后土，始用乐舞，益召歌儿，作二十五弦及箜篌瑟，自此起。

"作二十五弦及箜篌瑟"，莫知所云。郭嵩焘引《礼记》曰："'瑟'字疑当在'及'字上，与'二十五弦'相属。"郭说是也，"二十五弦瑟"及"箜篌"是两种乐器的名称。

今重新标点此段为："泰帝使素女鼓五十弦瑟，悲，帝禁不止，故破其瑟为二十五弦。于是塞南越，祷祠泰一、后土，始用乐舞，益召歌儿，作二十五弦［瑟］及箜篌，自此起。"

世家

一

《吴太伯世家》

①

《吴太伯世家》：吴太伯，太伯弟仲雍，皆周太王之子，而王季历之兄也。季历贤，而有圣子昌，太王欲立季历以及昌，于是太伯、仲雍二人乃奔荆蛮，文身断发，示不可用，以避季历。季历果立，是为王季，而昌为文王。太伯之奔荆蛮，自号句吴。荆蛮义之，从而归之千余家，立为吴太伯。

太伯卒，无子，弟仲雍立，是为吴仲雍。仲雍卒，子季简立。季简卒，子叔达立。叔达卒，子周章立。是时周武王克殷，求太伯、仲雍之后，得周章。周章已君吴，因而封之。乃封周章弟虞仲于周之北故夏虚，是为虞仲，列为诸侯。

自太伯作吴，五世而武王克殷，封其后为二：其一虞，在中国；其一吴，在夷蛮。……大凡从太伯至寿梦十九世。

关于吴太伯让国奔吴的历史评论：杨慎曰："《尚书》首《尧典》《舜

典》，《春秋》首隐公，世家首太伯，列传首伯夷，贵让也。"（《史记题评》）凌稚隆曰："吴之让国，于商得太伯、仲雍焉；又百年，而得伯夷叔齐焉；又五百年，而后季札者出，其所从来远矣。彼春秋之世，臣弑君，子弑父，以力而相角者，踵相接也，其视让国之义何如？太史公特表而出之，有深意在。"（《史记评林》）钱福曰："太伯之去，不于传位之日，而于采药之时，此太伯之让所以无得而称也。使太伯有其意而吾不去，则太王终亦以位而传我，吾于是明言而公让之，则太王终不忍言，而弟终不忍受，是亦夷齐终不遂其父之志而已矣。"（《史记评林》引）萧定曰："昔者有吴之兴也，太伯让以得之；有吴之衰也，季子让以失之。为让之情同，而兴衰之体异者何哉？夫太伯之让，让以贤也，故周有天下，而吴国建焉；季子之让，贤以让也，当周德之衰，而吴丧邦焉。"（《史记评林》引）

张大可论吴太伯之让国曰："在中国历史上只有一次吴太伯式的让国，弟弟和平接班。太伯奔吴，他不是消极的让国，而是积极的进取与开拓。太伯不搞窝里斗，他是一个能者和强者。既有贤侄在国内继位，他外出开拓新天地，尽了孝道，也尽了忠道，光大了周朝。所以太伯精神可用六个字概括：让贤、开拓、尚德。"

又说："司马迁写让国，十分鲜明地交代了两个主题，一是为公，二是让贤。禅让双方都是以天下为公为己任，着眼点都落在老百姓身上。吴太伯奔吴而为君，并非平庸之人，但父亲古公亶父更看好小儿子季历的儿子姬昌，认为他是家族中的贤者，希望太子让国，吴太伯很小秉承父意，让国奔吴，是向贤者让位，这叫让贤。吴太伯的让国精神，是让贤，我们要发扬的是让贤精神，而不是让国精神。离开了让贤的让国是没有意义的。为让国而让国，是对国家、对人民的不负责任，应予批判。'苟利国家生死以，岂因祸福避趋之'（林则徐语）利国利民的事，不但不能让，而是当仁不让。吴太伯奔吴，不是消极地让国，而是开拓了新地域，成为宗主国的领地，后来成为了周朝的封国。实质吴太伯是避位，而不是让位。所以他的奔吴，又可以看作是开拓。"（《关于太伯、季札三让天下的思考》）

《吴太伯世家》："王寿梦二年，楚之亡大夫申公巫臣怨楚将子反而奔晋，自晋使吴，教吴用兵乘车，令其子为吴行人，吴于是始通于中国。"

周旻说：吴国的强大始于吴王寿梦，其中申公巫臣是最关键的人物。他教吴人用兵车，为吴引进中原的车战技术，使吴国的军事力量明显加强，这是最为表象的方面。而为了支持车战，吴国的社会组织与运行方式也必须进行相应的改革，于是吴国也建立了相应的卒伍制度，将百姓按卒伍编制起来，对于底层社会组织进行了整顿。春秋诸国的战车数量与国家的赋税紧密相关，吴国要组织车战，其赋税制度也需进行相应的变革。可以说经过引进车战这一战争技术，吴国最基础也是最根本的国家组织制度得到了变革与提升，其国内生产能力也随之提升，吴国也就在这时强大起来。

车战还是中原"礼制"的重要象征之一。车战的进行有一定的'礼'的要求，虽然春秋时期"军礼"已经没有西周时期那样受到重视并严格执行，如宋襄公这种信守古礼的人还被指责嘲笑，但车战代表着有"礼"的战争，是符合"礼制"的战争样式，学会车战也就是学会了中原的"礼"，于是吴国也就可以凭此与中原诸国相交往，一步步融入大中华文化圈，被中原诸国所接纳，从此"始通于中国"了。

3

《吴太伯世家》：四年，王馀眛卒，欲授弟季札。季札让，逃去。于是吴人曰："先王有命，兄卒弟代立，必致季子。季子今逃位，则王馀眛后立。今卒，其子当代。"乃立王馀眛之子僚为王。

关于季札的让国，后代人的评论不一。张大可说："季札是如何让国的呢？父亲寿梦认为季札贤能，要他担任治国的责任。季札不接受。当后来诸樊又秉承父命让国季札，季札说：'有国，非吾节也。札虽不才，愿附于子臧，以无失节。'季札为了个人的名节而不承担国家的职责，至少也是关注者小，而所失者大。特别是馀昧让国季札仍不接受，后来发生阖庐弑王僚之祸。季札即使不愿任国君，至少应出来主持一个公道。当馀昧死后，是由馀昧的儿子王僚继承王位呢？还是由诸樊的儿子公子光继承王位呢？此时季札可以一言九鼎。但季札不说一句话，只为自己避祸而听之任之。季札之让国实不可取。再看季札之劝晏婴辞职回家，劝告叔向小心避祸。当阖庐杀了王僚后，季札连一句批评的话也没有，完全是一种明哲保身。"（《关于太伯、季札三让天下的思考》）

独孤及说："废先君之命，不孝；附子臧之义，非公；执礼全节，使国篡君弑，非仁；出能观变，入不讨贼，非智。彼诸樊无季历之贤，王僚无武王之圣，而季子为太伯之让，是循名也，岂曰至德？且使争端兴于上替，祸乱作于内室，遂错命于子光，覆师于夫差，陵夷不反，二代而吴灭。呜呼，全身不顾其业，专让不夺其志，所去者忠，所全者节，善自牧矣，谓先君何？与其观变周乐，虑危戚钟，曷若以萧墙为心，社稷是恤？复命哭墓，哀死事生，孰与先衅而动，治其未乱？弃室以表义，挂剑以明信，孰与奉君父之命，慰神祇之心？独守纯白，不义于嗣，是洁己而遗国也。国之覆亡，君实阶祸，且曰'非我生乱'，其孰生之哉？其孰生之哉？"（《吴季札论》）

王世贞说："札听乐而辨六国之兴衰，独不知吴之将亡，而默无一救乎？彼不欲以其身殉鸱夷也。""季札盖智人也，得老氏之精而用之。"（《读史论辨》）

钟惺说："季札，古之笃于友者也，所至以人才为念，不识其贤者不已。与人处吐出心肝，忠告动人，盖有心用世人也。独爱身一念太重耳，故凡事皆不肯犯乎。当阖庐弑立之际，趋避圆捷，与晏子处崔杼之乱同一机权，是古今一大乡愿也。"（《史怀》）

4

《吴太伯世家》：阖庐……悉兴师，与唐、蔡西伐楚，至于汉水。楚亦发兵拒吴，夹水陈。吴王阖庐弟夫概欲战，阖庐弗许。夫概曰："王已属臣兵，兵以利为上，尚何待焉？"遂以其部五千人袭冒楚，楚兵大败，走。于是吴王遂纵兵追之。比至郢，五战，楚五败。楚昭王亡出郢，奔郧。

此有名之"阖庐入郢"之役也。但此处《史记》所叙与《左传》所叙分明不同。《左传·定公四年》叙此事分为两役，先是说："冬，蔡侯、吴子、唐侯伐楚。舍舟于淮汭，自豫章与楚夹汉。子常乃济汉而陈，自小别至于大别。三战，子常知不可，欲奔。史皇曰：'安求其事，难而逃之，将何所入？子必死之，初罪必尽说。"

《左传》在后面接着又说："十一月庚午，二师陈于柏举。阖庐之弟夫槩王……以其属五千先击子常之卒。子常之卒奔，楚师乱，吴师大败之。……吴从楚师，及清发，将击之。夫槩王曰：'困兽犹斗，况人乎？若知不免而致死，必败我。若使先济者知免，后者慕之，蔑有斗心矣。半济而后可击也。'从之，又败之。楚人为食，吴人及之，奔。食而从之，败诸雍澨。五战，及郢。"

据《左传》，吴王阖庐与唐、蔡二君先有与楚将子常的夹汉对阵，是子常等渡汉出击，结果大败。接着又说吴王阖庐与楚将子常对阵于柏举，吴将夫概发动突然袭击，大破楚将子常。而后遂势如破竹，五战而及于郢。

在《史记》里，《吴太伯世家》《楚世家》《伍子胥列传》，都只有"夹汉之战"，而只字未及柏举。《左传》所描写的吴将夫概在柏举之战中的英勇豪迈，也被司马迁移到夹汉之战中来了。柏举距郢都六七百里，中间隔着清发水与汉水，《左传》中写吴师的势如破竹如"楚人为食，吴人及之，奔。食而从之，败诸雍澨，五战而及于郢"云云，也被司马迁移动到了"夹汉之战"后。汉水离着郢都不过二百里，吴军那种大规模的闪展腾挪，还有施展的余地么？

《左传》叙入郢之役为两段，矛盾多多，这里无法讨论。应该注意的是，司马迁把柏举之战融化到了"夹汉之战"中是否合适呢？

　　《吴太伯世家》：十九年夏，吴伐越，越王勾践迎击之槜李。越使死士挑战……吴师观之，越因伐吴，败之姑苏，伤吴王阖庐指。军却七里，吴王病伤而死。

　　关于阖庐的兵败身伤之地，文中既曰"吴伐越，越王勾践迎击之槜李"，越乘吴军懈怠之际，突起攻之，吴军之败自然是始于槜李。故而陈仁锡曰："此衍'姑苏'二字。"《左传》叙此，亦无"姑苏"二字。仅就此而言，似乎是削二字即可解决。但吴军败走后，越军是否追击至姑苏，吴王阖庐之伤指究在何地，此文皆不分明。《左传》叙此是明确的，定公十四年云："越子因而伐之，大败之。灵浮姑以戈击阖庐，阖庐伤将指，取其一履。还，卒于陉，去槜李七里。"这里很清楚，吴军只是败于槜李，越军也从没有追击至姑苏之说。但司马迁是否也这样理解呢？早在宋代的本子上就载有司马贞对此提出的指责："此云'击之槜李'，又云'败之姑苏'，自为乖异。"看来这就是司马迁写法的问题了。请接看下条。

　　《吴太伯世家》：二年，吴王悉精兵以伐越，败之夫椒，报姑苏也。

　　"报姑苏也"。据《左传》，上文分明是阖庐被越军大败于槜李，伤指身死。但在《史记》中却出现了"败之姑苏"的说法。或者司马迁真是有此认识，故而于此再度出现此说，而不是偶尔文字的错误。新校本对这两处的"败之姑苏"与"报姑苏也"，都不做文字的处理，看来是有原因的。

到此读者已经明白，依《左传》的事实，应该怎么改，这是一回事；但如果是出于司马迁的不同理解，那就得从另一个方面进行讨论了。

关于太伯奔吴的历史考据：《史记》称吴太伯为周太王之子，为避其弟季历，而自动逃到长江下游建立吴国，此事自古有人怀疑。今人蒙文通说："吴阖庐、越勾践，《荀子·王霸》并列为'五霸'之二，然其突然兴起于春秋之末，忽焉微弱于战国之初，语言风俗皆与华夏不同，实当时后进民族之建国也。其情状与蒙古之勃兴而骤亡颇相似。然《史记》说吴为太伯之国，谓越为少康庶子之封，似皆华夏之裔，未必然也。此与魏、晋、隋、唐间少数民族之首领多自谓黄帝、高辛之裔者同，不足信也。《穆天子传》卷二言：'赤乌氏先出自宗周，太王亶父之始作西土，封其元子吴太伯于东吴。'是'赤乌'即'吴'，吴太伯封国也。《汉书·地理志》有吴山在右扶风汧县西，有荆山在左冯翊怀德县南。雍州自有荆山、吴山，应即太伯所奔及建国处。'勾吴'为太伯、仲雍后裔之说，不过《左传》一家之言而已，此与匈奴出自'夏后氏之苗裔，曰淳维'之说，骊戎、犬戎皆姬姓之说相同，是皆无稽之谈，不足信也。"（《古族甄微·越史丛考》）王卫平说："早期'勾吴'的主体民族是东夷，而'於越'的主体民族是百越，所以笼统地称吴、越同族是不符合史实的。""吴、越二国的居民都是东夷和百越，差别在于前者以东夷为主体，后者以百越为主体，这就为两国文化的趋同奠定了基础。""吴、越争霸使两支近亲文化进一步融合为一，'吴越文化'愈来愈成为一种具有统一特色的区域文化。""但两国之间的文化差异并未完全消失，吴、越两国的文化水平仍有一定的差距。吴国更多地受中原先进文化的影响，而越国则较地保留了土著的特色。"（《'勾吴'立国与吴、越民族之分合》）

对于吴国居民的民族体系及其与越国的民族关系，我以为王卫平与蒙文通两位先生的说法是清楚的。至于吴国的创建者是不是吴太伯，这是有争议的问题。"太伯"的名字最早见于《诗经·皇矣》，其中有所谓"帝作邦作对，自太伯、王季。维此王季，因心则友。则友其兄，则笃其庆。载锡之光，受禄无丧，奄有四方"。从这几句诗里，顶多可以引申到太伯"让"出继承权，使王季享有了周国。至于"作邦作对"是什么意思，有些模糊，大概杨宽先生所说的太王派太伯、仲雍到山西建立虞国，给日后周国的向东方发展做桥头堡就是从这几句话中悟出来的。《皇矣》是西周时期的作品，提供的信息十分珍贵。除此之外，明确说到太伯"三以天下让"的是孔子，见《论语·泰伯》，但没有说到"奔吴"。说太伯"奔吴"，并说他在长江下游创建吴国的是《左传》与《国语》，司马迁的《吴太伯世家》主要就是依据《左传》与《国语》的说法写下来的。《史记》中曾有若干大名鼎鼎的人物不见于先秦任何典籍，最早就见于《史记》，于是人们便争相传说，深信不疑；而太伯创建吴国的事情最早见于《左传》《国语》，而且在春秋后期的吴国屡屡向北方大国挑衅的时候，北方诸国没有一个人对吴国的种姓提出怀疑，甚至连周天子也都承认。而事至二千五百年后的今天，人们却对它提出怀疑，想否定它，这也的确不很容易。但人们的怀疑是有道理、有根据的，我们也同样不能否认。对此，我们只有寄希望于今后的考古发掘，希望能在长江下游发现西周时期的吴国王室的墓葬，能从这些王室墓葬中肯定他们是不是与周原文化有联系。

二

《齐太公世家》

①

《齐太公世家》：于是武王已平商而王天下，封师尚父于齐营丘。东就国，道宿行迟。逆旅之人曰："吾闻时难得而易失。客寝甚安，殆非就国者也。"太公闻之，夜衣而行，犁明至国。莱侯来伐，与之争营丘。营丘边莱。莱人，夷也，会纣之乱而周初定，未能集远方，是以与太公争国。

太公至国，修政，因其俗，简其礼，通商工之业，便鱼盐之利，而人民多归齐，齐为大国。

桓公既得管仲，与鲍叔、隰朋、高傒修齐国政，连五家之兵，设轻重鱼盐之利，以赡贫穷，禄贤能，齐人皆说。

齐太公姜尚是我国古代著名的军事家，其为人处事讲究实事求是，讲究雷厉风行，他是不会像周公那样，行动温文尔雅，办事依礼傍乐。但是姜太公治理齐国的一套方针政策深得齐国人民的拥护，也深受司马迁的赞成。到春秋前期，齐国又出了齐桓公与管仲，他们继承姜太公建国确定的方针，利用齐国地大物博、又濒临大海的优越条件，大力发展手工业与商业，在政治上实行宽松、开放的政策，从而使齐国一直富裕、强大了七八百年。司马迁在《货殖列传》中毫无保留地歌颂齐国说："太公望封于营丘，地舄卤，人民寡，于是太公劝其女功，极技巧，通鱼盐，则人物归之，繦至而辐凑。故齐冠带衣履天下，海岱之间敛袂而往朝焉。其后齐中衰，管子修之，设轻重九府，则桓公以霸，九合诸侯，一匡天下；而管氏亦有三归，位在陪臣，富于列国之君。是以齐富强至于威、宣也。"

司马迁通过描写齐、鲁两国在最初受封建国时，姜太公的雷厉风行与鲁公伯禽的拖拖拉拉，预言了齐、鲁两国日后的发展前景说："呜呼，鲁后世其北面事齐矣！夫政不简不易，民不有近；平易近民，民必归之。"实际上齐、鲁两国的两篇"世家"就正是对比着两国那些思想面貌不同的人物，描写了他们所实行的不同的方针政策，展现了两国之间那种完全不同的带有各自特点的社会生活史。

2

《齐太公世家》：是时周室微……楚成王初收荆蛮有之，夷狄自置。唯独齐为中国会盟，而桓公能宣其德，故诸侯宾会。于是桓公称曰："寡人南伐至召陵，望熊山；北伐山戎、离枝、孤竹；西伐大夏，涉流沙；束马悬车登太行，至卑耳山而还。诸侯莫违寡人。寡人兵车之会三，乘车之会六，九合诸侯，一匡天下。昔三代受命，有何以异于此乎？吾欲封泰山，禅梁父。"管仲固谏，不听；乃说桓公以远方珍怪物至乃得封，桓公乃止。

与这段话意思相同，但更为详尽的一段见《封禅书》。其中写管仲"睹桓公不可穷以辞，因设之以事，曰：'古之封禅，鄗上之黍，北里之禾，所以为盛；江淮之间，一茅三脊，所以为藉也。东海致比目之鱼，西海致比翼之鸟，然后物有不召而自至者十有五焉。今凤皇麒麟不来，嘉谷不生，而蓬蒿藜莠茂，鸱枭数至，而欲封禅，毋乃不可乎？'于是桓公乃止。"

充分表现了一位老臣对一位傲慢自大，以功成名就自居的放荡君主，进行宛转劝告的良苦用心。司马迁这段话的现实性、针对性是极强的，遗憾的是汉武帝根本听不进去。

元代王维桢说："夷吾所以佐霸者，有权设也。"吴见思说："一路俱郊祀之事，'封禅'二字至齐桓公始见，而封禅七十二、十二，自管仲口中说出，其有其无，可以共见，序法之妙。"中井曰："封禅之说，盖昉于秦皇之时，前此无有也，所谓'怪迂之徒'所称述耳，齐桓之时岂有此等说？"泷川曰："今本《管子》有《封禅篇》，尹知章云：'原篇亡，今以司马迁《封禅书》所载管仲言以补之。'"管仲阻止齐桓封禅事，不知史公采自何处，盖为讽武帝而设。

③

《齐太公世家》：三十八年，周襄王弟带与戎、翟合谋伐周，齐使管仲平戎于周。……三十九年，周襄王弟带来奔齐。齐使仲孙请王，为带谢。襄王怒，弗听。

周襄王的父亲周惠王宠爱少子王子带。惠王死，襄王立，王子带勾引戎人伐周，诸侯救周，王子带逃入齐国。齐桓公出面调和，送王子带返回周国。数年后，王子带又导引狄师伐周，周襄王逃入郑国，王子带在周国称帝。周国前后乱了十八年，最后王子带才被后起的霸主晋文公所杀，周国之乱始平。凌稚隆引金履祥曰："五霸桓公为长，而王室戎狄之祸自若。王子带以戎狄伐周，天下之大罪也，桓公不能讨，而平戎于王，岂以受王子带之奔，而为此姑息耶？桓公不能容子纠而为王容叔带，不免卒酿王室异日之祸云。"这对齐桓公的批评是很严厉、很准确的。齐桓公作为第一任诸侯霸主，既软弱无能，又有私心，纵容王子带的在周国作乱，倚仗其霸主的势力，不顾周天子的纲常，硬是把一个乱臣贼子送回周国，强使周襄王容纳，致使周天子之国近二十年动乱不休。所谓"霸主"的作用，又安在哉？

《齐太公世家》：十年春，齐伐鲁、卫。鲁、卫大夫如晋请师，皆因郤克。晋使郤克以车八百乘为中军将，士燮将上军，栾书将下军，以救鲁、卫，伐齐。六月壬申，与齐侯兵合靡笄下。癸酉，陈于鞌。逢丑父为齐顷公右。顷公曰："驰之，破晋军会食。"射伤郤克，流血至履。克欲还入壁，其御曰："我始入再伤，不敢言疾，恐惧士卒，愿子忍之！"遂复战。战，齐急，丑父恐齐侯得，乃易处，顷公为右，车缀于木而止。晋小将韩厥伏齐侯车前，曰"寡君使臣救鲁、卫"，戏之。丑父使顷公下取饮，因得亡，脱去，入其军。晋郤克欲杀丑父。丑父曰："代君死而见僇，后人臣无忠其君者矣。"克舍之，丑父遂得亡归齐。

这就是春秋时代有名的齐晋鞌之战，原文见《左传》的成公二年。但这段文字与《左传》原文相比，可以说是逊色多了。首先是叙事的准确性与生动性，大大不如。如《左传》叙述齐国的轻敌冒进是："齐侯曰：'余姑翦灭此而朝食。'不介马而驰之。"写晋国诸将的相互配合、相互慰勉的动人情景是："郤克伤于矢，流血及屦，未绝鼓音，曰：'余病矣！'张侯曰：'自始合，而矢贯余手及肘，余折以御，左轮朱殷，岂敢言病。吾子忍之！'又曰：'师之耳目，在吾旗鼓，进退从之。此车一人殿之，可以集事，若之何其以病败君之大事也？擐甲执兵，固即死也。病未及死，吾子勉之！'左并辔，右援枹而鼓，马逸不能止，师从之。齐师败绩。逐之，三周华不注。"刀光剑影、马奔车驰、人声鼓响，无不毕现。

其次，说到晋将韩厥俘获假齐侯的情景，史文说："齐急，丑父恐齐侯得，乃易处"；又说："晋小将韩厥伏齐侯车前，曰'寡君使臣救鲁、卫'，戏之。"这就显得很是辞不达意了。首先，韩厥是晋国的众卿之一，不是什么晋国的"小将"。"寡君使臣救鲁、卫"又怎么是"戏之"的话呢？原来这是出于《左传》原文的一种客套辞令。当齐国诸侯的车子被树挂住，不能再动时，韩厥手执绳索走到假齐侯的跟前，说："我们的君主让我代表鲁、卫两国来问您他们是在什么地方得罪了您。我很不幸，今天在战场上与您相遇了。您的车子就让我来替您驾驶吧。"于是假齐侯逢丑父就让真齐侯下车走开，自己让韩厥赶着车子到晋国军中去当俘虏了。

《左传》写假齐侯逢丑父最终被晋将郤克释放的情景与《史记》大致相同，其文曰："韩厥献丑父，郤献子将戮之。呼曰：'自今无有代其君任患者，有一于此，将为戮乎？'郤子曰：'人不难以死免其君。我戮之不祥，赦之以劝事君者。'乃免之。"

在《项羽本纪》中，项羽围困刘邦于荥阳，眼看荥阳被攻克，汉将为了掩护刘邦开西门逃走，而让纪信假扮刘邦出东门向项羽投降，吸引得楚军都跑向东门观看，刘邦遂乘机逃出西门。项羽捉到纪信后，纪信慷慨应对，不屈而被项羽烧死。元代杨维桢曰："纪信者，汉之丑父也。丑父遇郤子旌其节而免死，信于羽不免焚身之戮，信知有君不知有身矣。"读书至此，人所遗憾的不是纪信，而是项羽。获胜而又有荣光者，是纪信；而项羽，在纪信面前又输一局。

5

《齐太公世家》之文字、标点有可讨论者：

（1）晏子仰天曰："婴所不获，唯忠于君、利社稷者是从！"不肯盟。

如上标点，晏婴在两个大权奸面前的实际表现，读者仍未能看得分明。首先，晏婴是真的表现出了敢于违背崔、庆的旨意，表现出"不肯盟"了吗？没有。晏婴实际上表现得很驯顺，他和满朝文武都一致地按着两个大权奸给他们设定的誓词大声宣誓："凡不与崔、庆一条心者，有如上帝！"意思是，谁要是敢和崔、庆两位大人不一条心，就让上帝灭了他！大家都是这样念的。唯有晏婴，他不敢得罪崔、庆，也不敢不宣誓，但是他在宣誓时表现了一点小狡狯。他在大家都齐声念"凡不与崔、庆一条心"这上半句时，他却偷偷地念道"婴所不获，唯忠于君、利社稷者是从"，意思是，如果我晏婴不能跟着尽忠报国的大忠臣好好干。下半句就和大家同声地高喊："就让上帝灭了我！"这一来，既让崔、庆二贼难以抓住晏婴的辫子；同时也让晏婴自己保持了内心的胜利与宽慰。

"不肯盟"三字，表达欠妥；"不获"之后的断句，也似乎可斟酌。

今试重新标点此句作："晏子仰天曰：'婴所不获唯于君、利社稷者是从，（不肯盟）〔有如上帝！〕'。"

（2）六月，田乞、鲍牧乃与大夫以兵入公宫，攻高昭子。昭子闻之，与国惠子救公。公师败，田乞之徒追之，国惠子奔莒，遂返杀高昭子。晏圉奔鲁。

此段重复错乱不可读。泷川曰："'攻高昭子'四字、'遂返杀'三字，疑衍。"梁玉绳曰："此与《田完世家》言陈乞反兵杀高张，并妄。"两家说是，应据削"攻高昭子"与"遂反杀"七字。

今依例重新标点此段作："六月，田乞、鲍牧乃与大夫以兵入公宫，（攻高昭子。）昭子闻之，与国惠子救公。公师败，田乞之徒追之。国惠子奔莒，（遂返杀）高昭子、晏圉奔鲁。"

三

《鲁周公世家》

1

《鲁周公世家》：武王九年，东伐至盟津，周公辅行。十一年，伐纣，至牧野，周公佐武王，作《牧誓》。破殷，入商宫。

"武王九年"，乃通"文王受命为王"之七年为第九年，实即武王即位之第二年。是年武王出兵东至孟津，会见了来自各地的诸侯。但感到伐纣的时机尚未成熟，于是撤兵而回。"十一年"，通文王受命之第十一年，实为武王即位之第四年，依《竹书纪年》推算为前1023；依《夏商周年表》，为前1046，即武王灭商之年也。特别强调武王即位之年数乃与文王即位之年数相通计算，这一点很重要。因为在《周本纪》中特别明写着周武王这时自称"太子发，言奉文王以伐，不敢自专。"而在《伯夷列传》中又有伯夷谴责武王"父死不葬，爰及干戈"云云，盖当时乃文王去世后之第二年，武王尚在守孝期间故也。而不是武王即位后的第九年与第十一年。

《鲁周公世家》：武王克殷二年，天下未集，武王有疾，不豫，群臣惧，太公、召公乃缪卜。……周公于是乃自以为质，设三坛，周公北面立，戴璧秉圭，告于太王、王季、文王。史策祝曰："惟尔元孙王发，勤劳阻疾。若尔三王是有负子之责于天，以旦代王发之身。旦巧能，多材多艺，能事鬼神。乃王发不如旦多材多艺，不能事鬼神。乃命于帝庭，敷佑四方，用能定汝子孙于下地，四方之民罔不敬畏。无坠天之降葆命，我先王亦永有所依归。今我其即命于元龟，尔之许我，我以其璧与圭归，以俟尔命。尔不许我，我乃屏璧与圭。"……周公藏其策金滕匮中，诫守者勿敢言。明日，武王有瘳。……

周公卒后，秋未获，暴风雷雨，禾尽偃，大木尽拔。周国大恐。成王与大夫朝服以开金滕书，王乃得周公所自以为功代武王之说。二公及王乃问史百执事，史百执事曰："信有，昔周公命我勿敢言。"成王执书以泣，曰："自今后其无缪卜乎！昔周公勤劳王家，惟予幼人弗及知。今天动威以彰周公之德，惟朕小子其迎，我国家礼亦宜之。"王出郊，天乃雨，反风，禾尽起。二公命国人，凡大木所偃，尽起而筑之。岁则大孰。于是成王乃命鲁得郊祭文王。鲁有天子礼乐者，以褒周公之德也。

陈曦说：以上文字主要源自《尚书·金滕》，第一段主要写周公在武王病重时，向太王、王季、文王的在天之灵，请求代替武王去死。第二段是写周公卒后，上天向成王示警，成王从金滕中看到了周公对武王的忠诚而感动得热泪盈眶。

对于周公请代武王死一事，明人张廉、张孚敬、清人袁枚等都提出过质疑，近人也有人质疑《金滕》其书的真实性。但考察先秦文献，可知殷商以来的统治者都重视求神问卜，以为人世间的吉凶祸福都是由鬼神掌控的。最高统治者理所当然地认为自己应该远离一切灾祸和不幸，而得到最大的利益和幸运。如果预知灾祸即将降临，就会让他的臣下或亲人替他承担。刘起釪先生说："周公《金縢》的故事就是这样的事件，因为他所处的正是武王的最亲的亲人和最重要的大臣的地位，他是必须扮演这一角色的。"因而《金縢》的故事是真实的。（《古史续辨》）周公不是被动接受而是主动请缨，显示了他对周天子的无限忠诚。

但《鲁周公世家》所引，与《金縢》的记述略有不同之处。其一，《金縢》记述成王打开匣子的时间是在周公生前，而本篇则说是在周公卒后。其二，《金縢》中没有"于是成王乃命鲁得郊祭文王。鲁有天子礼乐者，以褒周公之德也。"这两句话。《尚书大传》说："鲁郊，成王所以礼周公也。"《礼记·明堂位》说："成王以周公为有勋劳于天下，命鲁国世世祀周公以天子之礼乐。"司马迁崇敬周公人格，因此他采信了这种说法。

需要指出的是，这一说法并不合乎历史实际。陈仁锡说："《竹书纪年》：'鲁惠公使宰让请郊庙之礼，平王使史角如鲁。'鲁之用郊，盖由惠公请之也。至僖公作颂，始以郊祀为夸焉。"梁玉绳也指出了司马迁这一记述之误，并说："余因疑郑祖厉王，卫、吴立文王庙，皆作僭于鲁之僭祭文王，而诸侯不得祖天子之礼遂废，歌《雍》舞《佾》，将何诛焉。"可知春秋以来"礼崩乐坏"，周天子已经丧失了号令天下的威权，各地诸侯公然挑战天子尊严，鲁国君主僭用天子礼乐，当为典型案例。《尚书大传》等书的作者认为鲁国可以享用天子礼乐，始于成王对周公的褒奖。这种说法当是为了掩饰鲁国的僭越行径而编造出来的。司马迁出于对周公的敬仰，未加审察，误用了这种说法。

3

《鲁周公世家》：鲁公伯禽之初受封之鲁，三年而后报政周公。周公曰："何迟也？"伯禽曰："变其俗，革其礼，丧三年然后除之，故迟。"太公亦封于齐，五月而报政周公。周公曰："何疾也？"曰："吾简其君臣礼，从其俗为也。"及后闻伯禽报政迟，乃叹曰："呜呼，鲁后世其北面事齐矣！夫政不简不易，民不有近；平易近民，民必归之。"

此事之确切有无，不可知也；但作为司马迁对周公所创始的鲁国发展的一种态度、一种深深的遗憾，是非常明确的。周国素称以礼乐治天下，周公又被孔门儒学尊奉为礼乐的创始人，而鲁国又是被周天子特别赐以礼乐的独一无二的圣人之裔的国家，它理应成为一种遵礼守德的、强大无敌的样板国家才对。但令人遗憾的是鲁国在春秋时代的诸侯国间，根本上不了台盘。他先天下之乱而乱，鲁桓公是第一个弑兄、弑君的乱贼；接着其子庆父又在鲁国作乱多年，继而便是鲁桓公的三个儿子的后代从此瓜分并永远操纵了鲁国的政权，使鲁国的君主成为傀儡。至鲁昭公更被季氏赶出了鲁国，直到流浪而死。《左传》写孔子辅佐鲁定公参加与齐景公的柯邑之盟，故事很生动，孔子也被写得很有作为。但当时的鲁国是新近经历过被三桓"三分公室"与"四分公室"之后。不知当时的鲁定公实际上还能保有多少属于他的领地与人丁。司马迁对鲁国的腐朽混乱、积贫积弱，是很清楚的，他很为这个圣人的后裔之国感到惋惜；也很为儒家宣扬的"礼乐治世"的华而不实、烦琐无用而感到悲哀。为了表达这种深深的无奈，他假托周公以批评伯禽的死守教条、不知变通而预言鲁国的日后必败，必然要成为齐国的藩属臣仆。这"不简不易，民不有近；平易近民，民必归之"十六个字是很有学问的。司马迁在《太史公自序》中批评孔子的学说为："博而寡要，劳而少功"；又在《孔子世家》中通过晏婴的嘴批评孔子的学说为"滑稽而不可轨法"；说它"倨傲自顺，不可以为下；崇丧遂哀，破产厚葬，不可以为俗；游说乞贷，不可以为国"；说它"盛容饰，繁登降之礼，趋详之节，累世不能殚其学，当年不能究其礼"。这些都是司马迁所认同的对儒家学说的定论。

《鲁周公世家》：（襄公）五年，季文子卒，家无衣帛之妾，厩无食粟之马，府无金玉，以相三君。君子曰："季文子廉忠矣。"

九年，与晋伐郑。晋悼公冠襄公于卫，季武子从，相行礼。十一年，三桓氏分为三军。……

（昭公）二十八年，昭公如晋，求入。季平子私于晋六卿，六卿受季氏赂，谏晋君，晋君乃止，居昭公乾侯。二十九年，昭公如郓。齐景公使人赐昭公书，自谓"主君"。昭公耻之，怒而去乾侯。三十一年，晋欲内昭公，召季平子。平子布衣跣行，因六卿谢罪。六卿为言曰："晋欲内昭公，众不从。"晋人止。三十二年，昭公卒于乾侯。

陈曦对这段史文对季文子的评论说：春秋时期随着周天子的衰微，各诸侯国亦随之出现了"君不君，臣不臣"的现象，其表现就是国君的失势与卿大夫的专权。据郭克煜等著的《鲁国史》："春秋时各国都形成了自己的世家大族，为卿大夫执政奠定了基础。与晋、齐等国不同，鲁国的世家大族全是出自公族。"（《鲁国史》）号称"三桓"的季孙氏、叔孙氏、孟孙氏三大家族，其始祖皆出自鲁桓公之子。成公、襄公、昭公时期，鲁君失政，三桓专权。鲁襄公十一年（前592），三桓三分公室，"分为三军"，鲁君由此彻底丧失了政治、军事权力。三桓长期把持鲁国政权，鲁君沦落到连基本的外交体面都维持不了。襄公二十九年（前544），晋范子来聘，鲁君招待外宾时，公臣武士连三对射偶都配不齐，只好借家臣陪射。昭公在位时，三桓势力达到了顶峰。昭公二十五年，季平子竟敢干出"八佾舞于庭"的僭越行径，完全无视天子、国君的尊严，孔子闻讯愤怒地说："是可忍，孰不可忍也！"鲁昭公试图改变这种屈辱的处境，想寻机除掉季氏，却被三桓联手击败，被迫流亡于齐、晋之间，最终客死他乡，"卒于乾侯"。

三桓野心勃勃的僭越行径，说明旧有的礼法制度在鲁国已荡然无存，这是春秋时期各国的大势，也就是通常所说的"礼崩乐坏"。以克己复礼为己任的孔子，站在西周礼乐文化的立场上，对"三桓"、特别是其中势力最大的季氏家族，屡屡发出批评之声，如"季氏富于周公，而求也为之聚敛"（《论语·先进》）"季氏旅于泰山"（《论语·八佾》）"季氏八佾舞于庭"（同上）"季氏将伐颛臾"（《论语·季氏》）等。他试图抑制、打击僭越的世卿、陪臣，努力恢复昭公、定公的威权，但最后也只能以失败而告终。历史是在残酷的二律背反中前进的，孔子的悲剧为此法则提供了一个佐助。司马迁在《鲁周公世家》中对三桓专权，以及由此造成的鲁国礼义文化的衰微，做了较为详尽的描述。

在《鲁周公世家》中，基本立场始终站在鲁国公室一方的司马迁在季文子（即季孙行父）去世时，他居然称颂道："季文子卒，家无衣帛之妾，厩无食粟之马，府无金玉，以相三君。君子曰：'季文子廉忠矣。'"司马迁在这里是不是昏了头？鲁国公室到今天卑微到这种可怜的地步，到底是被谁搞成的？不就是以季氏为代表的"三桓"势力吗！即使季文子在其他生活方面有某些优点，那又值得说什么？宋代的黄震对司马迁这段话嘲笑说："季文子相三君，家无衣帛之妾，厩无食粟之马，君子谓其廉忠，然私室日强、公室之卑自若也。愚谓行父能自毁城郭、去兵甲、退安臣子之分，如孔子之所以谋鲁，则身为卿相，虽妾衣帛、马食粟，未害也。"这样，从逻辑上就顺过来了。当然，如果有人是站在历史的新兴势力一方，那当然就如同歌颂晋国的六卿，齐国的田氏一样，他们都是在为创造自己家族的新政权而奋斗，他们都是坚定的创业者，时代的弄潮儿。《史记》中有《赵世家》，其中最令人激动的英雄人物不就是赵襄子吗？关键问题这里是写《鲁周公世家》，作者的基本立场与其写作本位应该是在鲁国公室的一侧，于是这条赞美就显得没有道理。

《左传纪事本末》的作者高士奇明确地评述季氏家族说："自庆父、叔牙首行弑逆，为公室削弱之由。成季（季文子之父）鸩叔牙，走庆父，拥立闵、僖二君，其忠莫比，而专鲁国之政亦自此始。盖从古权臣，未有不废置在手，而太阿因以倒授之者也。……仲遂杀恶及视，援立宣公，当是时，将顺其意，为之纳赂通殷勤于齐者，行父（季文子）也。归父欲去三桓以张公室，行父一言而东门见逐。炎炎之势，真可畏也。及宿（季文子之子），而心术愈不可问矣。其父甫没而费城矣，三军作矣，取卞以自封矣；范献子来聘，而公臣不能具三耦矣，未几而中军复设矣，四分公室，而季氏且有其二矣。益以意如（季武子之孙）之凶逆，是时鲁君浮寄旦夕，莫必其命，幸而逃死，宁俟孙齐嫡越之后哉？故鲁之削，成于三桓，而季为之魁，宿及意如不容诛，而责备贤者乃在季友、行父，以其事权所由始也。"

5

《鲁周公世家》之文字、标点有可讨论者：

（1）周公已令史策告太王、王季、文王，欲代武王发，于是乃即三王而卜。卜人皆曰吉，发书视之，信吉。周公喜，开籥，乃见书遇吉。周公入贺武王曰……

"卜人皆曰吉，发书视之，信吉。周公喜，开籥，乃见书遇吉"。前后繁复辞费。方苞曰："'发书视之，信吉'六字衍文。"张文虎曰："'发书'六字与下文意复，疑是傍注误混。"两家说是也，应据削"发书视之，信吉"六字。

今依例重新标点此段作："卜人皆曰吉，（发书视之，信吉。）周公喜，开籥，乃见书遇吉"。

（2）齐景公使人赐昭公书，自谓"主君"。昭公耻之，怒而去乾侯。

"自谓'主君'"四字，完全颠倒事实。"自"字使用无理，明系衍文。"谓主君"，意即齐景公称鲁昭公为"主君"，以表轻视之意。《索隐》引服虔曰："大夫称'主'，比公于大夫，故称'主君'。"泷川曰："昭二十九年《左传》云：'齐侯使高张唁公，称主君。'杜预注云：'比公于大夫。'与《集解》所引服虔说同，据此则称鲁君为'主君'也。《史记》'自'字宜删。"竹添光鸿亦有详细考辨，皆是也。应据削"自"字。

今重新标点此数句作："齐景公使人赐昭公书，（自）谓'主君'。昭公耻之，怒而去乾侯。"

（3）观庆父及叔牙、闵公之际，何其乱也？隐桓之事，襄仲杀适立庶；三家北面为臣，亲攻昭公，昭公以奔。至其揖让之礼则从矣，而行事何其戾也？

"隐桓之事"四字，上下不连，显有讹误。朱东润《史记考索》以为应移"隐桓之事"四字于'观'字下。朱说可从。

今据调整数句的关系作："观［隐桓之事］，庆父及叔牙、闵公之际，何其乱也？襄仲杀适立庶，三家北面为臣，亲攻昭公，昭公以奔。至其揖让之礼则从矣，而行事何其戾也？"

鲁国是最有名的"礼义之邦"，又是大思想家孔子与儒家的发祥地，但鲁国的实际情况却几乎比哪个国家都要糟；名义上说是存在了八百年，实际上一进入春秋就已经沦为二等小国，到战国时代则更已沦为附庸，仅寄人篱下苟延残喘而已。空洞的"礼乐""仁义"究竟行还是不行？司马迁对此是充满矛盾的。

《鲁周公世家》首先一点是褒扬周公姬旦的美德。周公不仅是武王与成王两代忠心耿耿的辅政大臣，功勋卓著，还是人们公认的第一个古代文化巨人，他制礼作乐，创建了周王朝的许多制度，至今流传的《尚书》《诗经》与"三礼"中就有不少篇章相传是周公所作，司马迁写《史记》就是出于崇敬周公、孔子，要作孔子第二、周公第三。周公大公无私，当成王年幼不能管理国家政权时，周公就"践阼"替他代管；到成王长大后，便"还政成王，北面就臣位，躬躬如畏然"。尤其是当武王、成王患病时，周公竟两次向鬼神祈求替武王、成王死，这一切都是何等令人钦敬的作为一个国家大臣的品质。周公无疑是司马迁最崇敬、最理想的古代名臣形象。

　　鲁国是西周初年分封建立的数一数二的大诸侯国，其地位之崇高、亲近无与伦比，它与别国的最大不同就是以"仁义""礼乐"相标榜，被称为"礼义之邦"。但《鲁周公世家》却没有停留在这些表面的赞颂上，而是具体地展现了这个"礼义之邦"在其美丽外衣掩盖下的腐朽黑暗的内幕。鲁桓公是杀其兄夺位自立的；鲁庄公坐视其父被齐人所杀而恬然处之；鲁僖公在宗庙里把他父亲的牌位无理提前，以致使后来的孔子看了都很生气。鲁国是贵族权臣执政，是公室最早衰落的国家之一。把持鲁政的季氏"富于周公""旅于泰山"，甚至把他们的国君鲁昭公逐出国外流浪七年，最后死在了外面。鲁国的贵族大臣钩心斗角，相互火并，"庆父不死，鲁难未已"的典故就是出在鲁国。相比之下楚国是"生番化外"，秦国是"偏居西戎"，而且人家都不以"礼乐""仁义"自居，而实际的政治状况却都比鲁国好得多。这种专讲空话，专要花架子的教训，难道司马迁写得还不清楚吗？

　　《鲁周公世家》与其他诸"世家"中都称孔子为鲁相，此事多被后人所否定，以为孔子只是为鲁定公作过司礼的傧相而已；孔子在鲁国所起的作用也是被司马迁所大大夸张了的。

四

《燕召公世家》

①

《燕召公世家》：召公奭，与周同姓，姓姬氏。周武王之灭纣，封召公于北燕。其在成王时，召公为三公。自陕以西，召公主之；自陕以东，周公主之。

刘丽文说：召公，姬姓，名奭，西周初年武王所封燕国之始祖。召是西周畿内采地，姬奭始食于召，故曰召公，其地在今陕西省岐山县西南。

关于召公奭与周王室之关系，司马迁说是周之同姓，亦有说是文王之子者，但《左传·僖公二十四年》富辰数文王之昭十六国中没有召公，则见召公似应非文王之子。不过，召公确实在周初地位至高，与周公长期同为周室重臣，若非文、武宗亲，难以至此，故不排除其为文王庶子之可能。

周武王灭纣之后，召公被封于北燕。《索隐》说其地在今幽州蓟县故城，不十分准确。因据《礼记·乐记》，武王曾将黄帝之后封于蓟，故召公之初封不可能同时在蓟。据考古发现，今北京市西南房山琉璃河有周初及西周时的城址和墓地，有多件"匽侯"铜器，有铭文载召公之子克受土受民之事，故可知，西周燕国初封当在今之琉璃河，古城址在房山琉璃河遗址中部董家林村。2002 年 11 月，北京市为了纪念蓟城建城 3048 周年，在广安门滨河广场建立了一座高达九米的"蓟城纪念柱"，即认为古蓟国是在公元前 1046 年受周武王分封建都于此，并在此时建筑城垣的。至于蓟国何时被燕国所灭，尚不可知。有说姬姓燕之灭蓟而有之，并以蓟为自己之都城，是在春秋初期。琉璃河燕国的发掘图片与说明文字，见《史记笺证·燕召公世家》。

关于"自陕以西，召公主之；自陕以东，周公主之"之"陕"，在今河南三门峡之旧陕县。现在在三门峡市虢国博物馆仍收藏有一块"分陕石"，据说，此"分陕石"原立于陕州南边土塬之上，后移至陕州北城墙上。武则天时，有人刻铭于石柱曰"周召分陕所立界石"。新中国成立后，几经辗转，1988 年被移到虢国博物馆。据说这块界石就是周代流传下来的，已有三千多年的历史。

《史记》说周公封鲁，周公之子伯禽之国，周公留王室辅佐天子，但对武王封召公于燕时，召公是否"之国"，《史记》未提。《周南召南谱》曰："周公封鲁，死谥曰文公，召公封燕，死谥曰康公，元子世之。其次子亦世守采地，在王官，春秋时周公、召公是也。"即召公当与周公一样，一直在王室佐王，故燕始封就国之君应为召公长子。

召公次子世守采地者，对王室忠心耿耿，尤其是厉、宣时期的召穆公虎，在天下汹汹的厉王之乱中，力挽狂澜，牺牲自己儿子保全太子静，然后与周定公共立太子，在维护文武一脉相承君统、开创宣王中兴事业中建树了巨大功勋。

②

《燕召公世家》：召公之治西方，甚得兆民和。召公巡行乡邑，有棠树，决狱政事其下，自侯伯至庶人各得其所，无失职者。召公卒，而民人思召公之政，怀棠树不敢伐，哥咏之，作甘棠之诗。

刘丽文说：这段讲的"召公之治西方，甚得兆民和"的"西方"，指的是"自陕以西，召公主之"的"陕"之西，而非燕国。召公决讼棠树之下一事在当时流传甚广，《史记》说的"召公卒，而民人思召公之政，怀棠树不敢伐，哥咏之，作甘棠之诗"的"诗"，就是如今存在于《诗经·召南》中的《甘棠》。《甘棠》全诗三章，其第一章为："蔽芾甘棠，勿翦勿伐，召伯所茇。蔽芾甘棠，勿翦勿败，召伯所憩。蔽芾甘棠，勿翦勿拜，召伯所说。"

甘棠是一种落叶乔木。蔽芾：传云"小貌"；或说是茂盛貌。茇：笺云："茇，草舍也。""勿翦勿拜"，笺云："拜之言拔也。""召伯所说"之"说"：本或作"税"，舍也。这首诗的大意是：那棵枝繁叶茂的甘棠树，不要剪枝不要伐除，召伯曾在树下盖草庐。那棵甘棠树枝叶茂密，不要剪枝不要毁弃，召伯曾在树下休息。那棵枝繁叶茂的甘棠树，不要剪枝不要拔出，召伯曾在树下就宿。

关于召公决狱甘棠下发生的时间也有不同说法，《疏》云："谓武王之时，召公为西伯，行政于南土，决讼于小棠之下，其教著明于南国，爱结于民心，故作是诗以美之。经三章，皆言国人爱召伯而敬其树，是为美之也。"

召公甘棠树下决讼之事播之于诗篇，并为一些古代典籍所津津乐道，表现了召公杰出的政治家品格以及人民对召公的爱戴。及至《燕召公世家》篇末，太史公还念及于此，将燕国的兴亡与召公之余烈联系起来，表现了努力寻找历史发展背后的道德动因的努力。

③

《燕召公世家》：太史公曰：召公奭可谓仁矣！甘棠且思之，况其人乎？燕外迫蛮貉，内措齐、晋，崎岖彊国之间，最为弱小，几灭者数矣。然社稷血食者八九百岁，于姬姓独后亡，岂非召公之烈邪？

刘丽文说：如《秦本纪》一样，上面两段话也是从祖先"阴德"角度来解释燕国的历史。燕国是周武王之弟召公姬奭的封国，建于西周初年，其地理位置并不好，"［外］迫蛮貉，内措齐、晋，崎岖彊国之间"，在周初诸封国之中，其"最为弱小"。但却国运绵长，虽"几灭者数矣"，却都能起死回生，一直延续了八九百年，在姬姓国家中几乎是最后灭亡。为什么会如此？以"究天人之际"为己任的司马迁，从人的"德"上寻找原因，追究到了燕国的始祖召公——"岂非召公之烈邪！"烈：功业、德业。司马迁的话翻译成现代汉语就是：难道不是召公的功德事业护佑的结果吗！即召公的阴德庇护了子孙后代！

④

《燕召公世家》之文字、标点有可讨论者：

（1）将军市被与太子平谋，将攻子之……太子因要党聚众，将军市被围公宫，攻子之，不克，将军市被及百姓反攻太子平，将军市被死，以徇，因搆难数月，死者数万。

数句因人物关系混乱，文意无法理解。杨宽以为"将军市被"五字衍文，应削；"百姓"即子之一伙。据此则可文意通晓，于理无悖。今试据削"将军市被及"五字。

今依例标点此数句为："太子因要党聚众，将军市被围公宫，攻子之，不克，（将军市被及）百姓反攻太子平，将军市被死，以徇，因搆难数月，死者数万。"

（2）燕子之亡二年，而燕人共立太子平，是为燕昭王。

《集解》《索隐》都认为昭王是太子平；徐孚远曰："太子平与昭王当是二人，或昭王名平，太子不名平。"今历史学家均依《赵世家》武灵王闻燕乱，"召公子职于韩，立以为燕王，使乐池送之"的记载，认为燕昭王应为公子职。杨宽曰："近年燕下都与山东益都、临朐等地出土有'郾王职'款之兵器，足以证明乐池送立之公子职确实立为燕昭王。山东益都等地出土之'郾王职'款兵器当是燕昭王破齐时所遗留。"

今依例重新标点数句作："燕子之亡二年，而燕人共立（太子平）〔公子职〕，是为燕昭王。"

五

《管蔡世家》

（本篇无条目。）

六

《陈杞世家》

①

　　《陈杞世家》：桓公鲍卒。桓公弟佗，其母蔡女，故蔡人为佗杀五父及桓公太子免而立佗，是为厉公。

　　厉公取蔡女，蔡女与蔡人乱，厉公数如蔡淫。七年，厉公所杀桓公太子免之三弟，长曰跃，中曰林，少曰杵臼，共令蔡人诱厉公以好女，与蔡人共杀厉公而立跃，是为利公。利公者，桓公子也。利公立五月卒，立中弟林，是为庄公。庄公七年卒，少弟杵臼立，是为宣公。"

　　以上有关陈厉公的两段叙事，皆因司马迁误读《左传》而导致混淆错乱者也。对此裴骃之《集解》与司马贞之《索隐》都已注明，但由于这是司马迁记事之错误，非一般"校刊"之范围，故而相沿两千年，原文仍一直维持错误如旧。为令读者醒目，现再将两段的基本事实，缕述如下：

　　陈桓公有弟曰"佗"，亦称"五弗"，当桓公死时，陈佗杀桓公太子免而自立。蔡人出兵干涉，杀陈佗而立太子之弟陈跃，是为厉公。蔡人之所以要这样做，因为陈桓公的夫人是蔡女，其所生长子曰"陈免"，即桓公之太子，被陈佗所杀。故而蔡人出兵杀陈佗，而立了陈免之弟陈跃为陈国之君。即陈厉公。陈厉公在位七年卒，其弟陈林继立，是为庄公。庄公在位七年卒，其弟杵臼立，是为宣公。此处司马迁将陈佗说成是陈厉公，又说陈佗之母是蔡女，又说蔡人为立陈佗而杀了太子免，又说蔡人杀厉公而立跃，是为利公云云，皆误。梁玉绳有详细考证，见《史记志疑》，文多不录。

②

《陈杞世家》：十四年，灵公与其大夫孔宁、仪行父皆通于夏姬，衷其衣以戏于朝……十五年，灵公与二子饮于夏氏……微舒怒。灵公罢酒出，微舒伏弩厩门射杀灵公。孔宁、仪行父皆奔楚，灵公太子午奔晋。微舒自立为陈侯。微舒，故陈大夫也。夏姬，御叔之妻，舒之母也。

成公元年冬，楚庄王为夏微舒杀灵公，率诸侯伐陈。谓陈曰："无惊，吾诛微舒而已。"已诛微舒，因县陈而有之，群臣毕贺。申叔时使于齐来还，独不贺。庄王问其故，对曰："鄙语有之，牵牛径人田，田主夺之牛。径则有罪矣，夺之牛，不亦甚乎？今王以微舒为贼弑君，故征兵诸侯，以义伐之，已而取之，以利其地，则后何以令于天下！是以不贺。"庄王曰："善。"乃迎陈灵公太子午于晋而立之，复君陈如故，是为成公。孔子读史记至楚复陈，曰："贤哉楚庄王！轻千乘之国而重一言。"

以上陈灵公荒淫无道被夏微舒所杀，与楚庄王名为讨伐邪恶，实则企图乘机灭掉陈国以为自己领地事，《楚世家》中也有与此大致相同的叙述。

陈曦议论夏姬与楚庄王二事说：夏姬是一位堪与褒姒、海伦、埃及艳后等相比拟的传奇女性。与她发生或想要与她发生关系的男性，竟是陈、楚两国的国君、重臣。可以说，陈、楚、晋、吴等国的国运，一度因她的存在而受到很大影响。史家在谈到她时，往往把她定义为"红颜祸水"，所谓"夏姬好美，灭国破陈。走二大夫，杀子之身。殆误楚庄，败乱巫臣。子反悔惧，申公族分。"《左传》在宣公九年、宣公十年、宣公十二年、成公二年，记有夏姬事迹，描述了她如何颠倒众生，被一个又一个男人所垂涎、争夺的过程。值得注意的是，《左传》对夏姬事迹的记述，往往把笔墨主要放在与她相关的男性身上，而很少记述夏姬的言语、行为，更谈不到记述她的心理了。如此写法，愈加说明掌握夏姬命运的不是她本人，而是那些想要占有她的男性；搅动当时国际政坛风云的，不是夏姬，而是那些男性，因而传统的"红颜祸水"的老调是完全不值一驳的。

不过值得注意的是，夏姬的言语、行为，在《左传·成公二年》有简略记述，其文曰："巫臣使道焉，曰：'归！吾聘女。'又使自郑召之，曰：'尸可得也，必来逆之。'姬以告王，王问诸屈巫（巫臣）。……王遣夏姬归。将行，谓送者曰：'不得尸，吾不反矣。'"夏姬原是郑国贵族家的一个女子，其第一个丈夫不知何人，第二个丈夫叫御叔，生夏徵舒。后被楚庄王掠去，赐给了楚国将领连尹襄老，连尹襄老在晋楚战争中被晋人所杀，尸体被郑国人劫去。楚国的贵族申公巫臣向楚王建议，让夏姬回郑国，去游说郑国当权者将连尹襄老的尸体还给楚国。实际上这是他与夏姬暗中商量好了的，只要夏姬能离开楚国，申公巫臣就能与她一道私奔了。故而夏姬获得楚王恩准后，她高兴地对人说："不管能不能要回襄老的尸体，反正我是不会再回到楚国来了。"这些言语、行为透示出夏姬的智谋，说明她是一个貌美聪慧的女子；不仅如此，或许还能说明申公巫臣是她唯一真心想嫁的人，所以她才如此格外用心配合他的计划。

另外，在《左传》《国语》以及《史记》本篇的记述中，都说夏徵舒是夏姬的儿子，但清华简却说夏徵舒是夏姬的丈夫。比较之下，说夏徵舒是夏姬的丈夫似乎更为合情合理。

楚庄王是春秋五霸之一，是楚国历史上最著名的一位有为之君。公元前606年，他曾向周天子使臣询问九鼎之轻重，暴露了他意欲图霸天下的政治野心。他制定了十分明确的北上争霸的战略方针，而制服陈国、控制郑国，被视为"两个主要目标，因为制服了陈国，楚国北上的孔道才能畅通无阻；控制了郑国，等于占据了中原腹心，进而可以封锁黄河，阻止晋国势力南下。"（黄朴民：《春秋军事史》）因而，楚庄王在公元前598年的这次出兵陈国，打着讨伐弑君逆臣夏徵舒的名义，但在诛杀了夏徵舒后，却趁机灭了陈国，"因县陈而有之"。此举说明征讨夏徵舒，只是他出兵灭陈的借口，也可以说陈国的内乱给他提供了灭陈的天赐良机。

然而为什么他在灭陈后，又很快恢复了陈呢？据《左传·宣公十一年》与《史记》本篇、《楚世家》等，都说是接受了申叔时的建议。申叔时先是讲了一个民间"鄙语"，继而以此例说明楚国出兵讨逆，这是义；趁势灭陈以为楚县，是不义。一番开导，说服了楚庄王。

楚庄王的这一行为获得高度赞赏。《春秋》大书"楚子入陈"，《左传》解为"书有礼也"；本篇记录孔子的感慨说："贤哉楚庄王！轻千乘之国而重一言"，将楚庄王打扮成了"重义轻利"的典范人物；《史记·太史公自序》中也说："庄王之贤，乃复国陈，既赦郑伯，班师华元"，将为陈复国，看成是楚庄王善于处理外交事务的三大经典事例之一。

其实，灭陈而又复陈，只能说明是由于楚庄王君臣分析政治形势的准确与处理手段的高明。以不义的手段灭陈，国际舆论必会大哗。从春秋时期的地缘政治来看，陈国的战略地理位置，决定了晋、齐等大国不会任由楚国吞下陈国，它们会纠集诸国讨楚。到那时，楚国也未必就能守住陈地。而恢复陈国的高明在于：既可让楚庄王赢得"兴灭国，继绝世"的好名声，扩大楚国的国际影响力，又能使陈国牢牢成为楚国的同盟国，为其日后北上争霸提供可靠跳板，从而让楚国名实两收。这才是楚庄王接受申叔时建议的深层原因所在。

七

《卫康叔世家》

①

　　《卫康叔世家》：卫康叔，名封，周武王同母少弟也。其次尚有厓季，
厓季最少。武王已克殷纣，复以殷馀民封纣子武庚禄父，比诸侯，以奉其
先祀勿绝。为武庚未集，恐其有贼心，武王乃令其弟管叔、蔡叔傅相武庚
禄父，以和其民。

　　武王既崩，成王少。周公旦代成王治，当国。管叔、蔡叔疑周公，乃
与武庚禄父作乱，欲攻成周。周公旦以成王命兴师伐殷，杀武庚禄父、管叔，
放蔡叔，以武庚殷馀民封康叔为卫君，居河、淇间故商墟。

　　刘丽文说：以上文字记录了康叔受封之事。关于《卫康叔世家》中
的"康"字所指为何？"卫"是不是康叔的始封国？《史记》未提。由此，
对康叔之"康"，有人认为是人的名号；有人认为是封国之名，未有定论。
2007 年出现的清华简《系年》第四章似可为这一争议画上句号。其中说：
"周成王、周公既迁殷民于洛邑，乃追念夏商之亡由，旁设出宗子，以作
周厚屏，乃先建卫叔封于康丘，以侯殷之余民，卫人自康丘迁于淇卫。"

由此可见：

一、"康叔"的"康"来源于地名"康丘"，因被封于康丘，故称之"康叔"。若再参之以西周康侯鼎铭文"康侯封作宝尊"，以及关于康侯的其他铜器：如康侯斧、康侯矛、康侯刀、康侯鼎等，可知"康"是周成王和周公封建的一个诸侯国，这个诸侯国的国君称康侯，国名应为"康国"。

二、康国原有之行政机构，在"以侯殷之余民"之后，从康丘迁徙到了淇卫。

"康国"之名是什么时候改称"卫国"的，不得而知。因西周康、昭时期的金文仍以"康侯""康侯丰"称之，说明"康国"这个名称至少在西周康、昭时期仍被使用。至于"康丘"地居何处，也尚未达成一致的看法。

总之，接收"殷之余民"后卫国的版图广大，人口众多，在西周时期是堪与齐、鲁等国比肩的诸侯大国。

②

《卫康叔世家》：成王长，用事，举康叔为周司寇，赐卫宝祭器以章有德。

刘丽文说：这段文字涉及了卫国始封君康叔及卫国在西周初的地位问题。在卫国将原武庚治下的部分殷民、殷地纳入版图之后，卫国始封君康叔又被亲政的成王任命为周之司寇，并且得到天子赏赐的宝器。

关于康叔被命为天子司寇，《左传·定公四年》也有记载："武王之母弟八人……康叔为司寇。"另，《尚书·顾命》也说："惟四月哉生魄，王不怿。……乃同召太保奭、芮伯、彤伯、毕公、卫侯、毛公"云云，说明成王末期卫侯不仅是司寇，而且是王室的六卿之一，是成王临终托孤的王室重臣。

司寇的职责，是掌管刑法，纠察犯罪，协助天子用法律治理天下（见《周礼·秋官》《尚书·吕刑》以及《左传》《国语》等资料）。即西周成康时期的卫国，外为诸侯大国，内为王朝卿士，甚为天子倚重，在维护天朝秩序中具有举足轻重的地位。

文献显示，康叔的儿子康伯似乎是承袭了这一职位。但之后情况就不清楚了。王国维认为西周选卿的原则是："天子、诸侯世，而天子、诸侯之卿、大夫、士皆不世。"（《殷周制度论》）《公羊传》也说："世卿，非礼也"（隐公三年、宣公十年），即卿不世袭，是西周官制的原则和常态。所以，卫国之国君任王室司寇当不能世袭。

但并非卿职一律不可世袭。《诗经·大雅·文王》郑玄笺曰："其臣有光明之德者，亦得世世在位，重其功也。"所以，西周初年康伯以对王朝有大功而继承其父为司寇，也符合周礼。

西周是宗法国家，看重血缘，选卿时"亲亲""尚贤"二者兼顾，卿职一定要在上层贵族中选拔。与天子血缘亲近而又对王室忠贞不二、屡建大功的卫国，在天子选卿时无疑会是优先考虑的对象。所以，后来的卫国仍有较多机会入驻王室为天子之卿佐。

《卫康叔世家》：康叔卒，子康伯代立。

刘丽文说：康叔之子康伯，司马迁所记甚简，事实上康伯是成康时期叱咤风云的人物。在传世文献和出土文献中，康伯又被写作"王孙牟""王孙髦""王孙牟父""白懋父"等。康伯主要活动在周康王时代，可能继其父康叔为周司寇。《卫康叔世家》说："康叔卒，子康伯代立。"《索隐》说："《世本》康伯名髦。宋忠曰：'即王孙牟也，事周康王为大夫。'《左传》所称王孙牟父是也。牟、髦声相近，故不同耳。"《尚书全解》："卫侯乃康叔之子康伯。《左传》谓王孙牟，继其父为司寇，犹郑武公父子为周司徒也。"

据金文，康伯曾以"殷八师"（即成周八师）统帅身份，率军南征北战，为周王室立下汗马功劳。现今成康时期的铜器铭文《召尊》《小臣宅簋》

《吕行壶》《师旂鼎》《御正卫簋》《白懋父簋》《召卣》《康伯簋盖》《康伯壶盖》等，都提及康伯。其中有些记录了康伯的武功，有的记载了伯懋父北征，吕行从征俘贝等。

康伯之时，卫国强大。《左传·昭公十二年》楚灵王云："昔我先王熊绎与吕伋、王孙牟、燮父、禽父并事康王，四国皆有分（指周康王赐四国宝器），我独无有。"《史记》亦有类似之说。由此可知康伯是与姜太公之子吕伋、晋唐叔之子晋侯燮父、周公之子鲁君伯禽同时活动在周康王时期的四大诸侯。

从《史记》及某些金文资料看，卫国从康伯之后到西周中后期未曾衰落，直到厉王之末，又出现了一位康叔、康伯式的杰出的政治家——卫武公姬和，他们都是卫国的骄傲。

④

《卫康叔世家》：康伯卒，子考伯立。考伯卒，子嗣伯立。嗣伯卒，……贞伯卒，子顷侯立。顷侯厚赂周夷王，夷王命卫为侯。顷侯立十二年卒，子釐侯立。

刘丽文说：这段文字涉及了卫国的爵位等级问题，疑问颇多。司马迁认为，卫国原本是伯爵，至卫顷侯时经贿赂周夷王始升为侯爵，此语误。《尚书·顾命》记成王临终召见群臣时说："乃同召太保奭、芮伯、彤伯、毕公、卫侯、毛公……"其中公、侯、伯称谓清晰，卫侯称"侯"，则卫国为侯爵无疑。另外，专家考证，在金文资料中虽未发现卫伯、卫侯称谓的器铭，但"却屡见康侯之器，大概都是河南浚县卫国墓地所出。著名的《康侯簋》提到，'王束伐商邑，征令康侯图于卫'。另有康侯所作鼎、鬲、爵、盉、矛、斧、刀、銮铃等多件。"（王世民《西周春秋金文中的诸侯爵称》）这些金文中所称之康侯，即卫国始封君康叔。由此可见，卫之初封即为侯爵是没有疑问的。

卫国不但始封即是侯爵，而且是在西周初期（也许是整个西周前期）

政坛上具有举足轻重地位的诸侯，因此康伯至贞伯六代君主所称之"伯"不是爵称，当是指"方伯"。《尚书·康诰》曰："王若曰：孟侯，朕其弟，小子封。"《汉书·地理志》说："周公封弟康叔，号曰孟侯，以夹辅周室。"颜师古注："孟，长也。言为诸侯之长。"即康叔封卫，是周初诸侯之长。

卫国初年几位君主以"方伯"之"伯"作为谥称，实与西周诸侯谥号制、爵位制等相关制度的发展完善过程有关。中井积德曰："（鲁）考公始有谥，若齐第四世哀公始有谥。世家虽不同，年代相近，夫谥之起，盖成康之后云。"大体不错。但成康之后的诸侯用谥之初，规则很不完善，对死君的称呼较乱，如同为西周初年武王、成王时期分封的侯爵大国齐、鲁、卫、晋四国，谥称却不一样。鲁、齐两国死君谥号一开始就皆称"公"；晋国国君死谥称侯；卫国国君死谥称伯。这表明，成康之后相当一段时间，诸侯谥号制度及与之相适应的爵位制度还处于从创建到逐步完善阶段，而卫顷侯时卫国死君谥称由"伯"到"侯"的改变，恰恰透露了上述制度从初始的混乱到后来逐步完善的过程。

5

《卫康叔世家》：釐侯十三年，周厉王出奔于彘，共和行政焉。二十八年，周宣王立。四十二年，釐侯卒，太子共伯馀立为君。共伯弟和有宠于釐侯，多予之赂；和以其赂赂士，以袭攻共伯于墓上，共伯入釐侯羡自杀。卫人因葬之釐侯旁，谥曰共伯，而立和为卫侯，是为武公。

武公即位，修康叔之政，百姓和集。四十二年，犬戎杀周幽王，武公将兵往佐周戎，甚有功，周平王命武公为公。五十五年，卒，子庄公扬立。

刘丽文说：卫武公是西周末东周初的风云人物，杰出政治家。历史上对他颇多赞誉，如《国语·楚语上》左史倚相说："昔卫武公年数九十有五矣，犹箴儆于国，曰：'自卿以下至于师长士，苟在朝者，无谓我老耄而舍我，必恭恪于朝，朝夕以交戒我；闻一二之言，必诵志而纳之，以训导我。'在舆有旅贲之规，位宁有官师之典，倚几有诵训之谏，居寝有亵御之箴，临事有瞽史之导，宴居有师工之诵。史不失书，矇不失诵，以训御之，于是乎作《懿》戒以自儆也。及其没也，谓之睿圣武公。"《左传·襄公二十九年》，吴公子季札聘鲁听乐评论《邶》《鄘》《卫》三风说："美哉，渊乎！忧而不困者也。吾闻卫康叔、武公之德如是，是其《卫风》乎？"《诗经·卫风·淇奥》序："美武公之德也。有文章，又能听其规谏，以礼自防，故能入相于周，美而作是诗也。"《诗经·大雅·抑》序："《抑》，卫武公刺厉王，亦以自警也。"

《卫康叔世家》也同样对卫武公以好评，说他"修康叔之政，百姓和集"；"犬戎杀周幽王，武公将兵往佐周平戎，甚有功"。可能是受所见史料所限，《史记》对卫武公业绩记载仅此而已，过于概括抽象。

而就历史资料及后来陆续出现的一些研究成果看，西周历史甚至是中国历史上一次重大历史事件——"共和行政"，当与卫武公有关。即卫武公应该就是这次轰轰烈烈的"共和行政"的主角"共伯和"，他在稳定周王朝统治、再造周王朝过程中起了重要作用。详见《周本纪》相关条目。

关于卫武公的杀兄自立，前人多有怀疑者，原因是卫武公是当时著名的圣德睿智的明君，焉能做出此等事来？其实从广阔的历史长河看，也没有多少可奇怪的。有德者未必有才，才高者未必德高，成大事者不拘小节，唐太宗杀兄夺位，不就是很好的一个例证吗？他的更大的贡献是为全国创造了更为辉煌灿烂的社会现实，于是千年万载的黎民百姓们还是对他歌功颂德。

6

《卫康叔世家》：十八年，初，宣公爱夫人夷姜，夷姜生子伋，以为太子，而令右公子傅之。右公子为太子取齐女，未入室，而宣公见所欲为太子妇者好，说而自取之，更为太子取他女。宣公得齐女，生子寿、子朔，令左公子傅之。太子伋母死，宣公正夫人与朔共谗恶太子伋。宣公自以其夺太子妻也，心恶太子，欲废之。及闻其恶，大怒，乃使太子伋于齐而令盗遮界上杀之，与太子白旄，而告界盗见持白旄者杀之。且行，子朔之兄寿，太子异母弟也，知朔之恶太子而君欲杀之，乃谓太子曰："界盗见太子白旄，即杀太子，太子可毋行。"太子曰："逆父命求生，不可。"遂行。寿见太子不止，乃盗其白旄而先驰至界。界盗见其验，即杀之。寿已死，而太子伋又至，谓盗曰："所当杀乃我也。"盗并杀太子伋，以报宣公。宣公乃以子朔为太子。十九年，宣公卒，太子朔立，是为惠公。

刘丽文说：关于卫宣公对太子伋夺妻又加以杀害之事，《史记》的记载与《左传》大体相同，只是在太子伋之母夷姜的身份及死因上《左传》较《史记》记载得更为具体和明确。《左传·桓公十六年》云："初，卫宣公烝于夷姜，生急子，属诸右公子。为之娶于齐，而美，公取之。生寿及朔。属寿于左公子。夷姜缢。"《左传》说"卫宣公烝于夷姜"，即夷姜本是卫宣公的庶母，而《史记》则直说夷姜是卫宣公的夫人，未交代夷姜的来历；二是《左传》说夷姜是自缢而死，《史记》则只说"太子伋母死"，未说明死因，好像是正常死亡。按照《左传》说法，卫宣公上烝下淫，乱伦到了极点，不知《史记》为何要在这里给他打圆场。

卫宣公是卫武公之孙，卫庄公之子，卫桓公之弟。卫国自宣公起，篡乱不断，国势日衰，无复西周大国之风，而渐沦为二流、三流诸侯。宣公以淫乱闻名，他上烝下淫之乱伦以及他在乱伦中对太子伋的残忍杀害，使卫国公室几世不安，为此卫宣公也成了文学作品中的"热门人物"。《诗经》中至少有两篇作品是被后人解释成是对宣公的讥刺，其一是《邶风·新台》，《毛诗序》说："《新台》，刺卫宣公也。纳伋之妻，筑新台于河上而要之。国人恶之，而作是诗也。"另一是《邶风·二子乘舟》，《毛诗序》说："《二子乘舟》，思伋、寿也。卫宣公之二子，争相为死，国人伤而思之，作是诗也。"无论这些解释是否得诗之本义，但却表明，即或是在礼崩乐坏的乱世，宣公的不仁不义和太子伋的愚忠愚孝，也仍然令人震惊。

由于牵涉政治权力，君主家庭中的父子关系远比普通人要复杂。概言之，春秋时期的诸侯国君，儿子对父子矛盾的处理方式大体可分为三类：

一是弑父，把其父杀掉，自己当国君。代表者楚国太子商臣，即后来的楚穆王是也。商臣本已被立为太子，后其父（楚成王）欲废之，商臣遂以东宫之兵包围了父亲，逼其父自尽，而自己称楚王。

二是自己逃亡，远走高飞，流亡他乡。代表者是楚国的太子建，楚平王纳其太子建所聘之女为夫人，后又听信费无忌谗言，派人往杀太子建，太子闻之，亡奔宋。

三是以自己之死成全其父的邪恶。最有代表性的就是本文所写的卫国的太子伋。卫宣公夺了自己儿子的媳妇，又觉得再让自己的儿子在身边游来晃去，浑身不自在，于是便想除掉他，便假装派儿子出使齐国，同时又派人装作强盗去半路杀死他。面对如此不仁不义的无道之父，太子伋逆来顺受，他明知其父亲设下了毒局，却甘心赴死，其理论根据是"逆父命求生，不可"。无独有偶，偏偏这时又冒出一个公子寿，此人是其父与所夺之儿媳所生的孩子。他不忍心看着自己的"哥哥"懵懵懂懂地被其父所杀，于是他打扮成其"哥哥"公子伋的模样，提前出发去代替他的"哥哥"受死。于是这同父异母的兄弟二人便一齐都在其父所设的毒局中被杀掉了。可见这封建礼教毒入人心有多么严重！真是翻遍全部的二十四史也很难再找出第二份！

八

《宋微子世家》

《宋微子世家》：武王曰："於乎！维天阴定下民，相和其居，我不知其常伦所序。"

箕子对曰："在昔鲧堙鸿水，汩陈其五行，帝乃震怒，不从鸿范九等，常伦所斁。鲧则殛死，禹乃嗣兴。天乃锡禹鸿范九等，常伦所序：

初一曰五行；二曰五事；三曰八政；四曰五纪；五曰皇极；六曰三德；七曰稽疑；八曰庶徵；九曰向用五福，畏用六极。……

五福：一曰寿，二曰富，三曰康宁，四曰攸好德，五曰考终命。六极：一曰凶短折，二曰疾，三曰忧，四曰贫，五曰恶，六曰弱。"

以上共一千一百余字，即所谓《洪范九畴》，原文见《尚书》中的"周书"部分。郭沫若、冯友兰、徐中舒、钱穆、顾颉刚等人都主张《洪范》成书于战国；在孔子时代，《洪范》尚未成篇。刘起釪则以为"《洪范》原稿由商代传至周，经过加工，至春秋前期，已基本写定成为今日所见的本子。"又说："很可能原篇没有周武王访问一节，后来在早期'五行说'出现以后，加编了一套宣扬五行的周武王访箕子的故事，成了今天所见的《洪范》。"

牛鸿恩重申并补充郭沫若等人的说法曰："孔子之世流行'六府''五材'的说法，'五行'开始有人提起。研究者通常认为'五行'是从'六府''五材'发展而来的。《洪范》中盛推'五行'，这说明孔子时代《洪范》尚未成书。《洪范》倡导君主专制、绝对权力，属战国思潮；《洪范》容有战国以前资料，但其主体成书于战国前期。君主'作威作福'之说应出于战国晚期。《洪范》用耕、阳合韵，是战国韵例。"

牛鸿恩说："李亚农对专制主义研究的结论是：'中国上古时代，根本上没有什么专制主义。中国的专制主义，萌芽于商鞅。'这与郭沫若的论述相近，都是说专制主义存在于战国。《洪范》的最后一畴'五福六极'，至《逸周书》仍称'六极'，但明确得多：'六极：命、丑、福、赏、祸、罚。'到《管子》，则简洁明快地成为'六柄'：'生之、杀之、富之、贫之、贵之、贱之。此六柄者，主之所操也。'由此可以看出《洪范》与战国法家的关联。"

"战国时代，有惩于国家分裂，百家争鸣，提出各种治国主张。其中就有君主集权、专制，且形成一种思潮。先是墨子提出'尚同'：'上之所是，必皆是之；上之所非，必皆非之。''天下之百姓皆上同于天子。'墨子的弟子徒属更变本加厉：'举天下之人皆恐惧振动惕厉，不敢为淫暴。'于先王之书也《大誓》之言然，曰：'小人见姦巧乃闻，不言也，发，罪均。'是说周武王的《大誓》规定了告姦连坐制度，使全天下人都处在受监视的恐惧中。郭沫若称此为'墨子之政治独裁'，是'以一人的意志为天下人的意志，以一人的是非为天下人的是非'。告姦连坐是商鞅在秦国实行的制度：'令民为什伍，而相牧司连坐。不告姦者腰斩。'与商鞅同时而在韩国执政的申不害说：'独视者谓明，独听者谓聪，能独断者故可以为天下王。'申不害重权术，是'恶性的专制独裁主义'。后期儒家荀子也主张君主集权、统一。荀子游秦，对秦国政治评价很高，说是'四世有胜，非幸也，数也'，接近于'治之至也。'荀子的弟子韩非，更主张严刑峻法：'夫严家无悍虏，而慈母有败子。''民固骄于爱，听于威矣。'墨子、荀子和韩非等，不讲五行。另一方面，齐法家以《管子》《周礼》为代表，既讲五行又主张严刑峻法。《管子》：'察于治民之本，本莫要于令。故曰：亏令者死，益令者死，不行令者死……惟令是视。''非号令毋以使下，非斧钺毋以威众。'杨向奎先生说：'《周礼》作者是严刑峻法的主张者。'这就是《洪范》君主专制思想产生的时代背景。"

2

《宋微子世家》：十三年夏，宋伐郑。子鱼曰："祸在此矣。"秋，楚伐宋以救郑。襄公将战，子鱼谏曰："天之弃商久矣，不可。"冬，十一月，襄公与楚成王战于泓。楚人未济，目夷曰："彼众我寡，及其未济击之。"公不听。已济未陈，又曰："可击。"公曰："待其已陈。"陈成，宋人击之。宋师大败，襄公伤股。国人皆怨公。公曰："君子不困人于厄，不鼓不成列。"子鱼曰："兵以胜为功，何常言与？必如公言，即奴事之耳，又何战为？"

以上即所谓"泓之战"，由于宋襄公坚守古代的礼法，即所谓"君子不困人于厄，不鼓不成列"云云，而不知灵活变通，结果被楚人打败，宋襄公也在此战中因伤股而不久死去。故而宋襄公被后人嘲笑为"蠢猪式的人物"。但司马迁并不如此看，他称道宋襄公的"修行仁义"。他说："襄公既败于泓，而君子或以为多，伤中国阙礼义，褒之也，宋襄之有礼让也。"他认为宋襄公虽然兵败于泓，且致身死，但是知书达礼的君子们是称赞他、敬佩他的。这是由于现今的社会上的颓风日盛，古风古礼已经荡然无存，所以宋襄公才成了被人嘲笑的对象。司马迁对此是很伤心、很感慨的。与此类似的情节，又见于《伯夷列传》：周武王是被儒家称颂的大圣人，他的推翻殷纣是被世人称为"吊民伐罪"的；但是伯夷、叔齐却说他是"以暴易暴兮不知其非矣"，于是发狠心不食周粟，宁可饿死在首阳山。再有如《刺客列传》中的豫让，他为了报答智伯而往刺赵襄子，他宁肯漆身吞炭，也决不采用假投靠的手段。这种行为被世人视之为愚蠢透顶，但豫让说："吾所为者极难耳，然所以为此者，将以愧天下后世之为人臣怀二心以事其君者也。"这简直就是向整个社会、整个人类进行挑战！司马迁说：豫让"死之日，赵国志士闻之，皆为涕泣。"司马迁在这些地方都是对那种已经远去的世风、世德深致悲哀，而对现代世道的真理、正义的流失而深深慨叹。

九
《晋世家》

①

　　《晋世家》：是岁也，晋复假道于虞以伐虢。虞之大夫宫之奇谏虞君曰："晋不可假道也，是且灭虞。"虞君曰："晋我同姓，不宜伐我。"宫之奇曰："太伯、虞仲，太王之子也，太伯亡去，是以不嗣。虢仲、虢叔，王季之子也，为文王卿士，其记勋在王室，藏于盟府。将虢是灭，何爱于虞？且虞之亲能亲于桓、庄之族乎？桓、庄之族何罪，尽灭之。虞之与虢，唇之与齿，唇亡则齿寒。"虞公不听，遂许晋。宫之奇以其族去虞。其冬，晋灭虢，虢公丑奔周。还，袭灭虞，虏虞公及其大夫井伯、百里奚以媵秦穆姬，而修虞祀。荀息牵曩所遗虞屈产之乘马奉之献公，献公笑曰："马则吾马，齿亦老矣！"

　　以上即通常所说的"假虞灭虢"的故事。清代吴楚材评虞臣宫之奇之睿智，与虞君之昏庸亡国云："宫之奇三番谏诤，前段论势，中段论情，后段论理。层次井井，激昂尽致，奈君听不聪，终寻覆辙。读竟为之掩卷三叹。"（《古文观止》）宫之奇的道理是非常正确的，但也要看周围的条件。在晋国尚未充分强大时，虞虢联合可以抗晋，恰如后来的东方六国可以用合纵以抗秦国的连横，蜀吴可以抗曹魏的南进，以维持一定期限之间的平衡。但形势处于变化之中，一旦到晋国的强大压倒两国，秦国的强大压倒东方，魏国的势力大过蜀吴，或是合纵的一方中间发生火并，则"唇亡齿寒"的理论也就不能再起作用了。

2

《晋世家》：五月丁未，献楚俘于周，驷介百乘，徒兵千。天子使王子虎命晋侯为伯，赐大辂，彤弓矢百，玈弓矢千，秬鬯一卣，珪瓒，虎贲三百人。晋侯三辞，然后稽首受之。周作《晋文侯命》："王若曰：父义和，丕显文、武，能慎明德，昭登于上，布闻在下，维时上帝集厥命于文、武。恤朕身、继予一人永其在位。"于是晋文公称伯。癸亥，王子虎盟诸侯于王庭。

"周作《晋文侯命》：'王若曰：父义和，丕显文、武，能慎明德，昭登于上，布闻在下，维时上帝集厥命于文、武。恤朕身、继予一人永其在位。'"这段引文的题目，连同其整个引文通通错误。这里应该引入的是周襄王于前632年表彰晋文公打败楚国于城濮；而司马迁错误地引成了周平王于前770年表彰晋文侯帮助周国东迁的一段话。周襄王表彰晋文公的话据《左传》僖公二十八年是："王谓叔父，'敬服王命，以绥四国，纠逖王慝。'"共十六字。司马迁所错引的周平王表彰晋文侯的四十三个字，见今本《尚书·文侯之命》。今本《文侯之命》共有一百五十余字。本文所引是其开头的部分，文字略有不同。梁玉绳曰："《尚书·文侯之命》，平王命晋文侯仇所作，（史公）乃以为襄王命文公重耳，舛矣。岂忘检《左传》乎？《新序·善谋篇》同《史》误。"

《晋世家》：冬，晋侯会诸侯于温，欲率之朝周。力未能，恐其有畔者，乃使人言周襄王狩于河阳。壬申，遂率诸侯朝王于践土。

周襄王元年（前651），齐桓公因于召陵阻止了楚人的北进之锋，而于葵丘之会受到了周天子的表彰；二十年后（前632），晋文公大败楚兵于城濮，大会诸侯，又有所谓"践土之盟"。两者前后对应，皆光耀青史之大事也。但二者相比，几乎悬殊得不可同日而语。陈家珍曰："召陵、城濮，服楚等耳，而声势赫奕，铺排绚烂，比小白冠冕十分。"《左传翼》曰："城濮战后，王亲往劳，享礼命宥，策命为伯。齐桓一匡九合，天子仅于葵丘赐胙；晋文一战城濮，而遽膺此殊荣，主盟中夏垂百余年，齐秦贴附，荆楚不敢凭陵，基业实始于此。"王源曰："齐桓既没，楚势益横，若无晋文，天下皆为楚矣。而晋文所以取威定霸者，全在城濮一战。有此一战，而后中原之势稍振，而后荆蛮之势稍衰。自此晋为诸侯盟主者百有余年。虽南北相峙，而楚终不得志。则此一战之功所关岂小哉？故作者以全力写之，序得声满天地，气撼山河，万丈光芒贯彻今古，真足雄视百代，使晋文生气凛凛犹存。"魏禧曰："城濮一战，后人每以分田畀宋，许复曹卫，执行人，辟三舍等事为晋文之谲。又言其欲速亟功，于此见者以为不及齐桓。不知齐桓之时楚势未张，凭陵中国未甚，及执宋公之后，中国诸侯唯知有楚，楚偃然自大，目中无中国诸侯久矣。使非文公城濮一战，几何不胥中国而夷狄乎？其后数百年得与楚迭长夏盟，有以分楚之势而壮中夏之威者，皆文公子孙也。其'谲'与'速'者，安得有病？"（李卫军《左传汇评》引）

《晋世家》之文字、标点有可讨论者：

（1）晋侯二十八年，齐桓公始霸。

"晋侯二十八年"。此"晋侯"即所谓"晋侯缗"。梁玉绳曰："缗以鲁桓八年立，庄十五灭，其在位二十六年，不得有'二十八年'。盖因此表于前误减哀侯一年、小子侯一年，遂增侯缗之年至'二十八'，其实二十六年也。"梁说是。

今依例改这句话的标点作："晋侯二十（八）［六］年，齐桓公始霸。"

（2）冬，晋侯会诸侯于温，欲率之朝周，力未能，恐其有畔者，乃使人言周襄王狩于河阳……孔子读史记至文公，曰："诸侯无召王"。"王狩河阳"者，《春秋》讳之也。

"诸侯无召王"，这是说为人处事的基本道理，是一般的礼法规矩。"王狩河阳"，这是鲁国《春秋》对晋文公这件事的既定写法。"《春秋》讳之也"，这是孔子对鲁国史官所以这样掩盖事实的解释，而不是司马迁在说话。

数句应重新标点作：孔子读《史记》至文公，曰："诸侯无召王，'王狩河阳'者，《春秋》讳之也。"

"王狩河阳"，是《春秋》里的语言，用引号括起是也；"诸侯无召王"是孔子的讲道理，为何也要括起？由于如此标点，遂使读者又得去找"诸侯无召王"出典于何处了？

十

《楚世家》

1

　　《楚世家》：庄王即位三年，不出号令，日夜为乐，令国中曰："有敢谏者死无赦！"伍举入谏。庄王左抱郑姬，右抱越女，坐钟鼓之间。伍举曰："愿有进。"隐曰："有鸟在于阜，三年不蜚不鸣，是何鸟也？"庄王曰："三年不蜚，蜚将冲天；三年不鸣，鸣将惊人。举退矣，吾知之矣。"居数月，淫益甚。大夫苏从乃入谏。王曰："若不闻令乎？"对曰："杀身以明君，臣之愿也。"于是乃罢淫乐，听政，所诛者数百人，所进者数百人，任伍举、苏从以政，国人大说。

　　此段伍举谏楚庄王的故事，与《滑稽列传》所载淳于髡谏齐威王故事几乎一字不差。盖皆古所流行之名人隽语，是一种寓言性质的小故事，不能视为真实的历史，师其意不师其词可也。

2

《楚世家》：八年，伐陆浑戎，遂至洛，观兵于周郊。周定王使王孙满劳楚王。楚王问鼎小大轻重，对曰："在德不在鼎。"庄王曰："子无阻九鼎！楚国折钩之喙，足以为九鼎。"王孙满曰："呜呼！君王其忘之乎？昔虞夏之盛，远方皆至，贡金九牧，铸鼎象物，百物而为之备，使民知神奸。桀有乱德，鼎迁于殷，载祀六百。殷纣暴虐，鼎迁于周。德之休明，虽小必重；其奸回昏乱，虽大必轻。昔成王定鼎于郏鄏，卜世三十，卜年七百，天所命也。周德虽衰，天命未改。鼎之轻重，未可问也。"楚王乃归。

此时之周国已极其虚弱，而国内又屡屡争斗不停，致使周边的一些戎人、狄人也可以乘乱攻击它的都城。全靠着齐桓公、晋文公等诸侯霸主在有事时对之施一援手。楚国到庄王前，已经灭江、灭六、灭蓼、灭庸，达到鼎盛阶段。而这时的中原地区相反，齐桓公、晋文公的年代已经过去，这时的晋国虽然还比较强大，但它先是与秦国由于郑国的事情对打了好几年，并把它的这个老盟友赶到了楚国一方。其后晋国的强族赵氏又杀了晋国的诸侯晋灵公，从而使晋国的大夫与公室之间，大夫与大夫之间矛盾尖锐，表现在国力上自然大不如前。正是在这种时刻，楚庄王先是讨伐当时盘踞在今河南西南部地区的陆浑之戎，接着出兵到周国都城洛阳的西南郊，向周天子炫耀武力。这对周天子的权威实在是一种严重的挑衅，对于周天子与中原地区各诸侯国的实力也是一种很好的测试。应该说，周天子做出的反应是很明智、很得体的。他派王孙满到楚国军中慰问楚庄王，当楚庄王含蓄地问询周国的传国九鼎分量有几何时，王孙满从容不迫地施展才辩，告诉楚王"鼎只是一种表象，实则是在德不在鼎。"当楚庄王继续逞强，说什么"楚国折钩之喙，足以为九鼎"时，王孙满说："德之休明，虽小必重；其奸回昏乱，虽大必轻。……周德虽衰，天命未改。鼎之轻重，未可问也"。站得高，说得透，底气十足。几句话遂折冲樽俎。王孙满并不是"煮熟的鸭子只有嘴硬"，他是站在分析敌我双方形势、分析得道多助的实力基础之上的。楚庄王尽管曾一度在邲之战中打败了晋国，但晋国很快又在鄢陵之战中打败了楚国，继续掌握着诸侯霸主的地位。

王孙满作为使臣的这种说话套路，多为后代的词臣所仿效，如《三国演义》中张松驳斥曹操张扬武力时的说辞就与此处很相似。

③

《楚世家》：十六年，伐陈，杀夏徵舒。徵舒弑其君，故诛之也。已破陈，即县之。群臣皆贺，申叔时使齐来，不贺。王问，对曰："鄙语曰，牵牛径人田，田主取其牛。径者则不直矣，取之牛不亦甚乎？且王以陈之乱而率诸侯伐之，以义伐之而贪其县，亦何以复令于天下？"庄王乃复国陈后。

十七年春，楚庄王围郑，三月克之。入自皇门，郑伯肉袒牵羊以逆，曰："孤不天，不能事君，君用怀怒，以及敝邑，孤之罪也，敢不惟命是听？宾之南海，若以臣妾赐诸侯，亦惟命是听。若君不忘厉、宣、桓、武，不绝其社稷，使改事君，孤之愿也，非所敢望也。敢布腹心。"楚群臣曰："王勿许。"庄王曰："其君能下人，必能信用其民，庸可绝乎？"庄王自手旗，左右麾军，引兵去三十里而舍，遂许之平。

前人读历史至此，多引用孔子的"存亡国、继绝世"，以赞扬楚庄王的仁道。我则以为这里充分表现了楚庄王的知己知彼，量力而行。陈国的都城，在今河南淮阳县；郑国的都城在今河南新郑县，都已很接近晋国的势力范围。即使楚国能灭掉郑国、陈国，楚国能镇守得住郑都与陈都吗？唯其能迅速以智慧获取陈、郑两国的归心，从而聚合众力以求打败当前的晋国这个强大敌人，胜利之后仍留着陈、郑两国作为楚、晋两个大国之间的缓冲之地。而眼前对于陈、郑又落个"以德攻"，一个"存亡国、继绝世"的美名，号令天下，这该是多么好的一种谋划呢？徐孚远说："使楚子取郑，郑人未和，而晋师适至，则两患合矣。今释郑而败晋，所以全胜也。"说得很好。

关于夏徵舒其人，据《左传》，夏徵舒之母名唤夏姬，无耻的陈灵公与其二臣三人与夏姬私通，且以此无耻事戏弄夏徵舒，夏徵舒于愤怒之下杀了陈灵公。楚庄王以此为由出兵讨杀夏徵舒，且几欲灭陈。据《史记·陈杞世家》，司马迁不仅说夏徵舒杀了陈灵公，而且说夏徵舒还在陈国自立为君。《左传》未言徵舒自立为陈侯事。徐孚远曰："徵舒弑灵公，不立陈公子而自立，所以来大国之讨，列国大夫未有弑君自立者也。"据《清华大学藏战国竹简》：徵舒是陈之公子，娶郑穆公之女夏姬为妻。徵舒弑陈灵公，但未言灵公与夏姬私通，亦未言徵舒自立为陈国之君。楚庄王杀徵舒，将夏姬赐与其大臣事，与《史记》所书略近。

4

《楚世家》：初，共王有宠子五人，无适立，乃望祭群神，请神决之，使主社稷，而阴与巴姬埋璧于室内，召五公子斋而入。康王跨之，灵王肘加之，子比、子晳皆远之。平王幼，抱其上而拜，压纽。故康王以长立，至其子失之；围为灵王，及身而弑；子比为王十余日，子晳不得立，又俱诛。四子皆绝无后。唯独弃疾后立，为平王，竟续楚祀，如其神符。

这当然是当时楚国人所编造的一个神秘故事，它反映了楚国王权的继承制度与其他国家不同，从而在楚共王的五个受宠的儿子中间依次巡回了一遍的政治现象。我们试将楚国与晋国相比较，剖析一下两国公室继承现象的重大不同。晋国早从晋献公起，就特别迫害"群公子"，也就是当代君主的其他弟兄。从而形成制度，凡是太子或君主的兄弟，或被逐出国外，或被迫害致死，总之是一概不能在本国的朝廷内掌权。而在朝廷出将入相的都是异姓，或是同姓而与君主血缘关系很远的人。所以晋国的这些权臣他们有能力弑君，但无法篡位当君主。诸如赵氏杀了晋灵公，还是得从别国请来晋成公；栾氏杀了晋厉公，最后还得从国外请来晋悼公。一直到最后晋国的权臣形成六卿专权，形成三家分晋，他们可以去建立自己的国家，但不可能篡夺晋国的政权。楚国则与此不同，在楚国君主旁边出将入相的或者是楚王的弟兄，或者是血缘关系很近的同姓人。如楚共王时代的令尹子囊，是楚共王之弟；楚昭王时代的令尹子西，是楚平王之子，楚昭王之庶兄；楚顷襄王时代有所谓"令尹子兰"，亦顷襄王之弟也。楚国的高官最初有"莫敖"，后来有"令尹""司马"等。顾栋高《春秋大事表》曰："其官大都以公子或嗣君为之，他人莫得与也。"而最突出、最典型的是楚共王有五个受宠的儿子，为公子昭、公子围、公子比、公子皙、公子弃疾，五个人都围着楚王的座位或长或短地转了一圈的故事。楚共王在与晋国的鄢陵之战中被晋人射瞎了眼睛，不久身死。其最年长的儿子公子昭即位，即楚康王（前559—前545年在位）；康王死后，其子郏敖继位。郏敖在位四年（前544—前541），时其叔公子围为令尹。郏敖病，公子围乘问疾缢杀之，自立为王，是为灵王（前540—前529）。楚灵王在位十二年，到乾溪游览，乐而忘归。其在京的三个兄弟，串通造反。他们先立公子比为楚王，公子皙为令尹，公子弃疾为大司马。吴国闻知楚国内乱，起兵伐楚。流连于乾溪的楚灵王在内忧外患处境下，部众四散奔逃，楚灵王被活活饿死。在京新被立为楚王的公子比荏弱无能，而野心勃勃、年龄最小的公子弃疾则纵横捭阖地施展手段，编造谣言，煽动叛乱，最后逼着公子比、公子皙双双自杀，而成为最后赢家的公子弃疾则夺得政权，成为楚国的君主，这就是历史上的楚平王（前528—前516年在位）。

相比之下，楚国由于王位继承而被杀的国王是比较多的，但由于他们的血统都比较近，谁夺取了政权，朝廷上的众臣与全国军民都不持反对的意见，都承认他们地位合法。也正因此，楚国的编年早从西周的"周召共和"就开始了，此后从西周、春秋、战国，一直到公元前223年被秦国所吞并，延续了六百多年，一直保持着国家的统一，不像晋国的被群臣瓜分，或齐国的被国内权臣所篡政。

5

《楚世家》：无忌曰："伍奢有二子，不杀者为楚国患。盍以免其父召之，必至。"于是王使使谓奢："能致二子则生，不能将死。"奢曰："尚至，胥不至。"王曰："何也？"奢曰："尚之为人，廉，死节，慈孝而仁，闻召而免父，必至，不顾其死。胥之为人，智而好谋，勇而矜功，知来必死，必不来。然为楚国忧者必此子。"于是王使人召之，曰："来，吾免尔父。"伍尚谓伍胥曰："闻父免而莫奔，不孝也；父戮莫报，无谋也；度能任事，知也。子其行矣，我其归死。"伍尚遂归。伍胥弯弓属矢，出见使者，曰："父有罪，何以召其子为？"将射，使者还走，遂出奔吴。伍奢闻之，曰："胥亡，楚国危哉。"楚人遂杀伍奢及尚。

司马迁说过："人固有一死，或重于太山，或轻于鸿毛，用之所趋异也。"他歌颂那种临大事而不屈，敢于面对险恶局势，不怕个人牺牲的人如陈胜之凛然起义，荆轲之往刺秦王，孔子之在夹谷，蔺相如之在渑池。他们都表现了对于真理、正义的勇敢追求，而视死如归。但同时司马迁又提出在某种特定的情况下，应该忍受暂时的耻辱，而保存生命，以求完成更大的任务、实现其更宏伟的目标，诸如管仲的兵败被缚而不死，韩信的受胯下之辱而不拼。但在日常生活中究竟该怎样把握这个尺寸，掌握这个该隐忍还是该挺身而出的火候呢？刚好伍尚与伍胥兄弟二人在这里的量各人之力的不同选择，给我们提供了一条鲜明的界限。伍尚说："我没有别的本事，我现在回去陪着父亲死，这可以说是一种'孝'。你有的是力量与才干，你可以留着生命日后为我们报仇。"于是兄弟二人各自选了一条自己能够实现的最好的任务，也就是各个人所能实现的价值。其实他们兄弟二人这种不同的选择，他们的父亲早就已经料到了。明代茅瓒曰："伍奢之料二子，颇与陶朱公之智同。"泷川曰："'于是王使使谓奢'以下，史公以意补。"泷川这话说得好，这是司马迁有意地在这里向读者宣示他的人生观与价值观。

司马迁这里的写法与《左传》不同，与新出土的《清华大学藏战国竹简》的说法更不同。《清华大学藏战国竹简》说伍奢有二子，一曰伍员，一曰伍之鸡。楚平王听谗杀伍奢后，二子一道奔吴。伍之鸡曾为吴国兵围州来；伍员则在楚平王死后率吴军破楚入郢。

十一
《越王勾践世家》

①

　　《越王勾践世家》：越王勾践，其先禹之苗裔，而夏后帝少康之庶子也。封于会稽，以奉守禹之祀。文身断发，披草莱而邑焉。

　　蒙文通曰："《史记》以越为姒姓，《世本》又以越为芈姓，皆不足据。《东越列传》明言越为驺姓，且有将军驺力，以《墨子》为证，驺姓之说当较可信。《吴越春秋·无馀外传》言：'少康封其庶子於越，号曰无馀。无馀传世十余，末君微劣，不能自立，转从众庶为编户之民。禹祀断绝十有余岁，有人生而言语，其语曰鸟禽呼嗛喋嗛喋，指天向禹墓曰：'我是无馀君之苗末，我方修前君祭祀，复我禹墓之祀，为民请福于天，以通鬼神之道。'众民悦喜，皆助奉禹祭，四时致贡，因共封立以承越君之后。自后稍有君臣之义，号曰无壬，无壬生无，无卒，或为夫谭，夫谭生元常。元常即允常，勾践父也。'少康封庶子无馀以奉禹祀之说，本即可疑；由《无馀外传》观之，无壬为无馀君'苗末'之说更觉可疑。此显为后进民族酋豪之惯技，越为禹后之说未可据也。《越世家》言：'夏后帝少康之庶子封于会稽，以奉守禹祀，后二十余世至允常。'据夏、殷、周本纪，三代至春秋计五十余代，而越之世袭经夏、殷至春秋末止二十余代，其误固不待细论矣。"

《越王勾践世家》：勾践之困会稽也，喟然叹曰："吾终于此乎？"种曰："汤系夏台，文王囚羑里，晋重耳奔翟，齐小白奔莒，其卒王霸。由是观之，何遽不为福乎？"

吴既赦越，越王勾践反国，乃苦身焦思，置胆于坐，坐卧即仰胆，饮食亦尝胆也。曰："女忘会稽之耻邪？"身自耕作，夫人自织，食不加肉，衣不重采，折节下贤人，厚遇宾客，振贫吊死，与百姓同其劳。

《越王勾践世家》是春秋末期在今浙江地区崛起的越族国家的兴衰史。越国的历史是从勾践之父允常开始的，允常被早些兴起的吴国打败杀害；其子勾践为父报仇打败了吴王阖庐，阖庐负伤而死；阖庐之子吴王夫差又立志为父报仇打败了越国。本文的中心就是描写越王勾践被吴王夫差打败后，在国破家亡的情况下，靠着范蠡、文种等人辅佐，卧薪尝胆二十年，终至复国灭吴的历史过程。突出地赞扬了他们君臣的那种团结合作、忍辱负重、发愤图强的顽强精神，其历史经验是极其深刻的。

忍辱发愤是《史记》中的一个重要主题，它屡次出现在《史记》人物，如周文王、孔子、管仲、伍子胥、苏秦、张仪、范雎、韩信、季布等许多令司马迁动心的人物身上，而越王勾践的故事是表现这种主题的最集中、最光辉的一篇。勾践的卧薪尝胆两千年来已成为我国人民家喻户晓的动人故事，它曾鼓舞着不同时期、不同阶级、不同思想的人为着自己的理想事业而顽强奋斗。司马迁自身的忍辱奋斗也是与勾践卧薪尝胆的故事一脉相承、息息相通的，所以他写作勾践复国的故事，异常生动精彩。

《越王勾践世家》：吴王谢曰："吾老矣，不能事君王！"遂自杀。乃蔽其面，曰："吾无面以见子胥也！"越王乃葬吴王而诛太宰嚭。

越王乃葬吴王而诛太宰嚭。《史记》之《吴太伯世家》亦云："越王灭吴，诛太宰嚭不忠而归。"刘恕曰："《左传》哀二十四年闰月，'哀公如越，使因太宰嚭而纳赂焉'，在吴亡后二年也。如左氏之说，则嚭入越亦用事，安得吴亡即诛哉？"竹添光鸿曰："越之诛嚭，当在季孙纳赂之后，史公特因灭吴而牵连书之耳。"史公痛疾卖主卖友之辈，故著伯嚭之诛于此，亦犹《新五代史》载耶律德光之灭晋而诛张彦泽。《越绝书》亦有勾践诛伯嚭语，盖随《史记》而推衍。

林伯桐曰："小人未尝无才，嚭用于吴而吴亡，亡吴而又用于越。《左传》鲁哀公如越，季孙'因太宰嚭而纳赂焉'是也。然奸佞之徒，人人欲得而甘心，必不许其偷生，故《越绝书》谓'越王杀太宰嚭，戮其妻子'；《史记·越世家》亦谓'越王诛太宰嚭'。要之，皆非事实也。然生之而致死之，亦足以寒千古奸佞之胆矣。"（《史记蠡测》）

《越王勾践世家》：范蠡事越王勾践，既苦身戮力，与勾践深谋二十余年，竟灭吴，报会稽之耻，北渡兵于淮以临齐、晋，号令中国，以尊周室。勾践以霸，而范蠡称上将军。还反国，范蠡以为大名之下，难以久居；且勾践为人可与同患，难与处安，为书辞勾践曰："臣闻主忧臣劳，主辱臣死。昔者君王辱于会稽，所以不死，为此事也。今既以雪耻，臣请从会稽之诛。勾践曰："孤将与子分国而有之；不然，将加诛于子。"范蠡曰："君行令，臣行意。"乃装其轻宝珠玉，自与其私徒属乘舟浮海以行，终不反。于是勾践表会稽山以为范蠡奉邑。

《国语·越语下》写范蠡的结局就是这样结束的，它说范蠡"遂乘轻舟以浮于五湖，莫知其所终极。"这是多么含蓄、多么韵味深长，同时又是多么富有神秘感的神龙见首不见尾的结束啊！可惜司马迁由于受他人生观、价值观的驱使，他不肯停下笔，他还要接着顽强地表现范蠡一身所有的种种按捺不住的才华。范蠡本来是和后来的张良一样，都是黄老思想的化身，一生以"清静无为"，以"后发制人"，以"吃小亏占大便宜"为宗旨，他们是深知树大招风、出头的椽子先烂、盛名之下难以久居等这些养生全身之格言的。但由于司马迁受过宫刑，于是一种要出名、要向社会进行报复的情绪分外强烈，于是他就把范蠡越写越出格、越写越矛盾，简直就成了一刻也不能再静下来的表现狂。他离开勾践，进入齐国，又去表现了一通他能干大事、能当宰相的本领。接着他又到处经商赚钱，赚多了就散给众人，而后再去赚。无休无止，风车一般地转个不休。为什么这样不停地折腾呢？就是为了出名，为了表现自己有一种无人可比的神奇。如此说来，范蠡除了是一个表现狂外，哪里还有一种思想家的成分呢？而最令人无法理解的莫过于就是他中儿子犯罪被杀的故事了。

5

　　《越王勾践世家》：朱公居陶，生少子。少子及壮，而朱公中男杀人，囚于楚。朱公曰："杀人而死，职也；然吾闻千金之子不死于市。"告其少子往视之。乃装黄金千溢，置褐器中，载以一牛车。且遣其少子，朱公长男固请欲行，朱公不听。长男曰："家有长子曰'家督'，今弟有罪，大人不遣，乃遣少弟，是吾不肖。"欲自杀。其母为言曰："今遣少子，未必能生中子也，而先空亡长男，奈何？"朱公不得已而遣长子，为一封书遗故所善庄生。曰："至则进千金于庄生所，听其所为，慎无与争事。"长男既行，亦自私赍数百金。

　　至楚，庄生家负郭，披藜藋到门，居甚贫。然长男发书进千金，如其父言。庄生曰："可疾去矣，慎毋留！即弟出，勿问所以然。"长男既去，不过庄生而私留，以其私贵献遗楚国贵人用事者。……

庄生间时入见楚王，言"某星宿某，此则害于楚。"楚王素信庄生，曰："今为奈何？"庄生曰："独以德为可以除之。"楚王曰："生休矣，寡人将行之。"王乃使使者封三钱之府。楚贵人惊告朱公长男曰："王且赦。"曰："何以也？"曰："每王且赦，常封三钱之府，昨暮王使使封之。"朱公长男以为赦，弟固当出也；重千金虚弃庄生，无所为也，乃复见庄生。庄生惊曰："若不去邪？"长男曰："固未也。初为事弟，弟今议自赦，故辞生去。"庄生知其意欲复得其金，曰："若自入室取金。"长男即自入室取金持去，独自欢幸。

庄生羞为儿子所卖，乃入见楚王曰："臣前言某星事，王言欲以修德报之。今臣出，道路皆言陶之富人朱公之子杀人囚楚，其家多持金钱赂王左右，故王非能恤楚国而赦，乃以朱公子故也。"楚王大怒曰："寡人虽不德耳，奈何以朱公之子故而施惠乎！"令论杀朱公子，明日遂下赦令，朱公长男竟持其弟丧归。……

这段故事中所表现出的庄生的人品，以及范蠡明知其长男去必将断送其中男之性命，但为表现自己的先见之明而不加坚持的态度，前人已经提出了很多不可信。梁玉绳引陈太令曰："救中子杀人一节必好事者为之，非实也。徇儿女子之言而致中男于死为不仁，以褊悻之庄生而托以爱子为不智，岂具霸越沼吴之识竟失算若是乎？庄生之不廉不直，无足为友，更弗论矣。"史珥曰："庄生'羞为儿子所卖'，遂不复顾交情，固倾危之士，范子亦可谓失人矣。弃子躯以试其智，何足贵哉？"

范蠡是一个随着时代变化而不断变化的人物，其名其事均不见于《左传》其书。《左传》写辅佐勾践灭吴称霸的诸大臣中最重要的是文种，根本没有范蠡这个名字。在《国语》的《吴语》里也不见范蠡其人；在《越语上》里开始一般性地提到范蠡，而无关紧要；唯有在《越语下》始专门铺写范蠡。但这时只提到范蠡，还没有提到西施等美女。到东汉时的《吴越春秋》里有了西施、郑旦，但还没有说范蠡是西施的未婚夫；而时下搬演的电视剧就将范蠡与西施说成是吴破越前的一对两情相悦的男女；而越灭吴后，范蠡就重新带着西施去一道泛游五湖了。《越语下》的文风与《左传》、与《国语》的《吴语》相差甚大，它用语浅显，讲究铺排，分明是战国晚期之作。

司马迁在描写勾践胜利后，范蠡"功成身退"、文种恋栈被杀这桩历史公案时，心中恐怕是横着汉高祖杀功臣那一幕的。首先文种的被勾践所杀不见于《左传》，其次是文种被杀虽见于《越语下》，但也没有事先范蠡致书文种，劝文种及早离开勾践这一说。这个情节的加入，大概是汉初人将汉初政治生活的影子，附加到了两百多年前的越国人身上去了。

1973年马王堆出土有《黄帝四经》，其所发明乃黄老学派之宗旨，其思想言论与《越语下》中之范蠡和汉初张良之所标榜完全相同。可以说明"黄老思想"与"黄老学派"形成于战国中期以后，而"范蠡"其人的出现与其声价日高，则与"黄老学派"的形成大有关系。而汉代的张良正是青出于蓝而胜于蓝地继承了"范蠡"的衣钵；张良所接受的圯上老人的赠书大体就是《黄帝四经》那一类的黄老著作。可以设想，"范蠡"这个人物形象是在汉初"黄老思想"流行，并在张良这个现实人物的基础上被人们逐渐发挥塑造出来的，这个人物具有民间文学的种种特征。

司马迁笔下的范蠡前后矛盾，性格不统一。《越语下》写范蠡帮着勾践灭吴后，便说他"乘舟浮于五湖，不知其所终极"，这个结束很传神，很完美。但在司马迁笔下又出现了范蠡转为齐相，又屡次经商致富，以及中子杀人等事情。清代姚苎田说："范蠡既以为'大名之下难以久居'，又云'久处尊名不祥'，而终不肯一丘一壑，逸老终年；舍富而更求富，避名而别成名，是何其好劳而恶逸，知散而仍不忘聚耶？岂真其才有余终难静息，如千里之骥不行则病，白泽之兽得球乃乐，故为是纷纷者耶？呜呼，吾不得而知之矣。"问题提出得很中肯。至于范蠡在其中子杀人问题上的表现，尤为不合情理。也许是汉初的人们想要突出范蠡有先见之明，竟传说成了这种样子吧。只顾把一切"本事"向某个传说人物身上加，而不顾其性格是否统一，这也是民间文学的突出特点，司马迁笔下的"范蠡"正是这样的。

《黄帝四经》《越语下》与司马迁的《越王勾践世家》《留侯世家》《陈丞相世家》是研究汉初"黄老思想"的重要资料，而《太史公自序》中《六家要旨》的论道家，则是有关"黄老思想"的绝妙的理论概括，言简而意赅。

6

《越王勾践世家》：故范蠡三徙，成名于天下，非苟去而已，所止必成名。卒老死于陶，故世传曰陶朱公……

太史公曰：……范蠡三迁皆有荣名，名垂后世。臣主若此，欲毋显得乎？

司马迁笔下的范蠡，被司马迁写成一个按捺不住的表现狂，被写成一个为了成名、出名，而不择一切方式、不择一切手段的躁进之士。整个人物是充满矛盾的。就以《越王勾践世家》最后的这几行文字看，在前后五十来个字的几句话，就一连用了四个"名"字、一个"显"字，这种对于"名"的追求，也未免太过分、太急切了一点吧。

钱穆以为范蠡无改称"陶朱公"事，此乃史公"好奇博采，后世爱其文，传诵不衰，遂若为信史耳。"李光缙曰："文公（朱熹）《水调歌头》有云：'鸱夷子，成霸业，有余谋。致身千乘卿相，归把钓鱼钩。春昼五湖烟浪，秋夜一天云月，此外尽悠悠。永弃人间事，吾道付沧州。'岂以感宋事，而有取于鸱夷子皮耶？"陈文烛曰："夫庄生非素善陶朱公者哉？一旦以千金故，羞为儿子所卖，竟纳朱公中子于死地。语曰：'大德不恤小节'，庄生其罔闻此义乎？史迁谓其'虽居穷阎，然以廉明闻于国'，吾不信也。"锺惺曰："朱公长男不足言，使庄生长者，以通家年少见遇，政当怜之，始终周全，其解纷之仁，不取之义，不必见谅于贾监之长男，何患不见信于知己之朱公。乃硁硁一念，必欲杀一朋友之子，以自明其不取金，小人哉！庄生何其忍而狭耶？"司马迁的这篇"世家"既降低了庄生，又降低了范蠡！

十二

《郑世家》

①

　　《郑世家》：庄公元年，封弟段于京，号太叔。祭仲曰："京大于国，非所以封庶也。"庄公曰："武姜欲之，我弗敢夺也。"段至京，缮治甲兵，与其母武姜谋袭郑。二十二年，段果袭郑，武姜为内应。庄公发兵伐段，段走。伐京，京人畔段，段出走鄢。鄢溃，段出奔共。于是庄公迁其母武姜于城颍，誓言曰："不至黄泉，毋相见也。"居岁余，已悔思母。颍谷之考叔有献于公，公赐食。考叔曰："臣有母，请君食赐臣母。"庄公曰："我甚思母，恶负盟，奈何？"考叔曰："穿地至黄泉，则相见矣。"于是遂从之，见母。

　　这段文字是对《左传》"郑伯克段于鄢"的压缩改写，意思相同。对于这段历史，两千年来许多人都是谴责郑庄公，说他是故意"养恶"，是必欲置其弟于死地；是"老奸巨猾"。而没有人说，如果郑庄公不解决他们，郑庄公自己又将如何？郑国又将如何？事实上不正是因为郑庄公能预防一切，能及时、干净、彻底地解决了这些分裂分子，才保障了郑国的统一与安全吗？及早"教育"，及时"劝谏"，姜氏与共叔段是可以接受"教育"与"劝谏"的人吗？她们的阴谋活动早从武公在世的时候就已经开始了。话又说回来，看一个政治家，主要是应该看他干了些什么，这些事干得好还是不好，对历史发展有利还是无利，不应该单从"良心""道德"方面去吹毛求疵。正因为郑庄公消灭了国内的叛乱，奠定了稳固的根基，所以这才有了郑国以后几十年的强大。对此，郑庄公理应受到赞颂，而不应受到指责与批评。

当姜氏勾结公叔段准备发动叛乱的时候，庄公遂将其母置之于城颍，并对她发誓说："不及黄泉，无相见也。"待至平定了公叔段之乱后，作者又将这件事情接着进行了细致的描写，说是有个名叫颍考叔的人以他自己孝顺母亲的表现感动了郑庄公，并且帮着郑庄公以阙地见母的办法，使他们的母子关系和好如初。其实这件事很好理解：在解决公叔段的叛乱之前，姜氏是个危险的敌人；迨至公叔段的叛乱平定之后，姜氏的面目已经彻底暴露在全国公众面前，这时她已经不可能再对国家构成威胁，于是郑庄公也就不必再与她搞得特别紧张了。松弛和缓一下，不论对国家、对个人都有好处。后来秦始皇也是这样处理和他母亲的关系的。当他母亲勾结嫪毐企图叛乱时，秦始皇果断地把她关到了雍县，并扑杀了她的两个私生子；迨至嫪毐的叛乱平定之后，秦始皇也就立刻听从茅蕉的建议，把他母亲从雍县迎了回来。这就是大政治家们处理问题的方式。

《郑世家》：厉公四年，祭仲专国政。厉公患之，阴使其婿雍纠欲杀祭仲。纠妻，祭仲女也，知之，谓其母曰："父与夫孰亲？"母曰："父一而已，人尽夫也。"女乃告祭仲，祭仲反杀雍纠，戮之于市。厉公无奈祭仲何，怒纠曰："谋及妇人，死固宜哉！"夏，厉公出居边邑栎。

这是一个很有名的历史故事，其所以有名，先是与人结谋，而被谋者乃与谋者之切要亲属，因而泄露机密，致使大事无成而身遭显戮。道理是很浅显的，令人注意的是母女对话中的所谓"父一而已，人尽夫也"云云。完全不问事情的是非曲直，只以血缘关系一条决定去取。于是此言一出，权臣祭仲遂轻而易举地杀掉了雍纠，而将郑厉公逐出于国外。

作为知道了此事消息的雍纠之妻，其处境的确是两难的，一方是国家的君主，与其丈夫；而另一方则是其生父，顺哪头都是死罪。有人从封建道德的角度为雍纠的妻子设计说："父者，子之天也；夫，妇之天也。国君杀大夫而专之，非法也。且命其婿以贼其舅，君非义令，臣非义兵。君不可谏，婿可谏也。谏其夫以逃不义，一举而全二天，此雍姬之道也。谏而不从，夫道绝矣，则告于其父而自经焉，以明吾心，其亦可也。雍姬不明此义，乃泄其谋，而视其夫被戮以死，误矣。"两个男人集团，争权夺利，钩心斗角，杀得你死我活。幻想最"妥善"的解决方法，却是让一个无辜的弱女子自杀。这吃人的封建道德，难道不太荒谬、太残酷了一点吗？

3

《郑世家》：缪公元年春，秦缪公使三将将兵袭郑，至滑，逢郑贾人弦高诈以十二牛劳军，故秦兵不至而还，晋败之于崤。

以上乃《郑世家》所叙郑国商人弦高于西行经商路上遭遇秦国侵略军之临机表现，简单得几乎令人不明白其所以然。再看《秦本纪》所叙述的同一件事："三十三年春，秦兵遂东，更晋地，……兵至滑，郑贩卖贾人弦高，持十二牛将卖之周。见秦兵，恐死虏，因献其牛，曰：'闻大国将诛郑，郑君谨修守御备，使臣以牛十二劳军士。'秦三将军相谓曰：'将袭郑，郑今已觉之，往无及已。'灭滑。滑，晋之边邑也。"开始有些故事了，但还是很粗略，而且弦高的形象很是不堪。再看《左传》对此事的精彩描写：

"三十三年春，秦兵及滑，郑商人弦高将市于周，遇之，以乘韦先，

牛十二犒师，曰：'寡君闻吾子将步师出于敝邑，敢犒从者。不腆敝邑，
为从者之淹，居则具一日之积，行则备一夕之卫。'且使遽告于郑。"

弦高遇到前往袭郑的秦兵后，乃是主动扮成郑国的劳秦使团，送十二
头牛以劳秦兵，且曰"寡君闻吾子将步师出于敝邑，敢犒从者。不腆敝邑，
为从者之淹，居则具一日之积，行则备一夕之卫"，"且使遽告于郑"云云，
一种机灵而豪迈的爱国情怀跃然纸上。而且《左传》但谓弦高"将市于周"，
而未言其有多大的买卖。他献给秦兵的礼品是以"乘韦先，牛十二"，而
未言他的全部货物就是这十二条牛。他遇到秦兵是随机应变挺身而佯装为
国家使者，而不是像《秦本纪》中所说的"恐死虏，因献其牛"。

郑国的商人一贯有爱国之心，此处弦高之所为，与郑国商人有在楚国
发挥作用欲将晋国被俘的将领智莹救出楚国监牢者相同，见《左传·成公
三年》；又与不肯把自己的国宝玉环卖给晋国之权臣韩起者相似，见《左
传·昭公十六年》。此等皆郑国商人之壮举也。有关后者的全部文字如下：
"宣子有环，其一在郑商。……韩子买诸贾人，既成贾矣，商人曰：
'必告君大夫。'韩子请诸子产曰：'日起请夫环，执政弗义，弗敢复也。
今买诸商人，商人曰"必以闻"，敢以为请。'子产对曰：'昔我先君桓
公与商人皆出自周，庸次比耦以艾杀此地，斩之蓬蒿藜藋，而共处之。世
有盟誓，以相信也，曰："尔无我叛，我无强贾，毋或丐夺。尔有利市宝贿，
我勿与知。"恃此质誓，故能相保以至于今。今吾子以好来辱，而谓敝邑
强夺商人，是教敝邑背盟誓也，毋乃不可乎？吾子得玉，而失诸侯，必不
为也。若大国令，而共无艺，郑，鄙邑也，亦弗为也。侨若献玉，不知所成。
敢私布之。'韩子辞玉，曰：'起不敏，敢求玉以徼二罪？敢辞之。'"

4

《郑世家》：十一年，楚庄王伐宋，宋告急于晋。晋景公欲发兵救宋，

伯宗谏晋君曰："天方开楚，未可伐也。"乃求壮士得霍人解扬，字子虎，诳楚，令宋毋降。过郑，郑与楚亲，乃执解扬而献楚。楚王厚赐与约，使反其言，令宋趣降，三要乃许。于是楚登解扬楼车，令呼宋。遂负楚约而致其晋君命曰："晋方悉国兵以救宋，宋虽急，慎毋降楚，晋兵今至矣！"楚庄王大怒，将杀之。解扬曰："君能制命为义，臣能承命为信。受吾君命以出，有死无陨。"庄王曰："若之许我，已而背之，其信安在？"解扬曰："所以许王，欲以成吾君命也。"将死，顾谓楚军曰："为人臣无忘尽忠得死者！"楚王诸弟皆谏王赦之，于是赦解扬使归。晋爵之为上卿。

这段文字写解扬，英姿勃勃，豪气感人，故事生动而完整。其对话内容，此文与《左氏》原作亦各有长短，都精简有力，可作为青年励志的范文读。这样的勇士、义士，能遇上楚庄王这样的英主，遂得以获释，载誉而归，真奇文奇士也。凌稚隆曰："按《齐悼惠王世家》所载：吴楚反时，齐路中大夫既许三国，而终达汉天子命，俾齐坚守，与解扬之事相类。"《齐悼惠王世家》之原文曰："四国兵共围齐。齐王使路中大夫告于天子。天子复令路中大夫还告齐王：'善坚守，吾兵今破吴楚矣。'路中大夫至，四国兵围临菑数重，无从入。四国将劫与路中大夫盟，曰：'若反言汉已破矣，齐趣下四国。不且见屠。'路中大夫既许之，至城下，望见齐王，曰：'汉已发兵百万，使太尉周亚夫击破吴楚，方引兵救齐，齐必坚守无下！'四国将诛路中大夫。"其文字之精警略有不及，更遗憾的是路中大夫所遭遇的是一群东方四国的叛将，于是路中大夫也就没有像解扬那么有幸获释并名闻遐迩了。

⑤

《郑世家》：声公五年，郑相子产卒，郑人皆哭泣，悲之如亡亲戚。子产者，郑成公少子也。为人仁爱人，事君忠厚。孔子尝过郑，与子产如兄弟云。及闻子产死，孔子为泣曰："古之遗爱也！"

童书业说："当子产为政时，郑卿族间多内乱，而郑又以小国介于晋、楚两大国之间，国内外形势俱属不利。子产为大贵族中之比较开明贤能者，故执政子皮使之为政。子产针对当时本国形势，以容忍及执法之两种手段对付贵族，以靖内乱。又善利用晋、楚之间及晋、楚国内之矛盾以应付外交。子产本人亦长于文辞，外交无失，屡获胜利，以靖外患，是其能也。子产又针对当时社会政治形势，整顿旧制及创立新法以"救世"，不顾保守者之反对，又有早期法家之风。然彼虽以猛治民，而接受舆论；以法绳贵，而以宽济之，故能于交错之矛盾中推行渐进性之改革。至于其改革内容与成效之有限，则时代使之然也。"（《春秋左传研究》）

周旻说：《郑世家》的写人记事总体来说都比较简略，而对于子产的记叙也就算是比较详细的了，由此可见子产在郑国历史中的重要性，他一人几乎关乎着郑国的存亡。在他持政之前，郑国子驷、子孔等大臣权势大到弑君而无人敢言，众大夫之间也分帮结派，相互攻杀，国内政局动荡不安；国外，晋、楚等大国对郑国诛求无度，时加征讨，而郑国无力应付，早已没有平等的外交。子产在这种严峻的形势下为相执政，几乎是以一己之力，凭借着正直、仁爱、博学、睿智，以及不卑不亢、收放自如的外交策略和手段，稳定了国内局势，维持了国际地位，正所谓"郑所以存者子产也"。

司马迁对于子产的这种才智、勇气非常感佩，可以说子产是司马迁心目中人臣的楷模。他选取了子产答晋平公问疾、与楚灵王盟于申、与晋谋诛乱臣入敬王于周几件事，表现了子产的政治家、外交家的风采。同时也接连记叙了子产谓韩宣子"为政必以德"，当郑国火灾，郑定公意欲禳灾时，子产劝郑定公"禳灾不如修德"。最后作品特意引述孔子"古之遗爱也"的评论为子产盖棺定论，体现了子产的德政思想，这也是儒家最为推崇的贤人政治。但从历史贡献上说，铸刑书才是子产平生最大的功绩，他第一次把贵族掌握的法律公开给民众，是一次空前大胆、石破天惊的改革，因此，很多人认为子产是法家的先驱。但无论是《郑世家》还是《循吏列传》，司马迁都故意隐匿了此事，这是值得深思的。一方面，古人对于铸刑书多持批评态度，而汉朝历代统治者又将秦亡归咎于"任法"，于是对于铸刑书这种明显具有尊"法"倾向的做法，就成为当时的时政所不宜了。另一方面，就司马迁本人来说，由于各种原因，他对于法家存在一定偏见，认为将子产这样的贤人与法家扯在一起，似乎是给子产"抹了黑"。于是铸刑书这件子产最大的政治举措就因为社会时论的偏颇与司马迁个人情感的偏向而被抹掉了。

十三

《赵世家》

①

《赵世家》：赵朔妻成公姊，有遗腹，走公宫匿。赵朔客曰公孙杵臼，
杵臼谓朔友人程婴曰："胡不死？"程婴曰："朔之妇有遗腹，若幸而男，
吾奉之；即女也，吾徐死耳。"居无何，而朔妇免身，生男。屠岸贾闻之，
索于宫中。夫人置儿绔中，祝曰："赵宗灭乎，若号；即不灭，若无声。"
及索，儿竟无声。已脱，程婴谓公孙杵臼曰："今一索不得，后必且复索之，
奈何？"公孙杵臼曰："立孤与死孰难？"程婴曰："死易，立孤难耳。"
公孙杵臼曰："赵氏先君遇子厚，子强为其难者；吾为其易者，请先死。"
乃二人谋取他人婴儿负之，衣以文葆，匿山中。程婴出，谬谓诸将军曰：
"婴不肖，不能立赵孤。谁能与我千金，吾告赵氏孤处。"诸将皆喜，许
之，发师随程婴攻公孙杵臼。杵臼谬曰："小人哉程婴！昔下宫之难不能死，
与我谋匿赵氏孤儿，今又卖我。纵不能立，而忍卖之乎！"抱儿呼曰："天
乎天乎！赵氏孤儿何罪？请活之，独杀杵臼可也。"诸将不许，遂杀杵臼
与孤儿。诸将以为赵氏孤儿良已死，皆喜。然赵氏真孤乃反在，程婴卒与
俱匿山中。

这段故事就是说书唱戏经常上演的《赵氏孤儿》，或者叫作《搜孤救孤》。这段故事不见于《左传》《国语》，而是司马迁依据民间传说所加工独创的作品。梁玉绳说："下宫之事，《左》成八年疏、《史通·申左篇》并以《史记》为谬，后儒历辨其诬，惟刘向采入《说苑·复恩》《新序·节士》，《皇极经世》依世家书之，前编分载贾杀赵朔，在周定王十年；赵姬谮杀原、屏，在简王三年，皆不足凭也。晋方鼎盛，乌容擅兵相杀；横索宫闱，诸大夫竟结舌袖手，任其专恣无忌耶？匿孤报德，视死如归，乃战国侠士、刺客所为，春秋之世无此风俗。则斯事固妄诞不可信，而所谓屠岸贾、程婴、杵臼，恐亦无其人也。"赵翼说："按《春秋》经文及《左》《国》，俱但云'晋杀赵同、赵括'，未尝有赵朔也。其时朔已死，故其妻通于婴，而同、括逐婴，而《史记》谓朔与同、括同日被杀，已属互异；武从姬氏畜于公宫，则被难时已有武，并非庄姬入宫后始生，而《史记》谓是'遗腹子'，又异。以理推之，晋景公未失国政，朔妻其姊也，公之姊既在宫中生子，贾何人竟敢向宫中索之，如曹操之收伏后乎？况其时尚有栾武子、知庄子、范文子及韩献子共主国事，区区一屠岸贾，位非正卿，官非世族，乃能逞威肆虐一至此乎？"

　　这段故事张扬了司马迁的人生观、价值观是显而易见的，这就是"士为知己者死"。当然此外也还附带有同情忠良、憎恶权奸等含义。但我想我们应该注意的是这个故事背后所显现的晋国公室与晋国权臣之间的斗争。晋国的权臣执政是从晋文公时代开始；到晋灵公时代，赵盾已经大权独揽。赵盾原想废掉晋灵公，未成，从而形成了幼主与权臣的矛盾，后来灵公被赵氏所杀。公室对权臣的愤怒是可以想象的。到晋景公时代，晋国公室曾以讨伐杀灵公之贼而灭掉了赵氏的一批人，史谓"下宫之难"。再过一些年，晋厉公杀了郤氏等一批强悍不驯的权臣，跟着执政的权臣栾书又杀了晋厉公。就这样此起彼伏，晋国公室在这种循环中逐渐衰弱，直到赵、魏、韩三家分晋。我很奇怪讲历史的人在讲到"赵盾弑其君"与"赵氏孤儿"这些生动的故事时总不把晋国这种公室与权臣的斗争联系起来，所以我特别强调这一点，希望不要只停留在司马迁所渲染的"忠与奸的斗争"或"为家族复仇"的层面上。

②

《赵世家》：异日，姑布子卿见简子，简子遍召诸子[使]相之。子卿曰："无为将军者。"简子曰："赵氏其灭乎？"子卿曰："吾尝见一子于路，殆君之子也。"简子召子毋恤。毋恤至，则子卿起曰："此真将军矣！"简子曰："此其母贱，翟婢也，奚道贵哉？"子卿曰："天所授，虽贱必贵。"自是之后，简子尽召诸子与语，毋恤最贤。简子乃告诸子曰："吾藏宝符于常山上，先得者赏。"诸子驰之常山上，求，无所得。毋恤还，曰："已得符矣。"简子曰："奏之。"毋恤曰："从常山上临代，代可取也。"简子于是知毋恤果贤，乃废太子伯鲁，而以毋恤为太子。

这段写赵襄子的出世亮相异常精彩，既有姑布子卿的慧眼识英雄，又有赵襄子个人的绝伦表现，文笔极其简明，可与《孟尝君列传》之写孟尝君之亮相前后辉映。孟尝君亮相之文为："初，田婴有子四十余人。其贱妾有子名文，文以五月五日生。婴告其母曰：'勿举也。'其母窃举生之。及长，其母因兄弟而见其子文于田婴。田婴怒其母曰：'吾令若去此子，而敢生之，何也？'文顿首，因曰：'君所以不举五月子者，何故？'婴曰：'五月子者，长与户齐，将不利其父母。'文曰：'人生受命于天乎？将受命于户邪？'婴默然。文曰：'必受命于天，君何忧焉？必受命于户，则可高其户耳，谁能至者？'"然对比之下，孟尝君所显示的是一种才思机敏、口齿伶俐；而赵襄子则显示了一种有谋略、有智勇的英主之风。

又，其文章开头的"简子遍召诸子[使]相之"一句，中华本原文无"使"字，稍嫌含意不清。王叔岷曰："《御览》七二九引'子'下有'使'。"此"使"字不可少，应据增。

③

《赵世家》：定公三十七年卒，而简子除三年之丧，期而已。是岁，越王勾践灭吴。晋出公十一年，知伯伐郑。赵简子疾，使太子毋恤将而围郑。知伯醉，以酒灌击毋恤。毋恤群臣请死之，毋恤曰："君所以置毋恤，为能忍诟。"然亦愠知伯。知伯归，因谓简子，使废毋恤，简子不听。毋恤由此怨知伯。晋出公十七年，简子卒。太子毋恤代立，是为襄子。

本段文字除末二句"太子毋恤代立，是为襄子"应上继"而简子除三年之丧，期而已"外，其他文字错乱。

钱穆《先秦诸子系年考辨》认为，"自前'是岁，勾践灭吴'，至此'简子卒'共九十六字，应删"；梁玉绳亦深辨此段文字之误。其中"是岁，越王勾践灭吴"语误。勾践灭吴在晋出公二年（前473），非在"定公三十七年"。所谓"知伯伐郑"，杨宽《战国年表》系之于晋定公三十六年（前476），在赵简子死的前一年。其所谓"晋出公十七年，简子卒"，说法尤误。赵简子其实也是卒于晋定公三十七年，与晋定公同年卒，故本段开头应书曰"定公三十七年，简子卒。"因为本文是《赵世家》，不必书晋国国君之生卒。也正因为赵简子是这一年死，故而他遗嘱赵氏可以除三年之丧。否则此句乃书晋定公之卒，赵氏有何权力"除三年之丧"？

今重新标点这段文字作："定公三十七年，［简子］卒，而简子除三年之丧，期而已。（是岁，越王勾践灭吴。晋出公十一年，知伯伐郑。赵简子疾，使太子毋恤将而围郑。知伯醉，以酒灌击毋恤。毋恤群臣请死之，毋恤曰：'君所以置毋恤，为能忍诟。'然亦愠知伯。知伯归，因谓简子，使废毋恤，简子不听。毋恤由此怨知伯。晋出公十七年，简子卒。）太子毋恤代立，是为襄子。"

其中所叙"知伯伐郑。赵简子疾，使太子毋恤将而围郑。知伯醉，以酒灌击毋恤。毋恤群臣请死之，毋恤曰：'君所以置毋恤，为能忍诟。'然亦愠知伯。知伯归，因谓简子，使废毋恤，简子不听。毋恤由此怨知伯。"这段史实非常重要，后来赵襄子与韩、魏二家合谋灭掉知伯后，将知伯之头制为饮器以污辱之，其大恨之由来，盖以此也。又因赵襄子曾对知伯如此极端，故而又引起知伯之客豫让"漆身吞炭"，要为知伯报仇，反复行刺赵襄子云云，事见《史记·刺客列传》。我们在这里特别将这段被前人视为"衍文"的文字摘出来，提请读者注意它。

《赵世家》：赵襄子元年，越围吴。襄子降丧食，使楚隆问吴王。

"赵襄子元年"，公元前475年。《六国年表》于此误书为赵简子四十三年。沈长云曰："司马迁在其所著《赵世家》中正是从襄子开始使用赵室纪年的，而在襄子以前，所有关于赵氏的活动也仍采取晋国纪年，这就表明司马迁是将襄子的继立作为赵氏国家从晋国分出来的标志的。在襄子之前，包括简子在内，仍是晋臣的身份，尽管是名义上的；而从襄子开始，就名副其实是赵氏国家的君王了。""至于前403年（赵烈侯六年）'周威王赐赵、魏、韩皆命为侯'，那只是一种名义上的追认，现代学者既不把它当作战国时代开始的标志，也不认为赵、韩、魏三国至此才开始成立。"（《赵国史稿》）

据史公原意，赵襄子在位共三十三年，其元年为前457年，其卒年为前425年。据杨宽等现代史学家的考据，赵襄子在位共五十一年，其元年为前475年，其卒年亦为前425年。

《赵世家》：公子章之败，往走主父，主父开之，成、兑因围主父宫……主父欲出不得，又不得食，探爵彀而食之，三月余而饿死沙丘宫……

是时王少，成、兑专政，畏诛，故围主父。主父初以长子章为太子，后得吴娃，爱之，为不出者数岁。生子何，乃废太子章而立何为王。吴娃死，爱弛，怜故太子，欲两王之，犹豫未决，故乱起，以至父子俱死，为天下笑，岂不痛乎？

　　锺惺曰：“武灵王规画始末止于强国，探雀鷇饿死与齐桓公'尸虫出户'同一结局。若武灵王者，人臣之才略有馀，帝王之识量不足。”林伯桐曰："战国之君，唯赵武灵王最振作有为。至令其子治国，而诈为使者入秦，因观秦王之为人，此其志岂须臾忘秦哉？然终其身未尝加兵于秦，必知难而退也，亦足见秦之强矣。齐桓公之霸业，而尸在床上六十七日；赵武灵王之雄才，而探雀鷇而食之，三月余而饿死，皆千古炯戒也。"（《史记蠡测》）

　　赵惠文王，武灵王之爱子也，其一代英雄的父亲，竟被权臣所活活围逼饿死，而惠文王乃终身不敢对权臣表示些微不满者何？以其事对己有利，或其自己亦身与其中故也。庄子曰："已享其利者为有德"，公子成与李兑是惠文王的衣食父母，不灭掉其父兄，他的地位就要被公子章所取代，所以他只有选择对他有利的这一边。唐代天宝十四年所爆发的马嵬驿之变，应该是与当时为太子的李亨串通发起的；汉宣帝为了答谢选他当了皇帝的权臣霍光，甚至连霍光集团毒死其结发皇后的大仇都能绝口只字不提。看来，只有帝王的宝座才是最值钱、最最不能舍弃的。

　　《赵世家》：赵王新立，太后用事，秦急攻之。赵氏求救于齐，齐曰："必以长安君为质，兵乃出。"太后不肯，大臣强谏。太后明谓左右曰："复言长安君为质者，老妇必唾其面。"左师触龙言愿见太后，太后盛气而胥之。入，徐趋而坐，自谢曰："老臣病足，曾不能疾走，不得见久矣。窃自恕，而恐太后体之有所苦也，故愿望见太后。"太后曰："老妇恃辇而行耳。"曰："食得毋衰乎？"曰："恃粥耳。"曰："老臣间者殊不欲食，乃强步，日三四里，少益嗜食，和于身也。"太后曰："老妇不能。"太后不和之色少解。左师公曰："老臣贱息舒祺最少，不肖，而臣衰，窃怜爱之，愿得补黑衣之缺以卫王宫，昧死以闻。"太后曰："敬诺。年几何矣？"对曰：

"十五岁矣。虽少，愿及未填沟壑而托之。"太后曰："丈夫亦爱怜少子乎？"对曰："甚于妇人。"太后笑曰："妇人异甚。"对曰："老臣窃以为媪之爱燕后贤于长安君。"太后曰："君过矣，不若长安君之甚。"……太后曰："诺，恣君之所使之。"於是为长安君约车百乘，质於齐，齐兵乃出。

以上触龙说赵太后事，原文见《战国策·赵策四》。今司马迁此文，共七百余字，几乎可以说是对《战国策》原文的照抄。在《史记》移用《左传》与《国策》的文章中可以说是极其少见。于此可以见到司马迁对《国策》中这篇文字的喜爱与重视。它的文字并不艰深，但构思与谋篇布局都非常巧妙。为人物设计的语言都极其贴近人物的性格，极其符合人物的神情口吻。故而浅浅暖暖的几句家常过后，一个乳虎魔王般的大独裁者即被彻底折服。真是想不到人间还能有如此令人舒心悦目的文章。苏洵曾说：一个忠心耿耿的臣子，光有好心是不够的；如果再具有苏秦、张仪那样的口才，这就可以无往而不胜了。今天我们从触龙这里才真正领教到了怎样算是会说话，以及一段好的说话其效果是如何的神奇。

宋代鲍彪称赞触龙说："触龙谅毅，从容纳说而取成功，与夫强谏于廷，怒骂于座，发上冲冠，自待必死者，力少而功倍矣。"明代锺惺称赞触龙说："左师悟太后，不当在言语上看之，全在进退举止，有关目，有节奏，一段迂态软语，字字闲语，步步闲情，与本事全不相粘，而一字一步不可省。又妙在一字一步俱从妇人性情体贴出来，老臣一片为国苦心，诚则生巧。"清代金圣叹说："此篇琐笔碎墨，于文中最为小样，然某特神会其自首至尾，寸寸节节，俱是妙避'长安君'三字。其间苦甘浅深，一一俱有至理，其文乃都在笔墨之外，正未易于琐碎处尽之也。"今人缪文远说："首从身边事从容引入，以消太后之怒；继言如不及今令长安君有功于国，则长安君将无以自托于赵，太后既爱怜其少子，则不得不使其出质矣。触龙非特善于揣摩太后心理，抑且善于进说，故太后卒从其请也。"

在《战国策·燕策二》中还载有陈翠巧妙地说服燕太后派少子出国为质，以换取盟国出兵相救的故事，与触龙这篇主题相同。但从两篇文章的框架与气势相比，则真可说是"小巫见大巫"，几乎可以忽略不计了。

7

《赵世家》之文字、标点有可讨论者：

（1）于是召赵武、程婴遍拜诸将，遂反与程婴、赵武攻屠岸贾，灭其族。

"赵武、程婴遍拜诸将"后，下句句首无"诸将"二字，遂致全句的人物关系欠明。泷川曰："枫山、三条本重'诸将'字。"泷川说是。

今依例重新标点数句作："于是召赵武、程婴遍拜诸将，［诸将］遂反与程婴、赵武攻屠岸贾，灭其族。"

（2）定公三十七年卒，简子除三年之丧，期而已。

文字如此，遂使人理解成晋国的诸侯晋定公死于其在位的第三十七年，而赵简子则由此改变了晋国为国君服丧三年的制度，只服一年就完了。这是非常错误的。钱穆以为"卒"上应有"简子"二字，盖卒者，乃简子也，非谓定公。钱氏说比较合理。虽然晋定公也的确死于此年，但这是《赵世家》，其记载简子之死更为重要。

今依例重新标点此段作："定公三十七年，［简子］卒，简子除三年之丧，期而已。"

（3）九年，赵梁将，与齐合军攻韩，至鲁关下。及十年，秦自置为西帝。

一连串的记事，开头用"五年""八年""九年""十一年""十二年"等领起，唯"及十年"，多一"及"字，实所无谓。梁玉绳曰："'及'乃'反'之讹，各本以'及'字属下文，误。"梁说是也，应据改"及"作"反"。"至鲁关下，反"，意思是，赵、齐联军攻韩至鲁关下，退了回来。

今重新标点数句作："九年，赵梁将，与齐合军攻韩，至鲁关下，（及）〔反〕。十年，秦自置为西帝。"

（4）今王毋与天下攻齐，天下必以王为义。齐抱社稷而厚事王，天下必尽重王义。王以天下事秦，秦暴，王以天下禁之，是一世之名宠制于王也。

"齐抱社稷而厚事王，天下必尽重王义。王以天下事秦，秦暴，王以天下禁之"。数句的意思不顺，显有脱讹。泷川曰："古抄本、枫山本、三条本'王'下'义'上有'秦'字，当依补，与下文'秦暴'对言。"水泽利忠又谓南化本、掖本、梅本亦有"秦"字。应据补。

今依例重新标点数句作："今王毋与天下攻齐，天下必以王为义；齐抱社稷而厚事王，天下必尽重王。〔秦〕义，王以天下善秦；秦暴，王以天下禁之，是一世之名宠制于王也。"

（5）为主守地，不能死固，不义一矣；入之秦，不听主令，不义二矣。卖主地而食之，三不义矣。

"死固"，莫知所云，似应作"死国"；"入之秦"，语欠完整。王念孙曰："'入之秦'当作'主入之秦'，谓韩王入上党于秦，而冯亭不听也。脱去'主'字则文意不明。《赵策》作'主纳之秦，不顺主命'，是其证。"王说是也，应据改。

今依例重新标点此数句作："为主守地，不能死（固）〔国〕，不义一矣；〔主〕入之秦，不听主令，不义二矣；卖主地而食之，三不义矣。

（6）七年，廉颇免而赵括代将。秦人围赵括，赵括以军降，卒四十余万皆坑之。

"七年"，意即赵孝成王七年。黄善夫本、金陵局本皆作"七年"，旧通行本改作"七月"，新校本又改作"七年"。细查《史记》中有关此事的诸篇，此处应作"六年"。即使确实在七月，也只能是"六年"的七月。而此处的"六年"二字决不可少，因本篇的叙事自前文出过"四年"后，一直没有出现"五年""六年"等字样，如不出"六年"而只出"七月"，读者将无从知晓这是哪一年的"七月"。应据《秦本纪》《六国表》《白起王翦列传》等篇改"七年"作"六年"。杨宽、牛鸿恩等主张此役跨着六年与七年。这倒不失为一种较好的调停说法。

"赵括以军降"。白起传、赵括传皆谓赵括被秦军射死。中井曰："据传，括战死也，非降。"沈家本曰："疑'以'字乃'死'字之讹。"两家说是，应据改。

今依例标点此数句作："（七）［六］年，廉颇免而赵括代将。秦人围赵括，赵括（以）［死］，军降，卒四十余万皆坑之。"

十四

《魏世家》

①

《魏世家》：魏绛事晋悼公。悼公三年，会诸侯。悼公弟杨干乱行，魏绛僇辱杨干。悼公怒曰："合诸侯以为荣，今辱吾弟！"将诛魏绛。或说悼公，悼公止。卒任魏绛政，使和戎、翟，戎、翟亲附。悼公之十一年，曰："自吾用魏绛，八年之中，九合诸侯，戎、翟和，子之力也。"赐之乐。三让，然后受之。徙治安邑。

魏绛是魏氏家族发展史上极其重要的人物之一，他所辅佐的晋悼公，也是晋国自文公以后所稀有的英明君主。魏绛与晋悼公同时出现在春秋中后期，可以说是珠联璧合。他们既使晋国的霸主地位为之一振；同时也使魏氏家族在晋国的强族中具有了更坚实的地位。

司马迁在这段一百多字的短文中叙述了魏绛的三件事，第一件是严明执法，处治了故意捣乱的悼公之弟杨干；第二件是写了魏绛的和戎，在加强与周边少数民族友好的过程中大大提升了晋国的实力；第三件是魏绛由于治国有功，被晋悼公赐予了郑国进贡给晋国的一部乐器，使魏氏家族蒙受了无上的荣宠。其中《左传》写魏绛处置杨干一段尤其精彩，其文曰："晋侯之弟杨干乱行于曲梁，魏绛戮其仆。晋侯怒，谓羊舌赤曰：'合诸侯，以为荣也。杨干为戮，何辱如之？必杀魏绛，无失也！'对曰：'绛无贰志，事君不辟难，有罪不逃刑，其将来辞，何辱命焉？'言终，魏绛至，授仆人书，将伏剑。士鲂、张老止之。公读其书，曰：'日君乏使，使臣斯司马。臣闻师众以顺为武，军事有死无犯为敬。君合诸侯，臣敢不敬？君师不武，执事不敬，罪莫大焉。臣惧其死，以及杨干，无所逃罪。不能致训，至于用钺。臣之罪重，敢有不从以怒君心？请归死于司寇。'公跣而出，曰：'寡人之言，亲爱也。吾子之讨，军礼也。寡人有弟，弗能教训，使干大命，寡人之过也。子无重寡人之过，敢以为请。'晋侯以魏绛为能以刑佐民矣，反役，与之礼食，使佐新军。"其中写晋悼公得知事情的原委后，光着脚从屋子里奔出来向魏绛道歉的情景，真是生动极了。

《史记》的《司马穰苴列传》《孙子吴起列传》也写了两起严格执法，以惩治怠慢军纪的情形，但似乎都略显做作，有点故意借杀人以立权威之嫌。

②

《魏世家》：桓子之孙曰文侯都。魏文侯元年，秦灵公之元年也。与韩武子、赵桓子、周威王同时。

"文侯都"。《世本》作"文侯斯"，应改作"文侯斯"。

"魏文侯元年"，依《六国年表》推定，其年为前424年。但现代学者陈梦家、杨宽等据《竹书纪年》推算，魏文侯元年应是周定王二十四年（前445），前424年已是魏文侯之二十二年。今依陈、杨二氏说重新标点此数句作："桓子之孙曰文侯（都）〔斯〕。魏文侯（元年）〔二十二年〕，秦灵公之元年也。与韩武子、赵桓子、周威王同时。"魏文侯共在位五十年，此前后五十年间的系年数字，都要依此改正。如"六年"作"二十七年"，"十三年"当作"三十四年"等是也。

《魏世家》：十七年，伐中山，使子击守之，赵仓唐傅之。子击逢文侯之师田子方于朝歌，引车避，下谒。田子方不为礼。子击因问曰："富贵者骄人乎？且贫贱者骄人乎？"子方曰："亦贫贱者骄人耳。夫诸侯而骄人则失其国，大夫而骄人则失其家。贫贱者，行不合，言不用，则去之楚、越，若脱躧然，奈何其同之哉？"

文侯受子夏经艺，客段干木，过其闾，未尝不轼也。秦尝欲伐魏，或曰："魏君贤人是礼，国人称仁，上下和合，未可图也。"文侯由此得誉于诸侯。

此所谓"十七年"，依上例应是魏文侯三十八年，公元前408年。"使子击守之"，意即令其子太子击镇守新拓取的中山国之地。太子击即日后的魏武侯。这段故事的主题是写太子击学习其父文侯的榜样，很注意礼贤下士。每逢在街上遇到其父所尊敬的老文人田子方的时候，总是自己早早地下得车来，为老文人让路。但老文人却高傲地连个礼也不回。于是遂有了下述的对话。太子击气愤不平地问田子方："富贵者骄人乎？且贫贱者骄人乎？"在太子击的心目中，自然是太子"高贵"，一个普通文人"贫贱"。但太子击没有料到田子方居然回答说："亦贫贱者骄人耳。"并振振有词地说："夫诸侯而骄人则失其国，大夫而骄人则失其家。贫贱者，行不合，言不用，则去之楚、越，若脱躧然，奈何其同之哉？"于是战国时代一种狂妄文人的派头和盘地托出来了。依照一个正常的普通人而言，"富贵者"骄人是可恶的，但"贫贱者"骄人难道就可爱了吗？"富贵者"骄人固然可能导致亡国亡家，而"贫贱者"骄人就不会导致挨板子、掉脑袋吗？《战国策》里还有所谓"是士贵还是王贵"的辩论，结论是"王者的人头不如士人墓上的一把草"。这些都特别表现了封建时代身处卑贱地位的文人经常压抑在心头的一种愤怒情绪。与此相反的是每逢遇到一个"礼贤下士"的君主时，就立即受宠若惊，而对这种故事津津乐道个没完没了了。司马迁是一介书生，又受过非人的苦刑，故而每遇到魏文侯的"礼贤"，或是齐宣王破天荒地开馆纳士，总是为之无限地感激涕零。

4

《魏世家》：三十年，魏伐赵，赵告急齐。齐宣王用孙子计，救赵击魏。魏遂大兴师，使庞涓将，而令太子申为上将军。过外黄，外黄徐子谓太子曰："臣有百战百胜之术。"太子曰："可得闻乎？"客曰："固愿效之。"曰："太子自将攻齐，大胜并莒，则富不过有魏，贵不益为王。若战不胜齐，则万世无魏矣。此臣之百战百胜之术也。"太子曰："诺，请必从公之言而还矣。"客曰："太子虽欲还，不得矣。彼劝太子战攻，欲啜汁者众。太子虽欲还，恐不得矣。"太子因欲还，其御曰："将出而还，与北同。"太子果与齐人战，败于马陵。齐虏魏太子申，杀将军涓，军遂大破。

此处之黄徐子，妄人也。他对魏太子所说的"百战百胜之计"，实乃指出魏太子之从其受命统军，即将自己置于"百战百败"之地，再无转败为胜之日了。如果他能为魏太子想出一条转危为安之计，那还能算是没白来，这篇文章也算是写得还有用。可惜他完全没有。这岂不就等于是除了预先报丧再也没有任何有用之处了吗？这就如同《晋世家》所写的晋献公令太子申生率军出征，大臣里克明知申生此去有死无回，而仍劝其"太子勉之，教以军旅，不共是惧，何故废乎？且子惧不孝，毋惧不得立。修己而不责人，则免于难"云云，纯粹是自欺欺人了吗？然始作孽者，魏惠王也。鲍彪曰："此申生伐皋落之例，晋国之覆辙也。默契克之谏，惠王非忘之，而忍为之，故孟子之谓'不仁'。"

5

《魏世家》之文字、标点有可讨论者：

（1）三十六年，复与齐王会甄。是岁，惠王卒，子襄王立。

"三十六年"，应为魏惠王三十五年，公元前334年。

"复与齐王会甄"，杨宽曰："《六国表》《田世家》《魏世家》《孟尝君列传》俱谓马陵之役后，齐、魏会徐州相王之前，先有齐、魏平阿之会，又有齐、魏甄之会。《孟尝君列传》以为出于田婴之策划……《魏策二》亦云：'马陵之役齐大胜魏，魏惠王从惠施变服折节而朝齐之谋，田婴许诺，遂内魏王而与之并朝齐侯再三。'足证甄之会魏惠王确已用朝礼，不仅徐州之会用朝礼也。"

"是岁，惠王卒，子襄王立"，此语错得出奇。惠王明年乃改称"后元元年"，其子襄王的继位乃在十六年之后。

此数句应依例标点作："三十（六）［五］年，复与齐王会甄。（是岁，惠王卒，子襄王立。）［明年，惠王改称'后元元年'］。"

（2）襄王元年，与诸侯会徐州，相王也。追尊父惠王为王。

"襄王元年"，应作"惠王后元元年"，公元前334年。

"与诸侯会徐州，相王也"，是年梁惠王、齐威王会徐州，相互尊对方为王，即"相王"。此事出于惠施谋划，实为梁惠王折节变服，尊齐威王为王，梁惠王自己改元称元年。此次会见，韩昭侯亦参与，故称"与诸侯会"。徐 (shū) 州：即齐之薛邑，在今山东滕州市南。

"追尊父惠王为王"，梁玉绳曰："惠王而为王，何俟'追尊'？"此因史公误以惠王改元为惠王死，以为魏之首先称王者为襄王，而《孟子》书中又分明载孟轲呼惠王为"王"，故于此加"追谥"以自圆，应削。

依例此段应重新标点作："（襄王）［惠王后元］元年，与诸侯会徐州，相王也。（追尊父惠王为王。）"

又，魏惠王后元共十六年，此段时间里史公误认为魏襄王的所有纪年，应一律改作"魏惠王后元"的某某年。

（3）异日者，秦在河西晋，国去梁千里，有河山以阑之，有周、韩以间之……秦乃在河西晋，去梁千里，而祸若是矣；又况于……祸必由此矣。

两处的"秦在河西晋，国去梁千里"，都不成文意，应改作"秦在河西，晋国去梁千里"。其大致意思是说，当年秦国的边境还在黄河以西，晋国的都城安邑又离着后来魏国的都城大梁远隔千里，我们魏国所受的损失尚如此之大；更何况如让秦国灭掉韩国、周国，占据新郑，让秦国的边境离大梁只有百里，那我们不就立刻要大祸临头了吗？

今依例重新标点这段的文字作："异日者，秦在河西，晋国去梁千里，有河山以阑之，有周、韩以间之……秦乃在河西，晋去梁千里，而祸若是矣；又况于……祸必由此矣。"

（4）魏得韩以为县，卫大梁，河外必安矣。

旧通行本将此句标点作"魏得韩以为县卫，大梁、河外必安矣。""县卫"二字连读，较生涩。现本改为"魏得韩以为县，卫大梁，河外必安矣。""卫大梁"三字连读，仍较新。其实"卫、大梁、河外"应三地连读。意思是，如果魏国能得到韩国的归附，那么魏国的附庸卫邑、魏国都城大梁、魏国的黄河以南地区就都可以获得安定了。

今依例重新标点数句作："魏得韩以为县，卫、大梁、河外必安矣。"

《韩世家》

①

《韩世家》：列侯三年，聂政杀韩相侠累。

哀侯元年，与赵、魏分晋国。二年，灭郑，因徙都郑。六年，韩严弑其君哀侯，而子懿侯立。

一个小小的韩国，几年之间两次发生巨大政变，一是列侯三年，聂政杀其相；一是哀侯六年，韩严弑其君。而据《刺客列传》，则谓聂政乃韩严所收买的杀手，为韩严杀了宰相韩傀。据《战国策·韩策二》，又谓聂政为严仲子往刺其相韩傀时，韩君哀侯亦在座。"韩傀走抱哀侯，聂政刺之，兼中哀侯"。牛鸿恩说："聂政刺韩傀，亦即严遂弑韩哀侯，二者为一事。今人均据《竹书纪年》定于魏武侯二十二年，亦即韩哀侯三年（前374）。《韩策二》《韩非子·内储下》均为韩哀侯，与《纪年》所载相符。平势隆郎即亦以为在前374年。"

关于聂政的人品与其行为的价值，宋代鲍彪说："人之居世不可不知人，亦不可妄为人知也。遂惟知政，故得行其志。惜乎，遂褊褊狷细人耳，政不幸谬为所知，故死于是。使其受知明主贤将相，则其所成就岂不又万万于此者乎？哀哉！"聂政盖为权臣私斗中的一个打手，为《史记》刺客之最下下者，唯司马迁喜欢他的"士为知士者用"，故写之入史，殊觉无谓。

其中所谓"六年"，实为大误。韩哀侯在位，只有三年。而且就是这个"三年"，在历史上也无从表现。因为韩哀侯在其"三年"被聂政刺杀后，朝臣立即改立其子为君，于是这一年也就成了其子韩懿侯的"元年"了。

2

《韩世家》：太史公曰：韩厥之感晋景公，绍赵孤之子武，以成程婴、公孙杵臼之义，此天下之阴德也。韩氏之功，于晋未睹其大者也，然与赵、魏终为诸侯十余世，宜乎哉！

以上文字是司马迁对韩氏之所以能受封建国并能维持统治百余年，做了抒情性的解释。李景星曰："以韩之长世归厥之阴德，深得史家劝戒之意。"钱锺书曰："《韩世家》论赞乃马迁自抒胸臆，指归正尔一揆。勿信天道却又主张阴德，说理固难自圆；而触事感怀，乍彼乍此，浑置矛盾于不顾，又人之常情恒态耳。"（《管锥编·第一册》）

3

《韩世家》之文字、标点有可讨论者：

（1）景公十一年，厥与郤克将兵八百乘伐齐，败齐顷公于鞍，获逢丑父。于是晋作六卿，而韩厥在一卿之位，号为献子。

"于是晋作六卿"，此语误，《左传》成公三年于此事云："晋作六军，韩厥、赵括、巩朔、韩穿、荀骓、赵旃皆为卿。"通行本之《晋世家》中已改为"晋作六军",而《韩世家》仍袭黄本、金陵局本误作"晋作六卿"。春秋初期,周天子有六军,诸侯大国最多只能有三军,而晋国此时首建"六军",以见其强而不守旧礼。有六军则有六将、佐,将、佐在当时都是卿职,有战事则统兵为将,无战事则在朝为卿。

今依例重新标点此数句作:"景公十一年,厥与郤克将兵八百乘伐齐,败齐顷公于鞍,获逢丑父。于是晋作六(卿)[军],而韩厥在一卿之位,号为献子。"

(2)十六年,秦败我修鱼,虏得韩将鲠、申差于浊泽。韩氏急,公仲谓韩王曰……

杨宽曰:"是年樗里疾大败三晋于修鱼,虏得韩将鲠、申差等人,与浊泽之战无关。'于浊泽'上当脱'秦、韩战'三字,系记别一战役。"杨说甚是,《战国策·韩策一》正作"秦、韩战于浊泽,韩氏急,公仲谓韩王曰"云云。应依杨氏说增"秦、韩战"三字。

今依例重新标点数句作:"十六年,秦败我修鱼,虏得韩将鲠、申差。[秦、韩战]于浊泽,韩氏急,公仲谓韩王曰"云云。

(3)《韩世家》:韩之南交楚,必轻秦;轻秦,其应秦必不敬,是因秦、韩之兵而免楚国之患也。

"因秦韩之兵"。李笠曰:"《韩策》'因'作'困',谓困顿秦韩之兵,是也。"牛鸿恩曰:"《战国纵横家书》亦作'困'。"两家说是。

今依例重新标点数句作"韩之南交楚,必轻秦;轻秦,其应秦必不敬,是(因)[困]秦、韩之兵而免楚国之患也。"

十六
《田敬仲完世家》

1

《田敬仲完世家》：陈完者，陈厉公他之子也。……

厉公者，陈文公少子也，其母蔡女。文公卒，厉公兄鲍立，是为桓公。桓公与他异母。及桓公病，蔡人为他杀桓公鲍及太子免而立他，为厉公。厉公既立，娶蔡女。蔡女淫于蔡人，数归，厉公亦数如蔡。桓公之少子林怨厉公杀其父与兄，乃令蔡人诱厉公而杀之。林自立，是为庄公。故陈完不得立，为陈大夫。厉公之杀，以淫出国，故《春秋》曰"蔡人杀陈他"，罪之也。

以上两段与《陈世家》所叙之相关事实，皆为史公误读《左传》，所叙事实皆秕误之极甚者。今简述以上诸人之关系如下：

陈文公（前754—前745年在位）有二子：长曰陈桓公，名鲍（前744—前707年在位）；次曰陈他，字五父。

陈桓公有四子：长名免，为太子；次名跃，即日后之厉公；三名林，即日后之庄公；四名杵臼，即日后之宣公。

　　陈桓公病时，其弟陈他弑其兄，并杀太子免，而自立为君。太子免与三个兄弟的母亲是蔡国人，因而蔡国出兵干涉。杀了作乱的陈他，立太子免的二弟陈跃为君，即所谓陈厉公（前706—前700年在位）。陈厉公死后，三弟陈林继任（前699—前693年在位）；陈林死后，四弟杵臼继任（前692—前643年在位）。故而这样一来，厉公陈跃的儿子陈完，当然也就没有在陈国为君的份了，于是出逃去了齐国。

　　详细情况参见《史记笺证》之相关注释。

　　《田敬仲完世家》：子我者，监止之宗人也，常与田氏有郤。田氏疏族田豹事子我有宠。子我曰："吾欲尽灭田氏适，以豹代田氏宗。"豹曰："臣于田氏疏矣。"不听。已而豹谓田氏曰："子我将诛田氏，田氏弗先，祸及矣。"子我舍公宫，田常兄弟四人乘如公宫，欲杀子我。子我闭门。简公与妇人饮檀台，将欲击田常。太史子余曰："田常非敢为乱，将除害。"简公乃止。田常出，闻简公怒，恐诛，将出亡。田子行曰："需，事之贼也。"田常于是击子我。子我率其徒攻田氏，不胜，出亡。田氏之徒追杀子我及监止。

　　子我，据《左传》就是阚止，也就是司马迁在这里所说的"监止"，字子我。子我是齐国的权臣，很受齐简公的宠任，但与以田常为代表的田氏家族互不两立。子我拉拢田氏家族中的疏远者田豹，想与他合作灭掉田常诸人，改立田豹为田氏家族之长。田豹自卑，未敢答应，却偷偷地向田常等人告了密。于是田常等首先出击，灭掉了子我与阚氏家族，接着又杀了齐简公，使田氏之篡夺姜氏齐国政权向前迈进了一大步。

　　请注意的是，这里所说的子我，名"阚止"（或说名"监止"），是齐国简公时代掌权的大夫，与《仲尼弟子列传》所说的孔丘的以口才见称的"宰予"没有关系。鲁国的"宰予"与齐国的阚止，是偶尔都字"子我"

而已。而司马迁在《仲尼弟子列传》里说"宰我为临淄大夫，与田常作乱，以夷其族，孔子耻之"，实在是张冠李戴，李代桃僵了。

③

《田敬仲完世家》：桓公午五年，秦、魏攻韩，韩求救于齐。齐桓公召大臣而谋曰："蚤救之孰与晚救之？"驺忌曰："不若勿救。"段干朋曰："不救，则韩且折而入于魏，不若救之。"田臣思曰："过矣君之谋也！秦、魏攻韩、楚、赵必救之，是天以燕予齐也。"桓公曰："善。"乃阴告韩使者而遣之。韩自以为得齐之救，因与秦、魏战。楚、赵闻之，果起兵而救之。齐因起兵袭燕国，取桑丘。

以上齐乘秦、魏伐韩，楚、赵救韩而趁机伐燕事，见《战国策·齐策二》，史公系之于桓公五年，考据家皆以为非。钱穆曰："此文殊可疑，史公于齐威王前事皆不能详，此独记载明备，一可疑也；吴师道辨之云：'田臣思即田忌，与驺忌、段干朋皆仕威、宣，何于桓公时已预大政？'二可疑也；桓公时秦、魏攻韩，楚、赵救之，齐不救，因而袭燕。其后宣王时秦、魏伐韩，楚、赵救韩，齐不救，因而举燕，何其事之吻合，三可疑也；且田臣思之辞曰'是天以燕予齐'，而仅为取桑丘乎？四可疑也。吴氏因谓'《史》乃误以《国策》宣王伐燕章附之桓公'，其说甚是。"郭嵩焘曰："此一事凡三见，于此为魏伐韩；再叙之威王二十六年，为魏围赵；又叙之宣王二年，亦为魏伐赵。而皆列驺忌、段干朋名，唯后作'田忌'，而此作'田臣思'耳。驺忌实为威王时人，前后两叙'驺忌'，由史公汇次诸书而未经删定者也。"杨宽曰："《田世家》此段记载全不可信。"

④

《田敬仲完世家》：齐威王元年，三晋因齐丧来伐我灵丘。

史公书齐威王元年在周安王二十四年（前378）。牛鸿恩曰："依《纪年》，《史记》遗落田悼子（在和子之前）与侯剡（在和子之后）二世，田午桓公在位十八年，而《史记》作六年，于是使威王之世大大提前。威王元年应在周显王十三年（前356），《田齐世家》与《表》错误地提前了二十二年。"

牛说是也，详细请参见《史记笺证》之《六国年表》。齐威王共在位三十七年，在此期间的历次纪年，都应与此参照进行改正，依次减掉二十二年。

⑤

《田敬仲完世家》：于是威王召即墨大夫而语之曰："自子之居即墨也，毁言日至。然吾使人视即墨，田野辟，民人给，官无留事，东方以宁。是子不事吾左右以求誉也。"封之万家。召阿大夫语曰："自子之守阿，誉言日闻。然使使视阿，田野不辟，民贫苦。昔日赵攻甄，子弗能救。卫取薛陵，子弗知。是子以币厚吾左右以求誉也。"是日，烹阿大夫，及左右尝誉者皆并烹之。遂起兵西击赵、卫，败魏于浊泽而围惠王。惠王请献观以和解，赵人归我长城。于是齐国震惧，人人不敢饰非，务尽其诚，齐国大治。诸侯闻之，莫敢致兵于齐二十余年。

《史记》于两千年来号称信史，然而其《循吏列传》《滑稽列传》所写的诸人诸事，皆只可做寓言看，难当信史读也。由于寓言所写之事理历朝历代皆有，故而人皆信之，不以为其仅是艺术而已也。既是寓言、是艺术，就难免有夸张、有虚构。不仅司马迁这种诗人类型的史家能采用此法，即使像班固、像欧阳修一类的儒者类型，也欣欣然乐于运用，如《汉书》所写之遗言以自身行裸葬的梅福，《新五代史》所写之敢于掌掴皇帝李存勖的伶人敬新磨等。此种故事别说本来就不一定有，即使真的有上一个半个，也仍然只能说它是"寓言"。这是由"寓言"本身的定义所决定的。

《滑稽列传》载淳于髡以隐语说齐威王，语罢，齐威王"乃朝诸县令、长七十二人，赏一人，诛一人"，盖即指此即墨大夫与阿都大夫；又云"奋兵而出，诸侯振惊，皆还齐侵地，威行三十六年"，亦与本篇所说大体相同。泷川引《淮南子·泛论训》云："齐威王设大鼎于廷中，而数无盐令曰：'子之誉日闻吾耳，察子之事，田野芜，仓廪虚，囹圄实，子以奸事我者也，乃烹之。'齐以此三十二岁道不拾遗。"又与此烹阿大夫相似。"不飞则已，一飞冲天；不鸣则已，一鸣惊人"的故事，司马迁刚让淳于髡对齐威王说完，转身又让伍举去对楚庄王说。两千年的读者也没有人去挑它，不就是把它看作一个故事，谁也不认真去理论了吗？

6

《田敬仲完世家》：二十四年，与魏王会田于郊。魏王问曰："王亦有宝乎？"威王曰："无有。"梁王曰："若寡人国小也，尚有径寸之珠照车前后各十二乘者十枚，奈何以万乘之国而无宝乎？"威王曰："寡人之所以为宝与王异。吾臣有檀子者，使守南城，则楚人不敢为寇东取，泗上十二诸侯皆来朝。吾臣有盼子者，使守高唐，则赵人不敢东渔于河。吾吏有黔夫者，使守徐州，则燕人祭北门，赵人祭西门，徙而从者七千余家。吾臣有种首者，使备盗贼，则道不拾遗。将以照千里，岂特十二乘哉？"

以上齐威王与魏惠王论宝事，见《韩诗外传》卷十，除齐威王作"齐宣王"外，其他文字与此全同。又，与此类似的情节，亦见于《说苑·臣术》，文字与此出入较大。茅坤曰："览威王之论宝，其识远矣，所以能伯。"凌稚隆引杨维桢曰："齐威王宝四臣之论似矣，而未尽也。当时何不曰'岂特四臣之宝已哉，惧齐人之佻而诈也，宝之以信；野而荡也，宝之以礼；刻敫而残、侈汰而竞也，宝之以仁与俭，此又寡人传宝之大者。若大王之照十二乘，吾惧不照大王八尺之榻，而照大王四邻之寇也。'惠王闻之，且将愧投珠于汾水矣，何敢言宝？"

此齐威王之论宝卓矣，而《春申君列传》有曰："赵平原君使人于春申君，春申君舍之于上舍。赵使欲夸楚，为玳瑁簪，刀剑室以珠玉饰之，请命春申君客。春申君客三千余人，其上客皆蹑珠履以见赵使，赵使大惭。"此平原、春申之为，与魏惠王同，惜未获齐威王以教喻之也。

7

《田敬仲完世家》：其后成侯驺忌与田忌不善，公孙阅谓成侯忌曰："公何不谋伐魏，田忌必将。战胜有功，则公之谋中也；战不胜，非前死则后北，而命在公矣。"于是成侯言威王，使田忌南攻襄陵。十月，邯郸拔，齐因起兵击魏，大败之桂陵。于是齐最强于诸侯，自称为王，以令天下。

三十五年，公孙阅又谓成侯忌曰："公何不令人操十金卜于市，曰：'我田忌之人也。吾三战而三胜，声威天下。欲为大事，亦吉乎不吉乎？'"卜者出，因令人捕为之卜者，验其辞于王之所。田忌闻之，因率其徒袭攻临淄，求成侯，不胜而奔。

文臣武将共居一朝，常有粗直之武将而被险诐之文臣相倾者，如陈平之与韩信、秦桧之与岳飞，与此驺忌之与田忌等是也。驺忌以其自己现身说法的寓言"讽齐王纳谏"，使齐王"庙胜于朝廷"，两千年来家喻户晓，其心机与口齿之厉害可知矣。田忌一介武夫，斗心思，哪里是驺忌的对手！再加上一个公孙阅，助其行蜂虿之毒，田忌的悲剧结局就再也无法改变了。首先是文人的"动口不动手"，他们怂恿君主对外开战，领兵出征的自然是武将。于是"战胜有功，则公之谋中也；战不胜，非前死则后北，而命在公矣。"在朝的文人是"旱涝保收"；出征的武夫是进退不落好。至于背后行使鬼蜮伎俩，挖陷井挤之坠落的事件，就更是防不胜防了。派人装成田忌的部下，让他们去做一些大逆不道的事情，而后逮捕他们，把他们送到君主面前。粗鲁的武夫们面对这种赤裸裸的栽赃陷害，说不定就会做出一些真正出格的事情来，从而更证实了他们所编造的罪名是千真万确。厉害呀，坏人所能使出的手段，好人是连想也想不出来的。梁玉绳曾为田忌的"袭攻临淄，求成侯，不胜而奔"辩驳说："忌未尝袭齐耳。《国策》战马陵后有《田忌为齐将》一章，言孙膑劝忌'无解兵入齐，可正齐君而走成侯，忌不听。'以是观之，忌亦贤矣，奈何反以'袭齐'诬之耶？"

8

《田敬仲完世家》：齐因起兵，使田忌、田婴将，孙子为师，救韩、赵以击魏，大败之马陵，杀其将庞涓，虏魏太子申。

马陵：险路名，其位置说法不一，有说在今河南范县西南，当时属魏；有说在今山东甄城东北，当时属齐，二说的实地相距不远。元代的范县县令孟之普曾有《马陵道中》诗以咏其事曰："广衍东原境，势非峨眉颠。夹堤积冲撞，倾崩成大川。房屋多斜曲，岐路几回旋。奇哉孙子智，减灶擒庞涓。"也有说在今河北大名以东之元城；近来又有人说在今山东郯城县。据《孙子吴起列传》，孙膑是率军在向魏都大梁突进的过程中使用逐日减灶之计，依史公文意，此马陵应在魏国境内的大梁以东，大名与郯城之说皆与文意不合。有人以为史公文意不合理，以为不应是"进兵减灶"，而应是孙膑在向东撤退中的"退兵减灶"。但是当一支军队向回撤退的时候，还有人开小差，还能使用"减灶"之计吗？至于魏国东境与大梁之间有无三日行军之路程，大梁以东的地区内有无"马陵道"那样的地形地貌，这也不能单凭现在的地形为依据，因为这一带是黄泛区，当时孙膑作战的地面早已被埋藏在几十米的黄沙之下了。要想确定马陵道在何处，必须有考古的实据作支撑。

9

《田敬仲完世家》：楚使淖齿将兵救齐，因相齐湣王，淖齿遂杀湣王而与燕共分齐之侵地卤器。

当乐毅率五国联军大破齐军于济西后，别国军队皆退，独燕国军队长驱入齐，齐之未被燕军所占者仅剩下即墨与莒两座城池，楚国这时派出了淖齿率楚军到莒邑以援助齐国。据《战国策·齐策六》，齐湣王兵败济西逃到莒邑后，淖齿数之以昏暴不听"天""地""人"之警告，遂"杀齐湣王于鼓里（地名）"。而有的材料记述淖齿的这种行动极为残暴，说"淖齿弑湣王而擢其筋，悬于庙梁，宿昔而死"。当时燕秦与三晋五国合纵攻齐，楚国没有参加。后来楚国派淖齿率军万人前来助齐，其实也是别有用心的。他的主要目的在于收回被宋所取的淮北地区，同时能对齐国政权加以控制。后来淖齿与齐湣王的矛盾激烈起来，齐湣王被淖齿所杀，因而淖齿也引起了齐国人民的强烈愤恨。《战国策·齐策六》说："王孙贾年十五，事湣王。王出走，失王之所处。其母曰：'女朝出而晚来，则吾倚门而望。今汝事王，王出走，汝不知其处，汝尚何归？'王孙贾乃入市中曰：'淖齿乱齐国，杀湣王，欲与我诛之者，袒右！'市人从者四百人，与之诛淖齿，刺而杀之。"这个事件表现齐国人民的义愤非常真实而剧烈。齐湣王由于他的残暴与好战，引起了齐国国内臣民与其他很多国家的愤恨。所以当乐毅的五国联军杀来时，齐国人民最初对入侵者并没有坚强的抵抗。当这些入侵者的凶恶面目充分暴露，对齐国人民大肆掠夺时，齐国人民才迅速掀起敌后起义，并纷纷转入坚强而持久的抵抗了。齐国的隐士王蠋被燕人捉住，燕人想收买利用他为燕人服务。王蠋说："齐王不听吾谏，故退而耕于野。国既破亡，吾不能存；今又劫之以兵为君将，是助桀为暴也。与其生而无义，固不如烹。"遂经其颈于树枝，自奋绝脰而死。太史敫的女儿得知避难者是齐王的公子法章时，遂以身相许，并立即协助他行动起来为恢复齐国政权而战。王孙贾的振臂一呼，众人响应；田单的坚守孤城，火牛一战，齐国遂势如破竹地连天而起，一举再造了齐国。这些人、这些事都是如此地动天地、泣鬼神，都是如此地珠联璧合，彼此相应。这就是古代的一场名副其实的人民战争！

10

《田敬仲完世家》：湣王之遇杀，其子法章变名姓为莒太史敫家庸。太史敫女奇法章状貌，以为非恒人，怜而常窃衣食之，而与私通焉。淖齿既以去莒，莒中人及齐亡臣相聚求湣王子，欲立之。法章惧其诛己也，久之，乃敢自言"我湣王子也"。于是莒人共立法章，是为襄王。

《史记》在"二十四史"中不仅以它的"真实性"闻名，而且以它的"史诗性""文学性""小说性"闻名于世。中国古代有所谓"侠客小说"，这类小说应以《史记》中的《游侠列传》《刺客列传》以及《赵世家》中的程婴、公孙杵臼，《魏公子列传》中的侯嬴、朱亥等为源头是也。中国古代有所谓"忠奸斗争之小说"，此类应以《史记》中的《伍子胥列传》《屈原贾生列传》《吴太伯世家》等为源头是也。中国古代有所谓"宫闱秘事小说"，这类小说应以《史记》中的《吕太后本纪》《外戚世家》《五宗世家》等为源头是也。中国古代有所谓"才子佳人小说"，这类小说应以《史记》中的《田敬仲完世家》《田单列传》《司马相如列传》等为源头是也。吴曰法在《小说家言》中说："小说家之神品，大都得力于《史记》者为多。"邱炜爰在《客云庐小说话》中说："千古小说祖庭，应归司马。"

11

《田敬仲完世家》之文字、标点有可讨论者：

（1）田乞、鲍牧与大夫以兵入公室，攻高昭子。昭子闻之，与国惠子救公。公师败。田乞之众追国惠子，惠子奔莒，遂返杀高昭子。晏圉奔鲁。

以上数句人物关系不清，文字多有讹舛。中井曰："'攻高昭子'四字疑衍。"所谓"惠子奔莒，遂返杀高昭子"云云，《左传》原作"国夏奔莒，遂及高张、晏圉、弦施来奔"。依此则"遂返杀"三字衍文，应作"高昭子、晏圉奔鲁"。

今依例重新标点数句作："田乞、鲍牧与大夫以兵入公室，（攻高昭子。）昭子闻之，与国惠子救公。公师败。田乞之众追国惠子，惠子奔莒，（遂返杀）高昭子、晏圉奔鲁。"

（2）齐侯太公和立二年，和卒，子桓公午立。

此语有误。《索隐》引《纪年》云："康公二十二年（前383），田侯剡立（杨宽《战国史表》系侯剡之立在齐宣公二十一年）。后十年（前374），田午弑其君及孺子喜，而为公。"今战国史家多从《纪年》。视文意，桓公田午盖田侯剡之弟，乃弑其兄而即位者。田和的死在周安王十七年（前385）；侯剡在位的年代为前384—前375年，被桓公田午所弑。

此处依例应标点作："齐侯太公和立二年，和卒，［子侯剡立；侯剡十年，］（子）桓公午［弑侯剡自］立。"

（3）夫约钧，然与秦为帝而天下独尊秦而轻齐，释帝则天下爱齐而憎秦。

"夫约钧，然与秦为帝"，繁复生涩。张照曰："去'钧然'二字，文义自明。"泷川曰："《策》姚本无'钧然'二字。"诸说是也。

今依例重新标点此两句作："夫约（钧，然）与秦为帝而天下独尊秦而轻齐，释帝则天下爱齐而憎秦。"

（4）四十年，燕、秦、楚、三晋合谋，各出锐师以伐，败我济西。

"四十年"，史公误认的湣王四十年，实为湣王在位第十七年，即周赧王三十一年（前284）。是年燕将乐毅率五国之兵伐齐，所谓"五国"指燕、秦与韩、赵、魏，没有楚国，此句中之"楚"字应削。齐湣王兵败身死，其子法章继位，即齐襄王是也。

今依例重新标点此数句作："（四十）［十七］年，燕、秦、（楚、）三晋合谋，各出锐师以伐，败我济西。"

十七

《孔子世家》

①

《孔子世家》：丘生而叔梁纥死，葬于防山。防山在鲁东，由是孔子疑其父墓处，母讳之也。孔子为儿嬉戏，常陈俎豆，设礼容。孔子母死，乃殡五父之衢，盖其慎也。陬人輓父之母诲孔子父墓，然后往合葬于防焉。

孔子疑其父墓处，母讳之也：《索隐》曰："谓孔子少孤，不的知其父坟处，非不知其茔地。徵在笄年适于梁纥，无几而老死，是少寡，盖以为嫌，不从送葬，故不知坟处，遂不告耳，非讳之也。"《索隐》之说牵强，唯《礼记·檀弓》郑玄注有所谓"孔子之父陬叔梁纥与颜氏之女徵在野合而生孔子，徵在耻焉不告"。如孔子的生父果真是叔梁纥，叔梁纥是鲁国的有功之臣，是大名人，徵在依傍名人，耻在哪里？更何至于死也不说，竟让孔子至其母死而仍不知其生父是谁，此令后世所最不可解者。又，孔子之母带着年幼的孔子在这十几年间如何维持生计，以及叔梁纥的家族知不知道叔梁纥在外面有孔丘这么个孩子，皆史无明文。

陬人輓父之母诲孔子父墓，然后往合葬于防焉：孔子将其母与其父合葬于防，是指孔氏家族的祖茔在防，孔父与孔母从此遂葬入孔氏祖茔了呢？还是只将其父与其母合葬于防邑的某地，仍未葬入祖茔，此处交代不清。又，孔子此时已知自己是叔梁纥之子，是否遂到叔梁纥家认祖归宗了呢？史文无交代，钱穆没提；李零说孔子于十五岁上了小学，但没说谁给出的学费。邵耀成则明确写出孔子是在"十五岁前后其父母合葬于防，孔子重回父家，因而能受到贵族的六艺教育"。

2

　　《孔子世家》：孔子年十七，鲁大夫孟釐子病且死，诫其嗣懿子曰："孔丘，圣人之后，灭于宋。……吾闻圣人之后，虽不当世，必有达者。今孔丘年少好礼，其达者欤？吾即没，若必师之。"及釐子卒，懿子与鲁人南宫敬叔往学礼焉。

　　孔子十七岁，相当于鲁昭公七年，此事不假；但这年孟釐子却没有病死，更没有在这一年向他的儿子做遗嘱让他去向十七岁的孔子学礼。"孟釐子病且死"嘱咐他的儿子向孔子学礼，乃是十七年以后孔子三十四岁时的事。故邵耀成以为这段文字比较合理的处理应该是"孔子年十七，是岁季武子卒，平子代立。鲁昭公二十四年，鲁大夫孟釐子病且死，诫其嗣懿子曰"云云。至于司马迁为什么说鲁昭公七年"孟釐子病且死"，那是因为他错读了《左传》。在《左传》的昭公七年，有"孟釐子病不能相礼，乃讲学之"一句。这里的"病不能相礼"是指作为鲁国宰相的孟釐子感到自己不能给鲁国的君主相礼，这是有欠缺的，不应该的，于是他就开始练习起来。司马迁错误地把这里的"病"字理解成了"患病"，故而闹出了行文叙事的大错。

《孔子世家》：鲁南宫敬叔言鲁君曰："请与孔子适周。"鲁君与之一乘车，两马，一竖子俱，适周问礼，盖见老子云。辞去，而老子送之曰："吾闻富贵者送人以财，仁人者送人以言。吾不能富贵，窃仁人之号，送子以言，曰：'聪明深察而近于死者，好议人者也。博辩广大危其身者，发人之恶者也。为人子者毋以有己，为人臣者毋以有己。'"孔子自周反于鲁，弟子稍益进焉。

《索隐》曰："《庄子》云：'孔子年五十一，南见老聃。'盖世家亦依此为说而不究其旨，遂俱误也。何者？孔子适周，岂访礼之时即在十七耶？且孔子见老聃，云'甚矣道之难行也'，此非十七之人语也，乃既仕之后言耳。"钱穆曰："孔子适周问礼于老聃，其事不见于《论语》《孟子》，《史记》所载盖袭自《庄子》。而《庄子》寓言十九，固不可信。"史珥曰："此必黄老之徒窜入。"邵耀成说："孔子见过藏室史或老子之后对他有什么影响，那是很不明确的。至于为什么一个爱礼的人要向一个鄙视礼的人请教礼，也是令现代人很难明白的事。"

此中"老子"前诫孔子勿"好议人"、勿"发人之恶"，乃老氏思想；后曰为人臣子者"毋以有己"，则乃儒家之义，即《论语》所谓"事君能致其身"，前后思想矛盾。至于在《老子韩非列传》中"老聃"之所谓"子所言者，其人与骨皆已朽矣，独其言在耳。且君子得其时则驾，不得其时则蓬累而行。吾闻之，良贾深藏若虚，君子盛德容貌若愚。去子之骄气与多欲，态色与淫志，是皆无益于子之身"云云，真老氏之精义也。在此两处，司马迁都充分地写出了"道不同不相与谋"的两家对立之旨。

《孔子世家》：景公说，将欲以尼溪田封孔子。晏婴进曰："夫儒者滑稽而不可轨法；倨傲自顺，不可以为下；崇丧遂哀，破产厚葬，不可以为俗；游说乞贷，不可以为国。自大贤之息，周室既衰，礼乐缺有间。今孔子盛容饰，繁登降之礼，趋详之节，累世不能殚其学，当年不能究其礼。君欲用之以移齐俗，非所以先细民也。"

以上晏婴评孔子之学行见《墨子·非儒》与《晏子春秋·外篇》，司马谈《六家要旨》论儒家之短盖有取于此。崔述曰："晏子之所言事事皆与孔子相反，天下有如是谮人者乎？不但所言皆与孔子平生之事相反，即与晏子平生所言见于《左传》《孟子》者亦无一不相反。且春秋之世固无有所谓'滑稽倨傲，游说乞贷'者，亦无有以是讥人者；自战国淳于髡、慎到、庄周、颜阖、张仪、苏秦之徒并起，然后有以'滑稽倨傲，游说乞贷'者；'破产厚葬'之讥亦自墨氏教行之后始有之，此文乃战国以后墨氏之徒之伪撰以攻吾儒者，以晏子之俭，故托之。"梁玉绳曰："婴，贤者也，与孔子友善，沮封尼溪，必无之事。孔鲋《诘墨》已言之，先儒已力辩其诬。后夹谷之会，《史》言晏子与有谋焉，亦妄。"且谓"《晏子春秋》之所载必后人之羼入"。金履祥稍持异说曰："晏婴，贤者也，夫子亦每贤之。今景公将封孔子，而晏子不可，其必有意，《史记》载其沮止之语；后夹谷之会，《史记》亦谓晏子与有谋焉。或疑晏子心虽正，而其学墨，固自有不相为谋者。"晏子此语之可靠性究竟如何，可姑弗论，至其纠摘儒家学说之迂腐处，可谓淋漓尽致。史公尊崇孔子，然于儒说的此等弊病亦自有识，故载晏子之说如此。

5

《孔子世家》：公山不狃以费畔季氏，使人召孔子。孔子循道弥久，温温无所试，莫能己用，曰："盖周文、武起丰、镐而王，今费虽小，傥庶几乎？"欲往。子路不说，止孔子。孔子曰："夫召我者岂徒哉？如用我，其为东周乎？"然亦卒不行。

《索隐》曰："检《家语》及孔氏之书，并无此言，故桓谭亦以为诬也。"梁玉绳引《史记疑问》曰："迁以孔子欲费与不狃为可以文、武乎？是从叛也，何妄之甚？"泷川曰："是时周室虽衰，天命未改，孔子不宜有此言，删之可也。"李泽厚曰："本章又一次展开'经'（原则性）与'权'（灵活性）的矛盾。孔子教人以'经'，自己却行'权'不已。难怪子路不高兴。到底如何掌握'经'与'权'，大有文章。结合这几章孔子讲去的理由是，一可以入污泥而不染，不怕脏乱；二是一生不能白过，总希望找机会干大事。这几篇描写具体，相当真实，足见孔子亦常人，说了真话，经不住问，只好说开玩笑。想做官干事，经不住问，只好勉强说些道理。"

6

《孔子世家》：定公十年春，及齐平。夏，齐大夫黎鉏言于景公曰："鲁用孔丘，其势危齐。"乃使使告鲁为好会，会于夹谷……孔子摄相事，曰："臣闻有文事者必有武备，有武事者必有文备……"

崔适曰："昭公以前诸侯莫不事晋，自召陵会后，而晋渐以失诸侯，故定公之七年，齐侯郑伯盟于咸，齐侯卫侯盟于沙，独鲁事晋如故，不与诸侯之会，而又为晋讨郑讨卫，故齐使国夏再伐鲁，而鲁亦两侵齐。直至阳虎奔后鲁始与齐平，会于夹谷，明年又与郑平，故《左传》云'始叛晋'也。然则鲁自因叛晋而与齐会，岂齐惧鲁之用孔子而与鲁会哉？"崔适的这段提点很重要，本世家中有许多段落将孔子的作用夸张得不着边际，如后面齐人有所谓"孔子为政必霸，霸则吾地近焉，我之为先并矣，盍致地焉"云云；楚国的子西又有所谓"王之辅相有如颜回者乎？""王之将率有如子路者乎？""王之官尹有如宰予者乎？""令孔丘得据土壤，贤弟子为佐，非楚之福也"等皆是也。

7

《孔子世家》：景公惧而动，知义不若，归而大恐……于是齐侯乃归所侵鲁之郓、汶阳、龟阴之田以谢过。

夹谷之会见《左传》《谷梁传》《公羊传》之定公十年，史公盖杂采之以入史。《左传》于此尚载："将盟，齐人加于载书曰：'齐师出境，而（鲁师）不以甲车三百乘从我者，有如此盟。'孔子使兹无还揖对曰：'而不反我汶阳之田，吾以共命者，亦如之。'"此乃事关大体，而又确然无疑者，不知史公何以不载。梁启超曰："天下大勇孰有过于我孔子者乎？身处大敌之冲，事起仓卒之顷，而能底定于指顾之间，非大勇孰能与于斯？其盟辞之力争国权，不肯让步，则后此蔺相如相赵折秦之所由取法也。"韩范曰："诸侯之无霸也，故齐、鲁有盟。盟非盛事也，而有若光于葵丘、践土之役者，则以一相重于诸侯也。"（《左传汇评》引）蒋建侯曰："会中情形则传说，显多夸饰耳。"邵耀成说："孔子是这个外交盟会的'相礼'，他看到齐方把山东土著的莱夷武装列阵后，连忙引退鲁定公，再对齐景公说大道理。齐景公听后立即把夷兵撤了。《史记·世家》添油加醋的描写，热闹非凡，孔子命有司把优倡侏儒'手足异处'，实在可疑。在这个外交盟会上，齐国答应归还鲁国汶阳之田，那是阳虎奔齐时所带去的土地。大会得以完满结束，这是孔子政治生涯的顶峰。"

《孔子世家》：孔子适郑，与弟子相失，孔子独立郭东门。郑人或谓子贡曰："东门有人，其颡似尧，其项类皋陶，其肩类子产，然自要以下不及禹三寸，累累若丧家之狗。"子贡以实告孔子。孔子欣然笑曰："形状，未也；而谓似'丧家之狗'，然哉！然哉！"

以上孔子过郑及郑人说孔子像丧家狗事，不知在何年，《左传》《论语》皆不载，亦不为诸多读史者所承认。梁玉绳曰："《韩诗外传》九说此事颇详，别未知何所本，《白虎通·寿命》《论衡·骨相》皆仍史。"钱穆曰："孔子过匡本在长垣，为卫邑；而误者以为扶沟，为郑邑。因以孔子过匡为过郑，遂误谓孔子适郑都，因有独立郭东门与弟子相失之事。孔子自卫至陈过宋则有据，过郑则无实。"蒋建侯曰："适郑被嘲云云，全为戏谑之辞，殆所谓齐东野人之语与？然举世滔滔，所如不合，其皇皇然无所归，诚如丧家之狗也。"《集解》引王肃曰："丧家之狗，主人哀荒，不见饮食，故累然而不得意。孔子生于乱世，道不得行，故累然，不处志之貌也。"孔子一生飘零沦落，颠沛困辱至此，史公言似调笑，心正凄凉，是吊孔子，亦自吊也。

9

《孔子世家》：其明年，吴与鲁会缯，征百牢。太宰嚭召季康子，康子使子贡往，然后得已。

此处本文的意思是，吴王夫差要求鲁哀公以牛羊豕各一百头的规格招待吴王。而且吴国的太宰嚭还要求鲁国的实际掌权人季康子前去见他。由于季康子派出了子贡前去斡旋，事情遂得以解决。据《左传》，太宰嚭召季康子，季康子请子贡代行，是与"征百牢"无关的两件事。而司马迁将二事合为一事，又说由于子贡往说吴国，吴国遂取消了"征百牢"的无理要求。事实是，鲁国的子服景伯曾对吴国的"征百牢"责之以礼，而吴国不听，最后鲁国还是给吴王用了百牢之礼。《史记》中《吴太伯世家》《鲁周公世家》《仲尼弟子列传》诸处的说法皆与此同误。

《孔子世家》：子曰："弗乎弗乎，君子病没世而名不称焉。吾道不行矣，吾何以自见于后世哉？"乃因史记作《春秋》。

孔子曰："后世知丘者以《春秋》，而罪丘者亦以《春秋》。"

徐孚远曰："前既总叙删述之事，此专言作《春秋》者，以孔子所自作，故推而尊之，又以自寓也。"孔子到底写过《春秋》没有，前人的看法不一，反正在《论语》中说《诗》、说《书》、说《礼》、说《乐》、说《易》的话都有，就是没有说过《春秋》，这是非常奇怪反常的。说孔子写过《春秋》的是一百多年之后的孟轲以及大体与之同时成书的《左传》。杨伯峻作《春秋左传注》，在其《前言》中用了十页的篇幅力辨孔丘只是"用过《鲁春秋》作教本，传授弟子"，"孔丘实未尝修《春秋》，更不曾作《春秋》。"他的主要要证据是：一、"《论语》是专记孔丘和他的门弟子言行的书，却没有一个字提到《春秋》，更不曾说孔丘修或作过《春秋》。他若写了或作修了《春秋》，这比整理《雅》《颂》篇章贡献更大，为什么他和他学生都一字不提呢？"二、"《春秋》为鲁国史书，又不晓得经过若干人的手笔。这些史官一方面不得不适应当时的形势，一方面也有他自己的观点和文风，这在《春秋》经文中表现得相当明显。如果孔丘果真修或作了《春秋》，为什么不把文风统一，尤其不把体例统一呢？"三、"可以从《春秋》或《左传》本身提出《春秋》本是鲁史本文的证据，孔丘不曾修改。"四、《礼记·坊记》所引《鲁春秋》，《竹书纪年》所引《鲁春秋》，都与今本《春秋》相同或基本相同。五、"后代学者也有不少人对孔丘曾经修或作《春秋》表示怀疑，但他怕背负得罪圣人之名，不敢直说，只能婉曲说出"，如郑樵、刘克庄、袁谷芳、石韫玉等，都表示了"《春秋》者，鲁史也""《春秋》者，鲁史之旧文也"的意思。司马迁在这里盛赞孔子的写《春秋》，其实是为了畅叙自己的写《史记》。司马迁超高度地评价孔子的《春秋》，其实是为了打鬼而巧妙地借力于钟馗。"后世知丘者以《春秋》，而罪丘者亦以《春秋》"二语，尤其表现了司马迁对自己《史记》寄托的无限深沉。

11

《孔子世家》：明岁，子路死于卫。孔子病，子贡请见。孔子方负杖逍遥于门，曰："赐，汝来何其晚也？"孔子因叹，歌曰："太山坏乎！梁柱摧乎！哲人萎乎！"因以涕下。谓子贡曰："天下无道久矣，莫能宗予。夏人殡于东阶，周人于西阶，殷人两柱间。昨暮予梦坐奠两柱之间，予始殷人也。"后七日卒。

作为一位出身于平民阶层，具有民主人道思想的学者、教育家、历史家，作为一位坚定挚着为实现美好理想而不屈不挠、奋斗不息，终生不与黑恶势力同流合污的韧性斗士，孔子是伟大的，司马迁称之为"至圣"，表现了司马迁对孔子的高度尊崇。但实际说来，《孔子世家》中的孔子是被司马迁提高起来的、理想化了的形象。孔子的职务地位、孔子的政治影响以及孔子的写作《春秋》等都带有司马迁有意无意的过度夸张。因此《孔子世家》中的孔子，与《论语》中的孔子，与被后世历代帝王所加封的顽固维护等级制、忠心为专制皇帝做奴仆的孔子都不相同；司马迁笔下的孔子既有讲仁爱、讲和谐、讲敬讲慈的柔性的一面，同时又有"贬天子、退诸侯、讨大夫"，对恶势力决不妥协的刚性的一面。这是我们必须看清的。再有，孔子是司马迁笔下的悲剧英雄，孔子一生颠沛流离，到处碰壁，受打击、受误解，到死凄凉寂寞，看不到任何希望的曙光。司马迁的遭遇比孔子更难堪、更悲惨，更加看不到希望与前途。司马迁的抬高孔子、歌颂孔子、夸大孔子的作用与影响，也就是寄希望于孔子，并从孔子的形象中寄寓自己的情感与身世。

"怅望千秋一洒泪，萧条异代不同时"（杜甫《咏怀古迹》）。司马迁在《孔子世家》中对孔子人生最后一段的描写是异常凄凉、异常动人肺腑的。当时颜回已死多年，子路又于去年死去，七十三岁的孔子孤独地拄着拐杖在门前踱步，忽然见子贡来了，孔子眼前一亮，动情地说："赐，汝来何其晚也？"因叹，歌曰："太山坏乎！梁柱摧乎！哲人萎乎！"因以涕下。随后他对子贡讲了昨晚做的一个不祥之梦，说是梦见自己坐在堂屋的正中央，而堂屋的正中央那是殷人死后停灵的地方。孔子估计自己不会久处于人世了。结果七天之后孔子果然死去。《史记》描写悲剧英雄的去世，再没有第二篇像《孔子世家》所描写得如此凄婉。

在这里，司马迁悲吊孔子其人与悲吊孔子的写《春秋》。同时也就是悲吊自己的一生境遇，以及自己忍辱发愤的写《史记》。他在《太史公自序》中逐条缕述了他写作《太史公书》一百三十篇的要旨后，最后说："凡百三十篇，五十二万六千五百字，为《太史公书》。（序）略以拾遗补艺，成一家之言，厥协六经异传，整齐百家杂语，藏之名山，副在京师，俟后世圣人君子。"

再对比司马迁《报任安书》之所谓"仆窃不逊，近自托于无能之辞，网罗天下放失旧闻，略考其行事，综其终始，稽其成败兴坏之纪……凡百三十篇。亦欲以究天人之际，通古今之变，成一家之言。草创未就，会遭此祸，惜其不成，是以就极刑而无愠色。仆诚以著此书，藏之名山，传之其人，通邑大都，则仆偿前辱之责，虽万被戮，岂有悔哉？然此可为智者道，难为俗人言也。"

明代李光缙引王世贞曰："余读《太史公自序》欲藏其书于名山大川，夫名山大川即不朽，何至深闭而长阒之使等于土石？……吾思通于鬼神而俗不晓，声等于金石而价莫售，吾不能及吾身以自致其知于世，而欲凉凉焉求千百岁已藏之山而发之，希觊于必不可测之人而使之知，此事极迂，而其致极惨激可念也。"（《史记评林补标》）

12

《孔子世家》之文字、标点有可讨论者：

（1）孔子贫且贱，及长，尝为季氏史，料量平。尝为司职吏，而畜蕃息。由是为司空，已而去鲁，斥乎齐，逐乎宋、卫，困于陈蔡之间，于是反鲁。孔子长九尺有六寸，人皆谓之"长人"而异之。鲁复善待，由是反鲁。

季氏史，《索隐》曰："有本作'委吏'。赵岐曰：'委吏，主委积仓库之吏。'"《孟子》于此作"委吏"，正与下文"料量平"相应，若作"季氏史"失之泛泛矣。

"由是为司空"。崔适曰："五字系下文'由中都宰为司空'之重文。"又曰："'已而去鲁'至'于是反鲁'二十一字，及下文'鲁复善待，由是反鲁'八字，皆定公十四年去鲁后至反鲁之总结，重衍于此也。"崔氏说是，应削去前后三十四字。

今依例重新标点此段作："孔子贫且贱，及长，尝为（季氏史）［委吏］，料量平。尝为司职吏，而畜蕃息。（由是为司空，已而去鲁，斥乎齐，逐乎宋、卫，困于陈蔡之间，于是反鲁。）孔子长九尺有六寸，人皆谓之'长人'而异之。（鲁复善待，由是反鲁。）"

（2）丘闻之也，刳胎杀夭则麒麟不至郊，竭泽涸渔则蛟龙不合阴阳，覆巢毁卵则凤皇不翔。何则？君子讳伤其类也。

"君子讳伤其类也"，前面说的是"麒麟""蛟龙""凤皇"，后面的结论不应是"君子"，二字使用无理，应削。

今依例重新标点数句作"丘闻之也，刳胎杀夭则麒麟不至郊，竭泽涸渔则蛟龙不合阴阳，覆巢毁卵则凤皇不翔。何则？（君子）讳伤其类也。"

（3）昭王将以书社地七百里封孔子。

"书社地七百里"，《索隐》曰："古者二十五家为里，里则各立社，则'书社'者书其社之人名于籍，盖以七百书社之人封孔子也。"泷川曰："哀十五年《左传》'齐与卫地自济以西、禚媚杏以南书社五百；《晏子春秋》'昔者桓公以书社五百封管仲'；《荀子·仲尼篇》'与之书社三百而富人莫之敢距'。杨倞注：'书社谓以社之户口书于版图。'盖书社，书名于里社之籍也，犹曰居民也。书社十，即十户。书社百，即百户。古书但云书社几十几百，而无云书社地几十里几百里者，史文'地'字'里'字当删。"诸说明晓。

今依例重新标点此句作："昭王将以书社（地）七百（里）封孔子。"

（4）观殷、夏所损益，曰："后虽百世可知也，以一文一质。周监二代，郁郁乎文哉。吾从周。"

以上所引孔子的语录，前两句见《论语·为政》，原文作"殷因于夏礼，所损益可知也；周因于殷礼，所损益可知也；其或继周者，虽百世可知也。"末三句的"周监二代，郁郁乎文哉，吾从周"，见《论语·八佾》，是写孔子对周朝的盛赞。而中间第三句的"以一文一质"，根本不是孔子的话。泷川曰："五字，史公以意补。"

《史记》通行本乃将以上三者合而为一，不分彼此，放在一个引号内，大误。

今依例重新标点数句作："观殷、夏所损益，曰：'后虽百世可知也，'以一文一质。'周监二代，郁郁乎文哉。吾从周。'"

（5）鲁世世相传以岁时奉祠孔子冢，而诸儒亦讲礼乡饮大射于孔子冢。孔子冢大一顷。

说"鲁世世相传以岁时奉祠孔子冢"是对的；若说"诸儒亦讲礼乡饮大射于孔子冢"，并说"孔子冢大一顷"，就显然不对了，后两句的"冢"字都应作"家"。郭嵩焘曰："史公论赞称'诸生以时习礼其家'，谓所居之阙里也，不必讲礼于孔子冢墓间也。下云'故所居堂，弟子内'所居与弟子所居，后世因庙藏孔子衣冠琴车书，盖皆在阙里堂内，其非在冢明矣。此'冢'字当作'家'。"阎若璩亦云："诸儒讲礼乡饮大射于孔子家'，误写作'冢'。"两家说是。

今依例重新标点数句作："鲁世世相传以岁时奉祠孔子冢，而诸儒亦讲礼乡饮大射于孔子（冢）［家］。孔子（冢）［家］大一顷。"

十八

《陈涉世家》

①

《陈涉世家》：陈胜者，阳城人也，字涉。吴广者，阳夏人也，字叔。陈涉少时，尝与人佣耕，辍耕之垄上，怅恨久之，曰："苟富贵，无相忘。"庸者笑而应曰："若为庸耕，何富贵也？"陈涉太息曰："嗟乎，燕雀安知鸿鹄之志哉？"

史公写人物常用这种自我慨叹来预示其未来之不凡，如项羽观始皇时曰"彼可取而代也"，刘邦观始皇曰"大丈夫当如此也"，陈平切肉时曰"使平得宰天下，亦如是肉矣"等，皆是。范晔《后汉书》写班超早年之不凡，有所谓"家贫，常为官佣书以供养。久劳苦，尝辍业投笔叹曰：'大丈夫无他志略，犹当效傅介子、张骞立功异域，以取封侯，安能久事笔研间乎？'左右皆笑之，超曰：'小子安知壮士志哉？'"手法完全效此。史珥曰："胜与吴广初谋举事，胸中先有天下全势，设施处具有次第，此皆从平日怅恨中深思熟计而出。匹夫崛起，前无所因，实千古来草泽中一大开创，汉之二祖皆不能出其范围。"

《陈涉世家》：陈胜王凡六月，已为王，王陈。其故人尝与庸耕者闻之，之陈，扣宫门曰："吾欲见涉。"宫门令欲缚之，自辩数，乃置，不肯为通。陈王出，遮道而呼涉。陈王闻之，乃召见，载与俱归。入宫，见殿屋帷帐，客曰："夥颐！涉之为王沈沈者！"楚人谓多为夥，故天下传之，"夥涉为王"，由陈涉始。客出入愈益发舒，言陈王故情。或说陈王曰："客愚无知，颛妄言，轻威。"陈王斩之。诸陈王故人皆自引去，由是无亲陈王者。

"夥涉为王"，由陈涉始：俞正燮曰："言其时称王者多，时人轻之，谓王为'夥涉'，盖庾词相喻也。"夥：京、津、冀一带的人见到太好、太美、太华贵的器物、排场时，不自觉地发出的一种惊羡之声。"夥颐"是"夥"字的拖腔。夥涉：被人呼过"夥颐"的陈涉。"夥"字遂成为外号，冠在了名字的前面。可以像俞氏那样用以指称这种类似的草头王之多；但也可用"夥涉为王"（犹如今之所谓"土老帽摆阔"）极言其变化之快。姚苎田曰："汉初将相王侯多起侧微，其草野倨侮应不减此，而独于涉传详之。一以应'怅恨'之时而自为摹写；一以见陈涉甫得一隅之地即惟以宫殿帷帐夸耀庸奴，惜其无远大之图，故忽焉殒灭也。"

我们应该特别注意的是这段文字对陈涉与其旧伙伴这群乡下人的精细描写，其性情、口吻实在太典型、太突出了。旧伙伴们先是"扣宫门曰：'吾欲见涉'"；其次是见陈王出，"遮道而呼涉"；其三是"见殿屋帷帐，客曰：'夥颐！涉之为王沈沈者！'"；其四是"出入愈益发舒，言陈王故情"。写这些乡下老朋友的"没修养""无礼节""眼皮短浅，没见过世面"，以及"不把自己当外人"的"无知""放纵""不懂忌讳"等，任何一点都写得情景逼真，活灵活现。而陈涉本人由生活到思想、到行为作派的巨大变化，以及其身边用人的派头架势也就都可以想象出来了。如此文笔，古今少见。

（3）

《陈涉世家》之文字、标点有可讨论者：

阳城人邓说将兵居郯，章邯别将击破之。

"将兵居郯"。《索隐》曰："或恐'郯'当作'郏'。"《正义》曰："疑'郯'当作'郏'。邓说是阳城人，阳城河南府县，与郏城县相近。又走陈，盖'郏'字误作'郯'耳。"《正义》说是。郯在今山东郯城县北，距陈郡甚远，章邯之兵不能突然至此。"郏"即今河南郏县，在荥阳市南，陈县之西，地理形势相合。应改"郯"作"郏"。

今依例标点此句作："阳城人邓说将兵居（郯）[郏]，章邯别将击破之。"

十九

《外戚世家》

1

《外戚世家》：自古受命帝王及继体守文之君，非独内德茂也，盖亦
有外戚之助焉。夏之兴也以涂山，而桀之放也以末喜。殷之兴也以有娀，
纣之杀也嬖妲己。周之兴也以姜原及大任，而幽王之禽也淫于褒姒。

　　司马迁在这里首先强调了帝王本人的"内德茂"，同时也指出"外戚
之助"的重要作用，这是很全面，很符合实际的。鲁迅当年为了批驳顽固
派为反动帝王辩护，推一切罪过于妇女的"女人祸水论"而写了《阿金》
《女人未必多说谎》等杰出的论文。他说："我一向不相信昭君出塞会安汉，
木兰从军就可以保隋；也不信妲己亡殷，西施沼吴，杨妃乱唐的那些古老话。
我以为在男权社会里，女人是绝不会有这种大力量的。兴亡的责任，都应
该男的负。但向来的男性作者，大抵将败亡的大罪，推在女人身上。这真
是一钱不值的没有出息的男人。"（《阿金》）又说："关于杨妃，禄山
之乱以后的文人就都撒着大谎，玄宗逍遥事外，倒说是许多坏事情都由她。
敢说'不闻夏殷衰，中自诛褒妲'的有几个？就是妲己、褒姒，也还不是

一样的事？女人替自己和男人伏罪，真是太长远了。……记得某男士有为某女士鸣不平的诗道："君王城上竖降旗，妾在深宫哪得知。二十万人齐解甲，更无一个是男儿。'快哉，快哉！"（《女人未必多说谎》）

《红楼梦》里贾宝玉调戏金钏，王夫人一掌打在金钏脸上，口中骂道："好好的爷们，都让你们这些小蹄子勾引坏了。"从王夫人说话的逻辑里大概可以看出古代顽固文人是怎样把历史责任由帝王将相转到女人身上的过程。

鲁迅文章的揭露事实真相，对于认识历史本质是非常深刻、非常有用的，但鲁迅完全否定这些帝王身边受宠女人的作用，却是过于简单、过于片面了。相比之下，还是司马迁的见解全面而又主次分明。吕后在杀功臣的问题上应该说起的作用不小，王皇后在汉景帝身边起的坏作用也不小；相反倒是卫子夫虽然名气很大，也一度蒙受汉武帝的宠幸，但实事求是地分析起来，汉武帝时代的许多该受批评的历史责任，却是找不出有哪件与卫子夫有关。而其惨烈的悲剧结局，却又是汉代皇后中独一无二的。

《外戚世家》：汉王心惨然，怜薄姬，是日召而幸之。薄姬曰："昨暮夜妾梦苍龙据吾腹。"高帝曰："此贵征也，吾为女遂成之。"一幸生男，是为代王。

"昨暮夜妾梦苍龙据吾腹"。封建专制社会，帝王后宫的妇女，少者几百几千人，多者数万人。绝大多数等同奴隶，只有极偶然的机会得蒙帝王宠幸，从而变为人上人。此其中的钩心斗角，矛盾斗争，是你死我活的。彼此都势不两立，所谓胜者为王败者贼是也。要说她们有什么共同之处，这就是各施手段，不惜一切地献媚皇帝、讨好皇帝。刘邦可怜薄姬、召薄姬过来侍候，薄姬感恩、讨好、献媚地说："昨暮夜妾梦苍龙据吾腹。"这种编造是多么浅陋、多么低俗、多么赤裸地摇尾乞怜啊。但这些可怜的女人们却乐此不疲地一再使用这种声口。

薄姬如此，再看景帝王夫人呢。王氏原是金家的媳妇，被时为皇太子的汉景帝收入宫内。当王氏为汉景帝怀孕后，她向汉景帝献媚说："我梦日入其怀。"类似这种依样画葫芦的自我编造，历朝历代的女人都有，而统治者们也从不感到厌烦。

3

《外戚世家》：景帝崩后，武帝已立，王太后独在。而韩王孙名嫣素得幸武帝，承间白言太后有女在长陵也。武帝曰："何不蚤言！"乃使使往先视之，在其家。武帝乃自往迎取之。辟道，先驱旄骑出横城门，乘舆驰至长陵。当小市西入里，里门闭，暴开门，乘舆直入此里，通至金氏门外止。使武骑围其宅，为其亡走，身自往取不得也。即使左右群臣入呼求之。家人惊恐，女亡匿内中床下。扶持出门，令拜谒。武帝下车泣曰："嚄！大姊，何藏之深也？"诏副车载之，回车驰还，而直入长乐宫。

汉武帝想博得其母王太后的欢心，他打听到其母有一个入宫前在民间所生的女儿。汉武帝想暗暗地将此女接来，让她突然出现在其母面前，给其母一个意外的惊喜。想法非常好，但他采用的却是一种皇家出动士兵，封锁交通，突然冲入里巷，破门闯进民宅，将该女从床下拉出，装在车上拉回宫内的方式。这段故事非常生动，非常符合汉武帝的身份、秉性。本来是一件可以悄悄进行的事情，由于是汉武帝依着他的性情办，于是就闹得惊天动地，鸡飞狗跳墙，几乎把个民间女子活活吓死。当这个女子被从床下拉出，被扶持着出来拜见汉武帝时，汉武帝说："嚄，大姊，何藏之深也？"应该说，褚少孙这种绘形绘声的本领，比司马迁一点都不差。

"武帝下车泣曰"，《汉书》作"武帝下车立曰"，似以作"下车立曰"为优。杨树达曰："俗与武帝为一初未尝相见之人，知而往迎，无哀伤涕泣之理。下言'入宫谒太后，太后垂涕，女亦悲泣'，乃情事所当然耳。

帝'下车立'者，殆以车上坐待，嫌于倨傲，故立而待其出相见耳。"

4

《外戚世家》：其后帝闲居，问左右曰："人言云何？"左右对曰："人言且立其子，何去其母乎？"帝曰："然。是非儿曹愚人所知也。往古国家所以乱也，由主少母壮也。女主独居骄蹇，淫乱自恣，莫能禁也。女不闻吕后邪？"故诸为武帝生子者，无男女，其母无不谴死，岂可谓非贤圣哉？昭然远见，为后世计虑，固非浅闻愚儒之所及也。谥为"武"，岂虚哉？

黄震曰："为武帝生子者，其母无不谴死，褚先生赞其为'圣贤'，虽曰有感之言，亦岂人情也哉？"王若虚《滹南遗老集》曰："母子，天伦也。立其子必杀其母，是母乃子之贼，子乃母之累。生子皆谴死，后宫谁敢举子者？非惟不仁，抑且不智。末流至元魏，以此为定制。椒庭忧恐，皆祈祝不愿生冢嫡，有辄相劝为自安计。读之令人惨然，武帝此举可为法哉？而帝自以为明，史臣又从而赞誉之，何其怪也？"余嘉锡《太史公书亡篇考》曰："盖为王氏五族擅权，有激而发。"王叔岷《史记斠证》曰："武帝之谴死钩弋，诚可谓'武'矣，然其残忍亦自可见。审'固非浅闻愚儒之所及'一语，似有讥讽意。"钱锺钟书《管锥编》曰："（褚少孙）描写佳处，风致不减马迁；而议论三节，迂谬直是曲儒口角。文才史识，两不相蒙，有若是者！"

武帝欲立刘弗陵为太子，乃先杀其母钩弋夫人，这是历史事实；而褚少孙乃说"故诸为武帝生子者，无男女，其母无不谴死"，西汉武帝时代，何曾有过这种规定？在全套"二十四史"中，有过类似荒谬而残酷规定者，只有北魏王朝。《史记》之写武帝诸子者有《三王世家》；《汉书》之写武帝诸子事迹者，有《武五子传》。

5

《外戚世家》之文字、标点有可讨论者：

　　武帝祓霸上还，因过平阳主。主见所侍美人，上弗说。

　　"主见所侍美人"。杨树达曰："'求良家女十余人饰置家'，所谓'偫'也。若云'侍'，不可通矣。"杨说是，偫，储存。应据改"所侍"为"所偫"。

　　今依例重新标点此句作："武帝祓霸上还，因过平阳主。主见所（侍）〔偫〕美人，上弗说。"

二十

《楚元王世家》

①

《楚元王世家》：楚元王刘交者，高祖之同母少弟也，字游。……高祖六年，已禽楚王韩信于陈，乃以弟交为楚王，都彭城。即位二十三年卒。

据《汉书·楚元王传》："楚元王交，字子游，高祖同父少弟也。好书，多材艺。少时尝与鲁穆生、白生、申公俱受《诗》于浮丘伯。伯者，孙卿门人也。及秦焚书，各别去。高祖既为沛公，景驹自立为楚王，高祖使交与审食其留侍太上皇，交与萧、曹等俱从高祖见景驹，遇项梁，共立楚怀王。因西攻南阳，入武关，与秦战于蓝田。至霸上，封交为文信君。从入蜀汉，还定三秦，诛项籍，即帝位，交与卢绾常侍上，出入卧内，传语言诸内事隐谋。而上从父兄刘贾数别将。汉六年，既废楚王信，分其地为二国，立贾为荆王，交为楚王。王薛郡、东海、彭城三十六县，先有功也。元王既至楚，以穆生、白生、申公为中大夫。高后时，浮丘伯在长安，元王遣子郢客与申公俱卒业。元王好《诗》，诸子皆读《诗》，申公始为《诗》传，号《鲁诗》。元王亦次之《诗》传，号曰《元王诗》，世或有之。高后时，以元王子郢客为宗正，封上邳侯。元王立二十三年薨。"又说："文帝尊宠元王子生，爵比皇子。景帝即位，以亲亲封元王宠子五人：子礼为平陆侯，富为休侯，岁为沈犹侯，势为宛朐侯，调为棘乐侯。"

刘交在刘邦的兄弟子侄中，其文雅干练程度实为仅有，而本传一概不载，不可谓不是一大缺失。《汉书》所写，才像个负责任的传记，很难得，故摘要移录于上。

梁玉绳曾说："按汉传，元王好书多艺，与鲁穆生、白生、申公俱受《诗》浮丘伯，世有元王《诗》。诸子多贤，天子尊宠元王子比皇子，当与河间献王并号贤藩。而史公概不之及，仅叙在位年数，不亦疏乎？"

《楚元王世家》：太史公曰：国之将兴，必有祯祥，君子用而小人退；国之将亡，贤人隐，乱臣贵。使楚王戊毋刑申公，遵其言；赵任防与先生，岂有篡杀之谋，为天下僇哉？贤人乎，贤人乎！非质有其内，恶能用之哉？甚矣，"安危在出令，存亡在所任"，诚哉是言也！

"国之将兴，必有祯祥，君子用而小人退；国之将亡，贤人隐，乱臣贵。"这段话引自《礼记》的《中庸》。《中庸》的原文是"国之将兴，必有祯祥；国之将亡，必有妖孽"。司马迁删掉了"必有妖孽"而增入了"君子用而小人退"与"贤人隐，乱臣贵"云云，一改宿命论、天人感应的陈词滥调，而特别强调了尊贤、用贤的问题，既可见司马迁进步的历史观，也可见司马迁对现实政治中许多无可奈何的深深感慨。

二十一

《荆燕世家》

①

《荆燕世家》：张卿入言，太后然之，乃以营陵侯刘泽为琅邪王。琅邪王乃与田生之国。田生劝泽急行，毋留。出关，太后果使人追止之。已出，即还。

文章写刘泽为讨好吕后，而派田生往说吕后的男宠张卿，让张卿示意众大臣，让他们迎合吕后，劝吕后封诸吕为王。以此知当时之欲巴结、投靠吕后者，不只陈平、周勃，其他尚大有人在。而刘泽竟因此获封琅邪王，透露了当时宗室诸人的一种动态。奇怪的是刘泽获封后与田生一道东归时，文章写道："琅邪王乃与田生之国。田生劝泽急行，毋留。出关，太后果使人追止之。已出，即还。"这是什么意思？吕后为什么要"追止"他？此事与《孟尝君列传》的写孟尝君出函谷关事相雷同，疑是史公误书。

《孟尝君列传》的故事写道："幸姬为言昭王，昭王释孟尝君。孟尝君得出，即驰去，更封传，变名姓以出关。夜半至函谷关。秦昭王后悔出孟尝君，求之已去，即使人驰传逐之。孟尝君至关，关法鸡鸣而出客。孟尝君恐追至，客之居下坐者有能为鸡鸣，而鸡齐鸣，遂发传出。出如食顷，秦追果至关，已后孟尝君出，乃还。"秦昭王听幸姬鼓动，一时大意答应放走孟尝君，事后反悔是自然的；刘泽是协助吕后成功地封诸吕为王的领头羊，封刘泽对于诸吕受封是极为有利的事，吕后何故悔而派人追之使返？

２

《荆燕世家》：太史公曰：荆王王也，由汉初定，天下未集，故刘贾虽属疏，然以策为王，填江淮之间。刘泽之王，权激吕氏，然刘泽卒南面称孤者三世。事发相重，岂不为伟乎？

"刘贾虽属疏，然以策为王，填江淮之间"。大意是，刘贾与刘邦的血缘关系虽然疏远，但他毕竟是姓刘的，故而也被策封为荆王，镇抚着江淮之间的一片地区。但"以策为王"的"以"字应作"亦"，与上句的"虽"字相呼应。刘贾的功劳虽然不是很大，但由于刘氏家族的人丁稀少，故而刘贾虽是远房，也就凑合着被封王了。

"刘泽之王，权激吕氏"。以权谋诡诈的手段激发吕氏的一系列活动，即先封诸吕为王，而又不得不把刘泽也捎带搭上。《索隐》曰："田子春欲王刘泽，先使张卿说封吕产；乃恐以大臣触望，泽卒得王，故为'权激诸吕'也。"

"事发相重，岂不为伟乎"。《索隐》曰："谓先发吕氏令重，而我亦得其功，是事发相重也。""岂不为伟乎"。刘泽的一生作为，原无"伟"处，只有因隙蹈险，故《汉书》称其"岂不危哉？"。其意盖谓田生与刘泽，亦犹苏秦、张仪之行，"真倾危之士哉！""伟"字疑应作"危"。

本文写了刘邦的两个同村"功臣"，就因为他们姓刘遂得以封王的事情。刘贾在楚汉战争期间的确有军功，尽管没有周勃、樊哙、灌婴等那样跟随刘邦的时间长、功劳大，但封侯还是绝对可以的。至于遂得封为荆王，这就只能算是一种侥幸，沾了姓"刘"的光了。刘泽在刘邦打天下的期间没有任何军功；在刘邦称帝后的讨伐北方叛乱中刘泽活捉了王黄，在很大程度上还可能是由于汉军悬赏，王黄的部下将王黄缚送给刘泽的。刘泽的被封侯，在很大程度上是由于他是樊哙的女婿，吕后的侄女婿。刘泽与陈平一样，都是极力迎合吕后，在诸吕时代极不甘心寂寞的。刘泽甚至靠着田生、张卿的活动，居然足足地在吕后那里分得了一杯羹，被吕后从齐国挖出一个郡，封刘泽当了琅邪王。待至刘襄起兵讨诸吕，刘章、周勃也在朝廷发动了政变的情势下，刘泽没有被刘襄杀掉已属万幸；反而因他及时地投奔周勃、陈平，并因诋毁刘襄，拥立刘恒，而最终又被刘恒感恩地封之为燕王，一条变色龙就如此地左右逢源了。司马迁对刘泽的行为进行了隐微的嘲讽，这是可以理解的。但文章对刘泽事后的自我粉饰、篡改事实，也照样写出，以至和《齐悼惠王世家》之所述完全抵牾。司马贞引刘氏语为此弥缝，说是"燕、齐两史各言其主立功之迹，太史公闻疑传疑，遂各记之"，恐未必合适。

二十二

《齐悼惠王世家》

①

《齐悼惠王世家》：齐王，孝惠帝兄也。孝惠帝二年，齐王入朝。惠帝与齐王燕饮，亢礼如家人。吕太后怒，且诛齐王。齐王惧不得脱，乃用其内史勋计，献城阳郡以为鲁元公主汤沐邑。吕太后喜，乃得辞就国。

"且诛齐王"。《吕太后本纪》云："太后怒，乃令酌两卮酖，置前，令齐王起为寿。齐王起，孝惠亦起，取卮欲俱为寿。太后乃恐，自起泛孝惠卮。齐王怪之，因不敢饮，详醉去，问，知其酖。"

"用其内史勋计，献城阳郡以为鲁元公主汤沐邑"。据《吕太后本纪》，齐王不仅给鲁元公主献上了一个郡，而且还"尊公主为王太后"。师古曰："为齐王太后也，言以母礼事之，所以自媚也。解具在《惠纪》。"

"乃得辞就国"。经过这样一番艰难的运作，齐王刘肥才得以安全地回到自己的封地。史珥曰："此意最妙，悼惠之得归国在是，朱虚之得封、得入侍亦在是。一时权术，遂关宗社安危。"

悼惠王得以被放归齐，自然是刘肥假意讨好吕后的结果，至于刘章、刘兴居兄弟之得以"入侍"，则显然是吕后想用此兄弟二人以作为齐国的人质。至于刘章究竟是用了哪些手段，取得了吕后的喜欢与信任，司马迁写得不很明白。

②

《齐悼惠王世家》：大臣议欲立齐王，而琅邪王及大臣曰："齐王母家驷钧，恶戾，虎而冠者也。方以吕氏故几乱天下，今又立齐王，是欲复为吕氏也。代王母家薄氏，君子长者；且代王又亲高帝子，于今见在，且最为长。以子则顺，以善人则大臣安。"于是大臣乃谋迎立代王，而遣朱虚侯以诛吕氏事告齐王，令罢兵。

吕后于其八年七月，患病身死。在朝的朱虚侯刘章为其兄齐王刘襄通风报信，刘襄于这年的八月在临菑举兵讨诸吕，先夺回了被刘泽盘踞的琅玡郡，而后挥师西上。朝中掌权的诸吕闻风后派名将灌婴统兵东出至荥阳迎敌，灌婴中途倒戈，与刘襄结盟，联合共诛诸吕。在朝的周勃、陈平闻讯而起，利用身为功臣宿将，又曾任过太尉与丞相的有利条件，迅速形成反吕联盟，于是很快地将兵权、政权夺归己手，而回头将诸吕与其关系紧密的文武群僚一下子杀了个干干净净。局势很快稳定，接着该办的首要大事就是要选择、拥立谁为皇帝的问题了。从动手准备之早并在灭诸吕过程中功劳最大来说，自然是朱虚侯刘章与其兄齐王刘襄，而刘襄、刘章本人自然也是这样想的，他们的目标就是剿灭诸吕势力，立刘襄为皇帝。但从当时的客观形势上说，在这次朝廷政变中最有号召力，最成为朝野众人瞩目的是周勃与陈平，他们俩的位最高、权最大。他们心中的算盘是怎样拨打的呢？第一，现在还在位的小皇帝刘弘，是孝惠帝的儿子，这个最现成，但因为他与诸吕的关系太密，因此绝对不能再留。第二，齐王刘襄，刘邦的长孙，在这次政变中也功劳很大，立为皇帝，名正言顺。但这个人既出身高贵，年长成熟，又立有大功，英姿勃勃，一旦当了皇帝，显然难以侍候。但这个理由难以说出口。第三，在刘邦现存的儿子中还有个代王刘恒，年岁最长，其母薄氏，是个不受刘邦宠爱的妃子，其娘家也没有什么重要的根底。而恰好刘恒与其母薄氏都信奉黄老哲学，深以谦退寡欲、不求闻达为功。于是周勃、陈平等一眼就看中了刘恒：这个人如果上了台，一定会对我们感恩，一定会听由我们的摆布。于是"大智若愚"、长期韬晦的刘恒，都让周勃、陈平看走了眼。此外给刘恒上台起了重大作用的，还有刘泽。刘泽是条变色龙，他在刘邦的开国创业中没起过太大作用，只不过是靠着他是刘氏家族的一个老人，在吕后分封诸吕为王时，为了表现她的不自私，于是把刘泽也搭在里头，一起跟着诸吕被封了王。并从齐王刘襄的封地中割出了一个郡作为刘泽的封土。故而刘襄在他反诸吕的大兵一起，首先就把刘泽的封国灭掉，将琅邪郡收了回来。也正是刘泽对刘襄有这种仇恨，故而他从刘襄处逃到京城，钻到周勃等人的羽翼下，摇身一变，又成了反吕联盟的成员。于是到众人讨论立谁为帝的时候，他便可以大放厥辞，一方面抨击刘襄的不足；一方面颂扬刘恒的圣德，于是一石二鸟，既博得了周勃、陈平的欢心，又邀取了日后文帝的恩宠，把他改封为燕王，让这条变色龙又到古幽州子子孙孙地风光了数十年。

在《吕太后本纪》《孝文本纪》《荆燕世家》《齐悼惠王世家》中都有文字涉及诸吕被灭后，在立谁为帝问题上的钩心斗角，与诬蔑惠帝诸子不是刘氏子孙的问题，隐隐地表现了文帝、周勃、陈平、刘泽等人的阴暗心理，以及这种斗争的激烈、残酷与影响之深远。

《齐悼惠王世家》之文字、标点有可讨论者：

（1）酒酣，章进饮歌舞。已而曰："请为太后言耕田歌。"

李笠曰："既云'酒酣'，不宜复进'饮'也，《汉书》无'饮'字。"又曰："'歌'何以曰'言'？且下所'言'者非'歌'也。'歌'字盖涉上文'歌舞'字误衍，《汉书》无。"李氏说是，应据削"饮"字、"歌"字。

今依例重新标点此句作："酒酣，章进（饮）歌舞。已而曰：'请为太后言耕田（歌）。'"

（2）后二年，孝文帝尽封齐悼惠王子罢军等七人皆为列侯。

"七人"，钱大昕曰："按《汉书·王子侯表》：管共侯罢军、氏丘共侯宁国、营平侯信都、扬丘侯安、扬虚侯将闾、扐侯辟光、安都侯志、平昌侯卬、武成侯买、白石侯雄渠，皆悼惠王子，以文帝四年五月甲寅同日封。此云'七人'，盖'十人'之讹。"钱氏言是也。

今依例重新标点此句作："后二年，孝文帝尽封齐悼惠王子罢军等（七）〔十〕人皆为列侯。"

（3）"三国兵共围齐""三国兵围临菑数重""三国将劫与路中大夫盟""齐趣下三国""三国将诛路中大夫""阴与三国通谋""劝王毋下三国""击破三国兵""闻齐初与三国有谋"云云共九处。

王叔岷曰："疑'三国'本作'四国'，'四'误为'三'。古书作'三''四'，或皆积画，字相似，由此误也。"

今据实情改"三"作"四"，共九处。依例作："（三）〔四〕国兵共围齐""（三）〔四〕国兵围临菑数重""（三）〔四〕国将劫与路中大夫盟""齐趣下（三）〔四〕国""（三）〔四〕国将诛路中大夫""阴与（三）〔四〕国通谋""劝王毋下（三）〔四〕国""击破（三）〔四〕国兵""闻齐初与（三）〔四〕国有谋"云云。

二十三
《萧相国世家》

①

　　《萧相国世家》：功臣皆曰："臣等身被坚执锐，多者百余战，少者数十合，攻城略地，大小各有差。今萧何未尝有汗马之劳，徒持文墨议论，不战，顾反居臣等上，何也？"高帝曰："诸君知猎乎？"曰："知之。""知猎狗乎？"曰："知之。"高帝曰："夫猎，追杀兽兔者狗也，而发踪指示兽处者人也。今诸君徒能得走兽耳，功狗也。至如萧何，发踪指示，功人也。且诸君独以身随我，多者两三人；今萧何举宗数十人皆随我，功不可忘也。"群臣皆莫敢言。

　　刘邦对萧何与诸将之功的这段对比评论，两千年来为历代读者所盛传、所激赏。紧接着在评定刘邦功臣的位次时，刘邦心里虽想，但行动上实在不好意思再坚持让萧何居于曹参之上了。没想到这时突然跳出来一个鄂千秋，他有恃无恐地扬声说："群臣议皆误。夫曹参虽有野战略地之功，此特一时之事。夫上与楚相距五岁，常失军亡众，逃身遁者数矣。然萧何常从关中遣军补其处，非上所诏令召，而数万众会上之乏绝者数矣。夫汉与楚相守荥阳数年，军无见粮，萧何转漕关中，给食不乏。陛下虽数亡山东，萧何常全关中以待陛下，此万世之功也。今虽亡曹参等百数，何缺于汉？汉得之不必待以全。奈何欲以一旦之功而加万世之功哉？萧何第一，曹参次之。"鄂千秋这是为萧何评功摆好吗？不是，他这是赤裸裸地讨好刘邦。甚至为讨好刘邦，不惜分裂刘邦手下的文武功臣。萧何的镇守关中自然是"万世之功"，曹参的攻城略地怎么就是"一时之事"？刘邦不顾场合地将萧何与曹参说成了"功人"与"功狗"，这对曹参与诸将已经是莫大的侮辱了；鄂千秋又添油加醋地说什么"虽亡曹参等百数，何缺于汉？汉得之不必待以全。奈何欲以一旦之功而加万世之功哉？"这话尽管也有某一方面的道理，但其刺激性、侮辱性、诬蔑性，是令人无法忍受的。

由于鄂千秋紧抱着刘邦的粗腿，众武将有话不敢说，有火只好往下按；但萧何却无辜地被放在火上烤。这让萧何今后如何做人，如何置身于敢怒不敢言的满朝文武之间呢？尤其是曹参，他被点名道姓地骂作"功狗"，骂作"虽亡曹参等百数，何缺于汉"？请读者设身处地想一下，这时的曹参该是一种何等的心情！《萧相国世家》的后面有所谓"何素不与曹参相能"；《曹相国世家》有所谓"参始微时与萧何善，及为将相有郤"。曹参与萧何的这种"不相能"与"有郤"，不都是刘邦制造出来的吗？像鄂千秋这种只顾谄媚讨好，不顾朝廷大局的小人，理应逐出京城，投彼有昊。而司马迁还要说什么"进贤受上赏，萧何功虽高，得鄂君乃益明。"实在是点赞错了地方！

《萧相国世家》：何素不与曹参相能，及何病，孝惠自临视相国病，因问曰："君即百岁后，谁可代君者？"对曰："知臣莫如主。"孝惠曰："曹参何如？"何顿首曰："帝得之矣！臣死不恨矣！"

《高祖本纪》写刘邦之论"汉三杰"，其论萧何曰："镇国家，抚百姓，给馈饷，不绝粮道，吾不如萧何。"在本篇前文鄂千秋论萧何的"万世之功"有所谓："上与楚相距五岁，常失军亡众，逃身遁者数矣。然萧何常从关中遣军补其处，非上所诏令召，而数万众会上之乏绝者数矣。夫汉与楚相守荥阳数年，军无见粮，萧何转漕关中，给食不乏。陛下虽数亡山东，萧何常全关中以待陛下。"都说得很中肯，但谁都没有触及古语所说的"荐贤者受上赏"。若以萧何的荐贤而言，首先是他的荐韩信，把韩信由一个开小差新过来的小卒一跃而提升为统率百万兵马的大将。这样的事不仅空前，而且绝后，绝古今中外，而成为千古佳话。其次是临终前举荐曹参为自己的接班人，为大汉的相国。萧何大公无私，只有国家社稷，而没有个人与私家的一分一毫。称之为千古名相，不亦宜乎？

3

《萧相国世家》：何置田宅必居穷处，为家不治垣屋。曰："后世贤，师吾俭；不贤，毋为势家所夺。"

评定一个大国的丞相，首先是看他的治国效果，看他的功业如何。管仲的功业很好，但私家生活豪华奢侈，不是也被千秋歌颂吗？话是这么说，但要比起萧何来，既有令人赞叹的功业，又有谦谨俭朴的美德，这岂不让人更加十倍的赞颂吗？一提到俭朴，人们便不由地想到春秋时代齐国的另一位名相晏婴。据《晏子春秋》记载，晏婴住的房子又旧又矮，阴暗潮湿，而且靠近闹市，极不安静。晏婴一件皮袍子穿了三十年，还不想换件新的。每天吃的是粗米饭，桌上没有更多的肉食。晏婴的生活状况连齐国的君主也都看不下去了，就亲自操办要给晏婴换房子、换车马、换衣饰、提高伙食标准。结果晏婴一样也没有同意，而且都顺势借机给齐国君主提出了许多改革国家政治，提高百姓生活的重要意见与建议。

这生活俭朴不仅是一种良好的品德，更是一种善处功名之际的重要方式。萧何的善处功名之际，也是留给后世的一份宝贵遗产。作品说："何置田宅必居穷处，为家不治垣屋。曰：'后世贤，师吾俭；不贤，毋为势家所夺。'"真是聪明之极、透悟之极。小时候在农村常听老人们说："农人家的三宗宝，丑妻薄地破棉袄。"《左传》里说："仆夫无罪，怀璧其罪。"这里头的学问真是大得很哪！萧何尽管在刘邦时代也遭受过莫名其妙的打击，但自刘邦死后，刘邦的子子孙孙们都诚心诚意地感戴萧何，以至直到西汉之末的二百来年里，萧何的子子孙孙一直断而复续地享受着西汉王朝对萧氏家族所格外封赠的爵禄，直到王莽篡位，萧氏家族的荣耀与西汉政权同时消歇，真可谓是源远流长了。

④

《萧相国世家》：太史公曰：萧相国何于秦时为刀笔吏，录录未有奇节。及汉兴，依日月之末光，何谨守管篰，因民之疾秦法，顺流与之更始。淮阴、黥布等皆以诛灭，而何之勋烂焉。位冠群臣，声施后世，与闳夭、散宜生等争烈矣。

　　这段话的意思主要有两点，其一是对萧何的本领才干有所藐视，他说萧何也不过就是赶上了机会、跟上了刘邦，趁着天下百姓痛恨秦政，不失时宜地实行了一些顺水推船的改革而已。这话听起来像是很轻松，但作为一种对政治家的评价，难道就能这样漫不经心地一带而过吗？其二是司马迁高度地同情韩信等人，他愤愤不平地说：由于这些第一流的人才被刘邦、吕后杀掉了，所以才显示出萧何、曹参这些二三等的人物来。司马迁同情韩信等，为韩信等鸣不平是有理由的；但尺有所短，寸有所长，韩信等人有灭项建汉之功不假，但韩信、彭越是稳定、发展大汉帝国的优秀人选吗？他们能够完成萧何、曹参所能完成的那种事业吗？

　　其实，我认为司马迁对萧何的认识还是很充分、很公平的；但由于他是用了这段话来为同情韩信作陪衬，于是就产生了像是轻视萧何的效果。所以我说：司马迁同情韩信是真，至于说他轻视萧何，其实未必如此。

《萧相国世家》之文字、标点有可讨论者:

(1)上暴露于外而君守于中,非被矢石之事而益君封置卫者,以今者淮阴侯新反于中,疑君心矣。

"疑君心矣",四字语气欠顺。泷川曰:"《汉书》'疑'上有'有'字。"泷川说是。与此相同的句子,《萧相国世家》中共有两个。第一个是:"鲍生谓丞相曰:'王暴衣露盖,数使使劳苦君者,有疑君心也。'"而于此句则只曰"疑君心矣",分明缺少"有"字。

今依例重新标点此句作:"上暴露于外而君守于中,非被矢石之事而益君封置卫者,以今者淮阴侯新反于中,[有]疑君心矣。"

(2)然君初入关中,得百姓心,十余年矣,皆附君,常复孳孳得民和。上所为数问君者,畏君倾动关中。

"常复孳孳得民和",七字语气不顺。泷川曰:"常,读为'尚',《汉书》作'尚'。"作"尚"是,应据改。

今依例重新标点此数句作:"然君初入关中,得百姓心,十余年矣,皆附君,(常)[尚]复孳孳得民和。上所为数问君者,畏君倾动关中。"

二十四

《曹相国世家》

1

《曹相国世家》：韩信为齐王，引兵诣陈，与汉王共破项羽，而参留平齐未服者。

"引兵诣陈，与汉王共破项羽"。据《项羽本纪》《高祖本纪》，皆曰韩信与各路诸侯共围项羽于垓下，韩信大破项羽后，项羽被灌婴追击至乌江，自刎而死，并不说还有韩信与刘邦共破项羽于陈的事情。而提及各路诸侯破项羽于陈的，除此处一条外，樊哙传有所谓"围项籍于陈，大破之"；夏侯婴传有所谓："复常奉车从击项籍，追至陈，卒定楚"；靳歙传有所谓"还击项籍陈下，破之"。《高祖功臣侯者年表》的"曲城侯"格，也有所谓"（蛊逢）以都尉破项羽陈下，功侯，四千户"云云。但这几个人的传里都没有再提到"垓下"。而既说到"从击项籍军于陈下，破之，所将卒斩楼烦将二人，虏骑将八人，赐益食邑二千五百户"，而又追杀逃脱垓下之战的项羽于东城的，只有灌婴。

而相应的《汉书·曹参传》亦谓："韩信立为齐王，引兵东至陈，与汉王共破项羽";《樊郦滕灌傅靳周传》说樊哙:"项籍引东,从高祖击项籍,下阳夏,围项籍陈,大破之。项籍死,汉王即皇帝位";又说夏侯婴:"击项籍下邑,追至陈,卒定楚";说灌婴:"从击项籍军陈下,破之。"说靳歙:"还击项籍军陈下,破之。"很像是根本没有"垓下之战"一样。这样的矛盾,真令人吃惊。

《曹相国世家》:参始微时,与萧何善;及为将相,有郤。至何且死,所推贤唯参。参代何为汉相国,举事无所变更,一遵萧何约束。

师古曰:"参自以战斗功多,而封赏每在何后,故怨何也。"王先谦引刘奉世曰:"此特师古意料之尔。"司马迁对于贫时为友,富贵则产生怨隙的人情世态多所不满,《张耳陈余列传》的论赞即阐发此旨;但曹参与萧何的矛盾并不如此,实乃由刘邦公开地夸赞萧何,同时又极力丑诋曹参等的武功而起。尤其鄂千秋的当场讨好刘邦,又点名痛诋曹参所致,师古之言不可忽也。

作品中提到了曹参与萧何"不相能",但其事实如何,又是如何产生的这种问题,司马迁没有明说。联系两篇"世家"看,似乎与刘邦很有关系。《萧相国世家》写到既杀项羽,论功行封,群臣争功的情景说:"高祖以萧何功最盛,封为酂侯,所食邑多。功臣皆曰:'臣等身被坚执锐,多者百余战,少者数十合,攻城略地,大小各有差。今萧何未尝有汗马之劳,徒持文墨议论,不战,顾反居臣等上,何也?'高帝曰:'诸君知猎乎?'曰:'知之。''知猎狗乎?'曰:'知之。'高帝曰:'夫猎,追杀兽兔者狗也,而发踪指示兽处者人也。今诸君徒能得走兽耳,功狗也。至如萧何,发踪指示,功人也。且诸君独以身随我,多者两三人。今萧何举宗数十人皆随我,功不可忘也。'群臣皆莫敢言。"对于这段话,萧何听着自然高兴,两千年来的读者也听着很逗乐;但让曹参、周勃这些名将听着是不是也高兴、也觉着逗乐呢？这不是把萧何架在火上烤吗？他是人，别人都是狗，嘴里不敢说，心里还不把萧何恨之入骨？更有甚者，待至给功臣排座次时，将军们都说："平阳侯曹参身被七十创，攻城略地，功最多，宜第一。"刘邦这时虽然心里还是想让萧何居前，但也实在不好再出面驳回诸将的意思了。这时又跳出了一个鄂千秋，他说："曹参虽有野战略地之功，此特一时之事；……萧何常全关中以待陛下，此万世之功也。今虽亡曹参等百数，何缺于汉？……奈何欲以一旦之功而加万世之功哉？"他竟然倚仗着刘邦的气焰，说曹参只是"一时之功"，焉能与萧何的"万世之功"相比；甚而说"虽亡曹参等百数，何缺于汉"？一个不见经传的小瘪三，竟敢如此明目张胆地诋毁曹参，是可忍，孰不可忍？但曹参居然忍耐下去了。由此可见曹参在黄老哲学的修养上达到了何等惊人的程度。对此我出自内心的佩服！

3

《曹相国世家》：平阳侯窋，高后时为御史大夫。孝文帝立，免为侯。立二十九年卒，谥为静侯。

"孝文帝立，免为侯"。代王刘恒即位后，凡参与消灭诸吕、拥立刘恒的，无不加官进爵，弹冠相庆；唯有曹窋被免了御史大夫之职，以侯者之爵在家赋闲。据《吕太后本纪》所载，曹窋可是为周勃、陈平等通风报信、穿针引线，起了重要作用的呀，为什么会被免职呢？泷川考察曹窋被免职的时间说："名臣、百官两表皆于高后八年书'御史大夫张苍'，则文帝未立，窋已免官明矣。考窋以高后四年为御史大夫，八年免。史、汉《吕后纪》八年九月称'窋行御史大夫事'，后九月代邸群臣上议即曰'御史大夫张苍'，不列窋名，是窋之免官必在八月以后。特大臣诛诸吕之际，变起仓卒，窋尚守故官；苍之继窋当亦在九月，其莅官在后九月耳。"

曹窋，原任御史大夫，在周勃、刘章灭诸吕的过程中起了重大作用。

但到周勃、陈平等议定废掉少帝，迎立代王刘恒时，在群臣的联名上书中忽然不见曹窋的名字，御史大夫也换成了张苍。对此我开始不得其解，后来见到清代牟庭有段精彩的分析，其文曰："《史记·张丞相列传》云：'平阳侯曹窋为御史大夫，高后崩，不与大臣诛诸吕等，免。'然据《吕太后本纪》：'窋颇闻贾寿与吕产语，驰告丞相、太尉'；又'以吕产谋告丞相'；又'太尉使窋告卫尉毋入相国产殿门'；又'窋恐弗胜，驰语太尉'。是为共谋诛诸吕之人甚明。然而代邸上议，群臣列名已云'御史大夫苍'，则是代王未入，窋已去官；而即位赏功，复不及窋。是因诸吕事，与平、勃不合而免去也。《汉书》亦曰：'曹窋为御史大夫，高后崩，与大臣共诛诸吕，后坐事免。'以二书参之，知窋与大臣共诛诸吕，而不肯从其阴谋，指刘为吕，杀弟更立，是以免也。彼陈平既诬帝以非子而行诛，必不肯正告天下曰'吾畏其长用事，而吾属无类'，故设阴谋以诬之也。当时人虽知其诬而不敢言；后世则漫远而不能知，乃遇司马迁作《史记》尽著其曲折，立案如山，而阴谋始昭彰而不可掩。故迁为良史，虽古之董狐不能过也。"（《雪泥书屋杂志》）醍醐灌顶，愿与读者诸君共享。

4

《曹相国世家》：太史公曰：曹相国参攻城野战之功所以能多若此者，以与淮阴侯俱。及信已灭，而列侯成功，唯独参擅其名。

《萧相国世家》：太史公曰："淮阴、黥布等皆以诛灭，而何之勋烂焉。位冠群臣，声施后世，与闳夭、散宜生等争烈矣。"两篇的意思与写法，大致相同，都是说由于韩信等这种一等功臣被刘邦、吕后所杀，故而才让萧何、曹参这种二三流的角色露出头来。明代徐孚远曰："此言深惜淮阴侯，使人怆然。"姚苎田曰："非薄参也，痛惜淮阴耳。"有关这方面的评论，在前面《萧相国世家》中已经说过，这里不再重复。

《曹相国世家》之文字、标点有可讨论者：

因从韩信击赵相国夏说军于邬东，大破之，斩夏说。

"击赵相国夏说"，此语误。当时的赵相国是被封为代王的陈馀。因为陈馀要留在赵国辅佐赵歇，故而派夏说以代相的身份镇守代国，详见《张耳陈馀列传》。

今依例标点数句作："因从韩信击（赵）［代］相国夏说军于邬东，大破之，斩夏说。"

二十五

《留侯世家》

①

《留侯世家》：良尝闲从容步游下邳圯上，有一老父，衣褐，至良所，直堕其履圯下，顾谓良曰："孺子，下取履！"良鄂然，欲殴之。为其老，强忍，下取履。父曰："履我！"良业为取履，因长跪履之。父以足受，笑而去。良殊大惊，随目之。父去里所，复还，曰："孺子可教矣。后五日平明，与我会此。"良因怪之，跪曰："诺。"五日平明，良往，父已先在。怒曰："与老人期，后，何也？"去，曰："后五日早会！"五日鸡鸣，良往，父又先在。复怒曰："后，何也？"去，曰："后五日复早来！"五日，良夜未半往。有顷，父亦来，喜曰："当如是。"出一编书，曰："读此则为王者师矣。"

苏轼《留侯论》曰："夫子房受书于圯上之老人也，其事甚怪，然安知其非秦世有隐君子者出而试之？以为子房才有余而忧其度量之不足，故深折其少年刚锐之气，使之忍小忿而就大谋。"马非百曰："所谓圯上老人者，其对张良之种种行径，实不愧为一有心人，苏轼在其所著《留侯论》

中盖已详论之矣。所谓谷城山下之黄石，固可怪，然又安知非事先预为布置以神其说者耶？"刘咸炘曰："史公于秦汉间名人微时事必详书，自陈、项及汉诸后、诸功臣皆然，此正所以著古今之变。夫圯上黄石，正篝火狐鸣、遇龙斩蛇之类也。'宰天下如是肉'，正'彼可取而代''大丈夫当如是'之类也。薄姬与赵、管之约，正陈涉辍耕怅恨之类也。后世不察，乃信假说以为实，谓命世之凤成，史公当失笑耳。"（《太史公书知意》）郭嵩焘曰："张良智术纯袭老子'欲翕固张，欲取固与'之旨，所从受学，殆亦'盖公言黄老'者之流，而托名《太公兵法》耳。"中井积德曰："'太公兵法'乃留侯之秘权，非实说。"劭宝曰："老人高良之义，而摧其狙击之勇，于是乎教。教在意不在言，而况书乎？然则所谓黄石者何？老人以是隐，良以是神，固授受之余意也。"

张良起初是一个荆轲、聂政之流的侠客、刺客，但后来他协助刘邦成大功，助其灭秦、灭项而即位称帝的身份却是一个摇羽毛扇的文弱书生。从侠客、刺客到"文弱书生"的转变，其间必有一个脱胎换骨的过程。这个艰难的过程要怎样表现才能令人理解，令人信服呢？于是司马迁设计了这样一个似真似假、如梦如幻的"圯上老人"对之多方刁难后授之以奇书的，一种四两拨千斤的方式，等张良再次出现在读者面前时就已经是一位具有诡异色彩的"黄老哲学"的化身了。这段故事的精彩，委实令人叫绝。

《留侯世家》：沛公欲以兵二万人击秦峣下军，良说曰："秦兵尚强，未可轻。臣闻其将屠者子，贾竖易动以利。愿沛公且留壁，使人先行，为五万人具食，益为张旗帜诸山上，为疑兵，令郦食其持重宝啖秦将。"秦将果畔，欲连和俱西袭咸阳，沛公欲听之。良曰："此独其将欲叛耳，恐士卒不从。不从必危，不如因其解击之。"沛公乃引兵击秦军，大破之。逐北至蓝田，再战，秦兵竟败。遂至咸阳，秦王子婴降沛公。

《史记》中写项羽的大破秦兵与大破刘邦，胜仗屡屡，而写刘邦被项羽打得失败之惨，更是淋漓尽致。《史记》中写刘邦亲自统兵作战之胜利者，却仅此一次。在《高祖本纪》中司马迁也描写这段情节说："及赵高已杀二世，使人来，欲约分王关中。沛公以为诈，乃用张良计，使郦生、陆贾往说秦将，啖以利，因袭攻武关，破之。又与秦军战于蓝田南，益张疑兵旗帜，诸所过毋得掠卤，秦人憙，秦军解，因大破之。又战其北，大破之。乘胜，遂破之。汉元年十月，沛公兵遂先诸侯至霸上。秦王子婴素车白马，系颈以组，封皇帝玺符节，降轵道旁。"茅坤曰："'留壁'者，严我阵也；'为五万人具食'者，以备不时奋击之饷也；'张旗帜诸山'，乱其耳目而分其兵也；'以重宝啖秦将'者，饵之使懈也，懈则击而胜也。"李笠曰："沛公既啖秦将以利，又令所过无得掠虏，故秦人喜悦而军心懈堕也。"刘辰翁曰："两言'大破之'，又言'遂破之'，势如破竹。"史珥曰："连用三'破之'不觉其复，愈觉精神迥出，笔法全从《左氏》吴楚柏举之战来。"在这次指挥作战中，张良与刘邦相互配合，相互指点，珠联璧合，天衣无缝。它不仅巧妙、彻底地打败、消灭了强敌，而且乘胜追击，攻下咸阳，使秦王子婴拜伏请降于轵道之侧。真是千古提神之事，亦千古提神之笔！

3

《留侯世家》：汉王之国，良送至褒中，遣良归韩。良因说汉王曰："王何不烧绝所过栈道，示天下无还心，以固项王意。"乃使良还，行烧绝栈道。

据此说法，刘邦之越秦岭入汉中，乃是走的褒斜道，是张良跟着刘邦走到褒城县一带，辞别刘邦向北返回，边走边将褒斜道的栈道烧毁的。褒斜道的北口，在今陕西眉县西南，太白县的东北方，其地有斜水、斜谷等。褒斜道的南端即褒城县，古代也称褒中，现在称作留坝。在汉中的西北方。汉中古代也称南郑。据《留侯世家》的文字看，张良似乎是根本没有随着刘邦到达汉中，只走到褒城就辞别刘邦向北折回，去找旧主子韩王成了。

边走边帮着刘邦烧了褒斜道上的栈道。《汉书》的《张良传》与此文完全相同。

但《史记》的《高祖本纪》则与此大不相同了，它说："汉王之国，项王使卒三万人从，楚与诸侯之慕从者数万人，从杜南入蚀中。去辄烧绝栈道，以备诸侯盗兵袭之，亦示项羽无东意。"依《高祖本纪》的说法，刘邦翻越秦岭入汉中是"从杜南入蚀中"，也就是走的"子午道"。子午道也叫"蚀中"。其北口在今陕西杜县，其南口在今陕西石泉县一带，石泉县在汉中（南郑）以东的约二百多里。这子午道上的栈道是刘邦在从关中前往汉中时自己边走边烧的，这与《留侯世家》的说法完全不同。

我们再看《汉书》上的《高祖纪》，就与以上两种说法又有不同了，它说："夏四月，诸侯罢戏下，各就国。羽使卒三万人从汉王，楚子、诸侯人之慕从者数万人从杜南入蚀中。张良辞归韩，汉王送至褒中，因说汉王烧绝栈道，以备诸侯盗兵，亦视项羽无东意。"《汉书》的《高祖纪》是将《史记》的《高祖本纪》与《留侯世家》综合起来，捏到了一起。它说刘邦率众入汉中是"从杜南入蚀中"，是走的子午道，但没有说刘邦边走边烧了子午道上的栈道。接着说"张良辞归韩，刘邦送至褒中"。照此说法，张良是先跟着刘邦一起到了汉中，而后张良才辞别刘邦北返中原。刘邦为表示对张良的器重与留恋，而送他北行，一直送到了褒城县。到这时，张良才"因说汉王烧绝栈道，以备诸侯盗兵，亦视项羽无东意"。从后来的事实看，刘邦是采纳了张良的建议，但这个烧栈道的行动，是委托张良北返时边走边烧的呢？还是刘邦另派自己的军事人员专门去完成的呢？特别是这"从杜南入蚀中"的子午道，与"张良辞归韩，刘邦送至褒中"的张良将要走的褒斜道，他们到底是烧了哪一条的栈道，还是将两条的栈道全都烧了呢？总之是一头雾水。

从后来三国时期，蜀魏双方对几条栈道的使用与相互争夺来看，刘邦烧栈道应该是烧的子午道上的栈道。这比较贴切于"明修栈道，暗度陈仓"的说法。但韩信在几个月后出兵袭取关中，却又是走的"故道"，是比褒斜道更靠西的一条。

《留侯世家》：汉王方食，曰："子房前！客有为我计桡楚权者。"具以郦生语告，曰："于子房何如？"良曰："谁为陛下画此计者？陛下事去矣。"……汉王辍食吐哺，骂曰："竖儒，几败而公事！"令趣销印。

宋代王若虚曰："张良八难，古今称颂，以为美谈，窃疑此论甚疏。夫桀、纣已灭，然后汤、武封其后，而良云'度能制桀之命''得纣之头'，岂封于未灭之前耶？郦氏所以说帝，特欲系众人之心，庶几叛楚而附汉耳，非使封诸项氏也，奈何其以汤、武之事势相较哉？汤、武虽殊时，事理何异？'制死命'与'得其头'，亦何以分列为两节？'表商容之闾，释箕子之拘，封比干之墓'，此本三事，而并之者，以其一体也；至于'倒置干戈''休马''放牛'，独非一体乎？而复析之为三，何哉？八难之目，安知无误耶？"（《史记辨惑》）

王若虚对"张良"这段驳论的漏洞，举发得很中肯、很有力。张良驳人之语，硬凑八项，徒以气势压人；其道理之不合、逻辑之混乱，都不足分析。这应是水平不高之人所编造的一段故事，《史记》收入此论，既是对张良思想水平的降低，也是对司马迁文学水平的降低。

《留侯世家》：留侯从入关。留侯性多病，即道引不食谷，杜门不出岁余。

汉十二年，上从击破布军归，疾益甚，愈欲易太子。留侯谏，不听，因疾不视事。

张良在刘邦部下是一个非常特殊的人物，首先他与刘邦部下不同的是他不是出身于社会下层，而是出身于六国老贵族的世袭之家；其二是他与刘邦部下的任何功臣不同，他没有周勃、樊哙那样的攻城野战之功，也没有萧何那样的镇守后方之劳；刘邦的谋士不少，郦食其能劝齐王田广解除武装；随何能策反黥布；陆贾能劝说南越归汉，陈平是对敌工作部的总指挥；独独张良只有跟在刘邦身边，没有任何独当一面的纪录。张良只有出点子，这些点子又都完全是通过刘邦的选择而施行出来的，所以张良的功勋无法量化，除刘邦自己外无任何人能说得清。所以尽管刘邦把张良与萧何、韩信说在一起，称他们是"三杰"，说张良的神通是"运筹策帷帐之中，决胜千里之外"；但张良在功臣中的排名仍是上不去，在一百四十三个功臣中只排在了第六十二位。至于他能够有幸跟着萧何、曹参、周勃、陈平一道被列入"世家"，恐怕主要还是靠着司马迁的慧眼。

　　张良是"黄老哲学"的化身，其处世要诀是"后发制人"，"以柔克刚"；是"欲取之，先予之"，以及"吃小亏占大便宜"等。他与其他道家人物的重大不同就在于没有任何人能像张良那样对黄老哲学修炼得如此天衣无缝、炉火纯青。张良就是凭着这套本领帮着刘邦斗垮了秦王朝；又帮着刘邦斗垮了项羽；接着又帮着刘邦与吕后斗垮了众功臣；而与此同时张良还得留着一份心眼儿随时地与刘邦吕后斗，以保证自己的万无一失。与秦朝斗、与项羽斗、与功臣斗的事情，见于《高祖本纪》《留侯世家》《淮阴侯列传》等，写法明确，一翻便知。至于留着心眼儿与刘邦、吕后斗的事情就相对隐晦巧妙得多了。他给刘邦提建议，或是等刘邦发问他才说，或是等别人先说他再说；而且发言只是点到为止，决不说得太透；凡是估计刘邦不能接受的，他绝不去自讨没趣。刘邦要废吕后、废太子，周昌与叔孙通等都急到了那个份上，张良始终一言不发。待至吕后生气地把他抓起来，逼着他出主意，他提出了商山四皓。商山四皓真的能解决问题吗？这是张良的金蝉脱壳之计。能起作用最好不过；起不了作用，至少张良自己这一关是先过去了。《留侯世家》有一段说："留侯从入关。留侯性多病，即导引不食谷，杜门不出岁余。"这一年发生了什么事情呢？这一年有人向刘邦举报说韩信要造反，于是陈平就给刘邦出主意，让刘邦假说到南方视察，路经陈县时暗中布置武士，等刚为楚王不到一年的韩信前来谒见时，乘其不意就把韩信逮捕了。

但由于没有证据，只好把韩信软禁在京城。《留侯世家》还有一段写张良："留侯乃称曰：'家世相韩，及韩灭，不爱万金之资，为韩报雠强秦，天下振动。今以三寸舌为帝者师，封万户，位列侯，此布衣之极，于良足矣。愿弃人间事，欲从赤松子游耳。'乃学辟谷，道引轻身。"这种情况出现在刘邦病死的前一年，即高祖十一年。这一年发生了什么事呢？这一年的正月，被软禁了五年多的韩信，被吕后强加罪名灭了三族；这一年的三月，梁王彭越被强加罪名剁成肉酱，三族被灭；这一年的七月，淮南王黥布被逼造反，被刘邦亲自带兵讨平。宋代司马光说："以子房之明辨达理，足以知神仙之为虚伪矣，然其欲从赤松子游者，其智可知也。夫功名之际，人臣之所难处。如高帝之所称者，三杰而已，淮阴诛夷，萧何系狱，非以履盛满而不止也？故子房托于神仙，遗弃人间，等功名于外物，置荣利而不顾，所谓明哲保身者，子房有焉。"（《通鉴考异》）能说就说，不能说就不说，再不行就设法躲开，有如水之随器赋形，如庄子所说："以无厚入有间，恢恢然必有馀地矣。"

张良不求功、不求名，不求官职、不求权位。刘邦分封功臣时，别人都争抢不休，以至愁得刘邦几个月无法进行；而张良则一路退让。刘邦想让张良在齐地"自择三万户"，这在当时不会少于十个县。张良却说我只要一个留县就够了，"不敢当三万户"。张良在刘邦跟前始终以"宾客"自居，他帮着刘邦打天下，但他却总是把"为韩国报仇"挂在嘴上。当刘邦一灭项羽、一做皇帝，张良就开始高唱"导引""避谷"，并请求退隐去寻找神仙赤松子了。总之，张良对刘邦一无所求，故而刘邦对张良也就没法摆"主子"的架子。刘邦对吕后、对萧何、樊哙都可以骂骂咧咧，张口"你爸爸""你老子"；但对于张良却是或称"先生"、或称"子房"，总是客客气气。这就是张良的生命艺术。

也许有人会批评张良缺少"尽职尽责"、缺少"知无不言，言无不尽"的精神；也许有人会批评张良没有"无私无畏""无怨无悔"的气度。但"寸有所长，尺有所短"，每个人的价值观不同，于是每个人的行为表现也就千差万别了。

二十六

《陈丞相世家》

①

　　《陈丞相世家》：陈平既多以金纵反间于楚军，宣言诸将钟离眛等为项王将，功多矣，然而终不得裂地而王，欲与汉为一，以灭项氏而分王其地。项羽果意不信钟离眛等。项王既疑之，使使至汉。汉王为太牢具，举进。见楚使，即详惊曰："吾以为亚父使，乃项王使！"复持去，更以恶草具进楚使。楚使归，具以报项王。项王果大疑亚父。

　　乾隆《通鉴辑览》曰："陈平此计乃欺三尺童未可保其必信者，史乃以为奇而世传之，可发一笑。"史珥曰："曲逆间范增号称'奇计'，然其术甚浅，岂羽本无机智，以浅中之乃所以为奇与？"
　　对这样的描写，只可视为司马迁描写陈平反间活动的一种举例，犹言"如此种种"是也。这种不行，还有别样的。乾隆与史珥之挑剔，可谓刻舟求剑矣。《淮阴侯列传》写韩信平齐后，派人向刘邦请求封拜自己为假齐王。"韩信使者至，发书，汉王大怒，骂曰：'吾困于此，旦暮望若来佐我，乃欲自立为王！'张良、陈平蹑汉王足，因附耳语曰：'汉方不利，宁能禁信之王乎？不如因而立，善遇之，使自为守。不然，变生。'汉王亦悟，因复骂曰：'大丈夫定诸侯，即为真王耳，何以假为？'乃遣张良往立信为齐王，征其兵击楚。"让乾隆说说，这刘邦与陈平、张良等在韩信使者面前所做的种种表演，都可信吗？这样考求就大煞风景了。古人有所谓"师其意不师其辞"，什么事如果没点铺排夸张，还有人乐意阅读、乐意传诵吗？读司马迁的文章尤其要注意这一点，不要死钻牛角尖。

②

《陈丞相世家》：汉六年，人有上书告楚王韩信反。高帝问诸将，诸将曰："亟发兵坑竖子耳。"高帝默然。问陈平，平固辞谢，曰："诸将云何？"上具告之。陈平曰："人之上书言信反，有知之者乎？"曰："未有。"曰："信知之乎？"曰："不知。"陈平曰："陛下精兵孰与楚？"上曰："不能过。"平曰："陛下将用兵有能过韩信者乎？"上曰："莫及也。"平曰："今兵不如楚精，而将不能及，而举兵攻之，是趣之战也，窃为陛下危之。"上曰："为之奈何？"平曰："古者天子巡狩，会诸侯。南方有云梦，陛下弟出伪游云梦，会诸侯于陈。陈，楚之西界，信闻天子以好出游，其势必无事而郊迎谒。谒，而陛下因禽之，此特一力士之事耳。"

陈平曰："人之上书言信反，有知之者乎？"曰："未有。"前文已言"高帝问诸将，诸将曰：'亟发兵坑竖子耳。'"今又曰陈平问刘邦，刘邦答曰"未有"。分明前后矛盾，乃文章之修改未净者。

陈平曰："陛下精兵孰与楚？"上曰："不能过。"上年韩信率其精兵三十万人大破项羽于垓下，事后韩信被刘邦解除兵权，军队归朝廷所有。现在韩信刚到楚国，即使有些新兵，也无法与朝廷相比。刘邦答曰"不如"，夸张太过。

此特一力士之事耳。凌稚隆引胡广曰："昔者明王五载一巡狩，令诸侯各朝于方岳，大明黜陟，故刑一人天下服其罪，赏一人天下劝其贤。韩信未有逆节，汉祖不能斟酌古典，卒用陈平计，一朝系信，而生诸侯之疑。一二年间，韩王信反马邑，赵相贯高谋柏人，陈豨反代地，黥布、卢绾之徒悉以叛涣，岂非伪游云梦之计致之与？使后世天子不复言巡狩，诸侯不敢言朝觐，皆自此始。"史珥曰："不为信辩反之真伪，而委曲以售其谲，于'六出'中最为无赖之行。子长于'封平'之上加'于是'二字，诛其心也。"郭嵩焘曰："'人有上书告楚王反'，语无端倪，而于陈平所以为高帝谋者叙之特详，以明高帝诛戮功臣，亦陈平'智计'傅会以成之也。"凌稚隆曰："云梦之计果奇乎哉？幸信之不反耳。脱信果反，且潜以兵袭帝于云梦，又焉得召之即来以就后车之载哉？吾固于帝之游云梦而知信之无反心，平之计未为奇也。"程敏政曰："吕氏之杀淮阴，千古共愤，而予以为平实启之，吕氏特成之耳。'伪游云梦'一言使高帝为无恩之主，元勋受无罪之诛，平亦不义之甚矣！"

司马迁写陈平谄附刘邦、吕后之杀功臣，最无理、最残暴、最狠毒的，莫过于给刘邦进谋以袭捕韩信的这段文字。

③

《陈丞相世家》：王陵者，故沛人，始为县豪，高祖微时，兄事陵。陵少文，任气，好直言。及高祖起沛，入至咸阳，陵亦自聚党数千人，居南阳，不肯从沛公。及汉王之还攻项籍，陵乃以兵属汉……以善雍齿，雍齿，高帝之仇，而陵本无意从高帝，以故晚封，为安国侯。

安国侯既为右丞相，二岁，孝惠帝崩。高后欲立诸吕为王，问王陵，王陵曰："不可。"问陈平，陈平曰："可。"吕太后怒，乃详迁陵为帝太傅，实不用陵。陵怒，谢疾免，杜门竟不朝请，七年而卒。

王陵是刘邦的重要开国功臣，在众功臣的排名中位列第十二，又是刘邦临终嘱咐吕后日后要任以为丞相的重要人物。但王陵在《史记》中没有专传，只附记在《陈丞相世家》，此外还零碎散见于《高祖本纪》《吕太后本纪》《张丞相列传》《高祖功臣侯者年表》等篇。

王陵身世的疑点主要有三，其一是王陵从何时归附刘邦说法不同：有说是于前209年随刘邦起义于丰；也有说是前207年刘邦奉怀王命率军西进到南阳城西的丹水时，王陵归附于刘邦；还有人说是前206年刘邦从汉中杀出，"还攻项籍"的时候，王陵才以兵归附刘邦。

其二是王陵与刘邦的私人关系如何：一说是关系既早而又紧密，王陵"始为县豪，高祖微时，兄事陵"；后王陵又进言以救张苍，刘邦旋即释而用之；刘邦又临终嘱咐吕后要以王陵继曹参为丞相；而王陵也的确是毫不动摇地谨遵刘邦的遗言，坚定地维护着刘氏血统的统治。事皆见于《高祖本纪》《吕太后本纪》《张丞相列传》。另一说则谓王陵曾长时间地不肯归附刘邦，而刘邦也对王陵心怀耿耿。又说王陵"以善雍齿，雍齿，高帝之仇，而陵本无意从高帝，以故晚封"。雍齿背叛过刘邦，从而招致刘邦憎恨是自然的。但王陵是不是就因为曾与雍齿"相善"，就招致刘邦迁怒，并由此"晚封"呢？没有任何线索。

其三是王陵究竟有何历史功勋：王陵曾占据南阳一带为刘邦留守，这一点大概可以为人们所公认；而《高祖功臣侯者年表》又有所谓"守丰"，这是其他许多地方所不曾提到的。这"守丰"的时间，一说是在刘邦起义初期，这就与雍齿的"守丰"时间切近，是不是一回事呢？如果真的有关，那么此事对王陵就不仅不是有功，而是连带有罪了。另一说王陵的"守丰"是在刘邦为汉王以后。《高祖功臣侯者年表》有所谓"入汉，守丰。上东，因从战不利，奉孝惠、鲁元出睢水中，及坚守丰"云云，于是这就又牵出了一个新的问题：

据《史记·高祖本纪》："汉王之败彭城而西，行使人求家室，家室亦亡，不相得。败后乃独得孝惠，六月，立为太子，大赦罪人。令太子守栎阳，诸侯子在关中者皆集栎阳为卫。"很像是刘邦等逃出险境后，遂将两个孩子直接送到了栎阳。但《史记·樊郦滕灌列传》却说："（夏侯婴）从击项籍，至彭城，项羽大破汉军。汉王败，不利，驰去。见孝惠、鲁元，载之。汉王急，马罢，虏在后，常蹶两儿欲弃之。婴常收，竟载之，徐行，面雍树乃驰。汉王怒，行欲斩婴者十余，卒得脱，而致孝惠、鲁元于丰。"与此相应的《汉书·樊郦滕灌傅靳周传》也是说"汉王急，马疲，虏在后，常蹶两儿弃之。婴常收载行，面拥树驰。汉王怒，欲斩婴者十馀，卒得脱，而致孝惠、鲁元于丰"。这丰邑可是项羽的地盘呀，好不容易逃出险境，怎么能转身又把两个孩子送进敌占区去呢？唉，这似乎就与王陵是不是真的曾经"坚守丰"大有关系了。

据《高祖功臣侯者年表》安国侯格有所谓："以客从起丰，以厩将别定东郡、南阳，从至霸上。入汉，守丰。上东，因从战不利，奉孝惠、鲁元出睢水中，及坚守丰，封雍侯，五千户。"

首先这"入汉，守丰"四个字是什么意思，是不是刘邦在被项羽封为汉王，南入汉中时，项羽为把刘邦的家属当作人质，不准他们离开丰邑往投刘邦；而当刘邦由汉中杀出，收复关中，派薛欧、王吸偕同王陵欲往丰邑迎取刘邦的家属时，项羽又派兵顶住不许。这时张良正在中原地区游荡，他向项羽施放烟幕，说刘邦取得关中即终止，项羽可以安心地去攻打田荣，不必担心刘邦再东出与项羽争天下。这时项羽对刘邦还是相对放心的，于是便断然率兵去攻剿田荣了。在这时，项羽是不是还答应了刘邦、张良的一点请求，这就是允许王陵带着一股小部队驻扎在丰邑，以尽其保护与侍奉刘邦家属之责任；从项羽一方，还可以美其名曰是项王把丰邑"封"给了刘邦，作为刘邦的"汤沐邑"，这不就更加深了刘邦与项羽的友好吗？于是王陵就在丰邑"守"了起来。再说后面的"上东，因从战不利，奉孝惠、鲁元出睢水中，及坚守丰"云云，这就显然是指前205年四月刘邦率大军直捣彭城，而后被项羽打败的事情了。结合《项羽本纪》《高祖本纪》《樊郦滕灌列传》所写的情景，可以大致推想为：当刘邦胜利地攻入彭城后，刘邦的家属便离开丰邑，去彭城投奔刘邦。不料正碰上项羽率骑兵由齐地杀回，将刘邦军队打得大败。刘邦的家属不仅没能见到刘邦，还被乱兵冲得四散。结果太公与吕后被楚军捉去，刘邦与夏侯婴等在西逃中遇到了失散的两个孩子，由于刘邦等知道这时王陵还带着一些人驻扎在丰邑，于是他们便就近把两个孩子送到丰邑，交给了王陵；再由王陵将两个孩子辗转护送到了关中的栎阳。在王陵护送两个孩子西行的路上还不时地与项羽的军队作战，两个孩子曾一度落水，多亏王陵亲自下水把他们从睢水中救了上来。

王陵这次在丰邑"坚守"，并救助、护送两个孩子入关中，其功劳是很大的。王陵在受封的一百四十三个功臣中，名列第十二。在他前面只有萧何（第一）、曹参（第二）、周勃（第四）、樊哙（第五）、郦商（第六）、夏侯婴（第七）、灌婴（第八）、傅宽（第十）、靳歙（第十一）等，远比陈平（第四十七）、张良（第六十二）等高得多。王陵如果光凭为刘邦留守过南阳，其功劳名次是不可能有这么高，也更不可能让刘邦牢记不忘地嘱咐吕后让王陵日后当丞相。问题最不可解的是，王陵有这么高的品级，这么高的名次，为什么在被封侯的时间上偏偏如此靠后呢？刘邦封功臣为侯是从高祖六年（前201）的十二月开始（当时用秦历，以十月为岁首），接着在这年的正月、三月、四月、六月、七月、八月、九月，每月都有分封。与其他人相比，王陵竟然晚到了八月，连被刘邦咬牙痛恨的雍齿，也比王陵早封五个月，这究竟是为什么呢？实在想不出头绪。

王陵在刘邦去世前，应该是声誉名望很高的；王陵的受打压、受诽谤，应该是在吕后封王诸吕，陈平、周勃卖身投靠吕后，分揽丞相与太尉大权的时候。当时王陵因坚持"非刘氏不得王"的刘邦的遗言，被陈平、周勃所排斥，被吕后所罢官。王陵气愤地闭门不出，七年而卒。

二十七
《绛侯周勃世家》

①

　　《绛侯周勃世家》：文帝既立，以勃为右丞相，赐金五千斤，食邑万户。居月余，人或说勃曰："君既诛诸吕，立代王，威震天下，而君受厚赏，处尊位，以宠，久之即祸及身矣。"勃惧，亦自危，乃谢请归相印。上许之。岁余，丞相平卒，上复以勃为丞相。十余月，上曰："前日吾诏列侯就国，或未能行，丞相吾所重，其率先之。"乃免相就国。

　　岁余，每河东守尉行县至绛，绛侯勃自畏恐诛，常被甲，令家人持兵以见之。其后人有上书告勃欲反，下廷尉。……文帝既见绛侯狱辞，乃谢曰："吏方验而出之。"于是使使持节赦绛侯，复爵邑。绛侯既出，曰："吾尝将百万军，然安知狱吏之贵乎？"

　　《绛侯周勃世家》的前一部分记述了周勃在协助刘邦灭秦、灭项，建立汉王朝、刘邦建国后又协助刘邦平定叛乱、巩固汉王朝，以及在吕后死后诛灭诸吕、拥立汉文帝，最后被罢官郁郁而死的过程。有关周勃在吕后死后诛灭诸吕的惊心动魄的故事，详见《吕太后本纪》。在这个过程中周勃、陈平虽然也有他们的政治投机，以及事后倚势专权的企图，但都未能得逞，而且文帝的严词厉色以及对他们的安排任用，也使他们感到了心寒。这不奇怪，历代凡行废立之大臣，虽于新主有大恩，然而也最被新主所畏忌，春秋时晋国的里克、南朝时刘宋的徐羡之、傅亮所以有大功而被杀，就是因为这个。陈平早死，免却了许多麻烦；周勃活得时间较长，结果就被下了狱。后来能被放出，已经算是大幸啦。作品写周勃在文帝时期的这段戚戚惶惶的生活是很令人感慨的。

2

《绛侯周勃世家》：已而之细柳军，军士吏被甲，锐兵刃，彀弓弩，持满。天子先驱至，不得入。先驱曰："天子且至！"军门都尉曰："将军令曰：'军中闻将军令，不闻天子之诏。'"居无何，上至，又不得入。于是上乃使使持节诏将军："吾欲入劳军。"亚夫乃传言开壁门。壁门士吏谓从属车骑曰："将军约，军中不得驱驰。"于是天子乃按辔徐行。至营，将军亚夫持兵揖曰："介胄之士不拜，请以军礼见。"天子为动，改容式车。使人称谢："皇帝敬劳将军。"成礼而去。既出军门，群臣皆惊。文帝曰："嗟乎，此真将军矣！曩者霸上、棘门军，若儿戏耳，其将固可袭而虏也。至于亚夫，可得而犯邪？"称善者久之。

所谓"锐兵刃"，即指刀出鞘；所谓"彀弓弩"，即指弓上弦；所谓"持满"，意即搭好箭，拉满弓。这是要干什么？王先谦引刘奉世曰："言'彀弓弩'是也；敌未至，何遽'持满'？何时已乎？此二字疑衍。"姚苎田曰："作临阵之态，岂非着意装点，现才于人主乎？"

"周亚夫军细柳"一节，显然是一个故事传说，对之不能全信。司马迁写这段故事的目的是想说周亚夫为人有个性，治军有严格的规章制度，任何人不能违犯，甚至连皇帝也不能有任何通融，这是好的，但不能张扬得太过头。比如作品写"天子先驱至，不得入"，可以；又说"军中闻将军令，不闻天子之诏"，也可以；至于说"士吏被甲，锐兵刃，彀弓弩"，还要"持满"，这就太过分了，用得着吗？明明知道这是皇帝前来劳军，而对汉文帝的车驾，还要左一个禁令，右一个禁令，以显示自己兵营的纪律森严与自己在军中的无上权威，用现在的一个新词，就是过分地"作秀"。我相信周亚夫当时也不可能这么做，这是司马迁夸张、描写得太过头了。清代郭嵩焘曾对这段故事的本来面貌推断说："此当为文帝微行至军，军吏得遏止之。史公但自奇其文，故于此等细微不及详耳。"他猜想大概是有一回汉文帝微服私访，信步来到周亚夫的兵营，守门的卫士不认识皇帝，把皇帝挡在了营门外。《史记》中的故事大概就是由此发展而来。这倒也是一种不错的说法。这段故事的另一面就是歌颂汉文帝的宽仁大度，与臣下常有一种"家人父子"的亲密关系，有容人之量。这点在《张释之冯唐列传》里面有充分的表现，可以与本文相互参照，表现了司马迁的某些理想君道的光辉。

另外，这"军中闻将军令，不闻天子诏"，虽说也是古代军事家们的一种处事原则，《孙子兵法》与《史记》的《司马穰苴列传》《魏公子列传》中都有"将在外，君命有所不受"这种话，但这种话都是让帝王们听了害怕的，实行起来风险极大。即使当时因此取得了胜利，将军日后也要为此付出惨重的代价。

③

《绛侯周勃世家》：太尉既会兵荥阳，吴方攻梁，梁急，请救。太尉引兵东北走昌邑，深壁而守。梁日使使请太尉，太尉守便宜，不肯往。……吴兵乏粮，饥，数欲挑战，终不出。夜，军中惊，内相攻击扰乱，至于太尉帐下。太尉终卧不起。顷之，复定。后吴奔壁东南陬，太尉使备西北，已而其精兵果奔西北，不得入。吴兵既饿，乃引而去。太尉出精兵追击，大破之。

依此文所说，周亚夫"深壁而守"，吴兵奔袭其"东南陬"，而周亚夫"坚备其西北陬"的战斗乃是在昌邑，今山东金乡县西北。但据《吴王濞列传》，其文曰："吴兵欲西，梁城守坚，不敢西，即走条侯军，会下邑。欲战，条侯壁，不肯战。吴粮绝，卒饥，数挑战，遂夜奔条侯壁，惊东南。条侯使备西北，果从西北入。吴大败，士卒多饥死，乃畔散。于是吴王乃与其麾下壮士数千人夜亡去。"据《吴王濞列传》说，周亚夫所坚守，与吴兵奔袭其东南，周亚夫乃坚备其西北，结果大破吴军的战斗乃是在下邑，今安徽砀山县东。

司马迁的说法，两处自相歧异。《资治通鉴》先说周亚夫坚壁于昌邑，坐山观虎斗。后又说周亚夫军与吴军"会下邑"。周亚夫军仍坚壁不肯战，于是吴军有惊其壁之东南，亚夫备其西北事。结果吴兵败，亚夫遂趁机大反攻，吴兵大败，吴王被越人所杀。是采取了对《史记》两种说法的调和。

4

《绛侯周勃世家》：居无何，条侯子为父买工官尚方甲楯五百被可以葬者，取庸苦之，不予钱。庸知其盗买县官器，怒而上变告子，事连污条侯。……召诣廷尉。廷尉责曰："君侯欲反邪？"亚夫曰："臣所买器，乃葬器也，何谓反邪？"吏曰："君侯纵不反地上，即欲反地下耳！"吏侵之益急。……因不食五日，呕血而死，国除。

本篇作品的后一部分写周勃的儿子周亚夫在文帝时为将军治军有方，景帝时为太尉，平定吴楚七国之乱有大功，后来因权大位尊被景帝所忌恨、所杀害的过程。周亚夫是《史记》中最使人同情的悲剧英雄人物之一，而司马迁的描写也意到笔到。司马迁对周氏父子两代的惨痛遭遇，尤其是对周亚夫的惨痛结局，表现了无限的同情与不平。汉景帝是司马迁笔下最阴暗、最残酷、最反复无常的统治者之一，汉景帝与王皇后无疑是《史记》中最令人憎恶的人物形象。明代李贽为此说："甚矣，居功之难也。使时无条侯，七国之兵岂易当哉？不三月而吴、楚破灭，虽十世宥之可也。景帝非人主矣。"（《藏书》）何孟春说："吏之谓'反地下'之言，是以人命悦上意，而置无罪有功之臣于死地。廷尉不足道矣，景帝之朝岂无人能为解之者？亦由帝之不复可与言故也。"（《史记评林》引）

⑤

《绛侯周勃世家》之文字、标点有可讨论者：

（1）籍已死，因东定楚地泗川、东海郡，凡得二十二县。

此句黄本、金陵局本皆作"因东定楚地泗川、东海郡"，前之通行本改"泗川"作"泗水"，近日之通行本又改回作"泗川"。泗水：秦郡名，郡治相县（今安徽省睢溪西北），垓下即在泗水郡境内，当时属项羽。东海郡：郡治郯（tán）县（今山东省郯城北），当时亦属项羽。就上下文看，这是周勃连续攻取的两个地区，泗水郡临近东海郡，而东海郡周边则无"泗川"或"四川"之名。

今依例仍标点作："籍已死，因东定楚地泗（川）〔水〕、东海郡，凡得二十二县。"

（2）上自劳军。至霸上及棘门军，直驰入，将以下骑送迎。

"将以下骑送迎"。此绝非送迎皇帝之礼，且与下文之"其将固可袭而虏也"不相应。故此处的"下"字应重出。这种应重出而未重出的句式，《史记》中其例非一。

今依例标点此句作："上自劳军。至霸上及棘门军，直驰入，将以下〔下〕骑送迎。"

（3）其后匈奴王唯徐卢等五人降，景帝欲侯之以劝后。

"匈奴王唯徐卢等五人降"。梁玉绳曰："'五人'乃'七人'之误。"
《孝景本纪》作"二人降"，亦误。据《惠景间侯者年表》，中三年匈奴
王来降被封侯者共七人，名"子军"者封安陵侯，名"赐"者封垣侯，名"隆
强"者封遒侯，名"唯徐卢"者封容成侯，名"仆卿"者封易侯，名"代"
者封范阳侯，名"邯郸"者封翕侯。是应作"七人"无疑。

今依例重新标点此句作："其后匈奴王唯徐卢等（五）〔七〕人降，
景帝欲侯之以劝后。"

二十八

《梁孝王世家》

①

《梁孝王世家》：孝王，窦太后少子也，爱之，赏赐不可胜道。于是孝王筑东苑，方三百余里。广睢阳城七十里。大治宫室，为复道，自宫连属于平台三十余里。得赐天子旌旗，出从千乘万骑。东西驰猎，拟于天子。出言跸，入言警。

筑东苑。东苑也称"兔园"，因其位置在梁国都城睢阳以东，故以"东园"称之，"兔"在十二生肖中也是代表东方。方三百余里，《索隐》曰："盖言其奢，非实词。"杜牧说秦之阿房宫亦"覆压三百余里"。《正义》引《西京杂记》云："梁孝王苑中有落猿岩、栖龙岫、雁池、鹤洲、凫岛。诸宫观相连，奇果佳树，瑰禽异兽，靡不毕备。"岑参诗有所谓"梁园日暮乱飞鸦，极目萧条三两家。庭树不知人去尽，春来还发旧时花"。盖即谓此，似唐时已所存无几。

广睢阳城七十里，扩大城圈至方圆七十里。《索隐》引《太康地理记》曰："城方十三里，梁孝王筑之。"自宫连属于平台，从城里的宫廷直通城东的平台。师古曰："今其城东二十里所，有故台基，其处宽博，土俗云'平台'也。"《索隐》引如淳曰："今城东二十里临新河，有故台址，不甚高，俗云'平台'，又一名'修竹苑'。"王先谦引任昉《述异记》云："梁孝王平台，至今存有兼葭洲、凫藻洲、梳洗潭。"又引《商丘县志》云："县东北十七里有平台集，接虞城界。"《汉书集译》引王世贞曰："梁孝王广睢阳城七十里，西苑方二百里，作曜华宫；筑兔园，园中有百灵山、肤寸石、落猿岩、栖龙岫。又有雁池，池间有鹤洲凫渚。其诸宫观相连，延亘数十里。奇果异树，珍禽怪兽毕备。王日与宫人宾客弋钓其中。是汉之诸王，逾于后节人主也。"

2

《梁孝王世家》：故成王与小弱弟立树下，取一桐叶以与之，曰："吾用封汝。"周公闻之，进见曰："天王封弟，甚善。"成王曰："吾直与戏耳。"周公曰："人主无过举，不当有戏言，言之必行之。"于是乃封小弟以应县。是后成王没齿不敢有戏言，言必行之。

《晋世家》写此事作："成王与叔虞戏，削桐叶为珪以与叔虞，曰：'以此封若。'史佚因请择日立叔虞。成王曰：'吾与之戏耳。'史佚曰：'天子无戏言。言则史书之，礼成之，乐歌之。'于是遂封叔虞于唐（今山西翼城县西）。"此则改称"周公"劝成王"封小弱弟于应县"，二者不同。

"桐叶封弟"一事，世人以为美谈，实则不合情理，柳宗元有《桐叶封弟辨》以斥其说之妄。其文曰："王之弟当封耶？周公宜以时言于王，不待其戏而贺以成之也。不当封耶？周公乃成其不中之戏，以地以人与小弱者之主，其得为圣乎？且周公以王之言，不可苟焉而已，必从而成之耶？设有不幸，王以桐叶戏妇寺，亦将举而从之乎？凡王者之德，在行之何若。设未得其当，虽十易之不为病；要于其当，不可使易也，而况以其戏乎？若戏而必行之，是周公教王遂过也。吾意周公辅成王，宜以道。从容优乐，要归之大中而已，必不逢其失而为之辞。又不当束缚之，驰骤之，若使牛马然，急则败矣。且家人父子尚不能以此自克，况号为君臣者耶？是直缺缺者小丈夫之事，非周公所宜用，故不可信。"妙哉此文！

《梁孝王世家》：又诸侯王朝见天子，汉法凡当四见耳。始到，入小见；到正月朔旦，奉皮荐璧玉贺正月，法见；后三日，为王置酒，赐金钱财物；后二日，复入小见，辞去。凡留长安不过二十日。小见者，燕见于禁门内，饮于省中，非士人所得入也。今梁王西朝，因留，且半岁。入与人主同辇，出与同车。示风以大言而实不与，令出怨言，谋畔逆，乃随而忧之，不亦远乎？非大贤人，不知退让。今汉之仪法，朝见贺正月者，常一王与四侯俱朝见，十余岁一至。今梁王常比年入朝见，久留。鄙语曰："骄子不孝"，非恶言也。

此段褚少孙补叙汉代朝廷对各地诸侯王到宫廷朝觐皇帝与太后的规定，异常明晰，异常重要。而对照之下所补叙的某些受宠的诸侯王之仗恃自己受宠，所表现出来的对朝廷法制的破坏之严重，亦触目惊心。这段文字与《刘敬叔孙通列传》所描述的皇帝在元日接受群臣朝拜的仪式，都应该收入《礼书》之正文，以补汉代礼制、礼容之缺失。梁玉绳曰："所言汉诸侯王朝见期法，可补汉史之缺。"

4

《梁孝王世家》：独梁王所欲杀大臣十余人，文吏穷本之，谋反端颇见。太后不食，日夜泣不止。景帝甚忧之，问公卿大臣，大臣以为遣经术吏往治之，乃可解。于是遣田叔、吕季主往治之。此二人皆通经术，知大礼。来还，至霸昌厩，取火悉烧梁之反辞，但空手来对景帝。景帝曰："何如？"对曰："言梁王不知也。造为之者，独其幸臣羊胜、公孙诡之属为之耳。谨以伏诛死，梁王无恙也。"景帝喜说，曰："急趋谒太后。"太后闻之，立起坐湌，气平复。

以上为"老郎吏好事者"所讲梁孝王与汉景帝的剧烈冲突，与田叔等解决此项问题的过程，可与《田叔列传》相互参照。至于褚少孙在夹叙夹议中反复吹美"经术"，又足以见其酸腐。茅坤曰："田叔烧梁王反词一节，有古大臣风。"凌稚隆引王维桢曰："临江罪本宜贷，值郅都刻深，竟议死；此梁孝王不死，以遣经术大臣讯也。"

袁黄曰："议者以田叔悉烧梁狱词为善处人父子之间，愚以为论之未尽也。事出于显明者，虽重而易释；而灾之愈密莫可踪迹者，则其疑之也必深。方是时，使邹阳之计不行，王信之言未纳，而天子之震怒未已，则空手来见，帝之疑且不止于杀汉臣，而谓其谋危社稷矣。必坐叔以阿纵之科，而再遣鸷吏治梁矣。是重太后忧，而甚帝之不德也，安在其善处人父子之间哉？窃谓当按梁之时，求情责实，而不为苟且糊涂之计。狱词既具，则奉词以请于帝曰：'太后在上而梁王犯诛，辟之则伤恩，不诛则废法。臣愚窃念七国连横，梁围困急，使梁王左足一摇，则山东非汉有也。是其安社稷之功，足以说于天下。臣愿以舜为法，择一小国变置梁王，使吏代之治。俟其子孙之克盖前愆者，复其故封。则太后无不食之忧，帝无杀弟之名，而汉家之法亦无弛而不举之患，奚必以烧狱词为哉？'"（《历史纲鉴补》）

《梁孝王世家》之文字、标点有可讨论者：

（1）招延四方豪桀，自山以东游说之士，莫不毕至，齐人羊胜、公孙诡、邹阳之属。公孙诡多奇邪计，初见王，赐千金，官至中尉，梁号之曰"公孙将军"。

"自山以东游说之士，莫不毕至，齐人羊胜、公孙诡、邹阳之属"。句子不顺。似应作"自山以东游说之士，齐人羊胜、公孙诡、邹阳之属，莫不毕至"。

（2）景帝曰："何如？"对曰："言梁王不知也。造为之者，独其幸臣羊胜、公孙诡之属为之耳。谨以伏诛死，梁王无恙也。"

"造为之者，独其幸臣羊胜、公孙诡之属为之耳"，前后重复不堪。"造为之者"与"为之"两项，应削其一。

二十九
《五宗世家》

①

《五宗世家》：胜为人乐酒好内，有子枝属百二十余人。常与兄赵王相非，曰："兄为王，专代吏治事，王者当日听音乐声色。"赵王亦非之，曰："中山王徒日淫，不佐天子拊循百姓，何以称为藩臣？"立四十二年卒。

《索隐》按："《汉书》，建元三年，济川、中山王等来朝，闻乐而泣。天子问其故，王对以大臣内谗，肺腑日疏，其言甚雄壮，词切而理文。天子加亲亲之好，可谓汉之英藩矣。"查慎行曰："中山靖王胜传，《汉书》全载《闻乐对》，所以感动武帝，卒从主父偃谋，令诸侯以私恩自裂土分其子弟，与贾生、晁错二传相对应。此事不行于文景而行于武帝，是大有关系文字，通篇视《史记》独详。"

《闻乐对》之全文曰：

"臣闻悲者不可为累歔，思者不可为叹息。故高渐离击筑易水之上，荆轲为之低而不食；雍门子壹微吟，孟尝君为之於邑。今臣心结日久，每闻幼眇之声，不知涕泣之横集也。

夫众煦漂山，聚蚊成雷，朋党执虎，十夫桡椎。是以文王拘于牖里，孔子厄于陈、蔡。此乃烝庶之成风，增积之生害也。臣身远与寡，莫为之先，众口铄金，积毁销骨，丛轻折轴，羽翮飞肉，纷惊逢罗，清然出涕。

臣闻白日晒光，幽隐皆照；明月曜夜，蚊虻宵见。然云蒸列布，杳冥昼昏；尘埃布覆，昧不见泰山。何则？物有蔽之也。今臣雍阏不得闻，谗言之徒蜂生，道辽路远，曾莫为臣闻，臣窃自悲也。

臣闻社鼷不灌，屋鼠不熏。何则？所托者然也。臣虽薄也，得蒙肺腑；位虽卑也，得为东藩，属又称兄。今群臣非有葭莩之亲，鸿毛之重，群居党议，朋友相为，使夫宗室摈却，骨肉冰释。斯伯奇所以流离，比干所以横分也。《诗》云'我心忧伤，惄焉如捣；假寐永叹，唯忧用老；心之忧矣，疢如疾首'，臣之谓也。"

凌稚隆曰："中山王此对，以骈俪之词，发悲惋之意，魏晋以下之萌芽也。然邹阳狱中书已为之先矣。"陈子龙曰："观《闻乐对》，知王非徒好酒色者，亦以汉法严、吏刻深，故以自晦耳。"梁玉绳引汪绳祖曰："《闻乐对》词意悲壮，小司马称为'汉之英藩'，则非徒'乐酒好内'也。盖以汉法严，吏深刻，托以自晦，有信陵、陈丞相之智识，史略之何与？"

王先谦引沈钦韩曰："或谓此对疑亦文士寓言，非当时辞令，按《西京杂记》'鲁恭王得文木一枝，伐以为器，意甚玩之，中山王为赋云云，恭王大悦'。则胜固优于文者。"

《五宗世家》：江都易王非，以孝景前二年用皇子为汝南王。吴楚反时，非年十五，有材力，上书愿击吴。景帝赐非将军印，击吴。……元光五年，匈奴大入汉为贼，非上书愿击匈奴，上不许。非好气力，治宫观，招四方豪桀，骄奢甚。立二十六年卒。

彭祖不好治宫室、禨祥，好为吏事。上书愿督国中盗贼。常夜从走卒行徼邯郸中。诸使过客以彭祖险陂，莫敢留邯郸。

汉代自刘邦建国以来，皇帝从来不允许自己的兄弟子侄参与朝政，以及出任朝廷或地方的军政长官。据零星记载，建国之初，北方边地的诸侯王发生叛乱，刘邦的儿子齐王刘肥曾率兵跟从刘邦一起平定过叛乱，事后再也没有下文。文帝时，刘邦的侄子刘郢客与其弟刘礼都曾任过九卿中的宗正一职，其后刘礼又临时地与周亚夫等分别率军在京城附近驻扎，防卫过匈奴。景帝时，其十五岁的儿子江都王刘非曾参加过平定吴楚七国之乱，后来再要求出讨匈奴，皇帝就再也不答应了。武帝晚年在巫蛊之祸中曾一度任用他的侄子，也就是武帝庶兄中山靖王刘胜的儿子刘屈氂为丞相，率兵追杀太子刘据，后来又被汉武帝腰斩。这是刘氏家族中唯一被任过高职的人物了。

西汉的皇帝大都宁可宠用外戚，也绝不放手任用刘氏家族内的兄弟子侄。《五宗世家》写了汉景帝的十三个儿子，像刘非、刘彭祖，都算是有点才干，想为国家做点事的人，但由于没有出路，于是被憋得做出一些奇奇怪怪的事情，有些只是恶作剧，也有些是变着法儿地专门与朝廷派来的官员作对。至于有些吃喝玩乐，有些骄纵横行，有些在家庭内部淫乱败坏，无奇不有，真让人哭笑不得。怎么会弄成这种样子呢？一方面是政治上、事业上、生活上没有任何出路、奔头；另一方面又有各种法令管得莫名其妙，让这些诸侯王们动辄得咎。

如果说在文帝、景帝时代诸侯们"造反"还有其实力、有其可能的话，那么到汉武帝的中期，诸侯们是否还有造反的实力呢？恐怕是绝对没有了，所以武帝时期所处理的淮南王、衡山王两起"造反"大案，都一直被历代研究者所怀疑。因为给这两个诸侯王定案的根据全部是凭着口供，而当权者要想弄到一些适合自己需要的口供，那自然是容易得很。汉武帝的"权威"到元鼎、元封时期达到了巅峰状态，于是消灭诸侯王与消灭诸列侯的"罪名"也就稀奇古怪、闻所未闻了。据《建元以来王子侯者年表》记载：

如芒侯申生坐"尚南宫公主不敬"，国除；祈侯它坐"从射擅罢"，国除；绛阳侯禄、宁侯指坐"出界"，国除；武原侯不害坐"葬过律"，国除；宋子侯坐"买塞外禁物"，国除；平州侯眛坐"行驰道中更呵驰去"，国除；邛侯遂坐"卖宅县官故贵"，国除；高苑侯信坐"出入属车间"，国除；山都侯当、安丘侯指坐"入上林谋盗鹿"，国除；河阳侯信坐"不偿人债过六月"，夺侯国除……后来觉得这样一个一个零敲碎打地处置不解气、太麻烦，于是趁卜式向国家献金献粮以支持打东越，武帝号召诸列侯学习卜式，也向国家献金献粮，而诸列侯无人理睬、无人附和的时候，他大发雷霆，抓了一个诸列侯凑份子陪皇帝祭祖，交纳金银分量不足、或是成色不好的借口，一下子消灭了列侯一百零六个。这件事发生在元鼎五年。别的不说，单说这种处理问题的方式，能让天下的臣民心服吗？司马迁批评汉武帝的狡诈残酷，同情受打击、受迫害的诸列侯，有人说这表现了司马迁"留恋分封制"，或者说是表现了司马迁在分封制问题上的"思想矛盾"；我则认为这主要表现了司马迁对最高统治者那种被权势、利欲扭曲了的丑恶人性的极端厌恶，是从道德层面对最高统治者进行的批判。

3

《五宗世家》之文字、标点有可讨论者：

（1）彭祖为人巧佞，卑谄足恭，而心刻深，好法律，持诡辩以中人。

中华旧校本将以上数句标点为："彭祖为人巧佞卑谄，足恭而心刻深。好法律，持诡辩以中人。"由于将"卑谄足恭"四字断开了，遂使整个语气不顺。现在新校本标点作"彭祖为人巧佞，卑谄足恭，而心刻深，好法律，持诡辩以中人"，显然比以前好多了。但将"巧佞"与"卑谄足恭"隔开，依然有些欠妥。这里说刘彭祖的用语，显然是从《论语·公冶长》的所谓"巧言令色足恭"六字变化而来。《论语》的"足恭"二字，上托着"巧言令色"

四字；这里的"足恭"二字，分明也是托着"巧佞卑谄"四字。

因此这里的标点似乎应该作："彭祖为人，巧佞卑谄足恭，而心刻深，好法律，持诡辩以中人。"

（2）赵王遂反破后，彭祖王广川，四年，徙为赵王。

如此标点，易令读者误以刘彭祖是在赵王遂被杀后开始为广川王，再过四年，才移封为赵王。实乃大错。这里的实际意思是，赵王遂因谋反被杀后，已经当了四年广川王的刘彭祖，被移封为赵王。

此数句应标点作"赵王遂反破后，彭祖王广川四年，徙为赵王。""王广川四年"必须连读，中间不能断开。

三十

《三王世家》

①

《三王世家》：褚先生曰：臣幸得以文学为侍郎，好览观太史公之列传。传中称三王世家文辞可观，求其世家终不能得。窃从长老好故事者取其封策书，编列其事而传之，令后世得观贤主之指意。

《三王世家》是班固、张晏早就说过的"十篇有录无书"中的一篇，至于后来怎么又冒出来了？究竟是什么人弄成了今天所见的这种样子？人们的看法不一。"三王"是指汉武帝的三个儿子刘闳、刘旦、刘胥。西汉时期的有关三个人的传记是已经不存在了，大约是褚少孙找来了汉武帝当时封这三个儿子的策文，和他听来的有关这三个人的一些事迹，从而草创成了这篇作品。其所以令人自古争论不休，其主要问题在于其中的"太史公曰"与"褚先生曰"两个赞语的说法有矛盾。

就本篇的文章看，的确很有价值，而且也是很有特色的。一方面它可以让我们看到帝王与群臣之间的那种虚应故事，纯粹是在演戏。封刘胥为齐王，是武帝与王夫人在卧室中早已定下来的；而运作起来，则首先由霍去病很像是出以"忠"心，实则是"谄媚"地恳切提出；而后交由御史大夫拟议，再转发给丞相讨论；接着是丞相毫不迟缓地提出请求，请皇帝批准；而皇帝则又很像是"大公无私"，谦虚谨慎，一连几次地驳回丞相们的建议。作品的"太史公曰"中说这些是"天子恭让，群臣守义"，其实正如吴见思所说："闺房私语，已定王齐，觉以前诏奏，皆属虚文。"妙哉斯言！自古以来，最高统治者间的这种"虚文"不知有多少，即如王莽、曹丕、司马炎、刘裕等的篡位，不也是一定要"禅让"多少次，"辞让"多少次，最后才"接受"下来吗？

另一方面，通过这篇作品可以让我们看到汉王朝决定一件重要事情的具体程序，而这一套是其他任何作品中所没有记载过的，正如清代郭嵩焘所说："武帝三王以元狩六年封，时武帝即位已十四年矣。君臣相与逊让，以文辞争胜，史公录之，亦见汉世典章。凡诏令之行，由尚书令下之御史，由御史下之丞相，与其一时议事之制，备具于篇，实一朝之故实也。"单是这一点，这篇作品的意义就足以令我们刮目相看了。三篇策文的写法，完全是规模《尚书》，词语古奥，使人读起来有一种庄严肃穆之感。

汉武帝共有六个儿子，昭帝刘弗陵是要列于"本纪"之中，自然不能再与其他弟兄相提并论。汉武帝的其他儿子有刘据、刘髆、刘闳、刘旦、刘胥五人，作为后来人的班固，他自然是可以用一篇《武五子传》，来将他们一起收揽其中的。作为生活在汉武帝时代的司马迁，他却没有这样的方便。在司马迁的晚年，正赶上白色恐怖到极点的巫蛊之祸，已经协助汉武帝处理国家大事十几年的太子刘据与其母卫皇后被诬陷、被杀害。在这天下大势极度混乱，方向极其不明的情况下，司马迁对此还能说什么呢？他能勉强做的也就是将元狩六年汉武帝策封他儿子刘闳、刘旦、刘胥为王的有关资料进行一些收集整理而已了。

2

《三王世家》之文字、标点有可讨论者：

（1）王夫人死而帝痛之，使使者拜之曰："皇帝谨使使太中大夫明奉璧一，赐夫人为齐王太后。"

"皇帝谨使使太中大夫明奉璧一"云云，是使者自己报名面对刚死的王夫人之所陈，两"使"字重复，分明涉上文而衍，黄本、殿本于此亦重出"使"字，皆应削掉其一。

今依例重新标点此数句作："王夫人死而帝痛之，使使者拜之曰："皇帝谨使（使）太中大夫明奉璧一，赐夫人为齐王太后。"

（2）杨州葆疆，三代之时，迫要使从中国俗服，不大及以政教，以意御之而已。

"以意御之"。泷川曰："古抄本、枫、三本'意'作'德'。"王叔岷曰："'意'盖'悳'之误。悳：古'德'字。"二家之说是也。

今依例重新标点此数句作："杨州葆疆，三代之时，迫要使从中国俗服，不大及以政教，以（意）［德］御之而已。"

（3）今地邑益少，我欲与广陵王共发兵云。立广陵王为上。

黄善夫本于此原作"我欲与广陵王共发兵，云广陵王为上"。泷川引钱吉泰曰："'云'，'立'字之讹，与古钞本、枫山本合。"诸说是矣，应据改"云"字为"立"。但新校本原文于此作"我欲与广陵王共发兵云，立广陵王为上"。是已取"立"字，而犹未削"云"字也。

今依例重新标点此数句作："今地邑益少，我欲与广陵王共发兵，（云）立广陵王为上。"

（4）昭帝缘恩宽忍，抑案不扬。公卿使大臣请，遣宗正与太中大夫公户满意、御史二人偕往使燕，风喻之。

"公卿使大臣请"。词语不伦，"公卿"难道不是"大臣"？中井曰："'使'字疑衍。"泷川曰："古抄本、枫、三本无'使'字。"王叔岷曰："景祐本亦无'使'字。"诸家说是，应据削"使"字。

今依例重新标点此数句作："昭帝缘恩宽忍，抑案不扬。公卿（使）大臣请，遣宗正与太中大夫公户满意、御史二人偕往使燕，风喻之。"

列传

一

《伯夷列传》

①

　　《伯夷列传》：伯夷、叔齐，孤竹君之二子也。父欲立叔齐，及父卒，叔齐让伯夷。伯夷曰："父命也。"遂逃去。叔齐亦不肯立而逃之。国人立其中子。于是伯夷、叔齐闻西伯昌善养老，盍往归焉。及至，西伯卒，武王载木主，号为文王，东伐纣。伯夷、叔齐叩马而谏曰："父死不葬，爰及干戈，可谓孝乎？以臣弑君，可谓仁乎？"左右欲兵之。太公曰："此义人也。"扶而去之。武王已平殷乱，天下宗周，而伯夷、叔齐耻之，义不食周粟，隐于首阳山，采薇而食之。及饿且死，作歌。其辞曰："登彼西山兮，采其薇矣。以暴易暴兮，不知其非矣。神农、虞、夏，忽焉没兮，我安适归矣？于嗟徂兮，命之衰矣！"遂饿死于首阳山。

　　孤竹，古代确有其国。《正义》引《括地志》曰："古城在卢龙县南十二里，殷时诸侯孤竹国也。"

　　伯夷、叔齐是两个古代传说中的人物，身份与生平始末不详。《论语》中有一处称之为"逸民"，另一处称之为"古之贤人"；《孟子》只是提到其人，未言其为何如人也；《吕氏春秋·诚廉》称之为"二士"；《庄子·让王》中亦称伯夷、叔齐为"有士二人"，只有在《庄子·盗跖》中出现了所谓："伯夷、叔齐辞孤竹之君，而饿死于首阳之山。"综古代最早的载籍所述，说伯夷、叔齐为孤竹君之子者，始于庄周，成于司马迁。

梁玉绳曰："《伯夷传》所载俱非也。《孟子》谓夷、齐至周，在文王为西伯之年，安得言归于文王卒后？其不可信一已；《书序》谓武王伐纣，嗣位已十一年，即《周纪》亦有'九年祭毕'之语，毕乃文王墓地，安得言'父死不葬'？其不可信二已；《礼大传》谓武王克商，然后追王三世，安得言祖征之始便号'文王'？其不可信三已；东伐之时，伯夷归周已久，且与太公同处岐丰，未有不知其事者，何以不沮于帷帐定计之初，而徒谏于干戈既出之日？其不可信四已；曰'左右欲兵之'，曰'太公扶去之'，武王之师不应无纪律若是，其不可信五已；前贤定夷、齐所隐为蒲坂之首阳，空山无食，采薇其常尔，独不思山亦周之山，薇亦周之薇，而但耻食周之粟，于义为不全，其不可信六已；《论语》称'饿于首阳之下'，未尝称饿死，且安知不于逃国之时饿首阳耶？其不可信七已；即云耻食周粟，亦止于不食糈禄，非绝粒也。《战国策·燕策》苏秦曰：'伯夷不肯为武王之臣，不受封侯。'《汉书·王贡两龚鲍传序》曰："武王迁九鼎于洛邑，伯夷、叔齐薄之，不食其禄。'岂果不食而死欤？其不可信八已；即云不食饿死，而歌非二子作也。诗遭秦火，轶诗甚多，乌识《采薇》为二子绝命之辞？况言'西山'，奈何以'首阳'当之？其不可信九已；孔子称夷、齐'无怨'，而诗叹'命衰'，怨似不免；且其意虽不满于殪殷，而'易暴'之言甚戆，必不加于武王，其不可信十已。先儒多有议及者（如王安石、叶适、王直、王祎等），词义繁芜，不能尽录，余故总揽而为此辨。"（《史记志疑》）

伯夷的故事，始出于《庄子》，属虚无缥缈一流；但孤竹国之存在，还是应该有过的。1973年的3月和5月，在辽宁喀左县北洞村先后发现了两处商周窖藏青铜器共十多件，在3月发现的青铜器中有一件二号罍，铭文为"父丁晋竹亚长"。李学勤认为"晋竹"即文献里的"孤竹"。在甲骨卜辞中有关孤竹国活动的记载，共有四十余条。说明孤竹国不仅被封为侯爵，而且孤竹国的女子还在商王室为姬妾，孤竹国还有人在商王朝担任卜人。唐兰认为孤竹国的都城当在今河北卢龙县南，而其疆域则应包括很北的辽宁在内。彭邦炯认为孤竹国应在今河北省的东北部到长城外的辽宁西部、内蒙古东南一隅的范围内；而卢龙则是该国族的中心区或首邑所在，喀左等地则可能是当时孤竹国范围内的重要城邑。（张京华《箕子朝鲜时期的北方环境》）参见《史记笺证·伯夷列传》。

2

《伯夷列传》：或曰："天道无亲，常与善人。"若伯夷、叔齐，可谓善人者非邪？积仁絜行如此而饿死！且七十子之徒，仲尼独荐颜渊为好学。然回也屡空，糟糠不厌，而卒蚤夭。天之报施善人，其何如哉？盗跖日杀不辜，肝人之肉，暴戾恣睢，聚党数千人横行天下，竟以寿终。是遵何德哉？此其尤大彰明较著者也。若至近世，操行不轨，专犯忌讳，而终身逸乐富厚，累世不绝；或择地而蹈之，时然后出言，行不由径，非公正不发愤，而遇祸灾者，不可胜数也。余甚惑焉，傥所谓天道，是邪非邪？

伯夷、叔齐的事迹本身，原不足信，而其意义乃在于作者借为伯夷立传之机，对当世好人遭殃，坏人享福的社会不公提出了愤怒的质问；对历代统治者用以麻醉慰藉人心的所谓"天道"，也提出了强烈的怀疑，这是富有批判性和战斗性的。同时，"奔义""让国"是司马迁所倾心赞美的一种品德，是他向往的一种政治局面，这和汉代建国以来统治集团内部，君臣、父子、兄弟、叔侄之间的勾心斗角，攻伐残杀不休的"争利""争国"恰成对照，这应该也是司马迁明显的写作意图之一。读《伯夷列传》应该特别注意以下几点：

其一，司马迁写"伯夷"的资料虽多来源于《庄子》，但《史记》中的"伯夷"不是道家心目中的"隐士"，而近乎一个为坚持理想道德而献身的"烈士"。

"禅让"是儒家心目中的最高理想世界，"吊民伐罪"的征讨已经是跌入第二境界了。《史记》的"本纪"以尧舜开头，"世家"以吴太伯开头，"列传"以伯夷开头，这是一种带有原则意义的安排。但这种最高的道德境界已经注定成为过去，可望而不可求了，故司马迁只有发出一种慨叹而已。《史记》中类似伯夷的这种代表过去道德境界的人物还有《宋微子世家》中所写的"不鼓不成列""不杀二毛"的宋襄公，与《刺客列传》里所写的既要为其主子报仇，又坚持"义不为二心"的刺客豫让。这三个"至高境界"的道德偶像，都被"乱世之末流"的人们视为笑柄，这该是何等的悲哀呢？

其二，司马迁歌颂伯夷的"让"，是用以反对与批判现实政治生活中的"争"。他在《太史公自序》中说："末世争利，维彼奔义，让国而死，天下称之。"这是说得比较明白的。伯夷能置一个国家政权所能给他的富贵尊荣于不顾，这与现实生活中那种为争权夺利而搞阴谋，搞政变，打得不可开交，甚至闹得尸横遍野的人比较起来，是多么鲜明的区别啊！司马迁歌颂伯夷，不正是对这种现实的讽刺吗？

其三，司马迁怀疑"天道"，否定"天道"的欺人之说。司马迁从伯夷的"让国"饿死联想到历史上与现实中的种种不公，他愤怒地说："余甚惑焉！倘所谓天道，是邪？非邪？"这是对自古以来所谓"天道无亲，常与善人""善有善报，恶有恶报"的一种质疑与否定，具有突出的反迷信的意义。

其四，司马迁的怀疑"天道"，更主要的是批判"人道"，是批判当时汉王朝专制统治下的是非颠倒，声讨那种坏人当道、好人倒霉的极大不公。篇中所说的"若至近世，操行不轨，专犯忌讳，而终身逸乐富厚，累世不绝；或择地而蹈之，时然后出言，行不由径，非公正不发愤，而遇灾祸者，不可胜数也。"这是什么世道？关汉卿杂剧《窦娥冤》中说："地也，你不辨贤愚难作地；天也，你枉断是非难作天！"这司马迁的声音与后来的窦娥的声音完全一样，都正是对现实黑暗政治的强烈批判！《伯夷列传》是《史记》中批判性、战斗性最强烈的一篇。

曾国藩说："太史公传庄子曰：'大抵率寓言也。'余读《史记》，亦'大抵率寓言也。'列传首伯夷，一以寓天道福善之不足据；一以寓不得依圣人以为师，非自著书则将无所托以垂于不朽。次管晏传，伤己不得鲍叔者为之知己，又不得如晏子者为之荐达。此外如子胥之愤、屈贾之枉，皆借以自鸣其郁耳，非以此为古来伟人计功簿也，班固《人表》失其指矣。"（《求阙斋读书录》）

二

《管晏列传》

①

《管晏列传》：管仲夷吾者，颍上人也。少时常与鲍叔牙游，鲍叔知其贤。管仲贫困，常欺鲍叔，鲍叔终善遇之，不以为言。已而鲍叔事齐公子小白，管仲事公子纠。及小白立为桓公，公子纠死，管仲囚焉。鲍叔遂进管仲。管仲既用，任政于齐，齐桓公以霸，九合诸侯，一匡天下，管仲之谋也。

管仲曰："吾始困时，尝与鲍叔贾，分财利多自与，鲍叔不以我为贪，知我贫也。吾尝为鲍叔谋事而更穷困，鲍叔不以我为愚，知时有利不利也。吾尝三仕三见逐于君，鲍叔不以我为不肖，知我不遭时也。吾尝三战三走，鲍叔不以我为怯，知我有老母也。公子纠败，召忽死之，吾幽囚受辱，鲍叔不以我为无耻，知我不羞小节而耻功名不显于天下也。生我者父母，知我者鲍子也。"

鲍叔既进管仲，以身下之。子孙世禄于齐，有封邑者十余世，常为名大夫。天下不多管仲之贤而多鲍叔能知人也。

以上类似的意思见《管子·大匡篇》："鲍叔曰：'夫夷吾不死纠也，为欲定齐国之社稷也。'"又鲁仲连《遗燕将书》："管子不耻身在缧绁之中，而耻天下之不治；不耻不死公子纠，而耻威之不信于诸侯。"《淮南子·氾论训》："管仲辅公子纠而不能遂，不可谓智；遁逃奔走，不死其难，不可谓勇；束缚桎梏，不讳其耻，不可谓贞。当此三行者，布衣弗友，人君弗臣。然而管仲免于缧绁之中立齐国之政，九合诸侯，一匡天下。使管仲出死捐躯不顾后图，岂有此霸功哉？"

史公将管仲的几段经历融铸成一段心理独白，让管仲自己说出，于是遂也成了司马迁自己人生观的一段鲜明表述。其《伍子胥列传》云："弃小义，雪大耻，名垂于后世，悲夫！方子胥窘于江上，志岂尝须臾忘郢邪？故隐忍就功名，非烈丈夫孰能致此哉？"其《季布栾布列传》云："以项羽之气，而季布以勇显于楚，身屦军搴旗者数矣，可谓壮士。然至被刑戮，为人奴而不死，何其下也？彼必自负其材，故受辱而不羞，欲有所用其未足也，故终为汉名将。贤者诚重其死，夫婢妾贱人感慨而自杀者，非能勇也，其计画无复之耳！"其《报任安书》云："勇者不必死节，怯夫慕义，何处不勉焉。所以隐忍苟活，幽于粪土之中而不辞者，恨私心有所不尽，鄙陋没世而文采不表于后也。"都是《史记》中经常隐现的主题。

"生我者父母，知我者鲍子也"：史公于朋友之际，良多感慨，其谴责叛变、出卖朋友者见《孟尝君列传》《廉颇蔺相如列传》《汲郑列传》《报任安书》等；其歌颂朋友交情者见《游侠列传》《刺客列传》《魏其武安侯列传》，尤其在本传中史公可谓倾其心力矣。

以上管仲自叹一段，见于《列子·力命篇》。王叔岷以为"今本《列子》出于东晋，《力命篇》'管仲曰'云云，乃伪托者抄袭《管晏列传》，非史公采自《列子》也。"

对于这篇文字简短的《管晏列传》，李晚芳说："两传皆以志友道交情，曰'知我'，曰'知己'，两篇合叙联结之真谛也。太史遭刑不能自赎，交游莫救，故作此二传，寄意独深。使当时有知管仲之鲍子知之，或可劝君解免；有知越石父之晏子知之，亦可援法代赎。多鲍叔之知人，与执鞭所欣慕，皆情见乎辞矣。故落笔时，有不胜望古遥集之悲；反复抑扬，又有笔欲住而意不住之妙。盖人之相知，贵相知心，不以贵贱患难而有间，斯足千古。故于管传，即在仲口中备言鲍子知我之感，慷慨淋漓，可歌可泣，知之者贤，则受知者之贤自见；晏传亦于越石父口中，反言知己无礼之当绝，亦深知晏子必悔而优待之，以成一段患难相知之谊。使人至今重晏子者，越石父也，皆借宾形主之法。传首于管仲，则轻轻叙其出处大意，后又概写其为相才略，疏疏落落，不脱不粘；于晏子，亦虚虚首括其立身行事之概，末则记荐御一事，见其不遗片长。于其所著霸君显君之书，在赞中开手即一笔提全，点滴不漏。寥寥轶事，遂令两人全身活见于尺幅间，虽不详其平生言行，而平生言行无不毕见，是变仍不失其正者也。唐荆川所谓'神化'者欤？"（《读史管见》）

2

《管晏列传》：管仲既任政相齐，以区区之齐在海滨，通货积财，富国强兵，与俗同好恶。故其称曰："仓廪实而知礼节，衣食足而知荣辱，上服度则六亲固。四维不张，国乃灭亡。下令如流水之原，令顺民心。"故论卑而易行。俗之所欲，因而予之；俗之所否，因而去之。

其为政也，善因祸而为福，转败而为功。贵轻重，慎权衡，桓公实怒少姬，南袭蔡，管仲因而伐楚，责包茅不入贡于周室；桓公实北征山戎，而管仲因而令燕修召公之政；于柯之会，桓公欲背曹沫之约，管仲因而信之，诸侯由是归齐。故曰："知与之为取，政之宝也。"

司马迁对于春秋时代的各诸侯国的政权建设，对于各国君主与其股肱大臣的执政能力与其经济发展，他评价最高的是齐国。司马迁认为齐国的君主自太公建国，以及中兴的齐桓公与其大臣管仲等，都重视发展经济，安定民生。讲究因时制宜、因地制宜、因条件之宜，因黎民百姓思想愿望之所宜，而不拘泥于某种传统的教条之限制。尤其是齐国在重视农业发展的同时，特别重视发展手工业、商业，因而能在较长时间里保持了国家的富有与强大。司马迁在讲到齐太公奔赴齐国上任的情景说："武王已平商而王天下，封师尚父于齐营丘。东就国，道宿行迟。逆旅之人曰：'吾闻时难得而易失。客寝甚安，殆非就国者也。'太公闻之，夜衣而行，黎明至国。莱侯来伐，与之争营丘。营丘边莱。莱人，夷也，会纣之乱而周初定，未能集远方，是以与太公争国。"由于姜太公有谋略、有实力、有充分的准备，因而很从容、很干净地打败并制服了一切来犯者。接着司马迁又说："太公至国，修政，因其俗，简其礼，通商工之业，便鱼盐之利，而人民多归齐，齐为大国。"接着又说："及周成王少时，管蔡作乱，淮夷畔周，乃使召康公命太公曰：'东至海，西至河，南至穆陵，北至无棣，五侯九伯，实得征之。'齐由此得征伐，为大国，都营丘。"（《齐太公世家》）

所谓"因其俗，简其礼"，就是要收起在周国实行的那固有的一套，而放下架子，入乡随俗地按照齐地百姓所喜欢、所拥护的管理方式进行管理；将农业经营、将手工业、商业，以及各种服务行业都不失时宜的发展起来，能让黎民百姓都感觉得到自家的生活水平在一天比一天好；在社会治安、在国防建设、在文化教育、在移风易俗诸方面都有强有力的工作，而让整个国家的子民都能为生活在这块兵强国富的土地上而感到自尊与自豪。至少司马迁是这样认识齐国的。他在《货殖列传》中满怀激情地歌颂齐国说："《周书》曰：'农不出则乏其食，工不出则乏其事，商不出则三宝绝，虞不出则财匮少。'财匮少而山泽不辟矣。此四者，民所衣食之原也。原大则饶，原小则鲜。上则富国，下则富家。贫富之道，莫之夺予，而巧者有余，拙者不足。故太公望封于营丘，地潟卤，人民寡，于是太公劝其女功，极技巧，通鱼盐，则人物归之，繦至而辐凑。故齐冠带衣履天下，海岱之间敛袂而往朝焉。其后齐中衰，管子修之，设轻重九府，则桓公以霸，九合诸侯，一匡天下；而管氏亦有三归，位在陪臣，富于列国之君。是以齐富强至于威、宣也。"

治理一个国家，不看统治者所唱的调门有多高，也不在于他所讲的原则有多么美好动人，最重要的是它所推行的那一套能不能使国内保有良好的秩序，能让这个国家的黎民百姓过上好日子，能让这个国家有强大的国防，在国际上能有相当的地位，并能为诸国之间的事务尽一定的责任。吴国的公子季札曾称道齐国说："美哉，泱泱乎，大风也哉。表东海者，其太公乎？国未可量也。"

相比之下，出现在司马迁笔下的鲁国与卫国又是一种何等的模样呢？司马迁用周公本人的一句预言，预示鲁国日后的前景说："呜呼，鲁后世其北面事齐矣！夫政不简不易，民不有近；平易近民，民必归之。"在战国相互争鸣的诸多学派中，哪一家的学说最"繁文缛节"、最"累世不能通其学，当年不能究其礼"呢？司马迁在歌颂管仲其人其才，其治国纲领的时候，对儒家学说的批评是没有掩饰的。

③

《管晏列传》：方晏子伏庄公尸哭之，成礼然后去，岂所谓"见义不为无勇"者邪？至其谏说，犯君之颜，此所谓"进思尽忠，退思补过"者哉！假令晏子而在，余虽为之执鞭，所忻慕焉。

明代穆文熙《史记鸿裁》说："抑扬之辞，还是许晏子。晏子能赎越石父，故太史公追感之，而愿为之执鞭焉，亦以恨己之不遇晏子也。"林云铭《古文析义》说："执鞭，根传中仆御来。管晏同传独欣慕晏子者，自知不能为管仲事功，且追伤被刑时贫无以赎，交游不为一言，晏子有赎贤荐贤二事，寄意甚远。"舒雅曰："太史以李陵故被刑，汉法腐刑许赎，而生平交游故旧无能如晏子解左骖赎石父者。自伤不遇斯人，而过激仰羡之词耳。"

《老子韩非列传》

①

《老子韩非列传》：孔子适周，将问礼于老子。老子曰："子所言者，其人与骨皆已朽矣，独其言在耳。且君子得其时则驾，不得其时则蓬累而行。吾闻之，良贾深藏若虚，君子盛德容貌若愚。去子之骄气与多欲，态色与淫志，是皆无益于子之身。吾所以告子，若是而已。"孔子去，谓弟子曰："鸟，吾知其能飞；鱼，吾知其能游；兽，吾知其能走。走者可以为罔，游者可以为纶，飞者可以为矰。至于龙，吾不能知，其乘风云而上天。吾今日见老子，其犹龙邪？"

《史记》是一部杰出的历史书，同时也是一部杰出的文学书。《史记》中的人物形象以及他们的言论文章，有相当一部分带有寓言故事的特质，从事物本质上说它是真实的；但从具体的故事情景上看，它又是艺术的，分明带着夸张虚构的成分。即如本篇所写的孔子到周国向老子问礼的事情，这件事情本身可能是有的，儒家学派特别讲究"礼"，周国又是个以《礼》《乐》治国的开始的地方。孔子到周国找个在朝廷上主管文史的老人问问这方面的情况，合情合理。遗憾的是他没有写到孔子向老子问过哪些有关"礼"的事，也没有写老子给孔子讲过哪些有关"礼"的事情。等于正经事司马迁一点没说，就写了孔子事罢回国，老子送别时教导孔子的几句话："良贾深藏若虚，君子盛德容貌若愚。去子之骄气与多欲，态色与淫志，是皆无益于子之身。"这是孔子要学的东西吗？不是，这是道家学派的处世学说。是老子在劝说孔子赶早放下儒家所奉行的那一套，洗心革面，前来皈附道家之门。孔子听后的态度如何呢？他对他的弟子们说："鸟，吾知其能飞；鱼，吾知其能游；兽，吾知其能走。走者可以为罔，游者可以为纶，飞者可以为矰。至于龙，吾不能知，其乘风云而上天。吾今日见老子，其犹龙邪？"他虽然没有明确说"愿舍弃'仁爱''礼乐'，从此敬事道家之门"；但他却对老子的人格佩服得五体投地，为之顶礼陶醉得难以言表了。

《庄子》书里有一篇叫《盗跖》。说的是传说中的一个生吃人肉的大盗。孔子自不量力地去见他，想通过自己的学问口才，说服盗跖，使之回面向善。结果被盗跖反问痛骂得张口结舌，失魂落魄地逃回，三天没有缓过气来。这都是不同学派进行论辩的一种方式。有时是论辩，有时是诋毁，有时是用寓言、用小说的形式，生动幽默地讲故事，总之是以达到让对方失败、闭口为宗旨。《庄子·天运篇》说："孔子见老聃归，三日不谈，弟子问曰：'夫子见老聃，亦将何规哉？'孔子曰：'吾乃今于是乎见龙，龙合而成体，散而成章，乘乎云气，而养乎阴阳，予口张而不能合，予又何规老聃哉？'"这就是前面所引的《老子韩非列传》中那段文字的来源。梁玉绳说："此本《庄子·天运篇》，《庄子》多寓言，而据为实录，可乎？"蒋伯潜说："'犹龙'之赞，显为道家夸饰之辞，不待辨而自明矣。"令人奇怪的是司马迁，他并不是死心塌地地信奉道家，当然对儒家也不是信奉得那么虔诚。但相较二者，还是对儒家尊敬得更多一点。既然如此，这篇对道家过于一边倒的故事，就显得不很合体了。是不是与司马谈的关系更多一些呢？

《老子韩非列传》：老子修道德，其学以自隐无名为务。居周久之，见周之衰，乃遂去。至关，关令尹喜曰："子将隐矣，强为我著书。"于是老子乃著书上下篇，言道德之意五千余言而去，莫知其所终。

范文澜说："孟子批评当时各学派没有提到老子，这说明李耳学说流行在孟子后；荀子开始评论老子，说他只有看到'屈'的好处，没有看到'伸'的好处；韩非子作《解老》《喻老》两篇，发扬老子学说，足见老子学说的传播在战国后半期。老子是有极大智慧的古代哲学家，他观察了自然方面天地以至万物变化的情状，他观察了社会方面历史的、政治的、人事的成与败、存与亡、祸与福、古与今相互间的关系与因果，他发现并了解事物的矛盾性比任何一个古代哲学家更广泛、更深刻。老子看到了矛盾的某些重要法则，特别是正反两面互相转化的法则，成为老子学说的精髓。庄周，《史记》说他与梁惠王、齐宣王同时，也就是与孟子同时，恐不可信。庄周当为宋王偃（前328－前286）时人，与李耳同时或稍后，因为庄子思想显然出于老子，《史记》已有定论。庄子所说的人、事极大部分是荒诞无稽的寓言，所谓与惠施辩论、楚威王聘请为国相等事，都属假设，并非实有。庄子所作《内篇》七篇把战国社会的消极面集中表现出来，他那种极端厌世悲观的思想和纵横无边际的辩说，似乎要引导人们走到毁灭的路上去。庄子完全失去了人们对自然斗争的自信心。庄子源出于老子，流派却不同，所以两汉时'黄''老'并称，不称'老庄'；魏晋时期以'庄'配'老'，并称'老庄'，与佛经同为腐朽的统治阶级所崇尚。"（《中国通史简编》）

郭预衡说："《老子》一书是否即老子其人所著，也无定论。但从《韩非子》里面已以《解老》《喻老》来看，《老子》成书不会在战国后期。再从《老子》对于庄周的影响来看，其成书时间也不会很晚。从文风来看，大概也是春秋战国之际的作品。这样的文章在春秋时代是没有的，从思想内容到行文气息，都是到战国才可能出现的。《老子》书中这些思想内容只能说反映了以'老子'为标榜的一派学者的思想观点和政治态度。他们像是消极，而实际上十分关心政治，其核心思想是'无为而无不为'，是'无为而治'。"（《中国散文史》）

③

《老子韩非列传》：非见韩之削弱，数以书谏韩王，韩王不能用。于是韩非疾治国不务修明其法制，执势以御其臣下，富国强兵而以求人任贤，反举浮淫之蠹而加之于功实之上。以为儒者用文乱法，而侠者以武犯禁。宽则宠名誉之人，急则用介胄之士。今者所养非所用，所用非所养。悲廉直不容于邪枉之臣。观往者得失之变，故作《孤愤》《五蠹》《内外储》《说林》《说难》十余万言。

范文澜说："韩非思想是荀子思想的进一步发挥，以此为基础，采取老子的术，商鞅的法，申不害、尹文的术，慎到的势，造成完整的极端专制主义的政治理论，集一切权力于君主一人是韩非学说的本旨。韩非推崇老子，全书多引《道德经》语，但老子的宗旨在柔弱无为，韩非却强调刚强有为。《解老》《喻老》两篇阐发道德本意，语甚详备，但其中无一语说及无为柔弱，可见韩非仅取老子的法术，并不取老子的宗旨。"（《中国通史简编》）杨宽说："秦王赞许韩非之书当是事实。《韩非子·饰邪篇》云：'彼法明则忠臣劝，罚必则邪臣止，忠劝邪止而地广主尊者，秦是也。'《外储说左上》云：'夫慕仁义而弱乱者，三晋也；不慕而治强者，秦也。然而未帝者，治未毕也。'《五蠹》篇以'学者''言谈者''带剑者''患御者''商工之民'为'五蠹'，因而其结论曰：'故明主之国无书简之文，以法为教；无先王之语，以吏为师；无私剑之悍，以斩首为勇。是境内之民，其言谈者必轨于法，动作者归之于功，以勇者尽之于军，是故无事则国富，有事则兵强，此之谓王资。既蓄王资而承敌之衅，超五帝、侔三王者，必此法也。'所谓'王资',即完成统一而称王于天下的凭借。此后秦始皇兼并六国而完成统一,即采取韩非所主张之方针政策:以法为教,以吏为师,以斩首为勇。李斯创意焚书坑儒,其主旨即在禁绝私学,强制人民学法令,以吏为师。"

韩非为法家学说之集大成,殆无异议,司马迁若选其文章之代表当选《定法》,而不宜选《说难》。《说难》深入研习统治者之复杂心性,此为纵横家进说成败之关键,又是一切阴谋家之素所擅长的伎俩。其文章之透辟虽令人赞叹称绝,但终非法家言论之代表。至于司马迁对韩非的文章尤其看重《孤愤》,罗根泽说:"司马迁指为韩非所作,而最言之确凿者莫如《孤愤》一篇,他说韩非所作'十余万言'而首举《孤愤》;又说人或传其书至秦,秦王见《孤愤》《五蠹》之书,曰:'嗟乎,寡人得见此人与之游,死不恨矣!'他又于《报任安书》说道:'韩非囚秦,《说难》《孤愤》。'《孤愤》究为韩非囚秦所作,抑或非未至秦而秦王见《孤愤》之篇,殊未易言。迁发愤著书,未暇详于考证,秦王见《孤愤》之说当是无稽的话,而迁借以抒发不平之气的。"(《古史辨·韩非著作考》)

④

《老子韩非列传》之文字、标点有可讨论者:

(1)彼显有所出事,乃自以为也故,说者与知焉,则身危。

"乃自以为也故"。泷川曰:"'也故',当依《韩子》作'他故'。"泷川说是,今依例重新标点此句作:"彼显有所出事,乃自以为(也)[他]故,说者与知焉,则身危。"

(2)规异事与同计,誉异人与同行者,则以饰之无伤也。有与同失者,则明饰其无失也。

前三句语气不顺。检陈其猷《韩非子集释》之《说难》原文，原来在第三句"则以饰之无伤也"前，有"有与同污者"一句，以与下句"有与同失者"云云对文。此处应据《韩非子》原文补。

今依例重新标点此数句作："规异事与同计，誉异人与同行者。〔有与同污者，〕则以饰之无伤也；有与同失者，则明饰其无失也。"

四

《司马穰苴列传》

①

　　《司马穰苴列传》：穰苴曰："臣素卑贱，君擢之闾伍之中，加之大夫之上，士卒未附，百姓不信，人微权轻，愿得君之宠臣，国之所尊，以监军，乃可。"于是景公许之，使庄贾往。穰苴既辞，与庄贾约曰："旦日日中会于军门。"穰苴先驰至军，立表下漏待贾。贾素骄贵，以为将己之军而己为监，不甚急；亲戚左右送之，留饮。日中而贾不至。穰苴则仆表决漏，入，行军勒兵，申明约束。约束既定，夕时，庄贾乃至。穰苴曰："何后期为？"贾谢曰："不佞大夫亲戚送之，故留。"穰苴曰："将受命之日则忘其家，临军约束则忘其亲，援枹鼓之急则忘其身。今敌国深侵，邦内骚动，士卒暴露于境，君寝不安席，食不甘味，百姓之命皆悬于君，何谓相送乎！"召军正问曰："军法期而后至者云何？"对曰："当斩。"庄贾惧，使人驰报景公，请救。既往，未及反，于是遂斩庄贾以徇三军。三军之士皆振慄。

　　钟惺曰："穰苴诛庄贾之意，在请贾为监军之时已定矣；使穰苴胸中本无'人微权轻'之疑，则亦不必请贾而诛之矣。"（《史怀》）姚苎田曰："顿出杀机。夫苴则何藉于庄贾之监哉？请以杀之而已，古云'愿得将军之头，可以集事'，正此类也。"又曰："孙武杀宠姬，穰苴诛庄贾，总是一副辣手，皆以羁旅疏贱之故，不得已而出此，当原其心以论之。"（《史记菁华录》）崔适曰："是时姜齐未亡，田齐未立，李克已以穰苴比吴起，安得为潜王臣耶？惟燕、晋伐齐事不惟《左氏》无之，即《年表》《世家》亦无之，诚为可疑。且穰苴斩君之宠臣，与孙武斩君之爱姬，如此矫激之风，春秋时所未有。盖亦寓言，非事实也。"（《史记探源》）

　　作品表现了司马穰苴有威有恩的非凡将才，和他明大义、知礼节、雍容揖让的儒将风度。描写生动传神，有声有色，是《史记》中的上乘文字。但由于作品只是突出了蓄谋设陷的杀人立威一事，因而使人感到有些矫揉造作，真实感略差。说到司马穰苴其人的生活年代，史公称其为春秋末期齐景公时人，前人赞同此说者多引《孙子吴起列传》为证，然《孙子吴起列传》亦同出于司马迁之手，不足为凭；可为旁证者为《晏子春秋》，其中载田穰苴事迹有："景公饮酒，夜移于司马穰苴之家，前驱款门曰：'君至。'穰苴介胄操戟立于门曰：'诸侯得微有兵乎？大臣得微有叛乎？君何为非时而夜辱？'公曰：'酒醴之味，金石之声，愿与将军乐之。'穰苴对曰：'夫布荐席、陈簠簋者有人，臣不敢与焉。'"表现出了司马穰苴忠厚正直、一心为国的凛凛风骨，可补此《司马穰苴列传》之不足。

　　《史记》中写到大将初上任而杀人立威的事件共三起，其一为《晋世家》与《魏世家》所写到的晋臣魏绛戮晋悼公之弟杨干之仆；其二为《孙子吴起列传》所写的孙武为吴王阖庐练女兵而诛吴王之二宠妃；其三为本篇所写的司马穰苴为齐国统兵而诛懈怠误时的齐景公宠臣庄贾。三者以魏绛杀人为自然合理，其余二者皆矫揉造作，而以本篇之穰苴杀庄贾最为令人生厌。

《司马穰苴列传》之文字、标点有可讨论者：

穰苴既辞，与庄贾约曰："旦日日中会于军门。"穰苴先驰至军，立表下漏待贾。贾素骄贵，以为将己之军而己为监，不甚急；亲戚左右送之，留饮。

黄善夫本、中华本皆作"将己之军"，如此则庄贾便成了该军的前任主将，细审前后文似乎看不出这种意思，庄贾只是一个庸劣贵族而已。由于他不知军中的厉害，故而饮酒误事。此处应作"将已之军"，将军已经去了军中。此处的"将已之军"，正与上文的"穰苴先驰至军"相呼应。盖庄贾以为主将已去军中，自己仅是"监军"，故而以为晚去一些亦无妨。古书"己""已"二字常相混。如《左传》襄公三十一年子产毁晋馆垣，叔向曰"辞之不可以已也如是夫"，"已"字有本错为"己"。而对这里的"将己之军"，张文虎、水泽利忠等各家的校勘书皆未置辞，只有泷川资言的《史记会注考证》于此作"将已之军"，我觉得只有这个本子的用字是正确的，应据改。

今依例重新标点数句作："穰苴既辞，与庄贾约曰：'旦日日中会于军门。'穰苴先驰至军，立表下漏待贾。贾素骄贵，以为将〔己〕〔已〕之军而己为监，不甚急；亲戚左右送之，留饮。"

五

《孙子吴起列传》

1

> 《孙子吴起列传》：孙子武者，齐人也，以兵法见于吴王阖庐。阖庐曰："子之十三篇，吾尽观之矣，可以小试勒兵乎？"对曰："可。"阖庐曰："可试以妇人乎？"曰："可。"……于是阖庐知孙子能用兵，卒以为将。西破强楚，入郢，北威齐晋，显名诸侯，孙子与有力焉。

司马迁笔下的先秦人物，有几个面目不清，本文第一个写到的孙武，就是令读者至今持有疑问的人物之一。本文说他曾为吴将，与伍子胥联手破楚入郢，但《左传》叙阖庐入郢未言有孙武其人。而且不仅《左传》没有，连后起的《公羊传》《谷梁传》也都没有。于是胡应麟、姚鼐、梁玉绳、齐思和等许多前辈学者都提出了有关孙武其人的生平履历的疑问。其中以齐思和的文章考辨最为详尽。1972年临沂银雀山出土了《孙子兵法》，是一件大好事，但它实际上并未超出司马迁本篇所涉及的范围，而且银雀山只是一个汉墓，时代也比司马迁早不了多少，所以我们仍只能寄希望于日后能有更多的考古发现。关于《孙子兵法》其书，当然是辉煌的，应该大书特书，但这是另一个问题。

有关孙武的生平事迹，齐思和说："综史迁所记孙武之事迹，不过以军令斩吴王宠姬，及佐吴入郢二事耳。然则入吴之前，破楚之后，彼孙武者果何在乎？其可疑一也。抑《史记》中所记之二事亦难令人置信。兹先就孙武在吴宫以妇人试军令一事言之，夫'兵者国之大事'，死生存亡之所系，而试之于宫女，不亦轻且亵乎？斩美姬以申军令，又何其以儿戏为真乎？此种不经之谈，与《燕丹子》所称荆轲誉美人之手，太子丹即断其手，盛以玉盘以奉之，皆小说家过甚之说，叶适以之为奇险不足信，全祖望以之为七国传闻而太史公误信之者，似矣。其可疑二也。至于吴人破楚入郢，从此楚势渐衰，吴、越从此称霸，乃春秋一大关键，《左氏》载之详矣。据《左传》所载，入郢之师，其主师为吴王阖庐，同盟者为蔡侯、唐侯，吴将兵者有伍员、子山，而最有功者为吴王弟夫概王也。初无所谓孙武者。至《史记·孙子吴起列传》始谓孙武为吴将，破楚入郢，然于用兵之略亦不能详也。《吴世家》及《伍子胥列传》叙此役较详矣，而仍以战胜之谋归于夫概王，与《左传》相同。然则孙武之略，果安在乎？至于《楚世家》叙此事则又谓'吴王阖庐、伍子胥、伯（否）与唐、蔡俱伐楚'，而又无一言及于孙武，其前后相抵牾如此。且其后秦以兵援楚，败吴于外，越乘虚入吴，破之于内，此时所谓孙武者又安在乎？然由史迁虽博访众人，为孙武立传，考之载记，大都羌无故实。其可疑三也。……春秋之世，隐逸之士，不见于《左传》者固亦多矣，然此皆迹在沉冥不闻国政之士，如颜渊、原宪等人是也。至若孙武，据《史记》所载则吴国之名将，破楚之首功，左氏既详叙其役而独不及之，不亦可异乎？且不唯左氏未言孙武也，遍阅先秦古籍，未有言及孙武者也。荀卿称世俗之所谓善用兵者，有齐之田单、楚之庄（乔）、秦之商鞅、燕之缪虮，《吕览》举兵家之著书者谓'孙膑贵势、王廖贵先、儿良贵后'，皆未及于孙武。先秦故籍固已有'孙吴'合称者，如临武君称'孙吴用之，无敌于天下'；韩非称'藏孙吴之书者家有之'，然鲁仲连遗燕将书有谓：'今公以弊聊之民距全齐之兵，期年不解，是墨翟之守也；食人炊骨，士无反北之心，是孙膑、吴起之兵也。'是战国人所谓之'孙吴'

者，乃指孙膑、吴起而言；而非如后世之以孙武、吴起当之也。是孙武之行事不唯不见于《左传》，且不见于一切先秦古籍，其可疑四也。"（《〈孙子兵法〉著作时代考》，见《孙子二十讲》）

②

《孙子吴起列传》：后十三岁，魏与赵攻韩，韩告急于齐。齐使田忌将而往，直走大梁。魏将庞涓闻之，去韩而归，齐军既已过而西矣。孙子谓田忌曰："彼三晋之兵素悍勇而轻齐，齐号为怯，善战者因其势而利导之。兵法，百里而趣利者蹶上将，五十里而趣利者军半至。使齐军入魏地为十万灶，明日为五万灶，又明日为三万灶。"庞涓行三日，大喜，曰："我固知齐军怯，入吾地三日，士卒亡者过半矣。"乃弃其步军，与其轻锐倍日并行逐之。

郭嵩焘曰："齐之侵魏自东而西；庞涓之去韩而归，又自西而东，其势不能绕出齐军之后。此当为庞涓还救，孙膑因急退师以诱之，而庞涓悉锐追及以谋邀击也。史公于此尚少一斡旋。"缪文远引雷氏《义证》有所谓"孙子设谋，使盼与婴击其东鄙，使田忌扬言伐魏，直走大梁。未及魏都，不战而退，伪遁减灶，以诱敌师，且使盼与婴拒太子而阴于马陵设伏以待"云云，后人讲军事成语亦有所谓"退兵减灶"之说。但这些都与史公所叙之原意不合。当开始深入敌境时可以有人开小差，到"向回撤退"时，还会有人开小差吗？还可以使用"减灶"之诈吗？既由"进兵减灶"改成了"退兵减灶"，于是究竟"退"到何处也就各有说法了。有人说马陵道在今河南濮阳，有人说在今河北大名，也有人说在今山东范县，甚至还有人说在八百里开外的山东郯城。依史公本文的意思看，马陵道应在魏国境内的大梁城以东。至于其地当时的地形地貌如何，则当时大梁以东的地面已被两千多年的黄河泛滥，淤积到几十米以下去了。这是我们今天的读者应该注意的。钱大昕《考史拾遗》曰："齐扬言走大梁，非真抵大梁，及庞涓弃韩而归，齐军始入魏地。齐在魏东，'过而西'者，过齐境而西也。齐军初至，（敌）未知虚实，故为减灶之计以误之。若已抵大梁而退，则入魏地不止三日，毋庸施此计矣。"钱说较符合史公原意。

③

《孙子吴起列传》：孙子度其行，暮当至马陵。马陵道陕，而旁多阻隘，可伏兵，乃斫大树白而书之曰"庞涓死于此树之下"。于是令齐军善射者万弩，夹道而伏，期曰："暮见火举而俱发。"庞涓果夜至斫木下，见白书，乃钻火烛之。读其书未毕，齐军万弩俱发，魏军大乱相失。庞涓自知智穷兵败，乃自刭，曰："遂成竖子之名！"齐因乘胜尽破其军，虏魏太子申以归。

《史记》写人物、写故事特别像小说、像戏剧的篇章有《廉颇蔺相如列传》《田单列传》《吕太后本纪》《项羽本纪》《司马穰苴列传》《滑稽列传》《刺客列传》等，而本篇与《田单列传》又都几乎通篇与近现代小说的写作方法完全相似。如本篇之所谓"孙子度其行，暮当至马陵。马陵道陕，而旁多阻隘，可伏兵，乃斫大树白而书之曰'庞涓死于此树之下'。于是令齐军善射者万弩，夹道而伏，期曰：'暮见火举而俱发。'庞涓果夜至斫木下，见白书，乃钻火烛之。读其书未毕，齐军万弩俱发，魏军大乱相失。庞涓自知智穷兵败，乃自刭，曰：'遂成竖子之名！'"双方人物的心理、神情、口吻，无不惟妙惟肖。明代邓以瓒曰："减灶已奇，斫大树白书益奇，期举火更复奇，摹写处甚工。至'读未毕'，'遂成竖子之名'，情境跃如，可惊可叹。"真可谓设身处地，细致入微矣。

六

《伍子胥列传》

①

《伍子胥列传》：无忌言于平王曰："伍奢有二子，皆贤，不诛且为楚忧。可以其父质而召之，不然且为楚患。"王使使谓伍奢曰："能致汝二子则生，不能则死。"伍奢曰："尚为人仁，呼必来；员为人刚戾忍訽，能成大事，彼见来之并禽，其势必不来。"王不听，使人召二子曰："来，吾生汝父；不来，今杀奢也。"伍尚欲往，员曰："楚之召我兄弟，非欲以生我父也，恐有脱者后生患，故以父为质，诈召二子。二子到，则父子俱死，何益父之死？往而令雠不得报耳。不如奔他国，借力以雪父之耻。俱灭，无为也。"伍尚曰："我知往终不能全父命，然恨父召我以求生而不往，后不能雪耻，终为天下笑耳。"谓员："可去矣！汝能报杀父之雠，我将归死。"

邵宝曰："伍尚之就死正也，胥之逃生权也。虽然，胥岂真知权者哉？仇一人而戕一国，此申包胥所谓'已甚'也。虽然，为尚也易，为胥也难。"吴见思曰："员所言者势，尚所言者情，两相对照，各成其事。"又曰："英雄做事，量力度德，计定而行，决不孟浪。"

司马迁在人生观、生死观方面的名言是："人固有一死，或重于泰山，或轻于鸿毛，用之所趋异也。"生命对于人只有一次，因此在生死关头必须慎于抉择，既不能无原则地苟且求生，也不能糊涂一时地随便轻生，司马迁通过他笔下的许多人物，向我们揭示了这方面的人生哲理。当陈涉谪戍渔阳的时候，遇雨失期，失期依法当斩。如果逃跑，在暴秦的统治下，是绝对跑不掉的，抓回来自然要被问斩。经过衡量，陈涉选择了造反。因为既然反正是死，那就干脆死出个样子来。司马迁认为这是好汉子，这种"豁出去"值得。别说干出了大名堂，即使什么也没有干成，单是这种振臂一呼，这么奋力一拼，其本身就是大丈夫。司马迁把陈涉列为"世家"的缘由很多，但司马迁欣赏陈涉的生死观是相当重要的一条。蔺相如先是为了和氏璧，后又为了维护赵国的尊严，两次在强秦面前奋不顾身。司马迁对此无限敬佩。他说："知死必勇，非死者难也，处死者难。方蔺相如引璧睨柱，及叱秦王左右，势不过诛，然士或怯懦而不敢发。相如一奋其气，威信敌国；退而让颇，名重泰山，其处智勇，可谓兼之矣。"蔺相如威折了强秦，这当然好；即使蔺相如在这种场合被秦王杀掉了，其死也是"重于泰山"。此外，如项羽乌江自刎的以死殉自己的霸主事业，荆轲威震秦庭地以死来向暴君展示人心的不可征服等，正如司马迁在《刺客列传》中所说："其义或成或不成，然其立意较然，不欺其志。"这种死，司马迁都认为值得，都在当时以及后世产生过相当程度的影响，是永远令人反思，令人怀念的。

　　但司马迁同时认为，在意义不大的时候，人决不应该随意轻生，绝不能动不动地就"豁出去"拼命。为此，他赞成韩信的忍受胯下之辱；他说季布："以项羽之气，而季布以勇显于楚，身屡军搴旗者数矣，可谓壮士。然至被刑戮，为人奴而不死，何其下也？彼必自负其材，故受辱而不羞，欲有所用其未足也，故终为汉名将。贤者诚重其死，夫婢妾贱人感慨而自杀者，非能勇也，其计画无复之耳。"这些都是不轻易拼命，不愿意死得"轻如鸿毛"，都是宁可暂时受辱，以图日后干出更大事业的人。

　　既赞成必要的"豁出去"，又赞成必要的"忍辱"，二者的矛盾怎样统一呢？其取彼舍此，与取此舍彼的原则又是什么呢？司马迁在《伍子胥列传》中通过伍子胥与其兄伍尚的一段对话给我们做出了解答。当伍子胥的父亲伍奢被楚平王所囚，楚平王以伍奢的名义派人来叫伍氏兄弟回去，兄弟二人所面临的情势是一样的。伍子胥说："楚之召我兄弟，非欲以生我父也。恐有脱者后生患，故以父为质，诈召二子。二子到，则父子俱死，何益父之死？往而令雠不得报耳。不如奔他国，借力以雪父之耻，俱灭，无为也。"伍尚说："我知往终不能全父命，然恨父召我以求生而不往，后不能雪耻，终为天下笑耳。"他对其弟说："可去矣，汝能报杀父之雠，我将归死。"于是兄弟二人分别作出了各自的选择，一个束手被擒回去陪着父亲死，一个杀出重围逃到吴国去了。在这里他们所考虑的就是怎样做才能使生命呈现出更大的价值，日后能报大仇的，那就"活"下去，不必顾忌眼下被人视为如何的大逆不道；日后不能有所作为的，那就不如现在"死"，还能落一个忠义孝顺之名。可见问题的是非界线并不是很确定的，所以这就要求当事人审时度势，衡量彼己，尽管当时的紧急可能间不容发，但却要正确地作出有关生死的大抉择。大概"英雄"与非"英雄"的区别，也就表现在这里了吧！

司马迁赞赏这种人，自己也是作的这种人。当他触怒汉武帝，被以"沮贰师"与"诬上"的罪名判处死刑时，他宁可被普天下的人所误解、所鄙视，而义无反顾地援引当时死刑犯人可以申请改为宫刑的条例，忍辱含愤地自请改判了辱没族门的宫刑，其目的就是为了留下命来以图完成他那部正在写作中的《史记》。他在《报任安书》中说："勇者不必死节，怯夫慕义，何处不勉焉？所以隐忍苟活，幽于粪土之中而不辞者，恨私心有所不尽，鄙陋没世而文采不表于后也。"司马迁在当时所承受的压力是可以想象的，他"肠一日而九回"，他"居则忽忽若有所亡，出则不知所如往。每念斯耻，汗未尝不发背沾衣也。"但司马迁最终还是挺着活了下来，完成了他的历史名著，博得了古今中外一切世人的敬仰。如果司马迁当时就那么糊里糊涂地死了，历史在当时就已经给他画上了句号，那今天谁还会议论他与汉武帝谁是谁非的这桩历史公案呢？

《伍子胥列传》：伍胥既至宋，宋有华氏之乱，乃与太子建俱奔于郑。郑人甚善之。太子建又适晋，晋顷公曰："太子既善郑，郑信太子。太子能为我内应，而我攻其外，灭郑必矣。灭郑而封太子。"太子乃还郑。事未会，会自私欲杀其从者，从者知其谋，乃告之于郑，郑定公与子产诛杀太子建。建有子名胜。伍胥惧，乃与胜俱奔吴。

据《左传》，伍子胥逃出楚国后，直接逃向吴国，无奔宋、奔郑事。梁玉绳曰："子胥'亡楚至吴'而已，乃此言其历宋、郑、晋而与太子俱，不知何据。"《吴越春秋》所叙子胥逃难事，与本文同，盖后起之书，就史公所云更发挥之。

梁玉绳曰："郑杀建，不知何时，而子产卒于定之八年（前522），即建奔郑之岁，恐未是子产诛之。"关于太子建其人，《说苑》有云："王子建出守于城父，与成公乾遇于畴中。问曰：'是何也？'成公乾曰：'畴也。''畴也者何也？'曰：'所以为麻也。''麻也者何也？'曰：'所以为衣也。'成公乾曰：'昔者庄王伐陈，舍于有萧氏，谓路室之人曰：巷其不善乎？何沟之不浚也？庄王犹知巷之不善，沟之不浚；今吾子不知畴之为麻，麻之为衣。吾子其不主社稷乎？'王子果不立。"据此知太子建为人素不肖；其卖郑于晋，又心术不正。被郑所杀，宜也。徐孚远曰："太子出亡，当求反国，虽受封于郑，亦何所为？盖晋欲结太子以间楚，太子欲援晋以求入，故为晋图郑以自托也。非利郑也。"

③

《伍子胥列传》：九年，吴王阖庐谓子胥、孙武曰："始子言郢未可入，今果何如？"二子对曰："楚将囊瓦贪，而唐、蔡皆怨之。王必欲大伐之，必先得唐、蔡乃可。"阖庐听之，悉兴师与唐、蔡伐楚，与楚夹汉水而陈。

吴王之弟夫概将兵请从，王不听，遂以其属五千人击楚将子常。子常败走，奔郑。于是吴乘胜而前，五战，遂至郢。

"与楚夹汉水而陈"：谓吴军与唐、蔡军列阵于汉水东，楚军列阵于汉水西。夫概将兵请从：吴王之弟夫概请求率兵出击。从，进攻敌阵。遂以其属五千人击楚将子常："遂以"上应增"夫概"二字读。其属，其部下。子常，即囊瓦，时为楚国令尹。子常败走，奔郑：令尹子常逃向郑国的都城新郑。吴乘胜而前，五战，遂至郢：吴兵乘胜追击，楚兵且战且退，五次失败后，遂被吴兵攻入郢都。

据《左传》定公四年写吴、楚此役，先后有两场战斗。其一是夹汉之战，其文曰："吴师舍舟于淮汭，自豫章与楚夹汉。左司马戌谓子常曰：'子沿汉而与之上下，我悉方城外以毁其舟，还塞大隧、直辕、冥厄。子济汉而伐之，我自后而击之，必大败之。'既谋而行。武城黑谓子常曰：'吴用木也，我用革也，不可久也。不如速战。'史皇谓子常：'楚人恶子而好司马，若司马毁吴舟于淮，塞城口而入，是独克吴也。子必速战，不然不免。'乃济汉而阵，自小别至于大别。三战，子常知不可，欲奔。史皇曰：'难而逃之，将何所入；子必死之，初罪必尽脱。'"其二是柏举之战，其文曰："十一月庚午，二师陈于柏举。阖庐之弟夫槩王晨请于阖庐曰：'楚瓦不仁，其臣莫有死志，先伐之，其卒必奔；而后大师继之，必克。'弗许。夫槩王曰：'所谓"臣义而行，不待命"者，其此之谓也。今日我死，楚可入也。'以其属五千先击子常之卒。子常之卒奔，楚师乱，吴师大败之……吴从楚师，及清发，将击之。夫槩王曰：'困兽犹斗，况人乎？若知不免而致死，必败我。若使先济者知免，后者慕之，蔑有斗心矣。半济而后可击也。'从之，又败。楚人为食，吴人及之，奔，食而从之，败诸雍澨。五战，及郢。"《左传》先写的是"夹汉之战"，汉水与楚国郢都的直线距离最近处不足一百公里，即使战场偏北也不会远于二百公里；而第二场战斗的所在地"柏举"，则在今湖北麻城的东北方，西距郢都的直线距离在三百公里之外，与郢都东侧汉水的距离，也有二百公里。《左传》先写"夹汉之战"，后写"柏举之战"显然不合情理。司马迁看到了这种毛病，因而将二战合而为一，将"柏举之战"中夫概有勇有谋的断然对楚兵发起攻击，移到了"夹汉之战"中；但这样一来，吴兵追击楚兵的所谓"及清发"就更加没有道理了。清发水流经今湖北安陆县，乃在汉水以东的七八十公里。就情理而言，应该是先有"柏举之战"，夫概王的大败楚军是在柏举。而后势如破竹地追击楚军，其所谓"楚人为食，吴人及之，奔，食而从之，败诸雍澨。五战，及郢"云云，就是发生在由柏举到清发，再渡汉水到郢都的一路之上。《左传》这段文字描写吴军的锐不可当，尤其是描写夫概其人的英姿勃勃，都异常精彩。而《史记》于《吴太伯世家》《楚世家》《伍子胥列传》皆未提"柏举之战"一词，亦可怪也。

④

《伍子胥列传》：及吴兵入郢，伍子胥求昭王。既不得，乃掘楚平王墓，出其尸，鞭之三百然后已。申包胥亡于山中，使人谓子胥曰："子之报雠，其以甚乎？吾闻之，人众者胜天，天定亦能破人。今子故平王之臣，亲北面而事之，今至于僇死人，此岂其无天道之极乎？"伍子胥曰："为我谢申包胥曰，吾日莫途远，吾故倒行而逆施之。"于是申包胥走秦告急，求救于秦。秦不许。包胥立于秦廷，昼夜哭，七日七夜不绝其声。秦哀公怜之，曰："楚虽无道，有臣若是，可无存乎？"乃遣车五百乘救楚击吴。

"乃掘平王墓，出其尸，鞭之三百然后已"：此次吴军入郢，残暴异常：《左传》有所谓："以班处宫，子山处令尹之宫，夫概王欲攻之，惧而去之，夫概王入之。"杜预注："以尊卑班次，处楚王宫室。"《谷梁传》云："君居其君之寝而妻其君之妻，大夫居大夫之寝而妻其大夫之妻。"《吴越春秋》云："令阖闾妻昭王夫人，伍胥、孙武、伯嚭亦妻子常、司马戍之妻，以辱楚之君臣也"。吴之君臣如此，部下将士之活动可知。史公为回护伍子胥而删弃此情节不录，而夸张其复个人之仇的掘墓鞭尸。而掘墓鞭尸事《左传》《国语》皆无，《谷梁传》与《吕氏春秋·首时》《淮南子·泰族训》皆谓"挞平王之墓"；《楚世家》与《十二诸侯年表》《季布栾布列传》亦但曰"鞭平王之墓"，盖尚稍文明；不似此文之所谓"出其尸，鞭之三百然后已"。而后出之《吴越春秋》又发挥为"左足践腹，右手抉其目，诮之曰：'谁使汝用谗谀之口杀我父兄，岂不冤哉？'"尤显荒唐。凌约言曰："子胥所当仇者费无忌也，楚既为之杀费无忌，灭其家，昭王又使人谢先王之过而勉之归，则子胥亦可矣。而至鞭平王尸，其亦甚哉！"中井曰："平王死经十有余年，纵令掘之，朽骨而已，非有可鞭之尸。"

"吾日莫途远，吾故倒行而逆施之"：莫，通"暮"。《索隐》曰："子胥言志在复仇，常恐且死不遂本心，今幸而报，岂论理乎？譬如人行，前途尚远而日势已暮，其在颠倒急行，逆理施事，何得责吾顺理乎？"陈子龙曰："若立胜为楚后，则吴可以霸，而阖庐速归，亦免于夫概之乱矣。子胥知吴王之不能出此，故徒快其区区之志耳。"徐孚远曰："伍子胥入楚，当立白公胜为楚王，而身相之，则楚国可静，而恩怨亦可报也。然既鞭平王尸，则无留楚之理矣。"冈白驹曰："伍员意谓立白公胜为楚后，而身相之，则恩怨皆可报，吾非不知出于此也；今求昭王既不得，则事之成否未可知，常恐且死，不遂本志，故喻以日暮途远云尔。"

"走秦告急"：跑到秦国向秦国求救。《左传》载申包胥谓秦哀公曰："吴为封豕长蛇，以荐食上国，虐始于楚。寡君失守社稷，越在草莽，使下臣告急，曰：'夷德无厌，若邻于君，疆场之患也。逮吴之未定，君其取分焉。若楚之遂亡，君之土也。若君灵抚之，世以事君。'"

"七日七夜不绝其声"：《左传》于此记曰："秦伯使辞焉，曰：'寡人闻命矣。子姑就馆，将图而告。'申包胥对曰：'寡君越在草莽，未获所伏，下臣何敢即安？'立，倚于庭墙而哭，日夜不绝声，勺饮不入口七日。"程余庆引前人曰："此哭千古！千载下凛凛有生气！"

⑤

《伍子胥列传》：后二岁，阖庐使太子夫差将兵伐楚，取番。楚惧吴复大来，乃去郢，徙于鄀。当是时，吴以伍子胥、孙武之谋，西破强楚，北威齐晋，南服越人。

茅坤曰："伍子胥之入吴也，以报父仇。一番事业已了，特著一总按。"陈子龙曰："伐楚后总一段，为子胥出色。破楚实，威齐晋虚，服越在后。先于此轻点一句，结楚事，起越事。"以上伍子胥助阖庐杀王僚夺位，并佐其破楚称霸事，见《左传》昭公二十七年、三十年、三十一年、定公三年、定公四年、定公五年。但《左传》中只字未及"孙武"其人。只有到《史记》中，司马迁在《吴太伯世家》《孙子吴起列传》《伍子胥列传》中写到吴师入郢一役时，都将孙武与伍子胥的名字并列提出，但没有写孙武究竟有何贡献。只在本文与《吴太伯世家》两处写吴王阖庐于其三年曾欲出兵伐楚时，孙武以"民劳，未可"云云劝止之。而《左传·昭公三十年》中亦写此事，而对之者非孙武，乃伍子胥。伍子胥曰："楚执政众而乖，莫适任患。若为三师以肄焉，一师至，彼必皆出；彼出则归，彼归则出，楚必道敝。亟肄以罢之，多方以误之。既罢而后以三军继之，必大克之。"这"三师以肄之"，实在太经典、太重要了。杨伯峻曰："为定四年吴入楚传。"

又，如果孙武果真此时为吴军之一统帅，其面对吴国君臣对于楚国的"以班处宫"，以及伍子胥对楚平王的掘墓鞭尸等恶劣行径时，亦竟没有任何劝阻之言，此与其兵法中的种种高论，不亦过于刺谬乎？其他参见《孙子吴起列传》中所引之齐思和论孙武语。

⑥

《伍子胥列传》：后九年，越王勾践遂灭吴，杀王夫差，而诛太宰嚭，以不忠于其君，而外受重赂，与己比周也。

明代穆文熙曰："诛嚭以下数句不可少，此是断案，且收拾前文殆尽。"这种只顾就事论事的评论不可取，因为它根本不符合实际情况。但司马迁的这种说法又见于《史记》的其他多处，其《吴太伯世家》云："越王灭吴，诛太宰嚭，以为不忠而归"；其《越王勾践世家》亦曰"乃葬吴王而诛太宰嚭"；明代朱翌还举例连类地说："勾践诛伯嚭以'不忠于君'；高祖斩丁公以徇以'不忠于主'，此二事可以为卖国者之戒。"而宋代刘恕则早有辩驳曰："《左传》哀二十四年闰月，'哀公如越，使因太宰嚭而纳贿焉'，在吴亡后二年也。如左氏之说，则嚭入越亦用事，安得吴亡即诛哉？"日人竹添光鸿亦曰："越之诛嚭，当在季孙纳贿之后，史公特因灭吴而牵连书之耳。"史公痛疾卖主卖友之辈，故著伯嚭之诛于此，亦犹《季布栾布列传》之著刘邦诛丁公，《新五代史》载耶律德光之杀张彦泽。《越绝书》亦有勾践诛伯嚭语，盖随《史记》而推衍。

7

《伍子胥列传》之文字、标点有可讨论者：

（1）于是吴乘胜而前，五战，遂至郢。己卯，楚昭王出奔。庚辰，吴王入郢。

"己卯，楚昭王出奔。庚辰，吴王入郢"。行文如此，则读者无法得知"己卯""庚辰"究为何月之何日。泷川曰："'己卯'上夺'十一月'三字。"此乃依据《左传》查出者。此"十一月"三字不能少。

今依例重新标点数句作："于是吴乘胜而前，五战，遂至郢。〔十一月〕己卯，楚昭王出奔。庚辰，吴王入郢。"十一月己卯，即阴历十一月二十八。庚辰，即十一月二十九。

（2）乃遣车五百乘救楚击吴，六月，败吴兵于稷。

只言"六月"，读者将无法知道是哪一年的六月。梁玉绳曰："'六月'上，缺书'十年'二字。"梁说是也。

今依例重新标点数句作"乃遣车五百乘救楚击吴，〔十年〕六月，败吴兵于稷。"吴王阖庐十年即楚昭王十一年，秦哀公三十二年（前505）。

七

《仲尼弟子列传》

①

《仲尼弟子列传》：方孔悝作乱，子路在外，闻之而驰往。遇子羔出卫城门，谓子路曰："出公去矣，而门已闭，子可还矣，毋空受其祸。"子路曰："食其食者不避其难。"子羔卒去。有使者入城，城门开，子路随而入。造蒉聩，蒉聩与孔悝登台。子路曰："君焉用孔悝？请得而杀之。"蒉聩弗听。于是子路欲燔台，蒉聩惧，乃下石乞、壶黡攻子路，击断子路之缨。子路曰："君子死而冠不免。"遂结缨而死。

"方孔悝作乱"云云一段，司马迁的叙事混乱。据《左传》与《卫世家》，此次作乱的不是孔悝，而是当时在位的卫国诸侯卫出公之父蒉聩。蒉聩在为太子时，因欲杀害其父卫灵公的宠妃南子未成而获罪逃亡在外。因此当卫灵公去世时，蒉聩遂未能继承其父之君位。而卫人遂拥立了蒉聩的儿子（名辄）继承了其祖父卫灵公之位，即历史上所称的卫出公。十几年后，流亡者蒉聩不甘心，他聚众潜入卫国的京城，勾结卫国的执政大臣孔悝之母，他们劫持孔悝作乱，颠覆了卫国政权，逼得卫出公出逃国外。这时孔子的弟子子路在卫国大臣孔悝的领地上当管家，他听说孔悝被其母与黄聩等所劫持，因而奋不顾身地闯入孔氏的门庭，他想哄骗叛乱分子们放出他的主官孔悝，黄聩等人不上当；子路便想焚烧黄聩等人所盘踞的高台，黄聩等派死党下台攻打子路。凭子路的本事，他对付这几个毛贼是没有任何问题的，而意外的是子路的帽子在战斗中被碰掉在地上。这又算什么大不了的事情呢？偏偏这时子路想起孔子曾给他们讲过的规矩。孔子说过："一个有身份的人是不能光着脑袋死的。"于是子路就不顾再进攻敌人，而去忙着捡帽子。就这样，子路在捡帽子的工夫被叛乱分子杀害了。鲁迅在《两地书》中说："子路先生确是勇士，但我觉得有点迂。掉了一顶帽子又有何妨呢？却看得这么郑重，实在是上了仲尼先生的当了。子路先生倘若不信他的胡说，披头散发的战起来，也许不至于死的罢！"真是令人惋惜啊！

《仲尼弟子列传》：故孔子曰："自吾得由，恶言不闻于耳。"

"自吾得由，恶言不闻于耳"。《集解》引王肃曰："子路为孔子侍卫，故侮慢之人不敢有所言。"崔述曰："子路于及门弟子中年最长，而孔子亦屡称之，虽时有所督责而贬之，固不如褒者之多也。'升堂入室'，孔子有定论矣。"蒋建侯曰："孔子弟子除颜路外，殆以子路为最长。《论语》记孔子赞子路之言凡五见，贬子路之言凡四见，足徵其瑕不掩瑜矣。子路虽未入室，但已升堂，则亦孔门之高第，较之彼'不得其门而入'者其相去又奚啻径庭哉？"邵耀成说："仲由出身贱人或野人，为孔子第一期学生，曾任鲁、卫二国家宰大夫，是高官。子路不独有勇力，也是一个有行政能力的人，四十五岁就代替逃亡出走的权臣阳货任季氏家宰，手上握有实际的军权与政权，推行有名的'毁三都'，先成功，后失败，种下他必须跟随孔子离开鲁国的后果。子路与孔子共事过，他对孔子的道德学问是佩服的，但对孔子的行政才能他是有所保留的。子路问孔子如果在卫国主政，首先要做什么，孔子说："必也正名乎？"子路说："有是哉，子之迂也！奚其正名？"孔子骂子路"野哉由也！"接着把子路痛斥了一顿。作为一个理论家孔子的话可能是有道理的；作为一个实际的行动者，那确实是迂腐，也就是行不通的。"

③

《仲尼弟子列传》：宰予字子我，利口辩辞。既受业，问："三年之丧不已久乎？君子三年不为礼，礼必坏；三年不为乐，乐必崩。旧谷既没，新谷既升，钻燧改火，期可已矣。"子曰："于汝安乎？"曰："安。""汝安则为之。君子居丧，食旨不甘，闻乐不乐，故弗为也。"宰我出，子曰："予之不仁也！子生三年然后免于父母之怀。夫三年之丧，天下之通义也。"

宰予昼寝。子曰："朽木不可雕也，粪土之墙不可圬也。"

宰我问五帝之德，子曰："予非其人也。"

宰我为临菑大夫，与田常作乱，以夷其族，孔子耻之。

孔子谴责宰予之最严厉者是宰予主张为父母守丧一年，他主张"旧谷既没，新谷既升，钻燧改火，期可已矣。"孔子为此大怒不已，骂宰予为"不仁"之人。对于一种主张、一种规定，不许别人有不同意见，这与孔子平素那种温文尔雅的对人态度似乎有些反常。所谓"三年之丧"可不只是穿一件孝服而已，它是有许多严格规定的，诸如不许考取功名，不许结婚，不许生孩子，不许听音乐，不许饮酒吃肉等。历代统治者都能守三年之丧吗？都能认真地行三年之孝吗？很多帝王将相公开以一月当一年，以一天当一年；用墨染黑了丧服立即出兵，以素衣披在彩服之外处理公务，他们的三年之丧都在哪里？北魏的孝文帝的确气大声宏地坚持自己要守三年之丧，与劝阻的群臣苦苦地辩论了几场，最后还是舍己从俗了。宰予只是说了一些自己的真实的想法，就被孔子骂了个狗血喷头，于是两千年来有发言权的人物们再也不见有以此话留于青史的了。但"三年之丧"在中国的封建社会、封建宫廷、封建官场，究竟实行得如何呢？大家都检查一下自己的知识与记闻，用实践来验证一下儒家倡导的这项大礼实行的真实情况。

第二件就更奇了，就因为宰予在白天打了个瞌睡，结果就被孔子当成大逆不道地说他"朽木不可雕也，粪土之墙不可圬也"等，骂了个底朝天。读了这段话似乎让人感到孔子的喜怒无常，小题大作，有些问题的爆发简直无法琢磨。汉代的王充在《论衡·问孔》中质问孔子说："'昼寝'之恶，小恶也；'朽木''粪土'，不可复成之物，大恶也。责小过以大恶，安能服人？使宰予性不善，如朽木粪土，不宜得入孔子之门，序在四科之列；使性善，孔子恶之，恶之太甚，过也。人之不仁，疾之太甚，乱也。孔子疾宰予，可谓甚矣。"

第三件是司马迁说宰予"为临菑大夫，与田常作乱"，结果被灭了整个家族。如果说前两件是由于孔子对宰予有偏见，而这一件则完全是出于司马迁的张冠李戴，使宰予无端地李代桃僵，替人受过了。春秋末期，齐简公属下有两个权臣，一个叫田常，一个叫阚止，两个人相互对立，但都受到齐简公的宠信。有人给齐简公提出警告说："这两个人誓不两立，你一定要去掉其中的一个，否则会连累您遭殃。"齐简公不听。后来田常进一步消除异己，为其篡夺姜氏的齐国政权做准备，他发动政变，杀了阚止，并连带杀了齐简公。请注意，这里被田常所杀的齐国的权臣是姓阚，名止，字子我，偶然地与鲁国孔子的弟子宰予同字，都是字子我。两人之间没有任何其他关系。这一点在《左传》与《史记·田敬仲完世家》里都写得很清楚，但唯有在《仲尼弟子列传》里还是将错就错地写下来，将罪行移到了孔子弟子宰予的头上。宋代苏辙《古史》说："宰我之贤列于四科，其师友渊源所从来远矣，虽为不善，不至于从叛逆弑君父也。宰我不幸，平居有昼寝、短丧之过，儒者因遂信之。盖田恒之乱本与阚止争政，阚止，字子我也。田恒既杀阚止，而宰我蒙其恶名，岂不哀哉！"易鑫鼎说："宰予是孔门中思想活跃的弟子，常就孔子的主张提出异议。最有名的是认为'三年之孝'太长，代之以'一年之丧'较为合理。又如孔子特别重视'仁'，宰予说：'仁者虽告之曰"井有仁焉"，其从之耶？'宰予思想活跃，可能不注意小节，偶尔'昼寝'了一回，被孔子狠狠批评了一顿。"（《论语集义新编索解》）邵耀成说："宰予是孔子儿子辈的学生，孔门'十哲'之一。他在《论语》中出现五次，四次是负面的记载。他喜欢提怪问题，又有巧辩的才能，使得孔子不高兴，很说了一些严厉的话。不过孔子是一个能自我反省的人，据《韩非子·显学》孔子曾自责说：'以容取人乎，失之子羽；以言去人乎，失之宰予。'"

《仲尼弟子列传》："田常欲作乱于齐"至"故子贡一出，存鲁，乱齐，破吴，强晋而霸越。子贡一使，使势相破，十年之中五国各有变。"

宋代王安石《子贡》曰："子贡说齐伐鲁，说吴以救鲁，复说越，复说晋，五国由是交兵，或强或破，或乱或霸，卒以存鲁。观其言，迹其事，乃与夫仪、秦、轸、代无以异也。嗟乎，孔子曰：'己所不欲，勿施于人'，己以坟墓之国而欲全之，则齐、吴之人岂无是心哉，奈何使之乱也？子贡之行虽不能尽当于义，然孔子贤弟子也，固不宜至于此，矧曰孔子使之也？太史公曰：'学者多称七十子之徒，誉者或过其实，毁者或损其真。'子贡虽好辩，讵至于此哉？亦所谓'毁损其真'者哉！"苏辙《古史》曰："齐之伐鲁，本于悼公之怒季姬，而非陈恒；吴之伐齐，本怒悼公之反复，而非子贡；吴齐之战，陈乞犹在，而恒未任事，所记皆非。盖战国说客设为子贡之辞，以自托于孔氏，而太史公信之耳。"黄震《黄氏日钞》曰："谓赐而为之，何足为赐？谓非赐所为，其辩说之辞，虽仪、秦不之及。何物史臣，伪为此书？是当阙疑。"

明代杨慎《史记题评》曰："太史公信战国游士之说，载'子贡一出，存鲁，乱齐，破吴，强晋而霸越'。其文震耀，其词便利，人皆信之，虽朱文公亦惑之；独苏子由作《古史考》，而其事始白。"

清代梁玉绳《史记志疑》曰："子贡说齐、晋、吴、越一节，《家语·屈节》《越绝·陈恒传》《吴越春秋·夫差内传》并载之，昔贤历辨其谬。倾人之邦以存宗国，何以为孔子？纵横捭阖不顾义理，何以为子贡？即其所言了无一实，而津津道之，《子胥传》亦有'勾践用子贡之谋率众助吴'等语，岂不诞哉？《墨子·非儒下篇》谓孔子怒晏子沮尼溪之封于景公，适齐欲伐鲁，乃遣子贡之齐劝田常伐吴，教高、鲍无得害田常之乱，遂劝越伐吴，三年之内齐、吴破国。其为六国时之妄谈可见，孔鲋《诘墨》辨之矣。或曰：《弟子传》皆短简不繁，独子贡传榛芜不休，疑是后人阑入，非史本文也。"郭嵩焘《史记札记》曰："子贡于定、哀之世亦尝仕于季氏，《左氏传》载子贡拒吴之辞甚备：哀公七年与吴会缯，吴召季康子，子贡拒之；十二年，会吴橐皋，吴请盟，子贡拒之；其秋，卫会吴于郧，吴将执卫侯，子贡又拒之；是时吴方凭陵鲁、卫，子贡据理求胜，《左氏》载其文可云美善矣，史公乃取游说之辞附之子贡，与《左传》抵牾，此皆好奇之过也。"周树槐《书仲尼弟子传后》曰："子贡在弟子中与宰予并列'言语'之科，又结驷游诸侯，名闻天下，适有为鲁说齐之事，而其词不传，战国游士因以意补之，罗织当时事迹以自试其揣摩之术，而伸其捭阖之说，王氏以为'仪、秦、轸、代无异'，余以其倾危殆又甚焉。'十年之中，五国各有变'，意以诧子贡之功，而不知其害于义。而史迁徒震其词，采以为传，则好奇之过也。一田常也，子贡教以'孤主制齐'，而宰我至与'作乱'，此孔子朝而请讨者也，奈何以污两贤哉？"

⑤

《仲尼弟子列传》之文字、标点有可讨论者：

（1）夫鲁，难伐之国，其城薄以卑，其地狭以泄。

"其地狭以泄"。五字莫知所云。王念孙曰："《越绝书》与《吴越春秋》并'地'作'池'；'泄'作'浅'。"王氏说是。"其池狭以浅"，与"其城薄以卑"相对成文。池，即护城河。

今依例重新标点数句作："夫鲁，难伐之国，其城薄以卑，其（地）［池］狭以（泄）［浅］。"

又，夫吴，城高以厚，地广以深。

"地广以深"，意思不清，依前例应作"池广以深"，以与上句"城高以厚"相对成文。盖以形近而致误也。

今依例重新标点数句作"夫吴，城高以厚，（地）［池］广以深。"

（2）夫上骄则恣，臣骄则争，是君上与主有郤，下与大臣交争也。

"上骄则恣"。"上"字的意思不清。张文虎曰："'上'疑当作'主'，涉上文而讹。"张说是也。因上文有"君上骄主心，下恣群臣"云云。

今依例标点此句作："夫（上）［主］骄则恣，臣骄则争，是君上与主有郤，下与大臣交争也。"

八

《商君列传》

①

　　《商君列传》：孝公既用卫鞅，（鞅）欲变法，恐天下议己。卫鞅曰："疑行无名，疑事无功。且夫有高人之行者，固见非于世；有独知之虑者，必见敖于民。愚者暗于成事，知者见于未萌。民不可与虑始而可与乐成。论至德者不和于俗，成大功者不谋于众。是以圣人苟可以强国，不法其故；苟可以利民，不循其礼。"孝公曰："善。"甘龙曰："不然。圣人不易民而教，知者不变法而治。因民而教，不劳而成功；缘法而治者，吏习而民安之。"卫鞅曰："龙之所言，世俗之言也。常人安于故俗，学者溺于所闻。以此两者居官守法可也，非所与论于法之外也。三代不同礼而王，五伯不同法而霸。智者作法，愚者制焉；贤者更礼，不肖者拘焉。"杜挚曰："利不百，不变法；功不十，不易器。法古无过，循礼无邪。"卫鞅曰："治世不一道，便国不法古。故汤武不循古而王，夏殷不易礼而亡。反古者不可非，而循礼者不足多。"孝公曰："善。"以卫鞅为左庶长，卒定变法之令。

自"孝公既用商鞅"至"卒定变法之令"一段，见《商君书·更法第一》。据《秦本纪》，商鞅说孝公变法在孝公三年（前359）。杨慎曰："叙商鞅变法备载廷臣论难，与赵武灵王变胡服事同一书法。"泷川曰："秦惠王将伐蜀，司马错、张仪争论王前；始皇将郡县海内，王绾、李斯各上其议，盖军国大事付之廷议，秦家法为然。"高亨曰："商鞅变法的主要理论是：社会是向前发展的，社会的需要是随着时代而变化，因而社会制度也要适应时代需要而改革。古代帝王霸主均不因袭前规，现代的国君也不可拘守旧制，必须变法，才能强国利民。"（《商君书注译》）杨宽曰："《秦策一》：'商君治秦，法令至行……孝公行之十八年，疾且不起。'……孝公二十四年卒，上推十八年，适为孝公六年。然则鞅于孝公六年为左庶长，下令变法亦端在六年，殆孝公三年鞅虽议变法，以甘龙、杜挚之非难，实未实行与？"又曰："上述卫鞅与甘龙、杜挚在秦孝公前辩论变法之辞，当以《商君列传》较为原始。《商君书》晚出，与《赵策二》第四章、《赵世家》所载赵武灵王与肥义、赵文、赵造等人辩论之辞，颇多因袭而相同。盖《商君书》作者因袭而增饰者，并不足信。《赵策二》与《赵世家》所载，确是就胡服而辩论……此与商鞅变法之主旨不合。《赵策二》《赵世家》辩论之结果为'遂胡服招骑射'，于辩论颇为确切；而《商君书》辩论之结果'于是遂出垦草之令'与辩论之主旨亦不合。当以《商君列传》作'卒定变法之令'为是。《资治通鉴》据《商君列传》，是也。"

《商君列传》：魏惠王兵数破于齐秦，国内空，日以削，恐，乃使使割河西之地献于秦以和。而魏遂去安邑，徙都大梁。梁惠王曰："寡人恨不用公叔座之言也。"

乃使使割河西之地献于秦以求和，而魏遂去安邑，徙都大梁。梁玉绳曰："秦惠文王八年（前330），魏入河西地于秦，孝公时安得至西河之外乎？"

泷川曰："史将言其功，故并及后事。"魏国割河西之地与秦，是后来秦惠文王时期的事；至于魏国将自己的都城由安邑东迁到大梁（今开封），乃在魏惠王九年，相当于秦孝公元年（前361）的事。当时的魏国正强大一时，孟子有所谓"晋国（即指魏国）天下之莫强也"云云，就是说的这种形势。当时魏国的迁都，决不是因为秦国强大，魏国要躲避秦国；而是要将国都东移以利于和齐国争霸。司马迁在本篇为了突出夸耀秦孝公变法的功效，而将魏国此前的迁都与日后魏对秦国的割地，都说在商鞅变法的过程中。这就大大混淆了时代顺序。杨宽曰："误以魏迁大梁在鞅诈取魏公子卬之后。此卫鞅说孝公语疑亦出后人增饰。"

3

《商君列传》：商君相秦十年，宗室贵戚多怨望者。赵良见商君……曰："'恃德者昌，恃力者亡'，君之危若朝露，尚将欲延年益寿乎？则何不归十五都，灌园于鄙，劝秦王显岩穴之士，养老存孤，敬父兄，序有功，尊有德，可以少安。君尚将贪商、於之富，宠秦国之教，畜百姓之怨，秦王一旦捐宾客而不立朝，秦国之所以收君者，岂其微哉？亡可翘足而待。"商君弗从。

在这里司马迁引入大段赵良的话批评商君的变法，劝商君交权退位，赵良在这里是司马迁的代言人。两千年来，由于人们信任司马迁，于是也就相应地跟着相信赵良，认为赵良的话是金玉良言。以为商君当时如果能听赵良的话，他就不会再有后来的悲剧了。如明代徐中行说："赵良之说商君，即蔡泽之说应侯也。彼所谓'显岩穴之士'，其寓意微矣。假令鞅能荐良以自代，归商於而灌园。岂不身名两全哉？惟其不能，卒至车裂族灭，悲夫！"这的确是司马迁的看法，也是成千上万的儒家分子的看法与说法。立志变革的政治家与顽固守旧的保守派，其矛盾是你死我活的。别看保守派对于改革没有本领，但蓄谋剿杀改革者的手段却是屡发屡胜，决不含糊的。

头脑清醒的曹操告诉他的政敌们说："欲孤便尔委捐所典兵众，以还执事，归就武平侯国，实不可也。何者？诚恐己离兵为人所祸也，是以不得慕虚名而处实祸，此所不得为也。"（《让县自明本志令》）商鞅变法到如此富国强兵的地步，他还可以交出权柄到封地上去灌园老此终生吗？幼稚啊！但两千年来以此责备商鞅的人不绝于耳。

聂石樵先生比较准确地评价赵良说："商鞅做了十年秦国的宰相，坚决果敢地推行新法，不断地遭到宗室贵戚的反对。秦孝公死前不久，一个宗室贵族的代言人赵良来见商鞅，以孔子、尧、舜的遗训指责商鞅的作为违反了'尧舜之道'；指责商鞅的一切措施'非所以为功也''非所以为教也''非所以为寿也''非所以得人也''是积怨蓄祸也'，全面攻击了商鞅的变法活动，并企图从个人安危、利害的角度动摇商鞅变法的决心。"

聂先生评论司马迁对商鞅的这种写法说："司马迁写商鞅的一生都在致力于地主阶级的变法活动，并为推翻奴隶制，建立封建制而献出了自己的生命。但他在《商君列传》的评语中却尖锐地批评了商鞅。他说'商君，其天资刻薄人也。……且所因由嬖臣；及得用，刑公子虔，欺魏将卬，不师赵良之言，亦足发明商君之少恩矣。……卒受恶名于秦，有以也夫！'甚至写商鞅走投无路，客舍主人也不准他住宿时，他喟然叹曰：'嗟乎，为法之敝一至此哉？'好像又在写他作法自毙。这与《商君列传》中客观具体的描写是完全相反的。这怎样解释呢？我们认为，司马迁在政治思想上是反对法治的，他在很多篇中对法家人物都有不少批评。但作为一个伟大的历史家，司马迁不以个人的好恶来写历史，而是根据历史的本来面貌来写历史；作为一个伟大的文学家，司马迁不是根据主观思想进行写作，而是突破主观思想的限制全面真实地反映社会生活。这正是司马迁的卓异之处。"（《聂石樵文集·司马迁论稿》）

4

《商君列传》之文字、标点有可讨论者：

（1）卫鞅曰："吾说公以帝道，其志不开悟矣。"后五日，复求见鞅。

照此标点，则"复求见鞅"一句的主语为秦孝公。孝公听其言已"时时睡"矣，何乐而复求见之？"后五日，复求见鞅"乃商鞅对景监之祈请语，意即五天后请您再次引见我。应接连上文一气读下。

今依例重新标点数句作："卫鞅曰：'吾说公以帝道，其志不开悟矣。后五日，复求见鞅。'"

（2）孝公既用卫鞅，鞅欲变法，恐天下议己。卫鞅曰："疑行无名，疑事无功。"

鞅欲变法，恐天下议己。此语明显有误，商鞅乃力劝孝公变法者，岂恐天下之"议"哉？王念孙曰："'欲'上'鞅'字因上文而衍。此言孝公欲从鞅之言而变法，恐天下议己，非谓鞅恐天下议己也。"王说诚是，《商君书·更法第一》："君（孝公）曰：'今吾欲变法以治，恐天下之议我也'"，正同，应据削"鞅"字。新校本亦知此句中之"鞅"字必当削。但校点者囿于某种规矩，故而仍保留此错字，只在注码中略事图黑，让读者去查后面的注释。但这样就给只读原文的人们留下了许多麻烦。

今依例重新标点数句作："孝公既用卫鞅，（鞅）欲变法，恐天下议己。卫鞅曰：'疑行无名，疑事无功。'"

（3）令既具，未布，恐民之不信，已乃立三丈之木于国都市南门……

"恐民之不信，已乃立三丈之木于国都市南门"。"已乃"句稍绕。《史记会注考证》改"已"作"己"，即指商鞅，疙瘩立刻解除。"已""己""巳"三字古书常混同使用，前于《司马穰苴列传》已见之。

今依例重新标点此数句作："令既具，未布，恐民之不信（已）〔己〕，乃立三丈之木于国都市南门……"

（4）商君既复入秦，走商邑，与其徒属发邑兵北出击郑。秦发兵攻商君，杀之于郑黾池。秦惠王车裂商君以徇，曰："莫如商鞅反者！"遂灭商君之家。

杀之于郑黾池。王伯祥曰："'黾池'疑为'彤地'之讹。《六国表》：'秦孝公二十四年，商鞅反死彤地。'今华县西面有故彤城。盖秦兵至郑，破商邑兵，商君走至彤，乃被擒见杀。"（《史记选》）王说是也。当时的郑县即今陕西华县，彤地在华县之西。至于"黾池"，乃在今河南三门峡市以东，离今陕西华县（旧郑县）远矣。

今依例重新标点数句作："商君既复入秦，走商邑，与其徒属发邑兵北出击郑。秦发兵攻商君，杀之于郑（黾池）〔彤地〕。秦惠王车裂商君以徇，曰：'莫如商鞅反者！'遂灭商君之家。"

九

《苏秦列传》

①

《苏秦列传》："苏秦者，东周雒阳人也。东事师于齐，而习之于鬼谷先生。"……

此传最后又曰："夫苏秦起闾阎，连六国从亲，此其智有过人者。吾故列其行事，次其时序，毋令独蒙恶声焉。"

姚鼐曰："苏秦之说，多非当日本辞，为纵横之学者为之耳。"（《战国策点勘》引）钱穆曰："苏秦说七国辞，全不可信，皆出于后人饰托，非当时情况。如其说秦云：'西有巴蜀、汉中之利，南有巫山、黔中之限，东有崤函之固'，诸地入秦，皆远在其后，苏秦岂得先及？"（《先秦诸子系年考辨》）唐兰曰："《史记》说苏秦挂六国相印后，才激怒贫困的张仪使他入秦。一直到苏秦死后，张仪才搞连横，这显然是战国末年把范雎改名为张禄入秦为相的故事，误传为张仪而写成小说家言，而司马迁却误信为真了。苏秦的一生，主要是为燕昭王作反间。苏秦在公元前三世纪初的重要历史事件中所处的地位极其重要，当时齐、秦作为东西两帝，几乎是势均力敌的。由于燕昭王使苏秦治齐、燕之交，最后乐毅伐齐取得胜利，齐国由此消弱。"（《〈战国纵横家书〉后附》）杨宽曰："当张仪在秦国当权的时候，苏秦只不过是个年轻的游说者，苏秦的年辈要比张仪晚得多。张仪死在公元前 310 年，苏秦要晚死二十五年左右。苏秦是在齐国因'与燕谋齐'的反间罪而被车裂处死的，其时当在公元前 285 年燕将乐毅大举攻齐的时候。苏秦始终是燕昭王的亲信，为谋求燕国的强大出谋划策，奔走于齐、赵、魏等国之间。（《战国纵横家书》后附）

　　《苏秦列传》中的材料，今本《战国策》上几乎都有，只是有的转录较详，有的转录较略而已。关于这些材料的真实性，早从宋代就有人开始怀疑，到马王堆帛书（即定名为《战国纵横家书》者）出土后，历史界遂大体上形成定论，唐兰、杨宽、马雍、缪文远、牛鸿恩等对此说之详矣，可归结为如下几点：一、张仪的政治活动要比苏秦早二三十年，张仪生活在秦惠文王与秦武王的前期，张仪忠心为秦，张仪在秦国的地位与其协助秦国向外扩张的部分活动是真实可信的；二、苏秦的政治活动主要在燕昭王与齐缗王时代，苏秦忠心为燕，他在与魏国、赵国以及其他国家进行的活动基本上都与帮着燕国谋取齐国相关，苏秦最后为燕国在齐国当奸谍，在颠覆齐国的活动中泄露被杀。《苏秦列传》把苏秦写成一个专门站在东方六国的立场，为团结东方六国，共同抗击强秦的倡导者与组织者，这是司马迁的思想，而不是苏秦的实际。本篇所载苏秦为劝说东方六国所结撰的诸多长篇辞令，大都是出于战国末期，甚至是秦汉之际的纵横学派的模拟；三、苏秦不可能与张仪同门师事于鬼谷子，尤其不可能出现苏秦既贵，张仪往投苏秦，苏秦激之西去秦国等。四、本篇写了苏氏兄弟三人，而称苏秦为长，而称苏代、苏厉为弟；而写其落魄与其得意的世态炎凉时却又故意牵出其嫂以为说辞，此亦不得其解。从后世人们称苏秦为"季子"的称呼看，苏秦似应年纪最小，苏代、苏厉云云者，或当皆苏秦之兄也。

《苏秦列传》：出游数岁，大困而归。兄弟嫂妹妻妾窃皆笑之，曰："周人之俗，治产业，力工商，逐什二以为务。今子释本而事口舌，困，不亦宜乎？"苏秦闻之而惭，自伤，乃闭室不出，出其书遍观之。曰："夫士业已屈首受书，而不能以取尊荣，虽多亦奚以为？"于是得周书《阴符》，伏而读之。期年，以出揣摩，曰："此可以说当世之君矣。"

司马迁此处之对苏秦第一次"出游数岁"，落魄失意而归的狼狈描写颇嫌草草，而《战国策·秦策一》之精彩生动，不啻十倍矣。其文曰："说秦王书十上，而说不行。黑貂之裘敝，黄金百斤尽，资用乏绝，去秦而归，嬴縢履蹻，负书担囊，形容枯槁，面目黎黑，状有归（愧）色。归至家，妻不下紝，嫂不为炊，父母不与言。苏秦喟叹曰：'妻不以我为夫，嫂不以我为叔，父母不以我为子，是皆秦之罪也。'乃夜发书，陈箧数十，得《太公阴符》之谋，伏而诵之，简练以为揣摩。读书欲睡，引锥自刺其股，血流至踵。曰：'安有说人主不能出其金玉锦绣，取卿相之尊者乎？'期年，揣摩成，曰：'此真可以说当世之君矣。'"

以上苏秦初出游说失败，退而发愤读书事，《战国策·秦策一》说是在苏秦游说秦王失败后。缪文远曾辨苏秦说秦王事之荒诞无稽。盖司马迁亦知《战国策》所叙此事之不足据，故将之移于发愤读书之后。鲍彪曰："秦之'自刺'可谓有志矣，而志止于金玉卿相，故其所成就适足夸嫂妇耳，此史极口称颂之，是亦利禄徒耳，恶睹所谓大丈夫事哉？"范祥雍曰："苏秦相六国合纵事，《战国策》《史记》皆载之，流传悠久而普遍，后世所乐道，作为纵横家之典型人物。然按之史事，与当时情事不侔。即就《策》《史》所记本文，亦不少乖违，多有疑问。后人曲为之解，殆震于《太史公书》之权威性，不敢议也。"

《苏秦列传》：北报赵王，乃行过雒阳，车骑辎重，诸侯各发使送之甚众，疑于王者。周显王闻之恐惧，除道，使人郊劳。苏秦之昆弟妻嫂侧目不敢仰视，俯伏侍取食。苏秦笑谓其嫂曰："何前倨而后恭也？"嫂委蛇蒲服，以面掩地而谢曰："见季子位高金多也。"苏秦喟然叹曰："此一人之身，富贵则亲戚畏惧之，贫贱则轻易之，况众人乎？且使我有雒阳负郭田二顷，吾岂能佩六国相印乎？"

关于苏秦衣锦还乡的故事，原见于《战国策·秦策一》。其原文曰："将说楚王，路过洛阳，父母闻之，清宫除道，张乐设饮，郊迎三十里。妻侧目而视，侧耳而听。嫂蛇行匍伏，四拜，自跪而谢。苏秦曰：'嫂何前踞而后卑也？'嫂曰：'以季子之位尊而多金。'苏秦曰：'嗟乎！贫穷则父母不子，富贵则亲戚畏惧。人生世上，势位富贵，盖可忽乎哉？'"

本传与《战国策》之不同处主要有三：一、还乡的时间，《战国策》说他是在说服赵国后，将去南方说楚王而经过洛阳的时候；本传则是在说服楚国之后，将回赵国，中途经过洛阳的时候。二、关于郊迎，《战国策》说是"父母闻之，清宫除道，张乐设饮，郊迎三十里"；本传则说是"周显王闻之大惧，除道，使人郊劳"，规格大大提高了。三、苏秦喟叹的内容，《战国策》是"人生世上，势位富贵盖可忽乎哉！"本传则改为"使我有洛阳负郭田二顷，吾岂能佩六国相印乎？"司马迁写入了个人的身世感慨，并突出了其"困厄造英雄"的一贯宗旨。

陆陇其曰："秦一生学问，只是从金玉卿相起见，而作者写至此，亦不觉沾沾动色。不特秦陋，作者亦陋甚。"史珥曰："专为铺写俗情，故一一细皴。'位高多金'，闲中指点，此子长哀世之意，可观可感。"泷川曰："衣锦归乡，苏秦得意可想，与晋文公、汉高祖、范雎、韩信、朱买臣、疏广诸人，事似意殊。"

《苏秦列传》：苏秦曰："……臣所谓以忠信得罪于上者也。"燕王曰："若不忠信耳，岂有以忠信而得罪者乎？"苏秦曰："不然。臣闻客有远为吏而其妻私于人者，其夫将来，其私者忧之，妻曰'勿忧，吾已作药酒待之矣。'居三日，其夫果至，妻使妾举药酒进之。妾欲言酒之有药，则恐其逐主母也；欲勿言乎，则恐其杀主父也。于是乎详僵而弃酒。主父大怒，笞之五十。故妾一僵而覆酒，上存主父，下存主母，然而不免于笞。恶在乎'忠信之无罪'也？夫臣之过，不幸而类是乎？"燕王曰："先生复就故官。"益厚遇之。

以上苏秦为自己辩解的故事，见《战国策·燕策一》，这是战国时代人们所擅长使用的寓言，《庄子》《孟子》《韩非子》中屡屡用之，《战国策》也写了纵横人物在政治斗争、外交活动中驰骋才辩，利用寓言所取得的动人效果，如"狐假虎威""螳螂捕蝉""借烛馀光"等皆是也。而本传中苏秦为驳斥政敌对自己的攻击陷害，而变经为权地公开倡言曾参之孝不足取，伯夷之廉不足用，尾生之信不足贵，已可谓别出心裁，石破天惊；而其后又编出一个小妾为了"上存主父，下存主母，然而不免于笞"的结局，来为自己的出处行藏做比喻，真可谓惊心动魄，撼人肺腑。此文的作者，真世间不二之天才也。

但此故事的母题究竟起自何处何人，犹多疑问。《战国策·燕策一》载有苏代与燕昭王相互辩论的故事，其中使用的材料基本与本文相同，但辩论的出发点与最后的结论都与本文不同。如其对伯夷、尾生等的"忠"与"信"，结论为"皆自为者也"，都不是为国家创业立功者的行为。等于是为纵横家这个群体做辩护，而颠覆了传统"仁义道德"的庄严；而对于面前这位为了"上存主父，下存主母，然而不免于笞"的婢妾来说，则更是告诫为人上者不要偏听偏信身边的宠幸，而错误地对待不在身边的有功之臣。本文分明地具有着一种浓厚的激动人心的情感力量。

《苏秦列传》：其后齐大夫多与苏秦争宠者，而使人刺苏秦，不死，殊而走。齐王使人求贼，不得。苏秦且死，乃谓齐王曰："臣即死，车裂臣以徇于市，曰'苏秦为燕作乱于齐'，如此则臣之贼必得矣。"于是如其言，而杀苏秦者果自出，齐王因而诛之。燕闻之曰："甚矣，齐之为苏生报仇也！"

苏秦临死预设为自己报仇之谋，与吴起事相类，而《战国策》不载，不知史公取材于何处。《孙子吴起列传》载吴起之事云："诸侯患楚之强，故楚之贵戚尽（欲）害吴起。及悼王死，宗室大臣作乱而攻吴起，吴起走之王尸而伏之。击起之徒因射刺吴起，并中悼王。悼王既葬，太子立，乃使令尹尽诛射吴起而并中王尸者。坐射起而夷宗死者七十余家。"

《吕氏春秋·贵卒》写吴起临死设谋为自己复仇事云："吴起谓荆王曰：'荆所有馀者，地也；所不足者，民也。今君王以所不足益所有馀，臣不得而为也。'于是令贵人往实广虚之地，皆甚苦之。荆王死，贵人皆来。尸在堂上，贵人相与射吴起。吴起号呼曰：'吾示子吾用兵也。'拔矢而走，伏尸插矢而疾言曰：'群臣乱王！'吴起死矣，且荆国之法，丽兵于王尸者尽加重罪，逮三族。吴起之智可谓捷矣。"郭嵩焘曰："如此则亦楚大变矣，《楚世家》顾不一载，何也？"

史公每写及复仇事，必感情饱满，绘形绘声。此吴起临死设谋为自己复仇事，与《苏秦列传》之临死为自己设谋复仇，思路相同。而《吕氏春秋》的"拔矢而走，伏尸插矢"，则无疑是更狡狯、更生动了。相比之下，史公在这里还是留了余地。

十
《张仪列传》

①

《张仪列传》：张仪者，魏人也。始尝与苏秦俱事鬼谷先生，学术，苏秦自以不及张仪。

牛鸿恩曰："鬼谷先生，今人多以其人为战国时隐士，隐于鬼谷，而以今本《鬼谷子》为伪托。鬼谷子即使有其人，苏秦、张仪事以为师之说亦不可信。一、鬼谷子其人不见于先秦、汉初之记载，始见于此传与苏秦传。《秦策一》写苏秦说秦失败而归，'乃夜发书，陈箧数十，得太公阴符之谋，伏而诵之。'此明言苏秦之成功乃发愤读书之故，不关学习师说。二、张仪为秦相在秦惠王十年（前328），死于秦武王元年（前310）；据《战国纵横家书》等资料，苏秦最早的游说在秦惠王后元十三年（前312），苏秦为齐相在前289年，苏秦被齐国车裂在前284年。苏秦的时代要晚于张仪二三十年，他们之间没有来往，更不可能同时师事鬼谷子。"（《史记笺证·苏秦列传》注）

杨宽曰："张仪在秦国推行连横策略是获得成功的，达到了对外兼并土地的目的，使得秦惠王能够'东拔三川之地，西并巴蜀，北收上郡，南取汉中'，'散六国之从使之西面事秦'（李斯语），这是因为他用'外连横而斗诸侯'的策略配合了当时秦国耕战政策的推行。"（《战国史》）牛鸿恩又曰："李斯《谏逐客书》可能是造作苏、张纵横说辞的契机。'惠王用张仪之计，遂散六国之纵，使之西向事秦，功施到今'，李斯是最早把张仪和'散六国之纵'联系在一起的。但他只是说秦用'张仪之计'，并没有说张仪去遍说六国。可是拟作者却可以由此受到启发：既然张仪'散六国之纵'，则应当先有'合纵六国'者在，于是便拉来合纵五国摈秦，名声正在上扬的苏秦，并在拟作说辞很盛行的情况下造作了苏、张纵横的游说辞。既然'惠王用张仪'，那么苏秦合纵也就必然在燕文公、赵肃侯时代了。考察这些说辞中说到的事实，如苏秦说燕'秦赵五战，秦再胜而赵三胜'，张仪说齐'今赵之于秦也''战于河漳之上'，'战于番吾之下'，'邯郸仅存'云云，可证明它们的拟作时代确实在《谏逐客书》（前237）的产生之后。"（《苏秦事迹之真伪》）

　　以上诸说可归纳为四点：一、苏秦、张仪同门师事鬼谷子的传说，乃由孙膑、庞涓的故事发展而来，实则完全不足信。二、牛先生进一步分析了战国末乃至秦汉时的纵横学派的发展形势，以及应该如何看待《战国策》《战国纵横家书》以及《苏秦列传》《张仪列传》的问题。三、张仪对秦国的发展壮大之功的确名著青史，远非苏秦等一般纵横家所可仰望。马非百曰："张仪在惠王一代，对于秦国统一运动，所贡献者实不只一端。张仪初为秦相魏，破坏魏、齐同盟，使魏去齐而慼秦；后又相楚，破坏楚、齐同盟，使楚去齐而慼秦。虽以屈原、惠施群起反对，而张仪终能运用其灵活之外交手腕以战胜之。李斯所谓'散六国之从，使之西面而事秦者'，此二事殆其最彰明较著者矣。张仪外交政策之主要核心厥为弱楚，而弱楚之谋之得以成功，又由于巴、蜀、汉中之兼并。盖此南进政策之得以顺利进行，实苏秦之合从运动有以无意中助成之也。而张仪之善于利用形势，亦诚不可及哉！"四、《史记》所载苏秦、张仪的事迹有许多不可信，但从司马迁表现其"一家之言"的角度，以及两篇文章的文学性，仍有许多不能否定、不能忽视的成就在。

②

《张仪列传》：张仪于是之赵，上谒求见苏秦。苏秦乃诫门下人不为通，又使不得去者数日。已而见之，坐之堂下，赐仆妾之食，因而数让之曰："以子之材能，乃自令困辱至此。吾宁不能言而富贵子，子不足收也。"谢去之。张仪之来也，自以为故人，求益，反见辱，怒，念诸侯莫可事，独秦能苦赵，乃遂入秦。

苏秦之舍人乃辞去。……张仪曰："嗟乎，此在吾术中而不悟，吾不及苏君明矣！吾又新用，安能谋赵乎？为吾谢苏君，苏君之时，仪何敢言；且苏君在，仪宁渠能乎？"

凌稚隆曰："《战国策》并不载楚相辱张仪，及苏秦激之入秦事。"泷川引《吕览·报更篇》云："张仪，魏氏馀子也，将西游于秦，过东周。昭文君谓之曰：'闻客之秦，寡人之国小，不足以留客。虽然，游岂必遇哉？客或不遇，请为寡人而一归也，国虽小，请与客共之。'张仪还走，北向再拜。张仪行，昭文君送而资之。张仪所德于天下者，无若昭文君。"唐兰曰："说苏秦挂六国相印后才激怒贫困的张仪使他入秦；一直到苏秦死后张仪才连横，这显然是战国末年把范雎改名为张禄入秦为相的故事误传为张仪而写成小说家言，而司马迁误信为真了。"（《战国纵横家书》附）钱穆曰："吕氏宾客尚不知有苏秦激张仪入秦之说也，考《战国策》及韩非、吕不韦书，仪之政敌乃犀首、惠施，非苏秦。仪入秦而犀首去，仪来魏而惠施去，皆与史公记仪、秦合纵连衡事不符。"（《先秦诸子系年考辨》）

秦在统一六国的过程中，多所残暴杀戮，故战国时代的东方人都怒骂秦国；后来秦王朝又被东方人推翻，故汉代初期的官场人与文人仍然怒骂秦代，甚至不把秦王朝当成一个朝代看。司马迁在当时算是最客观、最冷静的了，但整个《史记》中在肯定秦国贡献的同时，仍透露着一种或明或暗的反秦气氛。因此司马迁同情苏秦、讨厌张仪是可以理解的。相比之下《苏秦列传》的艺术成就也比《张仪列传》高得多。但若从对历史发展所起的作用而言，则张仪的历史贡献显然要比苏秦大得多了。

令人奇异的是《元曲选》中有《冻苏秦》杂剧，作者将苏秦与张仪的关系完全颠倒了过来，它说是张仪既贵之后，潦倒不堪的苏秦往投张仪，于是被张仪嘲弄了一通。不知是这位剧作者只想故意地作一篇翻案文章呢？还是真的看出了《史记》叙张仪、苏秦事的不可信。

3

《张仪列传》：秦欲伐齐，齐楚从亲，于是张仪往相楚。楚怀王闻张仪来，虚上舍而自馆之。曰："此僻陋之国，子何以教之？"仪说楚王曰："大王诚能听臣，闭关绝约于齐，臣请献商於之地六百里，使秦女得为大王箕帚之妾，秦楚娶妇嫁女，长为兄弟之国，此北弱齐而西益秦也，计无便此者。"

张仪至秦，详失绥堕车，不朝三月。楚王闻之，曰："仪以寡人绝齐未甚邪？"乃使勇士至宋，借宋之符，北骂齐王。齐王大怒，折节而下秦。秦齐之交合，张仪乃朝，谓楚使者曰："臣有奉邑六里，原以献大王左右。"楚使者曰："臣受令于王，以商於之地六百里，不闻六里。"还报楚王。楚王大怒，发兵而攻秦。……秦齐共攻楚，斩首八万，杀屈匄，遂取丹阳、汉中之地。楚又复益发兵而袭秦，至蓝田，大战，楚大败，于是楚割两城以与秦平。

以上张仪愚弄楚怀王，骗得楚国背叛齐楚联盟，从而攻取楚之汉中地；又破楚兵于蓝田，从而使楚国的元气大伤等，除见于《张仪列传》外，还见于《楚世家》《屈原贾生列传》，而且把相同的情节都写得很详细。这些生动的情节最初见于《战国策·秦策二》。杨宽曰："《秦策二》第一章、《楚世家》与《张仪列传》所载为同一事件之传说，当以《秦策》所述较为原始，《楚世家》已较《秦策》有增饰，《张仪列传》则更多增饰。《秦策》未有楚王授张仪相印之说，《楚世家》《张仪列传》授相印之说当出于夸张而增饰。《秦本纪》言是年'张仪相秦'，《六国表》言'张仪来相楚'，皆不可信。楚使三大夫张九军北围秦之曲沃、於中，在楚进一步攻取曲沃之后，当张仪入楚进献'商於之地'时，双方正以大军相对峙，大战一触即发。楚怀王虽轻信张仪之欺诈，尚不能轻以相印授予正相对敌之国的相国。"又，北宋时曾出土《秦诅楚文》刻石三件，都是秦王求神降祸于楚王，佑秦打败楚国军队的文字。据专家考证，秦人求天加祸的楚王即楚怀王；时间即在这次秦楚大战的前一年，即楚怀王十六年。

4

　　《张仪列传》：秦要楚欲得黔中地，欲以武关外易之。楚王曰："不愿易地，愿得张仪而献黔中地。"秦王欲遣之，口弗忍言。张仪乃请行。……怀王后悔，赦张仪，厚礼之如故。

　　以上楚王囚张仪、放张仪事，见《战国策·楚策二》，《楚世家》系之于怀王十八年，亦即秦惠王后元十四年（前 311），其事亦见于《屈原贾生列传》。缪文远曰："《楚策二》谓张仪将献秦王爱女于楚，《楚策三》则言张仪将为楚王北求郑、周之美女；《楚策二》谓张仪辗转求郑袖为之说项，《楚策三》则言南后、郑袖献金于张仪。张仪究为求人抑系被求？郑袖、南后是一人抑为二人？张仪所欲献之楚王者究为秦女抑为郑、周之女？张仪之策究为脱身之术抑为骗金之计？凡此种种俱在不可知之数。盖此二《策》俱为策士练习游说而作，事实之可信与否固在所不计也。"缪氏所说之《楚策三》，见《张仪之楚贫章》。吴师道曰："张仪商於之欺，虽竖子犹能知之，以陈轸之智固不为难也。仪之肆意而无忌者，知怀王之愚，而轸之言必不入也。不然，他日楚之请，仪将惧其甘心焉。而仪请自往，卒不能害，岂非中其所料也哉？"

《张仪列传》：张仪以连横说魏王。

张仪以连横说楚王。

张仪以连横说韩王。

张仪以连横说齐王。

张仪以连横说赵王。

张仪以连横说燕王。

以上张仪说魏王、说楚王、说韩王、说齐王、说赵王、说燕王与秦连横事，分别见《战国策》之《魏策一》《楚策二》《韩策一》《齐策一》《赵策二》《燕策一》。其中所叙事实比较可信者，只有《楚策二》所记的张仪与楚怀王的几次较量，使楚国损兵折将、大伤元气事。其他都被战国史研究者所否定。

缪文远曰："仪、秦以纵横说各国之辞俱非事实，此章伪迹之彰者：一、称襄子为赵王，而不知赵称王在武灵之世，且襄子之世，代未称王。二、赵武灵王兴兵再围燕都，燕割十城予赵，此事于他书绝无痕迹可考，显为臆说（缪氏此语失当）。三、此《策》云'今赵王已入朝渑池，效河间以事秦'，梁氏《志疑》云：'朝渑池时无割河间事，且渑池之会，仪死三十年矣。'此《策》不可信。"

全祖望《经史答问》云："秦所取六国之地，韩、魏最先，次之者楚，其后及赵。然所取，必其为秦之界上。今《策》言张仪一出，赵以'河间'为献，燕以'常山之尾五城'为献，齐以'鱼盐之地三百里'为献，非不识地理之言乎？河间、常山，秦亦何从得而有之？况齐人海右鱼盐之地乎？以秦之察，岂受此愚？吾不知作《策》者何以东西南北之不谐，而为此谬语也。”

杨宽曰：“《张仪列传》所记张仪游说楚、韩、齐、赵、燕等国君王之辞……皆张仪不见之事，如说齐王曰‘秦赵战于河、漳之上，再战而再胜秦；战于番吾之下，再战而再胜秦，四战之后，赵亡卒数十万，邯郸仅存，虽有胜秦之名，而国已破矣’，所谈已是战国末年李牧抗秦之战事。又如说赵王曰‘今寡君有微甲钝兵，军于渑池，愿渡河逾漳，据番吾，迎战邯郸之下；而赵王曰：先王之时，奉阳君相，专权擅势’，所称已是赵武灵王。梁玉绳《史记志疑》已指出：‘史载仪说六国，皆本于《策》，多不可信。’”

《张仪列传》：陈轸者，游说之士。与张仪俱事秦惠王，皆贵重，争宠。张仪恶陈轸于秦王曰：“轸重币轻使秦楚之间，将为国交也。今楚不加善于秦而善轸者，轸自为厚而为王薄也。且轸欲去秦而之楚，王胡不听乎？”王谓陈轸曰：“吾闻子欲去秦之楚，有之乎？”轸曰：“然。”王曰：“仪之言果信矣。”轸曰：“非独仪知之也，行道之士尽知之矣。昔子胥忠于其君而天下争以为臣，曾参孝于其亲而天下愿以为子。故卖仆妾不出闾巷而售者，良仆妾也；出妇嫁于乡曲者，良妇也。今轸不忠其君，楚亦何以轸为忠乎？忠且见弃，轸不之楚何归乎？”王以其言为然，遂善待之。

宋代张耒曰：“纵而散者，苏秦负其责；横而合者，张仪任其咎。陈轸之智不逮二子，而不主纵横之任，乘势伺变而行其说，故其说不劳，而身处于佚。轸其说士之巨擘哉！”鲍彪曰：“轸之辩类捷给，而其所称皆当于人心，不诡于正论。周衰辩士，未有如轸之绝伦离群者也。”田汝成曰：“人谓轸之计出于张仪之右，予谓文亦出于张仪右。”

《张仪列传》之文字、标点有可讨论者：

（1）秦王甚爱张仪而不欲出之，今将以上庸之地六县赂楚，以美人聘楚，以宫中善歌讴者为媵。

"秦王甚爱张仪而不欲出之"。此话不可解，既然"不欲出之"，为何还要拿出那么高的代价。《索隐》曰："'不'字当作'必'，时张仪为楚所囚，故必欲出之也。"新校本对此未表态，对旧文维持如故。

今依例重新标点数句作："秦王甚爱张仪而（不）［必］欲出之，今将以上庸之地六县赂楚，以美人聘楚，以宫中善歌讴者为媵。"

（2）大王之威行于山东，敝邑恐惧慑伏，缮甲厉兵，饰车骑，习驰射，力田积粟，守四封之内，愁居慑处，不敢动摇，唯大王有意督过之也。

"唯大王有意督过之也"，句子意思不清。中井曰："'唯'下疑脱'恐'字。"中井说是，应据补。

今依例重新标点数句作："大王之威行于山东，敝邑恐惧慑伏，缮甲厉兵，饰车骑，习驰射，力田积粟，守四封之内，愁居慑处，不敢动摇，唯［恐］大王有意督过之也。"

十一

《樗里子甘茂列传》

①

《樗里子甘茂列传》：秦武王三年，谓甘茂曰："寡人欲容车通三川，以窥周室，而寡人死不朽矣。"

寡人欲容车通三川，以窥周室，而寡人死不朽矣。大致意思是说：秦王我很想到洛阳一带走一趟，看看周天子京城的模样，这样我就死也甘心了。三川，指今河南省洛阳一带，因其地有伊水、洛水、黄河三条河流而言，当时为周天子所居处之地。死不朽，犹言死也甘心、死也瞑目，当时的习惯用语。关键是"容车"二字应该怎么讲。"窥周室"是客气语；"死不朽"是客气语；"容车"也应该是客气语。

前人对"容车"的解释有三种：一、《释名·释车》曰："容车，妇人所载小车也，其盖施帷，所以隐蔽其形容也。"似乎与本文所云无关，应该排除。

二、张家英说："《后汉书·祭遵传》李贤注：'容车，容饰之车，象生时也。'也就是说'容车'是丧葬时运载死者衣冠及画像的车。"照此，其意盖谓"即使我死了，我也想到三川的周都去看一看，只有这样我才瞑目"。这是一种表现决心的说法。

　　三、泷川说："欲容车之广，通三川之路也，不必须广。"意思是只要打开一条能通过一辆车子的窄路即可，是对向东方武力攻取的一种婉转说法。秦国的势力要想达到洛阳一带，就必须出兵伐韩，扫清今渑池、新安、宜阳等地的一切敌对势力，于是这就引起了甘茂下面的率秦军进攻宜阳。我认为这个解释是最好的。不仅说理上通，重要的是事实就是如此。

　　下面我们再引出一条与此意思相同的关于容车的例句，作为补充。《资治通鉴·汉纪八》梁孝王上书有所谓"愿赐容车之地，径至长乐宫，自使梁国士众筑作甬道朝太后。"梁孝王是汉景帝的同胞兄弟，深受其母窦太后的溺爱。梁孝王为了打破汉景帝对兄弟子侄随意进京入朝太后的严格规定，而自己提出他们梁国愿意自己出钱出人，修筑一条只能通过一辆车子的，从梁国都城直达长安太后宫殿的甬道，这样他就可以既不惊动他人，又可以自由地随时进京朝见母后了。梁孝王在这里所说的"愿赐容车之地，径至长乐宫"，恰好与秦武王当年所说的"容车通三川"意思完全相同。

　　《樗里子甘茂列传》：甘茂至，王问其故。对曰："宜阳，大县也，上党、南阳积之久矣。……今臣之贤不若曾参，王之信臣又不如曾参之母信曾参也，疑臣者非特三人，臣恐大王之投杼也。始张仪西并巴蜀之地，北开西河之外，南取上庸，天下不以多张子而以贤先王。魏文侯令乐羊将而攻中山，三年而拔之。乐羊返而论功，文侯示之谤书一箧。乐羊再拜稽首曰：'此非臣之功也，主君之力也。'今臣，羁旅之臣也，樗里子、公孙奭二人者挟韩而议之，王必听之，是王欺魏王而臣受公仲侈之怨也。"王曰："寡人不听也，请与子盟。"卒使丞相甘茂将兵伐宜阳。五月而不拔，樗里子、公孙奭果争之。武王召甘茂，欲罢兵。甘茂曰："息壤在彼。"王曰："有之。"因大悉起兵，使甘茂击之，斩首六万，遂拔宜阳。

这里所叙述的事实是历朝所常见的,许多功亏一篑令人惋惜的未成事件,都在历史上留着千年的叹息,诸如北宋澶渊之盟时的怯懦,与南宋岳飞规复中原的不得其终等。毛主席曾说:战争的胜败,有时就在于能不能坚持的几分钟之间。干扰、动摇君主决心的因素是多方面的,甚至有些人就是乐于看到该项战事的失败。甘茂深刻理解这方面的人情事理,他知道一到关键时刻肯定有人会跳出来。于是他煞费苦心地中途折回到息壤与秦武王签订了一份永远不能改变的盟约,等到预料的问题一旦发生时,甘茂只强调了"息壤在彼"四个字,就四两拨千斤地把"秦王之疑顿释",把一切反对言论所编织的洪水猛兽一扫而空了。其过程是惊心动魄的。

当然,战场上的千变万化也必须有将军的特殊本领才能驾驭完成。《战国策·秦策二》曰:"甘茂攻宜阳,三鼓之而卒不上,秦之右将有尉对曰:'公不论兵,必大困。'甘茂曰:'我羁旅而得相秦者,我以宜阳饵王。今攻宜阳而不拔,公孙衍、樗里疾挫我于内,而公仲以韩穷我于外,是无茂之日已。请明日鼓之,而不可下,因以宜阳之郭为墓。'于是出私金以益公赏。明日鼓之而宜阳拔。"甘茂为了帮助秦国取宜阳,其贡献、其付出都是巨大的,而其最后结局仍是被排挤出秦国。历史就是如此地令人感叹不已。

吴如嵩《战国军事史》曰:"秦国攻占宜阳,完全控制崤山、函谷关天险,使其在东下三晋,直取中原的战备方向上占有进可攻、退可守的有利地位,这是一个重大胜利。"是秦国逐步统一六国中的重要一大步!

③

《樗里子甘茂列传》之文字、标点有可讨论者:

(1)游腾为周说楚王曰:"知伯之伐仇犹,遗之广车,因随之以兵,仇犹遂亡。何则?无备故也。齐桓公伐蔡,号曰诛楚,其实袭蔡。今秦,虎狼之国,使樗里子以车百乘入周,周以仇犹、蔡观焉。故使长戟居前,强弩在后,名曰卫疾,而实囚之。且夫周岂能无忧其社稷哉?恐一旦亡国以忧大王。"楚王乃悦。

齐桓公伐蔡，号曰诛楚，其实袭蔡。此语疑有误。从《左传》的叙事原文，与此处的释楚之疑，都应该是"号曰诛蔡，实为袭楚"。《左传》分明云："僖公四年春，齐侯以诸侯之师侵蔡。蔡溃，遂伐楚。"怎么到这里就成了"号曰诛楚，其实袭蔡"了呢？

今依例重新标点数句作："齐桓公伐蔡，号曰诛蔡，其实袭楚。"这才是最关键的问题。

（2）甘罗曰："大项橐生七岁为孔子师，今臣生十二岁于兹矣。君其试臣，何遽叱乎？"

"大项橐"。一个七岁的孩子，为什么要称之为"大项橐"呢？《史记索隐》说："尊其道德，故曰'大项橐'。"李笠曰："小司马因误本曲为之说。"《战国策》于此作"夫项橐"，"夫"字是发语词。顺理成章，作"大"者误也。崔适曰："此亦寓言也，甘岁自以十二不为小，故假托是说以相形，非真有项橐其人也。"诸家说是，应据改"大"作"夫"。

今依例重新标点数句作："甘罗曰：'（大）［夫］项橐生七岁为孔子师，今臣生十二岁于兹矣。君其试臣，何遽叱乎？'

关于项橐究竟有何神奇表现，而能够在七岁时被孔子尊以为师呢？线索不甚分明。最早是在《战国策·秦策五》中，甘罗对文信侯曰："夫项橐生七岁而为孔子师，今臣生十二岁于兹矣，君其试臣，奚以遽言叱也？"即本文作者引用之所据。其次是《淮南子·修务训》有所谓"项橐七岁为孔子师"；《淮南子·说林训》有所谓："项橐使婴儿矜。"高诱注："项橐年七岁，穷难孔子而为之作师。"再其后相传宋代王应麟所编的《三字经》中有所谓："昔仲尼，师项橐。古圣贤，尚勤学。"但项橐究竟有何表现，皆语焉不详。

唯《列子》中载有孔子东行，见两儿辩论太阳何时距人近，有说正午，有说日出、日落时。问孔子，孔子无以相对。其后又流行，多载孔子与项橐的相互对答。如有说：七岁的项橐在街道上筑城为戏，孔子乘车至，责其阻碍交通，项橐对以唯见车绕城，未见城避车，以见项橐的口齿伶俐。《孔子项橐相问书》究竟产生于何时，不能确知，总之是把项橐铺排堆积成了一个古代的"神童"，一个淳于髡、东方朔、阿凡提式的民间文学人物，而且据说此等故事已广泛流行于日本、朝鲜、俄罗斯云云。

十二

《穰侯列传》

①

《穰侯列传》：太史公曰：穰侯，昭王亲舅也。而秦所以东益地，弱诸侯，尝称帝于天下，天下皆西乡稽首者，穰侯之功也。及其贵极富溢，一夫开说，身折势夺而以忧死，况于羁旅之臣乎？

李光缙曰："霸国之相最久，无过于管仲、魏冉者。管仲以桓公元年执齐政，至卒凡四十一年；魏冉以昭襄王元年为将军执秦政，封侯，至十二年为相，至罢凡三十六年。"（《增订史记评林》）马非百曰："魏冉为秦相凡五次：昭王七年，樗里疾卒，魏冉为相，至八年，孟尝君田文来相秦，冉乃去官，计在位凡一年；昭王十二年，楼缓免，穰侯魏冉为相，十五年，谢病免，计在位凡四年；十六年，丞相寿烛免，复相冉，乃封冉于穰，复封陶，号曰穰侯，封四岁，为秦将攻魏，乃去官，计在位凡四年；十九年，魏冉复相秦，六岁而免，计在位凡六年；昭王三十二年，魏冉为相国，将兵伐魏，自此至四十一年，范雎为相，乃去官，计在位凡十年。五次合计，冉在相位凡二十五年，盖秦相之在位最久者未有过于冉者也。"

（《秦集史》）

魏冉为秦昭王之舅，秦昭王之所以得立，实乃得力于魏冉。魏冉与其姊宣太后乘秦武王猝死之际，果断出手，剪除异己，拥立秦昭王，开创了秦国此后五十多年稳定的政治局面，此其第一大功；魏冉为相数十年，任举白起为将，将相合力，佐昭王开疆辟土，对东方六国构成高屋建瓴之势，为日后秦的统一奠定了坚实基础，此又其不可磨灭之第二大功。身为贵戚，又有盖世之功，而能善于持满者鲜矣，故遂有"贵极富溢"之态，于是君臣之间的矛盾遂成为不可避免，此穰侯之所以不得善终者也。更何况穰侯推行的政治路线是"近交远攻"，费力大而秦国所得的实际地盘不多，相反倒是更多地表现了穰侯的图谋私利。正是在以上两种情况下，遂使范雎的"谗言"得以奏效。而范雎推行的政策是"远交近攻"，对于扩大秦国领土而言，也的确更能立竿见影，因此也就很难完全否定范雎的排斥魏冉了。

司马迁同情魏冉，而魏冉又确实有让人抓的把柄，这其间的祸福倚伏，的确是令人深深感慨的。司马迁对魏冉晚年忧郁而死的悲剧结局寄予了很大的同情，他在论赞中说："穰侯，昭王亲舅也。而秦所以东益地，弱诸侯，尝称帝于天下，天下皆西乡稽首者，穰侯之功也。及其贵极富溢，一夫开说，身折势夺而以忧死，况于羁旅之臣乎？"这是对秦国统治者刻薄少恩的批评，也是对冷酷的封建社会君臣关系的一种感慨与无奈。

李澄宇《读〈史记〉蠡述》曰："穰侯魏冉有大功于秦，而范雎以巧说挤之。《赞》愤昭王薄待勋戚，盖亦有感于汉事，非但为穰侯也。"

十三
《白起王翦列传》

①

　　《白起王翦列传》：四十七年，秦使左庶长王龁攻韩，取上党。上党民走赵。赵军长平，以按据上党民。四月，龁因攻赵。赵使廉颇将。赵军士卒犯秦斥兵，秦斥兵斩赵裨将茄。六月，陷赵军，取二鄣四尉。七月，赵军筑垒壁而守之。秦又攻其垒，取二尉，败其阵，夺西垒壁。廉颇坚壁以待秦，秦数挑战，赵兵不出。赵王数以为让。而秦相应侯又使人行千金于赵为反间，曰："秦之所恶，独畏马服子赵括将耳，廉颇易与，且降矣。"赵王既怒廉颇军多失亡，军数败，又反坚壁不敢战；而又闻秦反间之言，因使赵括代廉颇将以击秦……

　　至九月，赵卒不得食四十六日，皆内阴相杀食。来攻秦垒，欲出。为四队，四五复之，不能出。其将军赵括出锐卒自搏战，秦军射杀赵括。括军败，卒四十万人降武安君。武安君计曰："前秦已拔上党，上党民不乐为秦而归赵；赵卒反覆，非尽杀之，恐为乱。"乃挟诈而尽坑杀之，遗其小者二百四十人归赵。前后斩首虏四十五万人，赵人大震。

李澄宇《读〈史记〉蠡述》曰："以强秦攻弱赵，而去其名将廉颇，一必胜；以白起当赵括，而秘之，使不为备，二必胜；虽无备，而犹诈败设伏，间赵军为二，三必胜；赵食绝，而益兵遮绝赵救及粮食，四必胜。白起攻韩、魏于伊阙，斩首二十四万；攻魏，拔华阳，斩首十三万；与赵将贾偃战，沉其卒二万于河中；攻韩陉城，斩首五万；破赵军于长平，坑杀赵卒四十万。他役未载者，尚不知若干也。后人谓：'一将功成万骨枯'，万骨何足数？适令白起窃笑耳！

攻人国，胜而前进，必留兵守后，愈前进，兵力愈薄。故非多不可。李信将兵二十万，屡破荆军，而引兵西还，盖兵力已弱，不能再进也，终被敌蹑大败，固无足怪。王翦将兵六十万，不轻敌，务养士气，俟敌惰归而后追击，遂杀项燕，定荆地，且南征百越。兵多，故前进无惧也。"

关于长平之战的惨烈，古代文献多有记载。今山西省高平县已发现尸骨坑多个，靳生禾、谢鸿喜《长平古战场巡礼》认为"以韩王山麓为中心的三角地带"是"当时秦国出动奇兵以分断赵军，和两军最后决战，以及白起大规模屠杀战俘的地方。"有关这方面的发掘图片与文字说明，见《史记笺证》之《白起王翦列传》。

《白起王翦列传》：韩、赵恐，使苏代厚币说秦相应侯曰："武安君禽马服子乎？"曰："然。"又曰："即围邯郸乎？"曰："然。""赵亡则秦王王矣，武安君为三公。武安君所为秦战胜攻取者七十余城，南定鄢、郢、汉中，北禽赵括之军，虽周、召、吕望之功不益于此矣。今赵亡，秦王王，则武安君必为三公，君能为之下乎？……于是应侯言于秦王曰："秦兵劳，请许韩、赵之割地以和，且休士卒。"王听之，割韩垣雍、赵六城以和。正月，皆罢兵。武安君闻之，由是与应侯有隙。

其九月，秦复发兵，使五大夫王陵攻赵邯郸。是时武安君病，不任行。

四十九年正月，陵攻邯郸，少利，秦益发兵佐陵。陵兵亡五校。武安君病愈，秦王欲使武安君代陵将。武安君言曰："邯郸实未易攻也。且诸侯救日至，彼诸侯怨秦之日久矣。今秦虽破长平军，而秦卒死者过半，国内空。远绝河山而争人国都，赵应其内，诸侯攻其外，破秦军必矣。不可。"秦王自命，不行；乃使应侯请之，武安君终辞不肯行，遂称病。

秦王使王龁代陵将，八九月围邯郸，不能拔。楚使春申君及魏公子将兵数十万攻秦军，秦军多失亡。武安君言曰："秦不听臣计，今如何矣？"秦王闻之，怒，强起武安君，武安君遂称病笃。应侯请之，不起。于是免武安君为士伍，迁之阴密。武安君病，未能行。居三月，诸侯攻秦军急，秦军数却，使者日至。秦王乃使人遣白起，不得留咸阳中。武安君既行，出咸阳西门十里，至杜邮。秦昭王与应侯群臣议曰："白起之迁，其意尚怏怏不服，有馀言。"秦王乃使使者赐之剑，自裁。武安君引剑将自刭，曰："我何罪于天而至此哉？"良久，曰："我固当死。长平之战，赵卒降者数十万人，我诈而尽坑之，是足以死。"遂自杀。

秦兵大破赵军于长平后，依白起的原意，他是主张立即进兵包围邯郸，并进而灭掉赵国的。但由于赵、韩诸国的奸细苏代挑动秦国丞相范雎在秦王面前进谗言，劝秦王结束对赵国的进攻，以换取赵、韩诸国对秦国的割地。从而使白起失去了趁机攻下邯郸的大好机会，激起了白起与范雎之间的将相矛盾。到过了一段时间，秦王又想到要对赵国发起进攻时，白起便赌气称病撂挑子不干了。接着秦军在前方连续受到挫折，东方诸国对赵国的援助渐渐形成一定规模时，秦王看到了大概还是非白起不能完成此项任务，于是坚定地、多方地请白起出马，而白起则是越发地别扭上来，除自己死活不去还不说，还有些摆资格、说风凉话。于是愤怒之下，秦昭王把白起逐出咸阳，发配阴密；又中途改变主意，当白起向西走到离京城十里的杜邮时，秦昭王就赐剑给白起让他自尽了。

说到白起后来为何变得如此死拧，今本《战国策》卷三十三的《中山策》最后一篇《昭王既息兵缮民》中有白起对秦昭王说："臣闻明主爱其国，忠臣爱其名。破国不可复完，死卒不可复生。臣宁伏其重诛而死，不忍为辱军之将！"于是遂选择了自杀。

白起的说法能令人信服吗？开头不是他主张一鼓作气进围邯郸吗？因有范雎作梗，破坏了他的如意算盘，他才撂挑子不干。后来的形势有些变化，是事实，但是不是就足以招致秦国的失败，尚未可知。但白起的死拧，既招致了自己的死，又招致了秦军的必然之败。其得失是显而易见的。

关于这《战国策》的最后一篇，分明是写秦昭王与白起、范雎三人之间的一桩公案，按理它是应该收在《秦策》中，不应放在《中山策》。而且这篇文章的叙事风格与其他篇章颇有不同，其他篇章的行文往往有些拮据生涩之处，而此篇则偏于通畅浅显。我怀疑此篇的产生可能甚晚，乃后人所得而被附于《战国策》全书之末者。但一直未见战国史研究者对此篇提出疑问。

3

《白起王翦列传》：秦始皇既灭三晋，走燕王，而数破荆师。秦将李信者，年少壮勇，尝以兵数千逐燕太子丹至于衍水中，卒破得丹，始皇以为贤勇。于是始皇问李信："吾欲攻取荆，于将军度用几何人而足？"李信曰："不过用二十万人。"始皇问王翦，王翦曰："非六十万人不可。"始皇曰："王将军老矣，何怯也？李将军果断壮勇，其言是也。"遂使李信及蒙恬将二十万南伐荆。王翦言不用，因谢病，归老于频阳。李信攻平与，蒙恬攻寝，大破荆军。信又攻鄢、郢，破之。于是引兵而西，与蒙恬会城父。荆人因随之，三日三夜不顿舍，大破李信军，入两壁，杀七都尉，秦军走。

始皇闻之，大怒，自驰如频阳，见谢王翦曰："寡人以不用将军计，李信果辱秦军。今闻荆兵日进而西，将军虽病，独忍弃寡人乎？"王翦谢曰："老臣罢病悖乱，唯大王更择贤将。"始皇谢曰："已矣，将军勿复言！"王翦曰："大王必不得已用臣，非六十万人不可。"始皇曰："为听将军计耳。"于是王翦将兵六十万人，始皇自送至灞上。王翦行，请美田宅园池甚众。

　　这段故事写了秦王政与群臣决策并最后彻底灭楚的全过程，其中写秦王政与王翦、李信诸人的心理活动与口吻神情都很生动。秦始皇在人们的心目中是刚暴强悍的，但在《史记》中有两处颇显示其从容大度、虚己待人，具有一股春风拂面的长者气象。一件就是《秦始皇本纪》中所写的秦王政接待并宠用大梁人尉缭的故事。尉缭入秦后，向秦王政进言要不惜花出大量金钱，以分化收买东方六国的文武大臣与知名人士，使其在各个方面利用一切可能，为秦国效力。秦王接受了。尉缭下去与同伴私下说："秦王为人，蜂准长目，挚鸟膺，豺声，少恩而虎狼心，居约易出人下，得志亦轻食人。我布衣，然见我常身自下我；诚使秦王得志于天下，天下皆为虏矣。不可与久游。"说完后就卷铺盖逃走了。秦王听说后，立即派人把他找了回来，恳请他留下，任命他为秦国的军事高官。另一个就是在本文中写的对待王翦：当秦王问李信与王翦，要灭掉楚国需要出多少人。李信说要二十万人；王翦说要六十万人。秦王说："王将军老矣，何怯也？"于是派出了李信。当李信在战场遭到挫折后，秦王"大怒，自驰如频阳，见谢王翦曰：'寡人以不用将军计，李信果辱秦军。'"推心置腹，承担责任，多么公开坦诚！当王翦仍推辞"老臣罢病悖乱，唯大王更择贤将"时，秦王恳求地说："今闻荆兵日进而西，将军虽病，独忍弃寡人乎？"当王翦再次提出"大王必不得已用臣，非六十万人不可"时，秦王说："为听将军计耳！"这是何等亲密和谐的君臣关系！明代陈仁锡说："秦取诸侯，非德也，力也。秦人此举，不难于胜楚，而难于定楚。荆地五千里，带甲百余万，苟非以六十万人临之，即不胜之，而反者数起，诸侯且乘其隙矣。翦之昭然远见，岂可忽哉？"

　　马非百在《秦集史》中还记载了秦始皇与王翦间的一个故事说："《陕西通志》及《富平通志》均载王翦尚华阳公主事，略谓始皇二十三年，李信伐楚败归，时王翦谢病家居。始皇疾驾入频阳，手以上将军印佩翦身，授命二十万。后三日，翦发频阳，始皇降华阳公主，简宫中丽色百人为媵，北迎翦于途，诏即遇处成婚。翦行五十里相遇，列兵为城，中间设锦幄，行合卺礼。信宿，公主随翦入都，诏频阳别开公主第。今名相遇处为'华阳'。其事不知所出，而两书皆言之凿凿。然则翦之多请美田宅园池为子孙业者，殆亦利用独生女情深以为自坚之地耶？"

《白起王翦列传》所展示的帝王与大将的险恶关系具有典型性，白起不善于居功持满，颇有点类似韩信；而王翦则未雨绸缪，步步深思熟虑，可谓善于持身矣，颇有些类似于萧何、曹参。思想行为不同，其结局遂大不一样，司马迁在这里的感慨是很深的。

④

《白起王翦列传》之文字、标点有可讨论者：

（1）昭王三十四年，白起攻魏，拔华阳，走芒卯，而虏三晋将，斩首十三万。

"走芒卯，而虏三晋将"。据《韩世家》，此役的兴起乃由于赵、魏两国伐韩，秦起兵救韩，乃破赵、魏联军于华阳。此所谓"虏三晋将"，意思不明。应作"虏三将"，杨宽以为"晋"字为衍文，《六国年表》亦同衍。《通鉴》于此作"虏三将"。应据削"晋"字。

今依例重新标点此数句作："昭王三十四年，白起攻魏，拔华阳，走芒卯，而虏三（晋）将，斩首十三万。"

（2）今亡赵，北地入燕，东地入齐，南地入韩、魏，则君之所得民亡几何人。

"所得民亡几何人"。前文言四国皆言得"地"，于秦不应独言得

"民""人"。《秦策》于此作"则秦所得无几何",较此为长。似应削
"民""人"二字。

今依例重新标点数句作:"今亡赵,北地入燕,东地入齐,南地入韩、魏,
则君之所得(民)亡几何(人)。"

十四

《孟子荀卿列传》

1

《孟子荀卿列传》：太史公曰：余读孟子书，至梁惠王问"何以利吾国"，未尝不废书而叹也。曰：嗟乎，利诚乱之始也！夫子罕言利者，常防其原也。故曰："放于利而行，多怨。"自天子至于庶人，好利之弊何以异哉？

司马迁这里所说的"利"，主要是指"利己"，至于"利家""利国"，也就是"利己"的扩大而言。"利己"就是"自私"。孟子痛心疾首地反对言"利"，就如同共产主义者的批判"个人主义"，说"个人主义是万恶之源"大致相同。共产主义者提倡"毫不利己，专门利人"。李斯的一生就是追求改善与提高个人的物质与精神的享受，为了达到某种目标，可以不择手段地为所欲为。孔子曾说："匹夫可与共事君也哉？其未得之也，患不得之；既得之，患失之。苟患得患失，无所不用其极也矣。"这种患得患失，也就是极度的自私自利。故而李斯的这种人生教训，对于任何人，尤其是对于官场中的人，更尤其是对居高位、掌大权的人具有更为重大的警戒意义。

在今天看来，办某事是出于"私利"，还是出以"公心"，是一种个人的道德修养问题，是孟子学说的一个方面。其实这绝不仅仅是一个"道德"问题，而是联系着亡国亡家的根本性大问题。孟子特别重视这个问题是有道理的。孟子的主要学说还有："民为贵，社稷次之，君为轻"的思想；"反暴君"，"闻诛一夫纣也，不闻弑君也"的思想；反对战争，"善战者服上刑"的思想；提倡修身养气，"人人皆可为尧舜"的思想；以及为宣传、捍卫孔子学说所做的巨大努力等。

2

《孟子荀卿列传》：孟轲，驺人也。受业子思之门人。道既通，游事齐宣王，宣王不能用。适梁，梁惠王不果所言，则见以为迂远而阔于事情。当是之时，秦用商君，富国强兵；楚、魏用吴起，战胜弱敌；齐威王、宣王用孙子、田忌之徒，而诸侯东面朝齐。天下方务于合从连衡，以攻伐为贤，而孟轲乃述唐、虞、三代之德，是以所如者不合。退而与万章之徒序《诗》《书》，述仲尼之意，作《孟子》七篇。

本篇是继《老子韩非列传》之后的又一篇学术列传，作品虽以孟轲、荀况标名，实际上还写了驺衍、淳于髡，并连带提到了慎到、田骈、驺奭、接子、环渊，以及公孙龙、李悝、墨翟等人，可谓包容甚广。有趣的是作品的标题首提孟轲，在篇前的小序中也深为孟轲的反对言利而兴叹，但作品中实写孟轲的事迹并不多，只有寥寥一百六十四字。写荀子也是如此。

孟子的名声自汉以后始大，自南宋以后始无异辞，而骎骎乎近于"圣"矣，这是随着封建统治者的尊儒与《孟子》书被钦定为科举考试的读本而日益确定下来的。今日读《孟子》，看其气大声宏，走到哪里辩到那里，不论什么人，都被他辩得落荒而走；但为什么在孟子活着的时候，和在他去世后的几十年内，竟无人更多地提起孟子呢？大概可以这样说：孟子在他活着的时候影响并不大，其书的流传也未必广，许多人似乎还并不把他看成有资格被批判的一个论敌。荀子在他的《非十二子》中说孟轲"材剧志大，闻见博杂，按往旧造说，谓之'五行'，其僻违而无类，幽隐而无说，闭约而无解，按饰其辞而祗敬之曰'此真先君子之言也'。子思唱之，孟轲和之，世俗之拘犹瞀儒欢欢然不知其所非也，遂受而传之，以为仲尼、子游为兹厚于后世。是则子思、孟轲之罪也。"并将其与魏牟、田骈、墨翟等一道被视作必须彻底"息灭"的十二种声音之一。可这已经是战国末期的事了，而且这位提出者却又恰恰也是"圣门"中人，同室操戈得相当严厉。自秦灭至刘邦建汉，再至武帝尊儒的百余年间，朝野上下又是没有一个人提及孟子。

而在这时，能不借任何势力的依托，全凭司马迁孤心独运地从历来不受欢迎的先秦儒家人物中甄拔出孟子，并为之立传，这实在可以说得上是耸人听闻。司马迁能从被世人咒骂的政治家中甄拔出商鞅，能从历来无人提起而被贾谊偶尔说出的故事中甄拔出屈原，再加上这位孟轲，这都是司马迁写中国古代史的重大发现。孟轲等如果地下有灵，也的确应该感谢这位异代的知音，异代的伯乐，尽管这篇名为"孟子荀卿列传"的作品中真正说到孟子的话也不过就是几句而已。司马迁之后，能再次赞颂孟轲，并以自比孟轲为荣的是扬雄，他在《法言·渊骞》中盛称孟轲之勇，说孟轲"勇于义而果于德，不以贫富贵贱动其心"；在《法言·吾子》中扬雄说："扬墨塞路，孟子辞而辟之，廓如也。后之塞路有矣，窃自比于孟子。"这种高度的评价比司马迁又前进了一步。但由于扬雄的《法言》流传不广，而扬雄的自身又有争议，而且不久孟轲又被王充在《论衡》中挖苦了一回，于是遂又再度归于沉寂。孟子的第三次被中国社会所重视，并逐渐确定了其不可动摇的地位，这力量全在于唐代的韩愈，与宋代的王安石与朱熹。

3

《孟子荀卿列传》：其次驺衍，后孟子。驺衍睹有国者益淫侈，不能尚德，若《大雅》整之于身，施及黎庶矣，乃深观阴阳消息而作怪迂之变，《终始》

《大圣》之篇十余万言。其语闳大不经，必先验小物，推而大之，至于无垠。先序今以上至黄帝，学者所共术，大并世盛衰，因载其祥度制，推而远之，至天地未生，窈冥不可考而原也。……称引天地剖判以来，五德转移，治各有宜，而符应若兹。以为儒者所谓中国者，于天下乃八十一分居其一分耳。中国名曰赤县神州。赤县神州内自有九州，禹之序九州是也，不得为州数。中国外如赤县神州者九，乃所谓九州也。于是有裨海环之，人民禽兽莫能相通者，如一区中者，乃为一州。如此者九，乃有大瀛海环其外，天地之际焉。其术皆此类也。

是以驺子重于齐。适梁，惠王郊迎，执宾主之礼。适赵，平原君侧行撇席。如燕，昭王拥彗先驱，请列弟子之座而受业，筑碣石宫，身亲往师之。作《主运》。其游诸侯见尊礼如此，岂与仲尼菜色陈蔡，孟轲困于齐梁同乎哉？故武王以仁义伐纣而王，伯夷饿不食周粟；卫灵公问陈，而孔子不答；梁惠王谋欲攻赵，孟轲称大王去邠。此岂有意阿世俗、苟合而已哉？持方枘欲内圆凿，其能入乎？或曰，伊尹负鼎而勉汤以王，百里奚饭牛车下而缪公用霸，作先合，然后引之大道；驺衍其言虽不轨，傥亦有牛鼎之意乎？

《史记》中写儒家人物的篇章前后有《孔子世家》《仲尼弟子列传》《郦生陆贾列传》《刘敬叔孙通列传》《儒林列传》等。唯有这篇《孟子荀卿列传》是以孟轲、荀况两个儒家的人物命题，中间又插入了驺衍、淳于髡，而且还提到了慎到、公孙龙、墨翟等，简直成了多种学者的一篇大杂烩。这是令人不解的第一点。

第二点令人不解的是此篇以孟轲、荀卿为题，但本文写孟轲仅一百六十来字；写荀况不到一百八十字。相反地写驺衍竟长达六百多字，差不多是孟轲、荀况二人之和的两倍。驺衍是个阴阳五行家，他驰骋其想象，说中国古称有九州，但这是小九州；在中国的九州外，还有大九州，四面有大海包围；中国之自谓神州的九州，其实只是大九州中的一个州而已。这种说法的确比中国古人所讲的"天圆地方"，中国"四面环海"，故称天下为"四海"等的气魄胸襟要开廓得多，也更符合后来科学的证明。但秦汉时代的中国古人却并没有发展驺衍的这一点，而是荒谬地将驺衍所编造的"天人合一""五德终始"与"阴阳五行"相互结合起来，到汉武帝时代的董仲舒乃可谓集其大成。其荒谬之状见后面《儒林列传》中的有关董仲舒条。至于司马迁在这里说邹衍"其言虽不轨，傥亦有牛鼎之意乎"，是真的敬重地说驺衍或许也真有傅说、百里奚那样的命世之才呢？还是一种转着弯地调侃，只是不对那种正被当时统治者所宠爱的御用人物做正面的斥责而已呢？我看是后者。

④

《孟子荀卿列传》：荀卿，赵人，年五十始来游学于齐。驺衍之术迂大而闳辩；奭也文具难施；淳于髡久与处，时有得善言。故齐人颂曰："谈天衍，雕龙奭，炙毂过髡。"田骈之属皆已死齐襄王时，而荀卿最为老师。齐尚修列大夫之缺，而荀卿三为祭酒焉。齐人或谗荀卿，荀卿乃适楚，而春申君以为兰陵令。春申君死而荀卿废，因家兰陵。李斯尝为弟子，已而相秦。荀卿嫉浊世之政，亡国乱君相属，不遂大道而营于巫祝，信机祥；鄙儒小拘，如庄周等又猾稽乱俗，于是推儒、墨、道德之行事兴坏，序列著数万言而卒。因葬兰陵。

以上这段涉及荀况的议论，总共二百字，而实际说到荀子的思想学术的，只有"荀卿嫉浊世之政，亡国乱君相属，不遂大道而营于巫祝，信机祥；鄙儒小拘，如庄周等又猾稽乱俗，于是推儒、墨、道德之行事兴坏，序列著数万言"六十来字。对于荀子，司马迁难道就那么无话可说吗？我认为荀子是深受司马迁敬佩，受其影响很深，而其理论又是经受某种实践检验，而又获得某种成功的思想家。司马迁曾在《史记》中多处公开地对法家人物表示出憎恶的情绪；也公开地对儒家思想的空洞烦琐、不切实际表现出厌烦。荀况继承吸纳了儒家学派许多理论，同时吸收道家、法家的许多合理的东西。荀子的儒、道、法诸家综合的理论是战国后期最贴近实际的理论。可惜被他的两个学生李斯与韩非发展得过了头，以至连荀子也无法阻止、纠正他们那种洪水猛兽一般的雷厉风行。荀况在秦昭王时代到过秦国，他亲眼看到了秦国政治的巨大成功，也明确地指出了秦国当时存在的一些不足之处。他在《荀子·强国篇》写道："应侯问孙卿子曰：'入秦何观？'孙卿子曰：'其固塞险，形势便，山林川谷美，天材之利多，是形胜也。入境，观其风俗，其百姓朴，其声乐不流污，其服不挑，其畏有司而顺，古之民也。及都邑官府，其百吏肃然，莫不恭俭敦敬忠信而不楛，古之吏也。入其国，观其士大夫，出于其门，入于公门，归于其家，无有私事也；不比周，不朋党，偶然莫不明通而公也，古之士大夫也。观其朝廷，其朝闲，听决百事不留，恬然如无治者，古之朝也。故四世有胜，非幸也，数也。是所见也。故曰：佚而治，约而详，不烦而功，治之至也，秦类之矣。虽然，则有其谒矣。兼是数具者而尽有之，然而县之以王者之功名，则倜倜然不及远矣。是何也？则其殆无儒邪？故曰：粹而王，驳而霸，无一焉而亡。此亦秦之所短也。'"当秦王朝被陈涉、吴广、项羽、刘邦推翻后，陆贾、叔孙通、贾谊、张释之、刘安，哪一个不是顺着荀子的思路来总结秦王朝的历史经验呢？只不过是越说越分明、越说越完备罢了。

再看看《史记》中的许多篇章，司马迁重视儒家的仁义说教，但更注意军事家的天才描写，尤其在《律书序》中说："兵者，圣人所以讨强暴，平乱世，夷险阻，救危殆。自含齿戴角之兽，见犯则校，而况于人怀好恶喜怒之气？喜则爱心生，怒则毒螫加，情性之理也。……岂与世儒暗于大较，不权轻重，猥云德化，不当用兵，大至君辱失守，小乃侵犯削弱，遂执不移等哉？故教笞不可废于家，刑罚不可捐于国，诛伐不可偃于天下，用之有巧拙，行之有逆顺耳。"这与孔子的"去兵、去食、存信"很遥远，但与荀子思想很相近。司马迁最敬佩的政治家是管仲，是子产，但他们都是重视发展经济、重视工商业、重视法律建设的。我们读读《史记》中的《平准书》《货殖列传》，看看司马迁的思想是更接近于孔子，还是更接近于荀子呢？重要的不是看宣言，而是看其具体的实践。

《汉书·霍光传》中有一段劝当权者宜防微杜渐，消灾祸于未形的精彩故事，全文如下：

初，霍氏奢侈，茂陵徐生……乃上疏言："霍氏泰盛，陛下即爱厚之，宜以时抑制，无使至亡。"书三上，辄报闻。其后霍氏诛灭，而告霍氏者皆封。人为徐生上书曰："臣闻客有过主人者，见其灶直突（灶台的烟筒是直的，烟中带火星），傍有积薪（堆放着柴火）。客谓主人，更为曲突（将那喷冒火星的直烟筒改造成弯曲形），远徙其薪（将烟筒旁边堆积的柴火搬远一点），不者且有火患。主人默然不应。俄而家果失火，邻里共救之，幸而得息。于是杀牛置酒，谢其邻人，灼烂者在于上行，余各以功次坐，而不录言曲突者。人谓主人曰：'乡使听客之言，不费牛、酒，终亡火患。今论功而请宾，曲突徙薪亡恩泽，焦头烂额为上客耶？'主人乃寤而请之。今茂陵徐福数上书言霍氏且有变，宜防绝之。乡使福说得行，则国亡裂土出爵之费，臣亡逆乱诛灭之败。往事既已，而福独不蒙其功，唯陛下察之，贵徙薪曲突之策，使居焦发灼烂之右。"上乃赐福帛十匹，后以为郎。

陆贾、叔孙通都是在秦朝灭亡之后，帮着刘邦总结历史经验，提出了"打天下"与"守天下"应该有政策、规章的不同；提出儒家的"礼""义"《诗》《书》不能用于"打天下"，但在"守天下"的时候却非用不可。贾谊的《过秦论》明确指出，秦国用法家的一套消灭了六国，统一了天下，使国家强盛到了极点；但在统一胜利之后，继续沿用法家的一套，结果不到三年，就被陈胜、吴广、项羽、刘邦推翻了。原因在哪里呢？这就是"仁义不施，攻守之势异也。"言外之意都是：如果当初秦国有这样先见之明，能在打天下的过程中及早地做好引入儒家学说的准备，在统一天下之后能顺理成章地改弦易辙，及时地将法家统治变成为儒法结合，那么秦王朝的统治即使不能千世万世，我想维持个几十年、上百年，也许是可以的。早在秦国一帆风顺地东征西讨，雷厉风行的时候，有没有人及时地为秦国当权者一言九鼎地提出过当头棒喝呢？有哇！荀子在秦昭王时代参观了秦国的朝野上下，称道秦国的"民"是"古之民"；称道秦国的"吏"是"古之吏"；称道秦国的"士大夫"是"古之士大夫"；称道秦国的"政治"，是"治之极也"。但是，秦国还存在着严重的弊病，这就是"殆无儒邪"！他说："粹而王，驳而霸，无一焉而亡。此亦秦之所短也。"这段话是说在统一六国之前的秦昭王时代。

奇怪的是，在陈胜、吴广、项羽、刘邦打天下的时候，没有人想起过荀子；在刘邦建立西汉，在刘恒开启文景之治，在陆贾、叔孙通、贾谊、张释之、刘安等政治家、思想家、历史家纷纷建言，畅吐奇思妙绪的时候，还仍然没有一个人提起荀子，完全像是历史上没有出过荀况这个人，没有人对秦国发展壮大的历史说过这种极有先见之明的话。这是为什么？荀况自己可能把自己列入儒家，但在秦汉之际，很可能人们都把荀况列为法家。尤其是韩非与李斯这两个荀况弟子的言论与历史活动，对人类历史的影响实在是太剧烈、太深刻了。荀况之所以在汉代不被人们所提起，我想大概是与他的这两个学生有关。而我之特别想说的两点，其一是荀况对司马迁产生过实际的、深刻的影响；其二是荀子对秦国过于迷信法家影响的忠告，秦国竟无人重视，又被汉代以来的中国历史所不提，这是令人深深遗憾的。

曲突徙薪亡恩泽，焦头烂额为上客！

十五

《孟尝君列传》

①

　　《孟尝君列传》：初，田婴有子四十余人。其贱妾有子名文，文以五月五日生。婴告其母曰："勿举也。"其母窃举生之。及长，其母因兄弟而见其子文于田婴。田婴怒其母曰："吾令若去此子，而敢生之，何也？"文顿首，因曰："君所以不举五月子者，何故？"婴曰："五月子者，长与户齐，将不利其父母。"文曰："人生受命于天乎？将受命于户邪？"婴默然。文曰："必受命于天，君何忧焉；必受命于户，则可高其户耳，谁能至者？"婴曰："子休矣。"

　　田文这段为其母鸣不平，兼为自己辩护生存权利的谠言大论，响彻九衢，其科学性、正义性千古不拔；这也是田文第一次在读者面前的亮相，威风凛凛，义正词严。但令人不解的是这段文字居然不见于《战国策》，这一来就越发显出司马迁思想高度的不可及，与《孟尝君列传》这段文字的重要了。中国自古就有一种极端令人憎恶的习俗，小孩儿一生下来，先得占卜以求神示，看这个孩子是否生得吉利，如果孩子犯有什么忌讳，那么这个孩子就必须被处理掉，不能让他存活。《日者列传》曾记载这种规定说："昔先王之定国家，必先龟策日月，而后乃敢代；正时日，乃后入；家产子必先占吉凶，后乃有之。"见之于古书记载者，《诗经·生民》里就说后稷之所以名"弃"，就是由于他在出生后曾被扔在隘巷、扔在平林、扔在寒冰等，反复地想要整死他；周宣王时有个宫女生了孩子，被指为不祥，逼宫女将其丢弃，后来被一对生意人拾去养活了下来，名叫褒姒；田婴的儿子田文生在五月端午，当时当地的风俗认为不吉利，说这个孩子长到门口那么高时，就能促使他的父母死掉。于是田婴就向孩子的母亲下令："勿举也。""勿举"就是不给新生儿行洗沐礼，也就是赶紧把他草草处理掉。孟尝君完全是靠了可怜的母亲冒着不测的危险偶然地把儿子养活了下来。

不仅中国古代有这种恶俗，欧洲国家也有。莎士比亚戏剧中有一本叫作《奥狄浦斯王》，内容就是写某国有个国王，生了儿子被认为不祥；国王无奈，派人把儿子远远地扔到了异国他乡。结果被一户牧羊人拾去抚养。后来牧羊人又被占卜为不祥，说这个孩子长大将杀死父母，于是吓得牧羊人战战兢兢地又千里迢迢把他送到了异国他乡。可他们万万想不到的是又把孩子送回了原来的国家。情节经历千模百样，但基本事实都是为无辜的人控诉旧风俗、旧制度的反动与残暴。

司马迁在描写历史人物时，还总喜欢在文章开头时写他的一句话或一件小事，以预示他日后的不平凡，于是像孟尝君、赵襄子、后稷、褒姒等这些人物后来都有或好或坏的惊人故事著名于青史。

2

《孟尝君列传》：齐湣王二十五年，复卒使孟尝君入秦，昭王即以孟尝君为秦相。人或说秦昭王曰："孟尝君贤，而又齐族也，今相秦，必先齐而后秦，秦其危矣。"于是秦昭王乃止。囚孟尝君，谋欲杀之。孟尝君使人抵昭王幸姬求解。幸姬曰："妾愿得君狐白裘。"此时孟尝君有一狐白裘，直千金，天下无双，入秦献之昭王，更无他裘。孟尝君患之，遍问客，莫能对。最下坐有能为狗盗者，曰："臣能得狐白裘。"乃夜为狗，以入秦宫藏中，取所献狐白裘至，以献秦王幸姬。幸姬为言昭王，昭王释孟尝君。孟尝君得出，即驰去，更封传，变名姓以出关。夜半至函谷关。秦昭王后悔出孟尝君，求之已去，即使人驰传逐之。孟尝君至关，关法鸡鸣而出客。孟尝君恐追至，客之居下坐者有能为鸡鸣，而鸡齐鸣，遂发传出。出如食顷，秦追果至关，已后孟尝君出，乃还。始孟尝君列此二人于宾客，宾客尽羞之；及孟尝君有秦难，卒此二人拔之。自是之后，客皆服。

在宋人王安石的文集里有一篇《读孟尝君传》，其文曰："世皆称孟尝能得士，士以故归之，而卒赖其力以脱于虎豹之秦。嗟乎，孟尝君特鸡鸣狗盗之雄耳，岂足以言得士？不然擅齐之强，得一士焉宜可以南面而制秦，尚取鸡鸣狗盗之力哉？鸡鸣狗盗之出其门，此士之所以不至也。"王安石这种话我说它正是那种俗话所说的"站着说话不腰疼"。我估计这种文章大概是写在早年得志，一帆风顺，推行变法正在势如破竹的时候，而不会是在老年到处碰壁后，蒙受辱骂嘲讽，躲在南京，修改他那"春风又绿江南岸"的时刻。司马迁写《史记》，出于他个人的独特身世，在书中特别歌颂权贵人物的尊贤礼士；也特别歌颂富有侠义精神的下层人士忠于其主，"为知己者用，为知己者死"。这种主客之间的相知相报，当然是有高低之分的。魏公子结纳了侯嬴、朱亥、毛公、薛公；平原君结纳了毛遂；太子丹结纳了荆轲，这些人都在国家危难的时刻做出了贡献，甚至献出了生命，这些是上上等。但也有些人能效力于君主，能为自己所信仰的人物前仆后继，尽职尽责，如钼麑之与赵盾、豫让之与智伯、冯谖之与孟尝君，在关键时刻，能挺身而出，能拯救主人于危难，能为主人做出贡献与牺牲，这不也是一种很好的英雄、侠义行为吗？。

司马迁最痛恨的是那种在紧急时刻出卖主人、出卖朋友，甚至栽赃陷害、落井下石的人。司马迁下过牢狱，对于人世间的世态炎凉感受太深了，也正是由于他对上流社会的这种风气感受得太多，故而他对下层民间人物的这种朴实忠厚、古道热肠，发出一种由衷的歌颂。他在《报任安书》中说："家贫，货赂不足以自赎，交游莫救，左右亲近，不为一言。身非木石，独与法吏为伍，身幽囹圄之中，谁可告愬者？此真少卿所亲见，仆行事岂不然乎？李陵既生降，颓其家声；而仆又佴之蚕室，重为天下观笑。悲夫！悲夫！事未易一二为俗人言也。"他又在《游侠列传》中说："且缓急，人之所时有也。昔者虞舜窘于井廪，伊尹负于鼎俎，傅说匿于傅险，吕尚困于棘津，夷吾桎梏，百里饭牛，仲尼畏匡，菜色陈、蔡。此皆学士所谓有道仁人也，犹然遭此灾，况以中材而涉乱世之末流乎？其遇害何可胜道哉？"王安石有过这样的体会吗？

吴大廷在《小酉腴山馆文钞》中说："王荆公谓孟尝君'鸡鸣狗盗之雄'，信不足以云'得士'，然太史公于食客三千皆佚其名，独载冯驩事甚备，岂以其失相之时诸客亡且尽，驩独左右经营，卒复其位，且益封焉，视世之趋炎附势者何如哉？"邵宝说："以一时排难权变言之，西伯之贤，亦以宝货美女脱羑里之囚，君子不以'临难苟免'非之。然则鸡鸣狗盗之客谓之士固不可，谓之无功于孟尝君亦不可。不然孟尝君且客死秦关，如怀王之不反矣。"今人钱穆在《现代学术论衡》中说："迁书记孟尝、平原、信陵、春申四公子故事，均不见于《战国策》，而如孟尝君门下之冯谖，平原君门下之毛遂，信陵君门下之侯嬴，此皆三公子三千食客中所稀遘难得之杰出人材。然世人亦仅知孟尝、平原、信陵而已，自经迁书之详载乃知孟尝、平原、信陵之得为孟尝、平原、信陵，其背后乃大有人在。此乃一番绝大提示，绝大指点。"

能这样看问题，才能算是真正地读懂了《史记》。

十六

《平原君虞卿列传》

①

《平原君虞卿列传》：平原君家楼临民家。民家有躄者，槃散行汲。平原君美人居楼上，临见，大笑之。明日，躄者至平原君门，请曰："臣闻君之喜士，士不远千里而至者，以君能贵士而贱妾也。臣不幸有罢癃之病，而君之后宫临而笑臣，臣愿得笑臣者头。"平原君笑应曰："诺。"躄者去，平原君笑曰："观此竖子，乃欲以一笑之故杀吾美人，不亦甚乎？"终不杀。居岁余，宾客门下舍人稍稍引去者过半。平原君怪之，曰："胜所以待诸君者未尝敢失礼，而去者何多也？"门下一人前对曰："以君之不杀笑躄者，以君为爱色而贱士，士即去耳。"于是平原君乃斩笑躄者美人头，自造门进躄者，因谢焉。其后门下乃复稍稍来。是时齐有孟尝，魏有信陵，楚有春申，故争相倾以待士。

"于是平原君乃斩笑躄者美人头，自造门进躄者，因谢焉。"平原君对自己的家属疏于管教，在耻笑别人生理缺陷时显示了无礼，缺乏教养，理应受到责罚，平原君也应亲自向躄者道歉，这样也就够了。但躄者狂妄无已，漫天要价，打上门来，逼着平原君交出其宠姬之头；平原君笑而不应，于是平原君门下的食客们遂群起声援躄者，以罢工散伙对平原君相威胁。平原君无奈之下，只好向这伙疯子们表示妥协，回家杀了嘲笑躄者的宠姬。风潮闹到这一步，躄者好像是获得了全胜，是贫贱者战胜了权贵者，小人物斗倒了大人物，其实不然。当平原君挥剑斩下美人头的时候，这个无知的躄者同时也就欠下了平原君一颗人头的大债。当秦军围困邯郸，赵国危在旦夕的时候，你这个躄者在哪里呢？当平原君靠着毛遂促使楚国答应出兵相救，但救兵未到，邯郸仍处于岌岌将破的时候，你这个躄者挺身而出，为平原君分忧了吗？没有。继毛遂为平原君挺身而出的是李同，是李同劝平原君破家为国，并自己为平原君领着一支三千人的敢死队，迎头痛击了秦国的先头部队，争取了时间，坚持到了楚魏联军的到来。中国人讲究的是"士为知己者死"，如果侯嬴日后没有给魏公子献窃符以夺晋鄙兵权之计，人们还会传颂这个故事吗？如果诸葛亮未能对蜀国有所作为，世上还会有"三顾茅庐"的美谈吗？由于《平原君列传》里再没有躄者的下文，于是这个躄者也就成了无耻的妄人，平原君也就成了一个莽莽撞撞的"浊公子"，而司马迁所写的这段文字也就成为目的性不明的败笔了。因为历代读者读书到此，都会产生疑问说：这个故事的意义在哪里呢？

明代穆文熙《史记鸿裁》引石星说曰："平原君斩美人以谢躄者，可谓贵士而贱色矣，然竟不闻躄者出一奇，画一策，窃恐美人之死不瞑目也。"清代洪亮吉《四史发伏》说："在躄者不过欲先制人，冀得一饱；即门下'爱色贱士'之对，亦不过在为党援耳，乃以借美人头沽名一时，竟不虑贻笑千古，悲夫！"王伯祥说："正因为故意相竞，平原君乃做此矫情杀人的举动，来骇人听闻，邀取声誉。"司马迁是真想借此贬低平原君吗？我看不是。是他自己没有想清楚为什么要写这个故事。

2

《平原君虞卿列传》：秦之围邯郸，赵使平原君求救，合从于楚，约与食客门下有勇力文武备具者二十人偕。平原君曰："使文能取胜，则善矣。文不能取胜，则歃血于华屋之下，必得定从而还。士不外索，取于食客门下足矣。"……

平原君与楚合从，言其利害，日出而言之，日中不决。十九人谓毛遂曰："先生上。"毛遂按剑历阶而上，谓平原君曰："从之利害，两言而决耳。今日出而言从，日中不决，何也？"楚王谓平原君曰："客何为者也？"平原君曰："是胜之舍人也。"楚王叱曰："胡不下？吾乃与而君言，汝何为者也？"毛遂按剑而前曰："王之所以叱遂者，以楚国之众也。今十步之内，王不得恃楚国之众也，王之命县于遂手。……白起，小竖子耳，率数万之众，兴师以与楚战，一战而举鄢郢，再战而烧夷陵，三战而辱王之先人。此百世之怨而赵之所羞，而王弗知恶焉。合从者为楚，非为赵也。吾君在前，叱者何也？"楚王曰："唯唯，诚若先生之言，谨奉社稷（而）以从。"毛遂曰："从定乎？"楚王曰："定矣。"

《史记》之写人物故事，剑拔弩张，惊心动魄，极端耸人听闻者，有《廉颇蔺相如列传》《平原君列传》《田单列传》《刺客列传》《项羽本纪》《吕太后本纪》等。但我们对于这些紧张故事的描写，只能"师其意而不师其辞"，略取其大意可也。因为这些描写都是出自司马迁个人的或是听来的众口相传的想象与发挥。大凡转述一个历史事件，越简单就越显真实；越详细、越生动就必然是发挥越多。梁启超说："毛遂，一小蔺相如也，其智勇略似之，其德不逮（及），要亦人杰也矣。"史珥曰："游客极奇之事，子长层次写来，字字欲活。"

但毛遂的故事不见于《战国策》，其他诸子书亦很少有人道及。说到廉颇蔺相如的故事，泷川资言说："《国策》记廉事颇略，而无一语及蔺。此传多采他书所不载。"钱锺书说："此亦《史记》中迥出之篇，有声有色，或多本于马迁之增饰渲染，未必信实有徵。写相如'持璧却立倚柱，怒发上冲冠'，是何意态雄且杰？后世小说刻划精能处，无以过之。……赵王与秦王会于渑池一节，历世流传，以为美谈，至谱入传奇。使情节果若所写，

则樽俎折冲，真同儿戏，抑岂人事原如逢场串剧耶？"（《管锥编》）

《史记》中的许多故事可以当作"寓言"读，可以当作"小说"读，可以长知识，可以长智慧，也可以学习写文章。但它的写法如同小说，是"代言"，而不是"记言"，它的许多描写叙述，都是司马迁依据他的理解而重新加工创造出来的。读《史记》，是你在听司马迁讲故事，这一点在以对话为主体的篇章里尤其需要注意，如《李斯列传》《郦生陆贾列传》是也。那些文章里面的精彩对话，都是司马迁的杰出创作，至少也是给司马迁讲故事的人们的杰出创造。

③

《平原君虞卿列传》：平原君既返赵，楚使春申君将兵赴救赵，魏信陵君亦矫夺晋鄙军往救赵，皆未至。秦急围邯郸，邯郸急，且降，平原君甚患之。邯郸传舍吏子李同说平原君曰："君不忧赵亡邪？"平原君曰："赵亡则胜为虏，何为不忧乎？"李同曰："邯郸之民，炊骨易子而食，可谓急矣，而君之后宫以百数，婢妾被绮縠，余粱肉，而民褐衣不完，糟糠不厌。民困兵尽，或剡木为矛矢，而君器物钟磬自若。使秦破赵，君安得有此？使赵得全，君何患无有？今君诚能令夫人以下编于士卒之间，分功而作，家之所有尽散以飨士，士方其危苦之时，易德耳。"于是平原君从之，得敢死之士三千人。李同遂与三千人赴秦军，秦军为之却三十里。亦会楚、魏救至，秦兵遂罢，邯郸复存。

明代李贽曰："邯郸之故主灰飞，咸阳宫阙烟灭久矣，而李同至今犹在世也。读史至李同战死，遂为三叹。"（《藏书》）清代史珥曰："李同战死，为功甚大，非此力战恐亦不能待楚、魏之救。"

作品围绕长平之战、邯郸之围，记述了平原君在坚守合纵，维护赵国利益方面所进行的活动。作者认为平原君是一个见识平庸的贵族公子。平原君虽然与孟尝君、信陵君、春申君等都以养士闻名，但他的养士不同于其他人，而带有很大的盲目性。他的门客多达数千人，但在赴楚谈判时却无法从中选够二十个文武双全的随行人员。即以被选出的十九人而论，也都是一筹莫展的庸才。而在紧要关头佐助他为赵国立了大功的毛遂和李同，平时则根本没有被平原君所看重。被魏公子倾慕已久的毛公、薛公，平原君对之更是不屑一顾，徒任其混迹于博徒卖浆者流。当秦国施用反间计，诱使赵国罢掉廉颇，任用赵括为将，秦将白起大破赵军于长平，坑赵卒四十五万人，并进而围困邯郸的紧急关头，平原君竟计无所出。这些充分显示了平原君的无能。

但平原君又具有很好的个人品质，他能听人劝谏，知过必改，忠于国家，这与孟尝君的一切为图谋私利，甚至不惜勾引敌兵自伐其国，是不可同日而语的。当平原君为了赴楚求救而在宾客中选拔随从，毛遂自荐时，平原君曾摆出一副倨傲尊大的样子，当毛遂有智有勇地折服楚王，约纵而归时，他又对毛遂心悦诚服地大加赞赏；当赵奢为国掌税，执法无私，一连杀了平原君家九个抗税不交的管家时，平原君开始发怒，后来明白了道理，遂不仅不怪赵奢，反而推举赵奢作了更大的官；尤其难得的是平原君在国家面临危机的时候能够牺牲自己家族的利益，以殉国家之所急：当邯郸形势危急，各国救兵尚未到达时，他采纳了李同的建议，将自己的全部家财拿出来犒军，将自己的夫人以下全部编入士兵的队伍，一同守城。从这些方面可以看出平原君确有很好的品质，他通达事理，忠于国家，为古今贵族之所难得。

《平原君虞卿列传》以平原君命名，但真正帮助平原君完成大事者皆出于毛遂、李同等一些下层人物。毛遂、李同的事迹不见于《战国策》，其他诸子书亦少有道及者。李景星所谓"通篇叙事，变换《国策》之文"云云，似有不妥。其实我们完全可以说，司马迁之所以写《平原君列传》，就是为了表现毛遂与李同，这与《孟尝君列传》是为了写冯谖、写鸡鸣、狗盗；《魏公子列传》是为了写侯嬴、朱亥、写毛公、薛公相同，都表现了司马迁看重下层人、歌颂下层人物的鲜明的民主思想。

④

《平原君虞卿列传》：秦既（解邯郸围）［破赵长平］，而赵王入朝，使赵郝约事于秦，割六县而媾。虞卿谓赵王曰："秦之攻王也，倦而归乎？王以其力尚能进，爱王而弗攻乎？"王曰："秦之攻我也，不遗余力矣，必以倦而归也。"虞卿曰："秦以其力攻其所不能取，倦而归，王又以其力之所不能取以送之，是助秦自攻也。来年秦复攻王，王无救矣。"王以虞卿之言告赵郝。赵郝曰："虞卿诚能尽秦力之所至乎？诚知秦力之所不能进，此弹丸之地弗予，令秦来年复攻王，王得无割其内而媾乎？"王曰："请听子割矣，子能必使来年秦之不复攻我乎？"赵郝对曰："此非臣之所敢任也……"

王以告虞卿。虞卿对曰："郝言'不媾，来年秦复攻王，王得无割其内而媾乎'；今媾，郝又以不能必秦之不复攻也，今虽割六城，何益？来年复攻，又割其力之所不能取而媾，此自尽之术也，不如无媾。秦虽善攻，不能取六县；赵虽不能守，终不失六城。秦倦而归，兵必罢。我以六城收天下以攻罢秦，是我失之于天下而取偿于秦也，吾国尚利。孰与坐而割地，自弱以强秦哉？……"

赵王计未定，楼缓从秦来，赵王与楼缓计之……

虞卿闻之，往见王曰："危哉楼子之所以为秦者，是愈疑天下，而何慰秦之心哉？独不言其示天下弱乎？且臣言勿予者，非固勿予而已也。秦索六城于王，而王以六城赂齐。齐，秦之深雠也，得王之六城，并力西击秦，齐之听王，不待辞之毕也。则是王失之于齐而取偿于秦也。而齐、赵之深雠可以报矣，而示天下有能为也。王以此发声，兵未窥于境，臣见秦之重赂至赵而反媾于王也。从秦为媾，韩、魏闻之，必尽重王；重王，必出重宝以先于王。则是王一举而结三国之亲，而与秦易道也。"赵王曰："善。"则使虞卿东见齐王，与之谋秦。虞卿未返，秦使者已在赵矣。楼缓闻之，亡去。

以上虞卿驳斥楼缓，使其逃走事，见《战国策·赵策三》。据此则似赵王用虞卿之议，赂齐连齐以抗秦矣；然据《白起王翦列传》，则仍曰"割韩垣雍、赵六城以和"，恐史公所取之《战国策》文不足信。此段写楼昌、赵郝、楼缓之竭力为秦，写虞卿之忠心为赵，而赵王昏聩，依违于诸人之间的情景，绝类小说。

王懋竑《白田杂著》曰："长平之败，赵王与楼缓、虞卿论事，《战国策》皆楼缓语；《史记·虞卿传》以前为赵郝语，后为楼缓语。考其文义，《战国策》为顺。"又曰："《秦本纪》四十八年十月，'韩献垣雍'，而不言'赵献六城'，疑因虞卿之言而止。此所谓不听秦者，而邯郸之围亦以此。"黄震曰："秦攻长平，虞卿劝赵附楚、魏以和秦，而后秦可和。赵不听，故秦卒不和，而赵大败。其后赵将割六城事秦，虞卿使于齐以谋秦，而秦反和赵。及魏欲与赵约纵，则卿亟劝成之。卿无言不效，无谋不忠，大要归于结和邻国以自重，而使秦反轻，此至当不易之说也，与一时东西捭阖之士异矣。"（《黄氏日钞》）鲍彪曰："虞卿可谓见明者矣，当赵以四十万覆于长平之下，凡在赵廷之臣孰不魄夺气丧，愿媾秦以偷须臾之宁？卿独为之延虑却顾，折楼缓之口，挫强秦之心，反使秦人先赵而媾。于此亦足见纵者天下之势。七国辩士策必中、计必得，而不失其正，惟卿与陈轸有焉，贤矣哉！"（《战国策注》）

《平原君虞卿列传》：虞卿料事揣情，为赵画策何其工也！及不忍魏齐，卒困于大梁。庸夫且知其不可，况贤人乎？然虞卿非穷愁，亦不能著书以自见于后世云。

明代杨慎曰："'虞卿不穷愁，亦不能著书以自见于后世'，韩子《柳子厚墓志铭》用此意。"凌稚隆曰："太史公亦因以自见云。"林云铭曰："赞中以'未睹大体'一语为平原君写照，是平日之喜宾客皆成末节可知。至论虞卿则扬而又抑，抑而又扬，以能著书于后世，虽卿相之荣不与易，则二人之轩轾自见。先辈以为太史公自寄其意，良然。"

清代全祖望《经史问答》曰："《范雎传》魏齐之亡在秦昭王四十二年，其时虞卿已相赵，弃印与俱亡，而困于大梁。《虞卿传》谓其自此不得意，乃著书以消穷愁，是弃印之后虞卿遂不复出也。乃长平之役在昭王四十七年。史公所谓虞卿料事揣情为赵画策者，反在弃印五年之后，则虞卿尝再相赵矣，何尝穷愁以老？而史公序长平之策于前，序大梁之困于后，颠倒其事，竟忘年数之参错，岂非一大怪事也？"苏辙《古史》曰："太史公所记虞卿与赵谋事，皆秦破长平后；而卿为魏齐弃相印走梁，则前此矣。意者魏齐死，卿自梁还相赵，而太史公失言之耳。"

作者对虞卿的真知灼见，坚守合纵，一心维护赵国利益的行为是欣赏的；对其穷愁末路，发愤著书，则表现了极大的同情，也寄托了个人的无限感慨。然按照历史顺序，则虞卿之弃赵相印，伴同魏齐出奔乃在前，是赵惠文王时事，见《范雎蔡泽列传》；而虞卿之为赵王设谋，赵王不听，致有长平之败与邯郸之围，此皆赵孝成王时事，史公乃依据《战国策》之《赵策三》而书之。奇怪的是史公颠倒了前后二事的顺序，乃将虞卿为赵孝成王之设谋叙之于前，而将伴同魏齐离赵事叙之于后，且谓其从此遂穷愁著书以终老云云，殊与事实不合。其草稿之未及检阅耶？其故意如此以寄个人之感慨耶？殊不可知。

《平原君虞卿列传》之文字、标点有可讨论者：

（1）秦既解邯郸围，而赵王入朝，使赵郝约事于秦，割六县而媾。

"秦既解邯郸围"，此语误。此时秦军已破赵军于长平，尚未进围邯郸也。《白起王翦列传》有所谓"应侯言于秦王曰：'秦兵劳，请许韩、赵之割地以和，且休士卒。'王听之，割韩垣雍、赵六城以和，正月皆罢兵。"可知秦破赵长平后，确如《赵策》所云秦国曾一度"引兵而归"。《赵世家》

亦谓是年"王还，不听秦，秦围邯郸。"所谓"王还"即指赵王在长平大败后入朝于秦而还，赵史讳言赵王入朝于秦，而但言"王还"耳。杨宽曰："'既解邯郸围'，当是'既破赵长平'之误。"

今依例重新标点此数句作："秦既（解邯郸围）［破赵长平］，而赵王入朝，使赵郝约事于秦，割六县而媾。"

十七

《魏公子列传》

①

《魏公子列传》：公子于是乃置酒大会宾客。坐定，公子从车骑，虚左，自迎夷门侯生。侯生摄敝衣冠，直上载公子上坐，不让，欲以观公子。公子执辔愈恭。侯生又谓公子曰："臣有客在市屠中，愿枉车骑过之。"公子引车入市。侯生下见其客朱亥，俾倪故久立，与其客语，微察公子。公子颜色愈和。当是时，魏将相宗室宾客满堂，待公子举酒。市人皆观公子执辔。从骑皆窃骂侯生。侯生视公子色终不变，乃谢客就车。至家，公子引侯生坐上坐，遍赞宾客，宾客皆惊。酒酣，公子起，为寿侯生前。侯生因谓公子曰："今日嬴之为公子亦足矣。嬴乃夷门抱关者也，而公子亲枉车骑，自迎嬴于众人广坐之中。不宜有所过，今公子故过之。然嬴欲就公子之名，故久立公子车骑市中。过客以观公子，公子愈恭。市人皆以嬴为小人，而以公子为长者能下士也。"

"魏将相宗室宾客满堂，待公子举酒"。国家的将相和国王的宗室这样身分的宾客满堂，都在急切地等着魏公子回归，宴会开始。

"市人皆观公子执辔，从骑皆窃骂侯生"。吴见思曰："于'市人'傍描一笔，应'公子引车入市'；于'从者'傍描一笔，应'从车骑'。"

"侯生视公子色终不变，乃谢客就车"。谢：辞别。吴见思曰："'愈恭''愈和''色终不变'，三番摇曳；'将相宾客''市人''从骑'，四面照应，遂令一时神采，千古如生。"日人有井范平曰："凡叙事整正，则易堆垛；错落，则易散漫。整正而不堆垛，错落而不散漫，兼此二者，是叙事之极工，兹段是已。"此处写侯生与朱亥絮语；写公子之虚心静候；写从人之窃骂侯生；写市人观公子之执辔；写公子府诸宾客之急切巴望开席：皆一时之事也，司马迁一支笔写来，如今电影、电视之镜头切换，妙不可言。古人描写之胜境，前此所未尝见也。

2

《魏公子列传》：公子自度终不能得之于王，计不独生而令赵亡，乃请宾客，约车骑百余乘，欲以客往赴秦军，与赵俱死。

行过夷门，见侯生，具告所以欲死秦军状。辞决而行，侯生曰："公子勉之矣，老臣不能从。"公子行数里，心不快，曰："吾所以待侯生者备矣，天下莫不闻。今吾且死，而侯生曾无一言半辞送我，我岂有所失哉？"复引车还，问侯生。侯生笑曰："臣固知公子之还也。"……侯生乃屏人间语，曰："嬴闻晋鄙之兵符常在王卧内，而如姬最幸，出入王卧内，力能窃之。嬴闻如姬父为人所杀，如姬资之三年，自王以下欲求报其父仇，莫能得。如姬为公子泣，公子使客斩其仇头，敬进如姬。如姬之欲为公子死，无所辞，顾未有路耳。公子诚一开口请如姬，如姬必许诺，则得虎符夺晋鄙军，北救赵而西却秦，此五霸之伐也。"公子从其计，请如姬，如姬果盗晋鄙兵符与公子。

侯生笑曰："臣固知公子之还也。"黄洪宪曰："叙侯生与公子语，宛然在眉睫间，盖生初欲为公子画计，恐不从，故于其复还而尽之，所以坚其志耳！"侯生之设谋，事关重大，且又处人骨肉之间，不到时候，势难开口。《三国志·诸葛亮传》云："刘表长子琦，亦深器亮。表受后妻之言，爱少子琮，不悦于琦。琦每欲与亮谋自安之术，亮辄拒塞，未与处画。琦乃将亮游观后园，共上高楼，饮宴之间，令人去梯，因谓亮曰：'今日上不至天，下不至地，言出子口，入于吾耳，可以言未？'亮答曰：'君不见申生在内而危，重耳在外而安乎？'"诸葛亮的心情和做法，有助于我们理解侯嬴。此外，孔子云："不愤不启，不悱不发"。魏公子经过如此一番周折，侯生再进言，魏公子当更易于听取。黄氏之说是也。

3

《魏公子列传》：公子过谢侯生。侯生曰："臣宜从，老不能。请数公子行日，以至晋鄙军之日，北乡自刭，以送公子。"公子遂行。……公子与侯生决，至军，侯生果北乡自刭。

"北乡自刭，以送公子"。明代穆文熙曰："已为人画策，足以报之矣。而又自刭何为者？过矣。"（《史记鸿裁》）凌稚隆引徐中行曰："或谓：'侯生自刭过乎？'余曰：否，否。刭殆有说也。侯生度为公子窃符，计必杀晋鄙，鄙何辜哉？心必有不忍而不自安者，乃以死谢之耳。不然，报公子即死耳，何必数公子行至晋鄙军之日而后自刭耶？故程婴之死，世谓报宣孟，余谓谢杵臼也；侯生之死，世谓报公子，余谓谢晋鄙也。奚过哉？"

徐说不为无理，但非关大节。侯生自刭乃为坚定魏公子杀晋鄙以夺兵权之志耳。公子"为人仁爱"，晋鄙则"嚄唶宿将"，且又无辜。侯生初言之时，公子即已流泪，此危险之征兆也。倘见面后心稍一软，大事去矣，故侯生预告之曰："此我侯嬴自刭之时也！"《刺客列传》写田光之死曰"欲以此激之"，盖侯嬴之死与田光之死相同，都是以自己之死以坚定魏公子与荆轲这种当事人的信念与决心，这是佐成信陵君窃符救赵这一历史壮举的不可少的因素之一。这样解释才符合司马迁的生死观。姚苎田曰："侯生一节，史公用二十分精神、二十分笔力，《史记》中如此文亦不多得也。"

十八

《春申君列传》

①

《春申君列传》：春申君者，楚人也，名歇，姓黄氏。游学博闻，事楚顷襄王。

关于春申君其人的身世，金正炜曰："春申与孟尝、平原、信陵并称四公子，当亦楚之疏属，故朱英说以代立。《韩非子·奸邪弑臣》谓为楚庄王之弟，庄王即襄王。后章'庄辛谓楚襄王'，《荀子注》作'庄辛谓楚庄王'可证。其言必当有据。"

钱穆《先秦诸子系年考辨》中有《楚顷襄王又称庄王考》与《春申君乃顷襄王之弟不以游士致显辨》，其说甚详。杨宽又曰："《史记·游侠列传》云：'近世延陵、孟尝、春申、平原、信陵之徒，皆因王者亲属，藉于有土卿相之富厚，招天下贤者，显名诸侯。'可知司马迁亦知春申君非游士致显，乃王者亲属。孟尝君之父田婴为齐宣王弟，平原君为赵惠文王弟，信陵君为魏安釐王弟，春申君为楚顷襄王弟。韩非亲与春申同时，其言不致有谬误。"诸家说是也，此外尚可以参考《滑稽列传》的相关条目。

春申君的真实身份可以由此大致确定。

2

《春申君列传》之文字、标点有可讨论者:

（1）先帝文王、庄王之身，三世不妄接地于齐，以绝从亲之要。

三句龃龉难通。"先帝文王、庄王之身"，怎么能说是"三世"？对比《战国策·秦策四》，原来其文作"先帝文王、庄王、王之身"，正好是指的孝文王、庄襄王、秦王嬴政"三世"。

"绝从亲之要"，绝，斩断；从亲，同纵亲；要，同腰。牛鸿恩曰："王政五年（前242），蒙骜取魏酸枣等二十城，初置东郡，故曰'绝从亲之要'。"

"不妄"是什么意思？莫知所云。我们对比一下《史记》的黄善夫本，原来那里的"不妄"，分明是"不忘"。这就一下子融会贯通起来了。

今依例将数句重新标点如下："先帝文王、庄王[、王]之身，三世不（妄）[忘]接地于齐，以绝从亲之要。"意思就是秦国三代圣王的凤愿就是吞并韩、魏，让秦国的地盘直接地与齐国相连，将东方六国的合纵联盟拦腰斩断。

（2）先君时善秦二十年而不攻楚，何也？

此句错乱莫知所云。泷川曰："枫山、三条本无'善'字，与《策》合，各本误衍。"《战国策·韩策一》有《观鞅谓春申》一节，即本文之所取材者。其中有"先君者二十余年未尝见攻"，即此文之"秦二十年而不攻楚"。区别在一个是从秦国的方面说，一个是从楚国的方面说而已。"善"字的确应削。

今依例重新标点此句作："先君时（善）秦二十年而不攻楚，何也？"

（3）李园不治国而君之仇也，不为兵而养死士之日久矣，楚王卒，李园必先入据权而杀君以灭口。此所谓毋望之祸也。

"李园不治国而君之仇也"。"君之仇"三字无依据。《索隐》曰："《战国策》作'君之舅也'，谓为王之舅，意异也。"梁玉绳曰："《策》作'王之舅'，是，此因声近而误。言李园为王舅也。下文春申云'李园弱人也，仆又善之'，则不以为仇明矣。"梁说是也。

今依例重新标点数句作："李园不治国而（君之仇）［王之舅］也，不为兵而养死士之日久矣。楚王卒，李园必先入据权而杀君以灭口。此所谓毋望之祸也。"

十九
《范雎蔡泽列传》

①

　　《范雎蔡泽列传》：及穰侯为秦将，且欲越韩、魏而伐齐纲寿，欲以广其陶封。范雎乃上书曰："臣闻明主立政，有功者不得不赏，有能者不得不官，劳大者其禄厚，功多者其爵尊，能治众者其官大。故无能者不敢当职焉，有能者亦不得蔽隐。使以臣之言为可，愿行而益利其道；以臣之言为不可，久留臣无为也。……臣愿得少赐游观之间，望见颜色。一语无效，请伏斧质。"……

　　然左右多窃听者，范雎恐，未敢言内，先言外事，以观秦王之俯仰。因进曰："夫穰侯越韩、魏而攻齐纲寿，非计也。少出师则不足以伤齐，多出师则害于秦。臣意王之计，欲少出师而悉韩、魏之兵也，则不义矣，今见与国之不亲也。越人之国而攻，可乎？其于计疏矣。且昔齐湣王南攻楚，破军杀将，再辟地千里，而齐尺寸之地无得焉者，岂不欲得地哉，形势不能有也。诸侯见齐之罢弊，君臣之不和也，兴兵而伐齐，大破之。士辱兵顿，皆咎其王，曰：'谁为此计者乎？'王曰：'文子为之。'大臣作乱，文子出走。故齐所以大破者，以其伐楚而肥韩、魏也。此所谓借贼兵而赍盗粮者也。王不如远交而近攻，得寸则王之寸也，得尺亦王之尺也。今释此而远攻，不亦缪乎？"

以上大段文字，包含了范雎给秦昭王的上书求见，与第一次见到秦昭王的大段说辞。从以上文字中可以见到范雎作为一个杰出政治家对秦国国内形势与秦国对外政策方略的了解与清晰判断，以及其初见秦王时的那种察言观色，由浅入深的说话技巧等。范雎明确地指出了穰侯治国方略的荒谬，而一字千金地提出了"远交而近攻"这一关键命题。吴如嵩说："范雎的'远交近攻'之策是对秦国'连衡'战略的具体化和系统化。首先，他是从地缘关系出发考虑战略问题的，因为列强的争夺最终目标还是土地，所以地缘问题对于军事、外交策略的确定具有极为重要的意义。其次，'远交近攻'是一个系统的战略方案，它有明确的步骤和达到某一步骤的方法。其原则是先弱、后强，由近及远，先占据中枢之地，再向四周扩展，最后完成统一。'远交近攻'是一个军事与外交手段有机配合的综合战略，强大的军事实力是外交的后盾，有效的外交活动又是军事进攻的准备和先导，目的在于拆散合纵联盟，各个击灭关东诸侯统一天下。'远交近攻'战略是秦统一天下条件已初步具备，其军事与外交策略逐步成熟的产物，它的提出也标志着秦统一天下在战略思想上的准备已基本完成。"（《中国军事通史》卷三）杨燕起说："范雎之功有三：一以增强王室，杜绝私门；一以提出远交近攻之策；一以纵反间大破赵于长平，遂围邯郸。"这都是对范雎的历史作用予以肯定，承认他是对秦国的壮大做出了重要贡献的人物。

但过去的学者也有多从范雎其人的个人品质着眼，对之否定较多的看法。如司马光说："穰侯援立昭王，除其灾害，荐白起为将，南取鄢郢，东属地于齐，使天下诸侯稽首而事秦，秦益强大者，穰侯之功也。虽其专恣骄贪足以贾祸，亦未尽如范雎之言。范雎者，亦非能为秦忠谋，直欲得穰侯之位，故扼其吭而夺之耳。遂使秦王绝母子之义，失甥舅之恩，要之，雎真倾危之士哉！"（《资治通鉴》）苏辙说："范雎相秦，其所以利秦者少，而害秦者多。以魏冉之专，忘其旧勋而逐之可也；并逐宣太后，使昭王以子绝母，不已甚乎？宣太后之于秦，非郑武姜、庄襄后之恶也。郑武姜、庄襄后犹不可绝，而雎绝之，独不愧颍考叔、茅焦乎？及雎任秦事，杀白起而任王稽、郑安平，使民怨于内，兵折于外，曾不若魏冉之一二。范雎、蔡泽自为身谋，取卿相可耳，未见有益于秦也。"（《古史》）

在司马迁的笔下，范雎的确是一个自私而又擅于报复的人，又为了与白起争权争宠而陷白起于死地，是战国纵横家中的风格低下者，但他对秦国的贡献还是不能抹杀的，应该列入商鞅、张仪、穰侯、白起、吕不韦等人的行列。

2

《范雎蔡泽列传》：范雎日益亲，复说用数年矣，因请间，说曰："臣居山东时，闻齐之有田文，不闻其有王也；闻秦之有太后、穰侯、华阳、高陵、泾阳，不闻其有王也。夫擅国之谓王，能利害之谓王，制杀生之威之谓王。今太后擅行不顾，穰侯出使不报，华阳、泾阳等击断无讳，高陵进退不请。'四贵'备而国不危者，未之有也。为此'四贵'者下，乃所谓无王也。……今自有秩以上至诸大吏，（下）及王左右，无非相国之人者。见王独立于朝，臣窃为王恐，万世之后有秦国者非王子孙也。"

昭王闻之大惧，曰："善。"于是废太后，逐穰侯、高陵、华阳、泾阳君于关外。秦王乃拜范雎为相，收穰侯之印，使归陶。因使县官给车牛以徙，千乘有余。到关，关阅其宝器，宝器珍怪多于王室。

以上是范雎说服秦昭王，取得秦昭王的信任后，协助秦昭王向其母、其舅夺回控制权，使秦国的王权统治得以巩固、得以加强的过程。这在封建社会的王朝内部是经常出现的，但却又是非常惊险、非常惨烈的你死我活的斗争。与此相似而在此以前著名于史册的有《左传》所描写的《郑伯克段于鄢》；在此之后著名于史册的有秦王政向其母与嫪毐、与吕不韦的夺权之争；有汉和帝与窦太后与太后之兄窦宪的夺权之争，以及清末"戊戌变法"的光绪与慈禧太后的夺权之争等。事情有成有不成，但在问题的性质上总有其某种程度的相似。

应该说，范雎协助秦昭王与其母宣太后及其舅穰侯的夺权是相当困难的：首先，秦昭王之所以能够称王，完全是出于其母与其舅的人为奋斗的结果。秦昭王之兄秦武王因逞力举鼎被压死于周国，事发突然，而武王又恰恰没有太子，当武王的王后正与其婆婆文王老太后谋议立谁为接班人的时候，这时秦武王的弟弟们闻风而起，各不相让。也正是在这种混乱的顷刻之间，跳出了一匹黑马，这就是芈八子。芈八子是昔日文王的宠妃，她生的儿子名字曰"稷"，在众兄弟的排行中并不靠前，而当时掌握权力的武王后与文王老太后又都不看好他。也就在这种不占任何优势的情况下，芈八子与其已在秦国据有一定职权的弟弟穰侯相互配合，大打出手，她们将武王之后与文王老太后通通囚禁，将文王的儿子们凡是不肯降服的通通杀掉，并闪电般地将其儿子嬴稷推上了秦王的宝座，这就是秦昭王；于是芈八子也就成了后来人们所说的"宣太后"。

宣太后与穰侯就是如此这般地造就了秦昭王，号令了秦国的天下，你说宣太后与穰侯在秦昭王面前有点居功自傲，有点盛气凌人，有点专权独断，这难道不是一种顺理成章的事情吗？何况宣太后与穰侯在处理秦国的内政与对外侵削诸侯以壮大秦国，使秦国的国力日强，从而为日后秦国统一六国奠定了相当的基础上，宣太后与穰侯为之奋斗了四十年，其贡献是巨大的。当然，从秦昭王个人的感受上他觉得不舒服，他觉得很窝囊，他想掀掉压在身上的这两块大石头，这可以理解，范雎正是看准了这一点，所以他得到了秦昭王的信任。但应该看到宣太后与穰侯尽管有些专权独断，但她们从来都没有想到要危及秦昭王，要取代秦昭王这种嬴氏政权的企图。也正是由于这一点，故而秦昭王在褫夺了宣太后与穰侯的权力后，并没有对她们赶尽杀绝，对宣太后，仍"母子如初"；对穰侯，只是让他"归陶"，让他"千骑有余"地拉着"多于王室"的"宝器珍怪"去当一方土地的"领主"。相反倒是对于范雎，虽曾让他一度高居丞相，宠任无比，但据学者们考证，最后他倒还是被秦昭王杀掉了。

宣太后与穰侯既与秦昭王是如此紧密的血缘之亲，又对秦昭王与秦国的贡献如此之大，并掌管秦国权力的时间又断断续续地长达四十年之久，范雎究竟都用了什么手段，施展了什么样子的智谋，才能使得宣太后与穰侯交出了大权呢？这些司马迁都没有写，这是令人非常遗憾的。我想范雎在这些方面所动的脑筋、所花费的心思，一定比起他向秦昭王献出的"远交而近攻"的妙计等还要缜密、还要深邃而狡猾得多；一定要比赵高说服李斯篡改始皇帝诏书的言辞还要更加动人心弦十倍。明代凌稚隆说："范雎欲得相位，必倾太后、穰侯，但骨肉之间不能直指，故方未见王时即'感怒'之，以植其根；及其既见，则欲言不言，反复宛转，以待其自悟；至王自言'上至太后下至大臣'可以直指矣，却又先言外事，以待数年，始及其内，渐渍不骤如此，听者自不觉入于肝鬲矣。雎其深于术哉！"陈子龙说："昭王之倾心于范雎者，急在欲谋内事，而外事其次也。然不先立功效以自重，而欲倾国之权贵，岂易拔乎？雎所以须之数年之后也。后世人主有与羁旅之士骤谋大臣，每至于败者，坐国人之未信，根本之未立也。"

凌稚隆与陈子龙对范雎谋略的缜密与其行动步骤之高超的赞扬与提点，是很重要的。《后汉书》写年幼的汉和帝之向窦宪与窦太后的夺权，只是简单地给窦宪加了一个"潜图弑逆"的罪名，而后就是"使谒者仆射收宪大将军印绶，遣宪及弟笃、景就国，到皆自杀"。这样的历史记载既不能让人看清窦宪被杀的过程，也不能让人明白偌大一个专制政权为什么竟被几个弱势人物颠覆得如此之容易？

范雎与秦昭王的历史经验有一部分历历在目，还有许多谋略、手段为历史家所未及，司马迁在《史记·韩信卢绾列传》中说："於戏，悲夫！夫计之生熟，于人成败也深矣！"司马迁的天才虽然伟大，而古代宫廷险恶斗争的详情，有许多还是为他所难以想象、所难以下笔描绘其一二的。

③

《范雎蔡泽列传》之文字、标点有可讨论者：

（1）秦之欲得矣，君之功极矣，此亦秦之分功之时也。

"此亦秦之分功之时也"。意思虽亦可通，但只不过是劝范雎调整秦国的对外政策而已，尚非蔡泽紧逼范雎交出相权之意。此处的"秦"字疑应作"君"。

此句应标点作："秦之欲得矣，君之功极矣，此亦（秦）［君］之分功之时也。"

（2）君何不以此时归相印，让贤者而授之，退而岩居川观，必有伯夷之廉，长为应侯，世世称孤；而有许由、延陵季子之让，乔松之寿，孰与以祸终哉？即君何居焉？忍不能自离，疑不能自决，必有四子之祸矣。

"即君何居焉？"五字与前后文互不连属，莫知所云。"即"字是转折语词，意同"假如"。"何居焉"三字乃涉上文而衍，应削。

此四句应重新标点作："即君（何居焉？）忍不能自离，疑不能自决，必有四子之祸矣。"

二十

《乐毅列传》

（1）

《乐毅列传》：湣王自矜，百姓弗堪。于是燕昭王问伐齐之事。乐毅
对曰："齐，霸国之余业也，地大人众，未易独攻也。王必欲伐之，莫如
与赵及楚、魏。"于是使乐毅约赵惠文王，别使连楚、魏，令赵嚪说秦以
伐齐之利。诸侯害齐湣王之骄暴，皆争合从与燕伐齐。乐毅还报，燕昭王
悉起兵，使乐毅为上将军，赵惠文王以相国印授乐毅。乐毅于是并护赵、楚、韩、
魏、燕之兵以伐齐，破之济西。诸侯兵罢归，而燕军乐毅独追，至于临菑。
齐湣王之败济西，亡走，保于莒。乐毅独留徇齐，齐皆城守。乐毅攻入临菑，
尽取齐宝财物祭器输之燕。燕昭王大说，亲至济上劳军，行赏飨士，封乐
毅于昌国，号为昌国君。于是燕昭王收齐卤获以归，而使乐毅复以兵平齐
城之不下者。

据《秦本纪》《赵世家》，此次联合伐齐者为燕、赵、韩、魏、秦五国，
无楚国。杨宽曰："（就本文看来），一若合纵伐齐之举全由乐毅计谋出
使组合而成，此与当时合纵连横形势之变化以及合纵伐齐形势之形成，完

全不合。"　"五国合纵伐齐以秦、赵、燕三国为主，韩、魏之参与乃为形势所驱使，而秦、赵、燕三国中又以秦为首要，由秦入质子泾阳君、高陵君于赵、燕以为信，用作保证。"

五国联军破齐事在燕昭王二十八年、齐湣王十七年（前284）。茅坤曰："毅能以羁旅入燕，而连五国之兵卒以破齐者，固其计审，抑亦齐故尝以兵凌五国，而乘瑕蹈隙故也。"主要由于齐之灭宋，招致诸国之嫉恨。杨宽曰："乐毅破齐，主要经历两大战役，即济西之战与秦周之战。济西之战，齐将触子败走，齐兵因而退守秦周（当临淄西门雍门之西），以保临淄；秦周之战，齐将达子战死，于是临淄不能守，齐湣王出走。事见《吕氏春秋·权勋》及《齐策六》。"当时齐湣王逃到齐国南部的莒县，被前来援齐的楚将所杀。齐国的广大领土都被燕国军队所占，只剩下即墨与莒县二城还在坚守。燕昭王以胜利者的姿态亲自到齐国前线慰劳军队，而燕国占领军则疯狂地掠夺齐国的财富宝器，源源不断地运往燕国。穆文熙说乐毅："伐齐诚为有功，然迁齐之重器于燕，则非仁义之师矣。"只有《通鉴》不顾事实地说乐毅占领齐国后，"禁止侵掠，宽其赋敛，除其暴令"；又有"祀桓公、管仲于郊，表贤者之闾，封王蠋之墓"云云，杨宽以为"所有这些，都是后人为夸饰乐毅为'王者之师'而虚构的。"

2

《乐毅列传》：臣闻之，善作者不必善成，善始者不必善终。昔伍子胥说听于阖闾，而吴王远迹至郢；夫差弗是也，赐之鸱夷而浮之江。吴王不寤先论之可以立功，故沈子胥而不悔；子胥不蚤见主之不同量，是以至于入江而不化。

夫免身立功，以明先王之迹，臣之上计也。离毁辱之诽谤，堕先王之名，臣之所大恐也。临不测之罪，以幸为利，义之所不敢出也。

臣闻古之君子交绝，不出恶声；忠臣去国，不洁其名。臣虽不佞，数奉教于君子矣。恐侍御者之亲左右之说，不察疏远之行，故敢献书以闻，唯君王之留意焉。

以上即乐毅的《报燕惠王书》，两千年来被选录于一切文章选本，可谓家喻户晓矣。而历代读者之所以特别喜爱乐毅，又因为这篇文章在思想内容、在写作方法上又与诸葛亮的《出师表》处处相通。明代邓以瓒曰："书辞简质，言尽而意不尽。"又曰："文生于情，其情哀，真足使人泪下，不独蒯通、主父也。"日人有井范平曰："雍容闲雅，极有风韵，不似战国间之文。"

凌稚隆引楼昉说："此书可见燕昭王、乐毅君臣相与之际，略似蜀昭烈、诸葛武侯。书词明白，洞见肺腑。"金圣叹曰："善读此文者，必知其为诸葛《出师》之蓝本也。其起首、结尾，比《出师》更自胜无数倍。"叶玉麟引姚鼐曰："凡十四引'先王'，与诸葛武侯《前出师表》十三引'先帝'相同，皆欲因此以感动嗣主耳。"泷川曰："六国将相有儒生气象者，唯望诸君一人。其答燕王书理义明正，当世第一文字。诸葛孔明以管乐自比，而其《出师表》实得力于此文尤多。乐书曰'恐抵斧质之罪，以伤先帝之明，又害于足下之义'；诸葛则云'受命以来，夙夜忧叹，恐付托不效，以伤先帝之明'。乐书曰'先王过举，擢之乎宾客之中，而立之乎群臣之上，使臣为亚卿。臣自以为奉令承教可幸无罪矣，故受命而不辞'；诸葛则云'先帝不以臣卑鄙，猥自枉屈，三顾臣于草庐之中，由是感激，遂许先帝以驰驱'。乐书曰'免身全功，以明先王之迹者，臣之上计也'；诸葛则云'庶竭驽钝，攘除奸凶，兴复汉室，还于旧都，此臣所以报先帝而忠陛下之职分也'。彼此对看，必知其风貌气骨有相通者。"缪文远曰："乐毅之报书，理明义正，反复言与昭王之相得，故受命而不辞，成破齐之功。其对燕惠王之责让，惟在表明心迹，不以恶声相加，委婉曲折，感人至深，故蒯通及主父偃读之无不废书而泣也。"

但也有杀风景的说法，说此书乃战国末期人之所伪造，杨宽曰："乐毅《报燕惠王书》亦出于后世策士之拟作，讲究对仗排比，徒以文采华丽为世人传颂，为人所信。太史公曰：'始齐之蒯通及主父偃读乐毅之报燕王书，未尝不

废书而泣也。’盖已不知其为伪作而信之。”（《战国史料编年辑证》）
杨说供参考。关于《报燕惠王书》的原文，最早见于《战国策》的《齐策二》。
因被司马迁全文录入《史记》，故而传遍天下，家喻户晓。

3

《乐毅列传》之文字、标点有可讨论者：

（1）闻燕昭王以子之之乱而齐大败燕，燕昭王怨齐，未尝一日而忘报
齐也。

前后两句中连续出现“燕昭王”三字，繁复词费。中井曰：“上句中的‘昭
王’二字疑衍。”
中井说是，燕国的子之之乱，与燕昭王无关，“昭王”二字应削。
此句依例应标点作：“闻燕（昭王）以子之之乱而齐大败燕，燕昭王怨齐，
未尝一日而忘报齐也。”

二十一

《廉颇蔺相如列传》

①

《廉颇蔺相如列传》：赵惠文王时，得楚和氏璧。秦昭王闻之，使人遗赵王书，曰："愿以十五城请易璧。"……相如曰："秦以城求璧而赵不许，曲在赵；赵予璧而秦不予赵城，曲在秦。均之二策，宁许以负秦曲。"王曰："谁可使者？"相如曰："王必无人，臣愿奉璧往使。城入赵而璧留秦；城不入，臣请完璧归赵。"

秦王坐章台见相如，相如奉璧奏秦王。秦王大喜，传以示美人及左右，左右皆呼万岁。相如视秦王无意偿赵城，乃前曰："璧有瑕，请指示王。"王授璧，相如……乃使其从者衣褐，怀其璧，从径道亡，归璧于赵。

秦王斋五日后，乃设九宾礼于廷，引赵使者蔺相如。相如至，谓秦王曰："……臣知欺大王之罪当诛，臣请就汤镬，唯大王与群臣孰计议之。"秦王与群臣相视而嘻。左右或欲引相如去，秦王因曰："今杀相如，终不能得璧也，而绝秦赵之欢，不如因而厚遇之，使归赵，赵王岂以一璧之故欺秦邪？"卒廷见相如，毕礼而归之。

以上是蔺相如、廉颇故事的第一段，即盛传两千年，家喻户晓的所谓"完璧归赵"。其情节之曲折紧张，其人物之生动传神，其对话语言之贴合身份，其描写语言之设身处地，其招招式式、字字句句皆如精金美玉，且又极其流利晓畅，真写人叙事之至文也。《左传》《国语》《国策》，皆战国以来之文章经典，但若访求如《史记》之《廉颇蔺相如列传》《田单列传》《平原君列传》《魏公子列传》等者，尚无其比也。

　　读司马迁的文章，应该像读《庄子》、读《伊索寓言》一样，不要犯傻，"历史的真实是这样的吗？""古人当时是这样说的吗？"你怀疑司马迁，请你去找一种更好的说法来取代！既然你找不到，而司马迁又说得这样好，你为什么非要戳穿它、颠覆它呢？庄子的书、韩愈的书都有所谓"师其意不师其辞"；又有所谓"得鱼忘筌"。这是读古人书的一种要义。

　　"完璧归赵"的故事，的确有矛盾漏洞。蔺相如原来说的是"宁许以负秦曲"，也就是豁着丢失和氏璧，也要揭露秦国，让它把不讲信义的恶名背起来。但后来获得几天的缓冲时，他却让人带着和氏璧偷偷逃走了。这时礼曲的是秦还是赵呢？明代王世贞说："蔺相如之完璧，人人亟称之，余未敢以为信也。夫秦以十五城之空名，诈赵而胁其璧，是时言取璧者，情也，非欲以窥赵也。赵得其情则弗予，不得其情则予；得其情而畏之则予，得其情而弗畏之则弗予。此两言决耳，奈之何既畏之而复挑其怒也？且夫秦欲璧，赵弗予璧，两无所曲直也。入璧而秦弗予城，曲在秦；秦城出而璧归，曲在赵。欲使曲在秦，则莫如弃璧；畏弃璧，则莫如弗予。夫秦王既按图以予城，又设九宾斋而受璧，奈何使舍人怀而逃之，而归直于秦？是时秦意未欲与赵绝耳，令秦王怒而戮相如于市，武安君十万众压邯郸而责璧与信，一胜而相如族，再胜而璧终入秦矣。"（《蔺相如完璧归赵论》）从这一角度讲，司马迁的这种写法又未必不是一种"败笔"，或者说是一种写得跑了题，自己乱了规矩。

《廉颇蔺相如列传》：明年，……秦王使使者告赵王，欲与王为好会于西河外渑池。……相如从。廉颇送至境，与王诀曰："王行，度道里会遇之礼毕，还，不过三十日。三十日不还，则请立太子为王，以绝秦望。"王许之，遂与秦王会渑池。秦王饮酒酣，曰："寡人窃闻赵王好音，请奏瑟。"赵王鼓瑟。秦御史前书曰："某年月日，秦王与赵王会饮，令赵王鼓瑟。"蔺相如前曰："赵王窃闻秦王善为秦声，请奏盆缻秦王，以相娱乐。"秦王怒，不许。于是相如前进缻，因跪请秦王。秦王不肯击缻。相如曰："五步之内，相如请得以颈血溅大王矣！"左右欲刃相如，相如张目叱之，左右皆靡。于是秦王不怿，为一击缻。相如顾召赵御史书曰："某年月日，秦王为赵王击缻。"……秦王竟酒，终不能加胜于赵。赵亦盛设兵以待秦，秦不敢动。

既罢归国，以相如功大，拜为上卿，位在廉颇之右。廉颇曰："我为赵将，有攻城野战之大功，而蔺相如徒以口舌为劳，而位居我上，且相如素贱人，吾羞，不忍为之下。"宣言曰："我见相如，必辱之。"……相如曰："夫以秦王之威，而相如廷叱之，辱其群臣，相如虽驽，独畏廉将军哉？顾吾念之，强秦之所以不敢加兵于赵者，徒以吾两人在也。今两虎共斗，其势不俱生。吾所以为此者，以先国家之急而后私雠也。"廉颇闻之，肉袒负荆，因宾客至蔺相如门谢罪。曰："鄙贱之人，不知将军宽之至此也。"卒相与欢，为刎颈之交。

作品首先通过"完璧归赵"和"渑池会"突出地表现了蔺相如在对敌斗争中的英勇机智，威伸敌国。更感人的是，当他两次为国立功，政治地位超出功勋卓著的老将廉颇，而廉颇不服气，屡屡向他寻衅的时候，他能一反过去对敌斗争的勇敢强硬，而一再退避忍让。他说："强秦之所以不敢加兵于赵者，徒以吾两人在也。今两虎共斗，其势不俱生。吾所以为此者，以先国家之急而后私仇也。"这种先公后私的精神不仅感动了负气争胜的廉颇，而且也一直感动着两千年以来的后代中国人。

其次是，它歌颂了廉颇的知过必改，光明正大。作品对于廉颇的军功正面着笔较少，只在开头时说他"为赵将伐齐，大破之，取阳晋，拜为上卿，以勇气闻于诸侯"。后面又写了他镇守长平时"秦数败赵军，赵军固壁不战。秦数挑战，廉颇不肯"的老成持重。最能表现他的精神气质和大将风度的，是送赵王与蔺相如去渑池与秦王会谈的临别之言，他说："王行，度道里会遇之礼毕，还，不过三十日。三十日不还，则请立太子为王，以绝秦望。"这是多么有头脑、有政治目光的大将啊！廉颇先是对蔺相如不服气，后来一旦省悟，立即负荆请罪。这种知过必改，肝胆照人的品格，更成了千古佳话。

明代李贽说："言有重于泰山，相如是也。相如真丈夫，真男子，真大圣人，真大阿罗汉，真菩萨，真佛祖，真令人千载如见也。"（《藏书》）邵宝说："赵王知相如之必能完璧乎？曰：不知。相如能知秦之必归璧乎？曰：不知也。然则何以使之？曰：相如以死殉，赵王以意气任相如，璧完而相如归，赵重矣；璧不返相如死之，赵亦重矣。国势之重轻，于是系焉。"（《史记评林》引）李晚芳说："人徒以完璧归赵、渑池抗秦二事艳称相如，不知此一才辩之士所能耳，未足以尽相如。惟观其引避廉颇一段议论，只知有国，不知有己，深得古人公尔国尔之意，非大学问人见不到，亦道不出，宜廉将军闻而降心请罪也。人只知廉颇善用兵，能战胜攻取耳，亦未足以尽廉颇。观其与赵王诀，'如期不还，请立太子以绝秦望'之语，深得古人'社稷为重'之旨，非大胆识不敢出此言，非大忠大勇不敢任此事。钟伯敬谓二人皆有古大臣风，斯足以知廉、蔺者也。篇中写相如智勇，纯是道理烂熟胸中。其揣量秦王情事，无不切中者，理也；措辞以当秦王，令其无可置喙者，亦理也。卒礼而归之，非前倨而后恭，实理顺而人服耳。观其写'持璧睨柱'处，须眉毕动；'进缶、叱左右'处，声色如生。奇事偏得奇文以传之，遂成一段奇话，琅琅于汗青隃糜间，千古凛凛。廉将军居赵，事业甚多，史独记其与王诀及谢相如二事而已，非略之也，见此二事，皆非常事，足以概廉将军矣。读此可悟作史去取之法。"（《读史管见》）梁启超说："太史公述相如事，字字飞跃纸上，吾重赞之，其蛇足也。顾吾读之而怦怦然刻于余心者，一言焉，则相如所谓先国家之急而后私仇也。呜呼，此其所以豪杰欤？此其所以圣贤欤？彼亡国之时代，曷尝无人才？其奈皆先私仇而后国家之急也。往车屡折，来轸方遒，悲夫！"

文章是好文章，故事是好故事，两千年来一直所散发的是教育人们向上向善的正能量。至于有些过分夸张之处，如钱锺书所说："此亦《史记》中迥出之篇，有声有色，或多本于马迁之增饰渲染，未必信实有徵。写相如'持璧却立睨柱，怒发上冲冠'，是何意态雄且杰？后世小说刻画精能处无以过之。赵王与秦王会于渑池一节，历世流传以为美谈，至谱入传奇。使情节果若所写，则樽俎折冲真同儿戏，抑岂人事原如逢场串剧耶？"（《管锥编》）对此，我们能本着一种"师其意不师其辞"的态度也就可以了。

③

《廉颇蔺相如列传》：李牧至，如故约。匈奴数岁无所得，终以为怯。边士日得赏赐而不用，皆愿一战。于是乃具选车，得千三百乘，选骑得万三千匹，百金之士五万人，彀者十万人，悉勒习战。大纵畜牧、人民满野。匈奴小入，详北不胜，以数千人委之。单于闻之，大率众来入。李牧多为奇陈，张左右翼击之，大破杀匈奴十余万骑。灭襜褴，破东胡，降林胡，单于奔走。其后十余岁，匈奴不敢近赵边城。

"大纵畜牧、人民满野，匈奴小入，详北不胜，以数千人委之"。此处写将军之以弱形示人，以引敌人上钩之状，真实可信。俗语曰："舍不得孩子套不住狼"，不让敌人吃到某种甜头，敌人怎肯上钩呢？这里的"以数千人委之"，写得太好了。不像汉武帝想对匈奴发动"马邑之战"，埋伏三十万大军等候匈奴人上钩；而又坚壁清野，居然让"单于入汉长城武州塞，未至马邑百余里，行掠卤，徒见畜牧于野，不见一人。"这样设伏的将军不是蠢猪是什么？后来单于捉到了汉军的一名都尉，都尉怕死向匈

奴供出了四周埋伏汉军的秘密，致使汉武帝埋伏三十万人的马邑之围徒劳
而无一获。对比之下，李牧这才是令人叹服、令人叫绝的真名将。

4

《廉颇蔺相如列传》：赵王迁七年，秦使王翦攻赵，赵使李牧、司马
尚御之。秦多与赵王宠臣郭开金，为反间，言李牧、司马尚欲反。赵王乃
使赵葱及齐将颜聚代李牧。李牧不受命，赵使人微捕得李牧，斩之，废司
马尚。

关于李牧的悲惨结局，这里只有"赵使人微捕得李牧，斩之"十个字，
司马迁未免太简单了。《战国策》之《赵策四》所叙与此略同；而《秦策五》
则有极其重要的新说。《秦策五》称李牧为"李纆"；称赵国倾害李纆的
坏人名叫韩仓。李纆被赵王罢职归朝后，赵王"使韩仓数之曰：'将军战胜，
王觞将军，将军为寿于前而揎匕首，当死。'武安君曰：'纆病钩，身大臂短，
不能及地，起居不敬，恐获死罪于前，故使工人为木杖以接手，上若不信，
纆请以出示。'出之袖中，以示韩仓，状如振捆，缠之以布。'愿公入明
之。'韩仓曰：'受命于王，赐将军死不赦。臣不敢言。'武安君北面再拜，
举剑将自刺，臂短不能及，衔剑，征之于柱以自刺。"

梁玉绳曰："牧之死，《策》言其'北面再拜，衔剑自刺'；《史》
言其'不受命，捕斩之'，二说迥异。《通鉴》主《史》，《大事纪》主《策》，鲍、
吴注并以《史》为误也。史公于《赵世家》《冯唐传》俱言'王迁信郭开，
诛李牧'，乃此以为'不受命'，岂非矛盾耶？盖郭开、韩仓比共陷牧，而《列
女传》又谓迁母谮牧，使王诛之也。"陈仁锡曰："秦、胡数十万人杀颜、
牧而不足；一郭开，杀颜、牧而有余。"

《战国策》之《秦策五》还载有谋士名司空马者，他曾预言赵国若能
任用李牧，则赵国可坚持抗秦一年；赵国若杀李牧，则半年内灭亡。结果
赵国杀了李牧，不到三个月就被秦国灭亡了。王世贞曰："秦白起死，无

李牧敌矣，赵用郭开而赵举；金粘罕死，无岳飞敌矣，宋用秦桧而宋降。宋文之为魏戮檀道济也，唐庄之为明宗戮郭崇韬也，噫！"

5

《廉颇蔺相如列传》之文字、标点有可讨论者：

（1）相如既归，赵王以为贤大夫，使不辱于诸侯，拜相如为上大夫。

"赵王以为贤大夫"。七字语气不顺，且与事实不合。李笠曰："'大夫'二字涉下文误衍，时相如未为大夫。"李说是。

今依例重新标点数句作："相如既归，赵王以为贤（大夫），使不辱于诸侯，拜相如为上大夫。"

（2）秦伐韩，军于阏与。王召廉颇而问曰："可救不？"

"秦伐韩，军于阏与"。如此则"军于阏与"者为秦军；而下文明作"遂解阏与之围而归"，则被围于阏与者乃韩军，故七字应作一句读，中间不能断开。《赵世家》作"秦韩相攻，而围阏与"，正与本文的意思相同。但阏与当时究竟属韩还是属赵，被围在阏与的军队是韩军，还是赵军，今之学者多考据为阏与属赵，被围的应是赵军。且本篇之下文秦将有"夫去国三十里而军不行，乃增垒，阏与非赵地也"之语，见阏与分明属赵。《通鉴》赧王四十五年书此事作"秦伐赵，围阏与"；《御览》二九二引《战国策》作"秦师围赵阏与"；《赵策三》作"秦王令卫胡阳伐赵，攻阏与"；《秦本纪》亦曰"中更胡阳攻赵阏与"；《御览》一六三亦引《史记》作"攻赵阏与"，则此句应作"秦伐赵军于阏与"明矣。应据改。

（3）许历曰："请就铁质之诛。"赵奢曰："胥后令邯郸。"许历复请谏……

"胥后令邯郸"，五字词语生涩，莫知所云。人们通常勉强解释为请等待日后邯郸（国君处）来的命令。《索隐》则以"胥后令"为一句，并曰："'邯郸'二字当为'欲战'。谓临战之时，许历复谏也。"中井积德以为"邯郸"二字应作"将战"。《索隐》与中井之说甚妙，"将战"较"欲战"更符合实情。

今姑依例重新标点数句作："许历曰：'请就铁质之诛。'赵奢曰：'胥后令。'（邯郸）［将战］，许历复请谏……"试供读者参考。

（4）始妾事其父，时为将，身所奉饭饮而进食者以十数，所友者以百数。

"奉饭饮而进食者"，此语不顺。"奉饭饮"端着吃的与喝的两项；而"进食"，又只说吃的一项了，前后相抵牾。"进食"应作"进之"。

数句依例应作："始妾事其父，时为将，身所奉饭饮而进（食）［之］者以十数，所友者以百数。"

二十二

《田单列传》

①

　　《田单列传》：顷之，燕昭王卒，惠王立，与乐毅有隙。田单闻之，乃纵反间于燕……燕王以为然，使骑劫代乐毅。……

　　田单知士卒之可用，乃身操版插，与士卒分功，妻妾编于行伍之间，尽散饮食飨士。令甲卒皆伏，使老弱女子乘城，遣使约降于燕，燕军皆呼万岁。田单又收民金，得千溢，令即墨富豪遗燕将，曰："即墨即降，愿无虏掠吾族家妻妾，令安堵。"燕将大喜，许之。燕军由此益懈。

　　田单乃收城中得千余牛，为绛缯衣，画以五彩龙文，束兵刃于其角，而灌脂束苇于尾，烧其端。凿城数十穴，夜纵牛，壮士五千人随其后。牛尾热，怒而奔燕军，燕军夜大惊。牛尾炬火光明炫耀，燕军视之皆龙文，所触尽死伤。五千人因衔枚击之，而城中鼓噪从之，老弱皆击铜器为声，声动天地。燕军大骇，败走。齐人遂夷杀其将骑劫。燕军扰乱奔走，齐人追亡逐北，所过城邑皆畔燕而归。田单兵日益多，乘胜，燕日败亡，卒至河上，而齐七十余城皆复为齐。乃迎襄王于莒，入临菑而听政。

以上燕惠王罢乐毅，改用骑劫，以及田单用火牛阵大破燕军，收复失地，重建齐国，都在齐襄王五年，燕昭王去世，燕惠王继位而尚未改元之年，即前 279 年。

作品描写了田单巧用计谋，出奇制胜，大破燕军于即墨，并乘势恢复了齐国国土的全过程，歌颂了田单的非凡智慧与其卓越的历史功勋。齐湣王骄奢残暴，遭到齐国国内人民和其他各国的一致反对，因此，在乐毅率领的五国之兵的打击下，迅速土崩瓦解，而齐湣王也被人所杀。但是燕军占领齐国后，其侵略本性立刻暴露无遗，他们劓战俘、掘坟墓，把掠夺到的大批珍宝器物运回燕国。这种日暮途穷的倒行逆施，激起了齐国人民的强烈憎恨，莒与即墨的坚守不下，布衣王蠋的不屈而死，就是当时齐国人民反抗精神的集中表现。与此同时，燕国国内、燕国与其他各国的矛盾又一齐爆发。也正是在这种天怒人怨的背景下，才使得田单有可能大展奇才，而一举击败燕军，重建齐国。即墨之战是我国古代的一场光辉的人民战争，司马迁具体地写出了它之所以能够获得胜利的各个方面，表现了他重视人民力量的进步历史观。

作品如实地描写了田单假托鬼神，以"神道设教"的手段组织人民、鼓舞士气，同时也迷惑、恫吓敌人的故事。司马迁把这些活动具体写出，主要是为了歌颂田单的聪明才智，但在客观上却有揭破迷信，向人们进行朴素唯物思想宣传的作用。这些描写，尤其是出现在天人感应、鬼神迷信盛行的汉代，更有祛除迷信、解放思想的意义。钱锺书说："古书载神道设教以愚民便用，无如此节之底蕴毕宣者。盖兵不厌诈，古兵法中初不废装神捣鬼以为人定之佐也。"（《管锥编》）《田单列传》可谓对此发挥到了极致。作品精于剪裁，故事生动，有开头，有发展，有高潮，是我国古代不可多得的短篇小说。

田单火牛阵的精彩故事，不见于今本《战国策》，而在《太平御览·兵部二十三》的《用间》中录有一段《战国策》佚文，叙述了田单行反间挑动燕惠王罢免了乐毅；在《太平御览·羽族部一》引《春秋后语》叙述了田单装神弄鬼地"令城中食者必祭先祖于庭中，飞鸟悉飞舞其上，或下啄其食。燕人皆怪之。"在《太平御览·兵部十三》的《机略一》中录有连续的三段《战国策》佚文，是叙述田单继续用间以挑动燕军作恶，以激起即墨士兵的仇恨气愤，以及派富豪假意向燕军约降，使燕军懈怠，最后突然发起火牛阵以大破燕军的神奇情景。如果我们将这三段佚文去掉其《太平御览》编辑者为说明各段文字的环境背景所加的开头与结尾的套语，只将其核心部分按次序连接起来，则从田单"乃宣言曰：'吾唯惧燕军之劓所得齐卒'"始，直到"老弱皆击铜器为声，声动天地，燕军大骇败走"的整个火牛阵过程的《战国策》佚文，竟与《田单列传》相应部分的文字完全相同。这是很令人注意的。《战国策》文通常重于记言，而叙述故事情节的文字相对较少。故而《燕策》中的《燕太子丹质于秦》，也就是通常所称的"荆轲刺秦王"那一章，人多以为乃刘向误抄《史记》以入《战国策》中。今"田单火牛阵事"与"荆轲刺秦王"同样曲折生动以讲故事为主，因此我也怀疑很可能是宋人误将《史记》文章抄入了《太平御览》。

②

《田单列传》：初，淖齿之杀湣王也，莒人求湣王子法章，得之太史嫩之家，为人灌园。嫩女怜而善遇之。后法章私以情告女，女遂与通。及莒人共立法章为齐王，以莒距燕，而太史氏女遂为后，所谓"君王后"也。

《史记》文章有很强的艺术性，对后代的小说、戏剧有很大影响。今所存《元杂剧》六十种，其中有所谓《灌园记》者，即敷衍此文之法章与太史嫩女之故事。明清时代浩如烟海之才子佳人小说中，有贵族小姐慧眼识英雄，搭救落难公子一类，此文之太史嫩女可谓开其先路者也。《司马相如列传》中又有卓文君，窃慕司马相如之才学相貌，使婢女暗通书信，终成佳偶，亦才子佳人小说之另一套路数之开端者。

二十三

《鲁仲连邹阳列传》

①

　　《鲁仲连邹阳列传》：新垣衍曰："秦称帝之害何如？"鲁连曰："昔者齐威王尝为仁义矣，率天下诸侯而朝周。周贫且微，诸侯莫朝，而齐独朝之。居岁余，周烈王崩，齐后往，周怒，赴于齐曰：'天崩地坼，天子下席。东藩之臣因齐后至，则斩。'齐威王勃然怒曰：'叱嗟，而母婢也！'卒为天下笑。故生则朝周，死则叱之，诚不忍其求也。彼天子固然，其无足怪。"

　　新垣衍曰："先生独不见夫仆乎？十人而从一人者，宁力不胜而智不若邪？畏之也。"鲁仲连曰："呜呼！梁之比于秦若仆邪？"新垣衍曰："然。"鲁仲连曰："吾将使秦王烹醢梁王。……邹、鲁之臣，生则不得事养，死则不得赙襚，然且欲行天子之礼于邹、鲁，邹、鲁之臣不果纳。今秦万乘之国也，梁亦万乘之国也。俱据万乘之国，各有称王之名，睹其一战而胜，欲从而帝之，是使三晋之大臣不如邹、鲁之仆妾也。且秦无已而帝，则且变易诸侯之大臣。彼将夺其所不肖而与其所贤，夺其所憎而与其所爱。彼又将使其子女谗妾为诸侯妃姬，处梁之宫。梁王安得晏然而已乎？而将军又何以得故宠乎？"

　　于是新垣衍起，再拜谢曰："始以先生为庸人，吾乃今日知先生为天下之士也。吾请出，不敢复言帝秦。"

　　以上鲁仲连义不帝秦事，见《战国策·赵策三》。吴师道曰："仲连事皆可颂，而不帝秦一节尤伟。战国之士皆以势为强弱，而连独以义为重轻，此其所以异耳。"杨潮观曰："战国策士纵横，干秦货楚，唯鲁连于世无求，独申大义于天下，其贤于人远矣。"马非百曰："仲连面斥新垣衍于秦势方张、举世风靡之际，高论帝秦之害，粉碎秦人二次称帝之阴谋，振奋邯郸抗战到底之勇气，影响于当日国际局势者实巨且大。"张星徽曰："通篇用许多事实，却点化得都复入妙：'叱嗟'一事实也，'醢脯'一事实也，为不可帝秦之证；'不得入鲁'一事实也，'不敢入邹'一事实也，为不肯帝秦之证。前两事连贯而下，中故作一断；后两事对竖而起，末方做一整，章法离奇错落，可为征引指南矣。"邱少华曰："平原君的惊慌失措、优柔不决；新垣衍的鄙陋猥琐、鼠目寸光，反衬鲁仲连坚定沉着、临危不惧的可贵品质和远大的政治眼光。他的大段议论不仅慷慨激昂、大气磅礴，而且有理有据，鞭辟入里。"

　　钱穆曰："此文出自后人追记文饰，语已多误，决非鲁连当日之言，更非鲁连亲笔所记。"并以为今《战国策·赵策》之文乃后人抄《史记》以入之；而《史记》此文则采自后人依托之《鲁连子》。缪文远曰："此章载鲁仲连义不帝秦事，后代发为诗歌，演为戏剧，影响深远。然细究之，年代错乱，史事乖违，实辩士之拟作也。"又曰："当因秦围邯郸，魏公子无忌之救而得解一事横生枝节，拟作而插入者。"

　　《鲁仲连邹阳列传》：于是平原君欲封鲁连，鲁连辞让者三，终不肯受。平原君乃置酒，酒酣起前，以千金为鲁连寿。鲁连笑曰："所贵于天下之士者，为人排患释难解纷乱而无取也。即有取者，是商贾之事也，而连不忍为也。"遂辞平原君而去，终身不复见。

李白诗："齐有倜傥生，鲁连特高妙。明月出海底，一朝开光曜。却秦振英声，后世仰末照。意轻千金赠，顾向平原笑。吾亦澹荡人，拂衣可同调。"（《古风五十九首》）

苏辙曰："战国游谈之士，非纵即衡，说行交合，而宠禄附之，故事不厌诡诈，争走于利。鲁仲连辩过秦、仪，气凌髡、衍，而纵衡之利，不入于口。因事放言，切中机会，排难解纷，如决溃堤，不终日而成功。逃避爵赏，脱屣而去，战国以来，一人而已。"（《古史》）

吴师道曰："仲连事皆可称，而不肯帝秦一节尤伟。战国之士皆以势为强弱，而连独以义为重轻，此其所以异耳。"（《战国策校注》）

吴楚材曰："人知连之高义，不知连之远识也。至于辞封爵，挥千金，超然远引，终身不见，正如祥云瑞凤，可以偶睹，而不可常亲也，自是战国第一人。"（《古文观止》）

梁启超曰："鲁仲连卓荦一书生，未尝与闻诸侯之政，未尝与军事，然观其折梁使，存赵国，其词气之间，一何凛然其不可犯也？其权利思想，一何高尚而圆满也？秦将闻之而为退却，盖浩然之气有以胜之矣。非天下大勇，孰能与于斯？为人排难解纷而无取，此墨子所以存宋而宋莫之德也。鲁仲连先生于齐于赵两见之矣，先生其墨者之徒哉。"（《饮冰室专集》）

又曰："一件事情或一生性格有奇特处，可以影响当时与后来，或影响不大而值得表彰的，我们应该为他们立传。譬如《史记》有《鲁仲连列传》，不过因鲁仲连曾解邯郸之围。诚然，以当时时局而论，鲁仲连义不帝秦，与解围救赵不为无关，但是还没有多大重要。太史公所以为他作传，放在将相文士之间，完全因他的性格俊拔，独来独往，谈笑却秦军，功成不受赏。像这样特别的性格，特别的行为，很可以令人佩服感动。"（《中国历史研究法补编》）

《鲁仲连邹阳列传》：其后二十余年，燕将攻下聊城。聊城人或谗之燕，燕将惧诛，因保守聊城，不敢归。齐田单攻聊城岁余，士卒多死而聊城不下。鲁连乃为书，约之矢以射城中，遗燕将。书曰……

燕将见鲁连书，泣三日，犹豫不能自决。欲归燕，已有隙，恐诛；欲降齐，所杀虏于齐甚众，恐已降而后见辱。喟然叹曰："与人刃我，宁自刃。"乃自杀。聊城乱，田单遂屠聊城。归而言鲁连，欲爵之。鲁连逃隐于海上，曰："吾与富贵而诎于人，宁贫贱而轻世肆志焉。"

以上鲁仲连遗燕将书，见《战国策·齐策六》，文字多有不同。马非百曰："鲁仲连遗书燕将事，《史》《策》所载互有不同。《策》于遗书前，叙称燕攻齐，取七十余城，唯莒、即墨不下，齐田单以即墨破燕，杀骑劫。初，燕将下聊城，人或谗之，燕将惧诛，守聊城，田单攻之，而聊城不下云云。似燕将之攻下聊城乃乐毅攻齐时事。考乐毅攻齐，在秦昭王二十三年；田单攻燕杀骑劫，在昭王二十八年；而书中言及栗腹事，则在昭王五十六年，去骑劫之杀计二十八年。以齐之事势，田单之兵力，岂有全齐七十余城皆复，而聊城独能坚守至二十余年而不能下之理？史不录之是矣。然《史》于篇末有燕将得书自杀而单屠聊城之文，亦与事实不符。"鲍彪曰："盖好事者闻'约矢'之说，惜其书不存，拟为之以补亡。而其人意气横溢，肆笔而成，不假检校细处，太史公亦爱其千里，而略其牝牡骊黄，至于今二千岁，莫有知其非者也。"梁玉绳曰："《国策》'燕将曰：敬闻命矣。因罢兵倒椟而去'。吴注云：'史称燕将得书自杀，单屠聊城，非事实也。连之大意在于罢兵息民，而其料事之明，劝以归燕、降齐，亦度其计之必可者；迫之于穷而置之于死，岂其心哉？夫其劝之，正将以全聊城之民，而忍坐视屠之？策得其实，《史》不可信。'孙侍御云：'聊城，齐地；田单，齐将，何以反屠聊乎？'"缪文远曰："此文首尾横绝，乃习纵横者练习之作，故其于史事甚疏。"

牛鸿恩《遗聊城燕将书史实考》曰："燕将攻聊城在前 253 或前 252 年，田单为齐攻聊城在前 250 下半年或前 249 上半年，鲁连遗燕将书在前 249 下半年或前 248 上半年。说《遗燕将书》是'拟托''依托'，还缺乏有说服力的理由。"（《语言文学论丛》1985 年第一辑。北京师院出版社）

泷川曰："史公取其'吾闻之'以下三百余言，暗以自比。"

二十四

《屈原贾生列传》

①

　　《屈原贾生列传》：屈平疾王听之不聪也，谗谄之蔽明也，邪曲之害公也，方正之不容也，故忧愁幽思而作《离骚》。"离骚"者，犹"离忧"也。夫天者，人之始也；父母者，人之本也。人穷则反本，故劳苦倦极，未尝不呼天也；疾痛惨怛，未尝不呼父母也。屈平正道直行，竭忠尽智以事其君，谗人间之，可谓穷矣。信而见疑，忠而被谤，能无怨乎？屈平之作《离骚》，盖自怨生也。《国风》好色而不淫，《小雅》怨诽而不乱。若《离骚》者，可谓兼之矣。上称帝喾，下道齐桓，中述汤、武，以刺世事。明道德之广崇，治乱之条贯，靡不毕见。其文约，其辞微，其志絜，其行廉，其称文小而其指极大，举类迩而见义远。其志絜，故其称物芳；其行廉，故死而不容。自疏濯淖污泥之中，蝉蜕于浊秽，以浮游尘埃之外，不获世之滋垢，皭然泥而不滓者也。推此志也，虽与日月争光可也。

　　这段文字是本篇文章中最精彩的一段，它既涉及了屈原的身世生平，又涉及了屈原的代表作品《离骚》。这段文字既是对屈原思想人格的高度颂美，也是对屈原《离骚》内容与其风格气象的倾心诠释与崇高礼赞。所谓"其志洁，故其称物芳；其行廉，故死而不容。自疏濯淖污泥之中，蝉蜕于浊秽，以浮游尘埃之外，不获世之滋垢，皭然泥而不滓者也。推此志也，虽与日月争光可也。"都同时把屈原的人格与其文章推到了登峰造极的地步。这在《史记》中几乎是独一无二的。

关于这段文字的来源，班固《离骚序》说："昔在孝武，博览古文，淮南王安叙《离骚传》，以'《国风》好色而不淫，《小雅》怨诽而不乱，若《离骚》者可谓兼之。蝉蜕浊秽之中，浮游尘埃之外，皭然泥而不滓。推此志，虽与日月争光可也'。"刘勰《文心雕龙·辨骚》亦引"《国风》好色而不淫"以下五十字为淮南王语，则史公此段文字，乃根据淮南王刘安的《离骚传》。但今本《屈原贾生列传》的这段文字中还夹有"上称帝喾，下道齐桓"云云九十五字，共一百四十五字，人们遂都认为是来自刘安原来的《离骚传》。近来又有人扩而大之，以为"从结构层次上看，不仅从'《国风》好色而不淫'到'虽与日月争光可也'出自《离骚传》，而且整个从'离骚者，犹离忧也'到'虽与日月争光可也'的二百三十六字，全是来自刘安的《离骚传》，就是后面的'虽放流'到'岂足福哉'这一大段，也是刘安《离骚传》的内容。"说法也许有理，但这段文章从头到尾的三百多字是一气呵成，滚滚而下的，中间绝不带任何拼凑的痕迹，这是司马迁的《史记》中著名的伟大抒情段落之一。我们这样从中抽出几十个字说它是来自刘安的旧文，于是又进一步推衍，说还有更多的文字是来自刘安，而刘安的旧文我们又看不到，这样辗转凿空的做法，我觉得有点像是要砸碎浑然一体的宝物，去寻求该物体中某一点偶然招人注意的东西。

《屈原贾生列传》：共承嘉惠兮，俟罪长沙。侧闻屈原兮，自沈汨罗。造托湘流兮，敬吊先生。

侧闻，从旁听说。林云铭曰："曰'侧闻'，似前此俱未之闻。盖前此所闻，不过以故事置之，虽闻如不闻也。至今日方觉旷世相感，千百年来只求得此副知己，即谓'始闻'可矣。"屈原其人其事，不见于先秦任何古书。入汉以来，第一个提到屈原的是贾谊，第二个是淮南王刘安，第三个是司马迁，这三个人恰恰都是到过南方的。贾谊到了南方，始"侧闻"屈原之事，说明在贾谊未到长沙之前，中原地区一直不知屈原其人其事。盖自贾谊而后，屈原之名始播于中土。

③

《屈原贾生列传》：贾生既以適居长沙，长沙卑湿，自以为寿不得长，伤悼之，乃为赋以自广。

贾谊在朝任太中大夫，秩千石；放出为长沙王太傅，秩二千石。即使不说"火箭式上升"，其飞升的跨度也算是够大的了，司马迁说他是"以適居长沙"，太不合于实际了。当然是不是他心里乐意，那是另一回事。苏轼说："非才之难，所以自用者难。惜乎，贾生王者之佐，而不能自用其才也。夫君子之所取者远，则必有所待；所就者大，则必有所忍，若贾生者，非汉文之不能用生，生之不能用汉文也。夫绛侯亲握天子玺而授之文帝，灌婴连兵数十万，以决刘吕之雌雄，又皆高帝之旧将，此其君臣相得之分，岂特父子骨肉手足哉？贾生洛阳之少年，欲使其一朝之间尽去其旧而谋其新，亦以难矣。为贾生者，上得其君，下得其大臣，如绛灌之属，优游浸渍而深交之，使天子不疑，大臣不忌，然后举天下而惟吾之所欲为，不过十年，可以得志，安有立谈之间而遽为人痛哭哉？观其过湘为赋以吊屈原，萦纡郁闷，跃然有远举之志；其后以自伤哭泣，至于夭绝，是亦不善处穷者也。夫谋之一不见用，则安知终不复用也？不知默默以待其变，而自残至此，呜呼，贾生志大而量小，才有馀而识不足也。"（《贾谊论》）

（4）

《屈原贾生列传》之文字、标点有可讨论者：

贾生既辞往行，闻长沙卑湿，自以寿不得长，又以適去，意不自得。及渡湘水，为赋以吊屈原。

整段文字，重复颠倒错乱。梁玉绳曰："贾生因服鸟入舍，故以为寿不得长，非但因卑湿也，此乃下文之复出者。《汉书》改曰'谊既以適去'，甚当。应衍'辞'字至'又'字十五字。"梁说甚好，应据削"辞往行，闻长沙卑湿，自以寿不得长，又"共十五字。

今依例重新标点数句作："贾生既（辞往行，闻长沙卑湿，自以寿不得长，又）以適去，意不自得。及渡湘水，为赋以吊屈原。"適，通"谪"。

二十五

《吕不韦列传》

1

　　《吕不韦列传》：子楚，秦诸庶孽孙，质于诸侯，车乘进用不饶，居处困，不得意。吕不韦贾邯郸，见而怜之，曰"此奇货可居"。乃往见子楚，说曰："吾能大子之门。"子楚笑曰："且自大君之门，而乃大吾门！"吕不韦曰："子不知也，吾门待子门而大。"子楚心知所谓，乃引与坐，深语。……吕不韦曰："子贫，客于此，非有以奉献于亲及结宾客也。不韦虽贫，请以千金为子西游，事安国君及华阳夫人，立子为适嗣。"子楚乃顿首曰："必如君策，请得分秦国与君共之。"

　　吕不韦乃以五百金与子楚，为进用，结宾客；而复以五百金买奇物玩好，自奉而西游秦，求见华阳夫人姊，而皆以其物献华阳夫人。因言子楚贤智，结诸侯宾客遍天下，常曰："楚也以夫人为天，日夜泣思太子及夫人"。夫人大喜。不韦因使其姊说夫人曰："吾闻之，以色事人者，色衰而爱弛。今夫人事太子，甚爱而无子，不以此时蚤自结于诸子中贤孝者，举立以为适而子之，夫在则重尊，夫百岁之后，所子者为王，终不失势，此所谓一言而万世之利也。不以繁华时树本，即色衰爱弛后，虽欲开一语，尚可得乎？……"华阳夫人以为然，承太子间，从容言子楚质于赵者绝贤，来往者皆称誉之。乃因涕泣曰："妾幸得充后宫，不幸无子，愿得子楚立以为适嗣，以托妾身。"安国君许之，乃与夫人刻玉符，约以为适嗣。安国君及夫人因厚馈遗子楚，而请吕不韦傅之，子楚以此名誉益盛于诸侯。

以上阳翟商人吕不韦因在邯郸见秦国质子子楚孤贫无依之状而视为"奇货可居"，于是出手一方面援助子楚扩大交游，一方面自己入秦，游说秦昭王太子的夫人与其亲属，使有宠而无子的太子夫人收养了子楚为太子的嫡子。从而为子楚日后成为秦国王位的继承人铺平了道路。《史记》中的这段文字，写吕不韦的见识、眼光与其办事能力，都非常精彩。写吕不韦与子楚的对话，写吕不韦入秦后先用大量财物打开太子夫人之姐的大门，而后再通过太子夫人之姐给太子夫人送上厚礼，并为太子夫人献出了牢固维护其富贵尊荣的万安之计。于是一举三得，既帮着太子夫人解决了大问题，又帮着子楚解决了大问题，同时又完满地解决了自己所要追求的大问题。文字简洁干净，是《史记》中的妙品。

吕不韦因见子楚而生心，因生心而有效地开展一系列活动的故事，原见于《战国策》之《秦策五》。《史记》与《战国策》相比，主要有三点不同。第一点是吕不韦见到子楚的惊喜之状，《史记》说吕不韦是"见而怜之，曰：'此奇货可居。'"进而是吕不韦对子楚说："吾能大子之门。"子楚说："且自大君之门，而乃大吾门？"吕不韦说："子不知也，吾门待子门而大。"两个人机锋相对，透辟精警。而《战国策》则是另一副景象：它说吕不韦见到子楚后，"归而谓父曰：'耕田之利几倍？'曰：'十倍。''珠玉之赢几倍？'曰：'百倍。''立国家之主赢几倍？'曰：'无数。'曰：'今力田疾作，不得暖衣余食。今建国立君，泽可以遗世，愿往事之。'"

第二点不同是它说吕不韦入秦后，是游说秦王的王后之弟，它说这位王后是受王之宠但没有亲生的儿子。现在的太子是其他女人所生。日后一旦秦王去世，太子临朝，你和你的姐姐就都将死无葬身之地了。现在赵国为质的王子异人整天思念着王后，如果王后能收他为嫡子，这岂不是"异

人无国而有国；王后无子而有子了吗？"于是王后之弟遂与王后一齐动嘴动手，说动秦王立异人为王后的嫡子。

第三点不同是由于《战国策》说这时的秦王此前已立了太子，故而当王后收异人为嫡子后，吕不韦与王后还又帮着异人归秦后，故意表现出某种独特的表现与见解，从而赢得秦王的欢心，把异人立作了太子。鲍彪曰："此是子楚以孝文立后，不韦说使归之；《不韦传》则言孝文为安国君时归。与此驳。"

2

《吕不韦列传》：秦王立一年，薨，谥为孝文王。太子子楚代立，是为庄襄王。庄襄王所母华阳后为华阳太后，真母夏姬尊以为夏太后。庄襄王元年，以吕不韦为丞相，封为文信侯，食河南雒阳十万户。

梁玉绳引金耀辰曰："《周策》曰'食蓝田十二县'，岂河南雒阳为封国，而蓝田其采地与？"杨宽曰："据《秦策》，庄襄王初立，即以吕不韦为相，食蓝田十二县。其食河南洛阳十万户，当在吕不韦取东周以后。洛阳原为东周都邑。"陈直曰："洛阳王城发掘有文信钱石范，盖为吕不韦自铸之钱。"钱穆曰："史谓不韦入秦当昭王时，孝文王尚为太子，而《秦策》吕不韦为子楚游秦已当孝文王世，此一异也；史谓不韦先说华阳夫人姊，而《秦策》不韦所说乃秦王后弟阳泉君，此二异也；史谓子楚于邯郸之围脱亡赴秦军，而《秦策》乃王后请之赵，而赵自遣之，则三异矣。果如《秦策》所言，不韦游秦，始皇之生已及十年（始皇生于昭王四十八年正月，见《秦本纪》），不韦安得预为'钓奇'如此？"缪文远说："据学者考证，多以《史记》所言为不近情，当以策文为正。"邱少华说："吕不韦以商业投机家的眼光，分析了各方面的情况，看准秦质子异人'奇货可居'，于是弃'珠玉之赢'，游说异人、阳泉君和赵国，打通了各种关节，终于使'异人无国而有国，王后无子而有子'，而他自己也以一个布衣而位至卿相，做成了一宗获利无数的投机买卖，成为历史上的奇闻。"

③

　　《吕不韦列传》：孔子之所谓"闻"者，其吕子乎？

　　黄震曰："吕不韦，大贾也，以君之子为'奇货'而居之，窃宠既多，祸败允当，太史公以为此孔子之所谓'闻'者，误矣！"梁玉绳曰："不韦，乱民也，而以'闻'许之，岂因其著书乎？《黄氏日钞》《经史问答》并言其误。《法言·渊骞篇》以不韦为'穿窬之雄'，谅哉！"

　　作品在塑造吕不韦这样一个"千古第一奸商"的人物形象上是很成功的。作品说吕不韦在赵国的邯郸经商时，一眼就看中了正在那里做人质的秦昭王的孙子子楚，说："此奇货可居。"于是倾全部家产，一半为子楚"结宾客"，一半"买奇物玩好"贿赂秦昭王太子的宠姬不能生育的华阳夫人。他以世代"有宠于秦"打动华阳夫人认子楚为嫡嗣之后，又进而把自己已经怀孕的美姬献给子楚，"欲以钓奇"，意欲篡取秦国的国家政权。当秦国派兵攻赵，赵欲杀子楚时，他又"行金六百斤予守者吏"，使子楚逃归了秦国。后来吕不韦又招致宾客著书，并悬巨赏修正《吕氏春秋》以沽名。总之，他一生的主要活动都明显带有赤裸裸的奸商习气。故李景星说："吕不韦是千古第一奸商，尊莫尊于帝王，而帝王被其贩卖；荣莫荣于著作，而著作被其贩卖。"牛震运也说："不韦一生，全是贾贩作用"，"阴钓人国，显盗圣言，真大贾人矣。太史公处处点逗，眼目分明，意思贯串，亦奇传也。"

　　司马迁以"闻人"作为对吕不韦人品的总评价。"闻人"，即所谓"佞人"。一篇《吕不韦列传》就写了这样一个处心积虑，既要谋取普天下至高无上的实利，又要骗取流传千古美名的人。而这两条偏偏他又真的全部实现了，真是既空前，又绝后。

　　但以上司马迁描写吕不韦所用的材料都不见于《战国策》，后人多认为是出于秦汉之际的东方六国人所编造。马非百说："吕不韦游秦时，子政年已十岁，献姬事之不可信，不辨自明。则所谓'太后时时窃通吕不韦'者，亦属毫无根据。嫪毐与太后本有同乡关系，太后在邯郸时必已识之。及始皇归立为王，毐亦与之偕来，因系太后旧人，故得亲幸。嫪毐与太后私通生子，容或有之，然因此遂并谓始皇帝亦为吕不韦子，则亦为无稽之丑诋而已。大抵吕、嫪当日曾发生极剧烈之权力斗争，而太后且左袒于毐，《战国策·魏策》有极详细之描述，《孔丛子》中亦有同样的记载。据此，则嫪毐在秦国政治上之地位，几欲驾吕不韦而上之。因此造谣中伤，捏故告密，致有始皇九年大战咸阳之惨剧。嫪毐以此败死，而吕氏亦不能幸免，两方牵连受累者各数千家，党争之祸亦烈矣哉！《吕不韦列传》即根据此项谣言而写成者，与《战国策》完全不合。"

马非百又说："吕不韦之入秦，关系于秦之统一者实深且巨，策立之谋姑勿论，仅以人材一项言之，史称'不韦食客三千人'，今观其所著《吕氏春秋》，包括儒家、墨家、法家、农家、兵家、阴阳家、道家、名家各派言论，集当代种种专门学者于一门，已无形取得今日所谓'智囊团'者之用。况不韦乃东方大贾，其食客三千之中自亦必有不少富有之人，知识、金钱兼而有之，故能从事多方面之建设，秦代统一事业之得以完成，吕不韦之功实不在商鞅、张仪、范雎、李斯诸人之下也。司马迁云'结子楚亲，使诸侯之士斐然争入事秦'，真扼要之论哉！"（《秦集史》）

杨宽说："吕不韦集合宾客共著《吕氏春秋》一书，公布于国都，盖欲集各家之长以完成秦之帝业，即所谓'假人者遂有天下'。以为是时周室既灭，天子已绝，唯有用'义兵'以诛暴君而振苦民，方能重立天子，消除相残不休之局势，救民于水深火热之中……此书亦即吕不韦欲使秦王'吞天下，称帝而治'者。吕不韦先后执政十二年，宣称奉行此书之政纲。先灭亡东周建三川郡；又攻取韩、赵两国之地，建立上党郡与太原郡；更攻取魏之东地，建立东郡，使秦之领土向东伸展，与齐接界，切断赵与韩、魏之联系，造成包围三晋之形势。秦为尚首功之国，当以斩首数目作为其战胜之标志，动辄以万计，先后所杀三晋及楚之民数百万。秦昭王时白起为将，斩首最多。是时（吕不韦执政时）战争之最大变化在于所攻占之城邑甚多，如庄襄王三年蒙骜击赵榆次等三十七城，秦王政三年蒙骜攻取韩十三城，五年蒙骜攻取魏二十五城，皆无斩首之记录。唯有秦王政二年麃公攻卷斩首三万之记录，而此后麃公未见统军作战。盖三晋已丧失战斗力，望风而逃，因而杀伤较少，同时亦当与吕氏宾客鼓吹以'义兵''诛暴君'有关。"（《战国史料编年辑证》）

郭沫若说："吕不韦在中国历史上应该是一位有数的大政治家，但他在生前不幸，为他的政敌所迫害而自杀；在他死后又为一些莫须有的史实所掩盖，他的存在的影子已经十分稀薄，而且呈现着一个相当歪曲的轮廓。""秦始皇不仅不是吕不韦的儿子，而且毫无疑问还是他的一个有力的政敌。秦始皇和吕不韦的斗争，一般人把他太看轻了，似乎认为的确是为了介绍嫪毐。其实关于嫪毐的故事，我相信也一定有很大的歪曲。""读《吕氏春秋》，你可以发现它的每一篇每一节差不多都和秦国的政治相反对，尤其和秦始皇后来的政见与作风简直是在作正面的冲突。秦始皇才是吕不韦的死对头，秦始皇要除掉吕不韦可以说是理所当然，而亦势所必然。"（《十批判书》）

④

《吕不韦列传》之文字、标点有可讨论者：

上之雍郊，嫪毐恐祸起，乃与党谋矫太后玺发卒以反蕲年宫。发吏攻毐，毐败亡走。追斩之好畤，遂灭其宗。

"发吏攻毐"的主语不明，句首应增"上"字或"王"字。崔适以为此处应从《秦始皇本纪》增"王知之"三字。崔说是也。

今依例重新标点数语作："上之雍郊，嫪毐恐祸起，乃与党谋矫太后玺发卒以反蕲年宫。［王知之］，发吏攻毐，毐败亡走。追斩之好畤，遂灭其宗。

二十六

《刺客列传》

①

《刺客列传》：曹沫为鲁将，与齐战，三败北。鲁庄公惧，乃献遂邑之地以和，犹复以为将。

齐桓公许与鲁会于柯而盟，桓公与庄公既盟于坛上，曹沫执匕首劫齐桓公……于是桓公乃遂割鲁侵地，曹沫三战所亡地尽复予鲁。

以上曹沫劫齐桓公于柯事，《春秋》《左传》皆不载，而见于《公羊传·庄公十三年》，是鲁庄公与曹沫的预谋行为。庄公曰"寡人之生，不若死也"；曹沫曰"然则君请当其君，臣请当其臣"，铺陈相当热闹。何焯曰："曹沫之事，亦战国好事者为之，春秋无此风也。"梁玉绳曰："劫桓归地一节，年表，齐、鲁世家，管仲、鲁连、自序传皆述之，此传尤详。《荆轲传》载燕丹语，仍《战国策》并及其事，盖本《公羊》也。《公羊》汉始著竹帛，不足尽信。即如归汶阳田，在齐顷公时，当鲁成二年，乃《公羊》以为桓公盟柯，因曹子劫而归之，其妄可见。况鲁未尝战败失地，何用要劫？曹子非操匕首之人，春秋初亦无操匕首之习，前贤谓战国好事者为之耳。

仲连遗燕将书云‘亡地五百里’，《吕览·贵信》云‘封以汶南四百里’，《齐策》及《淮南·氾论》云‘丧地千里’，鲁地安得如此之广？汶阳安得如此之大？不辨而知其诬诞矣。"（《史记志疑》）

2

　　《刺客列传》：四月丙子，光伏甲士于窟室中，而具酒请王僚。王僚使兵陈自宫至光之家，门户阶陛左右，皆王僚之亲戚也。夹立侍，皆持长铍。酒既酣，公子光详为足疾，入窟室中，使专诸置匕首鱼炙之腹中而进之。既至王前，专诸擘鱼，因以匕首刺王僚，王僚立死。左右亦杀专诸，王人扰乱。公子光出其伏甲以攻王僚之徒，尽灭之，遂自立为王，是为阖闾。阖闾乃封专诸之子以为上卿。

　　以上专诸刺王僚事，见《左传》昭公二十七年，《左传》叙王僚戒备森严的情景，有所谓"羞者献体改服于门外，执羞者坐行而人。执铍者夹承之，及体，以相授也。"场面较此尤为紧张。

　　又，专诸刺王僚，是吴王诸樊之子公子光，派刺客杀其叔夷昧之子王僚的故事，公子光即日后的吴王阖庐。如果问公子光刺王僚这场政变有什么积极意义，那只能说公子光夺得政权后，曾一度使吴国强大一时，连偌大的楚国都被吴国打得七零八落，乃至攻入郢都，肆意行暴。除此而外，完全是最高统治集团的一场内讧，无任何是非对错可言。

　　据东汉人所写的《吴越春秋》记载，继"专诸刺王僚"之后，还有一场"要离刺庆忌"的故事。内容是说王僚有位兄弟名叫庆忌，是位勇敢无比的大力士，当时统兵驻扎在江北。公子光刺杀王僚后，便又寻找了一位瘦小无比的大杀手名叫要离。要离为获取庆忌的信任，让公子光砍掉了自己的一只胳膊，而后逃到庆忌兵营归附庆忌。最后获得了庆忌的信任，在跟随庆忌渡江进攻姑苏的船上，瘦小无比的要离趁着一股风力，连人带剑扑向了庞然大物的庆忌，将短剑刺进了庆忌的胸膛。故事有声有色，有非常强烈的戏剧效果。

不知司马迁为何在《刺客列传》中没有提及此事。

3

　　《刺客列传》：居顷之，豫让又漆身为厉，吞炭为哑，使形状不可知，行乞于市。其妻不识也。行见其友，其友识之，曰："汝非豫让邪？"曰："我是也。"其友为泣曰："以子之才，委质而臣事襄子，襄子必近幸子。近幸子，乃为所欲，顾不易邪？何乃残身苦形，欲以求报襄子，不亦难乎？"豫让曰："既已委质臣事人，而求杀之，是怀二心以事其君也。且吾所为者极难耳！然所以为此者，将以愧天下后世之为人臣怀二心以事其君者也。"

　　《索隐》曰："言宁为厉而自刑，不可求事襄子而行杀，恐伤人臣之义而近贼非忠也。"《正义》曰："吾为极难者，令天下后代为人臣怀二心者愧之，故漆身吞炭，所以不事赵襄子也。"钱锺书曰："盖不肯诈降也。其严于名义，异于以屈节从权后图者。"陈子龙曰："豫让明知不能杀襄子，特欲存己之志耳，此刺客中守经之士也。"

　　《史记》中有些地方表现了司马迁对一些已经过去了的道德表示出深深的倾慕与怀恋，因而被后世人嘲笑为迂腐、守旧，不合时宜。其一是伯夷、叔齐反对武王统率的伐纣大军，伯夷指责武王的行为是"以暴易暴"，因为他违背了古代禅让的道德与礼仪，尽管文王、武王已经被孔子称为是"伐罪吊民"的圣人了，但伯夷、叔齐仍是不食周粟而饿死于首阳山。其二是宋襄公，他追念并体行古代的军事规则，坚持不对半渡的敌军中流而击之；而且还坚持"不鼓不成列""不杀二毛"等，于是很轻易地被强大的楚军打败，被乱箭射死。而司马迁在《宋微子世家》中却一反常情地对被后人骂作"蠢猪"的宋襄公充满敬意与同情，说："襄公既败于泓，而君子或以为多，伤中国阙礼义，褒之也，宋襄之有礼让也。"第三个就是本文所讲的豫让。他坚持奉行"既已委质臣事人，而求杀之，是怀二心以事其君"。这样的道德操守，早在西汉初期就已经被人们搞乱了。如项伯的出卖项羽而效力于刘邦，如郦况的哄骗吕禄而为周勃通风。时至今日，到处是充目盈耳的潜伏片、谍战片。一方面教导孩子不要说谎话，一方面又是连篇累牍的连环画、卡通片。国家与国家之间，党派与党派、人群与人群之间，公司与公司之间，诚意与欺诈，奉公与营私，光荣与耻辱，正确与谬误，哪些是大节，哪些是小事，判断的标准，看似清晰，执行起来，就又往往多种解释，令人无所适从了。

4

《刺客列传》：晋、楚、齐、卫闻之，皆曰："非独政能也，乃其姊亦烈女也。乡使政诚知其姊无濡忍之志，不重暴骸之难，必绝险千里以列其名，姊弟俱戮于韩市者，亦未必敢以身许严仲子也。严仲子亦可谓知人能得士矣！"

以上聂政为严仲子刺韩相事，见《战国策·韩策二》，惟《战国策》作"韩傀"，不作"侠累"。据《韩世家》，"列侯三年（前397），聂政杀韩相侠累"，"哀侯六年（前371），韩严弑其君哀侯"。《六国年表》同，今杨宽《战国史年表》亦两载其事。缪文远则以为以上二者为一事，在韩哀侯三年，亦即韩懿侯元年（前374）。当时侠累被刺，哀侯也连带被杀。"韩严"即"严仲子"，杀哀侯，立哀侯子为懿侯，史称此年为"懿侯元年"。

黄洪宪曰："司马迁传刺客凡五人，专诸为下，聂政为最下。夫丈夫之身所系亦大矣，聂政德严仲子百金之惠，即以身许之。且侠累与仲子非有杀君之仇，特以争宠不平小嫌耳，在仲子且不必报。政为其所知，即当谏阻；不听，则归其金已耳。何至挺身刃累，而自裂其面、碎其体以为勇乎？以为义乎？此与羊豕之货屠为肉何异，愚亦甚矣！"鲍彪曰："人之居世不可不知人，亦不可妄为人知也。遂惟知政，故得行其志。惜乎，遂褊褊狷细人耳，政不幸谬为所知，故死于是。使其受知明主贤将相，则其所成就岂不又万万于此者乎？哀哉！"

梁玉绳曰："《御览》琴部载《琴操》，谓政之刺韩王，因政父为王治剑不成见杀，政入泰山，遇仙人学琴，琴成入韩，王召使琴，遂出刀刺韩王以报仇，非为仲子。抱政尸而哭者，政之母，亦非政之姊。与《策》《史》大异。"

5

《刺客列传》：鲁勾践已闻荆轲之刺秦王，私曰："嗟乎惜哉，其不讲于刺剑之术也！甚矣吾不知人也！曩者吾叱之，彼乃以我为非人也！"

在这里，司马迁通过鲁勾践的自我谴责，深深地表达了对荆轲其人的崇高敬意，和对荆轲刺秦王大功未成的莫大遗憾。司马迁认为荆轲获得成功的一切主观条件都是具备的，所差的只是在于技术上还缺那么一点点。四百多年后，大隐士、大诗人陶渊明写过一首《咏荆轲》，其诗云："燕丹善养士，志在报强嬴。招集百夫良，岁暮得荆卿。君子死知己，提剑出燕京。心知去不归，且有后世名。惜哉剑术疏，奇功遂不成。其人虽已没，千载有余情。"和司马迁表达了一种同样的情绪。

《刺客列传》是曹沫、专诸、豫让、聂政、荆轲五个人的合传，全文五千多字，而其中单是荆轲一个人就占了三千多字，可见荆轲是司马迁这篇作品要表现的中心人物。作品通过对荆轲其人其事的生动描述，充分表彰了一种为维护国家利益不惜牺牲，为挽救国家危亡而不惜付出一切的英勇无畏的精神。从这个角度看，曹沫与荆轲的行为都是异常光辉的，具有鲜明的政治色彩。但曹沫的故事前人已经论证了它的不足信，司马迁之所以还要将其书之于史，这表明了司马迁对曹沫其人的高度崇敬。至于荆轲，他的见义勇为，急人之难，扶助弱小，不畏强暴，慷慨磊落，不怕牺牲，表现了一种崇高的侠义精神。荆轲是卫国人，卫国附庸于魏。魏被秦灭后，荆轲到处漂流。燕国与他既不沾亲也不带故，在秦国大军压境的情况下，荆轲挺身而出，这正体现了司马迁在《游侠列传》中所说的"其言必信，其行必果，已诺必诚，不爱其躯，赴士之厄困"。荆轲在这里首先表现的是一种侠义之雄。难能可贵的是荆轲不同于那些轻举妄动的一般市井游侠。他深沉干练，明大义，识大体，他类似侯嬴与鲁仲连，他们的义愤都是为国难而发。他们临危不惧，在强大敌人的进攻面前表现了一种不可侵犯、不可折侮的崇高人格。他们在危急关头不气馁，敢于破釜沉舟，背水一战，其豪迈的光焰两千年来一直回旋在中华民族的上空。当强大的侵略者大举进攻，弱小的国家民族即将毁灭的时候，是束手就擒还是做困兽之斗，对于一个国家、一个民族这是原则问题。在山穷水尽、灭亡在即之时，一群勇士不肯甘心为虏，起而作最后的抗争，尽管他们无法挽救危局，但其气节是感人的，是可歌可泣的。也许有人会说荆轲的表现是"螳螂挡车"，是不光明的"恐怖"活动。我认为只要这个世界上还存在强权、还存在大国强国对小国弱国的入侵，那就永远存在着被侵略、被压迫国家民族的英勇之士的"恐怖"形式的反抗，因为他们也没有其他更好、更有效的复仇手段了。司马迁正是从这个角度肯定太子丹，而批判燕王喜、代王嘉；而歌颂荆轲、高渐离、田光、樊於期等这一批勇烈之士的。当荆轲被秦王击断左股，知道行动失败时，他"乃引其匕首以掷秦王"；直到他身"被八创"时，仍"倚柱而笑""箕踞以骂"，这是多么壮烈感人的困兽犹斗的精神啊！

荆轲故事有开头，有发展，有高潮，有尾声，是最具备现代小说特点的古代短篇文言小说。这篇故事的主体部分见于今本《战国策》，但《战国策》是以写言论、写论辩为宗旨，不强调写故事、写情节，故本篇的荆轲故事与《田单列传》的火牛阵的故事，就被很多人怀疑是《史记》中的故事被人错误地收到《战国策》中去了。这些生动故事的著作权应该属于司马迁。

宋人黄洪宪说："当燕丹时，内无强力，外无奥援，而以屡国当枭鸷之秦，此谓卵抵泰山者也。故刺秦亦亡，不刺亦亡，故刺秦王非失计也。夫乌附、五石，非长生之药也，即有寒热之疾中于关窍，则乌附用；诡痛诡疽起，则五石用，等死耳，冀万一其效。故人有死疾，则乌附、五石不可废；当丹之时，垂绝之国，则荆轲未可非也。"（《史记评林》引）清代郭嵩泰说："史公之传刺客，为荆卿也，而深惜其事不成。其文迷离开合，寄意无穷。荆卿胸中尽有抱负，尽有感发，与游侠者不同。又杂出盖聂、鲁勾践、田光先生、高渐离，备极一时之奇士，又有狗屠一人。而终惜荆卿之不知剑术，借鲁勾践之言以发之，为传末波澜。"（《史记札记》）前人之理解申发也表达得够明确了。

二十七

《李斯列传》

①

　　《李斯列传》：斯闻得时无怠，今万乘方争时，游者主事。今秦王欲吞天下，称帝而治，此布衣驰骛之时而游说者之秋也。处卑贱之位而计不为者，此禽鹿视肉，人面而能强行者耳。故诟莫大于卑贱，而悲莫甚于穷困。久处卑贱之位，困苦之地，非世而恶利，自托于无为，此非士之情也。故斯将西说秦王矣。

　　这是李斯告别荀卿时的一段话，话中对荀卿的思想与行动充满鄙视之情，公开宣言要与其师决裂。而现存的《荀子》其书中也保留有某些荀子不满李斯、批评李斯的一些话。如《议兵篇》中李斯有所谓："秦四世有胜，兵强海内，威行诸侯，非以仁义为之也，以便从事而已。"而荀子则坚持："女所谓便者，不便之便也。吾所谓仁义者，大便之便也。"这与《荀子·强国篇》中所写的荀卿在秦昭王时代造访过秦国之后，他衷心地称道秦国的百姓是"古之民也"；秦国的官吏是"古之吏也"；秦国的士大夫是"古之士大夫也"；秦之朝廷是"古之朝廷也"。他说秦国的政治是"佚而治，约而详，不烦而功，治之至也，秦类之矣。"荀子说秦国的不足就是缺乏一些"儒家"的气象。有这种气象就能统一天下，没有这种气象就只能称霸一时。荀子对秦国自商鞅变法以来所实行的方方面面没有任何的反对与批评，他唯一感到不满足的是没有在这种统治方法、统治手段中再揉进一种儒家因素。至于究竟怎么个揉法，他没能详细说明。总之荀卿对秦昭王、秦王政与李斯等人治理秦国的方略是有一定分歧的，但这与司马迁在本段文章表现李斯的情绪似乎无关。李斯在这里表现了一种"得时无怠"，应当抓紧时机为国家建功立业的思想，这种人生观是司马迁所赞成的。但李斯所认为的"诟莫大于卑贱，悲莫甚于穷困"，这就不是通常的正直的士人所赞同的了。相反，在这里恰恰表现了李斯作为一个没有立场，没有正直的人生态度，追求世俗功利，追求个人的功名利禄、富贵尊荣，而为了获得这一点竟不惜丢掉一切应该坚持的东西。孔子说："鄙夫可与侍君也哉？其未得之也，患不得之；既得之，患失之。苟患得患失，无所不用其极也矣。"李斯在秦始皇生前，由于他一向追随、顺从秦始皇的一切，故而基本上没有矛盾，如鱼得水。待至秦始皇一死，赵高、胡亥抓住了李斯的根本弱点，死死地既打又拉，于是很容易地把他拉上了贼船。最后既断送了秦王朝，也断送了李斯的整个家族。故而这段文字是李斯一生的人生宣言，是统摄全篇传记的具有纲领性的一段文字。读者且莫轻易放过。

2

《李斯列传》：臣闻吏议逐客，窃以为过矣。昔缪公求士，西取由余于戎，东得百里奚于宛，迎蹇叔于宋，来丕豹、公孙支于晋。此五子者，不产于秦，而缪公用之，并国二十，遂霸西戎……

夫物不产于秦，可宝者多；士不产于秦，而愿忠者众。今逐客以资敌国，损民以益雠，内自虚而外树怨于诸侯，求国无危，不可得也。

凌稚隆引李涂曰："李斯上秦始皇书论逐客，起句便见事实，最妙。中间论物不出于秦而秦用之，独人才不出于秦而秦不用，反复议论痛快，深得作文之法，未易以人废言也。"林希元曰："只就'逐客'一事生枝生叶，反复顿伏，有无限态度，无限精神，真秦汉间第一等文字。"何焯曰："只'昔'字'今'字对照两大段文字，前举先世之典以事证，后就秦王一身上物喻，即小见大，于人情尤易通晓也。战国之文，楚人颇工为辞。李斯楚人，故其文章亦华艳，而《文选》录之为祖师云。"茅坤曰："斯文之工，千年以来所绝少者。"钱锺书曰："二西之学入华，儒者辟佛与夫守旧者斥新知诃为异端，为二学作护法者立论每与李斯之《谏逐客》如响之应而符之契。"举例如柳宗元《送僧浩初序》以及《弘明集》《广弘明集》中诸文，以明李斯此文为后世张本开宗之力，引证详博，见《管锥编》，今不录。徐孚远曰："李斯前谏逐客，后建议坑儒，皆以自便也，使逐客时独议留斯，当无是书也。"徐氏乃诛心之论。

③

《李斯列传》：高乃谓丞相斯曰："上崩，赐长子书，与丧会咸阳而立为嗣。书未行，今上崩，未有知者也。所赐长子书及符玺皆在胡亥所，定太子在君侯与高之口耳。事将何如？"斯曰："安得亡国之言！此非人臣所当议也！"高曰："君侯自料能孰与蒙恬？功高孰与蒙恬？谋远不失孰与蒙恬？无怨于天下孰与蒙恬？长子旧而信之孰与蒙恬？"斯曰："此五者皆不及蒙恬，而君责之何深也？"高曰："高固内官之厮役也，幸得以刀笔之文进入秦宫，管事二十余年，未尝见秦免罢丞相功臣有封及二世者也，卒皆以诛亡。皇帝二十余子，皆君之所知。长子刚毅而武勇，信人而奋士，即位必用蒙恬为丞相，君侯终不怀通侯之印归于乡里，明矣。"……斯曰："斯，上蔡间巷布衣也，上幸擢为丞相，封为通侯，子孙皆至尊位重禄者，故将以存亡安危属臣也，岂可负哉？……"

高曰："盖闻圣人迁徙无常,就变而从时,见末而知本,观指而睹归。物固有之,安得常法哉?方今天下之权命悬于胡亥,高能得志焉。且夫从外制中谓之惑,从下制上谓之贼。……此必然之效也。君何见之晚?"斯曰:"吾闻晋易太子,三世不安;齐桓兄弟争位,身死为戮;纣杀亲戚,不听谏者,国为丘墟,遂危社稷:三者逆天,宗庙不血食。斯其犹人哉,安足为谋?"高曰:"上下合同,可以长久;中外若一,事无表里。君听臣之计,即长有封侯,世世称孤,必有乔松之寿,孔、墨之智。今释此而不从,祸及子孙,足为寒心。善者因祸为福,君何处焉?"斯乃仰天而叹,垂泪太息曰:"嗟乎!独遭乱世,既以不能死,安托命哉?"于是斯乃听高。

以上赵高拉李斯上贼船一段,绘形绘声,精彩异常,双方的心理神情,活灵活现。李晚芳曰:"太史公之传李斯也,不惟传其事迹,并其结念之隐亦传之。盖斯乃热中富贵人也,始形于仓鼠一叹,太史肖其神,轻轻描出,令热中者全身俱动,用笔何等超妙!辞师一段议论,千回百转,语语皆从富贵结念中流出。其画策为秦并天下,即其专心为已取富贵;及富贵极矣,身为相,子为守,又虑把持富贵不牢,阴若有人扼其吭而攫夺之者,正写其无时无处而不兢兢于此也。惟小人能知小人,早被赵高冷眼看透,既以富贵动之,又以失富贵劫之,曰'不得怀通侯之印',曰'长有封侯',曰'祸及子孙',重富贵者,乌能不听?太史一笔结出曰:'于是斯乃听高'。仰天一叹,而秦亡矣。究其所以为保富贵者,即其所以亡人之天下者也。是后翻翻覆覆,在高掌上愚弄,直至腰斩夷族,无非为重富贵而然。其要害不过在'重爵禄'三字,幻出天翻地覆世界。太史以劲笔达之,有余慨焉。尝读《论语》'鄙夫'章,圣人前数百年,早为斯辈绘出一副肺肠矣"(《读史管见》)屠隆曰:"李斯诈立胡亥,阴弑扶苏,虽由赵高之奸,实其私心之肯也。盖焚书坑儒,斯议也,扶苏谏坑儒而居外,斯必深念之;以吏为师,斯议也,胡亥傅之以高,学习法事数年,斯必深欲之,则斯心欲立亥,不欲立苏,亦彰明较著也。彼其初难之,不过饰说以欺高与天下耳,其后扶苏死而斯大喜,真情其微露矣。"郭嵩焘曰:"史公传李斯,历载赵高所以愚弄二世及李斯者，多近于故事传说，故于此叙二世斋上林，居望夷宫，射行人及自杀事；又赵高上殿，殿欲毁者三，皆如小说家言，汉代或有此传说，史公以所闻而附之《李斯传》，亦疑以传疑之意也。"(《史记札记》) 邓以瓒曰："高、斯秘谋，宜不令人知之，乃叙之详悉如此，且文词甚工丽，可见古时史职。"

钱锺书论《左传》之人物对话，称其多非"记言"，实乃作者之"代言"也。此真善读《左传》者之大见解。《左传》如此，《史记》更是如此。而如《史记》中之《李斯列传》《淮阴侯列传》，更是尤其如此。

2015 年 9 月，北京大学出版的《北京大学藏西汉竹书》中有一部分亡佚的汉代文献，题名为《赵正书》。该书叙述了秦始皇在东巡途中患病，临死前与李斯等人议定，立胡亥为接班人的情景。其文曰："病而大甚，不能前，故复召丞相斯曰：'吾霸王之寿足矣，不奈吾子之孤弱何？……吾哀怜吾子之孤弱，及吾蒙容之民，死且不忘。其议所立。'丞相臣斯昧死顿首言曰：'陛下万岁之寿尚未央也……'赵正流涕而谓斯曰：'吾非疑子也，子，吾忠臣也。其议所立。'丞相臣斯、御史臣去疾昧死顿首言曰：'今道远而诏期群臣，恐大臣之有谋。请立子胡亥为代后。'王曰：'可。'"

本书的作者不可能是秦朝或汉朝的史官，从其直呼秦始皇为"赵正"的用语看，很可能是西汉前期对秦王朝存有某些诋毁意味的文人。在叙事中李斯等称始皇帝忽而曰"陛下"，忽而曰"王"；始皇帝自称曰"吾"，称百姓曰"吾民"等，都不合当时的规定，而这些规定在当时又是非常严格的。这些我们暂不讨论，我们只想问一句：秦始皇生前究竟是想立谁为接班人？是始皇帝本意想立扶苏，而被胡亥、李斯等人篡改诏书，改立了胡亥呢？还是秦始皇在临死前本来就是议立的胡亥？《史记》所写的是第一种情况。《赵正书》写的是第二种情况。

司马迁的那些惊心动魄的描写，有文献、有档案做根据吗？大概没有。当李斯被赵高拉上贼船后，所有的真实资料已经被通通消灭掉了。当时不论是朝廷，不论是各级官府，不论是民间的大街小巷，都是张贴的、都是传诵的像《赵正书》那样的说法，这是秦始皇死后，秦二世胡亥执政三年内的官方的、主流的说法。像《赵正书》这样的"文物"还会陆续出土很多很多。至于《史记》的《李斯列传》，这是司马迁的一家之言。可以想象，在秦始皇死后，在秦二世胡亥执政的三年间，反对胡亥的也会有很多派系，拥护秦始皇其他儿子的人也会多少不同地有一些，而拥护扶苏的人应该势力最大，《项羽本纪》中不是说连当时的农民起义队伍中都有人是打着拥护扶苏的旗号吗？

司马迁的《李斯列传》的确写得好。

《李斯列传》：于是二世乃使高案丞相狱……李斯乃从狱中上书曰："臣为丞相，治民三十余年矣，逮秦地之陕隘。先王之时秦地不过千里，兵数十万。臣尽薄材，谨奉法令，阴行谋臣，资之金玉，使游说诸侯，阴修甲兵，饰政教，官斗士，尊功臣，盛其爵禄，故终以胁韩弱魏，破燕、赵，夷齐、楚，卒兼六国，虏其王，立秦为天子。罪一矣。地非不广，又北逐胡、貉，南定百越，以见秦之强。罪二矣。尊大臣，盛其爵位，以固其亲。罪三矣。立社稷，修宗庙，以明主之贤。罪四矣。更剋画，平斗斛度量，文章布之天下，以树秦之名。罪五矣。治驰道，兴游观，以见主之得意。罪六矣。缓刑罚，薄赋敛，以遂主得众之心，万民戴主，死而不忘。罪七矣。若斯之为臣者，罪足以死固久矣。上幸尽其能力，乃得至今，愿陛下察之！"书上，赵高使吏弃去不奏，曰："囚安得上书！"……

二世二年七月，具斯五刑，论腰斩咸阳市。

北京大学所出版之《赵正书》佚文中，有一段文字与此《李斯列传》略似，其文曰："后三年，又欲杀丞相斯……斯且死，故上书曰：'可道其罪足以死与？臣为秦相三十余岁矣，逮秦之陕而王之约。始时，秦地不过数百里，兵不过数万人，臣谨悉意壹智，阴行谋臣，赍之金玉，使游诸侯，而阴修甲兵，饬斗士，尊大臣，盈其爵禄，故终以胁韩而弱魏，又破赵而夷燕代，平齐楚，破屠其民，尽灭其国而虏其王，立秦为天子者，吾罪一矣。地非不足也，北驰胡幕，南入定巴蜀，入南海，击大越，非欲有其王，以见秦之强者，吾罪二矣。尊大臣，盈其爵禄，以固其身者，吾罪三矣。更刻画斗甬，度量壹，文章布之天下，以树秦之名者，吾罪四矣。立社稷，修宗庙，以明主之贤者，吾罪五矣。治驰道，修游观，以见王之得志者，吾罪六矣。缓刑罚而薄赋敛，以见主之德，众其惠，故万民戴王，至死不忘者，吾罪七矣。若斯之为人臣者，罪足以死久矣。上幸而能尽其力，以至于今，愿上察视之。'秦王胡亥弗听，而遂杀斯。"

作者于此文中称胡亥曰"秦王胡亥"；李斯于上书中称胡亥曰"主"，又曰"王"，又曰"上"，颇不统一，但内容大致相同，可供读者参考。

⑤

《李斯列传》之文字、标点有可讨论者：

（1）布帛寻常，庸人不释；铄金百溢，盗跖不搏者，非庸人之心重，寻常之利深，而盗跖之欲浅也。

这段话是将"庸人"与"盗跖"两两对比。后三句应该并成两句，以回答前面提出的问题。庸人所以不放过几尺碎布头，不是因为他太贪婪；盗跖所以不抓取烧红的金子，也不是由于他太寡欲。"庸人之心深"与"盗跖之欲浅"相对成文。"重寻常之利"五字是旁注庸人之文插入了主句，应该用夹注号将其夹起。这种例子又见于《项羽本纪》之"于是项梁然其言，乃求楚怀王孙心——民间为人牧羊——立以为楚怀王"；《南越列传》之"及孝文帝元年，初镇抚天下……乃为佗亲冢——在真定——置守邑，岁时奉祀。"

今依例重新标点数句作："布帛寻常，庸人不释；铄金百溢，盗跖不搏者，非庸人之心——重寻常之利——深，而盗跖之欲浅也。"

（2）若此则谓督责之诚，则臣无邪，臣无邪则天下安，天下安则主严尊，主严尊则督责必，督责必则所求得，所求得则国家富，国家富则君乐丰。

"若此则谓督责之诚，则臣无邪。"意思几乎不可晓。《会注考证》于此作"若此则谓督责之诚，督责之诚则臣无邪"。较通行本为好，但仍无法与全段相贯通。详前后数句文意，"督责之诚"似应作"督责成"，且三字应重出。

全段文字应重新标点作："若此则谓督责（之诚）［成］，［督责成］则臣无邪，臣无邪则天下安，天下安则主严尊，主严尊则督责必，督责必则所求得，所求得则国家富，国家富则君乐丰"云云一气而下。供读者参考。

（3）臣疑其君，无不危国；妾疑其夫，无不危家。今有大臣于陛下擅利擅害，与陛下无异，此甚不便。

"疑"，通"拟"，相当，相等，此处指地位、权势而言。

"今有大臣于陛下擅利擅害，与陛下无异"。二句繁复生涩。前句中的"于陛下"三字，乃涉后文中的"与陛下"三字而衍，应据削。

今依例重新标点数句作："臣疑其君，无不危国；妾疑其夫，无不危家。今有大臣（于陛下）擅利擅害，与陛下无异，此甚不便。"

（4）更剋画，平斗斛度量，文章布之天下，以树秦之名。罪五矣。

"更剋画，平斗斛度量，文章布之天下"，三句零散错乱，文意不清。泷川曰："'文章'二字，疑当移'剋画'下。"泷川说是。更，改。剋画文章，即指文字。"更剋画文章"，即指改大篆而行小篆。陈直曰："'剋画'即'刻画'，谓铸刻其款识也。"可供参考。平斗斛度量，即指统一度量衡。

整段文字应重新标点作："更剋画［文章］，平斗斛度量，布之天下，以树秦之名。罪五矣。"

《蒙恬列传》

《蒙恬列传》：赵高者，诸赵疏远属也。赵高昆弟数人，皆生隐宫，其母被刑僇，世世卑贱。

隐宫，旧说皆以为是惩治并关押宫刑犯人的场所。《秦始皇本纪》之《正义》曰："馀刑见于市朝，宫刑一百日隐于荫室养之乃可，故曰隐宫，下蚕室是。"本文的《索隐》曰："其父犯宫刑，妻子没为官奴婢，妻后野合，所生子者皆承赵姓。并宫之，故云兄弟生隐宫。"

父亲有罪受宫刑，母亲不可能也跟着关入隐宫，他们的孩子更不一定也得跟着受宫刑。赵高有女婿名叫阎乐，说明赵高并未自幼被宫。王骏图《史记旧注平议》曰："此'生'字乃生长之生，非生产之生也。《史记》云'其母被刑'，是其子皆当没入，故自幼即令入隐宫，以备他日给事内庭，故皆生长于隐宫之中也。"

近年来学者对"隐宫"有新说，陈直曰："'隐宫'为'隐官'相沿之误字，近出《云梦秦简·军爵律》云'工隶臣斩首及人为斩首以免者，皆令为工，其不完者以为隐官工。'见一九七六年《文物》七期。"

马非百《秦集史》曰："据新出土的《云梦秦简》法律部分，有'隐官'之名，原文云：'工隶臣斩首及人为斩首以免者，皆令为工，其不完者以为隐官工。'又云：'将司（伺）人而亡，能自捕及亲所知为捕，除毋罪；已刑者处隐官。''可（何）罪得处隐官？将盗戒（械）囚刑罪以上，亡，以故罪论。断右指为城旦。后自捕所亡，是谓处隐官。它罪比群盗者，皆如此。'据此，则所谓隐官，乃是一个收容受过刑罚而因立功被赦之罪人的机关。处在隐官之罪人，必须从事劳动，其性质约与后世之劳动教养所大致相同。'赵高兄弟数人，皆生隐官，其母被刑僇，世世卑贱'，是说高母曾受刑戮，后因获释，得处隐官，故高兄弟皆能相继生于隐官。由于隐官是属于劳动教养所性质，是罚罪犯之所，而赵高兄弟皆生于此，此其所以称之为'世世卑贱'也与。"马氏之说可信。

二十九

《张耳陈馀列传》

1

　　《张耳陈馀列传》：赵王间出，为燕军所得。燕将囚之，欲与分赵地半，乃归王。使者往，燕辄杀之以求地。张耳、陈馀患之。有厮养卒谢其舍中曰："吾为公说燕，与赵王载归。"舍中皆笑曰："使者往十余辈，辄死，若何以能得王？"乃走燕壁，燕将见之，问燕将曰："知臣何欲？"燕将曰："若欲得赵王耳。"曰："君知张耳、陈馀何如人也？"燕将曰："贤人也。"曰："知其志何欲？"曰："欲得其王耳。"赵养卒乃笑曰："君未知此两人所欲也。夫武臣、张耳、陈馀杖马箠下赵数十城，此亦各欲南面而王，岂欲为卿相终已邪？夫'臣'与'主'岂可同日而道哉，顾其势初定，未敢参分而王，且以少长先立武臣为王，以持赵心。今赵地已服，此两人亦欲分赵而王，时未可耳。今君乃囚赵王。此两人名为求赵王，实欲燕杀之，此两人分赵自立。夫以一赵尚易燕，况以两贤王左提右挈，而责杀王之罪，灭燕易矣。"燕将以为然，乃归赵王，养卒为御而归。

　　"燕将囚之，欲与分赵地半，乃归王"。梁玉绳曰："此处上下文不接。

且未奉张、陈之命，岂敢自走敌营哉？《新序·善谋》述其事云：'厮养卒乃洗沐往见张耳、陈馀，遣行，见燕王'。于情事较全。'燕将'亦当作'燕王'为实。归王大事，燕将敢自主乎？"

"今赵地已服，此两人亦欲分赵而王，时未可耳。今君乃囚赵王。此两人名为求赵王，实欲燕杀之，此两人分赵自立。夫以一赵尚易燕，况以两贤王左提右挈，而责杀王之罪，灭燕易矣。"燕将以为然，乃归赵王，养卒为御而归。凌稚隆曰："厮养卒欲求归赵王，乃逆推两人未萌之欲以资其说，两人纵未必然，然英雄谋国之常态固不外此。以故其说得行，而卒归赵王如所云也。"姚苎田曰："养卒之论事势明透已极，盖深知武臣之不足事，而见张、陈之必非人下者也。此段语张、陈固不欲人道破，然即谓此时'名为求王，实欲杀之'，则殊未必然。盖此时果欲燕之杀武臣，便当鼓行而前，决一死战，则赵王必危。乃杀十馀使而未敢兴兵，正其投鼠忌器之私衷耳。但养卒归王而不闻特赏，则未必不以其道破隐情而忌之也。"李光缙曰："楚公子微服过宋，门者难之，其仆操棰而骂曰：'隶也不力！'门者出之。余谓楚仆之出楚公子，赵卒之归赵王，皆一时临事之智不可及者。"

厮养卒之捷悟、辞令、机锋，皆可以入列"世说新语"，使读者拍案叫绝。然自此赵王归后，张、陈二子虽欲终生为赵王做赤子忠臣亦不可得矣。土木堡之变，明朝没有于谦，明英宗不可能轻易返回明朝。但明英宗返回了明朝，于谦必是死路一条矣。有些事情就是如此之祸福倚伏。

《张耳陈馀列传》：上贤贯高为人能立然诺，使泄公具告之，曰："张王已出。"因赦贯高。贯高喜曰："吾王审出乎？"泄公曰："然。"泄公曰："上多足下，故赦足下。"贯高曰："所以不死一身无余者，白张王不反也。今王已出，吾责已塞，死不恨矣。且人臣有篡杀之名，何面目复事上哉？纵上不杀我，我不愧于心乎？"乃仰绝肮，遂死。当此之时，名闻天下。

吴京曰："高帝以马上得天下，不事《诗》《书》，则其过子婿家而箕踞骂詈，曷足怪哉？纵王怏怏不平，高等犹当以理论之，矧其王卷卷不忘旧恩？而高等顾肆为大逆，虽其立名义不侵然诺，重为帝多，而身负篡弑名，亦何裨于教哉？卒之罪无可逃，而犹曰'吾责已塞'，所谓死而无悔者也。愚独嘉帝赦敖赦高，而遇鲁元公主如故，信帝王自有真也。"王维桢曰："贯高之义不背君，高祖之仁不戮忠，皆难事。"

刘邦之杀韩信、彭越、英布，两千年受人责骂。刘邦之杀彭城惨败时本可以活捉刘邦之楚将丁公（事见《季布栾布列传》），尤其为《史记》《汉书》的千百万读者所憎恨。唯有本文写贯高为其主子张敖鸣不平，埋伏杀手欲杀刘邦，事情败露后，刘邦竟能称赞贯高的义气，赦其罪而不杀。其行为的确令人赞叹！

3

《张耳陈馀列传》之文字、标点有可讨论者：

（1）张耳尝亡命游外黄。外黄富人女甚美，嫁庸奴，亡其夫去，抵父客。父客素知张耳，乃谓女曰："必欲求贤夫，从张耳。"

"外黄富人女甚美，嫁庸奴，亡其夫去，抵父客"。王念孙曰："既为富人女，而又甚美，则无嫁庸奴之理。'嫁'字后人所加，'亡'字在'其夫'下，'庸奴其夫'为句，'亡去'为句，'抵父客'为句。《汉书》作'外黄富人女甚美，庸奴其夫，亡邸父客'，是其证也。"王说甚是。

今依例重新标点数句作："张耳尝亡命游外黄。外黄富人女甚美，（嫁）庸奴其夫，［亡］去，抵父客。父客素知张耳，乃谓女曰："必欲求贤夫，从张耳。"

（2）于是上皆并逮捕赵王、贯高等。十余人皆争自刭……乃辎车胶致，与王诣长安。治张敖之罪，上乃诏赵群臣宾客有敢从王皆族。贯高与客孟舒等十余人，皆自髡钳，为王家奴，从来。

梁玉绳曰："上言贯高与王'槛车胶致'长安矣，而又言与客从来何耶？《汉书》删去'贯高与'最当。"泷川引中井曰："称王家奴者，孟舒等耳，'贯高与'三字疑衍。"诸说是也，贯高乃刘邦所指名逮捕者，无须假装奴隶从行。应据削"贯高与"三字。

今依例重新标点数句作："于是上皆并逮捕赵王、贯高等。十余人皆争自刭……乃辒车胶致，与王诣长安。治张敖之罪，上乃诏赵群臣宾客有敢从王皆族。（贯高与）客孟舒等十余人，皆自髡钳，为王家奴，从来。"

三十

《魏豹彭越列传》

　　《魏豹彭越列传》：十年秋，陈豨反代地，高帝自往击，至邯郸，征兵梁王。梁王称病，使将将兵诣邯郸。高帝怒，使人让梁王。梁王恐，欲自往谢。其将扈辄曰："王始不往，见让而往，往则为禽矣。不如遂发兵反。"梁王不听，称病。梁王怒其太仆，欲斩之。太仆亡走汉，告梁王与扈辄谋反。于是上使使掩梁王，梁王不觉，捕梁王，囚之雒阳。有司治反形已具，请论如法。上赦以为庶人，传处蜀青衣。西至郑，逢吕后从长安来，欲之雒阳，道见彭王。彭王为吕后泣涕，自言无罪，愿处故昌邑。吕后许诺，与俱东至雒阳。吕后白上曰："彭王壮士，今徙之蜀，此自遗患，不如遂诛之。妾谨与俱来。"于是吕后乃令其舍人告彭越复谋反，廷尉王恬开奏请族之，上乃可。遂夷越宗族，国除。

　　吴见思曰："两称病，作两顿，写梁王志不在反。"洪迈曰："韩信、黥布、彭越三人之事，越独最冤。且扈辄劝越反，越不听，有司以越不诛辄为反形已具。然则贯高欲杀高祖，张敖不从，其事等耳，乃以为不知状，而故得释，何也？"周寿昌曰："此亦有司迎上意文致之也。张敖在赵，贯高等实劝敖反，敖亦不诛高等，而敖卒获全；则以敖孱弱，不如越之雄桀，为上所忌也。"

"吕后乃令其舍人告彭越复谋反"。黄震曰："彭越有大功，无反意，既以疑间掩捕，论罪迁蜀青衣矣，吕氏又诈使人告其反，族之，何忍哉？"（《黄氏日钞》）史珥曰："此子长怜越无罪，而代之申冤也。"（《四史剿说》）陈子龙曰："吕氏之屡诛灭大将者，岂预为高帝百岁后自擅地耶？"凌稚隆曰："戮韩、彭，高帝意乎？非也。吕氏预谋篡汉，而两人者后所忌，故并以反诛之耳。予故谓吕后之诛韩、彭，高帝之斩樊哙，其意各有所为云。"

汉初三将之死因，史公于彭越交代最明晰，于韩信交代最含混，读者可以彼此参照。吴见思曰："信、越、布三人之死也，越最无罪，故史公直书不讳。"（《史记论文》）

三十一

《黥布列传》

《黥布列传》之文字、标点有可讨论者：

（1）孰能为我使淮南，令之发兵倍楚，留项王于齐数月，我之取天下可以百全。

"留项王于齐数月"。时间与事件的关系满拧。梁玉绳曰："项王去齐而后有彭城之战，汉败彭城而后有随何之说，安得言'留齐'？当是留项王于楚耳。"梁说是，"于齐"二字应削。"留项王数月"，意即将项羽牵制在东方，耽搁上数月。

今依例重新标点数句作："孰能为我使淮南，令之发兵倍楚，留项王（于齐）数月，我之取天下可以百全。"

（2）楚使者在，方急责英布发兵，舍传舍。随何直入，坐楚使者上坐。

楚使者会见英布，催促英布为项羽发兵，其会面的地点是在英布的府第，还是在楚使者所住的传舍，地点交代不明。泷川引中井积德曰："据下文'布愕然'句，是事在布之前也，不于'传舍'。《汉书》削'舍传舍'三字。"中井说是，应削"舍传舍"三字。

今重新标点数句作："楚使者在，方急责英布发兵，（舍传舍。）随何直入，坐楚使者上坐。"

（3）四年七月，立布为淮南王，与击项籍。汉五年，布使人入九江，得数县。六年，布与刘贾入九江，诱大司马周殷，周殷反楚，遂举九江兵与汉击楚，破之垓下。

文章所说的事件都存在，不误，但发生的时间却混乱得出奇。陈仁锡曰："'汉五年'衍文，《汉书》削。下文'六年'应作'五年'。"陈说是。所谓"五年"，即汉五年的十月、十一月、十二月，详情见《高祖本纪》，应据改。

今依例重新标点数句作："四年七月，立布为淮南王，与击项籍。（汉五年，）布使人入九江，得数县。（六）［五］年，布与刘贾入九江，诱大司马周殷，周殷反楚，遂举九江兵与汉击楚，破之垓下。"

（4）七年，朝陈。八年，朝雒阳。九年，朝长安。

十一年，高后诛淮阴侯，布因心恐。夏，汉诛梁王彭越，醢之，盛其醢遍赐诸侯。至淮南，淮南王方猎，见醢，因大恐，阴令人部聚兵，候伺旁郡警急。

布所幸姬疾，请就医，医家与中大夫贲赫对门，姬数如医家，贲赫自以为侍中，乃厚馈遗，从姬饮医家。姬侍王，从容语次，誉赫长者也。王怒曰："汝安从知之？"具说状。王疑其与乱。赫恐，称病。王愈怒，欲捕赫。赫言变事，乘传诣长安。布使人追，不及。赫至，上变，言布谋反有端，可先未发诛也。……淮南王布见赫以罪亡，上变，固已疑其言国阴事；

汉使又来，颇有所验，遂族赫家，发兵反。反书闻，上乃赦贲赫，以为将军。

"七年，朝陈"。"七年"应作"六年"；朝陈，此即刘邦为袭捕韩信，而采用陈平计策假说出巡云梦而令诸侯会陈事，在汉六年的十二月，黥布于此时尚应命与群臣一道赴陈，而韩信即于此行中被刘邦所袭捕，因无法定罪，而只被降为淮阴侯，软禁于长安。

在本篇作品中揭示刘邦、吕后强加罪名地诛杀功臣，以致使功臣人人自危，不得已铤而走险的具体情景是异常明确的。文中写道："十一年，高后诛淮阴，布因心恐。夏，汉诛梁王彭越，醢之，盛其醢遍赐诸侯。至淮南，淮南王方猎，见醢，因大恐。"刘邦、吕后的这些作为，简直是与桀纣不差分毫。当黥布"造反"后，作者通过薛公的嘴为黥布辩冤说："是故当反，往年杀彭越，前年杀韩信，此三人者，同功一体之人也，自疑祸及身，故反耳。"在这里，作者不但为黥布辩了冤，同时也为彭越、韩信辩了冤。

王世贞说："汉告反之典，封列侯为过盛。韩信、彭越，皆吕后使人告之也。告信者乐说，封慎阳侯，享国五十一年，至孙买之而始弃市国绝；告英布者贲赫，封期思侯，享国二十九年，无后。而告发彭越的舍人传不载名姓，其人所以未封，当是帝知是吕后使，故不封。"

据《高祖功臣侯者年表》的封侯惯例，凡为刘邦出过力的项羽族人，封为列侯者有五六人，并被赐姓刘；凡夺得项羽遗体之一部者，封为列侯，共五人；凡告功臣谋反者，亦封为列侯，如告发韩信的乐说，告发黥布的贲赫，都与刘邦的开国功臣萧何、曹参、樊哙等并列于《功臣表》。但这种做法难道不让那些攻城略地的"英雄""烈士"感到羞耻吗？

三十二
《淮阴侯列传》

①

《淮阴侯列传》：项王喑噁叱咤，千人皆废；然不能任属贤将，此特四夫之勇耳。项王见人恭敬慈爱，言语呕呕，人有疾病，涕泣分食饮；至使人有功当封爵者，印刓敝，忍不能予，此所谓妇人之仁也。……项王所过无不残灭者，天下多怨，百姓不亲附，特劫于威强耳。名虽为霸，实失天下心。故曰其强易弱。今大王诚能反其道：任天下武勇，何所不诛？以天下城邑封功臣，何所不服？以义兵从思东归之士，何所不散？且三秦王为秦将，将秦子弟数岁矣，所杀亡不可胜计；又欺其众降诸侯，至新安，项王诈坑秦降卒二十余万，唯独邯、欣、翳得脱，秦父兄怨此三人，痛入骨髓。今楚强以威王此三人，秦民莫爱也。大王之入武关，秋豪无所害，除秦苛法，与秦民约，法三章耳，秦民无不欲得大王王秦者。于诸侯之约，大王当王关中，关中民咸知之。大王失职入汉中，秦民无不恨者。今大王举而东，三秦可传檄而定也。

以上韩信对刘邦语，可以视为韩信拜将后的就职演说。气势磅礴，高屋建瓴，千古少见。杨维桢曰："韩信登坛之日，毕陈平生之画略，论楚之所以失，汉之所以得，此三秦还定之谋所以卒定于韩信之手也。"董份曰："观信智略如此，真有掀揭天下之心，不但兵谋而已也，所以谓之'人杰'。"唐顺之曰："孔明之初见昭烈论三国，亦不能过。予故曰淮阴者非特将略也。"王世贞曰："淮阴之初说高帝也，高密（邓禹）之初说光武也，武乡（诸葛亮）之初说昭烈也，若悬券而责之，又若合券焉！噫，可谓才也已矣！"韩信分析项羽的弱点，以及预见刘、项未来的斗争形势，皆至为明晰，诸人所说诚是。且其分析项羽目前的强大是"其强易弱"；说刘邦"诚能反其道"而行之，则"大王举而东，三秦可传檄而定也"云云，竟与两千年后毛泽东论证"帝国主义与一切反动派都是纸老虎"的思路完全相同，真使人大长见识，大开眼界。

凌约言曰："方信归汉，一亡卒耳，相国何所见而奇之？盖何所以察天下之势者甚熟，而信适与之孚，故数与语而遂以国士奇之耳。向使无定画于中，而骤闻其说，安能力荐而大用之哉？所谓功第一者为此。"董份曰："韩信以一亡命徒，因何立谈，不更召见而即超拜大将，且殊礼，盖其用人如此，三代以后，千载帝王之冠也。"卢舜治曰："汉功臣以萧何为第一，而萧何之功以拜韩信大将为第一。"

《淮阴侯列传》：齐王广、龙且并军与信战，未合。人或说龙且曰："汉兵远斗穷战，其锋不可当。齐、楚自居其地战，兵易败散。不如深壁，令齐王使其信臣招所亡城，亡城闻其王在，楚来救，必反汉。汉兵二千里客居［齐］，齐城皆反之，其势无所得食，可无战而降也。"龙且曰："吾平生知韩信为人，易与耳。且夫救齐不战而降之，吾何功？今战而胜之，齐之半可得，何为止？"遂战，与信夹潍水陈。韩信乃夜令人为万余囊，满盛沙，壅水上流，引军半渡，击龙且，详不胜，还走。龙且果喜曰："固知信怯也。"遂追信渡水。信使人决壅囊，水大至。龙且军大半不得渡。

即急击，杀龙且。龙且水东军散走，齐王广亡去。信遂追北至城阳，皆虏楚卒。

韩信在对刘邦发表了他的拜将演说后，迅即率军翻越秦岭北出，几个月的时间内，一举收复了三秦。接着从次年的八月开始，韩信在三个年头内，相继灭掉了五个国家。其中描写最精彩的是灭魏、灭赵与灭齐的三个战役。明代茅坤说："予览观古兵家流，当以韩信为最，破魏以木罂，破赵以立汉赤帜，破齐以囊沙，彼皆从天而下，而未尝与敌人血战者。予故曰：古今来，太史公，文仙也；李白，诗仙也；屈原，辞赋仙也；刘阮，酒仙也；而韩信，兵仙也，然哉！"（《史记钞》）

③

《淮阴侯列传》：武涉已去，齐人蒯通知天下权在韩信，欲为奇策而感动之，以相人说韩信曰：……"相君之面，不过封侯，又危不安。相君之背，贵乃不可言。"韩信曰："何谓也？"蒯通曰："……当今两主之命县于足下。足下为汉则汉胜，与楚则楚胜。……诚能听臣之计，莫若两利而俱存之，参分天下，鼎足而居。夫以足下之贤圣，有甲兵之众，据强齐，从燕、赵，……则天下之君王相率而朝于齐矣。盖闻天与弗取，反受其咎；时至不行，反受其殃。愿足下孰虑之。"

"臣闻勇略震主者身危，而功盖天下者不赏。……今足下戴震主之威，挟不赏之功，归楚，楚人不信；归汉，汉人震恐：足下欲持是安归乎？"

后数日，蒯通复说曰："夫听者事之候也，计者事之机也，听过计失而能久安者，鲜矣。……夫随厮养之役者，失万乘之权；守儋石之禄者，阙卿相之位。……虽有舜、禹之智，吟而不言，不如瘖聋之指麾也。……夫功者难成而易败，时者难得而易失也。时乎时，不再来。愿足下详察之。"韩信犹豫不忍倍汉，又自以为功多，汉终不夺我齐，遂谢蒯通。蒯通说不听，已，详狂为巫。

以上蒯通说韩信，劝其中止佐刘邦灭项羽，而与刘、项三分天下建立成鼎足之势，全文语重心长，诚诚恳恳，共一千四百余字。《中国历代战争史》曰："蒯通对韩信之说辞，充分表现其具有战国纵横家之器识且又过之，其观察之精密，其分析之透辟，其瞻瞩之高远，其定策之卓迈，实鲜人能与之比俦。韩信特以不用其谋，致终死于妇人之手，此乃韩信对现实之政治缺乏认识与？"杨维桢曰："蒯通，韩信之客也，言多补于信，乃不能脱信于走狗之烹，而佯狂为巫。吁，箕子佯狂为奴，闵宗国也；蒯通佯狂为巫，闵知己也。言不行，计不听，而不忍坐视其后祸，付于无可奈何，亦足悲矣。"刘辰翁曰："取譬反复，极人情所难言，此文在汉初为第一。"

赵翼曰："《史记·淮阴侯列传》全载蒯通语，正以见淮阴之心在为汉，虽以通之说喻百端，终确然不变，而他日之诬以'反'而族之者之冤，痛不可言也。班书则尽删通语，而别为通作传，以此语叙入通传中，似乎详略得宜矣，不知蒯通本非必应立传之人，载其语于《淮阴传》则淮阴之心迹见，而通为辩士亦附见。史迁所以不更立《蒯通传》正以明淮阴之心，兼省却无限笔墨；班掾则转因此语为蒯通立传，反略其语于《淮阴传》中，是舍所重而重所轻，且开后世史家一事一传之例，宜乎后世之史日益繁也。"

此文中蒯通说韩信之长篇大论，亦应是写史者设身处地之代言，无所谓"记言"也。而作者之谅情揣摩能力，真是"在汉初为第一"。

④

《淮阴侯列传》：汉王之困固陵，用张良计，召齐王信，遂将兵会垓下。

《曹相国世家》有所谓"韩信为齐王，引兵诣陈，与汉王共破项羽，而参留平齐未服者"。《樊郦滕灌列传》叙樊哙亦有所谓"从高祖击项籍，下阳夏，虏楚周将军卒四千人，围项籍于陈，大破之"。在夏侯婴传里也有所谓"复常奉车从击项籍，追至陈，卒定楚"云云。则破项羽之关键一战，究竟在垓下还是在陈，《史记》叙事盖自相抵牾。

⑤

　　《淮阴侯列传》：汉十年，陈豨果反。上自将而往，信病不从。阴使人至豨所，曰："弟举兵，吾从此助公。"信乃谋与家臣夜诈诏赦诸官徒奴，欲发以袭吕后、太子。部署已定，待豨报。其舍人得罪于信，信囚，欲杀之。舍人弟上变，告信欲反状于吕后。吕后欲召，恐其党不就，乃与萧相国谋，诈令人从上所来，言豨已得死，列侯群臣皆贺。相国绐信曰："虽疾，强入贺。"信入，吕后使武士缚信，斩之长乐钟室。信方斩，曰："吾悔不用蒯通之计，乃为儿女子所诈，岂非天哉？"遂夷信三族。

　　茅坤曰："此情似诬。豨，汉信幸臣也，偶过拜淮阴，淮阴何以遽行谋反？及豨反后，亦无往来迹。且豨之反，自周昌言仓卒激之，安得与淮阴有夙谋？此皆由慎阳侯（乐说）辈谗之。不然，汉廷谋臣诈以此论之耳。"归有光曰："陈豨事疑出告变之语，考豨招致宾客为周昌所疑，一时惧祸，遂陷大戮，非素蓄反谋也。且已部署，而旷日待豨报，信亦不知兵机矣，此必吕后与相国文致之者。"冯班曰："陈豨以宾客盛为周昌所疑，高祖使按其客，始反耳，未必素有逆谋。且豨以信幸为赵相国，将兵居边，非韩、彭之俦有震主之威，据大国者也，何为先自疑而有反虑乎？韩信处嫌疑之地，轻与一陈豨出口言反，此亦非人情。信以淮阴家居，虽赦诸徒奴合而使之，未易部勒也。上自出，关中虽虚，未能全无备，亦不可信也。"

　　《淮阴侯列传》的写法是两条主线并行，一条是韩信为刘邦冲锋陷阵，出生入死，与汉王朝的敌人作战；另一条就是写刘邦的那只大黑手一直在韩信的头上盘旋飞舞，它一次一次地落下来，抓走韩信之兵、韩信之权、韩信之地，最后又将韩信抓入牢狱、抓走了韩信本人与其整个家族的生命。刘邦没有韩信是绝对不能战胜项羽的；但韩信存在一天，刘邦就胆战心惊，直到韩信被吕后所杀，刘邦才彻底掀掉了压在心头的大石头，才不无愧疚地真正露出了轻松的笑容。作者对汉代统治者杀韩信、杀大批功臣的罪恶行径是深恶痛绝的，对被杀功臣们的同情在许多篇章中都溢于言表，彼此相互呼应。比较之下，彭越、黥布吐露得最明显，而写韩信的这篇写得最模糊，这是由于不得不使用某些最高统治者所编造、强加的罪名的缘故。但在具体情节的展现中，作者为韩信做了有力的洗白。

韩信对刘邦的忠心，对刘邦的矢志不渝是有目共睹的，因为他对萧何的无私举荐、对刘邦破格用人的知遇之恩已经深入骨髓，他已经对他们献出了一切，对他们的任何举措都不再存有怀疑。因此当刘邦一连五次地夺走他的部众，甚至刚打败项羽，就罢去他军事统帅的时候，他都丝毫不存芥蒂；甚至蒯通苦口婆心、称今道古地为他分析形势，历史经验，确确凿凿，令读者都感到触目惊心，但韩信仍是不从。武涉与蒯通的两段话共有一千三百多字，占了整个作品的四分之一，连不会写文章的人都感到比例失调。司马迁为什么要这样安排，不就是要突出韩信内心的坚定吗？直到韩信被骗入长乐宫，陷入吕后的埋伏时才说："吾悔不用蒯通之计，乃为儿女子所诈。"临死才后悔当初没有点准备，不正说明当初他的心里是踏踏实实吗？

韩信主观上不反刘邦是事实，但并不说明韩信客观上没有严重的取死之道。韩信最大的问题是政治观念落后，热衷于裂地称王，为了达到这一点，在他打败龙且、灭掉田齐后，居然竟不顾一切地擅自称为齐王；当刘邦撕毁鸿沟协定，命令各路将领齐集固陵合击项羽时，韩信居然为了裂土分封而公然与刘邦讨价还价，甚至公然坐视刘邦再一次惨败于项羽。这样的事情哪一个做主子的能够容忍？此外，韩信又矜才自负，不仅羞与绛、灌为伍，即使刘邦本人的军事才干，韩信也公开地加以藐视。以上种种，有的刘邦可以容忍一时，但不可能永远不算旧账；或者刘邦有底气驾御群雄，群雄不敢乍翅，但吕后是不能不为日后考虑的，她必须趁刘邦活着，凭借刘邦的威望而及早地除掉他们，以巩固自己与她儿子的地位。司马迁为表现他对韩信的同情，充分地使用了"互见法"，凡是韩信对不起刘邦的地方，在《淮阴侯列传》里一点不写，而是写到《项羽本纪》中去了。这样就既保证了历史的客观真实，又保证了《淮阴侯列传》突出揭示封建帝王与其功臣之间矛盾的不可调和这一主题的鲜明与统一。

司马迁在《曹相国世家》的末尾说："曹相国参攻城野战之功所以能多若此者，以与淮阴侯俱。及信已灭，而列侯成功，唯独参擅其名。"又在《萧相国世家》的最后说："淮阴、黥布等皆以诛灭，而何之勋烂焉，位冠群臣，声施后世，与闳夭、散宜生等争烈矣。"是韩信、彭越、黥布等人被杀后，这才让曹参、萧何这种二三流的角色成了周朝闳夭、散宜生那样的开国元勋！司马迁对刘邦、萧、曹诸人的愤怒该有多么强烈呢？

《淮阴侯列传》之文字、标点有可讨论者：

> 方今为将军计，莫如案甲休兵，镇赵抚其孤，百里之内，牛酒日至，以飨士大夫醳兵，北首燕路，而后遣辩士奉咫尺之书，暴其所长于燕，燕必不敢不听从。

"以飨士大夫，北首燕路"，意即犒赏三军，把军队摆成一种即将向燕国进击的姿态。但通行本原文于此作"以飨士大夫醳兵，北首燕路"。"醳兵"同"释兵"，意即解除紧急军事状态。二字用在这里毫无来由。《封禅书》中有"振兵释旅"，又有"释兵须如"云云，皆与此不相关。中井曰："醳兵二字，竟不可通，或衍文。《汉书》删之。"《通鉴》亦无此二字。应据削。

今依例重新标点数句作："方今为将军计，莫如案甲休兵，镇赵抚其孤，百里之内，牛酒日至，以飨士大夫（醳兵），北首燕路，而后遣辩士奉咫尺之书，暴其所长于燕，燕必不敢不听从。"

三十三
《韩信卢绾列传》

　　《韩信卢绾列传》：十一年春，故韩王信复与胡骑入居参合，距汉。汉使柴将军击之，遗信书曰："陛下宽仁，诸侯虽有畔亡，而复归，辄复故位号，不诛也。大王所知。今王以败亡走胡，非有大罪，急自归！"韩王信报曰："陛下擢仆起闾巷，南面称孤，此仆之幸也。荥阳之事，仆不能死，囚于项籍，此一罪也；及寇攻马邑，仆不能坚守，以城降之，此二罪也；今为反寇将兵，与将军争一旦之命，此三罪也。夫种、蠡无一罪，身死亡；今仆有三罪于陛下，而欲求活于世，此伍子胥所以偾于吴也。今仆亡匿山谷间，旦暮乞贷蛮夷。仆之思归，如痿人不忘起，盲者不忘视也，势不可耳。"遂战。柴将军屠参合，斩韩王信。

　　凌约言曰："既以信壮武，而徙以备胡矣，卒又猜疑而责让之，是趣之叛也。高帝于是为失著矣。"茅坤曰："以韩王信王太原备胡可矣，治马邑，是弃之于胡也。信失著，而汉亦失著矣。"吕祖谦曰："信虽失职守边，然舍晋阳内外之妥，而请治马邑，亦非偷隋者也。高祖猜疑责让，使其以国外叛，为虏向导，遂有平城之围。自是匈奴轻汉，为世大患，阅百年而未息，苟非信启其端，亦未必如此之甚。然则人主心量不宏，所系岂小哉？"

本篇的主旨在于批评汉初统治者对待功臣的处置失当，其开端即在诛韩信、彭越、黥布等三人。从此使其他功臣个个成为惊弓之鸟。赵恒曰："韩信、卢绾、陈豨，此三人者原无叛逆之意，其二人以强大见疑，其一人以宾客太盛见疑，俱陷无道，失计所致也，故结以'计之生孰成败于人也深矣'。"茅坤曰："亲爱如卢绾，犹为臧衍、张胜所诖误，至于亡入匈奴；亦由汉待功臣太薄，数以猜忌诛之，故反者十而七八耳，悲夫！"

司马迁对于被刘邦所杀的功臣，与因受刘邦猜疑而叛入匈奴的功臣边将，都怀有一定程度的惋惜与同情，这是很自然、很明显的。当刘邦让柴将军给韩王信写信，招他回来的时候，韩王信自知罪大，回来不会再有好下场。他对柴将军怀着深情，可望而不可及地说："仆亡匿山谷间，旦暮乞贷蛮夷。仆之思归，如痿人不忘起，盲者不忘视也，势不可耳。"有人说：这是叛徒们惯用的声口与情态。其实这也应该是一种深刻存在的真实情感。韩王信了解刘邦，故而宁可怀着遗憾而与汉军战死，也不回来做刘邦、吕后的俎上肉，这本身就是司马迁的一种抒情，一种对统治者罪恶行径的泄愤。

奇怪的是韩王信的后代韩增，他是跟着他的父辈又从匈奴回到汉朝来的。韩增居然在霍光执掌大权的年代，在宣帝前期成为一时的名臣，因镇压国内叛乱有功，与霍光等同被画像于麒麟阁。钟惺《史怀》说："韩王信以反诛，其子孙复显于汉，亦是异事。"陈子龙说："韩王信身为叛逆而有后，天道不可解。"袁黄《历史纲鉴补》说："太史公津津叙其侯封，盖亦功过不相掩之意。"我则说：司马迁如此表态，是不是在肯定韩增与霍光诸人的时候，也是对汉初统治者做法的一种批评呢？这样就将文章的前前后后协调统一起来了。

《韩信卢绾列传》之文字、标点有可讨论者：

（1）及高祖七年冬，韩王信反，入匈奴，上至平城还，乃封豨为列侯，以赵相国将监赵、代边兵，边兵皆属焉。

"以赵相国将监赵、代边兵"。此语有误。当时陈豨是代国的相国，赵国的相国是周昌。"赵相国"的"赵"字必须改作"代"。陈豨的权势重大之处乃在于他是以代国相国的身份而兼统赵、代两国武装部队的将军，而且北部其他郡、国的边防部队也都得听从陈豨的调遣。

现依例将数句重新标点作："及高祖七年冬，韩王信反入匈奴，上至平城还，乃封豨为列侯，以（赵）［代］相国将监赵、代边兵，边兵皆属焉。"

（2）十二月，上自击东垣，东垣不下，卒骂上；东垣降，卒骂者斩之，不骂者黥之。更命东垣为"真定"。王黄、曼丘臣其麾下受购赏之，皆生得，以故陈豨军遂败。

"不骂者黥之"。王念孙曰："'黥'当从《高祖纪》作'原'。'原之'者，谓宥之也。若'不骂者黥之'，则人皆不免于罪矣。"王叔岷《史记斠证》曰："《汉书》无下句，正由'不骂者原之'，故可略；若作'不骂者黥之'，则不当略矣。即此亦可证'黥'当作'原'。"两家说是。

王黄、曼丘臣其麾下受购赏之，皆生得。中井曰："'之'字难读，恐有误。"王叔岷曰："'之'字疑当在'生得'下。《通鉴》作'皆生致之'，可证。"王氏说是也。

今依例重新标点数句作："十二月，上自击东垣，东垣不下，卒骂上；东垣降，卒骂者斩之，不骂者（黥）［原］之。更命东垣为'真定'。王黄、曼丘臣其麾下受购赏（之），皆生得［之］，以故陈豨军遂败。"

（3），於戏悲夫！夫计之生孰成败，于人也深矣！

"计之生孰成败，于人也深矣"。此句生涩不顺，似应作"计之生孰，于人成败也深矣"。生孰：指计划考虑得好不好，成熟不成熟。孰：通"熟"。叶玉麟引曾国藩曰："韩王信、卢绾、陈豨，皆计事不熟，此句盖兼三人者言之。"

今依例试重新标点此句作："於戏悲夫！夫计之生孰，于人〔成败〕也深矣！"供读者参考。

三十四

《田儋列传》

　　《田儋列传》：田荣怒，追击杀齐王市于即墨，还攻杀济北王安。于是田荣乃自立为齐王，尽并三齐之地。

　　项王闻之，大怒，乃北伐齐。齐王田荣兵败，走平原，平原人杀荣。项王遂烧夷齐城郭，所过者尽屠之。齐人相聚畔之。荣弟横，收齐散兵，得数万人，反击项羽于城阳。而汉王率诸侯败楚，入彭城。项羽闻之，乃醳齐而归，击汉于彭城，因连与汉战，相距荥阳。以故田横复得收齐城邑，立田荣子广为齐王。

　　山东半岛上的田氏政权诸人，历来是一些极其自私的独立分子，有危急的时刻向别人求救，危急一旦过去，立即翻脸不认人，回军自保，不救别人危急。在陈涉时代如此，项梁时代如此，项羽时代仍是如此。也正是由于田荣的表现如此，故而项羽在灭秦后分封诸侯时，没有分封田荣，于是田荣第一个跳出来联合陈馀、彭越等号召天下反对项羽。项羽无奈，只好出兵伐齐。也正是由于齐地田荣的牵制，使刘邦很快地将关中地区夺了回去。这时的田荣其实是很不得齐地人心的，他既拒绝项羽所派的"齐王"入境而迎杀之；又嫌原来的"齐王"服从项羽而追杀之，他横暴地占据了整个三齐的大地，统兵抗拒项羽。这种不仁不义的行为引起齐国百姓的痛恨，当田荣被项羽打败，逃到平原县的时候，平原县的百姓们自己起来把田荣杀掉了，他们迎接项羽、欢迎项羽。这是多么有利地安抚齐国地面的大好时机啊，可惜不懂政治、不懂政策的项羽居然在这时"遂北烧夷齐城郭室屋，皆坑田荣降卒，系虏其老弱妇女，徇齐至北海，多所残灭"。这不正好是把无路可走的百姓向别人的部下驱赶吗？也正是在这种情况下田荣的弟弟田横又起来收合田荣的旧部，团聚齐国的百姓，坚决抵抗项羽，使项羽真正陷入了齐国大地的人民战争。也正是在这种天怒人怨的情况下，刘邦带领着他所汇集起来的五十六万讨项大军，一举攻下了项羽的国都彭城。你说这不都是项羽自己造的孽吗？

项羽一辈子造孽无数，但像这次平原的军民杀了田荣，向项羽投降，项羽居然还对平原军民大开杀戒的行为，《史记》中还没有第二次。

2

《田儋列传》：田横乃与其客二人乘传诣雒阳。未至三十里，至尸乡厩置，横谢使者曰："人臣见天子当洗沐。"止留。谓其客曰："横始与汉王俱南面称孤，今汉王为天子，而横乃为亡虏而北面事之，其耻固已甚矣。且吾亨人之兄，与其弟并肩而事其主，纵彼畏天子之诏不敢动我，我独不愧于心乎？且陛下所以欲见我者，不过欲一见吾面貌耳。今陛下在洛阳，今斩吾头，驰三十里间，形容尚未能败，犹可观也。"遂自刭，令客奉其头，从使者驰奏之高帝。高帝曰："嗟乎，有以也夫！起自布衣，兄弟三人更王，岂不贤乎哉？"为之流涕，而拜其二客为都尉，发卒二千人，以王者礼葬田横。

既葬，二客穿其冢旁孔，皆自刭，下从之。高帝闻之，乃大惊，以田横之客皆贤："吾闻其余尚五百人，在海中。"使使召之。至则闻田横死，亦皆自杀。于是乃知田横兄弟能得士也。

"以王者礼葬田横"。《正义》曰："齐田横墓在偃师西四十五里。崔豹《古今注》云：'《薤露》《蒿里》，送哀歌也，出田横门人。田横自杀，门人伤之而作此歌。'"《薤露》《蒿里》二曲之古辞今存，即"薤上露，何易晞。露晞明朝还复落，人死一去何时归？""蒿里谁家地，聚敛魂魄无贤愚。鬼伯一何相催促，人命不得少踟蹰"云云，见郭茂倩《乐府诗集》。陈直曰："宋玉《对楚王问》所云之《薤露》《下里》皆为楚歌，疑田横之客用旧有之曲名而歌以新辞。"

洪迈《容斋随笔》曰："横不顾王侯之爵，视死如归，故汉祖流涕称其贤，班固以为雄才。韩退之行其墓下，为文以吊曰：'自古死者非一，夫子至今有耿光。'其英烈凛然，至今犹有生气也。"王鸣盛《十七史商榷》曰："高帝召田横，恐其为乱，非真欲赦之。横自知不免，来而自杀，高帝为流涕，葬以王礼，高帝惯有此一副急泪，借以欺人屡矣，不独于田横为然。心实幸其死，非真惜而哀之也。"刘邦破杀项羽后，"礼葬项王穀城，汉王为之发哀，泣之而去。"盖与此略同也。

王守仁曰："田横之不肯事汉，孰若直拒于郦生一言之馀？诣首洛阳，孰若守身于海岛之外？与其五百人自杀，而又无补于齐，又何如郦生之一烹而有功于汉乎？虽然，一人不屈，而五百人相率以蹈之，横盖深有以感之也，吾于横乎有取。"杨维桢曰："二客死以烈，而五百人又同一烈，横之所获也多矣。使横生战国，其得士岂不出四豪右哉？"

梁玉绳曰："五百人皆自杀，恐传闻非实，乃溢美之言也。诸葛诞为司马昭所诛，麾下数百人坐不降见斩，皆曰'为诸葛公死不恨'。《魏志》所书如此，而注引干宝《晋纪》云：'数百人拱手为列，每斩一人，辄降之，竟不变，至尽，时人比之田横。'疑亦不免溢美。"

三十五

《樊郦滕灌列传》

①

《樊郦滕灌列传》：哙还至荥阳，益食平阴二千户，以将军守广武一岁。项羽引而东，从高祖击项籍，下阳夏，虏楚周将军卒四千人。围项籍于陈，大破之，屠胡陵。

这里所涉及的根本问题是，刘邦最后破项羽的关键一战到底是在陈，还是在垓下。据《史记·高祖本纪》说："项羽解而东归。汉王欲引而西归，用留侯、陈平计，乃进兵追项羽，至阳夏南止军，与齐王信、建成侯彭越期会而击楚军。至固陵，不会。楚击汉军，大破之。汉王复入壁，深堑而守之。用张良计，于是韩信、彭越皆往。及刘贾入楚地，围寿春，汉王乃使使者召大司马周殷举九江兵而迎武王，行屠城父，随刘贾、齐梁诸侯皆大会垓下。……五年，高祖与诸侯兵共击楚军，与项羽决胜垓下。淮阴侯将三十万自当之，孔将军居左，费将军居右，皇帝在后，绛侯、柴将军在皇帝后。项羽之卒可十万。淮阴先合，不利，却；孔将军、费将军纵，楚兵不利。淮阴侯复乘之，大败垓下。"

据《项羽本纪》说："汉五年，汉王乃追项王至阳夏南，止军，与淮阴侯韩信、建成侯彭越期会而击楚军。至固陵，而信、越之兵不会。楚击汉军，大破之。汉王复入壁，深堑而自守。谓张子房曰：'诸侯不从约，为之奈何？'对曰：'楚兵且破，信、越未有分地……君王能自陈以东傅海，尽与韩信；睢阳以北至穀城，以与彭越：使各自为战，则楚易败也。'汉王曰：'善。'于是乃发使者告韩信、彭越……韩信、彭越皆报曰：'请今进兵。'韩信乃从齐往，刘贾军从寿春并行，屠城父，至垓下。"

据《淮阴侯列传》说："汉王之困固陵，用张良计召齐王信，遂将兵会垓下。项羽已破，高祖袭夺齐王军。"

再看相应的《汉书》诸篇，《高帝纪》曰："汉王发使使韩信、彭越，至，皆引兵来。十二月，围羽垓下"；《项籍传》曰："五年，汉王进兵追羽至固陵，复为羽所败，汉王用张良计，致齐王信、建成侯彭越兵……迎黥布，与齐梁诸侯皆大会。羽壁垓下，兵少食尽，汉率诸侯兵围之数重"；《韩彭英卢吴传》说韩信："汉王之败固陵，用张良计，征信将兵会垓下"；说彭越："于是汉王发使使越，如留侯策。使者至，越乃引兵会垓下。"

再看《资治通鉴》的《汉纪三》，司马光也是取用《汉书·高祖纪》的说法，先说刘邦有固陵之败，而后用张良之谋，换得韩信、彭越等各路诸侯出兵，共同包围项羽于垓下。都没有所谓"破项羽于陈"的事情。

提出有"陈之战"的是《史记》的《曹相国世家》《樊郦滕灌列传》《傅靳蒯成列传》三篇，和相应的《汉书》中的《萧曹传》与《樊郦滕灌傅靳周传》两篇。此外在《史记·高祖功臣侯者年表》中的"曲城侯"格，和《汉书》中的《高惠高后文功臣侯表》的"曲城侯蛊逢"格中也记有蛊逢"以都尉破项羽军陈下，功侯，四千户"云云。这几篇的最大问题是，它只提到"陈"，而没有提到"垓下"，以为项羽就是在"陈之败"中垮台了。只有在灌婴一个人的传中，既提到了项羽的"败于陈"，又提到"败于垓下"。

从本篇与《曹相国世家》《傅靳蒯成列传》的说法看来，很可能是当时人们对项羽最后失败的地点说法不同，故而在各篇的写法上就出现了不统一，而司马迁死前又未能细致修改，故而将歧异留了下来。又由于《汉书》

的前半部大体上是照录《史记》，故而《史记》中的问题又被班固因袭了下来。

○2

《樊郦滕灌列传》：还定三秦，从击项籍。至彭城，项羽大破汉军。汉王败，不利，驰去。见孝惠、鲁元，载之。汉王急，马罢，虏在后，常蹶两儿欲弃之。婴常收，竟载之，徐行，面雍树乃驰。汉王怒，行欲斩婴者十余，卒得脱，而致孝惠、鲁元于丰。

"致孝惠、鲁元于丰"。此语可疑。丰邑是刘邦的原籍，在项羽的占领区，刘邦能把两个逃难中走散的孩子再送回到原籍去吗？《高祖本纪》对此说："汉王……败后乃独得孝惠，六月，立为太子，大赦罪人，令太子守栎阳。"栎阳在今西安市的阎良区，是楚汉战争期间刘邦的都城。这是合理的。但《高祖功臣侯者年表》在安国侯王陵格中有几句话，说王陵"以客从起丰，以厩将别定东郡、南阳，从至霸上。入汉，守丰。上东，因从战不利，奉孝惠、鲁元出睢水中，及坚守丰，封雍侯，五千户"。此外，在《陈丞相世家》的《集解》中也有作者引徐广的几句话，说"王陵以客从起丰，以厩将别守丰。上东，因从，战不利，奉孝惠、鲁元出睢水中，封为雍侯"。徐广的话显然是来自《高祖功臣侯者年表》。而《高祖功臣侯者年表》中的这几句话，只在《史记》中出现过这一次，到《汉书》王陵的相应表格中就再也不见了。是不是王陵在刘邦进攻彭城的前后，一度在丰邑驻扎过军队，并一度救助过刘邦的一子一女呢？《史记》中再也找不到其他线索。《史记》中有关王陵的写法是极其矛盾的。请参见本书《陈丞相世家》的相关条目。

○3

《樊郦滕灌列传》：项籍败垓下去也，婴以御史大夫受诏将车骑别追项籍至东城，破之。所将卒五人共斩项籍，皆赐爵列侯。降左右司马各一人，卒万二千人，尽得其军将吏。下东城、历阳。

《史记》所写刘邦诸将，灌婴是唯一参加过"陈之战"，又参加过"垓下之战"的一个人。但在各篇中说法也有不同。在本篇没有说他是率领多少汉军追击项羽到东城，但说清了他在东城"所将卒五人共斩项籍"，"降左右司马各一人，卒万二千人，尽得其军将吏。"而在《项羽本纪》中则说灌婴所率汉军为五千人，与项羽所率领的二十八个人在东城作战，汉军损失数十百人，项羽损失了两个。项羽则是继续南逃至乌江浦自杀而死，汉军则是有五个人扑过去将项羽的尸体撕成了五份，各抱一份去向刘邦请功。而《高祖本纪》则说得最邪乎，它没有说灌婴是率领多少人追击项羽，但却说"使骑将灌婴追杀项羽东城，斩首八万，遂略定楚地。"如果说楚军被斩首八万人，则汉军起码得有多少人呢？而且项羽的军队据说退却到垓下时，大约有十万人；如果说光是被斩首于东城的就有八万人，那么这"垓下之战"到底还存在不存在呢？矛盾重重，真不知道司马迁对刘、项之间的这最后一仗究竟是怎么估计的了。

4

《樊郦滕灌列传》：太史公曰：吾适丰沛，问其遗老，观故萧、曹、樊哙、滕公之家，及其素，异哉所闻！方其鼓刀屠狗卖缯之时，岂自知附骥之尾，垂名汉廷，德流子孙哉？余与他广通，为言高祖功臣之兴时若此云。

关于本篇的作者。本篇的"太史公曰"有云："余与他广（樊哙之孙）通，为言高祖功臣之兴时若此云。"王国维说："公孙季功、董生（自注：非董仲舒）曾与夏无且游，考荆轲刺秦王之岁下距史公之生凡八十有三年，二人未必能及见史公道荆轲事。又樊他广及平原君子辈行亦远在史公前，然则此三传（指《刺客列传》《樊郦滕灌列传》《郦生陆贾列传》）

所纪，史公或追纪父谈语也。"顾颉刚说："此非或然，乃必然也。谈于赞中自称'余'，《荆轲传》曰'为余道之如是'，《朱建传》曰'平原君子与余善'，《樊哙传》曰'余与他广通'，著传文之来源，作一篇之总结，则此三传成于谈手无疑。"

5

《樊郦滕灌列传》之文字、标点有可讨论者：

汉王乃择军中可为骑将者，皆推故秦骑士重泉人李必、骆甲习骑兵，今为校尉，可为骑将。汉王欲拜之，必、甲曰："臣故秦民，恐军不信臣，臣愿得大王左右善骑者傅之。"灌婴虽少，然数力战，乃拜灌婴为中大夫，令李必、骆甲为左右校尉，将郎中骑兵击楚骑于荥阳东，大破之。

将"灌婴虽少，然数力战"八字置于引号外，不作为李必、骆甲的推荐语，虽亦可通，但词气较弱。应将八字移入引号内。《史记》叙事，有所谓"对话未完而以叙述补足"一类，此即是也。《项羽本纪》写项羽杀宋义后，"当是时，诸将皆慑服，莫敢枝梧。皆曰：'首立楚者，将军家也。今将军诛乱……'乃相与共立羽为假上将军。"情形与此相同。

今依例重新标点数句作："汉王乃择军中可为骑将者，皆推故秦骑士重泉人李必、骆甲习骑兵，今为校尉，可为骑将。汉王欲拜之，必、甲曰：'臣故秦民，恐军不信臣，臣愿得大王左右善骑者傅之。灌婴虽少，然数力战……'乃拜灌婴为中大夫，令李必、骆甲为左右校尉，将郎中骑兵击楚骑于荥阳东，大破之。"请读者诸君细心比较。

三十六

《张丞相列传》

①

《张丞相列传》：燕王臧荼反，高祖往击之，苍以代相从攻臧荼有功，以六年中封为北平侯，食邑千二百户。

迁为计相，一月，更以列侯为主计四岁。是时萧何为相国，而张苍乃自秦时为柱下史，明习天下图书计籍。苍又善用算律历，故令苍以列侯居相府，领主郡国上计者。

这里要弄清的是"计相"究竟是一种什么官，其品级究竟如何？应该说，"计相"是一种对丞相属下分管一方面丞相府事务官员的带有戴高帽性质的戏称。其实际官名是"主计"，或许还有类似的其他名称。"主计"这个官名的职务是非常明确的，即协助丞相分管天下的钱粮，即下文所说之"领主郡国上计者"。当时全国所有的各郡、各诸侯国，每年都要派本郡本国的主管钱粮的官员到朝廷来向丞相府的相应部门进行一次结算，这就是所谓"上计"。而在丞相府负责管理这项事务的官员，就叫"主计"，或者也被人们尊称、戏称为"计相"。这个官员的级别顶多相当于"九卿"，或比"九卿"略低一点。张苍在为"计相""主计"以前，最高曾到"代相"，当时诸侯国的丞相与各郡的郡守都是二千石，诸侯国相比郡守的位次略高，但都低于"九卿"，"九卿"则是中二千石了。

"计相"是一种戏称，而不是分管钱粮的"丞相"。丞相只有一人，位居"三公"之首。其次是太尉，其三是御史大夫。御史大夫位同副丞相。

由此可知《汉兴以来将相名臣年表》之"相位"中除列入萧何、曹参、陈平、周勃、王陵等人的名字外，还在"高皇帝六年"格中列有"张苍为计相"云云，是多么荒谬了。

②

《张丞相列传》：任敖者……高后时为御史大夫。三岁免，以平阳侯曹窋为御史大夫。高后崩，与大臣共诛吕禄等，免，以淮南相张苍为御史大夫。

"与大臣共诛吕禄等"。此句旧本的原文都作"不与大臣共诛吕禄等，免"。据《吕太后本纪》，曹窋在大臣诛诸吕中曾起了许多穿针引线的重要作用，是立有大功劳的，故通行旧本、新本都削去了"不"字。但曹窋既是一个有大功之人为何在文帝即位后得不到任何封赏，还被免职了呢？杨树达说："自诛诸吕至文帝入代邸，中间凡三十七日。窋之免乃在此三十七日之中，故诛诸吕虽为窋所预闻，尊立文帝已为苍而非窋。"他认为曹窋与周勃、陈平等人的矛盾就发生在这三十七日中间。清代牟庭在《雪泥书屋杂志》中有段文字详论此事说："《史记·张丞相列传》：'平阳侯曹窋为御史大夫，高后崩，不与大臣诛诸吕等，免。'然据《吕太后本纪》：'窋颇闻贾寿与吕产语，驰告丞相、太尉'；又'以吕产谋告丞相'；又'太尉使窋告卫尉毋入相国产殿门'；又'窋恐弗胜，驰语太尉'。是为共谋诛诸吕之人甚明。然而代邸上议，群臣列名，已云'御史大夫苍'，则是代王未入，窋已去官；而即位赏功，复不及窋。是为因诸吕事，与平、勃不合而免去也。《汉书》亦曰："曹窋为御史大夫，高后崩，与大臣共诛诸吕，后坐事免。"以二书参之，知窋与大臣共诛诸吕，而不肯从其阴谋，指刘为吕，杀弟更立，是以免也。彼陈平既诬帝以非子而行诛，必不肯正告天下曰'吾畏其长用事，而吾属无类'，故设阴谋以诬之也。当时人虽知其诬而不敢言；后世则漫远而不能知，乃遇司马迁作《史记》尽著其曲折，立案如山，而阴谋始昭彰而不可掩。故迁为良史，虽古之董狐不能过也。"醍醐灌顶，愿与读者诸君共享。

3

《张丞相列传》之文字、标点有可讨论者：

（1）居顷之，赵尧侍高祖。高祖独心不乐，悲歌，群臣不知上之所以然。赵尧进请问曰："陛下所为不乐，非为赵王年少而戚夫人与吕后有郤邪？备万岁之后而赵王不能自全乎？"高祖曰："然。吾私忧之，不知所出。"

"赵尧进请问曰"。"请问"二字略生。梁玉绳引宋祁曰："'问'疑应作'间'。"梁说是也。应作"请间"，即请求避开人说话。

今重新标点数句作："居顷之，赵尧侍高祖。高祖独心不乐，悲歌，群臣不知上之所以然。赵尧进请（问）〔间〕曰："陛下所为不乐，非为赵王年少而戚夫人与吕后有郤邪？备万岁之后而赵王不能自全乎？"高祖曰："然。吾私忧之，不知所出。"

（2）二年，晁错为内史，贵幸用事，诸法令多所请变更，议以谪罚侵削诸侯。而丞相嘉自绌所言不用，疾错。错为内史，门东出，不便，更穿一门南出。

"错为内史，门东出，不便，更穿一门南出"。标点过于繁碎。

今依例重新标点数句作："错为内史门东出不便，更穿一门南出。""内史门"三字不应断开。

三十七
《郦生陆贾列传》

①

《郦生陆贾列传》：陆生至，尉他魋结箕倨见陆生。陆生因进说他曰："足下中国人，亲戚昆弟坟在真定。今足下反天性，弃冠带，欲以区区之越与天子抗衡为敌国，祸且及身矣。……天子闻君王王南越，不助天下诛暴逆，将相欲移兵而诛王。天子怜百姓新劳苦，故且休之。遣臣授君王印，剖符通使。君王宜郊迎，北面称臣，乃欲以新造未集之越，屈强于此。汉诚闻之，掘烧王先人冢，夷灭宗族，使一偏将将十万众临越，则越杀王降汉，如反覆手耳。"

凌稚隆引杨慎曰："从亲戚兄弟坟墓说至掘烧及夷族，情已迫切，至言'越杀王降汉''新造未集'二句，利害甚明，语不多而感动至矣。"吴见思曰："此一段正从'中国人'三字贯下，盖中国人而王越，终是他族逼处，与越人之心终未合一。故'杀王降汉'直入老佗心坎，不觉'蹶然起坐'也。"程馀庆曰："此段说辞，反复明畅，严切有体，可作一则讨南越檄文读。"

②

《郦生陆贾列传》：于是尉他乃蹶然起坐，谢陆生曰："居蛮夷中久，殊失礼义。"因问陆生曰："我孰与萧何、曹参、韩信贤？"陆生曰："王似贤。"复曰："我孰与皇帝贤？"陆生曰："皇帝起丰沛，讨暴秦，诛强楚，为天下兴利除害，继五帝三王之业，统理中国。中国之人以亿计，地方万里，居天下之膏腴，人众车舆，万物殷富，政由一家，自天地剖泮未始有也。今王众不过数十万，皆蛮夷，崎岖山海间，譬若汉一郡，王何乃比于汉？"尉他大笑曰："吾不起中国，故王此；使我居中国，何渠不若汉？"乃大说陆生，留与饮数月。

"我孰与萧何、曹参、韩信贤？""王似贤"。程馀庆曰："奖得妙。下一'似'字，是活落语。"

尉佗闻陆生言，不觉心服，而转念又未免倔强，故作此问。意在皇帝，不在三人。故陆生亦不复深答，能敷衍处尽量敷衍。写两人权术。

"我孰与皇帝贤？"写尉佗粗豪、得寸进尺之状如画。

"自天地剖泮未始有也……王何乃比于汉？"到了关键时刻，陆贾再也不能退让，立刻变为义正词严。

"使我居中国，何渠不若汉？""何渠"，相当于今天的"怎么就"。陈沂曰："尉佗意折，而语犹倔强。"程馀庆曰："写老佗心已服，而语犹倔强，口角拗折有力。"

关于郦生、陆贾的才智、贡献，前人评价甚高，并多对史公目陆贾为"辩士"深致不满，但史公对陆贾的实际描写无疑是卓绝的。其两次出使南越，都写得形神兼备。即如本文所写的"陆生至，尉他魋结箕倨见陆生"，陆生开宗明义对尉他所发的一通有理有力的慷慨陈词。程余庆曾称道陆贾的"此段说辞，反复明畅，严切有体，可作一则讨南越的檄文读。"当尉佗听罢心服口不服地故作倔强，佗先问"我孰与萧何、曹参、韩信贤"的时候，陆贾回答佗"王似贤"。程余庆对此写道："奖得妙。下一'似'字，是活落语。尉佗闻陆生言，不觉心服，而转念又未免倔强，佗是意在皇帝，不在三人，故陆生亦不复深答。"当尉佗又得寸进尺地问到"我孰与皇帝贤"时，陆生就毫不含蓄地向他郑重指明了这是井蛙与海鳖、蚁垤之与丘山一样的不可同日而语。这段文字所表现的两人之间的权术较量，其精彩程度在整部《史记》中也是不多见的。

锺惺评价陆贾说："陆贾说尉佗，为汉服远人；奏《新语》，为汉开文治；而其大者，在联将相之交，为汉克复旧物，而归功平勃，仍以'辩士'自居。观其进退取舍，盖英雄而有道术者也。"

令人不可理解的是，陆贾在高祖时即以出使南越而任"太中大夫"；其后又在诛诸吕中"颇有力焉"；再而后在文帝时期又第二次出使南越，劝尉佗第二次放弃了"皇帝"的称呼，其最终结果是又"由陈平奏以为'太中大夫'"，这对于一连有功的陆贾，究竟是升是贬，这究竟是怎么一回事？

3

《郦生陆贾列传》之文字、标点有可讨论者：

（1）今田广据千里之齐，田间将二十万之众，军于历城，诸田宗强，负海阻河济，南近楚，人多变诈，足下虽遣数十万师，未可以岁月破也。

"田间将二十万之众，军于历城"。王先谦引刘攽曰："此时何缘更有田间？按《田横传》乃是田解。横传云：'齐使华无伤、田解军历下以距汉'。"刘说是也，田间早在田荣为齐王前，被派去向赵国求救，其后遂无下落；此时为田广、田横率兵守历下者乃是田解，见《田儋列传》。应据改。

今重新标点数句作："今田广据千里之齐，田（间）［解］将二十万之众，军于历城；诸田宗强，负海阻河济，南近楚，人多变诈，足下虽遣数十万师，未可以岁月破也。"

（2）辟阳侯急，因使人欲见平原君。平原君辞曰："狱急，不敢见君。"乃求见孝惠幸臣闳籍孺，说之曰……于是闳籍孺大恐，从其计，言帝，果出辟阳侯。

《索隐》曰："《佞幸传》云：'高祖时有籍孺，孝惠时有闳孺'，今总言'闳籍孺'，误也。"《正义佚文》曰："'籍'字，后人妄加也。"诸说是，此处应据削"籍"字。

今重新标点数句作："辟阳侯急，因使人欲见平原君。平原君辞曰：'狱急，不敢见君。'乃求见孝惠幸臣闳（籍）孺，说之曰……于是闳（籍）孺大恐，从其计，言帝，果出辟阳侯。"

（3）孝文帝时，淮南厉王杀辟阳侯，以诸吕故。

"以诸吕故"，意思不清。辟阳侯名审食其，并不姓吕。泷川曰："枫三本'诸'上有'党'字，与《汉书》合。"

泷川说是，此"党"不可少，应据补。

今依例重新标点数句作："孝文帝时，淮南厉王杀辟阳侯，以〔党〕诸吕故。"

三十八

《傅靳蒯成列传》

《傅靳蒯成列传》：太史公曰：阳陵侯傅宽、信武侯靳歙皆高爵，从高祖起山东，攻项籍，诛杀名将，破军降城以十数，未尝困辱，此亦天授也。蒯成侯周緤操心坚正，身不见疑，上欲有所之，未尝不垂涕，此有伤心者然，可谓笃厚君子矣。

本篇所写的傅宽、靳歙、周緤三个人，前两个都是功勋卓著的名将，虽然比不上樊哙、灌婴等，但也都是《高祖功臣侯者年表》百余人中的佼佼者。唯有周緤没有可以列出的功劳，司马迁给他摆出的行动有两条：其一是他跟在刘邦身边，"军乍利乍不利，终无离上心"，于是被封为蒯成侯；其二是刘邦欲自击陈豨，周緤垂着眼泪劝阻说："始秦攻破天下，未尝自行；今上常自行，是为无人可使者乎？"于是感动得刘邦立刻授予了周緤"入殿门不趋，杀人不死"之特权。

明代茅瓒说："此传虽简短，至叙'无离上心'与'涕泣'留行处，忠爱霭然。"王维桢说："语近妇人矣。"李光缙说："按外史，周緤少时有智慧，容貌甚美，给事萧何家，何甚爱之。会高祖至何第，见而悦之，以为舍人，出入令参乘。尝梦从高祖逐一豕，豕腾伤緤，惊觉告高祖，高祖曰：'此梦耳。'会上欲击陈豨，緤当从，因解所梦，以为'豨'字从'豕'，遂称病不往，因劝高祖勿行。高祖以为爱我，宠异倍于他日。"徐孚远说："蒯成侯战功无可纪者，殆以恩幸侯，与卢绾之王相类也。"

观其前后行径，周緤盖佞幸一流。参照《佞幸列传》及李光缙所引"外史"，周緤似为刘邦之男宠。既然如此，为何不入《佞幸传》，而与傅宽、靳歙编在一起呢？司马迁给自己制订的入"列传"的资格是"扶义倜傥，不令己失时，立功名于天下"。而周緤的人性是"操心坚正，身不见疑，上欲有所之，未尝不垂涕，此有伤心者然。"有这种"人性"，就能算是"笃厚君子"吗？就能算是"扶义倜傥，立功名于天下"了吗？实在不明白司马迁在这里是怎么想的。

三十九

《刘敬叔孙通列传》

①

《刘敬叔孙通列传》：遂往，至平城，匈奴果出奇兵围高帝白登，七日然后得解。高帝至广武，赦敬，曰："吾不用公言，以困平城，吾皆已斩前使十辈言可击者矣。"乃封敬二千户，为关内侯，号为建信侯。

刘邦为人，其身染流氓习气者事例非一，然而刘邦又是杰出的政治家，其明显有君人之度，非常辈所及者又屡屡也：樊哙谏之留宿秦宫，刘邦遂即回归于霸上军营；刘邦难违诸将之请欲都洛阳，娄敬陈述利害，刘邦当即决定迁往关中。此次刘邦已决定北讨匈奴，大军业已开拔，娄敬坚执此役不可兴。刘邦愤怒之下，以其"妄言沮军"，将之"械系于广武"。迨至刘邦被匈奴困辱于白登侥幸得回，遂公然向娄敬坦承败军之责，"封敬二千户，为关内侯"云云。其口吻情态宛如秦穆公悼殽之败，秦始皇闻李信之败于项燕，而负疚诚请于王翦者同。徐孚远曰："建策不用而得封，与魏武赏谏伐乌桓者同，明主浓于用赏也。"对比袁绍不听田丰的良言相劝，自己失败后还要将田丰杀死的倒行逆施，其水平之高低真可谓有天壤之别了。

《刘敬叔孙通列传》：汉七年，长乐宫成，诸侯群臣皆朝十月。仪：先平明，谒者治礼，引以次入殿门。廷中陈车骑步卒卫宫，设兵张旗志。传言"趋"。殿下郎中侠陛，陛数百人。功臣列侯诸将军军吏以次陈西方，东乡；文官丞相以下陈东方，西乡。大行设九宾，胪传。于是皇帝辇出房，百官执职传警。引诸侯王以下至吏六百石以次奉贺。自诸侯王以下莫不振恐肃敬。至礼毕，复置法酒。诸侍坐殿上皆伏抑首，以尊卑次起上寿。觞九行，谒者言"罢酒"。御史执法，举不如仪者辄引去。竟朝置酒，无敢谨哗失礼者。于是高帝曰："吾乃今日知为皇帝之贵也。"

叔孙通完全是一个反复无常的冯道式的人物。他的人生准则就是见风使舵，投统治者之所好。司马迁说他"希世度务，制礼进退，与时变化"，这是很有意味的。作品用了客观描写，也用了对比衬托，笔法滑稽幽默，形象相当生动，是《史记》中文学性相当强的篇章之一。

叔孙通为刘邦制订朝仪一节，非常精彩、非常重要，它具体、鲜明地为我们展现了封建社会文武百官朝见皇帝的情景，清晰得有如身临其境。正如清代吴见思所说："一篇汉仪注，百余字耳，而事体详尽，句法劲峭。"又如董份所说："陈次历历，虽未至阙廷，亦可以想汉官威仪。"这样的珍贵材料实在难得。

《史记》中有《礼书》一篇，但《礼书》早在魏晋时代就有人说它是"有录无书"的十篇之一了。但经历代学者们的考订，大家普遍认为现存的《礼书》篇前的序，还是司马迁本人所作。至于后面的正文则是后人节取《荀子》的《礼论》以及《议兵》篇中的一些章节联缀而成。如果《礼书》的正文不丢，它应该写些什么内容呢？比照后代史书的"礼仪志"，它应该记载汉代统治者祭天、祭祖，以及朝廷种种盛会、种种庆典的仪容，也就是古书上所说的吉、凶、军、宾、嘉等诸种项目。即以本篇所描绘的叔孙通所制订的群臣拜见刘邦的"朝十月"之礼，就应该是《礼书》中应有的一段。

此外在《梁孝王世家》中还载有褚少孙所补的刘氏诸王进京朝拜皇帝、太后的种种规定，诸如"小见""法见"，总共在京不能超过二十天等。由于《史记》的《礼书》正文没有了，所以其他篇中散见一些星星点点，也就显得十分可贵。《高祖本纪》中还记有刘邦回到丰邑故宅，与同村的父老乡亲们谈欢叙旧，以及组织一百二十名歌儿，陪着刘邦慷慨悲歌"大风起兮云飞扬，威加海内兮归故乡，安得猛士兮守四方"，以及汉武游观北海，访求神仙不遇，而回京路上到黄河决口的地方绕了一个圈子，令丞相以下文武百官都去背草填河，汉武帝还亲自作了楚歌体的《瓠子歌》，似此等，都应该收集到《礼书》丧失原文的空缺之处。而不应该把一些《荀子》书中的什么《礼论》等拉过去充数。

3

《刘敬叔孙通列传》：孝惠帝为东朝长乐宫，及间往，数跸烦人，乃作复道，方筑武库南。叔孙生奏事，因请间曰："陛下何自筑复道高寝？衣冠月出游高庙，高庙，汉太祖，奈何令后世子孙乘宗庙道上行哉？"孝惠帝大惧，曰："急坏之。"叔孙生曰："人主无过举。今已作，百姓皆知之；今坏此，则示有过举。愿陛下为原庙渭北，衣冠月出游之。益广多宗庙，大孝之本也。"上乃诏有司立原庙。原庙起，以复道故。

孝惠帝曾春出游离宫，叔孙生曰："古者有春尝果，方今樱桃孰，可献，愿陛下出，因取樱桃献宗庙。"上乃许之。诸果献由此兴。

叔孙通最可恶的是鼓吹所谓"人主无过举"，及其极力为最高统治者文过饰非地建言修原庙。对于类似的事情，唐代文学家柳宗元曾写过一篇精彩的《桐叶封弟辨》。其文曰："凡王者之德，在行之何若。设未得其当，虽十易之不为病；要于其当，不可使易也，而况以其戏乎？若戏而必行之，是周公教王遂过也。吾意周公辅成王宜以道从容优乐，要归之大中而已，必不逢其失而为之辞！"叔孙通则恰好相反，既"逢君之失"，又花言巧语地引导其君做更多的劳民伤财之事，其恶岂纤哉？司马迁蔑视汉儒，指摘批判汉儒之恶，盖无过于此者。

④

《刘敬叔孙通列传》之文字、标点有可讨论者：

今太子仁孝，天下皆闻之；吕后与陛下攻苦食啖，其可背哉？

"攻苦食啖"，四字不可解。师古曰："'啖'当作'淡'。'淡'谓无味之食也。言共从事勤苦之事，而食无味之食也。"。《索隐》曰："孔文祥云：'共攻冒苦难，俱食淡也。'《说文》云：'淡，薄味也。'"泷川引中井曰："攻，治也。谓食淡味而操苦业。"

"攻"犹今之所谓"从事"；"攻苦食淡"即今之所谓"艰苦奋斗，粗茶淡饭。"应据改"啖"作"淡"。

今重新标点数句作："今太子仁孝，天下皆闻之；吕后与陛下攻苦食（啖）［淡］，其可背哉？"

四十

《季布栾布列传》

①

《季布栾布列传》：季布母弟丁公，为楚将。丁公为项羽逐窘高祖彭城西，短兵接，高祖急，顾丁公曰："两贤岂相厄哉？"于是丁公引兵而还，汉王遂解去。及项王灭，丁公谒见高祖。高祖以丁公徇军中，曰："丁公为项王臣不忠，使项王失天下者，乃丁公也。"遂斩丁公，曰："使后世为人臣者无效丁公！"

公元前204年四月，当刘邦率讨项大军五十二万人一举攻入项羽的国都彭城，又出其不意地被项羽率三万骑兵打得落花流水时，刘邦被楚将丁公所追，眼看刘邦就要被丁公所杀，或是要被丁公所俘获了，这时刘邦不顾卑微地向丁公求饶，丁公心眼儿一软，就把刘邦放走了。刘邦做了皇帝后，丁公凭着他对刘邦的这种恩情，来向刘邦讨点赏赐。初想之下，合情合理，似乎是怎么做都行，都会获得一些赏赐；但细想一想，万万不能做，怎么做都不行。而且还是连说都不能说，稍稍一露，立刻就有生命危险。为什么？因为丁公的存在，就是刘邦一生中最最奇耻大辱的见证者。刘邦会一生从心里感谢"丁公"这个人，但他却最怕见到这个人，尤其怕让其他的臣民们见到这个人。因为刘邦的身份太高了，对一个身份太高的人，万万不能用任何太卑微的东西来沾染他。否则，那还不等于让他当众现丑、当众下地狱吗？丁公没有想到这一层，故而他糊里糊涂地就被刘邦杀掉了，临死还被加上一个"不忠于项羽"的"叛徒"的恶名。

明代张之象曾说："季布之忠，虽有怨而必用；丁公之不忠，虽有德而必斩，书附于此，见高帝善用赏罚也。"这能算是实事求是的评论吗？姚苎田曰："高祖名为大度，而恩仇之际实不能忘。如季布、雍齿初实欲诛之，以屈于公议而止；又如戚羹小怨，而终不忘情于丘嫂，他可知矣。丁公短兵急接之时，窘迫可知，虽以漫辞幸免，而怒之者实深，故因其来谒而斩之，其本心未必果责其不忠于项王也，不然何以不并诛项伯乎？"王世贞说："帝取天下，孰非用间纳叛以有之，而独于丁公称其区区二心耶？盖帝方灭楚以威天下，而丁公首著其厄，故丑之。既戮而为此言以掩之也。若季布，则必欲诛之，购之久，而朱家始以间投滕公，胁帝以走胡之说，而后赦耳，非赏布节也。"

钱锺书曰："古希腊大将、罗马大帝论敌之不忠其主而私与己通者，皆曰'其事可喜，其人可憎。'正汉高于丁公之谓矣。"刘邦之斩丁公，与《伍子胥列传》所写之勾践灭吴后同时杀了吴之内奸伯嚭，且责其"卖主""与己比周"，有相同的一面，但从与刘邦本人的关系而言，丁公的身份与任何其他为刘邦效过力的人士都不相同，他是放过刘邦一条命，如同刘邦再生父母的一个人。丁公对刘邦来说，实在是太高、太大、太深、太厚；而刘邦与丁公相比，则又实在是太卑微、太渺小、太可怜了。这样的恩情无法报，这样的耻辱无法洗，故而只有找个口实杀了他，而后再自己偷偷地从内心里去偶尔地感谢他。京戏《捉放曹》写曹操的"宁可我负天下人，不可天下人负我。"正是表达的这种意思。

②

《季布栾布列传》：太史公曰：以项羽之气，而季布以勇显于楚，身覆军搴旗者数矣，可谓壮士。然至被刑戮，为人奴而不死，何其下也？彼必自负其材，故受辱而不羞，欲有所用其未足也，故终为汉名将。贤者诚重其死。夫婢妾贱人感慨而自杀者，非能勇也，其计画无复之耳。

　　季布、栾布都是刘邦对手的部将，当刘邦的对手被灭，季布、栾布在几经磨难后又做了刘邦的将领，为汉王朝做了一些事情。其实这两个人本没有多少事迹可言，关键的是司马迁借着这两个人的经历表现了自己的一种人生观、生死观。栾布哭祭彭越是表现他的"任气"、他的为旧主表忠心、不怕死，这是豪迈壮烈的；季布忍辱为奴，这是表现他的不轻死，志欲有所作为。这两种表现都为司马迁所赞成，《报任安书》《伍子胥列传》等篇中有大段文字阐述了与此相似的思想。

　　季布在项羽部下有何等作为，我们不得而知，只能凭司马迁的"身覆军搴旗者数矣"加以想象。但季布能在吕后的朝廷上正言斥责樊哙的轻言"横行匈奴"；又能面对汉文帝畅言"陛下以一人之誉而召臣，一人之毁而去臣，臣恐天下有识闻之有以窥陛下也"云云，的确写出了季布是位有个性的人物，他不仅不是诌媚迎合之徒，也不是任人团弄的软骨头。但最后写了曹丘因其"招权顾金钱"被季布所鄙视，后又因曹丘的几句奉承而使季布大悦之，并说"季布名所以益闻者，曹丘扬之也"，真可谓"狗尾续貂"。为了扬名而不暇选择手段，于此亦颇见司马迁本人对"名"的极度热衷。

　　栾布的哭祭彭越，与栾布为替彭越鸣冤而慷慨陈词，并指出刘邦这种"疑以为反，反形未见，以苛小按诛之，臣恐功臣人人自危也"，其英风卓识，千载下令人激赏。宋代倪思说："布明越无罪，无一语不肯綮，足以折帝之气而服其心，遂不果杀。"这段文字如果放在《魏豹彭越列传》中，也是异常传神的。其实这个事件的原委很可能是栾布立志要为彭越鸣冤，而哭祭奏事于彭越头下，只不过是要用这种方式以求得到面对刘邦陈词的场合而已。总之，这段文字非常精彩。但到后来栾布为燕相，至将军，布乃称曰："穷困不能辱身下志，非人也；富贵不能快意，非贤也。"于是他"尝有德者厚报之，有怨者必以法灭之"。于是一股恶劣的俗气又扑面而来了。夫感恩不忘、知恩图报，这是人类一种美好的感情，当然应该称颂；至于"睚眦之怨必报"与"有怨者必以法诛之"，这不是小人得势的常态吗？有什么可称说的？但在《史记》中这类情节屡屡出现，如《范雎蔡泽列传》《苏秦列传》《平津侯主父列传》《李将军列传》等，是历史人物本来就有这种心理呢？还是司马迁特别喜欢张扬这种心理呢？一时难以分清。

四十一

《袁盎晁错列传》

①

《袁盎晁错列传》：太史公曰：袁盎虽不好学，亦善傅会，仁心为质，引义忼慨……及吴楚一说，说虽行哉，然复不遂。好声矜贤，竟以名败。晁错为家令时，数言事不用；后擅权，多所变更。诸侯发难，不急匡救，欲报私雠，反以亡躯。语曰"变古乱常，不死则亡"，岂错等谓邪？

本篇记述了袁盎、晁错各自不同的为人处事，和他们同朝共事的相互倾轧，最后双双都不得好下场的经过。司马迁对袁盎有肯定，有批评。对晁错几乎没有肯定，只有批评。甚至还说他"变古乱常，不死则亡"，一种很称心的样子。其实袁盎基本上是一个奸诈小人，是一个善于看风使舵，看人下菜碟的投机分子。由于他聪明有阅历，能在公共场合很像是不怕得罪人的说几句识大体讲大局的话，如劝告汉文帝不要对周勃过于礼让，要严格君臣的界限；又如他在文帝面前坚持裁抑慎夫人，以严格皇后与嫔妃的界限；又如他劝告汉景帝不要对梁孝王过于宠爱放纵，要严守刘邦定下的传子制度等。这些看来都似乎是出于他的耿介正直，其实都是直捷地取悦于皇帝，这就让他既有了赏识的靠山，又获得了社会舆论的赞美。尤其在汉文帝流放了淮南王，淮南王中途愤而自杀，汉文帝受到朝野的批评时，袁盎为劝解汉文帝，为汉文帝唱出了"有高世之行者三"，他说汉文帝对其母亲的孝"过曾参远矣"；他说文帝之入朝即位，"虽贲育之勇不及"；他说文帝五以天下让，"过许由远矣"。这种言不由衷的当面吹捧，被明代杨慎称作是"俳优解愠"。袁盎在为吴国作相时，曾因受吴王财物被查办免职；在吴国发动叛乱时，袁盎又勾结窦婴共同诬陷晁错，并怂恿汉景帝杀晁错以换取吴楚的退兵，于是晁错就这样不明不白地被他们出卖杀害了。

晁错是汉代的杰出政治家，他早从文帝时就上书主张削藩，还提出过重本抑末、纳粟拜爵、募民徙边、防备匈奴等许多主张，具有一个大臣的风范。到汉景帝时晁错受赏识被任为御史大夫，并开始推行削藩政策。这本来是一项加强中央集权，促进国家统一强盛的好事，但由于汉景帝在七国叛乱的气势汹汹面前被吓破了胆，于是他出尔反尔地将晁错当成替罪羊推了出去。应该说晁错在这七国之乱大敌当前的时刻也是有严重私心的，其一是他想借机先拿下袁盎，因为袁盎本来就与吴王有瓜葛，现在更怀疑他与吴国的关系，这事遭到了御史府部下的反对；其二是他希望汉景帝亲自统兵东出征讨，而晁错负责镇守后方的事宜，此事遭到了汉景帝的痛斥，汉景帝认为晁错这是临事推托，不想勇挑重任。尤其是当时满朝上下对晁错形成一片怨恨不满，晁错成了众恶之所归。晁错的结局连他自己的父亲也早就料到势所难免而及早地服毒自杀了。但头脑清醒的人们是为晁错鸣不平的，正如作品中的邓公所说："吴王为反数十年矣，发怒削地，以诛错为名，其意非在错也。"并说晁错的这些工作是"患诸侯强大不可制，故请削地以尊京师，万世之利也。计画始行，卒受大戮"，朝廷的这种做法是"内杜忠臣之口，外为诸侯报仇。"汉景帝能不能再来个杀袁盎以谢天下呢？不能，因为大主意是他自己拿的，而且主张杀晁错的还有相当多的一批人在，窦婴就是其中的重要一个。

袁盎当初说得好听，汉景帝杀了晁错后就派袁盎去安抚吴楚诸国，结果吴楚不仅不听，还想拉袁盎为他们效力。袁盎不肯，被叛军拘捕，结果在一种偶然的条件下逃了回来。吴楚七国的叛乱最后还是靠着大将周亚夫统领的大军才得以平定的。袁盎没有死在吴楚之乱，是在乱后几年被梁国的刺客刺死的。袁盎这种死于梁国刺客，相反倒是给他恢复了一些名声，因为这是由于袁盎曾劝告朝廷不要纵容梁孝王，里头多少有点"为国捐躯"的意思。司马迁说袁盎"善傅会"，说他"好声矜贤"；说晁错"诸侯发难，不急匡救，欲报私仇"，都是对的。但说晁错"变古乱常，不死则亡"，就是很荒谬的了。这种说法的严重失平，与《商君列传》《孙子吴起列传》所表现的情况相同，这与司马迁因其自身经历而讨厌法家人物的一贯态度有关。

本文中还有一个生动的小故事："袁盎自其为吴相时，有从史尝盗爱盎侍儿。盎知之，弗泄，遇之如故。人有告从史，言'君知尔与侍者通'，乃亡归。袁盎驱自追之，遂以侍者赐之，复为从史。"袁盎这一手下做得太漂亮了，后来当吴王发动叛乱，袁盎奉命出使吴国，又因不肯从叛而被吴王拘捕时，正好碰上这个从史当看守。于是袁盎很方便地被这位从史解救了出来。故事把双方都写得有情有义，并蕴含着司马迁深沉的人生感慨。类似的情节在《史记》中有三四个：如秦穆公因善待盗马贼而在韩之战的危急时刻被盗马贼所救；赵盾因周济了一个桑下将要饿死的人，后来在这个人的帮助下逃过了晋灵公的迫害等。袁盎亲自将从史追回并将自己的侍儿赐与从史的这个故事，给袁盎这个本来不很光彩的人物增加了很大的光彩。

《袁盎晁错列传》之文字、标点有可讨论者：

（1）绛侯为丞相，朝罢趋出，意得甚。上礼之恭，常自送之。

"常自送之"。陈仁锡曰："《汉书》'自'作'目'，是也。"王先谦曰："君无自送臣之礼，帝礼绛侯，亦不至是。"二家之说是也，应据改"自"作"目"。

今依例重新标点数句作："绛侯为丞相，朝罢趋出，意得甚。上礼之恭，常（自）［目］送之。"

（2）盎兄子种为常侍骑，持节夹乘，说盎曰："君与斗，廷辱之，使其毁不用。"

"持节夹乘"四字，乃补叙"常侍骑"之职务，疑旁注之混入正文者，故造成上下数句之间的意思不顺。《汉书》无此四字。若保留四字，则应用夹注号将四字夹起，与今之加括号以注释正文的做法相同。不作处理的留置于句中，文气终显割裂。

今依例标点数句作："盎兄子种为常侍骑——持节夹乘——说盎曰：'君与斗，廷辱之，使其毁不用。'"

类似的句子《史记·项羽本纪》有："于是项梁然其言，乃求楚怀王孙心——民间为人牧羊——立以为楚怀王，从民所望也。"

又，《匈奴列传》有："汉兵逐击冒顿，冒顿匿其精兵，见其羸弱，于是汉悉兵——多步兵——三十二万，北逐之。"

又，《南越列传》有："及孝文元年，初镇抚天下，使告诸侯四夷从代来即位意，喻盛德焉。乃为佗亲冢——在真定——置守邑，岁时奉祀。"

四十二

《张释之冯唐列传》

1

《张释之冯唐列传》：法者天子所与天下公共也。今法如此而更重之，是法不信于民也。且方其时，上使立诛之则已；今既下廷尉，廷尉，天下之平也。一倾而天下用法皆为轻重，民安所措其手足？唯陛下察之。

"法者天子所与天下公共也"。意思是帝王与任何臣民一样，都必须遵守国家的法律规章；或者说帝王与臣民一样，在法律规章面前没有特权可讲。汉文帝在西汉王朝的十几个皇帝中，应该算是最关心过法律条文，最关心过管理官员队伍，着意如何形成制度、如何考查各级官员政绩的皇帝。单是《史记》中写到的汉文帝所参加处理的案件就有行人冲撞了皇帝仪仗的问题、盗窃犯盗窃了皇帝陵园供品的问题、管理粮食的官员贪赃枉法的问题、军队长官虚报战功的问题等。汉文帝是在朝廷大臣诛灭诸吕之后入朝执政的，当时也正是一个拨乱反正，各项法律规章都在更新、建设，日趋完善的关头。这时有张释之这样的官员任廷尉，主持司法工作，是很合时宜的。张释之在本文中提出了"法者天子所与天下公共也"，具体案例一件是平民冲撞了皇帝的仪仗队，一件是平民偷盗了皇家陵园供桌上的物品。张释之都是依照既定的法律条文进行了判处，而拒绝了皇帝额外提出的严加重判。这就与《酷吏列传》所写的张汤、赵禹等那种视法律条文如虚设，一切看着皇帝的脸色行事，公正得多了。

《汉书·刑法志》写文帝时期的司法还有所谓"选张释之为廷尉，罪疑者予民，是以刑罚大省"。这"罪疑者予民"虽只五个字，但涉及了一条重要的司法原则。当一个人犯罪的证据不清楚，存在疑问时，是按照有罪对待，还是按照无罪对待呢？中国两千多年的司法都是取前者。也就是说一个人一旦被刑拘，他就立刻成了罪人，剩下的事情就是千方百计地让他自己"承认"了。而汉文帝时期居然能"罪疑者予民"，也就是凡不能定案的都只能按无罪处理。"罪疑者予民"，与"罪疑从轻"是一个意思，这就很接近现代社会的文明司法了。但在确立这项原则中张释之究竟起了怎样的作用，其具体过程又究竟是怎样的，都撤销过哪些"罪疑者予民"的案件，都语焉不详，这就令人感到非常可惜、非常遗憾了。

张释之坚持执法不阿权贵，当皇太子与梁孝王兄弟二人进宫路过司马门的时候，居然仗势不下车，往宫门硬闯。张释之将皇太子与梁孝王扣留了下来，向皇帝报告皇太子与梁孝王违法硬闯司马门。以致闹得连汉文帝都得去向太后请安，向太后禀报自己管教儿子不严，以至闹出今天这样的事情。汉文帝是个有胸襟的人，他欣赏张释之的作为，但皇太子就是日后的汉景帝。汉景帝小肚鸡肠，挟私报复，从他即位开始，张释之就被降级、外贬，一直到张释之的儿子，还受着汉景帝的余怒，而贫困终生。

"且方其时，上使立诛之则已"。洪迈曰："释之谓'上使立诛之则已'，无乃启人主轻杀之端乎，斯一节未为至当也。"凌稚隆引余有丁曰："法不可重，独可立诛乎？启人主妄杀之心者，必是言也。"吴见思曰："此是宽一句，借作说词耳，乃后人认客为主，议论纷纷，岂为善读书者哉？"就情理而言，吴见思的说法是对的，但张释之的这种假设语，本身就带有很强的封建性、独裁性、时代性。

2

《张释之冯唐列传》：张廷尉事景帝岁馀，为淮南王相，犹尚以前过也。久之，释之卒。其子曰张挚，字长公，官至大夫，免。以不能取容当世，故终身不仕。

"犹尚以前过也"。还是由于汉景帝过去曾被张释之扣留在司马门那件事。于此可见汉景帝之忌刻。景帝杀晁错、杀周亚夫，反复无常，忘恩负义，史公甚恶之。杨树达引周寿昌曰："景帝三年七国反时，释之正为淮南相，释之将淮南兵，不令王从反，事后不见录。《淮南传》不载姓名，本传亦绝不叙入。若非以纪传年分推求，几无知者。是不但景帝之左迁淮南相以前过，恐不录其功亦以此也。"

周寿昌所补张释之事迹，非常重要，读《史记》者几无人提起。

张挚，张释之之子，字长公，在西汉默默无闻，《汉书》中也只有与此相同的简单一笔。但魏晋以后却颇被知重，陶渊明诗屡屡及之，见《饮酒二十首》《读史述九章》。其《饮酒二十首》有云："长公曾一仕，壮节忽失时。杜门不复出，终身与世辞"云云。

"以不能取容当世，故终身不仕"。《索隐》曰："谓性公直，不能曲屈见容于当世，故至免官不仕也。"终身不仕：谓自免官后至死未再出仕。施之勉引李应祯曰："末及'其子'云云，似谓景帝且不能忘情于其子也。"

3

《张释之冯唐列传》：今臣窃闻魏尚为云中守，其军市租尽以飨士卒，出私养钱，五日一椎牛，飨宾客军吏舍人。是以匈奴远避，不近云中之塞。虏曾一入，尚率车骑击之，所杀甚众。夫士卒尽家人子，起田中从军，安知尺籍伍符？终日力战，斩首捕虏，上功莫府，一言不相应，文吏以法绳之。其赏不行而吏奉法必用。臣愚，以为陛下法太明，赏太轻，罚太重。且云中守魏尚坐上功首虏差六级，陛下下之吏，削其爵，罚作之。由此言之，陛下虽得廉颇、李牧，弗能用也。臣诚愚，触忌讳，死罪死罪！

黄震曰："冯唐论将数语，可为万世法。"茅坤曰："千古来论任将，无逾此言。"锺惺曰："明主深思虚怀，郑重低回，千载如见。人以为宽容，不知正一片雄略，留心边事处。"

姚苎田曰："古人偶然酬对之文，机局灵警，照应精严，虽使后人执管为之推敲尽日，有不能及者，如武侯隆中之对、淮阴登坛之语，及冯公此段议论，摘来便是绝妙古文，晋唐以下嗣音寡矣。文推两汉，岂虚语哉？"又曰："汉初文法最苛，功臣列侯所以鲜得自完。冯公此论虽为魏尚言之，实救时之良药也。至景、武之间，网益密矣，史公备引之而再言其'有味哉'，盖所感者深矣。"

四十三

《万石张叔列传》

①

　　《万石张叔列传》：过宫门阙，万石君必下车趋，见路马必式焉。子
孙为小吏，来归谒，万石君必朝服见之，不名。子孙有过失，不谯让，为
便坐，对案不食。然后诸子相责，因长老肉袒固谢罪，改之，乃许。子孙
胜冠者在侧，虽燕居必冠，申申如也。僮仆，䜣䜣如也，唯谨。上时赐食
于家，必稽首俯伏而食之，如在上前。其执丧，哀戚甚悼。子孙遵教，亦
如之。万石君家以孝谨闻乎郡国，虽齐鲁诸儒质行，皆自以为不及也。

　　"过宫门阙，必下车趋"。意谓石奋每逢路过宫门前，一定要从车上
下来，改为小步疾行而过，不敢安然地坐在车上。"见路马必式"。见到
闲置的皇帝的车马，也要对之行礼。式，通"轼"。古人乘车时为对某人
某物表示礼敬的一种姿势。《礼记·曲礼》："大夫士下公门，式路马。""必
朝服见之，不名"。一定要穿好朝服与自己的儿子相见，不直呼儿子的名字，
因为儿子在皇帝驾前称臣，石奋要尊敬皇帝的缘故。"虽燕居必冠，申申
如也"。即使是在闲居无事的时候，石奋也必然是戴好帽子，做出一种很

平易和善的样子。"僮仆，䜣䜣如也，唯谨"。在僮仆面前，石奋总是一片慈和的样子，很谨慎。"上时赐食于家，必稽首俯伏而食"。皇帝有时赐来饭食，石奋就要五体投地叩头完毕趴在地上吃。

吴国伦曰："史称万石君家不言而躬行，未尝不掩卷而叹之。夫建且无论，庆，汉丞相也。丞相佐有天下，所当羽翼凡几？所当表正凡几？而时帝以神仙土木虚耗天下，庆胡不有所表正以称操行？而时帝以厚敛峻法剋剥天下，庆胡不有所表正以称操行？'帝欲云云'，勤封禅，治明堂仪以兴礼乐，庆胡不有所羽翼，折衷百家，阐发千古以称操行？故史颂其朝服见小吏，吾则谓其近于亵；史颂其居官为父洗涤，吾则谓其近于矫；史颂其误点画惧罪至死，吾则谓其近于琐；史颂其数马车前号称简易，吾则谓其近于谀；史颂其家人淳谨，世称其名，吾则谓其拘挛龌龊，阉然乡愿之行而里塾之光，其岂尺寸长超一世轶于古哉？余悲世人不察，猥以躬行如眇节，动称'万石'，为之著论如此。"（《史记评林》引）

刘大櫆曰："太史迁之传石奋也，褒之乎？讥之乎？曰：讥之。曷以知其为讥也？曰，迁之报任安者曰：'人臣出万死不顾一生之计，赴公家之难，而全躯保妻子之臣媒蘖其短，诚私心痛之。'彼石奋者，特全躯保妻子之臣而已。且迁已明斥石庆之非矣，曰：'文深审谨，在位九岁，无能有所匡言'。夫君之所求乎臣，臣之所为尽忠以事其上者，在匡君之违，言君之阙失，使利及生民而已。若夫君之所可而因以为是，君之所否因以为非，其所爱因而趋承之，其所恶因而避去之，此厮役徒隶之所为，曾谓人臣而亦出于此？当是时，与庆骈肩而事武帝，其以滑稽著则有如东方生，以优厉著则有如汲黯。而朔之于上林苑极言其害民，于董偃极言当斩；若黯则又有甚焉，曰'陛下内多欲而外施仁义，奈何欲效唐虞之治？'然帝于二人者皆莫之罪也。顾谓'古有社稷之臣，黯近之。'然则憨直亦可以立朝，而君子之内善者当益以自信，岂必依阿以逢世哉？迁之论塞侯曰'微巧'，其论周文亦有'处谄'之讥，迹其连类而书，与奋、庆同传，然则奋、庆者，亦迁之所谓佞巧者与？"（《海峰先生文集》）

《万石张叔列传》之文字、标点有可讨论者：

（1）文帝时，东阳侯张相如为太子太傅，免，选可为傅者，皆推奋，奋为太子太傅。及孝景即位，以为九卿。迫近，惮之，徙奋为诸侯相。

秦汉时代有"九卿"，据《汉书·百官公卿表》，"九卿"即指太常、郎中令、卫尉、太仆、廷尉、大鸿胪、宗正、大司农、少府九个职位，官秩为中二千石。在"九卿"外还有八个职位，即太子太傅、将作少府、詹事、将行、典属国、水衡都尉、内史、主爵都尉，此八个职位官秩二千石，比"九卿"低一等。但有时也将他们"列为九卿"，意即"享受九卿待遇"。这一级的官员出现在《史记》中的曾有：汲黯任典爵都尉"列为九卿"，见《汲郑列传》；朱买臣任典爵都尉"列为九卿"，见《酷吏列传》；以及本文所说的任太子太傅的石奋等。石奋本来是"列于九卿"，但有时也可以笼而统之地称作"九卿"；又因为石奋特别爱讲究繁文缛节，让人感到不自在，故而景帝不愿意留这么一个人在身边。于是将他放外任，赶出了朝廷。

但通行本于此标点作："孝景即位，以为九卿。迫近，惮之，徙奋为诸侯相。"照这种标点，首先是让人理解成景帝上台后给石奋升了一级，使之成了正九卿。这是不对的。石奋在文帝时就已经当上了太子太傅；景帝上台后并没有给石奋再升官，而且石奋到死也没有当上正九卿。

这段话的正确标点应该是："文帝时，东阳侯张相如为太子太傅，免，选可为傅者，皆推奋，奋为太子太傅。及孝景即位，以为九卿迫近，惮之，徙奋为诸侯相。"景帝不仅没给石奋升官，反而将他放为外任，但级别没有降，"诸侯相"与"太子太傅"都是"二千石"，同一级。

（2）郎中令周文者，名仁……景帝为太子时，拜为舍人，积功稍迁，孝文帝时至太中大夫。景帝初即位，拜仁为郎中令。

数句零乱重复。"景帝为太子时"，不就是孝文帝在位的时候吗？行文把一件事的两种说法，先后说了两遍，就无形中给人造成错解了。此"孝文帝时"四字，显系衍文，《汉书》于此直作"积功迁至太中大夫"。也就是说，周文先为太子舍人，后来升为太中大夫都是在景帝为太子的时候。

今依例重新标点数句作："郎中令周文者，名仁……景帝为太子时，拜为舍人，积功稍迁（孝文帝时）至太中大夫。景帝初即位，拜仁为郎中令。"

（3）仁为人阴重不泄，常衣敝补衣溺裤，期为不絜清，以是得幸。景帝入卧内，于后宫祕戏，仁常在旁。

"阴重不泄"，指沉默寡言，不泄露皇帝对他说过的话，不泄露他在皇宫内所看到的一切。"常衣敝补衣溺裤"，此句难读。因为其中多了一个"溺"字，于是有些旧注便说周仁小便失禁，说周仁在裤子里加藉子、加垫布等。帝王后妃身边为什么要留着一个如此病态的人呢？泷川曰："'溺'字难解，非讹即衍。容服既丑，妃嫔不近，所以无嫌。"泷川氏的理解甚好，"溺"字误衍应削。"常衣敝补衣裤，期为不絜清"，意思就是周仁常穿一些破旧的衣服，故意给人一种比较邋遢的印象。这是一种经常出入于妇女群体的自我保护之术，以求不引起宫中女子的好感，让皇帝感到放心。

今依例重新标点数句作："仁为人阴重不泄，常衣敝补衣（溺）裤，期为不絜清，以是得幸。景帝入卧内，于后宫祕戏，仁常在旁。"

四十四
《田叔列传》

①

《田叔列传》：后数岁，叔坐法失官。梁孝王使人杀故吴相袁盎，景帝召田叔案梁，具得其事，还报。景帝曰："梁有之乎？"叔对曰："死罪！有之。"上曰："其事安在？"田叔曰："上毋以梁事为也。"上曰："何也？"曰："今梁王不伏诛，是汉法不行也；如其伏法，而太后食不甘味，卧不安席，此忧在陛下也。"景帝大贤之，以为鲁相。

作品描写了田叔这样一个略具"黄老"色彩，但却是一个公而忘私，有才干、有操守的"名臣"兼"长者"的形象。在跟从张敖入京一节上，显示了他的为人忠义，不怕牺牲；在论孟舒一节上，表现了他的正直敢言，明于事理，这两项都不属于"黄老"性质。在规劝鲁恭王的几件事情中，柔中有刚，更像是儒者风度。唯有处理梁国刺杀袁盎事，劝汉景帝不了了之，此举近于"黄老"。然而褚先生在《梁孝王世家》后面所补叙的相应事情中，说田叔与吕季主按察梁事回京时，"至霸昌厩，取火悉烧梁之反辞"，而对景帝说："言梁王不知也，造为之者，独其幸臣羊胜、公孙诡之属为之耳。"于是"景帝喜悦"，"太后闻之，立起坐飧，气平复"。褚先生于此对田叔盛赞说："故曰，不通经术知古今之大体，不可以为三公及左右近臣；少见之人，如从管中窥天也。"看起来，说田叔学"黄老"的是司马迁，而在褚少孙的心目中，田叔则完全是一个"通经术，知大体"的儒者，从中浸透着汉代尊儒的一股酸气，与司马迁本文中的欣赏倾向完全不同。

②

《田叔列传》：夫月满则亏，物盛则衰，天地之常也。知进而不知退，久乘富贵，祸积为祟。故范蠡之去越，辞不受官位，名传后世，万岁不忘，岂可及哉？后进者慎戒之。

田仁是司马迁的朋友，死于戾太子事件，由于这是刚刚发生的一件令人目瞪口呆的大事，而且又不在司马迁写史预定的时间范围，所以司马迁无法多写，只是点到为止。褚先生接着补写了一大段文字，具体描写了田仁与任安。由于这两个人开始一起受穷，一起坎坷不遇。后来在一个偶然机会下一起发迹，都为国家做了一些事情。最后又一起在戾太子问题上送了命。所以褚先生把这两个人放在一起写，就显得非常自然得体。而且这段文字叙事生动，人物性格鲜明，一言一语，往往又都包含着深深的人生感慨，其艺术成就丝毫不在司马迁的笔墨之下。

褚少孙叙述田仁与任安被杀后，发表议论说："夫月满则亏，物盛则衰，天地之常也。知进而不知退，久乘富贵，祸积为祟。故范蠡之去越，辞不受官位，名传后世，万岁不忘，岂可及哉？后进者慎戒之。"这是褚少孙告诉人不可留恋富贵，但他所写的田仁与任安都不是典型的贪恋富贵者，而且他们也说不上官有多大，权有多大。田仁与任安所遇到的是封建社会中所突发的令人无法逃避的灾难：暴胜之与田仁都是同情太子，因放走太子而被武帝诛灭的；刘屈氂及湖县的一批人是因为坚决追杀太子而被武帝诛灭的；任安则是因为骑墙而被武帝诛灭的。三条道路没有一条不是死路，褚少孙不从这些地方立议，而空洞地说什么"月满则亏"，实在文不对题。于是在这里又一次地表现了褚少孙的"史才与史识迥不相侔"（钱锺书《管锥编》语）。

四十五

《扁鹊仓公列传》

1

《扁鹊仓公列传》：扁鹊过齐，齐桓侯客之。入朝见，曰："君有疾在腠理，不治将深。"桓侯曰："寡人无疾。"扁鹊出，桓侯谓左右曰："医之好利也，欲以不疾者为功。"后五日，扁鹊复见，曰："君有疾在血脉，不治恐深。"桓侯曰："寡人无疾。"……后五日，桓侯体病，使人召扁鹊，扁鹊已逃去。桓侯遂死。

腠理，指皮肤的纹理与皮下肌肉之间的空隙。何孟春曰："苏轼告其君曰：言之于无事之世者，易以有所改为，而常患于不信；言之于有事之世者，易以见信，而常患于不及改为。此忠臣志士之所以深悲，天下之所以乱亡相寻，而世主之所以不悟也。呜乎！此桓侯、扁鹊之事也。三代而下，中材之主，能决不为桓侯者少矣。此苏轼之所以为忧而以告其君者也。"陈仁锡曰："扁鹊语桓侯一段，可通于治。"

桓侯与扁鹊一段，作实事读可也，作寓言故事读，更精彩、更紧要。《韩非子》中收此故事，正以精采的寓言入选，见《韩非子·喻老》。《韩非子》

这篇文章要说的道理是："有形之类，大必起于小；行久之物，族必起于少。故曰：'天下之难事必作于易；天下之大事必作于细。是以欲制物者于其细也。……千丈之隄以蝼蚁之穴溃，百尺之室以突隙之烟焚。故曰白圭之行隄也塞其穴，丈人之慎火也涂其隙。……此皆慎易以避难，敬细以远大者也。"

《扁鹊仓公列传》：使圣人预知微，能使良医得蚤从事，则疾可已，身可活也。人之所病，病疾多；而医之所病，病道少。故病有六不治：骄恣不论于理，一不治也；轻身重财，二不治也；衣食不能适，三不治也；阴阳并，藏气不定，四不治也；形羸不能服药，五不治也；信巫不信医，六不治也。有此一者，则重难治也。

扁鹊名闻天下……秦太医令李醯自知伎不如扁鹊也，使人刺杀之。至今天下言脉者，由扁鹊也。

《扁鹊仓公列传》是我国第一篇医学传记，它分别记述了战国时的名医秦越人和汉代名医淳于意的医疗事迹。秦越人由于医术精湛，救死扶伤，被当时人尊称为"扁鹊"。作品通过秦越人为赵简子、虢太子、齐桓侯三个人看病的故事，生动表现了秦越人精通脉学、长于辨症的神奇医术，为后世所广泛传颂，为我国广大人民，尤其是为历代的医学人士所景仰。中国古代最早的传说中的医生有黄帝与岐伯其人，但司马迁没有为他们立传，而是第一个立了战国时代的号称"扁鹊"的秦越人，这大概就是传说与历史现实的分界线吧。

《扁鹊仓公列传》还有更广泛、更深刻的思想意义，其一是它摒弃了鬼神迷信的因素，高扬了科学唯物的精神。作品说："人之所病，病疾多；而医之所病，病道少。"试将这话与《封禅书》中为追求长生不死而被骗子们所终生愚弄的秦始皇、汉武帝对比一下，其思想水平的差异何异于天壤之别！接着作品又说："病有六不治：骄恣不论于理，一不治也；轻身重财，二不治也；衣食不能适，三不治也；阴阳并，藏气不定，四不治也；形羸不能服药，五不治也；信巫不信医，六不治也。有此一者，则重难治也。"试看这所说的六项，哪一项不是铁的定律？哪一项不是被世人所反复印证的事实？不论是权势者、富贵者、霸道者、受苦者，强壮者、羸弱者，一切人都在自愿地或是被迫地、或是无可奈何地实践着其中的任何一项。钱锺书说："马迁以'巫'与'医'分背如水火冰炭，断言'信巫'为不治之由，识卓空前。"（《管锥编》）范文澜说："《史记》为良医立传，扁鹊居首是有理由的。扁鹊明确反对巫术，说病有六不治，'信巫不信医'就是不可治的一种。扁鹊著《难经》，用人体解剖来阐明脉理和病理，完全脱离了鬼神迷信的影响。巫医分业以后，扁鹊是总结医学经验的第一人，又是切脉治病的第一人。"（《中国通史简编》）

其二是《扁鹊仓公列传》借着秦越人由于医道高而遭人忌恨，乃至被人害死的悲惨结局。他愤怒地写道："女无美恶，居宫见妒；士无贤不肖，入朝见疑。故扁鹊以其伎见殃，仓公乃匿迹自隐而当刑。……故老子曰：'美好者不祥之器'，岂谓扁鹊等邪？"与此相似的话，《史记》中说了好多遍。这种人与人之间的相互忌妒，怎么就不能变成相互帮助、相互配合、相辅相成呢？恶人之恶，是善良的人所永远无法想象、无法提防的。《史记》中所流露的这种悲哀，永远牵动着千千万万读者的心。

《扁鹊仓公列传》：故老子曰"美好者不祥之器"，岂谓扁鹊等邪？若仓公者，可谓近之矣。

"美好者不祥之器"。今本《老子》中无此语。泷川曰："《老子》第三十一章"夫佳兵者不祥之器"，唐傅奕本'佳'作'美'，皆与史公所引异。"《老子》所云"美兵者，不祥之器"，乃反对战争、反对以武力逞强，与此文不相关，疑是史公误记为"美好者，不祥之器"。放在这里比较合适的道家语，《庄子·人间世》有所谓"山木自寇也，膏火自煎也。桂可食，自伐之；漆可用，故割之"；《左传·桓公十四年》有所谓"匹夫无罪，怀璧其罪"；《左传·襄公二十四年》有所谓"象有齿而焚其身"；《老子韩非列传》有所谓"良贾深藏若虚，君子盛德，容貌若愚。去子之骄气与多欲，态色与淫志，是皆无益于子之身"；日常俗话中有所谓"木秀于林，风必摧之"；又有"树大招风""出头的椽子先烂"等，皆与"扁鹊以其伎见殃"事相合，这是《史记》中令司马迁触目伤怀的重要节点之一，还见于《屈原贾生列传》《鲁仲连邹阳列传》《老子韩非列传》等。

4

《扁鹊仓公列传》之文字、标点有可讨论者：

（1）扁鹊者，勃海郡郑人也，姓秦氏，名越人。少时为人舍长。

"勃海郡郑人也"。《史记集解》引徐广曰："'郑'，应作'鄚'。鄚，县名，今属河间。"《史记索隐》曰："勃海无郑县，当作鄚县。"两家之说是也，应改"郑"字作"鄚"。鄚县今称"鄚州"，是河北省任邱县内的一个镇，其地有扁鹊墓，旧时又有药王庙，香火甚盛。

今依例标点数句作："扁鹊者，勃海郡（郑）［鄚］人也；姓秦氏，名越人。少时为人舍长。"

后文有"家在于郑"，亦应作"家在于（郑）［鄚］"。

（2）齐北宫司空命妇出于病。众医皆以为风入中，病主在肺，刺其足少阳脉。

"出于病"。刘晓林曰："出，一种妇科疾病，医书谓之'阴挺'。

本病包括现代医学所指'子宫下垂'及'阴道后壁膨出'。"刘说晓畅，今据改作"病于出"。并重新标点数句作："齐北宫司空命妇（出于）病［于出］。众医皆以为风入中，病主在肺，刺其足少阳脉。"

（3）啬而不属者，其来难，坚，故曰"月不下"。

"故曰月不下"。泷川曰："'月'下夺'事'字。"泷川说是也，"月事不下"四字已见上文。

今依例重新标点数句作："啬而不属者，其来难，坚，故曰'月事不下'。"

四十六

《吴王濞列传》

①

《吴王濞列传》：吴王专并将其兵，未度淮，诸宾客皆得为将、校尉、候、司马，独周丘不得用。周丘者，下邳人，亡命吴，酤酒无行，吴王濞薄之，弗任。周丘上谒，说王曰："臣以无能，不得待罪行间。臣非敢求有所将，愿得王一汉节，必有以报王。"王乃予之。周丘得节，夜驰入下邳。下邳时闻吴反，皆城守。至传舍，召令。令入户，使从者以罪斩令。遂召昆弟所善豪吏告曰："吴反兵且至，至，屠下邳不过食顷。今先下，家室必完，能者封侯矣。"出乃相告，下邳皆下。周丘一夜得三万人，使人报吴王，遂将其兵北略城邑。比至城阳，兵十余万，破城阳中尉军。闻吴王败走，自度无与共成功，即引兵归下邳。未至，疽发背死。

汉初消灭异姓王后，对刘氏同姓诸侯过于纵容，使他们在政治、经济方面所掌握的权力都过多过大，以致尾大不掉，这是贾谊早在好多年前就对文帝"痛哭"过的问题。司马迁对朝廷平定这种叛乱是赞成的，对周亚夫等所采取的正确方略也非常欣赏。但同时司马迁对朝廷方面也有许多隐微的讽刺，如写汉景帝当年为太子时的骄奢，可以随意打死吴王太子而不抱任何歉意；如写晁错、袁盎身为朝廷大臣，在这国家危亡的时刻不是通力合作，而是钩心斗角，借刀杀人，双方都令人讨厌；又如作为平叛一方，汉景帝与梁孝王唇齿相依，本来是该精诚团结、通力合作的；但由于他们兄弟之间存在着尖锐矛盾，汉景帝与周亚夫事先密谋好的就是要在镇压七国之乱的过程中极力削弱梁国，以达到一石击二鸟的双重目的。他们君臣二人分明是在演双簧，而看起来却又很像是出于客观形势的需要，真是天衣无缝。在对于叛乱者的剿杀上，汉景帝的方针是"以深入多杀为功"，这又突出地表现了统治集团内部矛盾的尖锐性。几百年后的宋孝武帝刘骏又对广陵发动了一次性质完全相同的血腥屠戮，鲍照的《芜城赋》对此感慨深矣。

由于司马迁对汉景帝分外讨厌，故而使得司马迁在写一场本来是非分明的讨伐叛乱的战争，立场不分明，对朝廷的平叛胜利缺少应有兴奋愉快，而相反令人感觉到汉景帝的胜利只是一种"侥幸"而已，实在太"便宜"他了。

吴王濞作为一个悲剧气质很强的反面人物，作品把他写得有声有色：他智商不高，能力有限，但豪迈绝伦。他对汉文帝本来就没有什么尊重，而是有气说不出；至于汉景帝，那是他的杀子仇人，刘濞根本就不把他放在眼里。刘濞部下的田禄伯、桓将军都是有谋略、有能力的军人，他们都为刘濞提出过很好的建议，可惜刘濞一条也没有采纳。从司马迁的感觉说，如果刘濞能听取这两个人的某些建议，至少可能给汉景帝政权造成更大的麻烦，而不致于像现在作品所写的那样开头轰轰烈烈，结果虎头蛇尾，连一场像样的仗都没打，结果与周亚夫一交手就全军烟消云散了。但尽管如此，司马迁还是写了刘濞军中的一位奇才，这就是周丘。这样的人物如果出现在陈涉、刘邦的时代，万户侯何足道哉？司马迁生动地写了周丘，为周丘奉上了一掬惋惜的眼泪，其文字的背后是很耐人寻味的。

②

《吴王濞列传》：吴兵欲西，梁城守坚，不敢西，即走条侯军，会下邑。欲战，条侯壁，不肯战。吴粮绝，卒饥，数挑战，遂夜奔条侯壁，惊东南。条侯使备西北，果从西北入。吴大败，士卒多饥死，乃畔散。

此处叙周亚夫与吴王濞的关键之战是在下邑，其经典战例有所谓吴兵"欲战，条侯壁，不肯战"；又有吴兵"夜奔条侯壁，惊东南。条侯使备西北，果从西北入"，结果吴兵大败云云。

但据《绛侯周勃世家》，此役却是在昌邑。其文曰："吴方攻梁，梁急，请救。太尉引兵东北走昌邑，深壁而守。梁日使使请太尉，太尉守便宜，不肯往。梁上书言景帝，景帝使使诏救梁。太尉不奉诏，坚壁不出，而使轻骑兵弓高侯等绝吴楚兵后食道。吴兵乏粮，饥，数欲挑战，终不出。夜，军中惊，内相攻击扰乱，至于太尉帐下。太尉终卧不起。顷之，复定。后吴奔壁东南陬，太尉使备西北，已而其精兵果奔西北，不得入。吴兵既饿，乃引而去。太尉出精兵追击，大破之。"昌邑在今山东境内，下邑在今安徽境内，相距数百里，两处之说法情节相同。《汉书·周亚夫传》叙事全用《绛侯周勃世家》；《汉书·吴王濞传》叙事全用《史记·吴王濞传》；《资治通鉴》前叙周亚夫坚壁于昌邑，后将吴兵攻其东南壁，亚夫备其西北壁的故事叙之于下邑，从情理上比较贯通，但事实的究竟如何，已无法说清了。

③

《吴王濞列传》之文字、标点有可讨论者：

（1）吴有豫章郡铜山，濞则招致天下亡命者盗铸钱，煮海水为盐，以故无赋，国用富饶。

"豫章郡铜山"。梁玉绳曰："'豫'为衍字，'章'为'鄣'字之省。《史记集解》引韦昭曰：'今故鄣。'《史记索隐》曰：'鄣郡后改曰故鄣。'"

诸说是也，应据改"豫章郡"作"故鄣郡"。故鄣郡的郡治在今浙江安吉县西北。

今依例重新标点数句作："吴有（豫章）[故鄣]郡铜山，濞则招致天下亡命者盗铸钱，煮海水为盐，以故无赋，国用富饶。"

（2）诸侯既新削罚，振恐，多怨晁错。及削吴会稽、豫章郡书至，则吴王先起兵，胶西正月丙午诛汉吏二千石以下，胶东、菑川、济南、楚、赵亦然，遂发兵西。

此段错误甚多。其一，"削吴会稽、豫章郡书至"，"豫章"应作"故鄣"，说见前文。其二，"胶西正月丙午诛汉吏二千石以下"云云，梁玉绳曰：《汉》传移'胶西'于'胶东'之上，盖是也，不然则似胶西诛汉吏矣。"梁说是也，应移"胶西"二字于其下文"胶东"之上，因为"正月丙午诛汉吏二千石以下"者只有吴国。

今依例重新标点本段作："诸侯既新削罚，振恐，多怨晁错。及削吴会稽、（豫章）[故鄣]郡书至，则吴王先起兵，（胶西）正月丙午诛汉吏二千石以下，[胶西]、胶东、菑川、济南、楚、赵亦然，遂发兵西。"

（3）齐王后悔，饮药自杀，畔约。

此话错误。其事实是，齐王后悔叛约后，胶西、胶东、菑川、济南四国发兵围攻之，齐王坚守不下。后朝廷派栾布率军救齐，齐围始解。后来朝廷得知齐王曾与诸国有过串联，齐王始畏惧自杀。沈家本曰："'饮药自杀'四字衍。"沈氏之说是也。

此处数句应重新标点作："齐王后悔，（饮药自杀，）畔约。"

（4）孝景帝三年正月甲子，初起兵于广陵。西涉淮，因并楚兵。发使遗诸侯书曰："吴王刘濞敬问胶西王、胶东王、菑川王、济南王、赵王、楚王、淮南王、衡山王、庐江王、故长沙王子：幸教寡人！以汉有贼臣，无功天下，侵夺诸侯地，使吏劾系讯治，以戮辱之为故，不以诸侯人君礼遇刘氏骨肉，绝先帝功臣，进任奸宄，诖乱天下，欲危社稷。陛下多病志失，不能省察。欲举兵诛之，谨闻教。敝国虽狭，地方三千里；人虽少，精兵可具五十万……"

将"幸教寡人"与后文断开，遂致整段的语气不顺。我以为这段文字应断句作：

孝景帝三年正月甲子，初起兵于广陵，西涉淮，因并楚兵，发使遗诸侯书曰："吴王刘濞敬问胶西王、胶东王、菑川王、济南王、赵王、楚王、淮南王、衡山王、庐江王、故长沙王子：幸教寡人以'汉有贼臣，无功天下，侵夺诸侯地，使吏劾系讯治，以戮辱之为故，不以诸侯人君礼遇刘氏骨肉，绝先帝功臣，进任奸宄，诖乱天下，欲危社稷。陛下多病志失，不能省察，欲举兵诛之。'谨闻教。敝国虽狭，地方三千里；人虽少，精兵可具五十万……"

"吴王刘濞敬问胶西王、胶东王、菑川王、济南王、赵王、楚王、淮南王、衡山王、庐江王、故长沙王子"，这是刘濞向共同发动叛乱的各诸侯国首脑表达感激、慰问之意；"幸教寡人以"以下至"谨闻教"以上的一段话，是吴王刘濞公开表达他们所以要举兵叛乱的理由。巧妙的是，刘濞这里不是张扬自我，而是给各位同伙戴高帽，他说我是在你们诸位的教导、号召之下，才随着大家一同起事的。这里的姿态很高，措词很得体。《高祖本纪》写刘邦讨伐项羽的文告有所谓"愿从诸侯王击楚之杀义帝者"，与此异曲同工。请读者诸君细心比较。

又，"孝景帝三年正月甲子，初起兵于广陵，西涉淮。"此句叙事的时间错误。前文曾出过"正月乙巳""正月丙午"，这两个都不错。现又提到"正月甲子"，错。汉景帝三年（公元前154年）的正月里，没有甲子日。其初一是甲申，其十一是甲午，其二十一是甲辰。

（5）能斩捕大将者，赐金五千斤，封万户；列将，三千斤，封五千户；裨将……其小吏皆以差次受爵金。佗封赐皆倍军法。其有故爵邑者，更益勿因。

"皆倍军法"。"军"虽亦可通，但仍应作"常"。因为"军法"也是"常法"当中的一种。《集解》引服虔曰："封赐倍汉之常法。"知汉魏旧本原作"常"。凌稚隆本、武英殿本、泷川本亦并作"皆倍常法"。

今依例重新标点数句作："能斩捕大将者，赐金五千斤，封万户；列将，三千斤，封五千户；裨将……其小吏皆以差次受爵金。佗封赐皆倍(军)[常]法。其有故爵邑者，更益勿因。"所谓"更益勿因"，也就是重新计算，不是在原有的基础上追加。

四十七

《魏其武安侯列传》

1

《魏其武安侯列传》：魏其、武安俱好儒术，推毂赵绾为御史大夫，王臧为郎中令。迎鲁申公，欲设明堂，令列侯就国，除关，以礼为服制，以兴太平。……太后好黄老之言，而魏其、武安、赵绾、王臧等务隆推儒术，贬道家言，是以窦太后滋不说魏其等。及建元二年，御史大夫赵绾请无奏事东宫。窦太后大怒，乃罢逐赵绾、王臧等，而免丞相、太尉，以柏至侯许昌为丞相，武强侯庄青翟为御史大夫。魏其、武安由此以侯家居。

武安侯虽不任职，以王太后故，亲幸，数言事多效，天下吏士趋势利者，皆去魏其归武安，武安日益横。建元六年，窦太后崩，丞相昌、御史大夫青翟坐丧事不办，免。以武安侯蚡为丞相，以大司农韩安国为御史大夫。天下士郡诸侯愈益附武安。

读《魏其武安侯列传》要注意宫廷内的夺权与汉武帝"独尊儒术"的关系。这里头牵涉到一个女人，这就是汉文帝的皇后窦氏。窦氏在其年轻时楚楚可怜，给读者留下了极好的印象。其后当了皇后，特别是在汉景帝时当了皇太后，窦氏就开始揽权了。当时风行于朝廷并弥漫于社会的是道家学说，也就是当时所说的"黄老之学"。一个后宫的女人，她也关心什么"黄老"与非"黄老"吗？不，她们所关心的是组织路线，是权势。文帝、景帝继承了刘邦、吕后"清静无为""休养生息"的国策，在理论上说这就是以"黄老哲学为指导思想"。到汉景帝去世，武帝上台时，这时上距刘邦建国已经过去了七十多年，国内的经济发展、政治形势都已经有了巨大的变化。过去的一套是不是还要一成不变地向下延续呢？这是"学术"问题。但景帝已死，旧的一套人马、旧的一套班子还在，窦太后已经干预了一辈子她儿子的政事，如今武帝上台了，窦太后的权势欲一点也没见减弱，虎视眈眈地似乎还要带着她的老班底继续干下去。武帝当时十六岁，一时还不见得多么分明，但王太后是个能够忍耐的人吗？于是"一朝天子一朝臣"的大换班就刻不容缓了，以汉武帝为前台的，实际上更多是代表王太后利益的抢班夺权开始了，这就是出现在《魏其武安侯列传》开头的："魏其、武安俱好儒术，推毂赵绾为御史大夫，王臧为郎中令。迎鲁申公，欲设明堂，令列侯就国，除关，以礼为服制，以兴太平。举适诸窦宗室毋节行者，除其属籍。"这就是以"尊儒"为表，以清除旧班底为目标的王太后势力的夺权。"窦太后好黄老之言，而魏其、武安、赵绾、王臧等务隆推儒术，贬道家言，是以窦太后滋不说魏其等。及建元二年，御史大夫赵绾请无奏事东宫。窦太后大怒，乃罢逐赵绾、王臧等，而免丞相、太尉，以柏至侯许昌为丞相，武强侯庄青翟为御史大夫。魏其、武安由此以侯家居。"开始只搞学术，不伤筋动骨，窦太后隐忍不发；等至一涉及夺权，窦太后立马出击，一举罢掉了丞相、太尉，杀掉了御史大夫和郎中令，把朝廷班子进行了大换血。这是多么惊人的一场大政变？情景完全等同于清代慈禧发动的"戊戌政变"。汉武帝的第一次"尊儒"就这样地被偃旗息鼓了。多亏"上天保佑"了汉武帝，"建元六年，窦太后崩，丞相昌、御史大夫青翟坐丧事不办，免。以武安侯蚡为丞相，以大司农韩安国为御史大夫。"于是王太后、汉武帝毫无悬念地罢去旧班底，又进行了第二次"尊儒"，并完成了其名垂青史的"罢黜百家，独尊儒术"的"伟业"。这段文字不长，可惜讲思想史的专家们多对之注意不够，都对汉武帝"尊儒"过程中的这场流血政变只字不提，似乎不应该吧。

请无奏事东宫：请求武帝不要再拿政事去让窦太后裁断。东宫：窦太后和王太后居住的地方。武帝即位初期，名义上是王太后称制，但实际上仍以窦太后（武帝之祖母）的权势为最大，这是王太后所无法忍受的。所谓"无奏事东宫"，实即王太后与汉武帝的向窦太后夺权。

窦太后大怒，乃罢逐赵绾、王臧等，而免丞相、太尉。窦婴、田蚡、赵绾为国家之"三公"，连同郎中令王臧，朝廷的前四把手一齐被废，且赵绾、王臧又皆下狱自杀，这是震惊朝野的大政变，汉武帝名为"尊儒"，实为向窦太后夺权的第一场斗争遂告失败。

建元六年，窦太后崩，丞相昌、御史大夫青翟坐丧事不办，免。许昌、庄青翟原是两个庸俗官僚，事无可称，窦太后废止尊儒，提拔二人为丞相、太尉；窦太后死，汉武帝旋即满朝大换班，夺权既成功，"尊儒"亦遂获胜。

2

《魏其武安侯列传》：淮南王安谋反觉，治。王前朝，武安侯为太尉，时迎王至霸上，谓王曰："上未有太子，大王最贤，高祖孙，即宫车晏驾，非大王立当谁哉？"淮南王大喜，厚遗金财物。上自魏其时不直武安，特为太后故耳。及闻淮南王金事，上曰："使武安侯在者，族矣！"

"使武安侯在者，族矣"。此史公借武帝语以表明自己的爱憎。凌稚隆引焦竑曰："蚡私交淮南王，受遗金，夫因系不得告，故子长揭之于尾。盖虽不得发其事于生前，而犹得暴其事于死后。使夫有灵，必快意于九泉矣。"凌稚隆曰："传末次淮南王遗金，所以实灌夫所持武安阴事者。"吴见思曰："作快语结，所以深恶武安也。"

司马迁这样的安排，这样的写法，的确令读者开心、解恨，但是否符合情理、符合事实呢？清代何焯说："蚡为太尉，多受诸侯王金，私与交通，其罪大矣。然安之入朝在建元二年，武帝即位之初，虽未有太子，尚春秋鼎盛（年仅十八岁），康强无疾；身又外戚（田蚡为武帝之舅），'非王谁立'之言，狂惑所不应有，疑恶蚡者从而加之。"

田蚡一个无德无能的小人，其所以能当权，能杀害灌夫、窦婴，不就是倚仗其姊王太后吗？王太后之所以有权有势，不就是倚仗其儿子是汉武帝吗？生活在这种形势下的田蚡，不祈祷汉武帝万岁万万岁，反而背后议论他，希望他早死而让淮南王上台，此真"狂惑所不应有"；汉武帝有亲兄弟十四人，见《史记·五宗世家》。退一万步讲，即使汉武帝最后真是没有儿子，那也应该从其余的十三个兄弟之家中去选拔，哪里会轮到淮南王这位八竿子打不着的亲王身上去呢？田蚡用这样的话来哄淮南王，淮南王居然还能相信。这淮南王也真够得上是"狂惑所不如"了。看来，司马迁真是同情窦婴与灌夫，为了表达这种情感，遇到一些似是而非的材料，有时也就不加选择地姑妄听之、姑妄用之了。梁玉绳曰："史公喜道人盛衰荣枯之际，自写其不平，而不论史法，故以灌夫之故强合窦田为一传也。"

《史记》写西汉后宫的女人，最狭隘、最报复性强的是吕后；最自私、最阴险的是汉景帝的王皇后。此人陷杀了栗姬与太子刘荣；又参与杀害了平定七国之乱的元勋周亚夫；这次又杀了灌夫与窦婴，其他还有一些中二千石、或二千石一类的官员。在本文中最后拍板杀人的像是汉武帝，但司马迁在文章最后说："上自魏其时不直武安，特为太后故耳。"当汉武帝在东廷令群臣公开议论窦婴与田蚡谁是谁非时，"主爵都尉汲黯是魏其；内史郑当时是魏其，后不敢坚对；余皆莫敢对。……太后怒，不食，曰：'今我在也，而人皆藉吾弟；令我百岁后，皆鱼肉之矣。且帝宁能为石人邪？此特帝在，即录录；设百岁后，是属宁有可信者乎？'"汉武帝就是在这样的挟制下，下令杀了灌夫与窦婴。这段文字纯粹是给汉武帝做了洗白，而将责任全部移到了王太后身上。

3

《魏其武安侯列传》之文字、标点有可讨论者：

（1）孝景崩，即日太子立，称制，所镇抚多有田蚡宾客计策。蚡弟田胜，皆以太后弟，孝景后三年封蚡为武安侯，胜为周阳侯。

"蚡弟田胜"，应作"蚡与弟田胜"，乃指其兄弟二人，非单指田蚡之弟田胜。视下文称"皆以太后弟"，又称"封蚡为武安侯，胜为周阳侯"可知。此处之"与"字绝不可省。

但《史记》中类似这种缺"与"字致使语意不明的例句非一，如《刺客列传》有："其后秦伐魏，置东郡，徙卫元君之支属于野王。"这样行文易使人误解为被"徙"的只是卫元君的"支属"，而不包括"卫元君"本人，司马迁的本意不是如此。据《卫康叔世家》："元君十四年，秦拔魏东地，秦初置东郡，更徙卫野王县。"卫元君迁到野王后，尚在位十一年。梁玉绳曰："徙野王者即元君，岂惟'支属'哉？"此句中的"与"字绝不可省。

又，《韩信卢绾列传》："燕王悟，乃诈论它人，脱胜家属，使得为匈奴间。""脱胜家属"，从字面看，是燕王只释放了张胜的家属；而实际是"脱胜与其家属"，是将张胜和他的家属们都释放了，让他们给匈奴人当奸细。此处的"与"字亦绝不可省。

《史记》通行本已感到旧通行本作"蚡弟田胜"之不当，而改标点为"蚡、弟田胜"。用意是好的，但这种标点方式不常见。

（2）灌夫具语魏其侯如所谓武安侯。魏其与其夫人益市牛酒，夜洒埽，早帐具至旦。

"早帐具至旦"。意思含混不清，徐朔方曰："去一'早'字，文意就顺了。"徐说是也。"早"字衍文，应据削。帐具，即准备筵席。

今依例标点数句作："灌夫具语魏其侯如所谓武安侯。魏其与其夫人益市牛酒，夜洒埽，（早）帐具至旦。"从夜里一直准备到早上。

四十八

《韩长孺列传》

①

《韩长孺列传》：当是时，汉伏兵车骑材官三十余万，匿马邑旁谷中。……御史大夫韩安国为护军将军，诸将皆属护军。约单于入马邑而汉兵纵发。王恢、李息、李广别从代主击其辎重。于是单于入汉长城武州塞。未至马邑百余里，行掠卤，徒见畜牧于野，不见一人。单于怪之，攻烽燧，得武州尉史。欲刺问尉史。尉史曰："汉兵数十万伏马邑下。"

由此段所写，可见汉军某些指挥官员的愚蠢无能，既想消灭敌人的大部队，又想自己根毛不拔，不花任何代价，故而将坚壁清野的手段宣传得家喻户晓，乃至于竟做到"徒见畜牧于野，不见一人"。韩长孺是总指挥，单看这一项，我们能认为他是一个懂得军事谋略的人吗？相同的情节，我们再看司马迁是如何写战国时代赵国的名将李牧是怎样设伏以围歼匈奴人的。《廉颇蔺相如列传》说："于是乃具选车，得千三百乘，选骑得万三千匹，百金之士五万人，彀者十万人，悉勒习战。大纵畜牧、人民满野，匈奴小入，详北不胜，以数千人委之。单于闻之，大率众来入。李牧多为奇陈，张左右翼击之，大破杀匈奴十余万骑。灭襜褴，破东胡，降林胡，单于奔走。其后十余岁，匈奴不敢近赵边城。"既有"大纵畜牧、人民满野"，又有"详北不胜，以数千人委之"，俗话说"舍不得孩子套不住狼"，这才是有胆识、有谋略的大将之风度呢！马邑之战的劳民伤财，一无所获，不仅是韩长孺的无能，也显示了汉武帝的粗疏与愚蠢。

又，其中的"欲刺问尉史，尉史曰"云云。"刺问"二字连读，用法较生。《匈奴列传》于此作"欲杀之，尉史乃告单于汉兵所居"，知此"欲刺"者，即欲杀之。

今依例重新标点数句作："单于怪之，攻烽燧，得武州尉史。欲刺，问尉史。尉史曰：'汉兵数十万伏马邑下。'"于是汉王朝谋袭匈奴人的第一次大规模行动，遂落了个彻头彻尾的白忙一场。

四十九

《李将军列传》

①

《李将军列传》：其后四岁，广以卫尉为将军，出雁门击匈奴。匈奴兵多，破败广军，生得广。单于素闻广贤，令曰："得李广必生致之。"胡骑得广，广时伤病，置广两马间，络而盛卧广。行十余里，广详死，睨其旁有一胡儿骑善马，广暂腾而上胡儿马，因推堕儿，取其弓，鞭马南驰数十里，复得其余军，因引而入塞。匈奴捕者骑数百追之，广行取胡儿弓，射杀追骑，以故得脱。于是至汉，汉下广吏。吏当广所失亡多，为虏所生得，当斩，赎为庶人。

姚苎田曰："此段云'破败广军'，后云'汉兵死者大半'，则广之麾下失亡不可胜记，而广才总以善射自完。律以常法，殊难为广占地步矣。但其败后之勇决奇变，殊胜于他人之奏凯策勋者百倍。史公必不肯以成败论英雄，是其一生独得之妙，故出力敷写如此。"（《史记菁华录》）

李广作为一个将军，不论是军事素养，还是政治品质都是有严重缺陷的，他骗杀羌族降兵八百人；他挟私报复杀害了执行公务的霸陵尉；他带兵不讲组织、不讲纪律；他带着百人外出遇敌，竟使其军营上下一天一夜不知将军去了什么地方。当汉王朝处于防守阶段时，李广充当边境地区的军政长官，应对一些局部的小磨擦，应该是做了不少工作的，他没有大的失败，但也说不上有大功。到了武帝时的战略进攻阶段，国家要集中兵力进行北伐，要长途跋涉地深入敌境，要以捕捉、消灭匈奴的有生力量为最终目标时，这样的战争就已经不是年老的李广所能胜任了。李广前后共有四次与卫青、霍去病同时领兵出征：第一次是元光六年（前129），李广与卫青同时参加关市之战，李广全军覆没，自己也被匈奴捉去，只单身逃回；而卫青则率部深入，破匈奴于龙城，开汉伐匈奴之首次告捷；第二次是元朔六年（前123），李广等六将随卫青出击匈奴，六将或失败、或无功，唯有十八岁的霍去病以敢于深入奔袭，"斩捕首虏过当"，被封为冠军侯；第三次是元狩二年（前121），李广与霍去病分道出征，李广"军功自如，无赏"，而霍去病则大破匈奴于祁连山，夺取了河西走廊的大片地区；第四次是元狩四年（前119），李广随卫青伐匈奴，因无向导而迷路失期自杀，而卫青则大破匈奴于漠北，霍去病则"登狼居胥山，临瀚海"而归，使伐匈奴之功至登峰造极。说一次两次偶然是可以的，倘说每次都是偶然，那就只能说是强词夺理了。

但就是这样一个人，由于司马迁在写作方法上下功夫，居然把李广写得感动中国读者两千年，这里边的道理是可以分析的。当李广所率领的只有四千人，而被匈奴的四万人所包围。"广乃使其子敢往驰之。敢独以数十骑驰，直贯胡骑，出其左右而还，曰'胡虏易与耳！'军士乃安。"这是何等忠勇豪迈、何等有我无敌的英雄父子！李广最丢人的莫过于全军覆没，连自己也当了俘虏的那一回。但司马迁不写李广对此应付的责任，而是集中全力写他单身逃回的情形："胡骑得广，广时伤病，置广两马间，络而盛卧广。行十余里，广详死，睨其旁有一胡儿骑善马，广暂腾而上胡儿马，因推堕儿，取其弓。匈奴捕者骑数百追之，广行取胡儿弓，射杀追骑，以故得脱。"抛去前因后果不管，抛开李广兵败丧师的责任不谈，单看李广的这身功夫，这套精彩绝伦的特技表演，李广被称为"飞将军"，其谁曰不宜？通过写"败仗"以表现英雄的不朽，是司马迁文学的一大创造。这样的人物除李广外，再一个就是项羽。项羽能在垓下失败后，以他的二十八人对付刘邦的五千追兵；项羽的一声大喝，能使"赤泉侯连人带马辟易数里"。其实，这不全在文学家的一写吗？也正是由于司马迁写项羽、写李广用的手法巧妙，故而这两个失败英雄都被表现得虽败犹胜、虽死犹生。

2

《李将军列传》之文字、标点有可讨论者：

大将军使长史持糒醪遗广，因问广、食其失道状，青欲上书报天子军曲折。广未对，大将军使长史急责广之幕府对簿。

"大将军使长史急责广之幕府对簿"。北京大学《两汉文学史参考资料》以为"本句'使'字疑是衍文，《汉书》此句即无'使'字。"无"使"字是，应据削。"广之幕府"，意即李广属下的办公人员。大将军长史问李广，广未对，于是长史即命令李广的部下人员回答问题。盖效卫青前曾所用之手段。此后句"急责广之幕府对簿"的大将军长史，即受命"持糒醪遗广"并来问广的长史。

今依例重新标点数句作："大将军使长史持糒醪遗广，因问广、食其失道状，青欲上书报天子军曲折。广未对，大将军（使）长史急责广之幕府对簿。"

五十

《匈奴列传》

①

　　《匈奴列传》：单于有太子名冒顿。后有所爱阏氏，生少子，而单于欲废冒顿而立少子，乃使冒顿质于月氏。冒顿既质于月氏，而头曼急击月氏。月氏欲杀冒顿，冒顿盗其善马，骑之亡归。头曼以为壮，令将万骑。冒顿乃作为鸣镝，习勒其骑射，令曰："鸣镝所射而不悉射者，斩之。"行猎鸟兽，有不射鸣镝所射者，辄斩之。已而冒顿以鸣镝自射其善马，左右或不敢射者，冒顿立斩不射善马者。居顷之，复以鸣镝自射其爱妻，左右或颇恐，不敢射，冒顿又复斩之。居顷之，冒顿出猎，以鸣镝射单于善马，左右皆射之。于是冒顿知其左右皆可用。从其父单于头曼猎，以鸣镝射头曼，其左右亦皆随鸣镝而射杀单于头曼，遂尽诛其后母与弟及大臣不听从者。冒顿自立为单于。……

　　冒顿上马，令国中有后者斩，遂东袭击东胡。东胡初轻冒顿，不为备。及冒顿以兵至，击，大破灭东胡王，而虏其民人及畜产。既归，西击走月氏，南并楼烦、白羊河南王，悉复收秦所使蒙恬所夺匈奴地者，与汉关故河南塞，至朝那、肤施，遂侵燕、代。是时汉兵与项羽相距，中国罢于兵革，以故冒顿得自强，控弦之士三十余万。

自淳维以至头曼千有余岁，时大时小，别散分离，尚矣，其世传不可得而次云。然至冒顿而匈奴最强大，尽服从北夷，而南与中国为敌国，其世传国官号乃可得而记云。

《匈奴列传》最精彩、最动人的首先是写了"冒顿壮大匈奴"的故事。冒顿先是雄挚阴忍地杀死其父夺得政权后，接着率军打败并征服了东部的敌人，而后率军向西向北大举进攻，从而使匈奴成了一个庞大的军事王国。他的国境东起满州里，北到贝加尔湖北端，西至俄国的新西伯利亚，南与我国的今之新疆、甘肃之北侧，以及内蒙古的包头、呼和浩特一线为邻。接着匈奴人又不断地向南方侵扰，占据了今内蒙古南部黄河以北的大片领土，并不断对今之河北省北部、山西省北部、陕西省北部，以及宁夏、甘肃的北部地区进行掠夺与骚扰，迫使西汉王朝从刘邦开始，以至吕后、文帝、景帝，长期对其实行屈辱的和亲政策。从汉王朝一方而言，它是受害者；但从整个匈奴民族的发展而言，则冒顿无疑是匈奴民族的杰出领导者，是匈奴历史上最伟大的民族英雄。《匈奴列传》对冒顿这个人物的性格描写虽然着笔不多，但其勇猛、果断，有思想、有谋略的伟大创业者的风采，还是令人激动，令人为之击案称绝的。谢孝苹在《全注全译史记》中说："冒顿单于顺应时代发展的趋势，融合了原来处于分散落后的部落联盟中的许多部族，以匈奴族为主体，统一成为一个庞大的奴隶制军事大国。这个军事大国西有西域、东并东胡，大漠南北控弓之民皆成一家，其封疆几与漠南的汉民族相垺，是当时世界上统治地区最为广袤的民族国家之一。冒顿制定了一套完整的军事政治制度，在古代北方游牧民族中也是首创。冒顿单于作为匈奴民族的杰出代表和伟大人物，记录在世界历史的篇章上。"

清代姚苎田说："冒顿弑父作逆，犬羊之俗，不足复道，然其作用一何妙哉？观其蓄志行弑，却绝不嗫嚅呫哔，托意腹心，惟以勒兵之中严明斩断，则大事就而举国无敢动摇者，无他，积威约之渐也。岳忠武之论兵曰'顾方略何如耳'；霍冠军亦有'运用存乎一心'之论。冒顿之方略运用，何尝从常法得来，才过孙吴远矣。聿造朔庭，千古常勋，岂偶然哉？"又说："冒顿不唯志灭东胡，并欲借东胡以摧诸国。以纂国新造之时，而蓄锐养精，开创大业，先须想其坚忍之志，而终乃观其迅疾之情。"又说："淳维自夏后氏立国，至冒顿时已二千余年矣，而一朝振兴，南抗中国，固古今来夷夏一大关会也。观《诗》《书》所载，仅有攘斥挞伐之辞；及汉以来，乃有和亲款塞之说，则冒顿之为匈奴第一代开疆鼻祖可知矣。"（《史记菁华录》）

2

《匈奴列传》：置左右贤王，左右谷蠡王，左右大将，左右大都尉，左右大当户，左右骨都侯。匈奴谓贤曰"屠耆"，故常以太子为左屠耆王。自如左右贤王以下至当户，大者万骑，小者数千，凡二十四长，立号曰万骑。诸大臣皆世官。呼衍氏，兰氏，其后有须卜氏，此三姓其贵种也。诸左方王将居东方，直上谷以往者，东接秽貉、朝鲜；右方王将居西方，直上郡以西，接月氏、氐、羌；而单于之庭直代、云中：各有分地，逐水草移徙。而左右贤王、左右谷蠡王最为大，左右骨都侯辅政。诸二十四长亦各自置千长、百长、什长、裨小王、相封、都尉、当户、且渠之属。

岁正月，诸长小会单于庭，祠。五月，大会茏城，祭其先、天地、鬼神。秋，马肥，大会蹛林，课校人畜计。其法，拔刃尺者死，坐盗者没入其家；有罪小者轧，大者死。狱久者不过十日，一国之囚不过数人。而单于朝出营，拜日之始生，夕拜月。其坐，长左而北乡，日上戊己。其送死，有棺椁金银衣裘，而无封树丧服；近幸臣妾从死者，多至数（千）〔十〕百人。举事而候星月，月盛壮则攻战，月亏则退兵。其攻战，斩首虏赐一卮酒，而所得卤获因以予之，得人以为奴婢。故其战，人人自为趣利，善为诱兵以冒敌。故其见敌则逐利，如鸟之集；其困败，则瓦解云散矣。战而扶舆死者，尽得死者家财。

《匈奴列传》的第二个精彩之处是介绍了匈奴族的官爵、刑法，描写了匈奴民族的生活习惯与社会风俗。这一幅生动优美的风情画，使中原地区的人们大大长了知识、开了眼界。诸如其中所写的"五月，大会茏城，祭其先、天地、鬼神。秋，马肥，大会蹛林，课校人畜计。"如"单于朝出营，拜日之始生，夕拜月。其坐，长左而北乡，日上戊己。其送死，有棺椁金银衣裳，而无封树丧服；近幸臣妾从死者，多至数（千）［十］百人。举事而候星月，月盛壮则攻战，月亏则退兵。其攻战，斩首虏赐一卮酒，而所得卤获因以予之，得人以为奴婢。……故其见敌则逐利，如鸟之集。其困败，则瓦解云散矣。战而扶舆死者，尽得死者家财。"

这段文字的史料价值极其珍贵、可永传不朽。

《匈奴列传》的整个文章都很好，曾被梁启超认为是《史记》中的十大名篇之一。

③

《匈奴列传》：太史公曰：孔氏著《春秋》，隐桓之间则章，至定哀之际则微，为其切当世之文而罔褒，忌讳之辞也。世俗之言匈奴者，患其徼一时之权，而务诌纳其说，以便偏指，不参彼己；将率席中国广大，气奋，人主因以决策，是以建功不深。尧虽贤，兴事业不成，得禹而九州宁。且欲兴圣统，唯在择任将相哉！唯在择任将相哉！

"孔氏著《春秋》，隐桓之间则章，至定哀之际则微，为其切当世之文而罔褒，忌讳之辞也。"以上是司马迁解释《春秋》的写法，同时也是向读者说明自己写作《史记》的许多苦衷。明代茅坤说："史公甚不满武帝穷兵匈奴事，特不敢深论，而托言'择任将相'，其旨微。"陈仁锡说：

"匈奴在汉，诚可讨伐，然自武帝继统以来，未闻有犯边之罪。况和亲已约，关市已通，匈奴已自亲汉，今乃无故设诱，果何义耶？夫中国所以异于夷狄者，以信义素著焉耳；若变诈反覆，施于对敌犹且不得为正大之举，矧无衅妄动者乎？后世每以平城之围、嫚骂之辱大武帝复仇之义。不知高帝失之于轻敌，吕后有瑕之可指，在武帝本自无仇可复，不过因其盗边而治，是已足矣。何必生事邀功，自为诈伪之谋乎？自是而后，兵连祸结，是果谁之咎欤？"（《陈评〈史记〉》清代何焯说："下即继以卫、霍、公孙弘，而全录主父偃《谏伐匈奴书》，史公之意深矣。"曾国藩曰："叙武帝时事不实不尽，故《赞》首数语云尔。"

"尧虽贤，兴事业不成，得禹而九州宁。且欲兴圣统，唯在择任将相哉！唯在择任将相哉！"这些话突出地表现了司马迁对汉王朝建国以来所任用的将相所寄予的厚望，和对汉王朝历任将相，尤其是汉武帝时代的诸多将相所起作用的深深不满。为了特别突出司马迁对这个问题的重视，他特意谱列了一篇《汉兴以来将相名臣年表》，其中专门列有"相位""将位""御史大夫位"三格，其目的就是将建国以来历代历届的丞相、大将、御史大夫都谱列出来，令读者一览备细。他在《太史公自序》中表述其谱列此篇的中心意旨就是"国有贤相良将，民之师表也。维见汉兴以来将相名臣年表，贤者记其治，不贤者彰其事。作《汉兴以来将相名臣年表》第十。"这篇表的丰富内容，与《匈奴列传》的这段"太史公曰"恰好是珠联璧合的。

④

《匈奴列传》之文字、标点有可讨论者：

（1）初，匈奴好汉缯絮食物，中行说曰："匈奴人众不能当汉之一郡，然所以强者，以衣食异，无仰于汉也。今单于变俗好汉物，汉物不过什二，则匈奴尽归于汉矣。其得汉缯絮，以驰草棘中，衣袴皆裂敝，以示不如旃裘之完善也；得汉食物皆去之，以示不如湩酪之便美也。"于是说教单于左右疏记，以计课其人众畜物。

通行本将整段文字都放入中行说的说词中，然其后半截显然不是说话的口气。《史记》中有说话语气未完，由作者叙述补足一类。如《项羽本纪》有所谓"当是时诸将皆慑服，莫敢枝梧。皆曰：'首立楚者，将军家也。今将军诛乱。'乃相与共立项羽为假上将军。"即此之类。

我以为此处的标点应该是："中行说曰：'匈奴人众不能当汉之一郡，然所以强者，以衣食异，无仰于汉也。今单于变俗好汉物，汉物不过什二，则匈奴尽归于汉矣。'其得汉缯絮，以驰草棘中，衣袴皆裂敝，以示不如旃裘之完善也；得汉食物皆去之，以示不如湩酪之便美也。于是说教单于左右疏记，以计课其人众畜物。"请读者诸君细心体会中行说的说话口气，并注意这段文字的标点。

另外，中行说这段话对汉王朝以及历代中原王朝的统治思想与统治手段进行了严厉的批判与否定，而对北方民族那种相对原始、相对简单朴实的统治方式进行了充分的肯定与热情的赞扬。中行说的这段话，与《秦本纪》中戎人由余与秦穆公的对话基本相同："秦缪公示以宫室、积聚。由余曰：'使鬼为之，则劳神矣。使人为之，亦苦民矣。'缪公怪之，问曰：'中国以《诗》《书》礼乐、法度为政，然尚时乱；今戎夷无此，何以为治，不亦难乎？'由余笑曰：'此乃中国所以乱也。夫自上圣黄帝作为礼乐法度，身以先之，仅以小治。及其后世，日以骄淫。阻法度之威，以责督于下，下罢极则以仁义怨望于上，上下交争怨而相篡弑，至于灭宗，皆以此类也。夫戎夷不然。上含淳德以遇其下，下怀忠信以事其上，一国之政犹一身之治，不知所以治，此真圣人之治也。'"

这段话的学问太深刻、太惊心动魄、入木三分了。治理中原的君臣，与治理匈奴戎狄的君臣，都应该细心深入地认真总结之。泱泱大国的中原王朝，为什么屡屡给境外的少数民族进贡？而入主中原的少数民族为什么几十年、百多年后就变得软弱腐败，乃至被消解得连一点曾经强大的影子也留不下。就一种社会生活而言，不能说没有进步；但从一个曾经一度相当强大的民族的发展而言，这难道不是一种悲哀吗？究竟应该如何认识，如何主动自觉地改变其中的消极因素，让不同民族的优长之处都得以发展光大，别再浑浑庸庸地重复过去的历史，这其中让人思考的问题似乎还有很多很多。

五十一
《卫将军骠骑列传》

①

《卫将军骠骑列传》：元狩四年春，上令大将军青、骠骑将军去病将各五万骑，步兵转者踵军数十万，而敢力战深入之士皆属骠骑。……于是大将军令武刚车自环为营，而纵五千骑往当匈奴。匈奴亦纵可万骑。会日且入，大风起，沙砾击面，两军不相见。汉益纵左右翼绕单于。单于视汉兵多，而士马尚强，战而匈奴不利。薄莫，单于遂乘六骡，壮骑可数百，直冒汉围西北驰去。时已昏，汉匈奴相纷挐，杀伤大当。汉军左校捕虏言单于未昏而去，汉军因发轻骑夜追之，大将军军因随其后。匈奴兵亦散走。迟明，行二百余里，不得单于。颇捕斩首虏万余级，遂至寘颜山赵信城，得匈奴积粟食军。军留一日而还，悉烧其城余粟以归。

杨慎曰："自'日且入'至'二百余里'，写得如画。唐诗'胡沙猎猎吹人面，汉虏相逢不相见''月黑雁飞高，单于夜遁逃。欲将轻骑逐，大雪满弓刀'，皆用此事。"凌稚隆曰："千年以来所无之战，亦千年以来所无之文，而骚人墨客共得本之以歌出塞、赋从戎，未尝不令神驰而目眩也。太史公绝世之姿，故《汉书》不为增损一字。"茅坤曰："青武刚车之战，气震北虏，而去病斩馘虽多，非青比也。太史公特抒愤懑之词，无限累欷。"又曰："大将军此战极为奇绝，以不得并骠骑益封，故太史公尽力描写，令人读之凛凛有生色。"

陈梧桐等《西汉军事史》曰："漠北之战，是汉军在距离中原最远的战场进行的一次规模最大也最艰巨的战役。汉武帝在取得河南、漠南、河西三大战役胜利的基础上，根据汉军经过实战锻炼积累的运用骑兵集团进行长途奔袭与迂回包抄的作战经验，利用匈奴王廷北徙之后误以为汉军不敢深入漠北的麻痹心理，决定出其不意，攻其不备，大胆地制订了远途奔袭、深入漠北、犁庭扫穴、寻歼匈奴主力的战略方针。与此同时，他又细心进行战前的准备，除集中全国最精锐的骑兵和最优秀的战将投入战斗外，还调集大批马匹与步兵运送粮草辎重，以解决远距离作战的补给问题。而在作战中，汉军统帅又发挥了出色的指挥才能，充分利用骑兵的机动性与冲击力，不仅敢于深入敌境，而且善于迂回包抄，特别是卫青，在遭遇单于主力后，机智地运用了车守骑攻、协同作战的新战术，先借助战车的防御能力使自己立于不败之地，继而发挥骑兵迅速机动的攻击能力，迂回包抄敌军的两翼，一举击溃单于的主力，更显示出其战役指挥方面的优异才能。所有这一切，都为汉军的胜利提供了保障。漠北之战最终以汉军的全面胜利而告终。在这次战役中，汉军虽然付出了丧失数万兵士和十余万匹马的沉重代价，但却给予匈奴前所未有的打击。匈奴骑兵损失达八九万，左贤王所部主力几乎全部被歼。伊稚斜单于因与兵众失散十余日，以致于被误认为战死沙场，右谷蠡王遂自立为单于，十几天后伊稚斜单于复出，右谷蠡王乃去号，匈奴王廷的混乱与狼狈状态由此可见其严重。由于大批有生力量被歼、大批物资丧失，匈奴单于不敢再在大漠北缘立足而向西北方向远遁，因而出现了'幕南无王廷'的局面。如果说漠南之战后匈奴单于移王廷于漠北还可以看作是一种战略转移的话，那么，漠北之战后的'幕南无王廷'则标志着匈奴势力大范围的退缩。经过这次大决战，危害汉朝百余年的匈奴边患已基本上得到解决。从这个意义上说，漠北之战实是汉武帝反击匈奴战争的最高峰。"卫、霍与匈奴作战十一年，史公正面描写，仅此一次。

②

《卫将军骠骑列传》：是岁也，大将军姊子霍去病年十八，幸，为天子侍中。善骑射，再从大将军，受诏与壮士，为剽姚校尉，与轻勇骑八百直弃大军数百里赴利，斩捕首虏过当。于是天子曰："剽姚校尉去病斩首虏二千二十八级，及相国、当户，斩单于大父行籍若侯产，生捕季父罗姑比，再冠军，以千六百户封去病为冠军侯。"

冠军侯去病既侯三岁，元狩二年春，以冠军侯去病为骠骑将军，将万骑出陇西，有功。天子曰："骠骑将军率戎士逾乌盭，讨遬濮，涉狐奴，历五王国，辎重人众慑慴者弗取，冀获单于子。转战六日，过焉支山千有余里，合短兵，杀折兰王，斩卢胡王，诛全甲，执浑邪王子及相国、都尉，首虏八千余级，收休屠祭天金人，益封去病二千户。"

骠骑将军逾居延至祁连山，捕首虏甚多。天子曰："骠骑将军逾居延，遂过小月氏，攻祁连山，得酋涂王，以众降者二千五百人，斩首虏三万二百级，获五王，五王母，单于阏氏、王子五十九人，相国、将军、当户、都尉六十三人，师大率减什三，益封去病五千户。"

骠骑将军亦将五万骑，车重与大将军军等，而无裨将。悉以李敢等为大校，当裨将，出代、右北平千余里，直左方兵，所斩捕功已多大将军。军既还，天子曰："骠骑将军去病率师，躬将所获荤粥之士，约轻赍，绝大幕，涉获章渠，以诛比车耆；转击左大将，斩获旗鼓；历涉离侯，济弓闾，获屯头王、韩王等三人，将军、相国、当户、都尉八十三人，封狼居胥山，禅于姑衍，登临翰海。执卤获丑七万有四百四十三级，师率减什三，取食于敌，遑行殊远而粮不绝，以五千八百户益封骠骑将军。"

台湾三军大学《中国历代战争史》曰："（霍去病）转战数千里，一战完成断匈奴右臂之任务，厥功至伟。此种长驱深入之机动闪击攻势，又开中国战史上空前之例。""霍去病两次远征河西走廊，深入数千里作战，所以皆能致胜，消灭匈驻右部之强大部落者，一以去病勇敢善战，二以去病善能因水草、因粮于敌之作战；三以去病所率之军皆汉骑之最精良者，故能遂行远距离之机动迂回、包围奇袭，而常以寡胜众也。"武国卿《中国战争史》曰："河西战役的胜利使汉完全占据了河西走廊，打开了通往西域的道路；河西战役的胜利打击了匈奴对西域诸国的统治，隔断了匈奴与羌人的联系；河西战役的胜利从根本上铲除了匈奴在祁连山一带繁衍生息的重要基地。"

高锐《中国军事史略》曰："汉军歼灭匈奴河西势力，既打通了西域通路，切断匈奴与羌人联系，同时又扩大了漠南战役成果，以便日后向漠北匈奴主力发动进攻。河西之役在战术上也有几点成功之处：一、集中兵力歼击弱敌。当时以一小部分兵力在东方牵制匈奴左贤王强敌，而集中优势兵力进攻河西匈奴。二、连续出击。半年之内汉军两次攻打河西，使其防不胜防。三、迂回包抄。第二次河西之战不再像第一次那样正面出击，而大迂回至匈奴侧后，力求全歼，不使其逃窜。"李澄宇《读〈史记〉蠡测》曰："卫青以功让诸校尉，有古大将风。骠骑敢深入，故常有功。而驰入浑邪王军，与浑邪王相见，'斩其欲亡者八千人，遂独遣浑邪王乘传先诣行在所，尽将其众渡河，降者数万。'尤为一身是胆也。"

《卫将军骠骑列传》：骠骑将军自四年军后三年，元狩六年而卒。天子悼之，发属国玄甲军，陈自长安至茂陵，为冢象祁连山。谥之并"武"与"广地"曰景桓侯。

子嬗代侯。嬗少，字子侯，上爱之，幸其壮而将之。居六岁，元封元年，嬗卒，谥哀侯。无子，绝，国除。

霍嬗死时年仅十来岁。据《封禅书》："天子独与侍中奉车子侯上泰山，亦有封，其事皆禁。……天子既已封泰山，……乃复东至海上，……奉车子侯暴病，一日死。"所谓"奉车"即奉车都尉，皇帝的侍从官名。《文心雕龙·哀吊篇》有所谓"汉武封禅而霍子侯暴亡，帝伤而作诗。"《史记·封禅书》之《索隐》有所谓"帝与子侯家语云：'道士皆言子侯得仙，不足悲。'帝爱嬗之深可推见。"

霍去病自幼生于贵族之家，生活上有许多贵族习气是不奇怪的，但他年少有为，一心报效国家。他第一次出战有功，被封为冠军侯时，年才十八岁。当汉武帝要给他建造府第时，霍去病说："匈奴未灭，无以家为也！"这是多么豪迈、多么令人激动的英雄形象！可惜天不假年，如此令人敬佩的英雄竟然二十四岁就去世了。汉武帝为了纪念这位英雄，把他的坟墓建成一座小祁连山的样子，让世人永远记着他夺取祁连山，夺取甘肃走廊的历史功勋。霍去病不仅个人英年早逝，他的儿子霍嬗竟又在十多岁时夭折了，于是霍去病就这样绝了后，这也给后人留下了许多许多的遗憾。

"谥之并'武'与'广地'曰景桓侯"。此十一字，中间不应断开。其本意为"谥之曰景桓侯"，其依据是"并'武'与'广地'"二义。这也是一种夹注句。夹注句的含义已见前文。《索隐》曰："'景''桓'两谥也。《谥法》：'布义行刚曰景'，是武谥也；又曰：'辟土服远曰桓'，是广地之谥也。以去病平生有武艺及广边地之功，故云'谥之并武及广地曰景桓侯'。"

《卫将军骠骑列传》：自骠骑将军死后，大将军长子宜春侯伉坐法失侯。后五岁，伉弟二人，阴安侯不疑及发干侯登皆坐酎金失侯。失侯后二岁，冠军侯国除。其后四年，大将军青卒，谥为烈侯。子伉代为长平侯。

据《汉书·恩泽侯表》，卫伉因"阑入宫，完为城旦"，事在天汉元年（前100）。"阑入宫"即无礼地闯入宫庭。"完为城旦"即被判髡刑，剃了毛发，谪筑长城。徐孚远曰："大将军尚在，而三子皆失侯，汉法之严如此！"

自霍去病死后，卫、霍两家连续发生变故，十几年后皆荡然无存，史公笔下，无限感慨。又，霍去病与霍嬗之死，尚属正常死亡；至征和元年二年，巫蛊事起，皇后卫子夫、太子刘据，卫孺之夫公孙贺与其子敬声，以及卫青之子卫伉等大批贵族，被诬以"巫蛊"事杀害，皆史公所亲见，良可哀也。

司马迁对卫青与霍去病的态度是有区别的，他对卫青有较多的肯定，他不仅生动地描写了卫青所进行的漠北大战，而且还在《淮南衡山列传》中通过伍被的嘴赞扬卫青说："大将军遇士大夫有礼，于士卒有恩，众皆乐为之用。骑上下山若飞，材干绝人。"又说："大将军号令明，当敌勇敢，常为士卒先；休舍，穿井未通，须士卒尽得水，乃敢饮；军罢，卒尽已渡河，乃渡；皇太后所赐金帛，尽以赐军吏，虽古名将弗过也。"此外司马迁还写到了卫青晚年的凄凉，说："自是之后，大将军青日退，而骠骑日益贵。举大将军故人门下多去事骠骑，辄得官爵。"司马迁还看到了元鼎年间卫青三个儿子的失侯，元封五年的卫青的死，以及征和二年的卫皇后、皇太子的自杀，以及卫氏整个家族被灭门等。沧海桑田，统治集团内部的政局变化实在太快了。这卫氏家族最后的悲哀司马迁虽然没有写出，我想读者是应该代他补足的。卫青虽然是外戚，但他的功勋不是因外戚而得；卫子夫虽然是皇后，但"正史""野史"都没有她任何怙宠恃骄、作威作福的记载，这是难得的，但她所遭遇的惨变却痛不堪言！

清代刘愚说："当元朔五年帝封青子伉等为侯，青固谢，推功诸校尉；右将军建尽亡其军，独以身亡去自归，众议当斩以立威，青不允，囚诣行在所，以见人臣不敢自擅诛以尊朝廷。去病之少言不泄，有气敢任，上尝治第使观之，而以'匈奴未灭，何以家为'对。则二人之立身行事，不愧名将，讵可与侥幸立功者同年而语？不知者谓青与去病贪军功而启边衅，藉肺腑之亲，遂得置身通显，列爵彻侯，岂笃论乎？"（《醒予山房文存》）

五十二

《平津侯主父列传》

1

《平津侯主父列传》：元朔三年，张欧免，以弘为御史大夫。是时通
西南夷，东置沧海，北筑朔方之郡。弘数谏，以为罢敝中国以奉无用之地，
愿罢之。于是天子乃使朱买臣等难弘置朔方之便。发十策，弘不得一。弘
乃谢曰："山东鄙人，不知其便若是，愿罢西南夷、沧海而专奉朔方。"
上乃许之。

公孙弘能与武帝持不同态度，并公开坚持反对意见，殊为难得。余有
丁曰："弘亦非专欲谀者，其毁西南夷、沮卜式、黜宁成，皆有大臣之言。
但重禄持位，畏忤上旨，故不能不倍约阿世耳。"

据《汉书·武帝纪》，元朔三年，"罢苍海郡"。《西南夷列传》云：
"上罢西夷，独置南夷夜郎两县一都尉，稍令犍为自葆就。"公孙弘此议
保证了全国的集中力量对付匈奴，大大有裨于时政，不能因其人品而并废
其谋略。

《平津侯主父列传》：太史公曰：公孙弘行义虽修，然亦遇时。汉兴八十余年矣，上方乡文学，招俊乂，以广儒墨，弘为举首。

本文写了公孙弘与主父偃两个在汉武帝时代，一方面起了一些重要作用，但同时又具有许多争议的历史人物。公孙弘早年坎坷不遇，直到六十一岁才赶上了汉武帝的尊儒，于是以读《公羊春秋》被汉武帝看中，由对策的最后一名被汉武帝亲自提到了第一名，被任为博士。四年后，任左内史，也就是汉王朝京城的行政长官。再过四年，任御史大夫，位同副丞相；再过两年，公孙弘升任丞相，被封为平津侯。当时，为汉武帝尊儒提供思想理论武器的是董仲舒，董仲舒把先秦儒学加以神学化、政治化，使之赤裸裸地变成为为巩固封建政权服务的神圣教条，把汉政权与汉朝皇帝说成是天人一体的、君权神授的不容任何怀疑的统治者。而丞相公孙弘的贡献就在于运用他所代表的国家机器把汉武帝的尊儒贯彻、渗透到整个国家社会的每一个阶层、每一个角落。第一是兴办太学，让全国的各郡、各诸侯国都向太学输送生员，到太学学习各门儒家的课程，诸如《周易》《春秋》《仪礼》等。这些生员（称博士弟子）学习期满、经过考试后，成绩最好的派到皇帝身边服务，可为参谋人员、也可派出到各郡国任地方长官。其他大量成绩一般的博士弟子们是派遣到中央与地方的各级政府充当文秘人员。为该机关、该政府的首长起草上行下发的各种文件。这些文件都要写得温文尔雅、引经据典，充满神学韵味、充满儒学韵味。开始是靠着这些小吏为长官操刀，渐渐地随着尊儒的深入，各地各级的长官们也就逐渐都成了这种被儒学外衣所包装起来的人物，这就是《儒林列传》所说的"自此以来，则公卿大夫士吏彬彬多文学之士矣"；这也就是我们今天读汉代的"散文"，为什么竟然多是当时的一些应用文的原因。公孙弘在这方面的贡献是非常突出的，《儒林列传》已把公孙弘关于兴办太学的上书，全文收了进去。公孙弘的第二项工作是用儒学装点汉武帝的酷吏政治，汉朝政治的"外儒内法"

应该是由公孙弘、张汤等人共同完成的。司马迁写《游侠列传》主要是同情、歌颂郭解。郭解早期任侠，后来洗手不干了，但汉武帝打击游侠还是不肯放过他。先是汉武帝亲自圈定把郭解家族迁往茂陵；接着有个儒生因为诽谤郭解被人看不惯杀掉了，凶手逃走，缉拿不着。于是丞相公孙弘就向汉武帝建言说："解布衣为任侠行权，以睚眦杀人，解虽弗知，此罪甚于解杀之。当大逆无道。"汉武帝批准，于是郭解被灭族。这"解虽弗知，此罪甚于解杀之"，究竟是怎样一种逻辑，又是怎样的一种罪名呢？汉景帝杀周亚夫有所谓"不反地上即欲反地下"，这都是汉代的帝王与其丞相们杀人的口实，还美其名曰"法律"。

公孙弘任丞相的性格特点是"每朝会议，开陈其端，令人主自择，不肯面折庭争"。这种表现与《万石张叔列传》所写的石建、张欧等都差不多，有点近于佞幸。但公孙弘并不总是如此，当时汉武帝曾一度要北伐匈奴、南讨南越，同时动手。公孙弘公开地提出反对，这在满朝大臣中实不多见。后来经过与汉武帝的代言人朱买臣的反复辩论，公孙弘放弃了对北伐匈奴的反对，而取得了暂时停止对西南夷的用兵。这是很难得的一项庭议的胜利，公孙弘与那些唯唯诺诺的石庆之流不能等同视之。公孙弘最大的优点是生活俭朴，他身盖布被、食无重肉；他所获得的薪俸都用在了周济他的穷亲戚、穷朋友。但就因为这个，居然也受到了许多朝臣的反对，连大名鼎鼎的汲黯也拿这种事情在朝堂上对公孙弘进行谴责，理由是"不近人情"，是"沽名钓誉"。真是荒谬得让人不知该说什么好了，春秋时代的齐国宰相晏婴，不就是因为"食不重肉，妾不衣丝"的俭朴而流誉后世吗？怎么到公孙弘就变成不容于世的罪行了？看来到西汉末年朝野对公孙弘的看法就与司马迁写《史记》的时候不同了。本篇作品最后所附的褚少孙所引的王元后的一篇诏书，就是专门赞扬公孙弘；而"班固曰"云云一段文字，更是节取了《汉书·公孙弘传》最后的总论，它赞扬了汉武帝时代之宏阔与其当时的人材之盛，以及汉武帝功业辉煌之所由，高屋建瓴，实为不可多得之宏论。

曾国藩对司马迁这种情感上的偏颇曾有过明确的批评，他对这种现象称做"褊衷"。他在《求阙斋读书录》中说："平津亦贤相，而太史公屡非之。盖子长褊衷于汲黯、董仲舒，既所心折，即郭解、主父偃亦所深许，遂不能不恶平津耳。"又说："子长最不满于公孙弘，风刺之屡矣。此篇录公孙弘奏疏之著于功令者，则曰'余读功令，未尝不废书而叹'；于辕固生，则曰'公孙弘侧目视固'；于董仲舒，则曰'公孙弘希世用事'；于胡毋生，则曰'公孙弘亦颇受焉'。盖当时以经术致卿相者独弘，子长既薄其学，又丑其行，故褊衷时时一发露也。"（《求阙斋读书录·史记》）

五十三

《南越列传》

1

《南越列传》：其相吕嘉年长矣，相三王，宗族官仕为长吏者七十余人，男尽尚王女，女尽嫁王子兄弟宗室，及苍梧秦王有连。其居国中甚重，越人信之，多为耳目者，得众心愈于王。王之上书，数谏止王，王弗听。有畔心，数称病不见汉使者。使者皆注意嘉，势未能诛。王、王太后亦恐嘉等先事发，乃置酒，介汉使者权，谋诛嘉等。使者皆东乡，太后南乡，王北乡，相嘉、大臣皆西乡，侍坐饮。嘉弟为将，将卒居宫外。酒行，太后谓嘉曰："南越内属，国之利也，而相君苦不便者，何也？"以激怒使者。使者狐疑相杖，遂莫敢发。嘉见耳目非是，即起而出。太后怒，欲铍嘉以矛，王止太后。嘉遂出，分其弟兵就舍，称病，不肯见王及使者。乃阴与大臣作乱。……

天子闻嘉不听王，王、王太后弱孤不能制，使者怯无决。……于是天子遣韩千秋与王太后弟樛乐将二千人往。入越境，吕嘉等……乃与其弟将卒攻杀王、太后及汉使者。遣人告苍梧秦王及其诸郡县，立明王长男越妻子术阳侯建德为王。而韩千秋兵入，破数小邑。其后越直开道给食，未至番禺四十里，越以兵击千秋等，遂灭之。使人函封汉使者节置塞上，好为谩辞谢罪，发兵守要害处。

以上是汉朝使者安国少季与南越王、南越太后合手安排的一场谋杀南越丞相吕嘉等反汉集团的"鸿门宴"，由于安国少季、终军、魏臣等一群废物的"狐疑相杖"，遂使一个本来可以取胜的机会丧失掉了，换来的结局是这群废物通通被吕嘉所杀。俗话说："受降如受战"，如果当事人没有足够的谋略与勇敢，那是万万不行的。试比较一下霍去病接受匈奴浑邪王率部投降的动人情景："骠骑既渡河，与浑邪王众相望。浑邪王裨将见汉军而多欲不降者，颇遁去。骠骑乃驰入与浑邪王相见，斩其欲亡者八千人，遂独遣浑邪王乘传先诣行在所，尽将其众渡河，降者数万，号称十万。"这其中的"骠骑乃驰入与浑邪王相见"一句太关键、太重要了，它表现了霍去病非凡的胆略、勇敢，与他那种坚决、果断的无比威猛与尊严。少时读王勃的《滕王阁序》，读到"有怀投笔，慕宗悫之长风；无路请缨，等终军之弱冠"，还很赞美过终军的"愿受长缨，必羁南越王而致之阙下"的那份豪情；今天读了《南越列传》才知道终军是如此一个只会狂言，而未能尽任何些许之力的废物。

相比之下，吕嘉倒是一位对南越王室忠心耿耿的令人同情的老臣，遗憾的是他既无其谋，又无其力；偏偏汉朝南来的使者与将军又是一群懦弱而又无能之徒，前者如安国少季、终军等人在筵会上的荏弱无断，坐失良机；后者如朝廷派来的韩千秋、樛乐等人又昏庸腐朽，徒为大言，于是竟使汉王朝的两千甲士干净彻底地被越人所消灭，这就是侵略者、狂妄者的下场。汉武帝在这件事的前后所表现出的粗疏无谋，轻举妄动，也令人感到很可憎。本来是一些很好解决的问题，结果酿成了更大规模的军事动员与诸路兴兵的战争。

在最后的战争中表现最坏的是楼船将军杨仆，汉武帝在稍后又派杨仆去平定闽越的时候缕述杨仆在南越之役中的罪行说："将军之功，独有先破石门、寻陕，非有斩将搴旗之实也，乌足以骄人哉？前破番禺，捕降者以为虏，掘死人以为获，是一过也；建德、吕嘉逆罪不容于天下，将军拥精兵不穷追，超然以东越为援，是二过也；士卒暴露连岁，为朝会不置酒，将军不念其勤劳，而造佞巧，请乘传行塞，因用归家，怀银黄，垂三组，夸乡里，是三过也；失期内顾，以道恶为解，失尊尊之序，是四过也；欲请蜀刀，问君贾几何，对曰率数百。武库日出兵而阳不知，挟伪干君，是五过也。受诏不至兰池宫，明日又不对，假令将军之吏问之不对，令之不从，其罪何如？推此心以在外，江海之间可得信乎？今东越深入，将军能率众以掩过否？"文载《汉书·酷吏传》，《史记》中只字不见，看来司马迁对杨仆盖已笔下大大留情了。

《南越列传》之文字、标点有可讨论者：

（1）于是乃下令国中曰："吾闻两雄不俱立，两贤不并世。皇帝，贤天子也。自今以后，去帝制黄屋左纛。"陆贾还报，孝文帝大说。遂至孝景时，称臣，使人朝请。然南越其居国窃如故号名，其使天子，称王朝命如诸侯。至建元四年卒。

佗孙胡为南越王。

依照这种标点法，很容易让人理解为是南越王赵佗在接待完陆贾的第一次来使后遂下令于南越国中取消了黄屋左纛，一直到汉景帝时对汉称臣，到汉武帝建元四年死。这恐怕是不可能的。赵佗早在秦始皇时代就是秦王朝派出的管理南越的地方官员。假定陈胜起义时（前209年）赵佗三十岁，那么到汉武帝建元四年（前137年），就已经是百岁出头了。因此梁玉绳提出"建元四年"不应该是赵佗死的年头，而是赵佗的孙子赵胡继位为王的年头。"卒"字是衍文，应削。应将"建元四年"四字与"佗孙胡为南越王"连作一句读。至于赵佗是死于何年，其子名甚、何年即王位则皆不可知也。

梁氏的说法甚好，今姑依例重新标点数句作："于是乃下令国中曰：'吾闻两雄不俱立，两贤不并世。皇帝，贤天子也。自今以后，去帝制黄屋左纛。'陆贾还报，孝文帝大说。遂至孝景时，称臣，使人朝请。然南越其居国窃如故号名，其使天子，称王朝命如诸侯。

至建元四年（卒），佗孙胡为南越王。"此所谓"佗孙胡"者，即"南越文王"。

南越文王墓在今广州市象冈山，全部用石块构成。墓主遗体在主室，身着丝缕玉衣，身上有印章八枚，最大者为龙纽金印，阴刻篆书曰"文帝行玺"，是目前见到的最大的西汉金印。其余七枚分别是"泰子"龟纽金印，"赵眛"覆斗纽玉印，"帝印"蟠龙纽玉印，余三枚玉印素面无文字。东侧室是姬妾葬处，出土有"右夫人"龟纽金印，"左夫人印""泰夫人"印等多枚。据出土印章知墓主为南越文帝赵眛，《史记》记载为"赵胡"，可能系司马迁误记。

（2）戈船、下厉将军兵及驰义侯所发夜郎兵未下，南越已平矣，遂为九郡。伏波将军益封，楼船将军兵以陷坚为将梁侯。

"楼船将军兵以陷坚为将梁侯"。此句有重要语病，因立功而封侯者乃"楼船将军"杨仆，非谓其所将之兵也。句中"兵"字应削。《汉书》作"楼船将军以推锋陷坚为将梁侯"，可为证明。

今依例重新标点数句作："戈船、下厉将军兵及驰义侯所发夜郎兵未下，南越已平矣，遂为九郡。伏波将军益封，楼船将军（兵）以陷坚为将梁侯。"

（3）尉佗之王，本由任嚣。遭汉初定，列为诸侯。隆虑离湿疫，佗得以益骄。瓯骆相攻，南越动摇。汉兵临境，婴齐入朝。

这段文字中的错谬颇多，今略解释如下：

"隆虑离湿疫，佗得以益骄"。汉王朝吕后执政时，因禁止向南越出口铁器，引起南越对汉王朝的边境攻击。汉王朝曾派隆虑侯周灶统兵征讨，因暑热潮湿，士卒大疫；又值吕后病死，周灶遂撤军而回。南越王遂由此越发骄横起来。离：通"罹"，陷入，遭受。

"瓯骆相攻，南越动摇"。梁玉绳曰："按传，相攻者，闽越与南越，非瓯、骆也。"王叔岷曰："当作'闽越相攻，南越动摇'。"二家说是，应据改"瓯骆"作"闽越"。

"汉兵临境，婴齐入朝"。照理应说"汉诛闽越，婴齐入朝"，汉诛闽越时，未临南越之境。南越王乃感激汉德而遣其太子婴齐"入朝宿卫"，非在大兵压境之下而遣质求和也。

今依例重新标点数句作："尉佗之王，本由任嚣。遭汉初定，列为诸侯。隆虑离湿疫，佗得以益骄。（瓯骆）［闽越］相攻，南越动摇。汉（兵临境）［诛闽越］，婴齐入朝。"

《东越列传》

1

《东越列传》之文字、标点有可讨论者：

（1）东越素发兵距险，使徇北将军守武林，败楼船军数校尉，杀长吏。楼船将军率钱唐辕终古斩徇北将军，为御儿侯。自兵未往。

故越衍侯吴阳前在汉，汉使归谕馀善，馀善弗听。及横海将军先至，越衍侯吴阳以其邑七百人反，攻越军于汉阳。

"楼船将军率钱唐辕终古斩徇北将军，为御儿侯"。这句话的主语不明，斩了徇北将军，被封为御儿侯的到底是"楼船将军（杨仆）"呢？还是楼船将军的部下钱唐人辕终古呢？给人造成疑惑的首先是"率"字，它让人理解为是"楼船将军"率领着钱唐人辕终古，杀了徇北将军，因此被封为御儿侯的就是楼船将军杨仆了。其实原意并不如此。《汉书》的原文于此作"楼船军卒钱唐辕终古斩徇北将军，为御儿侯。"它的意思很明确，"楼船军卒"是"钱唐辕终古"的定语。这句话的主语，也就是斩了敌方的徇北将军，因立功被封为御儿侯的是"钱唐人辕终古"。因此处理本句语病的第一个方案是把"将"字去掉，把"率"字改为"卒"，这样就与《汉书》相同了。不过我想能不能只去掉一个"将"字，让"军率"二字连读。"楼船军率"就是楼船将军部下的小头目，这不也就和《汉书》中的"楼船军卒"大致相同了吗？

另一个重要问题是"自兵未往"四个字的归属。通行本将这四个字留在上一段的末尾，用句号结束。不知其用意如何。我认为"自兵未往"四个字是表示时间的，用作前置词以引起要追叙的在此以前所发生的事情。相当于古代历史书通常所用的"先是"二字。这四个字不应放在段末，应移至下段的开头，以引起将要追叙的故事。在本文里，它要追述的事情是：早在讨伐东越的大兵尚未派出前，汉王朝就派了当时住在汉朝的东越人吴阳，让他回到东越去劝说馀善及早投降汉朝，结果馀善不听。

今依例重新标点这两个小段作："东越素发兵距险，使徇北将军守武林，败楼船军数校尉，杀长吏。楼船（将）军率钱唐辕终古斩徇北将军，为御儿侯。

自兵未往，故越衍侯吴阳前在汉，汉使归谕馀善，馀善弗听。及横海将军先至，越衍侯吴阳以其邑七百人反，攻越军于汉阳。"

五十五

《朝鲜列传》

①

《朝鲜列传》：传子至孙右渠，所诱汉亡人滋多，又未尝入见；真番旁众国欲上书见天子，又拥阏不通。元封二年，汉使涉何谯谕右渠，终不肯奉诏。何去至界上，临浿水，使御刺杀送何者朝鲜裨王长，即渡驰入塞，遂归报天子曰“杀朝鲜将”。上为其名美，即不诘，拜何为辽东东部都尉。朝鲜怨何，发兵袭攻杀何。

锺惺曰：“朝鲜右渠诱汉亡人，不入见，汉使涉何诱谕右渠，终不肯奉诏。何去至塞上，临浿水，使御刺杀送何者朝鲜裨王长，即渡驰入塞，归报天子曰‘杀朝鲜将’。边吏朦胧，免罪要功，失外夷心，开衅生事，从来如此。且以‘诱谕右渠’往，而以杀其将归报，已失奉使之指矣，况所杀非其将，罪可胜诛乎？上为其‘名美’即不诘，盖知而故纵之，自欺欺人，实‘名美’二字误之，此大病痛也。”

边疆与邻国关系，始衅甚小，处置失宜，越滚越大，终至兴兵征讨，朝鲜与南越二役，乃汉王朝之最最无理者。而其中所显露的各层官吏的自私、腐败与怯懦，又为其他诸役所未见。

2

《朝鲜列传》：天子为两将未有利，乃使卫山因兵威往谕右渠。右渠见使者顿首谢："愿降，恐两将诈杀臣；今见信节，请服降。"遣太子入谢，献马五千匹，及馈军粮。人众万余，持兵，方渡浿水，使者及左将军疑其为变，谓太子已服降，宜命人毋持兵。太子亦疑使者左将军诈杀之，遂不渡浿水，复引归。山还报天子，天子诛山。

左将军破浿水上军，乃前，至城下，围其西北；楼船亦往会，居城南。右渠遂坚守城，数月未能下。……天子曰："将率不能，前乃使卫山谕降右渠，右渠遣太子，山使不能剸决，与左将军计相误，卒沮约。今两将围城，又乖异，以故久不决。"使济南太守公孙遂往正之，有便宜得以从事。遂至，左将军曰："朝鲜当下久矣，不下者有状。"言楼船数期不会，具以素所意告遂，曰："今如此不取，恐为大害，非独楼船，又且与朝鲜共灭吾军。"遂亦以为然，而以节召楼船将军入左将军营计事，即命左将军麾下执捕楼船将军，并其军。以报天子，天子诛遂。

左将军徵至，坐争功相嫉，乖计，弃市。楼船将军亦坐兵至洌口，当待左将军，擅先纵，失亡多，当诛，赎为庶人。

锺惺曰："此与唐代李晟及怀光渭桥之屯略同，自古两将异指鲜不败亡者，而史公摹写两人相妒、相疑、相厄之情曲尽。"又曰："'楼船困辱，卒皆恐，将惭，其围右渠，常持和节'，千古边将依违情形写出如见。右渠始终以约降之说唉楼船，左将军以战持之，阴欲降右渠，以夺楼船之功。公孙遂入左将军之说，执捕楼船，夺之军，左将军之计得矣。右渠已诛，论功行赏，及于朝鲜之降人，左将军诛死，楼船赎为庶人，误国妒功，卒致两败，可为为将不和之戒。"

　　武帝因袭匈奴不成诛王恢，因对闽越失利诛张成、刘齿，在此讨伐朝鲜的战争中又先后诛卫山、诛公孙遂、诛荀彘，杨仆罚为庶人，武帝可谓法严令具者也。

五十六

《西南夷列传》

1

《西南夷列传》之文字、标点有可讨论者：

（1）西南夷君长以什数，夜郎最大。

李笠曰："'南'上本无'西'字。此以'南''西''北'分写，故云'南夷君长以夜郎为最大，其西靡莫之属滇最大，自滇以北邛都最大'。若总言'西南'，安得以夜郎属之？下文云'独置南夷夜郎'，亦可证夜郎属南夷。《汉书》正作'南夷君长以十数，夜郎最大。'"李说是也，应据削"西"字。

今重新标点此句作："（西）南夷君长以什数，夜郎最大。"

（2）始楚威王时，使将军庄蹻将兵循江上，略巴、黔中以西。庄蹻者，故楚庄王苗裔也。

关于庄蹻其人，众人的说法不一：《吕氏春秋》高诱注以为是"楚成王（前671—前626年在位）时大盗"；《史记·索隐》则曰"楚庄王弟，为盗者"；《韩非子·喻老》有所谓楚庄王时"庄蹻盗于境内"之语；《后汉书》则以庄蹻为楚顷襄王（前298—前263年在位）时人。其《南蛮西南夷列传》云："楚顷襄王时，遣将庄豪从沅水伐夜郎，既灭夜郎，因留王滇池。"《通典》以为"庄豪"就是"庄蹻"。当代历史家钱穆、杨宽等人皆取《后汉书》的说法，并进一步推定了与"庄蹻"相关的"楚庄王"实际就是楚顷襄王。参见《滑稽列传》注。

所谓"略巴、黔中以西"。蒙文通《古族甄微》以为若庄蹻为楚顷襄王时人，则巴国当时早已被秦国所占，庄蹻"循江"入川，不可能越过秦地到达滇池。杨宽亦以为此句中之"巴"字为衍文。

两家之说可取，今重新标点数句作："始楚威王时，使将军庄蹻将兵循江上，略（巴、）黔中以西。庄蹻者，故楚庄王苗裔也。"

（3）十余岁，秦灭。及汉兴，皆弃此国而开蜀故徼。巴蜀民或窃出商贾，取其筰马、僰僮、髦牛，以此巴蜀殷富。

"皆弃此国而开蜀故徼"。此语大误，"开"字应作"关"。正因为秦、汉王朝当时都采取放弃滇国不要，而且都关闭了巴蜀诸郡的国境线，所以巴蜀之民才需要"窃出商贾"。王念孙曰："开，应依《汉书》作'关'。"

今依例重新标点数句作："十余岁，秦灭。及汉兴，皆弃此国而（开）〔关〕蜀故徼。巴蜀民或窃出商贾，取其筰马、僰僮、髦牛，以此巴蜀殷富。"故徼，旧时的国境线，包括通商口岸。

（4）乃拜蒙为郎中将，将千人，食重万余人，从巴蜀筰关入，遂见夜郎侯多同。"

"巴蜀筰关"。王念孙《读书杂志》以为"蜀"字衍文。"巴筰关"

应作"巴符关"，且引《水经注》"符县""符关"为证曰："县故巴夷之地，汉武帝建元六年'以唐蒙为中郎将，从万人出巴符关'者也。是符关即在符县，而县为故巴夷之地，故曰'巴符关'也。汉之符县，在今泸州合江县西。今合江县南有符关，仍汉旧名也。若'筰'地，则在蜀之西，不与'巴'相接，不得言'巴筰关'矣。《史记》作'巴蜀筰关'，于义尤不可通，盖因上文'巴蜀'而衍。旧本《北堂书钞·政术部十四》引《汉书》，正作'巴符关'。"王氏之说详凿，应据改"巴蜀筰关"作"巴符关"。

今依例重新标点数句作："乃拜蒙为郎中将，将千人，食重万余人，从巴（蜀筰）［符］关入，遂见夜郎侯多同。"食重万余人，意即运送粮草与各种物资的有上万人。

（以上四条，新校本已经出注赞成应作修改，但其正文仍维持原样未变，故本文照例做了校改。）

（5）且兰君恐远行，旁国虏其老弱，乃与其众反，杀使者及犍为太守。汉乃发巴蜀罪人尝击南越者八校尉击破之。

"尝击南越者"。意思大错。"尝"字应作"当"。当时的事情是，南海郡（今广州）一带的南越国发动叛乱，汉王朝调集各路兵马前往镇压讨伐。其中有一支是由朝廷八校尉统率的由巴蜀地区罪犯组成的队伍。这支队伍本来是要经过"南夷"地区东下，去与其他诸路汇合的，可是还没等他们离开南夷，南越就被平定了。于是朝廷给他们改变任务，让他们转头去打且兰。"当击南越者"，因一字之差成了"尝击南越者"，与事实不合。南化本、枫、三本与《汉书》皆作"当击南越者"。

今依例重新标点数句作："且兰君恐远行，旁国虏其老弱，乃与其众反，杀使者及犍为太守。汉乃发巴蜀罪人（尝）［当］击南越者八校尉击破之。"

（6）会越已破，汉八校尉不下，即引兵还，行诛头兰。头兰，隔滇道者也。已平头兰，遂平南夷为牂柯郡。

梁玉绳曰："三称'头兰'，即上文'且兰'，小国名也，后为县。《汉书》皆作'且兰'，疑'头'字非。"梁说是也。抗命不肯出兵，并杀汉使与犍为太守者是"且兰"，理应首先致讨。且兰属于"南夷"，据谭其骧《历史地图集》，且兰的位置在今贵州黄平县西南。八校尉回师亦离其地不远，故可曰"行诛且兰"。《索隐》于此有所谓"即且兰也"，其理解是正确的。至于说"头兰"，乃"隔滇道者也"，其地应在"南夷"之西侧，似应在夜郎与滇国之间。此地非八校尉回师之所经，不可能被其"行诛"。此八字与"且兰"无关。《汉书》于此作"行诛隔滇道者且兰"，说诛"且兰"是对的，给且兰戴上一个"隔滇道"的罪名，又系沿用《史记》之误。此段应据改文中第一、第三两"头兰"字皆应作"且兰"；"头兰，常隔滇道者也"，此八字与"且兰"事无关，应削。

今依例重新标点数句作："会越已破，汉八校尉不下，即引兵还，行诛（头）［且］兰。（头兰，隔滇道者也。）已平（头）［且］兰，遂平南夷为牂柯郡。"

（7）元封二年，天子发巴蜀兵击灭劳浸、靡莫，以兵临滇。滇王始首善，以故弗诛。滇王离难西南夷，举国降，请置吏入朝。于是以为益州郡，赐滇王王印，复长其民。

"滇王离难西南夷，举国降"。二句委实难讲。中井积德曰："'西南夷'三字涉下文衍，'离难'，滇王名。"依中井说，文字顺畅自然，可以说通。但"西南夷"三字是否衍文，颇可怀疑。"西南夷"一词的概念可以包括"西夷"与"南夷"，是不是也可以兼包更加西南方的"滇""巂"与"昆明"呢？。如果可以，那么这句话就可以大致理解为"滇王于是脱离了与汉王朝作对的头兰、巂、昆明诸部，而举国归顺了汉朝"。《汉书》于此作"滇王离西夷，滇举国降"，虽然班固仍未讲通"离难"二字，但他已经往"脱离"的意思上想了。今姑提出此解供读者参考。

"赐滇王王印,复长其民"。1956 年 11 月,据云南晋宁石寨山滇王墓之发掘报告称,在石寨山六号墓发现金印一方,刻有篆书"滇王之印"四字,与此记载相合。此印为方形,每边宽二点四厘米,通纽厚二厘米。图片见《史记笺证·西南夷列传》。考古人员对此描述说:"印背上盘曲一条蛇纽,蛇首昂立,背有金色鳞纹,回目逼视,两眼熠熠放光,造型生动,极具自然之态。纽身分铸,然后焊接,印身四边完整无损,光彩夺目。印文錾刻,篆书白文四字'滇王之印'。如今这枚造型精巧有趣的金印收藏于中国国家博物馆,虽体积不过方寸,但有了它,古滇国位于以晋宁为中心的滇池区域的传说完全被证实,沉睡地下两千多年的古滇王国历史重见天日。"

五十七

《司马相如列传》

①

《司马相如列传》：梁孝王令与诸生同舍，相如得与诸生游士居，数岁，乃著《子虚之赋》。

泷川曰："《子虚》《上林》原是一时作，合则一，分则二，相如使乡人奏其上篇，以求召见耳，正是才狡狯手段。"

②

《司马相如列传》：卓氏客以百数。至日中，谒司马长卿，长卿谢病不能往。临邛令不敢尝食，自往迎相如。相如不得已，强往，一坐尽倾。酒酣，临邛令前奏琴曰："窃闻长卿好之，愿以自娱。"相如辞谢，为鼓一再行。是时卓王孙有女文君新寡，好音，故相如缪与令相重，而以琴心挑之。相如之临邛，从车骑，雍容闲雅甚都；及饮卓氏，弄琴，文君窃从户窥之，心悦而好之，恐不得当也。既罢，相如乃使人重赐文君侍者通殷勤，文君夜亡奔相如。相如乃与驰归成都，家居徒四壁立。……

相如与俱之临邛，尽卖其车骑，买一酒舍酤酒，而令文君当炉。相如身自著犊鼻裈，与保庸杂作，涤器于市中。……卓王孙不得已，分予文君僮百人，钱百万，及其嫁时衣被财物。文君乃与相如归成都，买田宅，为富人。

钱大昭引《西京杂记》曰："司马相如初与文君还成都，居贫愁懑，以所著鹔鹴裘就市人阳昌贳酒，与文君为欢。既而文君抱颈而泣曰：'我生平富足，今乃以衣裘贳酒！'遂相与谋于临邛卖酒，相如亲著犊鼻裈涤器，以耻王孙。王孙果以为病，乃厚给文君，文君遂为富人。"刘辰翁曰："本是一段小说，子长以奇著之，如闻如见，乃并与其精神意气，隐微画就，益至俚亵，而尤可观。"有井范平曰："叙得敷腴温润之极，有情有态，然已开后世小说家之派。"

作品描写司马相如娶卓文君一节，细致生动。司马相如与卓文君的行为在当时是属于"越礼"的，但司马迁对之表现了充分的理解与欣赏。这段文字是我国后代浩如烟海的才子佳人小说之滥觞。

《司马相如列传》：子虚，虚言也，为楚称；乌有先生者，乌有此事也，为齐难；无是公者，无是人也，明天子之义。故空藉此三人为辞，以推天子诸侯之苑囿。其卒章归之于节俭，因以风谏。

以上数语概括了《子虚赋》《上林赋》整个文章的内容框架，并认为此文章的总体倾向是倡导节俭，对统治者有讽谏意义。

《司马相如列传》：于是酒中乐酣，天子芒然而思，似若有亡。曰："嗟乎，此泰奢侈！朕以览听馀闲，无事弃日，顺天道以杀伐，时休息于此。恐后世靡丽，遂往而不反，非所以为继嗣创业垂统也。"于是乃解酒罢猎，而命有司曰："地可以垦辟，悉为农郊，以赡萌隶……发仓廪以振贫穷，补不足，恤鳏寡，存孤独。出德号，省刑罚，改制度，易服色，更正朔，与天下为始。"

以上是《子虚赋》《上林赋》两篇大赋最后的结束语。作品的前面用了百分之九十以上的篇幅描写了狩猎、宴会、音乐等极度豪华享乐的生活，现在要来最后表现一点"讽谏"的意思了，它之别出心裁的不是让某个"忠直"的大臣越班向皇帝进言，而是让英明的皇帝灵机一动，自己宣布罢猎、罢宴，从而制订出一套有利于国计民生的好章程。可见御用文人的思维方式的确有让统治者赏心悦目之处。

这种歌功颂德，以讨好帝王为宗旨的辞赋在思想上固然没有多少东西好讲，但其艺术在当时还是相当有特点的：其一，它的结构宏伟，富丽堂皇。讲究场面的开阔，讲究层次的分明；由外及里，由下及上，由近及远；有空间的转移，有时间的流动；有多种生活、多种场面、多种气氛构成的一种极其广阔复杂而又极其统一和谐的艺术画面。司马相如不是说"赋家之心要包括宇宙，总揽人物"吗，他的作品正是他这种理论的绝好说明。其二，讲究绘声绘形，有声有色。而且声音、色彩的种类极多，变化极大，穷形极相，动魄惊心。而就其总的气氛来说，又是极其富丽、极其欢娱、极其热烈而又庄严的，这点和东汉以后的辞赋大不相同。其三，它极大程度地利用了中国方块字在字形构造上的突出特点，在文章的字形排列上给阅读者以强烈的视觉刺激。一排列几十个山字头，几十个水字边，几十个鱼字旁，几十个草字头、鸟字边、马字旁，如此等等，首先就给人一种迎面扑来的气势感。这种作法在枚乘的《七发》中已经开始了，到司马相如，更把它推到了顶峰。

《司马相如列传》：相如使时，蜀长老多言通西南夷不为用，唯大臣亦以为然。相如欲谏，业已建之，不敢，乃著书，籍以蜀父老为辞，而己诘难之，以风天子，且因宣其使指，令百姓知天子之意。

且夫王事固未有不始于忧勤，而终于佚乐者也。然则受命之符，合在于此矣。方将增泰山之封，加梁父之事，鸣和鸾，扬乐颂，上咸五，下登三。观者未睹指，听者未闻音，犹鹪明已翔乎寥廓，而罗者犹视乎薮泽。悲夫！

于是诸大夫芒然丧其所怀来，而失厥所以进，喟然并称曰：“允哉汉德，此鄙人之所愿闻也。百姓虽怠，请以身先之。”敞罔靡徙，因迁延而辞避。

以上即著名的所谓《难巴蜀父老文》。司马相如出使的任务本来是去谴责唐蒙的，而文章对唐蒙的“谴责”只是在前面用了个“皆非陛下之意也”一语轻轻带过，而后便转过来狠狠地教训巴蜀的百姓，说他们愚蠢无知，缺乏教养，不懂作臣民的道理。这一顿挖苦斥责可说是用出了浑身的力气。从这里，我们可以看出在一个专制的强大君主面前，那些谄媚迎合的群臣们的卑微心态。司马相如为什么不狠狠地说唐蒙几句呢？因为唐蒙是秉承汉武帝的意旨行事；而且怂恿汉武帝通西南夷的，本来就有司马相如。但是这篇文章的艺术技巧还是很好的，其一是辞情婉转，为守而攻，深合这种自上谕下、为自己文过饰非的文体的需要。“错误”也像是承认了，但架子又摆得很高，全文保持着一种教训别人的口气。明代凌稚隆说：“此谕以非上意为主，故归咎于使者有司；却不专责之，而咎及百姓；又不直责之，而咎其父兄。转展委曲，深得谕体。”其二是这篇文章的语言精练、辞藻艳发，尤其第一段描写大汉帝国所向无敌的气势，十分雄壮，带有西汉文章的典型特征。

刘勰说：“相如之难蜀老，文晓而喻博，有移檄之骨焉。”（《文心雕龙·檄移》）林云铭说：“是文谓宣其使指，令百姓知天子之意则可；若谓以风天子，其事已成，不使中绝，且词中劝百讽一，又不知其已矣。总长卿以词赋得幸，多迎合上意。如上好游，则为《上林赋》；上好神仙，则为《大人赋》；至死犹言封禅，遗札以奏，则此篇未必非迎合。"（《古文析义》卷三）李兆洛说："意虽寓观，实则颂也。解此措语之法，乃能气壮情骇。《四子讲德论》仿之必俗，此文仿之必骇也。然必解此，然后文有生气，藻丽绝特，尤撷香拾艳之渊薮也。"（《骈体文钞》卷三）

6

《司马相如列传》：臣闻物有同类而殊能者，故力称乌获，捷言庆忌，勇期贲、育。臣之愚，窃以为人诚有之，兽亦宜然。今陛下好陵阻险，射猛兽，卒然遇轶材之兽，骇不存之地，犯属车之清尘，舆不及还辕，人不暇施巧，虽有乌获、逢蒙之伎，力不得用，枯木朽株尽为害矣。是胡越起于毂下，而羌夷接轸也，岂不殆哉？虽万全无患，然本非天子之所宜近也。
……

盖明者远见于未萌而智者避危于无形，祸固多藏于隐微而发于人之所忽者也。故鄙谚曰"家累千金，坐不垂堂"。此言虽小，可以喻大。臣愿陛下之留意幸察。

这就是司马相如所作的《谏猎疏》，其要旨就是劝告汉武帝要珍重自己的身体，不要醉心于打猎，去冒那些不必要的危险。当时汉武帝迷恋射猎，荒废政事，明明有许多更为严重的危害，司马相如却只字不提。这篇文章和司马相如的其他文章一样，反映了他这类御用文人的本质。林云铭说："此全为陵阻险、射猛兽而发，说得悚然可畏，绝不提出纵兽荒禽，废事失德腐语。对英主言，自当如此。"（《古文析义》）茅坤曾说它"魄碰奇崛，《骚》之再变"。

7

《司马相如列传》之文字、标点有可讨论者：

（1）：无是公言天子上林广大，山谷水泉万物；乃子虚言楚云梦所有甚众，侈靡过其实，且非义理所尚，故删取其要，归正道而论之。"

两行的大意是说，无是公描绘了皇帝上林苑的广大与富饶，这是无可挑剔的；至于子虚所夸耀的云梦泽的情景，就太不着边际了，而且这方面的事情根本不值得提倡。我之所以要收录这篇辞赋，是因为它的主题、它的最终目的还是提倡节俭。"要归正道"，意即最终还是回到正题上来。这与全篇最后对司马相如盖棺论定的所谓"相如虽多虚辞滥说，然其要归引之节俭"的意思是一样的。但通行本将其最重要的一句标点作："故删取其要，归正道而论之"，将"故删取其要"与"归正道而论之"十一字断作两句，遂使人不知所云。而且还让人错解这篇文章里所收的《子虚赋》《上林赋》不是全文，而是一个摘要，这就差得太远了。

今依例重新标点数句作："无是公言天子上林广大，山谷水泉万物；乃子虚言楚云梦所有甚众，侈靡过其实，且非义理所尚：故删取其要归正道而论之。"

五十八

《淮南衡山列传》

①

《淮南衡山列传》：厉王有材力，力能扛鼎。乃往请辟阳侯。辟阳侯出见之，即自袖铁椎椎辟阳侯，令从者魏敬刭之。厉王乃驰走阙下，肉袒谢曰："臣母不当坐赵事，其时辟阳侯力能得之吕后，弗争，罪一也。赵王如意子母无罪，吕后杀之，辟阳侯弗争，罪二也。吕后王诸吕，欲以危刘氏，辟阳侯弗争，罪三也。臣谨为天下诛贼臣辟阳侯，报母之仇，谨伏阙下请罪。"孝文帝伤其志，为亲故，弗治，赦厉王。

以上淮南王刘长为其母报仇，擅杀辟阳侯审食其事，凌稚隆引董份曰："厉王虽以母仇杀人，而指数其罪皆当。辟阳本有死罪，故赦弗治也。"刘辰翁曰："厉王生不知母，长而不忘仇恨，身危犯法以抒其愤，使无骄恣自祸，此志岂不与天壤相磨，可称讽诵哉？文帝伤其志是矣。"钟惺曰："杀辟阳侯虽不可为训，然代为洒辱讨罪，亦是千古快事，足明汉失刑耳。"凌约言曰："厉王自幼子于吕氏，见食其之幸于吕后，而言无不从者稔矣，其心大有不甘者，况有不争其母之故乎？"又曰："三罪皆辟阳事实，然厉王椎杀本旨在罪一。其二三，不过并举以甚其罪耳。"吴见思曰："杀得勇，转得捷，人是快人，文是快文。"

《淮南衡山列传》之文字、标点有可讨论者：

（1）南海民王织上书献璧皇帝，忌擅燔其书，不以闻。

"南海民王织"。王先谦引周寿昌曰："'织'，南海王名，见《汉书·高纪》。"陈仁锡、梁玉绳等也都认为"民"字衍，《汉书》作"南海王织"。

《史记》全书无"南海王织"其人，而《汉书》则确有之。《高祖纪》十二年十二月诏曰："南武侯织，亦粤之世也，立以为南海王。"师古引文颖注曰：高祖十一年立赵佗为南越王，领有南海、桂林、象郡。十二年封南武侯织为南海王，乃遥夺赵佗之南海郡以封之，织实未得王也。《汉书·严助传》所载淮南王安之上书中有所谓"前时南海王反，陛下先臣（指刘长）使将军间忌将兵击之，以其军降，处之上淦（约当今之江西省清江县，当时属豫章郡）。后复反，会天暑多雨，楼船卒水居击棹，未战而疾死者过半。亲老涕泣，孤子啼号，破家散业，迎尸千里之外，裹骸骨而归。悲哀之气数年不息，长老至今以为记"云云。此"南海王"盖为南海郡北部丛山中所屯聚之少数民族部落，为当年南越王赵佗所未能削平者。因其邻近淮南国内的豫章郡，故被刘邦所曾封。后来又被刘长派兵击降，迁之于豫章郡之上淦。后又反，故刘长二次派兵讨之，牺牲甚大。今则上书欲献璧于皇帝。此处应作"南海王织"无疑。

今依例重新标点数句作："南海（民）王织上书献璧皇帝，忌擅燔其书，不以闻。"

（2）夫吴王赐号为刘氏祭酒，复不朝，王四郡之众，地方数千里。内铸消铜以为钱，东煮海水以为盐，上取江陵木以为船，一船之载当中国数十两车，国富民众。

"内铸消铜以为钱"。此语不顺，似有讹误。陈仁锡曰："'消'，当作'郭'，谓郭郡之铜也。"陈氏说是也。

今依例重新标点数句作："夫吴王赐号为刘氏祭酒，复不朝，王四郡之众，地方数千里。内铸（消）〔郭〕铜以为钱，东煮海水以为盐，上取江陵木以为船，一船之载当中国数十两车，国富民众。"

（3）夫以吴越之众，不能成功者何？诚逆天道而不知时也。方今大王之兵众不能十分吴楚之一，天下安宁有万倍于秦之时，愿大王从臣之计。

"吴越之众"。张文虎曰："'越'，疑'楚'之讹，上下文并作'吴楚'。"张说是，应据改"越"作"楚"。即以吴王刘濞、楚王刘戊为首的七国叛军，其举兵反朝廷与其被朝廷消灭的过程，见《吴王濞列传》。

今依例重新标点数句作："夫以吴（越）〔楚〕之众，不能成功者何？诚逆天道而不知时也。方今大王之兵众不能十分吴楚之一，天下安宁有万倍于秦之时，愿大王从臣之计。"

（4）《春秋》曰："臣无将，将而诛。"安罪重于"将"，谋反形已定。臣端所见其书节印图及他逆无道事验明白，甚大逆无道，当伏其法。

李笠曰："'甚大逆无道'五字复出，而又无当，疑误衍。《汉书》亦无。"李说是也，应据削五字。

今依例重新标点数句作："《春秋》曰：'臣无将，将而诛。'安罪重于'将'，谋反形已定。臣端所见其书节印图及他逆无道事验明白，（甚大逆无道，）当伏其法。"

五十九

《循吏列传》

①

《循吏列传》：太史公曰：法令所以导民也，刑罚所以禁奸也。文武不备，良民惧然身修者，官未曾乱也。奉职循理，亦可以为治，何必威严哉？

《史记》中有不少故事、不少细节，看似生龙活虎，其实就像《庄子》，"多寓言也"。即以本篇所说的李离过判杀人，自己伏剑而死；石奢的追擒凶手，乃其父也等，这些都是实有其事吗？道理肯定是有的，是不是就发生在石奢、李离身上，大概也就是传说而已，俗话说"事糙理不糙"。

李景星曰："能导民之谓循吏，能禁奸之谓循吏，能奉职循理之谓循吏。太史公之传循吏，只举孙叔敖、子产、公仪休、石奢、李离五人，盖以五人皆具爱民心肠，其所行事皆可为后世楷模，借五人以为循吏榜样，非只为五人作连传也。故于五人之他事皆削去弗录，而择其关于循吏者录之。如孙叔敖、子产、公仪休，皆以能导民禁奸而无愧为循吏者；如石奢、李离，皆以能奉职循理而无愧为循吏者。每人只举其一二轶事，却又以闲淡之笔出之，传神写照正在阿堵中。邓氏以瓒谓其语似诸子，别是一种小文字，

可谓善读是传者。赞语用韵，参差奇崛，语语入妙。"（《四史评议》）
曾国藩曰："循吏者，法立令行，识大体而已。后世之称'循吏'者，专尚慈惠，或以煦煦为仁者当之，与太史公此传之本意不伦。"

②

　　《循吏列传》：客有遗相鱼者，相不受。客曰："闻君嗜鱼，遗君鱼，何故不受也？"相曰："以嗜鱼，故不受也。今为相，能自给鱼；今受鱼而免，谁复给我鱼者？吾故不受也。"

　　公仪休拒绝受鱼事，全文采自《韩诗外传三》，前半文字全同；后半略有不同。其文曰："以嗜鱼，故不受也。受鱼而免于相，则不能自给鱼；无受而不免于相，长自给于鱼，此明于鱼为己者也。故《老子》曰：'后其身而身先，外其身而身存，非以其无私乎，故能成其私。'"引用《老子》语，分外精彩。司马迁在这里分明是将一篇寓言故事，穿靴戴帽，写入了人物传记中。
　　又，《滑稽列传》载淳于髡的故事说："昔者，齐王使淳于髡献鹄于楚。出邑门，道飞其鹄，徒揭空笼，造诈成辞，往见楚王曰：'齐王使臣来献鹄，过于水上，不忍鹄之渴，出而饮之，去我飞亡。吾欲刺腹绞颈而死，恐人之议吾王以鸟兽之故令士自伤杀也。鹄，毛物，多相类者，吾欲买而代之，是不信而欺吾王也。欲赴佗国奔亡，痛吾两主使不通。故来服过，叩头受罪大王。'楚王曰：'善，齐王有信士若此哉？'厚赐之，财倍鹄在也。"这个故事又见于《韩诗外传》，不说是淳于髡；又见于《说苑》，说当事人名无择，故事皆略似，盖相传之寓言也。
　　曾国藩曰："太史公传庄子曰：'大抵率寓言也。'余读《史记》，亦'大抵率寓言也。'列传首伯夷，一以寓天道福善之不足据；一以寓不得依圣人以为师，非自著书则将无所托以垂于不朽。次管晏传，伤己不得鲍叔者为之知己，又不得如晏子者为之荐达。此外如子胥之愤、屈贾之枉，皆借以自鸣其郁耳，非以此为古来伟人计功簿也，班固《人表》失其指矣。"

六十

《汲黯郑当时列传》

①

　　《汲黯郑当时列传》：黯既辞行，过大行李息，曰："黯弃居郡，不得与朝廷议也。然御史大夫张汤智足以拒谏，诈足以饰非，务巧佞之语，辩数之辞，非肯正为天下言，专阿主意。主意所不欲，因而毁之；主意所欲，因而誉之。好兴事，舞文法，内怀诈以御主心，外挟贼吏以为威重。公列九卿，不早言之，公与之俱受其戮矣。"息畏汤，终不敢言。黯居郡如故治，淮阳政清。后张汤果败，上闻黯与息言，抵息罪。

　　依这段文字言，张汤是个坏家伙，应该得到坏下场；后来得到了坏下场，应该是死有余辜，应该令人称快。但读了《酷吏列传》后，似乎又不如是。《酷吏列传》说张汤被杀的过程是，"人有盗发孝文园瘗钱，丞相青翟朝，与汤约俱谢，至前，汤念独丞相以四时行园，当谢；汤无与也，不谢。丞相谢，上使御史按其事。汤欲致其文丞相见知，丞相患之。"恰好这时庄青翟下属的三个长史（朱买臣、王朝、边通）都恨张汤，他们合谋，逮捕了一个与张汤有来往的商人田信，诬蔑张汤向田信泄露国家经济情报，说田信赚了钱，与张汤合分。张汤不承认。汉武帝谴责张汤，张汤被迫自杀。张汤死前给汉武帝上书，报告说："谋陷汤罪者，三长史也。"张汤是个清廉的人，家产的总价不过五百金，都是来源于自己的薪俸。其母给儿子治理丧事，"载以牛车，有棺无椁"。汉武帝弄清此事，称道张汤的母亲说："非此母不能生此子！"于是"尽案诛三长史。丞相青翟自杀。出田信。上惜汤，稍迁其子安世。"

从《酷吏列传》的文字看来，张汤的死不分明是一个已经被汉武帝公开平了反的大冤案吗？而且做恶的三长史已被汉武帝处以极刑，连他们的主官丞相庄青翟也都受连累自杀了。汲黯是一向与张汤不睦的，他在离开朝廷到外地任职时，劝导"九卿"之一的李息，让他注意张汤，要他加大与张汤斗争的力度。李息胆小，没敢行动。汉武帝听说此事，还一度罢过李息的官，把李息判罪服刑。《史记》中这种不同篇章之间说法矛盾的问题不止一处两处，读者应该注意。

2

《汲黯郑当时列传》：太史公曰：夫以汲、郑之贤，有势则宾客十倍，无势则否，况众人乎？下邽翟公有言：始翟公为廷尉，宾客阗门；及废，门外可设雀罗。翟公复为廷尉，宾客欲往，翟公乃大署其门曰："一死一生，乃知交情；一贫一富，乃知交态；一贵一贱，交情乃见。"汲、郑亦云，悲夫！

由于司马迁个人的特殊身世，故而在写历史人物、历史事件的同时，夹带抒发世态炎凉、抒发人生感慨的地方非常多，今稍集几段于下，以资观览：

《孟尝君列传》："自齐王毁废孟尝君，诸客皆去。后召而复之，冯驩迎之。未到，孟尝君太息叹曰：'文常好客，遇客无所敢失，食客三千有余人，先生所知也。客见文一日废，皆背文而去，莫顾文者。今赖先生得复其位，客亦有何面目复见文乎？如复见文者，必唾其面而大辱之。'

冯驩结辔下拜。孟尝君下车接之，曰：'先生为客谢乎？'冯驩曰：'非为客谢也，为君之言失。夫物有必至，事有固然，君知之乎？'孟尝君曰：'愚不知所谓也。'曰：'生者必有死，物之必至也；富贵多士，贫贱寡友，事之固然也。君独不见夫趣市朝者乎？明旦，侧肩争门而入；日暮之后，过市朝者掉臂而不顾。非好朝而恶暮，所期物亡其中。今君失位，宾客皆去，不足以怨士，而徒绝宾客之路。愿君遇客如故。'孟尝君再拜曰：'敬从命矣。闻先生之言，敢不奉教焉。'"

《廉颇蔺相如列传》曰："廉颇之免长平归也，失势之时，故客尽去。及复用为将，客又复至。廉颇曰：'客退矣！'客曰：'吁！君何见之晚也？夫天下以市道交，君有势，我则从君；君无势则去，此固其理也，有何怨乎？'"

《魏其武安侯列传》："魏其失窦太后，益疏不用，无势，诸客稍稍自引而怠傲，唯灌将军独不失故。魏其日默默不得志，而独厚遇灌将军。"

《卫将军骠骑列传》："定令，令骠骑将军秩禄与大将军等。自是之后，大将军青日退，而骠骑日益贵。举大将军故人门下多去事骠骑，辄得官爵，唯任安不肯。"

《游侠列传》："今游侠，其行虽不轨于正义，然其言必信，其行必果，已诺必诚，不爱其躯，赴士之厄困，既已存亡死生矣，而不矜其能，羞伐其德，盖亦有足多者焉。且缓急，人之所时有也。……昔者虞舜窘于井廪，伊尹负于鼎俎，傅说匿于傅险，吕尚困于棘津，夷吾桎梏，百里饭牛，仲尼畏匡，菜色陈、蔡。此皆学士所谓有道仁人也，犹然遭此菑，况以中材而涉乱世之末流乎？其遇害何可胜道哉？"

《货殖列传》："故曰：'仓廪实而知礼节，衣食足而知荣辱'，礼生于有而废于无。故君子富好行其德，小人富以适其力。渊深而鱼生之，山深而兽往之，人富而仁义附焉。富者得势益彰，失势则客无所之，以而不乐，夷狄益甚。谚曰：'千金之子，不死于市'，此非空言也。故曰：'天下熙熙，皆为利来；天下壤壤，皆为利往。'夫千乘之王，万家之侯，百室之君，尚犹患贫，而况匹夫编户之民乎？"

3

《汲黯郑当时列传》之文字、标点有可讨论者：

（1）黯为人性倨……士亦以此不附焉。然好学，游侠，任气节，内行修絜，好直谏，数犯主之颜色，常慕傅柏、袁盎之为人也。

"然好学，游侠"。胡平生曰："《汉书》作'好游侠'。汲黯无'好学'事迹，下文武帝又以'人不可以无学'评论之，是应从《汉书》解读为'好游侠'。"胡氏说是，应据削"学"字，作"好游侠"。

今依例标点数句作："然好（学，）游侠，任气节，内行修絜，好直谏，数犯主之颜色，常慕傅柏、袁盎之为人也。"

（2）故黯时丞相史，皆与黯同列，或尊用过之。黯褊心，不能无少望。

"故黯时丞相史"。前后都是说汲黯身边的诸官吏，无由跳出丞相史。"相"字衍文，《汉书》无。应据削"相"字。"故黯时丞史"，即指旧日汲黯属下的小吏们。丞史是小吏的通称。

今依例标点数句作："故黯时丞（相）史，皆与黯同列，或尊用过之。黯褊心，不能无少望。"无少望，即内心难免有所不平。

六十一

《儒林列传》

①

《儒林列传》：董仲舒，广川人也。以治《春秋》，孝景时为博士。……
今上即位，为江都相。以《春秋》灾异之变推阴阳所以错行，故求雨闭诸阳，
纵诸阴，其止雨反是。行之一国，未尝不得所欲。中废为中大夫，居舍，著《灾
异之记》。是时辽东高庙灾，主父偃疾之，取其书奏之天子。天子召诸生
示其书，有刺讥。董仲舒弟子吕步舒不知其师书，以为下愚。于是下董仲
舒吏，当死，诏赦之。于是董仲舒竟不敢复言灾异。

董仲舒在汉武帝"罢黜百家，独尊儒术"中，是大名鼎鼎的人物，但在《史
记》中却看不出他有什么实际的重要性。《儒林列传》中只有短短的十行字，
其他篇中更很少被人提及。即以本篇所写到的两小段文字看，其第一段的
"以《春秋》灾异之变推阴阳所以错行，故求雨闭诸阳，纵诸阴，其止雨
反是。……著《灾异之记》。是时辽东高庙灾，主父偃疾之，取其书奏之
天子。天子召诸生示其书，有刺讥。董仲舒弟子吕步舒不知其师书，以为
下愚。于是下董仲舒吏，当死，诏赦之。于是董仲舒竟不敢复言灾异。"

这究竟是赞扬呢？还是滑稽幽默的讽刺？董仲舒对汉代社会影响最大的是将儒学神秘化，是大讲天人感应，阴阳灾异。如果说这种流毒在《史记》中还表现得不很明显的话，那么到班固的《汉书》中就被宣扬得乌烟瘴气了。在那里，董仲舒已经有了厚厚的专传，还有厚厚的《五行志》，在《五行志》中全文收进了董仲舒的《春秋灾异》。这简直是人类文化史上最可恶、最荒唐、最自欺欺人的东西了。单从这点看，我们就已经应该足足地敬重司马迁的独立不羁，敬重司马迁的出污泥而很少受其沾染了。

聂石樵先生在其《司马迁论稿》中评论了司马迁对董仲舒的看法，说："对董仲舒，司马迁没有给他立传，只是在《儒林列传》中对他做了简单的描述。""他正面赞扬董仲舒'为人廉直'，不满于公孙弘的'从谀'，但在客观的叙述过程中，描写出了董仲舒'以《春秋》灾异之变推阴阳所以错行'的不切实际，特别是记载他因讲灾异获罪后，'竟不敢复言灾异'，则委婉地含有讥讽的意味。"聂先生说："董仲舒是当时的儒学大师，对武帝推行的'罢黜百家，独尊儒术'的政策起过决定作用，看来司马迁对此也是不满的。"聂先生的观点我同意，说得很委婉。我觉得只要把司马迁的作品与班固的作品对比一下，就能感觉到司马迁与班固的思想差距究竟有多么大了。

②

《儒林列传》之文字、标点有可讨论者：

（1）自孔子卒后……是时独魏文侯好学。后陵迟以至于始皇，天下并争于战国，儒术既绌焉，然齐鲁之间，学者独不废也。于威宣之际，孟子荀卿之列，咸遵夫子之业而润色之，以学显于当世。

上段之论"周室衰而《关雎》作，幽厉微而礼乐坏，诸侯恣行，政由强国"云云，乃叙春秋时事也；其后之讲"孔子卒"，孔门弟子之活动与

"魏文侯好学"云云，乃春秋末期事也；以下自"天下并争于战国"，讲"齐鲁之间，学者独不废"，"孟子荀卿咸遵夫子之业"云云，皆战国时期事也；后文讲"秦之季世"，"焚诗书，坑术士"云云，乃叙始皇时事也，段落本极分明。而本段于"后天下并争于战国"一句中忽插入"陵迟以至于始皇"七字，遂打乱了次序，令人莫知所云。此七字衍文，应削。

今依例重新标点数句作："自孔子卒后……是时独魏文侯好学。后（陵迟以至于始皇，）天下并争于战国，儒术既绌焉，然齐鲁之间，学者独不废也。于威宣之际，孟子荀卿之列，咸遵夫子之业而润色之，以学显于当世。"

（2）鲁人周霸，莒人衡胡，临菑人主父偃，皆以《易》至二千石，然要言《易》者本于杨何之家。

"本于杨何之家"。梁玉绳曰："当依《汉书》作'本于田何'。"应作"田何"，"田何"为汉初之传《易》者，"杨何"乃其后学。

今依例重新标点数句作："鲁人周霸，莒人衡胡，临菑人主父偃，皆以《易》至二千石，然要言《易》者本于（杨）［田］何之家。"

六十二

《酷吏列传》

①

《酷吏列传》：会人有盗发孝文园瘗钱，丞相青翟朝，与汤约俱谢。至前，汤念独丞相以四时行园，当谢，汤无与也，不谢。丞相谢，上使御史案其事。汤欲致其文丞相见知，丞相患之。……以故三长史合谋曰："始汤约与君谢，已而卖君；今欲劾君以宗庙事，此欲代君耳。吾知汤阴事。"使吏捕案汤左田信等，曰"汤且欲奏请，信辄先知之，居物致富，与汤分之。"……天子果以汤怀诈面欺，使使八辈簿责汤。……汤乃为书谢曰："汤无尺寸功，起刀笔吏，陛下幸致为三公，无以塞责。然谋陷汤罪者，三长史也。"遂自杀。

汤死，家产直不过五百金，皆所得奉赐，无他业。昆弟诸子欲厚葬汤，汤母曰："汤为天子大臣，被污恶言而死，何厚葬乎？"载以牛车，有棺无椁。天子闻之，曰："非此母不能生此子！"乃尽案诛三长史。丞相青翟自杀。出田信。上惜汤，稍迁其子安世。

依本段所叙之原由，乃丞相庄青翟在职务方面有疏漏，张汤原想帮着丞相分担一些责任，后来变了主意，想趁机接替他的丞相职。丞相很害怕。恰好这时庄青翟下属的三个长史（朱买臣、王朝、边通）都恨张汤，他们合谋，逮捕了一个与张汤有来往的商人田信，诬蔑张汤向田信泄露国家经济情报，说田信赚了钱，与张汤私分。张汤不承认。汉武帝谴责张汤，张汤被迫自杀。张汤死前给汉武帝上书，报告说："谋陷汤罪者，三长史也。"张汤是个清廉的人，家产的总价不过五百金，都是来源于自己的薪俸。张汤的母亲给儿子治丧事，"载以牛车，有棺无椁"。汉武帝弄清此事后，称道张汤的母亲说："非此母不能生此子！"于是他处死了丞相的"三长史"，丞相也服罪自杀。汉武帝释放了被诬陷的商人田信。武帝为补报张汤，而提拔了张汤的儿子张安世。

从本段文字看来，张汤的死不分明是一个已经被汉武帝公开平了反的大冤案吗？而且做恶的三长史已被汉武帝处以极刑，连他们的主官丞相庄青翟也受连累自杀了。处理得很清楚、很干净。

但张汤在《史记》所写的人物里，是一个被司马迁所深恶痛绝的人。在《汲黯郑当时列传》中有这样一段话。汲黯在离开朝廷，往任淮阳太守的时候，他到负责外事工作的大行人李息家辞行，说："黯弃居郡，不得与朝廷议也。然御史大夫张汤智足以拒谏，诈足以饰非，务巧佞之语，辩数之辞，非肯正为天下言，专阿主意。主意所不欲，因而毁之；主意所欲，因而誉之。好兴事，舞文法，内怀诈以御主心，外挟贼吏以为威重。公列九卿，不早言之，公与之俱受其戮矣。"但"息畏汤，终不敢言。……后张汤果败，上闻黯与息言，抵息罪。"

汲黯是一个带有司马迁理想色彩的人物，他一向与张汤不睦。他劝导李息，让他注意张汤，要他加大与张汤斗争的力度。李息胆小，没敢行动。汉武帝听说此事，还一度罢过李息的官。这就又回到诋毁、诅咒张汤的路子上去了。给人的印象是，司马迁与其代言人汲黯，始终是憎恶张汤的，在《酷吏列传》里，司马迁具体描写了三长史联手捏造罪名，并陷害张汤至死的大冤案，汉武帝是给张汤彻底平反了，但司马迁与汲黯等人却从来没有改变他们对张汤的态度，所以在其他篇章提到张汤的时候，仍是照旧

诋毁如故。曾国藩对此有过评论，请参见本书《汲黯郑当时列传》的相关
词条。

《酷吏列传》之文字、标点有可讨论者：

（1）今上时，禹以刀笔吏积劳，稍迁为御史。上以为能，至太中大夫。
与张汤论定诸律令，作见知，吏传得相监司。用法益刻，盖自此始。

"吏传得相监司"。语气不顺。泷川曰："《汉书》'传'下无'得'
字，是也。"泷川说是。

今依例重新标点数句作："今上时，禹以刀笔吏积劳，稍迁为御史。
上以为能，至太中大夫。与张汤论定诸律令，作见知，吏传（得）相监司，
用法益刻，盖自此始。"

（2）于是丞上指，请造白金及五铢钱，笼天下盐铁，排富商大贾，出
告缗令，钼豪强并兼之家，舞文巧诋以辅法。

"出告缗令"。算缗令颁行于元狩四年（前119），时张汤在职；若
告缗令，则颁行于元鼎三年（前114），时张汤已死年余，与之无涉。应
据改"出告缗令"作"出算缗令"。

今依例重新标点数句作："于是丞上指，请造白金及五铢钱，笼天下盐铁，
排富商大贾，出（告）［算］缗令，钼豪强并兼之家，舞文巧诋以辅法。"

（3）而温舒复为中尉。为人少文，居廷惛惛不辩，至于中尉则心开。

"居廷惛惛不辩"。此句意思不可解。"居廷"，即任廷尉之职。"廷

尉"是最高司法长官，为"九卿"之一，位在"中尉"之上，正是酷吏最想要的官职，不能与"惛惛"连文。《汉书·酷吏传》作"居它惛惛不辩"，师古注曰："言其为余官则心意蒙蔽，职事不举。"师古之说绝妙，《汉书》作"居它"是也，应据改。

今依例重新标点数句作："而温舒复为中尉。为人少文，居（廷）［它］惛惛不辩，至于中尉则心开。"

六十三

《大宛列传》

①

　　《大宛列传》：大宛之迹，见自张骞。张骞，汉中人，建元中为郎。是时天子问匈奴降者，皆言匈奴破月氏王，以其头为饮器，月氏遁逃而常怨仇匈奴，无与共击之。汉方欲事灭胡，闻此言，因欲通使。道必更匈奴中，乃募能使者。骞以郎应募，使月氏，与堂邑氏胡奴甘父俱出陇西。经匈奴，匈奴得之，传诣单于。单于留之，曰："月氏在吾北，汉何以得往使？吾欲使越，汉肯听我乎？"留骞十余岁，与妻，有子，然骞持汉节不失。

　　居匈奴中，益宽，骞因与其属亡乡月氏，西走数十日至大宛。大宛闻汉之饶财，欲通不得，见骞，喜，问曰："若欲何之？"骞曰："为汉使月氏，而为匈奴所闭道。今亡，唯王使人导送我。诚得至，反汉，汉之赂遗王财物不可胜言。"大宛以为然，遣骞，为发导绎，抵康居，康居传致大月氏。大月氏王已为胡所杀，立其太子为王。既臣大夏（西域国名，在今之阿富汗北部，国都蓝氏城）而居，地肥饶，少寇，志安乐；又自以远汉，殊无报胡之心。骞从月氏至大夏，竟不能得月氏要领。

留岁余，还，并南山，欲从羌中归，复为匈奴所得。留岁余，单于死，左谷蠡王攻其太子自立，国内乱，骞与胡妻及堂邑父俱亡归汉。汉拜骞为太中大夫，堂邑父为奉使君。

骞为人强力，宽大信人，蛮夷爱之。堂邑父故胡人，善射，穷急射禽兽给食。初，骞行时百余人，去十三岁，唯二人得还。

以上写张骞第一次应朝廷之募出使月氏（西域古国名，最初活动在今甘肃的武威、张掖、敦煌一带，南倚祁连山；后被匈奴击败，西迁至今新疆的伊犁河流域；后又被匈奴、乌孙所驱逐，遂西迁至今阿富汗东北部的喷赤河流域），途经匈奴境，被匈奴人所系虏，被困匈奴（战国后期兴盛起来的北方民族名，活动在今内蒙自治区与今蒙古国一带）十余年。在这段时间里，张骞曾结婚生子，但他坚守民族气节，正义凛然，坚守使臣的耿耿初心，始终不变。十多年后，张骞趁着匈奴人对他的看守松懈，偷偷地逃出匈奴，不是逃回汉王朝，而是义无反顾地继续向着大月氏的方向奔去。突出地表现了张骞不顾个人生死、不顾家庭存亡的忠于国家，忠于所奉使命的坚贞不渝。经过许多周折，张骞经过大宛（西域古国名，在今哈萨克斯坦境内，首都贵山城）、康居（西域古国名，在今哈萨克斯坦境内），终于到达了大月氏。但这时的大月氏已经收服了当地的大夏国（在今阿富汗北部，国都蓝氏城），他们生活安乐，已经不想再回到东方去与匈奴人结衅寻仇，结果张骞最终没有得到月氏人的任何回音与承诺。张骞从月氏返回汉朝时，为了躲避匈奴人的麻烦，他没有走北路，而是从新疆大沙漠的南侧，也就是沿着南山北麓羌族人居住的地区回来的。没想到，半路上还是被匈奴人捉了去，又被匈奴人关押了一年多。正好这一年匈奴内部发生动乱，老首领军臣单于去世，军臣单于的弟弟伊秩斜当时任左谷蠡王，他攻杀了军臣的太子，自己篡夺了匈奴单于的地位。张骞正是趁着这种匈奴国内秩序大乱之际，带着他在匈奴中所娶的妻子，与和他一同出使来的胡奴甘父（也称堂邑父），三个人一道逃出匈奴，胜利地回到了汉王朝。张骞被朝廷任为太中大夫，胡奴甘父被封为"奉使君"。

张骞的这次出使大月氏，是从汉武帝建元三年（前138）开始，包括他在匈奴被扣押的十一年，前后共经历了十三年，于元朔三年（前126）又回到汉王朝。这次出使虽然没有达到联合大月氏共同对付匈奴的目的，但他却实现了对西域许多国家的实地访问、实地考查，并与他们建立了国与国之间的联系，这对于其后大名鼎鼎的"丝绸之路"的开拓与形成，迈出了坚实的第一步，这是应该大书特书的。

张骞在这次艰难的出使中，一方面表现了他坚忍不拔的奋斗精神，同时又表现了他对国家民族的耿耿忠心与其作为一个使臣所坚守的初心与其终生不渝的浩然正气。司马迁说张骞："（匈奴）留骞十余岁，与妻，有子，然骞持汉节不失"。汉节：汉王朝发给张骞作为凭证的旌节。这里通过张骞对朝廷所授予的一件器物的珍爱与敬重，鲜明、突出地表现了他对国家、对所奉使命的重视，与其事业心、使命感的历一切危难艰险而丝毫不变。班固在《汉书·苏武传》中描写苏武被困于匈奴十九年时有所谓："武既至海上，廪食不至，掘野鼠去草实而食之。杖汉节牧羊，卧起操持，节旄尽落。"就是效仿了《史记》在本文中的对张骞的这种描写。

司马迁又描写历尽千难万苦的张骞最后回到故乡故国时的情景说："骞行时百余人，去十三岁，唯二人得还。"清代吴见思赞赏这段情节的描写说："前匈奴得之，已令读者一惊；乃复为匈奴所得，又一惊。得而逃，逃而复得，得而又逃。几纵几跌，事奇文奇。"又说："一人再逃奇矣，乃又挈妇逃，堂邑父亦逃，极写张骞谋勇。"又说："万里远行，艰苦自倍；万里远归，智勇亦倍。故插入一段作余波，补完前段。不必详序，即'唯二人得还'一句，痛定之痛，当何如哉？极写艰苦。"（《史记论文》）班固在《汉书·苏武传》中描写苏武出使被扣留匈奴十九年，最后被放回的情景说："单于召会武官属，前已降及物故，凡随武还者九人。武留匈奴凡十九岁，始以强壮出，及还，须发皆白。"盖与本文之"骞行时百余人，去十三岁，唯二人得还"，韵味完全相同，班固又是模仿的司马迁。

《大宛列传》：是后天子数问骞大夏之属。骞既失侯，因言曰："臣居匈奴中，闻乌孙王号昆莫，昆莫之父，匈奴西边小国也。匈奴攻杀其父，而昆莫生弃于野。乌嗛肉蜚其上，狼往乳之。单于怪以为神，而收长之。及壮，使将兵，数有功，单于复以其父之民予昆莫，令长守于西域。昆莫收养其民，攻旁小邑，控弦数万，习攻战。单于死，昆莫乃率其众远徙，中立，不肯朝会匈奴。匈奴遣奇兵击，不胜，以为神而远之，因羁属之，不大攻。今单于新困于汉，而故浑邪地空无人。蛮夷俗贪汉财物，今诚以此时而厚币赂乌孙，招以益东，居故浑邪之地，与汉结昆弟，其势宜听，听则是断匈奴右臂也。既连乌孙，自其西大夏之属皆可招来而为外臣。"天子以为然，拜骞为中郎将，将三百人，马各二匹，牛羊以万数，赍金币帛直数千巨万，多持节副使，道可使，使遗之他旁国。

　　骞既至乌孙，……骞谕使指曰："乌孙能东居浑邪地，则汉遣（翁）[公]主为昆莫夫人。"乌孙国分，王老，而远汉，未知其大小；素服属匈奴日久矣，且又近之，其大臣皆畏胡，不欲移徙，王不能专制。骞不得其要领。昆莫有十余子……而其大总取羁属昆莫，昆莫亦以此不敢专约于骞。

　　骞因分遣副使使大宛、康居、大月氏、大夏、安息、身毒、于阗、扜罙及诸旁国。乌孙发导译送骞还，骞与乌孙遣使数十人，马数十匹报谢，因令窥汉，知其广大。

　　骞还到，拜为大行，列于九卿。岁余，卒。

　　以上文字即人们通常所说的张骞二次通西域，其确切时间，《史记》《汉书》皆未明言。有人说在元狩四年（前119）；《资治通鉴》将其始末终叙于张骞回国的元鼎二年（前115）。我是将此事推定在元狩五年（前118）。此次张骞出使的主要目的是联合乌孙（古西域国名，都城即今新疆自治区之伊宁市），劝说乌孙王率众东移，以与汉王朝共同攻击匈奴。由于乌孙内部当时正处于分裂状态，国王不能行权决事，故张骞又未能得其要领。张骞这次出使的主要任务未能达到，但他的外交收获仍然是巨大的。当时张骞所派的副使分别到达的国家有：大宛（在今哈萨克斯坦境内，国都贵山城）、康居（今哈萨克斯坦的南部，国都或说即今塔什干）、大月氏（今阿富汗东北部的喷赤河流域）、大夏（今阿富汗北部，国都蓝氏城）、安息（今之伊朗）、身毒（今之印度）、于阗（今新疆和田市）、扜罙（今新疆策勒县东）等，使汉王朝的影响远播于中亚、西南亚、南亚。

这次张骞回朝后，被任职为大行，略当于今之外交部长，比"正九卿"略低一点。

③

《大宛列传》：乌孙使既见汉人众富厚，归报其国，其国乃益重汉。其后岁余，骞所遣使通大夏之属者皆颇与其人俱来，于是西北国始通于汉矣。然张骞凿空，其后使往者皆称博望侯，以为质于外国，外国由此信之。

"人众富厚"：国家的人口众多，财力雄厚。"颇与其人俱来"：都带着一些那个国家的人员到汉王朝参观。"张骞凿空"：这种汉王朝与西域诸国的相互交流，是从张骞开始的。凿空，也就是"凿孔"，即"发端""开创"的意思。"皆称博望侯，以为质于外国"：都是打着张骞的旗号，借用张骞的名义，以取信于外国。质：凭证。"博望侯"：张骞在第一次出使西域归来后，曾在北伐匈奴的战争中立功，被封为博望侯。由于张骞勇敢、智慧，正直无私，故而西域诸国的上上下下都喜欢他、信任他，于是后来去的那些自称为张骞的亲属、张骞的朋友的人们，也一律受到西域人的喜爱与优待。

④

《大宛列传》：是时上方数巡狩海上，乃悉从外国客，大都多人则过之，散财帛以赏赐，厚具以饶给之，以览示汉富厚焉。于是大觳抵，出奇戏诸怪物，多聚观者，行赏赐，酒池肉林，令外国客遍观各仓库府藏之积，见汉之广大，倾骇之。及加其眩者之工，而觳抵奇戏岁增变，甚盛益兴，自此始。

"数巡狩海上"：多次到海边视察游览。"以览示"：向这些外国人显白。"大觳抵"：大规模地举行摔跤之类的表演。觳抵：同"角抵"，即摔跤、相扑之类。"奇戏"：指各种杂技表演。"诸怪物"：各种稀奇古怪的动物。"倾骇之"：让他们惊讶怪骇。"加其眩者之工"：使中国的魔术技巧更加超过黎轩人。"角抵奇戏岁增变"：各种摔跤、杂技的水平每年都有变化翻新。

⑤

《大宛列传》：宛左右以蒲陶为酒，富人藏酒至万余石，久者数十岁不败。俗嗜酒，马嗜苜蓿。汉使取其实来，于是天子始种苜蓿、蒲陶肥饶地。及天马多，外国使来众，则离宫别观旁尽种蒲萄、苜蓿极望。自大宛以西至安息，国虽颇异言，然大同俗，相知言。其人皆深眼，多须髯，善市贾，争分铢。俗贵女子，女子所言而丈夫乃决正。其地皆无丝漆，不知铸钱器。及汉使亡卒降，教铸作他兵器。得汉黄白金，辄以为器，不用为币。

"极望"：一眼望不到边。"大同俗，相知言"：大致风俗相同，彼此之间的说话都能听懂。"争分铢"：讨价还价，毫厘必争。分、铢：一分是一寸的十分之一；一铢是一两的十分之一。

以上三小段的意思，其一是赞赏张骞人品的坦白正直，公而忘私。正是由于有张骞这样的人物牵头，故而使汉王朝的外交活动，广泛地受到了西域诸国的信任与欢迎，以至其后汉王朝所派出的使者，无一不是打着张骞的旗号，用张骞的名义来充当担保。这真是对张骞无以复加的褒美与歌颂了。

其二是这几段都涉及了在经济方面、文化方面汉王朝与西域诸国相互交流、相互输出、相互引进，相互学习、共同发展提高的繁荣景象。诸如汉王朝的"离宫别观旁尽种蒲萄、苜蓿极望"，以及"加其眩者之工，而觳抵奇戏岁增变"等，这里所提到的不过是两千年前盛况的沧海一粟、九牛一毛而已。

6

《大宛列传》：贰师将军军既西过盐水，当道小国恐，各坚城守，不肯给食。攻之不能下。下者得食，不下者数日则去。比至郁成，士至者不过数千，皆饥罢。攻郁成，郁成大破之，所杀伤甚众。贰师将军与哆、始成等计："至郁成尚不能举，况至其王都乎？"引兵而还。往来二岁，还至敦煌，士不过什一二。

以上文字写李广利第一次率军伐大宛的过程。这场战争发起的原因是：汉王朝盛气凌人地欲向大宛国强买汗血马，大宛人不卖；汉使者出言不逊，并砸碎礼品，以表愤怒；大宛人则倚仗山水阻隔，路途遥远，以为汉王朝不可能因此而大张挞伐，于是袭杀了汉朝使者，从而两国严重结怨。汉武帝自恃泱泱大国，又被身边的一群好战分子所煽动怂恿；又以为通过一场可以轻易取胜的战争，让他宠妃李夫人的哥哥李广利可以为将而立功封侯：于是一场非正义的战争，就这样在一种万分轻敌的状况下开始了。司马迁对汉武帝与其决策集团的错误行径，是坚决反对的。在汉王朝对其周边国家所进行的战争中，以对大宛的战争最为无理，最为轻敌冒进，从而也最为劳民伤财，损失最为惨重。

伐大宛的战争前后共进行了两次，第一次动用了骑兵六千人，各种步兵、后勤兵数万人。结果很轻易地被大宛打得大败而回，前后花了两年的时间，活着回来的人不超过十分之一二。汉武帝不死心，接着又来了个第二次。

7

《大宛列传》：天子已业诛宛，宛小国而不能下，则大夏之属轻汉，而宛善马绝不来，乌孙、仑头易苦汉使矣，为外国笑。乃案言伐宛尤不便者邓光等，赦囚徒材官，益发恶少年及边骑，岁余而出敦煌者六万人，负私从者不与。牛十万，马三万余匹，驴骡橐它以万数。多赍粮，兵弩甚设，天下骚动，传相奉伐宛，凡五十余校尉。宛王城中无井，皆汲城外流水，于是乃遣水工徙其城下水空以空其城。益发戍甲卒十八万，酒泉、张掖北，置居延、休屠以卫酒泉。而发天下七科适（及）载糒给贰师，转车人徒相连属至敦煌。……

宛贵人相与谋曰："汉所为攻宛，以王毋寡匿善马而杀汉使。今杀王毋寡而出善马，汉兵宜解；即不解，乃力战而死，未晚也。"宛贵人皆以为然，共杀其王毋寡，持其头遣贵人使贰师……军吏皆以为然，许宛之约。宛乃出其善马，令汉自择之，而多出食食给汉军。汉军取其善马数十匹，中马以下牡牝三千余匹，而立宛贵人之故待遇汉使善者名昧蔡以为宛王，与盟而罢兵。终不得入中城，乃罢而引归。

以上文字即人们通常所说的李广利二次伐大宛，这次真可谓是轰轰烈烈、劳师动众，大张挞伐了。结果，汉兵围困大宛后，大宛内部发生分裂，他们杀了旧国王，新主事人向汉军请求：汉军不要进大宛城，大宛可以给汉军交出一定数量的大宛马，并给汉军提供紧急需要的粮食与草料。于是双方结盟，汉军乃罢兵而引归。

这第二次又用了两年的时间，汉王朝终于算是"胜利"了。汉王朝付出的代价有多大呢？其清点的结果是："军入玉门者万余人，军马千余匹。"为什么损失如此惨重："贰师后行，军非乏食，战死不能多，而将吏贪，多不爱士卒，侵牟之，以此物故众。"而其中最富有讽刺意味的是，在大军即将进入大宛国境的时候，他们分成了几路，其中有一路的将领是王申生与壶充国。当他们前进到郁成的时候，由于轻敌而被郁成人全部消灭。后来汉军又派大部队前来征剿，始将郁成守军的头领擒获。他们本来是应该把这名头领押送到李广利总部的，但他们担心路上出差错，于是想把这名头领就地杀死，只带其人头前去。但眼巴巴地又谁也不敢出手杀这个人。最后还是被一个最年轻的名叫赵弟的骑兵把他杀死了。而回朝后论功行赏的时候，这个敢于杀死一名被俘敌将的赵弟居然被封为新畤侯。而又令人奇怪的是在《史记·建元以来功臣侯者年表》中又怎么也找不到李广利所封的"海西侯"与赵弟所封的"新畤侯"这两个封爵的名称。世界上的事无奇不有，像这种就因为敢杀一个被俘的敌将就被封侯的故事，还没有听说有第二个。

《大宛列传》的全文共分两部分，第一部分是写的张骞通西域，这个部分在今天看来是最为动人，最为光辉的。张骞对西汉王朝所做的贡献，永标青史；张骞对世界各国间的政治、经济、文化间的交流所做出的杰出贡献，也是永载于中国和相关的世界各国的青史的。他是两千年前的一位伟大的开创者。他的光辉人格与他的历史功勋永远被中国人民与全世界的人民所铭记、所传诵。尤其在今天，在全世界的国家与人民都在热烈地纪念"丝绸之路"，都在为"一带一路"的开拓、发展、建设，为世界各国人民之间的合作、发展、互惠、共赢而做出贡献的时候，张骞更无疑是一面鲜艳的，经两千年而永不褪色的旗帜！

《大宛列传》的第二部分是写汉武帝决策，而令李广利统兵远征大宛，以获取大宛马的过程。司马迁在这里对汉武帝的决策与李广利的率军出征都进行了尖锐的批判，这是很正确的。但司马迁把张骞与汉武帝对大宛的战争联系起来，把张骞与唐蒙、司马相如列在一起，把他们都说成是"生事之臣"，这就不太合适了。张骞的外事活动与汉武帝发动的战争没有必然联系。《大宛列传》是《史记》中非常重要的篇章之一。

《大宛列传》：太史公曰：《禹本纪》言"河出昆仑。昆仑其高二千五百余里，日月所相避隐为光明也。其上有醴泉、瑶池。"今自张骞使大夏之后也，穷河源，恶睹《本纪》所谓昆仑者乎？故言九州山川，《尚书》近之矣。至《禹本纪》《山海经》所有怪物，余不敢言之也。

以上文字是本篇传记的论赞，司马迁根据张骞通西域的见闻，否定了战国以来说黄河是发源于昆仑山的说法，而对于张骞等认为今新疆南部之于阗河为黄河源头的说法也不赞成。司马迁倾向《尚书·禹贡》之"导河积石，至于龙门"的说法，他认为黄河是经由今甘肃临夏县的积石山向东北流来，黄河的源头应该在积石山更加西南的方向上。

关于黄河源头的科学考察，今水利学家王育民说："《尚书·禹贡》最早就有'导河积石，至于龙门'的记载。汉使通西域后，有新说以为：'汉使穷河源，河源出于阗，其山多玉石采来，天子按古图书，名河所出山曰昆仑山。'从此将新疆西部的于阗河当作黄河源，将于阗河所出的于阗南山称为昆仑山，从而成了河出昆仑的根据。张骞向汉武帝汇报在西域的传闻，说于阗河'东流注盐泽，盐泽潜行地下，其南则河源出焉。'其后班固更进一步申说："蒲昌海，一名盐泽者也。去玉门、阳关三百余里，广袤三百里，其水亭居，冬夏不增减，皆以为潜行地下，南出于积石，为中国河云。'古代'导河积石'和'河出昆仑'的传说，便这样与西域流传而来的'潜流复出'的说法糅合在一起，发展成为'伏流重源'的谬说。"

王育民说："1978 年 7 月，青海省组织专业人员深入河源地区进行实地考察，根据源远流长、水量丰富及流域宽广等原则，黄河正源应为发源于巴颜喀拉山脉的各姿各雅山的卡日曲。同时，根据实地调查和对照历史文献，重新确认了黄河源上的两湖为'西扎（扎陵湖）、东鄂（鄂陵湖）'。"

又，关于黄河下游数千年的改道与泛滥的历史旧貌，王育民说："历史上的黄河以'善淤、善决、善移'著称，其下游河道的变迁极为复杂。从孟津以东至荥阳（南岸）、武陟（北岸）间，因河身为南岸的山脉所约束，只是沿着自西而东的方向发生很小的移动。古孟津城在今城北12.5公里，古黄河更在古孟津城之北；而今黄河则距孟津城仅2.5公里，可见这一段黄河向南移了约十多公里。武陟、荥阳以下，黄河正式进入华北平原，才有改变方向的大规模改道。改道不仅次数频仍、流路紊乱，地域也极为广阔。历史上出现的河道，有如一把折扇的扇股多至数十根。武陟、荥阳是扇纽，扇股的分布北至海河，南至淮河。据文献资料记载，从先秦时期到解放前的约三千年间，黄河下游决口泛滥达一千五百九十三次，平均三年两次决口，重要改道二十六次。"（《中国历史地理概论》）

9

《大宛列传》之文字、标点有可讨论者：

（1）骞既至乌孙，……骞谕使指曰："乌孙能东居浑邪地，则汉遣翁主为昆莫夫人。"

翁主：诸侯家的女儿。旧说皇帝的女儿出嫁，由公爵为之主婚，故谓之"公主"；诸侯的女儿出嫁，则由父亲为之主婚，故谓之"翁主"。通行本原文作"翁主"，误也。这里应作"公主"，事实上后来汉王朝所派出的刘细君也正是以"公主"的身份前来的。《汉书》于此作"公主"，应据改。

今重新标点数句作："骞既至乌孙，……骞谕使指曰：'乌孙能东居浑邪地，则汉遣（翁）［公］主为昆莫夫人。'"

（2）其使皆贫人子，私县官赍物，欲贱市以私其利外国。外国亦厌汉使人人有言轻重，度汉兵远不能至，而禁其食物以苦汉使。

"欲贱市以私其利外国"。此语不顺。泷川曰："《汉书》无'外国'二字。言所赍官物，视同私有，贱卖自利，不尽入官也。"泷川说是，应据削上句末的"外国"二字。

今依例重新标点数句作："其使皆贫人子，私县官赍物，欲贱市以私其利（外国）。外国亦厌汉使人人有言轻重，度汉兵远不能至，而禁其食物以苦汉使。"

（3）而发天下七科适及载糒给贰师，转车人徒相连属至敦煌。

发天下七科适：征调全国的七种罪犯从军：一、吏有罪；二、亡命；三、赘婿；四、贾人；五、有市籍；六、父母有市籍；七、大父母有市籍。适：通"谪"，罪犯。

载糒（bèi）给贰师：用车拉着干粮以供应李广利的伐宛大军。糒：原指干饭，这里即指干粮。转车人徒：即指"载糒以给贰师"的众多的"七科适"。

国家所以调发七科谪，就是让他们给李广利的西征大军运送粮草，而不是除"七科谪"外还有一批专门运送粮草的人役。故此句原文"发天下七科适及载糒给贰师"中的"及"字没有道理，应削。

今依例重新标点数句作："而发天下七科适（及）载糒给贰师，转车人徒相连属至敦煌。"

六十四

《游侠列传》

①

　　《游侠列传》：上闻，乃下吏捕解。解亡，置其母家室夏阳，身至临晋。临晋籍少公素不知解，解冒，因求出关。籍少公已出解，解转入太原，所过辄告主人家。吏逐之，迹至籍少公。少公自杀，口绝。久之，乃得解。穷治所犯，为解所杀，皆在赦前。轵有儒生侍使者坐，客誉郭解，生曰："郭解专以奸犯公法，何谓贤？"解客闻，杀此生，断其舌。吏以此责解，解实不知杀者。杀者亦竟绝，莫知为谁。吏奏解无罪。御史大夫公孙弘议曰："解布衣为任侠行权，以睚眦杀人，解虽弗知，此罪甚于解杀之。当大逆无道。"遂族郭解翁伯。

　　史公极写时人之敬慕郭解，而忌恨之、必欲杀之者，乃前一儒生，后一公孙弘。于此见史公对汉世儒生之反感、气愤。史珥《四史剿说》曰："平津之议，即从武帝'其家不贫'语推出，平津逆推上旨而杀之也。"泷川引中井曰："弗知之罪，甚于亲杀，是老吏弄文处。"
　　《游侠列传》叙郭解之死的意义有以下几点：其一是赞颂了急人之

难、见义勇为、不畏强权、救助弱小的侠义精神，而这种精神的可贵是连孔丘、孟轲等儒家人物也都赞赏的。尽管今天的世界、今天的中国已经进入法制社会，但侠义精神仍然弥足珍贵，因为不论是国内与国际间，黑暗的、邪恶的、恃强凌弱的、善良受欺的现象，比比皆是也。是靠一味"忍让"、一味讲"和谐"所能解决的吗？"扫帚不到，灰尘照例不会自己跑掉"。解决问题要靠"法律"，但"法律"能否起作用也得有巨大的力量去推动，更何况还有许多法律管不到或是不起作用的地方呢？侠义精神与"公正""慈爱""助人为乐"等永远并存，侠义精神应该写入新人类的"道德"全书。其二是作品对"行侠尚义"者的悲剧结局，对邪恶势力的摧残游侠、摧残正义进行了有力的揭露与批判。本文中的郭解过去曾有"罪过"，但都是多次大赦以前的事了，这次的事件根本与郭解无关。但当案卷送到汉武帝与其御史大夫公孙弘面前时，公孙弘说："解布衣为任侠行权，以睚眦杀人，解虽弗知，此罪甚于解杀之"。于是就以这种"罪名"将郭解判了死刑，并灭了他的满门老小。这是何等的权势杀人、儒者杀人！为了维护统治秩序，为了维护既得利益者权益而诛灭游侠是当时统治者的罪恶之一。而在现实社会令人憎恨的另一种罪恶就是对"见义勇为""解人之难"者的无动于衷，任其负伤、牺牲、受诬陷，乃至为邪恶势力所害而得不到社会的表彰、鼓励，以至围观者如堵而无人施一援手。这是司马迁当时所痛心的，也是今天社会仍每每见到的。司马迁写《游侠列传》，是在两千年前就渴望、呼唤侠义精神，时到今日，似乎在中国仍然感到很迫切。其三，《游侠列传》是《史记》中民主精神最强烈、与最高统治者对立最尖锐、最顽强的一篇，因为郭解的冤案是最高统治者汉武帝亲自参与判定的。司马迁在本传里公开为郭解歌功颂德、树碑立传，这是成心肆无忌惮地与汉武帝对着干。司马迁的受宫刑显然与《史记》中的这一类文章有关；而汉代的御用文人如班彪、班固等公开点名攻击《游侠列传》，说司马迁"论大道则先黄老而后六经，述货殖则崇势利而羞贫贱，叙游侠则退处士而进奸雄"。应该说，这三条，尤其是后两条，它们都是《史记》中最为闪光的部分之一，是司马迁与一切顽固文人划清立场界限的关键所在。

《游侠列传》之文字、标点有可讨论者：

（1）古布衣之侠，靡得而闻已。近世延陵、孟尝、春申、平原、信陵之徒，皆因王者亲属，藉于有土卿相之富厚，招天下贤者，显名诸侯，不可谓不贤者矣。

"近世延陵、孟尝、春申、平原、信陵之徒"。梁玉绳《史记志疑》曰："延陵季子非侠，且不可言'近世'，与四公子相比。疑衍'延陵'二字。"崔适《史记探源》曰："下文专承四豪为义，岂有一字涉于'延陵'者，其为衍文明矣。"两家之说是也，应据削"延陵"二字。

今依例重新标点数句作："古布衣之侠，靡得而闻已。近世（延陵、）孟尝、春申、平原、信陵之徒，皆因王者亲属，藉于有土卿相之富厚，招天下贤者，显名诸侯，不可谓不贤者矣。"

六十五

《佞幸列传》

①

《佞幸列传》：谚曰："力田不如逢年，善仕不如遇合"，固无虚言。非独女以色媚，而士宦亦有之。

昔以色幸者多矣。至汉兴，高祖至暴抗也，然籍孺以佞幸；孝惠时有闳孺。此两人非有材能，徒以婉佞贵幸，与上卧起，公卿皆因关说。故孝惠时郎、侍中皆冠鵔鸃，贝带，傅脂粉，化闳、籍之属也。

所谓"佞幸"，说白了就是帝王的男宠。早在春秋、战国时代，比较著名的佞幸就有晋献公的梁五、东关五；晋厉公的胥童、夷阳五；卫灵公的弥子瑕，楚襄王的鄢陵君与寿阳君等。刘邦建汉以后，西汉的历代皇帝，身边几乎都有佞幸，如刘邦身边有籍孺、惠帝身边有闳孺、文帝身边有邓通、赵同；武帝身边有韩嫣、李延年；元帝时有弘恭、石显；成帝时有张放、淳于长；哀帝身边有董贤。在中国古代历经四千多年的二十多个朝代中，一个朝代的帝王有如此之多的喜欢同性恋，西汉是很有特点的。

一般说来，这些佞幸在主子面前虽然可以享有分外的恩宠与眷怜，但他们之间那种主子与奴才的界限还是很森严的，战战兢兢，说不定在什么时候遇上点什么事，就会风云突变地被他们的主子所杀掉。因为他们毕竟只是一种玩物，玩物总有被玩腻、被厌倦的时候。在汉代帝王与佞幸这组关系中最特殊、最令人吃惊的是汉哀帝与董贤。根据《汉书·佞幸传》记载，这两个男人之间的同性相恋、相爱、相关心、相体贴之深刻、之细腻，比起任何香艳的闺房小说还要绝伦。该文记述：董贤"常与上卧起。尝昼寝，偏藉上袖，上欲起，贤未觉。不欲动贤，乃断袖而起。其恩爱如此。"在汉哀帝心里，仿佛他总觉得无论怎么做也不能充分表现他对董贤的爱。甚至他当着群臣与家族众人的面，表示要把皇帝的位子让给董贤。这在"世界同性恋史"上也应该是独一无二的了。

在历代的佞幸人物中，性情良善的人应该存在，不应笼统地一概否定。但由于他们的地位极端特殊，往往会由于种种大事或小事而卷入政治旋涡。故而这些人的名声都很不好，司马迁称他们为"佞幸"，孔子称他们为"小人"。孔子说："唯女子与小人为难养也。近之则不逊，远之则怨。""女子"是指帝王的嫔妃与贵族的姬妾，"小人"即帝王的男宠与权豪贵族的面首、娈童等。他们的身份、地位、处境与谋生手段，基本上都是一样的。

《佞幸列传》：通亦愿谨，不好外交，虽赐洗沐，不欲出。于是文帝赏赐通巨万以十数，官至上大夫。文帝时时如邓通家游戏。然邓通无他能，不能有所荐士，独自谨其身以媚上而已。上使善相者相通，曰"当贫饿死"。文帝曰："能富通者在我也，何谓贫乎？"于是赐邓通蜀严道铜山，得自铸钱，"邓氏钱"布天下。其富如此。

在中国古代两千多年的封建历史上，周朝有所谓"成康之治"，西汉有所谓"文景之治"，汉文帝对于"文景之治"都有哪些方面的开拓与建设呢？我以为主要在于：（1）争取与周边少数民族维持一种相对和平的状态，尽量不打仗，以求发展生产，休养生息；（2）文帝、景帝在生活上都身体力行地带头俭朴节约，消减身边的仪卫，消减那些摆架子、摆阔气的无用排场，并严格废止地方官员向中央进贡各种品物；（3）鼓励农业生产，减轻农民负担，救济鳏寡孤独的穷困之人；将农业税由原来的十五税一，降为三十税一，并有一段时间全部废除了征收农业税；（4）在减轻刑罚，坚持依法办事方面取得了较好的效果，在整顿司法队伍、平反冤假错案、严查与惩办官员犯罪等方面做了许多工作。特别是提出了"罪疑者予民"，也就是凡不能定案的都只能按无罪处理这一司法原则，这就很接近现代社会的文明司法了。读历史读到《史记》《汉书》的《孝文本纪》时，的确有一种很温暖、很开心的感觉，看来历代对"文景之治"所做的那些赞誉的言论、那些歌颂的诗文、那些搬演不休的说书唱戏，的确不是偶然，的确有值得后人认真研究、学习的东西。

　　至于在"文景之治"的神圣光环下也掩盖着许多不为人们所说的黑暗，自然是免不了的。即如文帝生活的"俭朴"吧，他可以因为修一个露台需要花费"百金"而下令停止，这当然是好的；但汉文帝迷信神仙，为追求长生不死而宠信大骗子新垣平，他除了封任新垣平为"上大夫"的爵位外，还赏赐他的家庭"累千金"，相当于建那个露台的几十倍。汉文帝有一个男宠叫邓通，有人给邓通相面，说邓通日后要饿死；汉文帝为了怕把邓通饿死，就赐给了邓通一座铜山，让他随便开矿铸钱，于是邓通家铸造发行的铜钱遍天下。这里的汉文帝与前文所述，还是一个人吗？看来，读古书也只能取个"大概其"而止，不能过分认真。

六十六

《滑稽列传》

①

《滑稽列传》：太史公曰：淳于髡仰天大笑，齐威王横行。优孟摇头而歌，负薪者以封。优旃临槛疾呼，陛楯得以半更。岂不亦伟哉？

《史记》中出现这么一篇《滑稽列传》，这本身就是对汉代上流社会的一种莫大的"滑稽"与讽刺。这些地方表现了司马迁重视小人物、歌颂小人物的民主精神。这与《孟尝君列传》之写鸡鸣狗盗、《平原君虞卿列传》之写毛遂、李同等具有同等的意义，都值得大书特书。但这些人物的历史性应该说是很差的，我们只能把它们视为一种寓言，是表现了作者的某种愿望而已。正如吴见思所说："亦取其意思所在而已，正不必论其事之有无也。"

这种人物在战国有淳于髡，在秦朝有优旃，在汉朝有东方朔，在五代有镜新磨。尤其是镜新磨，居然敢在谐谑中抽了他的主子唐庄宗几个大嘴巴。这样的故事难道你也相信它的真实吗？居然还有人能把它引在报纸上当做一种新闻来说。钱锺书也把中国的这些滑稽人物与西方君主跟前受宠的侏儒相比，说它们"言无邮"，意思是君主们不会因为他们的说话走板而将之治罪。我不信，那得看是对谁走板，或者是走板到了何种程度！

2

《滑稽列传》：其后百余年，楚有优孟。

此所谓"其后百余年"者，乃谓淳于髡以滑稽故事劝谏齐威王之百余年后也。齐威王是战国中期齐国的君主，前356—前320年在位。而"其后百余年"的优孟，又以滑稽的故事劝谏楚庄王。楚庄王是春秋中期的楚国君主，前613—前591年在位。刘知几《史通》对此所谓"其后百余年，楚有优孟"提出疑问说："优孟，楚庄王时人，在淳于髡前二百余年，此传云'髡后百余年'，何也？"这的确是个严重的问题，但刘知几能提出疑问，而杰出的历史家司马迁就能够轻易地这么说吗？

钱穆的《先秦诸子系年考辨》对此做出了精彩的解释说："楚顷襄王又称'庄王'。《楚策》'庄辛谓楚襄王曰'，高诱注《荀子》作'庄辛谓楚庄王'，其证一也。《韩非·喻老》'楚庄王欲伐越，杜子谏曰：王之兵自败于秦晋，丧地数百里，此兵之弱也；庄蹻为盗于境内，而吏不能禁，此政之乱也。王之弱乱，非越之下也。'庄蹻之事又见《荀子·议兵篇》云：'楚兵殆于垂沙，唐蔑死。庄蹻起，楚分而为三四，秦师至而鄢郢举，若振槁然。'此三事相续，垂沙之败在怀王时，鄢郢之举在襄王时，庄蹻为盗，据《韩非书》在襄王时。然怀、襄之间别无'庄王'，则'庄王'即襄王之证二也。杨倞注《荀子》引《韩非书》杜子谏曰作'庄子'，庄子即庄辛，与楚襄王同时，此庄王即襄王之证三也。史公（于《西南夷列传》）曰：'庄蹻者，故楚庄王苗裔也。'《通典》引《后汉书》则言'庄豪王滇，豪即蹻也。'《通志》亦以范史为定。此又'庄王'即襄王之证四也。《韩非·奸劫弑臣篇》又云'楚庄王之弟春申君'，夫春申君侍顷襄王太子质秦，则韩非所指'庄王'上不能为怀王，下不能为考烈王，其即谓襄王明矣。此又'庄王'即襄王之证五也。"

钱氏之考辨可以作为定论。司马迁是不可能把春秋时代的楚庄王说成在齐威王之后的；但司马迁对于两个"楚庄王"又的确是认识不清，于是心持两端。他一方面使用了第一个楚庄王时的历史人物孙叔敖；但同时又把这则故事故意地放在了第二个"楚庄王"的年代。

3

《滑稽列传》：昔者，齐王使淳于髡献鹄于楚。出邑门，道飞其鹄，徒揭空笼，造诈成辞，往见楚王曰："齐王使臣来献鹄，过于水上，不忍鹄之渴，出而饮之，去我飞亡。吾欲刺腹绞颈而死，恐人之议吾王以鸟兽之故令士自伤杀也。鹄，毛物，多相类者，吾欲买而代之，是不信而欺吾王也。欲赴佗国奔亡，痛吾两主使不通。故来服过，叩头受罪大王。"楚王曰："善，齐王有信士若此哉？"厚赐之，财倍鹄在也。

与此类似之故事，古书多有。梁玉绳曰："《说苑·奉使》称魏文侯使舍人无择献鹄于齐；《韩诗外传》十称齐使献鹄于楚；《初学记》二十、《御览》九百十六并引《鲁连子》云展无所为鲁君遗齐襄君鸿，所载各异，皆不说髡，毋乃谬矣。"钱锺书曰："徐渭《路史》载云南土官缅伯高贡天鹅过沔阳，浴之，鹅飞去，坠一翎，因拾取而上于朝，并作口号云：'将鹅贡唐朝，山高路遥遥。沔阳鹅失去，倒地哭号号。上覆唐天子，可饶缅伯高。礼轻人意重，千里送鹅毛。'不知徐氏何本。窃疑五季以来有'千里鸿毛'俗谚，徐氏逞狡狯，追造故实，以当出典。"

###

《滑稽列传》：西门豹曰："呼河伯妇来，视其好丑。"即将女出帷中，来至前。豹视之，顾谓三老、巫祝、父老曰："是女子不好，烦大巫妪为入报河伯，得更求好女，后日送之。"即使吏卒共抱大巫妪投之河中。有顷，曰：
"巫妪何久也？弟子趣之！"复以弟子一人投河中。有顷，曰："弟子何久也？
复使一人趣之！"复投一弟子河中。凡投三弟子。西门豹曰："巫妪弟子
是女子也，不能白事，烦三老为入白之。"复投三老河中。西门豹簪笔磬折，
向河立待良久。长老、吏傍观者皆惊恐。西门豹顾曰："巫妪、三老不来还，
奈之何？"欲复使廷掾与豪长者一人入趣之。皆叩头，叩头且破，额血流地，
色如死灰。西门豹曰："诺，且留待之须臾。"须臾，豹曰："廷掾起矣。
状河伯留客之久，若皆罢去归矣。"邺吏民大惊恐，从是以后，不敢复言
为河伯娶妇。

西门豹这种"以其人之道，还治其人之身"的严厉惩办这股由贪官恶
吏与社会邪恶集团相勾结的犯罪团伙的手段，可谓既有雷霆万钧之力，又
运之于温文尔雅的从容指挥之中；既惊心动魄，又妙趣横生。尤其是其中
的"西门豹簪笔磬折，向河立待良久"；顾曰："巫妪、三老不来还，奈
之何？"云云，这是最具有震慑力，又最为滑稽幽默的地方。但褚少孙仅
就此一端遂将西门豹写入《滑稽列传》，那就更简直是文不对题了。至于
西门豹故事的本身，自然是好的，单就文笔而言，此文的确不在《史记》
的文章之下。

5

《滑稽列传》：传曰："子产治郑，民不能欺；子贱治单父，民不忍欺；
西门豹治邺，民不敢欺。"三子之才能谁最贤哉？辨治者当能别之。

这原本是儒家分子宣扬的法治不如德治的一条语录。德治固然说得好听，
但是否就能放之四海而皆准？是否就能单一的推行于天下而无往不胜？战
国时期的历史检验证明显然是不行的。但儒家人物作为一种美谈，却一直
坚持不休。褚少孙在《补史记》中绝妙地写了西门豹的故事，其目的与效

果自然都是歌颂西门豹这种为国家、为黎民百姓负责，正直而又雷厉风行地为国家、为黎民百姓除害造福的"循吏"的风采。在故事本身，极尽歌颂之能事，而在末尾发表评论时，又引出一段老生常谈的"三不欺"的故事，以吹捧儒家而贬抑法家，自己制造矛盾，真不知褚少孙究竟是想要干什么？

6

《滑稽列传》之文字、标点有可讨论者：

（1）优孟……即为孙叔敖衣冠，抵掌谈语。岁余，像孙叔敖，楚王及左右不能别也。庄王置酒，优孟前为寿。庄王大惊，以为孙叔敖复生也，欲以为相。

"楚王及左右不能别也"。此句文字有误。优孟的化装孙叔敖，楚王左右是早就知道的，他们的确都无法辨别真假。也正是有这样的效果后，优孟才最后去见楚王的。于是楚王一见，遂惊其为孙叔敖复生，并欲任以为相。黄善夫本、武英殿本于此均作"楚王左右不能别也"，这是描写优孟化装的逼真程度。这时还只是说楚王左右的见优孟，尚未见楚王，不应出现"及"字，应据削。

今依例重新标点数句作："优孟……即为孙叔敖衣冠，抵掌谈语。岁余，像孙叔敖，楚王（及）左右不能别也。庄王置酒，优孟前为寿。庄王大惊，以为孙叔敖复生也，欲以为相。"

（2）传曰："美言可以市，尊行可以加人。君子相送以言，小人相送以财。"

"美言可以市，尊行可以加人"。此语生涩不顺。此语原见《老子》第六十二章，原文亦作"美言可以市，尊行可以加人"。但《淮南子》之

《道应训》《人间训》皆作"美言可以市尊，美行可以加人"。知《老子》之原文应作此，而《史记》引《老子》时，其文已有误也。应依《淮南子》改。

"君子相送以言，小人相送以财"。语见《晏子春秋·内篇杂上》与《荀子·大略篇》，文字略异。《孔子世家》亦引之，其文作"富贵者送人以财，仁人者送人以言"。

又，在司马迁写《史记》时，人们习惯地称尧、舜、禹、汤、文、武、周公、孔子为圣人，称圣人的著作曰"经"；而称其他贤士哲人如老子、庄子、管仲、晏婴、孟轲、荀况等人的著作皆曰"传"。

本段所引的四句话，分别属于老子与晏婴，而通行本不加区分地放在一个引号内，似乎不合适。

今依例重新标点数句作："传曰：'美言可以市尊，[美]行可以加人。''君子相送以言，小人相送以财。'"

六十七

《日者列传》

　　《日者列传》：司马季主者，楚人也。卜于长安东市……

　　宋忠、贾谊……曰："吾望先生之状，听先生之辞，小子窃观于世，未尝见也。今何居之卑？何行之污？"

　　……

　　司马季主曰："……今公所谓贤者，皆……见伪增实，以无为有，以少为多，以求便势尊位；食饮驱驰，从姬歌儿，不顾于亲；犯法害民，虚公家，此夫为盗不操矛弧者也，攻而不用弦刃者也，欺父母未有罪而弑君未伐者也。何以为高贤才乎？

　　"盗贼发不能禁，夷貊不服不能摄，奸邪起不能塞，官耗乱不能治，四时不和不能调，岁谷不孰不能适。才贤不为，是不忠也；才不贤而托官位，利上奉，妨贤者处，是窃位也……使君子退而不显众，公等是也。"

　　……

　　且夫卜筮者，埽除设坐，正其冠带，然后乃言事，此有礼者也；言而鬼神或以飨，忠臣以事其上，孝子以养其亲，慈父以畜其子，此有德者也。

而以义置数十百钱，病者或以愈，且死或以生，患或以免，事或以成，嫁子娶妇或以养生：此之为德，岂直数十百钱哉？此夫老子所谓'上德不德，是以有德'。今夫卜筮者利大而谢少，老子之云岂异于是乎？……

宋忠、贾谊忽而自失，芒乎无色，怅然噤口不能言。于是摄衣而起，再拜而辞。行洋洋也，出门仅能自上车，伏轼低头，卒不能出气。

从本篇的题目为《日者列传》，又据《太史公自序》说自己写此篇的目的是"齐、楚、秦、赵为日者，各有俗所用"云云，可知本文应该是一篇有关众多"日者"的类传，不应该只写一个人；又从后面还有《龟策列传》以述卜者之事看，则本文应该是严格的记述"日者"，即占测时日吉凶的迷信职业者而言，而不应该记述卜筮者，致与《龟策列传》相重复。王充《论衡》中有《讥日》《卜筮》两篇，即分别为揭露、批判"日者"与"卜筮"两种行业的虚妄、骗人而写。"日者"与"卜者"分属两种迷信行业，而《史记集解》《史记索隐》，都为之调和弥缝，说什么"卜筮"也可以称作"日者"云云，实在荒唐不足取。

司马迁写的《日者列传》早从汉代就已经失传，现存作品所写的司马季主的故事不知出自何人之手，但作品选取了西汉文帝时期的名人贾谊、宋忠作靶子，让他们代表当时官场上的衮衮诸公，自鸣得意、自命清高，而痛斥市场上的一群卜筮者，说他们"看起来虽也像个人样，但实质上职业低贱，人格卑微，让有身份、有学问的人们感到不齿！"

司马季主听了哈哈一笑，说你们所说的"有身份、有学问"的品行高贵的都是些什么人呢？是你们朝廷上，与各级官府里所拥挤着的那些达官显宦、衮衮诸公吗？看起来，你们一个个庞然大物，颐指气使，养尊处优，高高在上。当边疆有急，敌寇入侵，或内部动乱，百姓流离，你们能够挺身而出为国家、为黎民百姓做出一点贡献吗？你们都是一群"盗贼发不能禁，夷貊不服不能摄，奸邪起不能塞，官耗乱不能治，四时不和不能调，岁谷不孰不能适"的废物。你们只会钩心斗角，欺上瞒下，装腔作势，妒贤忌能。

国家所以不好，社会所以不安，黎民所以受苦，全是让你们这些徒有虚名的家伙们占据要津，堵塞贤路，致使真正的英才只能散落于民间市井。

再看我们这些占卜术士，清心寡欲，老实做人，一天得不到几十个铜钱，但总想做些好事善事。《周易》里的"卦辞""爻辞"当然都是原有的、固定的。但一位好的占卜师是有头脑、有思想的。上门求卜人的五花八门，带着各式各样的问题前来求解。而我们这些占卜师，就要结合他们的具体情况对之进行有目的、有方向地点拨、诱导、规劝、鼓励、建议等，使他们达到"忠臣以事其上，孝子以养其亲，慈父以畜其子"；使他们"病者或以愈，且死或以生，患或以免，事或以成，嫁子娶妇或以养生"。甚至让某个万念俱灰，想去投河、上吊的人恢复了生活下去的力量；让某个怒火中烧，怀中揣着刀子要去杀人的人打消了念头。我们占卜师的工作是像你们所说的那么下贱、那么卑微吗？

一番话说得贾谊、宋忠哑口无言，回答不出一个字，回家后三天没缓过劲来。

作品选了贾谊、宋忠做靶子，宋忠其人不详，而贾谊则是汉初群臣中的佼佼者。在司马季主面前，"贾谊"尚且如此鄙陋，其他朝臣也就可想而知了。司马季主对满朝衮衮诸公的揭发、痛斥，是十分尖刻而又体察入微的。汉代如此，历代官场也都是如此，不能说所有官僚都是这样，但任何时代都有相当一批官僚的确是这种样子。从作者抒发个人怀才不遇的感慨而论，此文与东方朔的《答客难》、扬雄的《解嘲》，以及韩愈的《进学解》等路数相同；从愤世疾俗，抨击当时政治而论，则此文上继庄子的《盗跖》，下开明代刘基的《卖柑者言》，在文学史上的影响是巨大的。

明代凌稚隆说："此借日者以讥尊官厚禄，而不忠不才，妨圣窃位，直与蒿萧鸱枭寇盗等耳。岂能如日者之隐居卜筮，不求荣宠，而有礼有德哉！篇中反复议论，虽其愤激之词，而亦足以风世之贪位慕禄者。"（《史记评林》）

民国的李景星说："《日者传》是一篇架空文字，如庄生之寓言。即司马季主，亦不必实有其人，所述事迹更无论矣。即以有其人而论，亦是当时才人借题发挥，不必出自宋、贾。即云出自宋、贾，亦是设为问答，自抒愤闷，如《离骚》《渔父》之类。太史公想是爱其文，感其事，故加以序赞，而为此传。其文汪洋恣肆，诞忽深渺，虽多诽语，自成奇作。盖史公胸有锤炉，即偶尔采录，亦自成其为史公之文，非他人所能及。"（《四史评议》）

2

《日者列传》之文字、标点有可讨论者：

（1）昔先王之定国家，必先龟策日月，而后乃敢代；正时日，乃后入家；产子必先占吉凶，后乃有之。

此段数句的标点混乱，多有错讹。"乃敢代"，指取代前一个王朝的政权。然疑此"代"字应作"伐"，指讨伐昏暴，如周武王之伐殷纣是也。"乃后入家"，语意不明，疑此断句有误，此句应作"乃后入"，意即占策好时日，而后才能进入被灭国家之京城、进入其宫殿。周武王破殷后进入殷朝宫殿的烦琐仪式，见《周本纪》。"家"指大夫之门，贵族之门。"家产子必先占吉凶，后乃有之"。贵族家里生了小孩，必先占卜吉凶，要根据占卜的吉凶来决定要不要这个孩子。如不吉利，就必须像《诗经·生民》所写把那个孩子扔掉。《索隐》曰："谓若卜之不祥则或不收也。卜吉而后有，故云'有之'。"有些注释者谓这样说法不近人情，其实古代中外皆有之，中国之大名鼎鼎者有后稷、襃姒；欧洲之大名鼎鼎者有"奥狄浦斯"，在其刚降临人世时都被这样抛弃过。

今依例重新标点数句作："昔先王之定国家，必先龟策日月，而后乃敢（代）［伐］；正时日，乃后入；家产子必先占吉凶，后乃有之。"

（2）我与若，何足预彼哉！彼久而愈安，虽曾氏之义未有以异也。

"何足预彼"，怎能与他相比。"虽曾氏之义未有以异"。此句之意不可晓。曾子讲孝道、讲三省吾身，与《日者列传》榫卯不接。《集解》引徐广曰："曾，一作'庄'。"徐广说是，应据改"曾"字作"庄"。"庄氏之义"，即庄周所讲的道理。庄子以清静无为，知足长乐为生活宗旨。

今依例重新标点数句作："我与若，何足预彼哉？彼久而愈安，虽（曾）[庄]氏之义未有以异也。"

（3）夫家之教子孙，当视其所以好，好含苟生活之道，因而成之。

"当视其所以好"。六字语气不顺。疑"以"字衍文。"好含"，莫知所云。泷川曰："南本、宋本、凌本'含'作'舍'。""好舍"，即好什么与不好什么，这里是复词偏义，即指爱好。"好舍苟生活之道，因而成之"，意思是，只要孩子所爱好的事情也是一种谋生之道，那么家长就应该成全他。这比时下某些顽固不化的非逼着孩子去学某种专业的家长要开明得多了。

今依例重新标点数句作："夫家之教子孙，当视其所（以）好，好（含）[舍]苟生活之道，因而成之。"

（4）辩讼不决，以状闻。制曰："避诸死忌，以五行为主。"人取于五行者也。

"人取于五行者也"。意思不清，莫知所云。"人"下应有"主"字，"人主"即指汉武帝。视武帝诏有所谓"避诸死忌，以五行为主"，此即所谓"人主取于五行者"也。

今依例标点数句作："辩讼不决，以状闻。制曰：'避诸死忌，以五行为主。'人[主]取于五行者也。"

六十八

《龟策列传》

①

《龟策列传》：太史公曰："自古圣王将建国受命，兴动事业，何尝不宝卜筮以助善？唐虞以上，不可记已。……

至高祖时，因秦太卜官。天下始定，兵革未息。及孝惠享国日少，吕后女主，孝文、孝景因袭掌故，未遑讲试，虽父子畴官，世世相传，其精微深妙，多所遗失。至今上即位，博开艺能之路，悉延百端之学，通一伎之士咸得自效，绝伦超奇者为右，无所阿私，数年之间，太卜大集。会上欲击匈奴，西攘大宛，南收百越，卜筮至预见表象，先图其利。及猛将推锋执节获胜于彼，而蓍龟时日亦有力于此。上尤加意，赏赐至或数千万。如丘子明之属，富溢贵宠，倾于朝廷。至以卜筮射蛊道巫蛊，时或颇中。素有眦睚不快，因公行诛，恣意所伤，以破族灭门者，不可胜数。百僚荡恐，皆曰龟策能言。后事觉奸穷，亦诛三族。

夫搐策定数，灼龟观兆，变化无穷，是以择贤而用占焉，可谓圣人重事者乎？……兆应信诚于内，而时人明察见之于外，可不谓两合者哉？君子谓夫轻卜筮、无神明者，悖；背人道、信祯祥者，鬼神不得其正。故《书》

建"稽疑"，五谋而卜筮居其二，五占从其多，明有而不专之道也。

余至江南，观其行事，问其长老，云龟千岁乃游莲叶之上，著百茎共一根。

又其所生，兽无虎狼，草无毒螫。江傍家人常畜龟饮食之，以为能导引致气，有益于助衰养老，岂不信哉？

以上文字很像是本篇作品的序。司马迁原作的《龟策列传》早从汉代就已经亡佚，但有些人认为这段篇前的小序还是司马迁本人所作。司马迁在《太史公自序》中曾申明他写这篇《龟策列传》的目的是："三王不同龟，四夷各异卜，然各以决吉凶。略窥其要，作《龟策列传》第六十八。"按照司马迁的原意，本篇所写的主人公应该都是利用龟甲或蓍草来进行占卜，以为国家的政事或社会民事服务的神职人员，司马迁写《史记》不是要"究天人之际"吗？于是这就用得着算卦、占测方面的人了，上篇《日者列传》写了一个司马季主，那是安错了地方，拉到这篇《龟策列传》里头来，才是本色当行。

司马迁在这篇小序里简单提到了占卜行业从远古以来的发展变化的历史，叙述了汉代建国以来，特别是带有深深遗憾与愤怒之情地叙述了汉武帝时代这个行业给国家、给社会造成的严重祸害。清代李桢说："汉廷卜筮之盛，始于征伐四夷，先图其利，而祸遂烈于巫蛊。按当时治巫蛊法尤峻，武帝既加意卜筮，且赏赐无度，其于邱子明之属，必有阴受其蔽而不知者。彼欲售睢盱之报者，安知不窥人主所甚意，法所不宥，使用其附会，以巧为迎合，而得以恣行其因公之诛。其曰'射蛊道，巫蛊时或颇中'，则固明明有所不中矣。而破族灭门之祸，卒不可胜数者，盖龟策变化无穷，可以容其附会，而帝意既信向之过，遂亦不暇察其事之枉与卜人之为奸诬也。"（《畹兰斋文集》卷一）

《史记》中零星提到在这场灾难中丧生的人员有皇后卫子夫、皇太子刘据、丞相公孙贺、卫皇后的女儿，卫青的儿子，以及司马迁的朋友田仁、任安等。恶意地掀起这场横祸逆流的是江充，至于李桢在《畹兰斋文集》中所提到的丘子明，没有出现在司马迁笔下。

巫蛊之祸的过程详见《汉书·武五子传》，汉武帝一生追求长生不死，追求神仙方药，大兴土木，大搞祭祀活动，《封禅书》记之详矣。

作者在序言中冷静地提出了对待龟策行业，对待占卜吉凶的态度，这就是"轻卜筮、无神明者，悖；背人道、信祯祥者，鬼神不得其正。"意思是不能不信，但也不能过于迷信。这已经是当时杰出人物们所能达到的较高境界了。《尚书》里有《洪范九畴》，它在《稽疑》中告诉人们在遇到疑惑时，除了个人认真思考、向公卿征求意见、向庶人征求意见外，还有重要的两项就是用龟甲与蓍草占卜，这也就是乞求"神示"了。

可惜司马迁这篇文章的原稿被弄丢了，修补《史记》的人不理解司马迁所要写的是这个行业里的佼佼人才，而是错误地向着"龟策"这种占卜人员所使用的工具奔去，于是从"褚先生曰"以下就全是谈论龟甲与蓍草这两种占卜工具了。

余嘉锡以为："不独非太史公书，亦必不出于少孙之手也。"（《余嘉锡论学杂著·太史公亡篇考》）他认为都是后代的妄人之所塞入。

2

《龟策列传》：宋元王二年，江使神龟使于河，至于泉阳，渔者豫且举网得而囚之。置之笼中。夜半，龟来见梦于宋元王曰："我为江使于河，而幕网当吾路。泉阳豫且得我，我不能去。身在患中，莫可告语。王有德义，故来告诉。"……

博士卫平曰："……今龟，大宝也，为圣人使，传之贤王。不用手足，雷电将之；风雨送之，流水行之。侯王有德，乃得当之。今王有德而当此宝，恐不敢受；王若遣之，宋必有咎。后虽悔之，亦无及已。"

元王大悦而喜。于是元王向日而谢，再拜而受。择日斋戒，甲乙最良。乃刑白雉，及与骊羊；以血灌龟，于坛中央。以刀剥之，身全不伤。脯酒礼之，横其腹肠。荆支卜之，必制其创。理达于理，文相错迎。使工占之，所言尽当。邦福重宝，闻于傍乡。杀牛取革，被郑之桐。草木毕分，化为甲兵。战胜攻取，莫如元王。元王之时，卫平相宋，宋国最强，龟之力也。

《龟策列传》中"褚先生曰"以下的长篇文字是西汉末年的褚少孙在整理残缺的《史记》时，收集并补充到《龟策列传》空白处的一些有关龟甲与蓍草的资料。篇幅很长，主要的故事是宋元王杀龟得甲以占，百胜而国强。但其逻辑混乱，不足以成理。他写了以下几方面的意思：

一、要想占卜灵验，就必须使用灵异的龟甲与奇特的蓍草，而神龟、灵蓍都生于奇异之乡。传曰："下有伏灵，上有兔丝；上有捣蓍，下有神龟。""所谓伏灵者，在兔丝之下，状似飞鸟之形。……伏灵者，千岁松根也，食之不死。闻蓍生满百茎者，其下必有神龟守之，其上常有青云覆之"云云。

"余至江南，观其行事，问其长老云，龟千岁乃游莲叶之上，蓍百茎共一根。又其所生，兽无虎狼，草无毒螫。江傍家人常畜龟，饮食之，以为能导引致气，有益于助衰养老，岂不信哉？"

二、欲占卜之灵，必得杀龟；欲得宝珠，必得剖蚌。"能得百茎蓍，并得其下龟以卜者，百言百当，足以决吉凶。"割蓍草，剖灵龟，岂非残虐之人，岂非暴殄天物？于是他又提出一个"人民与君王者异道"。"人民得名龟，其状类不宜杀也。"并说有人捕到一只灵龟，"龟见梦曰：'送我水中，无杀吾也。'其家终杀之。杀之后，身死，家不利。"

如果是"圣帝明王"得了灵龟，那就可以随欲而行，"盛德不报，重寄不归；天与不受，天夺之宝。"褚少孙所讲故事中的宋元王，就是这样一个有道德、有强力的人物。他本来不忍心杀这只龟，但他的侍者卫平极力劝导他杀龟取甲，结果宋元王获得神异的龟甲后，百占百应，所向无敌，结果是国家富强，百姓安乐。

三、他的结论是人生之事多有不可解。他说："物或危而顾安，或轻而不可迁；人或忠信而不如诞谩，或丑恶而宜大官，或美好佳丽而为众人患。非神圣人，莫能尽言。"

"故云神至能见梦于元王，而不能自出渔者之笼。身能十言尽当，不能通使于河，还报于江，贤能令人战胜攻取，不能自解于刀锋，免剥刺之患。圣能先知逆见，而不能令卫平无言。言事百全，至身而挛；当时不利，又焉事贤！

贤者有恒常，士有适然。是故明有所不见，听有所不闻；人虽贤，不能左画方，右画圆；日月之明，而时蔽于浮云。羿名善射，不如雄渠、蠭门；禹名为辩智，而不能胜鬼神。地柱折，天故毋椽，又奈何责人于全？孔子闻之曰："神龟知吉凶，而骨直空枯。日为德而君于天下，辱于三足之乌。月为刑而相佐，见食于虾蟆。猬辱于鹊，腾蛇之神而殆于即且。竹外有节理，中直空虚；松柏为百木长，而守门闾。日辰不全，故有孤虚。黄金有疵，白玉有瑕。事有所疾，亦有所徐。物有所拘，亦有所据。罔有所数，亦有所疏。人有所贵，亦有所不如。何可而适乎？物安可全乎？天尚不全，故世为屋，不成三瓦而陈之，以应之天。天下有阶，物不全乃生也。"

表现了一种霸道为强势者立言。没有道理可讲，没有一定之规，偶然论，命定论。

清代梁玉绳说："褚枚述宋元一节及占卜命召之辞，衍《庄子·外物篇》宋元君得龟事，两千八百余言皆用韵语，奇姿可喜，必当时旧文而褚述之。惟语多悖慢，不可为训。"（《史记志疑》）

六十九

《货殖列传》

①

　　《货殖列传》：夫神农以前，吾不知已。至若《诗》《书》所述虞夏以来，耳目欲极声色之好，口欲穷刍豢之味，身安逸乐，而心夸矜势能之荣。使俗之渐民久矣，虽户说以眇论，终不能化。故善者因之，其次利道之，其次教诲之，其次整齐之，最下者与之争。

　　故曰："仓廪实而知礼节，衣食足而知荣辱"，礼生于有而废于无。故君子富好行其德，小人富以适其力。渊深而鱼生之，山深而兽往之，人富而仁义附焉。富者得势益彰，失势则客无所之，以而不乐，夷狄益甚。谚曰："千金之子，不死于市"，此非空言也。故曰："天下熙熙，皆为利来；天下壤壤，皆为利往。"夫千乘之王，万家之侯，百室之君，尚犹患贫，而况匹夫编户之民乎？

　　由此观之，贤人深谋于廊庙，论议朝廷；守信死节，隐居岩穴之士设为名高者安归乎？归于富厚也。是以廉吏久，久更富，廉贾归富。富者，人之情性，所不学而俱欲者也。故壮士在军，攻城先登，陷阵却敌，斩将搴旗，前蒙矢石，不避汤火之难者，为重赏使也。……今夫赵女郑姬，设形容，挈鸣琴，揄长袂，蹑利屣，目挑心招，出不远千里，不择老少者，奔富厚也。……医方诸食技术之人，焦神极能，为重糈也。吏士舞文弄法，刻章伪书，不避刀锯之诛者，没于赂遗也。农工商贾畜长，固求富益货也。此有知尽能索耳，终不余力而让财矣。

张大可说："司马迁的前辈思想家只看到了人欲争利的一面，而没有看到人欲是动力这一更本质的东西，司马迁第一个提出了人欲动力说。恩格斯说：'自从阶级对立产生以来，正是人的恶劣的情欲——贪欲和权势欲成了历史发展的杠杆。'人欲动力说本身已经接近了真理的边缘。这是那个时代最卓越最有价值的认识。"

史公此段之意义非凡，其一，揭出了追求物质利益是一切人的本性，是推动社会发展的原动力；其二，痛斥了上流社会的假清高，是对"君子喻于义，小人喻于利"这种污蔑下层人的有力回驳。

这样透彻精辟的话在司马迁之前，还没有看到谁说过。在司马迁之后的一个相当长的时间里，也似乎没有看到谁说过。孟子曾说："劳心者治人，劳力者治于人。"这只是说到了一部分现象，而司马迁则从商人的活动中看出："无财作力，少有斗智，既饶争时。"没钱的给人家当伙计，出苦力；钱少的小本经营，手提肩挑；钱多的开设店铺，悠闲从容；而富商大贾，人徒成千上万，舟车遍南北，字号满州郡，而他自己则是"运筹帷幄，决胜千里"。他们势同王侯，只因为没人给他们实际名号，所以只能被人们称为"素王"。这不俨然就是一个王国的缩影吗？这样来认识社会上阶级阶层的形成，是多么深刻，多么准确啊！在这种不以人的意志为转移的自然规律面前，那些"人生有命，富贵在天"，以及什么"龙生龙，凤生凤"那种没落贵族所聊以自慰的反动血统论，显得多么苍白，多么缺乏吸引力啊！

对于商业活动，马克思主义经典作家其实很早就有非常精彩的言论，恩格斯曾说："商品流通是资本的起点。商品生产和发达的商品流通，即贸易，是资本产生的历史前提。"又说："商人对于以前一切都停滞不变，可以说由于世袭而停滞不变的社会来说，是一个革命的要素。"（《马克思恩格斯全集》第25卷第1019页）但是从1949年新中国建国到八十年代末，改革开放的四十多年间，我们从来没有听到过哪一个马列主义研究者，或是掌管国家经济的官员们引用、传播过类似的观点。因此，中国的知识分子一直把工厂主、资本家与一切从事商业活动的人视为剥削阶级，视为寄生虫。这就和商鞅、韩非的观点完全一样。也只有到改革开放，人们才认识了司马迁经济思想的卓越。司马迁这种卓越的经济思想被压抑了两千年。如果秦汉时代、唐宋时代，哪怕是明清时代的统治者能把司马迁的经济思想有目的、有计划地加以推行，那对中国古代历史的发展又该起到什么样的作用呢？

钱锺书说："斯传文笔腾骧，固无待言，而卓识巨胆，洞达世情，敢质言而不为高论，尤非常殊众也。夫知之往往非难，行之亦或不大艰，而如实言之最不易。故每有举世成风，终身为经，而肯拈出道破者少矣。盖义之当然，未渠即事之固然，或势之必然。人之所作所行，常判别于人之应作应行。诲人以所应行者，如设招使射也；示人之所实行者，如悬镜俾照也。马迁传货殖，论人事似格物理然，著其固然、必然而已。其云：'道之所符，自然之验'，又《平准书》云：'事势之流，相激使然'，正同《商君书·画策》篇所谓'见本然之政，知必然之理'。《游侠列传》引'鄙谚'曰：'何知仁义？已享其利者为有德'；《汉书·贡禹传》上书引俗皆曰：'何以孝悌为？财多而光荣。'马迁传货殖，乃为此'鄙''俗'写真耳。道家之教，绝巧弃利；儒家之教，'何必曰利'。迁据事而不越世，切近而不骛远，既斥老子之'涂民耳目'，难'行于近世'；复言'天下熙熙，皆为利来，天下壤壤，皆为利往'。是则'崇势利'者，'天下人'也，迁奋其直笔，著'必然之验'，载'事势之流'，初非以'崇势利'为'天下人'倡。《韩非子·观形》曰：'镜无见疵之罪'，彪、固父子以此传为迁诟病，无乃以映见嫫母之媸容而移怒于明镜也？"

《货殖列传》：故太公望封于营丘，地舄卤，人民寡，于是太公劝其女功，极技巧，通鱼盐，则人物归之，繦至而辐凑。故齐冠带衣履天下，海岱之间敛袂而往朝焉。其后齐中衰，管子修之，设轻重九府，则桓公以霸，九合诸侯，一匡天下；而管氏亦有三归，位在陪臣，富于列国之君。是以齐富强至于威、宣也。

司马迁重视经济问题，重视工商业的发展，他对姜太公与管仲的治理齐国非常敬佩。他在《齐太公世家》中称道姜太公说："太公至国，修政，因其俗，简其礼，通商工之业，便鱼盐之利，而人民多归齐，齐为大国。"又说："桓公既得管仲，与鲍叔、隰朋、高傒修齐国政，连五家之兵，设轻重鱼盐之利，以赡贫穷，禄贤能，齐人皆说。"在《管晏列传》中称道管仲治理齐国的情形说："管仲既任政相齐，以区区之齐在海滨，通货积财，富国强兵，与俗同好恶。故其称曰：'仓廪实而知礼节，衣食足而知荣辱，上服度则六亲固。四维不张，国乃灭亡。下令如流水之原，令顺民心。'故论卑而易行。俗之所欲，因而予之；俗之所否，因而去之。其为政也，善因祸而为福，转败而为功。贵轻重，慎权衡。桓公实怒少姬，南袭蔡，管仲因而伐楚，责包茅不入贡于周室；桓公实北征山戎，而管仲因而令燕修召公之政；于柯之会，桓公欲背曹沫之约，管仲因而信之，诸侯由是归齐。故曰：'知与之为取，政之宝也。'"

《货殖列传》：子赣既学于仲尼，退而仕于卫，废著鬻财于曹、鲁之间，七十子之徒，赐最为饶益。原宪不厌糟糠，匿于穷巷。子贡结驷连骑，束帛之币以聘享诸侯，所至，国君无不分庭与之抗礼。夫使孔子名布扬于天下者，子贡先后之也。此所谓得势而益彰者乎？

"使孔子名布扬于天下者，子贡先后之也"。先后之：意即为之运动、打点。梁玉绳曰："列子贡于《货殖》，非也。"崔述曰："古者金粟皆谓之货，殖犹生也。货殖云者，不过留心于家人生产，酌盈济虚，使不至于困乏耳，非籴贱贩贵若商贾然也。樊迟请学稼，孔子以'小人'斥之；若子贡学道而为商贾之事，孔子不知当如何斥之？且谓孔子之道之显，子贡先后之可也；谓子贡以富故能显之，岂圣人之道亦必藉有财而后能行于世乎？此乃司马氏愤激之言，后人不察，遂以子贡为若商贾者然，谬矣。"

诸儒皆以子贡经商为耻，而史公则极力推扬之，并夸张其辞曰：孔子之所以能名扬天下都是靠着子贡的力量。此中固有史公之"愤激"，然其经济思想之卓越，固非一般儒生所能望其项背。不是连共产主义的创始人马克思的研究工作也必须有恩格斯为之赚钱才能保证其生活需要吗？真是古今中外皆然。有了钱就可以办许多以前办不成的事；没有钱，许多事情是根本办不成的。现实就是如此。

4

《货殖列传》之文字、标点有可讨论者：

（1）积著之理，务完物，无息币。以物相贸易，腐败而食之货勿留，无敢居贵。

"无息币"。此语似误。泷川曰："《索隐》《正义》本'币'作'弊'，义长。""无息弊"即不要贮藏劣质的商品，与上句"务完物"相对成文。有人将其解释为"不要在手里积压着钱，要使资金周转起来"，这当然也是赚钱营利的重要原则，但史公这里乃是讲"积著之理"，是讲买进商品，故仍以"无息弊"者为长。

今依例重新标点数句作："积著之理，务完物，无息（币）［弊］。以物相贸易，腐败而食之货勿留，无敢居贵。""食"的意思在这里同"蚀"。

（2）朱公以为陶天下之中，诸侯四通，货物所交易也。乃治产积居，与时逐而不责于人。故善治生者，能择人而任时。

"能择人而任时"。此语误。泷川曰："'择'当作'释'。'释人而任时'，即'与时逐而不责于人'也。"泷川说是。《孙子·势篇》有所谓"善战者求之于势，不责于人，故能释人而任势"，意思相同。古书中"释"字常误作"择"，但在现代汉语中差别巨大，应改"择"作"释"。

今依例标点数句作："朱公以为陶天下之中，诸侯四通，货物所交易也。乃治产积居，与时逐而不责于人。故善治生者，能（择）［释］人而任时。"

（3）通邑大都，酤一岁千酿，醯酱千瓨，浆千甔，屠牛羊彘千皮……此亦比千乘之家，其大率也。

"酤一岁千酿"。莫知所欲云。视《正义》中有所谓"酿千瓮"，知此处应作"酤一岁千瓮"。"千瓮"，指一年之中所能酿造的酒类的数量。此"千瓮"正与后数句中的"千瓨""千甔""千皮""千锺"等并列，都是量词。

今重新标点数句作："通邑大都，酤一岁千（酿）［瓮］，醯酱千瓨，浆千甔，屠牛羊彘千皮……此亦比千乘之家，其大率也。"

（4）此其章章尤异者也，皆非有爵邑奉禄弄法犯奸而富，尽椎埋去就，与时俯仰，获其赢利。

"椎埋去就"。四字不可解。梁玉绳曰："'椎埋'乃'推理'的讹文，言推测物理也。"梁说是，"推理去就，与时俯仰"，即前文所说白圭的"乐观时变"；与《越王勾践世家》所说范蠡的"候时转物"都意思相同。应据改。

今重新标点数句作："此其章章尤异者也，皆非有爵邑奉禄弄法犯奸而富，尽（椎埋）［推理］去就，与时俯仰，获其赢利。"

七十

《太史公自序》

①

《太史公自序》：昔在颛顼，命南正重以司天，北正黎以司地。唐虞之际，绍重、黎之后，使复典之，至于夏商，故重、黎氏世序天地。其在周，程伯休甫其后也。当周宣王时，失其守而为司马氏。

《索隐》曰："'重'司天而'黎'司地，是代序天地也。据《左氏》重是少昊之子；黎乃颛顼之胤，二氏二正，所出各别，而史迁意欲合二氏为一，故总云'在周，程伯休甫其后'，非也。"

《太史公自序》开头的这几句话，原文出自《国语·楚语下》，其文曰："及少暤之衰也，九黎乱德……颛顼受之，乃命南正重司天以属神，命火正黎司地以属民，使复旧常，无相侵渎。"又曰："其后，三苗复九黎之德，尧复育重、黎之后，不忘旧者，使复典之。以至于夏商，故重、黎氏世叙天地，而别其分主者也。其在周，程伯休父其后也。"视《国语》与《史记》两处之文，皆明确以"重"与"黎"为二人，分典二职。如此则谓"故重、黎氏世序天地，其在周，程伯休甫其后也"，以一人为两族之后，情理欠通；《索隐》后又为之弥缝曰："按彪之序及干宝皆云'司马氏黎之后也'今总称伯休父是重黎之后者，凡言地即举天，称黎则兼重，自是相对之文，其实二官亦通职。然休父则黎之后也。亦是太史公欲以史为己任，言先代天官，所以兼称重耳。"亦甚勉强。但据《史记·楚世家》，司马迁自己的说法又有不同，其文曰："高阳者，黄帝之孙，昌意之子也。高阳生称，称生卷章，卷章生重黎。重黎为帝喾高辛居火正，甚有功，能光融天下，帝喾命曰祝融。共工氏作乱，帝喾使重黎诛之而不尽。帝乃以庚寅日诛重黎，而以其弟吴回为重黎后，复居火正，为祝融。"在这里，"重黎"又成了一个人，史公叙事两篇相互矛盾。

司马氏的祖先在周朝的程伯休甫之前，一直是"世序天地"；直到程伯休甫，开始时还是继承祖业，以"序天地""典周史"为业。到周宣王时代，程伯休甫免去了"序天地""典周史"的职务，而改为掌管军队、掌管武事。

程伯休甫，可是西周宣王时代的名人，周宣王六年（前822），程伯休甫被宣王任命为主管邦国九法的大司马，征讨东方淮夷之乱，在平定叛乱恢复统一的征战中建立事功，成为辅佐宣王中兴的一代名臣。《诗经·大雅·常武篇》第二章："王谓尹氏，命程伯休甫，左右陈行。戒我师旅，率彼淮浦，省此徐土。不留不处，三事就绪。"赞颂了程伯休甫的卓越战功。从此，程伯休甫"大司马"的官号便开始成了司马氏家族的姓氏。

《太史公自序》：司马氏世典周史。惠、襄之间，司马氏去周适晋。晋中军随会奔秦，而司马氏入少梁。

自司马氏去周适晋，分散，或在卫，或在赵，或在秦。其在卫者，相中山。在赵者，以传剑论显，蒯聩其后也。在秦者名错，与张仪争论，于是惠王使错将伐蜀，遂拔，因而守之。错孙靳，事武安君白起。而少梁更名曰夏阳。

靳与武安君坑赵长平军，还而与之俱赐死杜邮，葬于华池。靳孙昌，昌为秦主铁官，当始皇之时。

蒯聩玄孙卬为武信君将而徇朝歌。诸侯之相王，王卬于殷。汉之伐楚，卬归汉，以其地为河内郡。昌生无泽，无泽为汉市长。无泽生喜，喜为五大夫，卒，皆葬高门。喜生谈，谈为太史公。

在西周末与东周初，司马氏家族是不是还有人掌管过"天地"与"周史"呢？司马迁没有说，但司马迁已经说明从周惠王、周襄王时代，司马氏的族人便离开周国，流向晋国、流向秦国、流向卫国；又随着时代的变迁，由春秋变为战国，又变为秦国的统一，又经过楚汉战争，而变到了刘邦的建国，文景的治世，武帝的壮大与发展。在这五六百年的历史中，司马氏家族出现了许多叱咤风云的人物，为他们当时所处的国家建立了丰功伟绩。当司马迁在《史记》中写到这些人物的时候，是充满骄傲与自豪的。他给自己《史记》该将何种人物写入"列传"的标准规定为"扶义俶傥，不令己失时，立功名于天下"，这其实就是司马迁当时处世做人的奋斗目标。

但长期以来，在研究《史记》的文章中常有说司马迁是出生于"世代史官"的家庭，说他长期受"史官家庭的影响"，并说他自幼以学史、治史为业，自幼以继其父任为目标等，这些提法都似乎与实际不相合。袁传璋先生写《司马谈临终遗命与司马迁人生转向》说："从程伯休甫失其周太史官守，到司马谈于汉武帝建元元年（前140）出任汉王朝太史公，司马氏家族的史官传统中断了682年；若从周惠王、襄王之际周室内乱，司马氏去周适晋，姑以周襄王十六年（前637）重耳入晋为君的晋文公元年起算，到司马谈为汉室太史公，司马氏史官的家世亦有将近500年的空白。因此古今诸多学者称说司马迁出身于'世惟执简'的史官世家，并不确切。"

关于司马迁接受父亲遗嘱，倾心写史的问题，袁传璋先生说："司马氏家族的传统实为多元，司马迁并非出身于纯粹的'史官世家'。他身处汉武帝外攘四夷、内兴制作的'有为'之世，青少年时期志在建功立业，光耀祖庭。仕为郎中后，以'辩知闳达，溢于文辞'受武帝器重，奉使西征南略，仕途如日方升未可限量。由于始料未及的原因，太史公司马谈滞留河洛之间，'发愤且卒'，临终遗命司马迁接续太史的职务，完成自己未成的史著。遗命改变了司马迁的人生取向，由立功转为立言。假如元封元年之春没有发生司马谈、迁父子的洛阳诀别，也没有司马谈的临终遗命和司马迁的庄严承诺，以司马迁的学识、才具和气度，若遇合明君，定会如周、召一般建金石之功，留永世之业；司马谈也会完成他所欲之论著，后人或会读到署名司马谈，叙事上接《春秋》起于战国，下讫元鼎、元封之际版本的《太史公书》。由于有了司马谈的临终遗命和司马迁的庄严承诺，中国历史长河中消失了可能出现的一位杰出的政治家、外交家抑或军事家司马迁的身影，却陶铸出一位千古一人的太史公司马迁，成就了一部为中华民族建树的永不倾颓的丰碑——《太史公书》一百三十篇。"

语言上虽有些夸饰，但基本意思是可以的，比那种说司马迁自幼便醉心于文史，自幼便一心想继其父任为史官的说法更接近实际。

3

《太史公自序》：夫儒者以六艺为法。六艺经传以千万数，累世不能通其学，当年不能究其礼，故曰"博而寡要，劳而少功。若夫列君臣父子之礼，序夫妇长幼之别，虽百家弗能易也。

司马谈的学术立场基本上是属于道家，但他对儒家学说的认识是极其准确的。他十分精确地指出了儒家的"列君臣父子之礼，序夫妇长幼之别"，在巩固既得利益秩序，维护封建统治上的重要作用。这一点是非常难得的。在先秦的各个学派中，以明确的纲领表现出其为当代统治者效力的是儒家与法家。他们的目标与责任都是维护等级制，维护既得利益；但在具体操作上儒家是进行思想麻醉，法家是进行行动上的强制规范。法家的残暴是世人皆知的；而儒家的本质却很难让人看清，因为它的表面上掩盖着一层温文尔雅的美丽慈祥的外衣。

令人惊奇的是司马谈在一针见血地指出儒家本质的同时，也指出了儒家在进行具体操作上所表现出来的严重弊病，这就是"儒者以六艺为法。六艺经传以千万数，累世不能通其学，当年不能究其礼，故曰'博而寡要，劳而少功'。"也正是由于儒家的这种弊病，使得它在春秋末期，在战国以及楚汉时期，曾一度被中央与地方各级统治者所摒弃。司马迁对于先秦儒家的某些治世方略，以及对儒家人物的积极奋斗精神都有很好的评价与描写，但司马迁对儒家那些虚伪、迂腐、烦琐的行为与说教，也是时常地流露于《史记》的叙事与描写之中。如在《孔子世家》中，当齐景公欲任孔子以要职时，齐国宰相晏婴阻拦齐景公说："夫儒者滑稽而不可轨法；倨傲自顺，不可以为下；崇丧遂哀，破产厚葬，不可以为俗；游说乞贷，不可以为国。自大贤之息，周室既衰，礼乐缺有间。今孔子盛容饰，繁登降之礼，趋详之节，累世不能殚其学，当年不能究其礼。君欲用之以移齐俗，非所以先细民也。"晏婴是司马迁《史记》中的理想人物，在某种程度上可以视晏婴为司马迁的代言人，晏婴的这段话基本上可代表司马迁的真实思想。

4

《太史公自序》：迁生龙门，耕牧河山之阳。年十岁则诵古文。二十而南游江、淮，上会稽，探禹穴，窥九疑，浮于沅、湘；北涉汶、泗，讲业齐、鲁之都，观孔子之遗风，乡射邹峄；厄困鄱、薛、彭城，过梁、楚以归。于是迁仕为郎中，奉使西征巴、蜀以南，南略邛、笮、昆明，还报命。

这段文字中须要讨论的问题有：一、司马迁是于何年"生龙门"；二、"耕牧河山之阳"的"耕牧"是到何时为止；三、"二十而南游江淮……过梁楚以归"，大抵是在什么时候；四、"于是仕为郎中"，是以何种门路入仕；五、"奉使西征巴蜀以南，南略邛、笮、昆明"，是以何种身份、为了何种事体？

一、关于司马迁生于龙门的年代之争，见下文，此处先不置论。

二、司马迁的"耕牧河山之阳"，我认为是应该包括下一句"年十岁则诵古文"，直到年二十岁的"南游江淮"以前。有人认为"年十岁则诵古文"就已经是离家到了京城，所以才能遇到治古文的前辈名人。照这样说，司马迁的"耕牧"就完全成了八九岁以前的童稚之所为了。"童稚"何得庄严地称做"耕牧"？至于孩童时期的读书认字，也不必想得那么严重，非得投入于耆老鸿硕的专家之门。

三、南游江淮，北涉汶泗，讲业齐鲁，过梁楚以归。据王国维、张大可等考证大约在元狩五年或是元狩后期，司马迁二十八九岁，大致可从。

四、于是仕为郎中。王国维以为应在元鼎元年，司马迁三十岁。张大可以为应在元狩五年，司马迁年二十八岁。至于司马迁是通过什么门路仕为郎中的，王国维说"其何自为郎，亦不可考"。司马迁自己说："仆赖先人绪业，得待罪辇毂下"，有人据此以为就是"承其父荫"。但从现有文献得知，在当时可以荫其子、弟为郎者，必须是爵秩在二千石以上的高官。司马谈为太史令，远远不够那个级别。有人说司马谈管的是"天文星历"，汉武帝当时正醉心于祈求长生，造仪封禅，司马谈的职务与擅长正好为汉武帝所用，因而得蒙格外施恩。这种推测有无道理先不说，只要看过《封禅书》就可以知道，司马迁对于怂恿汉武帝从事这一行当的肖小，是深恶痛绝的，他们父子岂能也走这条路？当时也有人通过上书金马门，获得召见进言或进献文章等，这些就与司马迁自己所言不搭界了。我只好跟着王国维也说"不可考"，不再肆意推测了。

五、司马迁的这次"奉使西征巴蜀以南，南略邛、笮、昆明"，是以何种身份、为了何种事体而长途往返？

这里要讨论的问题是"西征""南略"四个字究竟该怎样讲。有人认为是指讨伐叛乱、扩展地盘。如张大可先生说："元鼎六年春，武帝命驰义侯遗率巴蜀之兵平定西南夷，以为牂柯、越巂、沈黎、汶山、武都五郡。司马迁奉命监军，并设郡置吏。"袁传璋先生说："元鼎六年春，汉王朝在平定南越后，武帝下令征越的一支未及参战的部队'征西南夷'，平定那里的叛乱；同时委任一名使者监护驰义侯遗出征，这名从郎官中选拔出来代表皇帝的使者便是司马迁。"并说："在一年多的时间里，司马迁代表朝廷随军巡视并安抚巴蜀以南新近开辟的五郡少数民族聚居地区，不仅圆满地完成了武帝托付的军政任务，而且实地考察了西南夷地区的民族历史、地理物产、民俗风情，以及与周边外国如身毒（今印度）的商贸交通。"

这时的司马迁是以什么身份、什么级别的职务从事这项工作的呢？袁传璋先生说："司马迁极有可能被武帝临时赐予比二千石的中郎将官衔代表皇帝建节出使。"张大可认为应该是像司马相如那样，以千石的郎中将身份出使，"奉命监军"，并"设郡置吏"。

我认为以上说法都是从误解、推测、想象而来，都找不到任何具体的旁证。汉武帝时的郎官，以"郎中将"或"中郎将"的身份奉朝命出国、或奉命到国内某地区执行某种专项任务的事情的确有，如苏武先是为郎，后为栘中厩监，被加以中郎将的身份为使者，遣送被汉军俘获的匈奴人回匈奴；又如当汉代官僚唐蒙为开发西南夷而在巴蜀地区大肆兴调人力物力，而搅得民怨沸腾，社会动荡时，汉武帝是派了身为郎中的司马相如，让他以郎中将的身份代表朝廷去遣责唐蒙，以安抚巴蜀民众。这种派遣低级别的官员，临时以较高级别的身份出使，都是有明确的专项任务，让他们去解决专项问题的。他们都不像司马迁这样是"西征巴、蜀以南，南略邛、筰、昆明"，区域范围很广，而具体任务又并不明确、并不专一。而细读《西南夷列传》，也找不到司马迁去西南夷究竟负责了什么任务，会见了什么官员，解决了什么问题等。张大可、袁传璋二位先生所说的司马迁为"驰义侯"当监军，与之率军平叛云云，也在《西南夷列传》中找不到任何司马迁的影子。而且"驰义侯"是在且兰人的"叛乱"一开始，就和犍为郡的太守一起被且兰人杀掉了，后来八校尉率领的军队平定了且兰人的"叛乱"，在那里设立了牂柯郡，丝毫也不见有什么"监军"的影子。况且八校尉平定且兰，只是西南夷大片地区中的一小片，和司马迁所说的"西征巴、蜀以南，南略邛、筰、昆明"相比，也太不成比例了。而且八校尉的平定且兰是在南夷，也与汉王朝在广大的西南地区设立五个郡的事情无法一概而论。尤其是这新设立的五个郡中的汶山与武都二郡，根本不在"巴、蜀以南"，而是在巴、蜀的西北或大北方，根本不在司马迁"西征巴、蜀，南略邛、筰、昆明"的范围之内。因此说司马迁此行的任务是"奉命监军与设郡置吏"是不能令人相信的。

司马迁在写《樊郦滕灌列传》《张释之冯唐列传》《田叔列传》等篇的时候，凡是遇到与他自己相关的人与事时，总要借机说上几句与他本人的关系：如《樊郦滕灌列传》之末有："太史公曰：'吾适丰沛，问其故老，观故萧、曹、樊哙、滕公之家'"云云；如《张释之冯唐列传》之末有："武帝立，求贤良，举冯唐。唐时年九十余，不能复为官，乃以唐子冯遂为郎。遂字王孙，亦奇士，与余善"；在《田叔列传》之末有："太史公曰：'孔子称曰：居是国必闻其政，田叔之谓乎？义不忘贤，明主之美以救过。仁与余善，余故并论之。'"而在写《西南夷列传》，如果这里头有许多与司马迁本人密切相关的人与事，而他又是为此做出了重要贡献的，那他怎么会反倒不置一词了呢？再说，如果司马迁这时真的曾以"中郎将"或"郎中将""建节出使"，这可是他们司马家两辈子从没有遇到过的荣宠。试看他在写到司马相如"建节出使"，路过蜀郡老家时，"蜀太守以下郊迎，县令负弩矢先驱，蜀人以为宠。于是卓王孙、临邛诸公皆因门下献牛酒以交欢。卓王孙喟然而叹，自以得使女尚司马长卿晚"云云，于是一幅"范进中举"般的艳羡之情跃然纸上。如果司马迁自己真有这一刻，他会在整部《史记》中只字不露吗？

我以为就本文所说的"奉使西征巴、蜀以南，南略邛、筰、昆明"的这段文字，再结合《西南夷列传》的具体所写，再结合《史记》全书的叙事方式综合起来观看，我的结论是："西征"，意同"西行"；"南略"，意同于"南行经过"。司马迁这里的"奉使"，意即"奉命"或"奉命出行"，不能够说成为庄严的"奉诏出使"，更不能说成为"建节出使"。司马迁这次出行要去的地方是"巴、蜀以南"，以至"邛、筰、昆明"，实际上几乎是包括了《西南夷列传》所说的西夷与南夷的全部。范围如此宽广，又没有具体要解决、要处理的某一个或某几个专门问题，于是我们就只能理解为这是汉武帝派司马迁到西南夷地区去帮他了解情况，去客观、全面地了解那里的总体情况。

说起西南夷，这已经是让汉武帝操心劳神几十年的一个烂摊子，一大块吃不下，又放不下的烫手的热山芋了。早在他刚即位不久的建元六年（前135），他就在唐蒙、司马相如等人怂恿下，着手开发经营这个地区。开始很不顺利，而且当时朝廷又正在筹备着解决北方的匈奴问题。为了避免两条战线同时用兵，于是把开发西南夷的问题暂时停了下来。到又过了十几年后的元狩年间（前122—前117）北方对匈奴的战争已经取得了决定性胜利，而张骞又通使西域回来，对汉武帝有所进言，于是汉武帝遂第二次经营开发西南夷。到元鼎年间（前115—前111），随着汉王朝对南越、东越的相继用兵，同时在西南夷也取得了相当可观的胜利。其标志就是在今广东、广西一带设立了南海、苍梧、郁林、合浦、交阯、九真、日南、珠崖、儋耳九郡。在西南夷设立了武都、牂柯、越嶲、沈黎、汶山五郡。

前后经历了二十多年，许多事情反反复复，七嘴八舌，只有各地区、各部门长官上报的情况，汉武帝不能相信；他还要了解更多的、更真实的第一手的情况。于是他派出了以司马迁为首的一个低级别的、半公开、半隐秘的情报小组。朝廷没有让他们去宣布什么政策法令，也没有让他们去插手解决什么地方政府或军队中的任何问题。他们只能带着眼睛去看，带着耳朵去听，但没有权力随便说话、随便行动。他们可以接触西南夷地区各方面的官员和汉族与少数民族的各色人等，但最后也仍是只听不说。所以他们回朝后也是只向汉武帝汇报，而无权向他人、向社会随便泄露。而司马迁的身份在出差前是郎中，回来后仍是郎中，不久变成了太史令，在爵秩级别上也正好相应。

5

《太史公自序》：卒三岁而迁为太史令，䌷史记石室金匮之书。五年而当太初元年，十一月甲子朔旦冬至，天历始改，建于明堂，诸神受纪。

"卒三岁，而迁为太史令"。在司马谈逝世后的第三年，即汉武帝元封三年（前108），司马迁继其父任当了太史令。司马贞的《史记索隐》在这里引《博物志》出注说："太史令，茂陵显武里大夫司马迁，年二十八，三年六月乙卯除，六百石。"据此可知司马迁在长安的住宅是在"茂陵显武里"；在这年，司马迁年龄二十八岁，由此可以推知司马迁是生于公元前135年，即武帝建元六年。请读者注意，这就是司马迁生于公元前135年说的主要依据。

　　又，"五年而当太初元年"。意谓司马迁任太史令后的第五年是太初元年（前104）。张守节的《史记正义》在这里出注说："迁年四十二。"从元封三年到太初元年中间相隔四年，若元封元年司马迁果真是"二十八"，则太初元年司马迁应是"三十二"，而不应是"四十二"；反过来，若司马迁在太初元年果真是"四十二"，则元封元年则应该是"三十八"，而不应该是"二十八"。前后必有一误。若司马迁在太初元年为"四十二"，则应该是生于汉景帝中元五年（前145）。这就是司马迁生于公元前145年说的主要依据。据日本"南化本"《史记》前文《索隐》所引为"三十八"，这对持"145年说"者很有力，但仅此孤证，尚不足以服人。

　　光凭着一个"四十二"，或是"二十八"，这证据本来就单薄，还要加上一条另一个相关的"二十八"，或是"四十二"必须改换数字，这就越发显得这两种数字说法的难以令人坚信。这问题须要等待日后更多出土的新资料来加以印证。我认为现存的"前145"与"前135"的任何一方都不能使对方完全信服，而应该使其保持两存，而在自己的文章与讲课中，同时告诉学生这两种说法。不要强硬地自以为是。

　　《太史公自序》：上大夫壶遂曰："昔孔子何为而作《春秋》哉？"太史公曰："余闻董生曰：'周道衰废，孔子为鲁司寇，诸侯害之，大夫壅之。孔子知言之不用，道之不行也，是非二百四十二年之中，以为天下仪表，贬天子，退诸侯，讨大夫，以达王事而已矣。'子曰：'我欲载之空言，不如见之于行事之深切著明也。'夫《春秋》，上明三王之道，下辨人事之纪，别嫌疑，明是非，定犹豫，善善恶恶，贤贤贱不肖，存亡国，继绝世，补敝起废，王道之大者也。……故有国者不可以不知《春秋》，前有谗而弗见，后有贼而不知。为人臣者不可以不知《春秋》，守经事而不知其宜，遭变事而不知其权。为人君父而不通于《春秋》之义者，必蒙首恶之名。为人臣子而不通于《春秋》之义者，必陷篡弑之诛，死罪之名。……故《春秋》者，礼义之大宗也。夫礼禁未然之前，法施已然之后；法之所为用者易见，而礼之所为禁者难知。"

壶遂曰："孔子之时，上无明君，下不得任用，故作《春秋》，垂空文以断礼义，当一王之法。今夫子上遇明天子，下得守职，万事既具，咸各序其宜，夫子所论，欲以何明？"

太史公曰："唯唯，否否，不然。……《春秋》采善贬恶，推三代之德，褒周室，非独刺讥而已也。'汉兴以来，至明天子，获符瑞，封禅，改正朔，易服色，受命于穆清，泽流罔极，海外殊俗，重译款塞，请来献见者，不可胜道。臣下百官力诵圣德，犹不能宣尽其意。且士贤能而不用，有国者之耻；主上明圣而德不布闻，有司之过也。且余尝掌其官，废明圣盛德不载，灭功臣世家贤大夫之业不述，堕先人所言，罪莫大焉。余所谓述故事，整齐其世传，非所谓作也，而君比之于《春秋》，谬矣。"

"唯唯，否否，不然"。言其欲"唯"而不敢，欲"否"而又不甘心的进退失据的样子。司马迁本来是以孔子自居，是把自己的《史记》比作孔子的《春秋》，以批评当今的乱世。当他不经心地正说得洋洋得意，壶遂忽然从当时的现实政治出发，向司马迁提出问题说："当年孔子写《春秋》是想批判乱世；你今天生活在圣明的时代，你写史记是要干什么呢？"司马迁突然感到像是触了电一样，他立即陷入狼狈状态，他口吃着既不甘心说否，也不敢公开说是，他只好改变套路说"我的史记中不光是批评，更有对圣明天子与伟大时代的歌颂，那些才是我们的主要任务。而且你也不该把我的《史记》比作孔子的《春秋》，我的书怎么能与圣人的经典相提并论呢？"

这段文字充分表现了司马迁的写作艺术，他既要曲折地向读者表明他是以孔子自居，他的《史记》是《春秋》第二；但他又不想让那些保皇派们抓住辫子来整治他，于是他就用了一种欲盖弥彰的写作套路。这种文章的做法早在宋玉的《对楚王问》、东方朔的《客难》中就使用过了；其后扬雄在《解嘲》、韩愈在《进学解》中更使用得尤其生动精彩。宋代赵恒曾评论这段文字说："此段有包周身之防，而隐晦以避患之意。"明代徐孚远说："史公为此言，惧有'谤书'之祸也。"邓以瓒说："亦是《对问》《答客难》体，'上大夫壶遂'固是假说，'董生'亦是暗借，此文章妙矩。"所谓"《对问》《客难》体"，就是指宋玉的《对楚王问》、东方朔之《答客难》、扬雄的《解嘲》、韩愈的《进学解》等那种套路的欲扬反抑、欲盖弥彰的文章。谅此时壶遂等必已不在人世，故可如《日者列传》之作者能牵引"贾谊"为其出场作戏。

7

《太史公自序》：于是卒述陶唐以来，至于麟止，自黄帝始。

太史公曰：余述历黄帝以来至太初而讫，百三十篇。

既说"卒述陶唐以来"，又说"自黄帝始"，彼此抵牾。崔适曰："当是旁记误入正文，《小序》云'维昔黄帝'，即谓自黄帝始矣，此何待言？"若依崔说削去"自黄帝始"四字，则成了宣布《史记》记事的终始为"卒述陶唐以来，至于麟止"，而与下文之首篇即曰"维昔黄帝，法天则地"，又如何统一？

顾颉刚说："《自序》记《史记》之断限有两说，一曰'于是卒述陶唐以来至于麟趾'，一曰'余历述黄帝以来至太初而讫'，一篇之中所言全书起讫之异若此。求其歧说所以发生之故，颇疑谈为太史令时，最可纪念之事莫大于获麟，故迄'麟止'者谈也；及元封而后，迁继史职，则最可纪念之事莫大于改历，故'迄太初'者迁之书也。《太史公自序》一篇本亦谈作，迁修改之而未尽，故犹存此牴牾之迹耳。"（《史林杂识》）顾颉刚又曰："其书起于黄帝，则以武帝之世方士言黄帝者过多，迁于《封禅书》中虽已随说随扫，而终不脱出时代氛围。且改历之事公孙卿与迁同主持之，卿之札书言'黄帝得宝鼎宛朐，是岁己酉朔冬至，于是黄帝迎日推策'是即太初改历之托古改制也。在此种空气中，迁之作史其上限必不容仅至陶唐而止。是则《史记》一书中起讫之延长固有其政治背景在，非迁故意改父之道矣。"（《史林杂识·司马谈作史》）赵生群说："顾颉刚先生以父子共同作史来解释《史记》的两个断限，指出《自序》也是司马谈开始写作，可谓发前人所未发。在此特为顾先生补出两点论据：一、《自序》前半部分叙述的主语是司马谈。如言'太史公学天官于唐都'，'太史公仕于建元、元封之间'，又如'太史公既掌天官，不治民，有子曰迁'等；二、名为《自序》而全录司马谈《论六家要旨》，亦可证《自序》实从司马谈开始创作。"

8

《太史公自序》：凡百三十篇，五十二万六千五百字，为《太史公书》。序略，以拾遗补艺，成一家之言，厥协六经异传，整齐百家杂语，藏之名山，副在京师，俟后世圣人君子，第七十。

以上数句，文字不顺，意思也不太连贯。为了使其意思稍明晰，我想能否做如下调整："凡百三十篇，五十二万六千五百字，成一家之言，为《太史公书》。（序）略以拾遗补缺，厥协六经异传，整齐百家杂语"。大概意思是：（我的这套著作，）共一百三十篇，五十二万六千五百字，这是我们父子的"一家之言"，定名曰《太史公书》。这套书可以给前贤的著作起到某些拾遗补缺的作用，可以和儒门的六经与其相关的诸传相协调，并对各家各派的学说进行了某种鉴别与评定。"序"字衍文应削，今用括号括起。

"藏之名山，副在京师"。谓正本藏之名山，副本留于京师。《索隐》曰："《穆天子传》云：'天子北征至群玉之山，河平无险，四彻中绳，先王所谓策府。'郭璞云：'古帝王藏策之府。'则此谓'藏之名山'是也。""俟后世圣人君子"。语气欠完整。意即让后代有见识的人们能于此有所取裁。王念孙曰："'俟后世圣人君子'本作'俟后圣君子'，哀十四年《公羊传》曰：'制《春秋》以俟后圣，以君子之为，亦有乐乎此也。'史公之语，即本乎此。"李光缙引王世贞曰："余读《太史公自序》欲藏其书于名山大川，夫名山大川即不朽，何至深闭而长遏之使等于土石？吾思通于鬼神而俗不晓，声等于金石而价莫售，吾不能及吾身以自致其知于世，而欲凉凉焉求千百岁已藏之山而发之，希觊于必不可测之人而使之知，此事极迂，而其致极惨激可念也。"

"第七十"。意谓此《太史公自序》是《史记》列传的第七十篇。泷川曰："自'维我汉继五帝末流'以下，是第七十《自序》序。"就其固有格局看，此段文字应为《太史公自序》的小序；然就其内容看，有些话显然超出了《太史公自序》的范围。

9

《太史公自序》之文字、标点有可讨论者：

（1）管蔡相武庚，将宁旧商；及旦摄政，二叔不飨；杀鲜放度，周公为盟；大任十子，周以宗强。

"大任十子"。王骏图曰："大任，文王之母，季历妃也。文王之妃曰'大姒'，生伯夷考等十子者也。今曰'大任十子'，恐是'大姒'之讹。"王说是也，应据改。

今依例重新标点数句作："管蔡相武庚，将宁旧商；及旦摄政，二叔不飨；杀鲜放度，周公为盟；大（任）〔姒〕十子，周以宗强。"

（2）正衣冠立于朝廷，而群臣莫敢言浮说，长孺矜焉；好荐人，称长者，壮有溉，作《汲郑列传》第六十。

"壮有溉"。三字有误。"壮"字应作"庄"，是郑当时的字，与前文的"长孺矜焉"相对。"溉"字同"概"，有气节、有操守。应据改"壮"作"庄"。

今依例重新标点数句作："正衣冠立于朝廷，而群臣莫敢言浮说，长孺矜焉；好荐人，称长者，（壮）〔庄〕有溉，作《汲郑列传》第六十。"

表

一

《三代世表》

《三代世表》序：余读谍记，黄帝以来皆有年数。稽其历谱谍、终始五德之传，古文咸不同，乖异。夫子之弗论次其年月，岂虚哉？于是以《五帝系谍》《尚书》集世，纪黄帝以来讫共和为《世表》。

牛鸿恩说："《史记》十表是司马迁在史学上的一大创造，郑樵甚至说'《史记》一书，功在十表。'历史是千头万绪的，那么多事件，那么多人物，那么多朝代和国家，又那么长时间。《史记》的本纪、世家、列传、书对三千年的历史记载，相对而言可算得详尽完备，可是数十万字巨著，旦夕之间谁能把握？十表的创制，把三千年的历史发展过程作了纲目式的表述，使纷繁的史实厘然有序，一目了然，'虽燕、越万里，而于径寸之内犬牙交错；虽昭穆九代而于方尺之中雁行有叙，使读者阅文便睹，举目可详。此其所以为快也。'（《史通·杂说上》）哲学家认为：空间和时间是运动着的物质世界存在的两种基本形式，《史记》的十表大多是年经国纬，或国经年纬，就正是通过发生在不同空间和时间交汇处的历史事件，简要明晰地展现了历史的演变，就应当是纲目式表述历史过程的一种最佳方式。

《三代世表》以五帝和三代之王的世系传承及其国号为中心，并附有帝王的先世和周代十一诸侯的世系，时代久远，不能'论次其年月'，只是'集世'，而'纪黄帝以来讫共和'。既然司马迁所见牒记'咸不同，乖异'，那么像欧阳修所说'尧之崩也，下传其四世孙舜；舜之崩也，复上传其四世祖禹'，'稷、契于高辛为子，乃同父异母之兄弟，今以其世次而下之，汤与王季同世，是文王以十五世祖臣事十五世孙纣；而武王以十四世祖伐十四世孙纣而代之王，何其谬哉'（《帝王世次图后序》）也就不足为怪了。值得注意的是，依据《世表》，不仅五帝中的后四帝都是黄帝后代，而且夏、商、周三代之王也都出于黄帝，这种五帝、三王同出一源之说，形成于战国时期。《国语》一书开始出现了"昔少典生黄帝、炎帝"和天下有土之君'皆黄、炎之后'（《周语下》《晋语四》）的说法，'共工和齐、许和戎都算是炎帝的子孙'，'大家是一家子'；到了《大戴记》的《五帝德》《帝系》和《吕氏春秋》的《尊师》《古乐》，则把炎帝除外，都变成黄帝之后了（顾颉刚《中国上古史研究讲义》之《国语》《帝系》二节）可见天下一统的思想形成于《国语》至《帝系》《吕氏春秋》的时代。《三代世表》主要是依据《国语》《五帝德》与《帝系》写成的。《帝系篇》中早已把中国古代有天下的君主尽数归到了黄帝的一个系统之下来了，司马迁又归入了秦、越、匈奴三个成员。（顾颉刚《中国上古史研究讲义》）这样的记载，当然不可能符合历史的实际，但是这种'四海一家''天下一统'的思想，特别是作为中华民族主体的华夏族有这种思想，无疑有助于中华民族的大团结，在历史发展的实践中具有积极的意义。"（韩兆琦《史记笺证》第二版）

张大可说："十表的史学义例也可以概括为三点：其一，编年记正朔，与本纪互相贯通，发明补充，展现天下大势为全书之纲；其二，打破王朝体系，划分历史变革的时代段落；其三，各表结构与表序结合，阐述深微大义，最具《春秋》笔法。十表篇目依年代顺序排列，按时代断限将黄帝至汉武帝近三千年历史划分为三个阶段，即上古、近古、今世；五个时期，即三代、春秋十二诸侯、战国、秦汉之际、汉兴以来。

《三代世表》谱列五帝三代世系，而篇名只称'三代世表'，不命名为'五帝三代世表'，这是因为五帝禅让，不是传代；且五帝之世为传说之史，世系也不可确考；而三代称王以后世系才较为明晰，故定名'三代世表'。全表分为两截，谱列内容以帝王世次为经，前半截以不居帝王位者世次为纬，后半截以周初所封自鲁至曹十国世次为纬。主旨是'观百世之本支'，追溯历史起于黄帝，宣扬大一统。"（《史记全本导读辞典·三代世表》）

二
《十二诸侯年表》

①

《十二诸侯年表序》：太史公读春秋历谱谍，至周厉王，未尝不废书而叹也。曰：呜呼，师挚见之矣！纣为象箸而箕子唏。周道缺，诗人本之衽席，《关雎》作。仁义陵迟，《鹿鸣》刺焉。及至厉王，以恶闻其过，公卿惧诛而祸作，厉王遂奔于彘，乱自京师始，而共和行政焉。是后或力政，强乘弱，兴师不请天子。然挟王室之义，以讨伐为会盟主，政由五伯，诸侯恣行，淫侈不轨，贼臣篡子滋起矣。齐、晋、秦、楚其在成周微甚，封或百里或五十里。晋阻三河，齐负东海，楚介江淮，秦因雍州之固，四海迭兴，更为伯主，文武所褒大封皆威而服焉。

牛鸿恩说："此表比《三代世表》周成王段增加了郑、吴二国，凡十四栏。周为共主，余为十三诸侯，却为何称'十二诸侯'呢？本表以鲁史《春秋》为纲，又多取材于鲁史与《左氏春秋》，以鲁为主而表述十二诸侯，故不数鲁而称《十二诸侯年表》。正如同《六国年表》本列七国，以'因《秦纪》''表列六国时事'故称《六国年表》。

本表‘年经而国纬，所以观天下之大势也。’（吕祖谦《大事纪解题》）平王东迁，周室衰落，‘政由五霸，诸侯恣行’。齐、晋、秦、楚‘更为霸主’，征讨不断。司马迁‘综其终始’，以表现这个时期的‘盛衰大指’。尽管‘自共和讫孔子’的起迄时间有可以商榷之处，但是司马迁看出通常所说的春秋时期既不同于西周，又不同于战国的历史特征，从而划分为不同的历史时期，并相应地分期立表，已诚属不易。司马迁对表的设计、安排很好，但有时记事不很细致，前人指出每有当书而不书，不宜书而书之者。我们在注释过程中不仅发现了一些史实记述的错误，还发现司马迁在引用《左传》时由于未能细读原文而不止一次地错会文意。司马迁的写作速度似乎很快，很能让人想象出他振笔疾书的情态。朱熹曾说：‘司马迁才高，识亦高，然粗率。’（《朱子语类》卷一三四）这个评价应当是很确当的。”（韩兆琦《史记笺证》第二版）

周旻说：“《十二诸侯年表》感叹周厉王无道，感慨周室衰微，诸侯专政，五霸盛衰，称颂孔子‘明王道’，次《春秋》，制义法，使‘王道备，人事浃’。自言本篇作意为‘表见《春秋》（此指《春秋经》和《左氏传》）、《国语》”，著录其“盛衰大指’。王国维曾说，本篇‘实为《春秋》《国语》作目录’。实际上，不仅仅是‘作目录’而已，对于重大的历史事件，如晋封成师之失、骊姬之乱、卫州吁之乱、齐无知之乱；战争如韩之战、崤之战、鞍之战等，都能‘综其终始’，寓论断于叙事。而且表现了惩恶扬善的鲜明倾向，如说卫懿公‘翟伐我，公好鹤，士不战，灭我国’；说秦穆公‘穆公薨，葬殉以人，从死者百七十人，君子讥之，故不言卒’；写齐懿公‘不得民心’‘公刖邴歜父而夺阎职妻，二人共杀公’；而对‘伯宗好直谏’‘魏绛辱杨干’‘和戎狄’等则给予表彰。对于子产、晏婴、孔子的行为，更有比较多的记述，表现了对这些人物的推崇。”

又说：“本篇虽然是表格形式，但并不一味求简，有时候还写入人物的语言，如咎犯曰‘求霸莫如内王’；火，欲禳之，子产曰‘不如修德’；晏婴使晋，见叔向，曰‘齐政归田氏。’叔向曰‘晋公室卑。’都既有叙述语，又有人物语言甚至对话。对于司马迁以表的形式‘综其终始’，将‘盛衰

大指著于篇'，前人给以很高评价。"（韩兆琦《三全本史记》）

（2）

《十二诸侯年表》的文字与排列有可讨论者：

（1）周桓王十四年（前706）之陈国格："陈厉公他元年"。

牛鸿恩说：陈厉公他。此史公误记。陈厉公名"跃"，陈桓公之子，继其兄太子免被杀而立者也。其具体情事详见《史记笺证》之《陈杞世家注》此句应重新标点为"陈厉公（他）［跃］元年"。

（2）周桓王二十年（前700）之陈国格，"公淫蔡，蔡杀公"。

牛鸿恩说："此史公因误读《左传》而误记。陈厉公无淫蔡被杀事，史公误以厉公为陈他，又据《公羊》《谷梁》有关陈他事而书此。"牛说是，此六字应削。但厉公跃实亦死于此年，死因无记载。
今依例重新标点此句为"（公淫蔡，蔡杀公。）"

（3）周惠王十七年（前660）之卫国格："翟伐我。公好鹤，士不战，灭我国。国怨惠公乱，灭其后，更立黔牟弟，卫戴公元年。"

牛鸿恩说：此即卫懿公九年事也，卫懿公被翟人所杀后，戴公即位当年改元，故称"卫戴公元年"。唯此处之所谓"更立黔牟弟"云云盖误。"《卫世家》谓'更立黔牟之弟昭伯顽之子申为君，是为戴公'，与《左传》所说'为昭伯之子'合。"梁玉绳曰："'弟'下当补'子申'二字。"又，戴公即位之当年又死，故下年即谓"卫文公毁元年，戴公弟也。"
今据梁说重新标点此句作"更立黔牟弟［子申］，卫戴公元年。"

（4）周惠王二十五年（前652）之周国格："二十五，襄王立，畏太叔。"意思是周惠王的二十五年，周襄王即位，害怕他的弟弟子太叔，即王子带。

牛鸿恩说："此年应书'襄王元年'。"又曰："杨伯峻考之《国语》，核以《春秋》经、传，'无一不可以证明惠王之死在去年，襄王之元年在僖之八年'，即今年也。史公误会《春秋》经文。"牛说是也，今改此句的标点作："（二十五）［襄王元年］，襄王立，畏太叔。"又，此后襄王在位三十四年之系年，亦应逐年更改。

（5）周简王十三年（前573）之晋国格："八，栾书、中行偃杀厉公，立襄公孙，为悼公。"

牛鸿恩说："晋用夏历，厉公之弑，实在去年，鲁用周正，而改为今年，杨伯峻据钱绮《左传札记》改今年为悼公元年，甚是。"又，梁玉绳以为"襄公孙"应作"襄公曾孙"。

二家说是，今依例将此句重新标点作"（八）［晋悼公元年］"。而移"栾书、中行偃杀厉公，立襄公曾孙，为悼公"于上一年。并将下一年的"晋悼公元年"改为"二"年。并应将晋悼公在位十六年的系年逐一更改。

（6）周景王十二年（前533）之陈国格："陈惠公吴元年，哀公孙也。楚来定我。"

牛鸿恩曰："'楚来定我'语误，'楚公子弃疾奉陈哀公之孙吴围陈'，非来'定我'，乃灭之也。且事在去年，此言'陈惠公元年'亦误。《左传》昭公十一年叔向曰：'楚王奉孙吴以讨于陈，曰将定而国，陈人听命，而遂县之。'史公误会文意。"

牛说是也，此格应书"楚灭陈 一"意即楚灭陈国的第一年。

今依例重新标点此句作："（楚来定我）〔楚灭陈 一 〕"。而移"陈惠公吴元年，哀公孙也"九字，至"楚灭陈 四"的后一格（前529）。并在此格后的"二""三""四"三格，分别都增入"楚灭陈"三字，盖皆陈被楚灭之年也。

牛鸿恩老师对《十二诸侯年表》提出的问题还有不少，这里只拣问题比较重要，而又为读者所容易看清的列出了6条。

三

《六国年表》

①

《六国年表序》：论秦之德义不如鲁、卫之暴戾者，量秦之兵不如三晋之强也，然卒并天下，非必险固便形埶利也，盖若天所助焉。或曰："东方物所始生，西方物之成孰。"夫作事者必于东南，收功实者常于西北。故禹兴于西羌，汤起于亳，周之王也以丰、镐伐殷，秦之帝用雍州兴，汉之兴自蜀汉。……

然战国之权变亦有可颇采者，何必上古？秦取天下多暴，然世异变，成功大。传曰"法后王"，何也？以其近己而俗变相类，议卑而易行也。学者牵于所闻，见秦在帝位日浅，不察其终始，因举而笑之，不敢道，此与以耳食无异。悲夫！

牛鸿恩说："《六国年表》上起周元王元年（前475），也就是人们通常所说的战国时代的开始；下讫秦二世三年刘邦入关灭秦（前207），共谱列了其间二百七十年中的七雄并立、秦国统一，以至陈涉起义、刘项灭秦的全过程。本表共八格，第一格是谱列周国的世系，因为尽管周国这时已近乎名存实亡，但它在名义上还是各国诸侯的共主，所以它不在题目的'六国'之内。第二格是谱列秦国的世系，因为该表所反映的是秦国吞并东方六国的过程，而且此表的材料又基本是来自《秦纪》，所以秦国的地位自然也不能与东方六国相同，题目所标的'六国'自然也不包括秦国。下面的三、四、五、六、七、八格，则分别谱列了魏、韩、赵、楚、燕和齐国的世系。其实在这个表里还有晋、卫、郑、鲁、蔡、宋等国，因为它们是分别被魏、韩、楚、齐所灭的，所以晋、卫两国附列在魏国一格；郑国附列在韩国一格，鲁、蔡两国附列在楚国一格，宋国附列在齐国一格。其最大好处是使人能对战国二百多年的大事一目了然。

但此表的错误也是很多的，其中以魏国、齐国诸侯的世系问题最大，此外赵国、韩国的世系也有部分问题。这是由于战国时代的材料奇缺，司马迁依据了不可靠的系年造成的，对此我们都一一做了注解、说明。

本表前面有一段作者的短序，追述了秦襄公在西周末年的建国和秦文公、秦穆公在春秋时代逐步向东方发展的情景，而后说到秦国在战国以来的日益强大，直到最后吞并东方六国，建立中央集权的统一国家的过程。司马迁在这段序文里表达了三个观点：其一是他看到了秦国统一天下有其历史的必然性，尽管还没有说得很清楚，但他在《河渠书》里提到了经济方面的原因；其二是他批评了秦王朝在实现这种统一的过程中所采用的残暴手段，与它后来所实行的愚民政策、高压政策，这的确是秦王朝的历史教训；其三是他肯定了秦王朝政策方略上的成功之处，指出了秦朝'世异变，成功大'的事实，驳斥了汉代儒生否定、排斥秦王朝的不顾事实的谰言，明显地与当时的官方舆论唱反调，勇气难能可贵。"（韩兆琦《史记笺证》第二版）

张大可说："表序简括地总结了秦统一六国的历史，是一篇专论秦朝兴亡的史论。要点有二，一是讨论秦统一中国的原因，二是评价短命秦朝的历史地位。""读《六国年表序》当与《秦本纪》《秦始皇本纪》以及秦国人物传记并读，也可以说这篇表序就是秦国传记的一个总论。汉代学者拘于耳食之见诋毁秦朝是'余朝闰位'，说什么汉朝是'上继周统'，这都是违背历史事势的狂惑之言。司马迁反对暴政，批判了秦朝焚书坑儒的严刑酷法，但对秦朝'法后王'，革新政治而富强，终于一统天下的历史功绩却作了高度的评价和肯定，颇具辩证的眼光。"（《史记新注》）

2

《六国年表》的文字与排列有可讨论者：

（1）周元王二年（前475）之赵国格："四十三"。意即赵简子四十三年。

牛鸿恩说："此与《赵世家》以为赵简子在位六十年，'晋出公十七年赵简子卒'，并误。《左传》哀公二十年（前475）'十一月，越围吴，赵孟降于丧食'，杜注：'赵孟，襄子无恤，时有父简子之丧。'这时襄子已继简子为晋国正卿，故史家以为本年为襄子元年。"
牛说甚是，此格依例应重新标点作"（四十三）［赵襄子元年］"。又，赵襄子共在位五十一年，其此后每格的系年应逐格改正。

（2）周元王元年（前476）之燕国格："燕献公十七年"

牛鸿恩说："据《史记》，燕献公上接简公，下接孝公，而《竹书纪年》无献公，今人遂以献、孝之年当孝公在位之年，多以为前476年当燕孝公二十二年。杨宽《战国史·大事年表》改为前476当孝公十七年，按诸《燕世家》，杨说更合理，今取杨说。见《战国史》1998年第三版。"杨说合理，应据改"燕献公十七年"为"燕孝公十七年"。实乃合献、孝为一人也。
今依例重新标点此句作："（燕献公十七年）［燕孝公十七年］"。

（3）周考王三年（前438）之燕国格："十二"，意即燕成公的十二年。

牛鸿恩引杨宽说，此年应为"燕潜公元年"。燕潜公在位二十四年（前414年）卒。而后其子燕简公继位，在位四十二年。下接周烈王四年（前372）继位的"燕桓公元年"。

牛鸿恩曰："依《纪年》所说'简公四十五年卒'，则桓公元年须在公元前369年。而《表》于前372年已是燕桓公元年。杨宽认为'四十五'或为'四十二'之误。因为依《燕世家》，桓公在位十一年，而学者公认燕王哙元年在前320年，则王哙前之桓、文、易三世共有五十二年，而依《纪年》简公四十五年之说，则仅余四十九年，不能相合，故仍依《表》定桓公元年于前372年。平势定釐公即位之年（前416）为元年，釐公四十五年（前372）为桓公元年，桓公十三年（以为原"十一"年为"十三"年之残，十三年在前360）为文公元年，又以文公二十九年（前332）为易王元年，则可与《表》之公元前332年为易王元年相合。"

牛说精细，应依牛说改动燕国几个国君的系年。而于此格标点作："（十二）［燕潜公元年］"。

（4）周烈王七年（前369）之魏国格："二　败韩马陵。"

本格之所谓"二"，乃误解为魏惠王的第二年。陈梦家、杨宽都以为应是"魏惠王元年"。牛鸿恩曰："惠王前369—前319年在位。前334年与齐威王会徐州相王，并改是年为后元元年。"牛说是也。史公误以惠王改元为惠王死、襄王立；又误以襄王在位之年为哀王在位之年。其实魏国本无"哀王"其人，乃襄王直接传于昭王者也。魏国的纪年从文侯元年（前445）错起，经武侯、惠王、襄王，直到昭王元年（前295），前后错了一百五十年，应须逐格改正。

今依例重新标点本格为："（二）［魏惠王元年］，败韩马陵。"

（5）周赧王十五年（前300）之齐国格："二十四　秦使泾阳君来为质"。

本格之所谓"二十四"，是司马迁误以为本年是齐湣王的第二十四年，大误。牛鸿恩引杨宽说以为此年应作"齐湣王地元年"。

本格依例应重新标点作："（二十四）［齐湣王地元年］ 秦使泾阳君来为质。"

又，齐湣王共在位十七年，对这以后十六年的系年，应逐格改定。下接"齐襄王法章元年"是也。

（6）周安王三年（前399）之赵国格："赵武公元年"。

"赵武公元年"，牛鸿恩曰："应继续前文作'烈侯十'。《索隐》引谯周云：'《系本》及说赵语者并无其事，盖别有所据。'《魏世家·索隐》引《纪年》说：'魏武侯元年当赵烈侯十四年。'可证本《表》及《赵世家》所说'九年，烈侯卒，弟武公立'之误。"

牛说是也。本格应依例重新标点作："（赵武公元年）［烈侯十］"。烈侯在位共二十二年，以下十二年之各格系年应依次改，下与"赵敬侯元年"相衔接。

（7）周烈王二年（前374）之韩国格："三"。

本格的所谓"三"，即司马迁所误认的韩哀侯第三年。缪文远、牛鸿恩等皆以为"哀侯之三年"即其子"懿侯之元年"。牛鸿恩曰："聂政刺韩傀，亦即严遂弑韩哀侯，二者为一事。今人均据《竹书纪年》定于魏武侯二十二年，亦即韩哀侯三年（前374）。《韩策二》《韩非子·内储下》均为韩哀侯，与《纪年》所载相符。"

牛说可从，本格依例重新标点为："（三）［懿侯元年］"。又懿侯在位十二年，以下十一年的系年也应逐格改动。

（8）周烈王七年（前362）之韩国格："九 魏败我于浍。大雨三月。"

本格的所谓"九"，即司马迁所认为的韩庄侯第九年。牛鸿恩、杨宽等皆以为本格应作"韩昭侯元年"。牛鸿恩曰："《纪年》作威侯、威王。是一人。陈梦家、平势隆郎均于此年记"威侯"元年。宣惠王八年（前325），与梁惠王会于巫沙，称王。"

诸家说是，本格依例重新标点作："（九）[韩昭侯元年]，魏败我于浍。大雨三月。"又，韩昭侯在位二十六年，其此后二十五格之系年皆应逐次改正。下与"韩宣惠王元年"相衔接。

牛鸿恩老师对《六国诸侯年表》提出的问题还有不少，这里只拣问题比较重要，而又为读者所容易看清的列出了 8 条。

四

《秦楚之际月表》

①

　　《秦楚之际月表》序：太史公读秦楚之际，曰：初作难，发于陈涉；虐戾灭秦，自项氏；拨乱诛暴，平定海内，卒践帝祚，成于汉家。（五）［八］年之间，号令三嬗。自生民以来，未始有受命若斯之亟也。

　　……

　　秦既称帝，患兵革不休，以有诸侯也，于是无尺土之封，堕坏名城，销锋镝，钼豪桀，维万世之安。然王迹之兴，起于闾巷，合从讨伐，轶于三代，乡秦之禁，适足以资贤者为驱除难耳。故愤发其所为天下雄，安在无土不王？此乃传之所谓大圣乎？岂非天哉，岂非天哉？非大圣孰能当此受命而帝者乎？

　　以上是《六国年表》篇前的小序，表序的中心在于感慨六国以来，尤其是感慨陈胜起义以来到刘邦称帝的八年之间的时局变化之快，与刘邦取得帝位的轻而易举。作者注意到了当时的客观形势给刘邦提供的有利条件，也看到了刘邦所采取的种种政策、措施、战略、战术正好适应了当时客观形势的要求。从这个意义上讲，刘邦的确是天才、是英雄、是圣人，项羽在刘邦面前是注定要失败的，这并不是说谁有德、谁无德；谁淳厚，谁狡猾，而关键在于看清形势，把握时机，有效地采取顺应人心、顺应社会潮流的决策，而且要有心胸、有手段地把一切人材都团聚在自己身边，从而组成浩浩荡荡的改造现实社会的大军。机遇对任何人都是平等的，关键就看你的行动如何。刘邦能从千百支起义队伍中脱颖而出，终于打败群雄一统天下，他不是"天才""圣人"是什么？

　　司马迁所不同于其他历史家的地方在于，他对刘邦并不迷信，并不神化，并不是一味痴迷地为刘邦唱赞歌，而是他清醒地看清了当时的那种特定的客观历史形势。刘邦因为能顺应、能驾御这种形势，因此他成功，他是"圣人"，你说这是"天命"也可以；但刘邦还是刘邦，一个政治加流氓的泗上亭长。你说"德"么，他无法与商汤、周武王相比（至于商汤、周武王究竟有什么"德"，也只是相沿都这么说）；你说"力"么，他也无法与秦朝的历代先公先王比，但是他比过去那些用"德"、用"力"的一切人们所取得的成功更辉煌，而时间、手段却又极其短暂、极其简便。对一切世俗人说，这简直就无法理解了，只能说这是"受命"，是"天所助"。司马迁在这里用的辞语是"乡秦之禁，适足以资贤者为驱除难耳，故愤发其所为天下雄，安在'无土不王'？此乃传之所谓'大圣'乎？岂非天哉，岂非天哉？非'大圣'孰能当此而受命者乎？"含蓄悠游的唱叹较多，对于客观形势的作用明确标举不够。百年之后班固写作《汉书·异姓诸侯王表序》时几乎全部袭用了司马迁的《秦楚之际月表序》，只在说明刘邦取天下为何如此之迅捷时加进了两句话，他说："镂金石者难为功，摧枯朽者易为力。"于是意思一下子豁然明朗。班固所补充的这两句，大概也正是司马迁当时想说但出于种种原因而还不便于这么说的话吧。又过了一百七八十年，晋朝的阮籍在登广武山观看刘、项古战场的时候口吐狂言说："时无英雄，（遂）使竖子成名。"我不是说司马迁、班固在写作他们的文章时也有阮籍那样的瞧不起刘邦的思想，我只是说阮籍这种"狂言"不正是从《秦楚之际月表序》与《汉书·异姓诸侯王表序》中进一步推导出来的吗！

秦楚之际诸事纷繁，且又变化极快，史公以"月表"纪序其事，可谓十分必要。至于为何称"秦楚"而不称"秦汉"，我想主要原因在于突出肯定陈胜、怀王、项梁、项羽这一群"楚人"的灭秦之功。如果让班固写这段历史，我想他是会写成"秦汉之际"的，试看其《汉书》对刘邦与陈胜、项羽的安置可以得知。此篇既称"月表"，则纪述各国诸侯自应通通按"月"；即使想突出怀王、项羽、刘邦三个人的特殊地位，对之兼书"年""月"，而对于吴芮、黥布、章邯、臧荼、张耳、韩王信诸人的"年""月"兼书也似乎无其必要，梁玉绳的批评似乎有理。（韩兆琦《史记笺证》第二版）

2

《秦楚之际月表》的文字与排列有可讨论者：

（1）《秦楚之际月表》序：五年之间，号令三嬗。自生民以来，未始有受命若斯之亟也。

梁玉绳曰："自陈涉称王至高祖五年即帝位凡八年，故《序传》（即《太史公自序》）云'八年之间，天下三嬗'，此言'五年'非也。"

按：梁说是，应据改。今重新标点两句作："（五）［八］年之间，号令三嬗。未始有受命若斯之亟也。"

（2）秦二世二年（前208）二月之齐格："景驹使公孙庆让齐，诛庆。"

"诛庆"二字的主语不明，此处应重出"齐"字，视《陈涉世家》可知。今重新标点此句作："景驹使公孙庆让齐，［齐］诛庆。"

（3）秦二世三年（前207）端月之赵格："张耳怒陈馀，弃将印去。"

"弃将印去"的主语不明，易使读者产生误解，应据《张耳陈馀列传》重出"陈馀"二字。

今重新标点此句作："张耳怒陈馀，〔陈馀〕弃将印去。"

（4）汉四年（前203）三月之西楚格："汉御史周苛入楚。"汉格曰："周苛入楚"。

梁玉绳曰："苛骂楚而死，汉忠义之臣也，乃表不书其死节，而曰'入楚'，若降项氏者然，岂史笔哉？且何以不书偕死之枞公也？"梁说是也，此处史公的行文有毛病。两格之"入楚"下皆应增"死"字。

五

《汉兴以来诸侯王年表》

①

《汉兴以来诸侯王年表序》：汉兴，序二等。高祖末年，非刘氏而王者，若无功上所不置而侯者，天下共诛之。高祖子弟同姓为王者九国，唯独长沙异姓，而功臣侯者百有余人……

汉定百年之间，亲属益疏，诸侯或骄奢，忕邪臣计谋为淫乱，大者叛逆，小者不轨于法，以危其命，殒身亡国。天子观于上古，然后加惠，使诸侯得推恩分子弟国邑，故齐分为七，赵分为六，梁分为五，淮南分三，及天子支庶子为王，王子支庶为侯，百有余焉……诸侯稍微，大国不过十余城，小侯不过数十里，上足以奉贡职，下足以供养祭祀，以蕃辅京师。而汉郡八九十，形错诸侯间，犬牙相临，秉其厄塞地利，强本干、弱枝叶之势，尊卑明而万事各得其所矣。

本表谱列了高祖元年（前206）至武帝太初四年（前101）之间一百零五年的诸侯王国的发展变化情况。秦朝看到了春秋、战国诸侯割据，周天子无法控制的惨象，于是改封建制为郡县制，不再分封功臣、子弟为王侯。

刘邦在与项羽作战的时候本来也不打算分封诸将为王侯，但诸将在当时都极热衷于这一项，刘邦为换取各路将领共同消灭项羽，于是只好分封了韩信、彭越、黥布、韩王信等为王。但在灭掉项羽后，刘邦就很快地找借口迅即将它们逐个消灭了。大概还是受传统习惯的影响和接受秦朝迅即灭亡的教训吧，刘邦还是决定要搞一部分封建制，外姓人既然不可靠，那就只封自己的兄弟子侄，于是来了个"非刘氏者不得王"，外姓人只留着一个吴芮当作点缀。刘邦死后，吕后执政，刘邦既然能封刘氏为王，吕后怎么就不能封吕氏为王呢？只是由于吕后在杀害刘邦诸子与诛灭刘邦功臣上作孽过多，故而吕后一死，吕氏诸王以及牵连惠帝诸子便都被通通杀光了。从文帝时开始，这些与皇帝逐渐疏远的刘氏诸王便也开始造反了，文帝时有刘兴居、刘长，景帝时有刘濞、刘戊等一大群，武帝时更有刘安、刘赐等。

汉代建国初期所封的诸侯王势力很大，领土多达几个郡，他们有的是兵权、政权、财权，贾谊早就看到了这种局势的危险，他建议文帝"众建诸侯而少其力"，也就是把这些强大的诸侯国化整为零。文帝接受了，于是齐国被一分为七，淮南国被一分为三。景帝平息七国之乱后，赵国被一分为六，许多旧有的叔、伯、兄弟被诛灭，改封了自己的十三个儿子为王。到这时，诸侯王们不仅领土大大缩小，而且兵权、政权、财权也通通被朝廷派去的命官所掌握。至武帝时，诸侯王主动造反的局势早已经不存在了，但武帝仍不满足，他接受主父偃的建议实行"推恩法"，让各诸侯王分割自己的领土以分封自己的各个儿子为侯。与此同时武帝随时采取严厉手段，以各种借口如"酎金"问题、"侵庙壖垣"问题等，有的一次就处置几十个、百多个，因为武帝有自己的许多兄弟、儿子要封王，有许多自己的功臣、亲信要封侯，旧的不去，新的怎么能上得来呢？这是历史之必然，不用问是非长短。

本篇表序的最后说："谨记高祖以来至太初诸侯，谱其下益损之时，令后世得览。形势虽强，要之以仁义为本。"这是与开头说周王朝的制服不了诸侯是"非德不纯，形势弱也"相呼应的。所谓"形势"是客观的，但其本身也包含着人的主观能动作用在内。司马迁"通古今之变"，特别注意到了这一点，非常正确。至于他说周王朝的后期"非德不纯"；说汉代统治者对付诸侯的手段是以"仁义为本"，这就未必出自真心，而是抑扬其辞的语中含讽了。

司马迁在《太史公自序》中说："桀纣失其道而汤武作，周失其道而《春秋》作。""失其道"了还能说是"德纯"吗？至于汉代建国以来历朝皇帝对付功臣诸王、诸列侯的残酷手段，我们可以从韩信、彭越、黥布、周亚夫等人的传记中读到；汉武帝故意制造罪名大规模消灭诸侯王、诸列侯的事实，我们更可以从《高祖功臣侯者年表》《惠景间侯者年表》《建元以来王子侯者年表》等篇中看出，这难道还能说得上是"不失仁义"吗？比较之下，司马迁对功臣、对诸侯王、诸列侯的同情，与对最高统治者的批评是显而易见的。（韩兆琦《新译史记》）

2

《汉兴以来诸侯王年表》的文字与排列有可讨论者

（1）武王、成、康所封数百，而同姓五十五，地上不过百里，下三十里，以辅卫王室。管、蔡、康叔、曹、郑，或过或损。

泷川引冈白驹曰："'康叔'疑有误。"康叔与伯禽因"有德"前已特别提出，此处不宜再与"管、蔡、曹、郑"等并列，故"康叔"二字衍文，应据削。

今依例重新标点末句作："管、蔡、（康叔、）曹、郑，或过或损。"

（2）高祖二年（前205）之代格："十一月，初王韩信元年，都马邑。"

韩王信于高祖二年被封为韩王，都阳翟。至高祖六年，刘邦将韩王信之韩国北移太原，韩王信乃自请北都马邑，非谓刘邦将其改封"代王"，此处说法有误。此表应增补韩格，以书韩王信事，此年为韩王信元年。其事详见《韩信卢绾列传》。

（3）高祖二年（前205）之梁格："都淮阳"。

此处之"都淮阳"，乃谓彭越被封为梁王，以淮阳为都城也。此语甚误。彭越之为梁王乃都"定陶"；日后文帝子刘武之为梁王乃都睢阳（今商丘），亦非淮阳也。

此处之"都淮阳"，应依例标点作："都（淮阳）［定陶］"。

（4）高祖五年（前202）之淮南格："都寿春"。

此处之"都寿春"，乃谓黥布被封为淮南王，以寿春为都城。此语亦误。黥布之前为九江王与此时之为淮南王皆都"六县"，非寿春。及高帝十一年英布谋反被灭后刘邦立儿子刘长为淮南王时，始改都寿春。

故此句应标点作"都（寿春）［六］"。

（5）高祖六年（前201）之代格为空格。

此年即刘邦封其次兄刘喜为代王之元年。事实详见《高祖本纪》。刘喜亦即"刘仲"。新校本亦为此格出注曰："景佑本、凌本、殿本此栏有'初王喜元年'五字，疑此有脱误。"但对原文未做处理。

今依例补充此格为"［初王喜元年］"。

六

《高祖功臣侯者年表》

1

《高祖功臣侯者年表》序：太史公曰：古者人臣功有五品，以德立宗庙、定社稷曰勋，以言曰劳，用力曰功，明其等曰伐，积日曰阅。封爵之誓曰："使河如带，泰山若厉，国以永宁，爰及苗裔。"始未尝不欲固其根本，而枝叶稍陵夷衰微也。

……汉兴，功臣受封者百有余人。天下初定，故大城名都散亡，户口可得而数者十二三，是以大侯不过万家，小者五六百户。后数世，民咸归乡里，户益息，萧、曹、绛、灌之属或至四万，小侯自倍，富厚如之。子孙骄溢，忘其先，淫嬖。至太初百年之间，见侯五，余皆坐法殒命亡国，耗矣。罔亦少密焉，然皆身无兢兢于当世之禁云。

本表谱列了刘邦的开国功臣一百四十三人从刘邦在位期间被封为列侯，中经惠帝、吕后、文帝、景帝，到武帝太初年间，共历时一百年，这一百四十三个列侯的后裔就只剩下五个，其他都被逐步取消建制、世系断绝的情形。

本表的意义，首先是它为我们提供了一份刘邦在位十二年间所封列侯一百四十三人的全体名单，和他们各自在帮着刘邦灭秦灭项以及在后来稳定汉初政治局面中所立的功劳，所起的作用，这可以大大弥补"本纪""世家""列传"纪事之不足。刘邦这些封侯的功臣单独被写入"世家""列传"只有二十来人，还有一些只在"本纪""世家"或他人的"列传"中被附带提到过，至于还有许多像功劳位居第七的鲁侯涓、位居第十八的曲城侯盅逢、位居第十九的博阳侯陈濞、位居第二十的梁邹侯武儒等则根本没有在别的地方露过面，只有在本表里保留了他们的名字与其简单事迹，这就非常可贵了。

　　按一般规律说，自然是等级越高的人功劳越大，给刘邦做的贡献越多，但司马迁在写作"世家""列传"时却仿佛没有完全依据这些因素。例如按功劳的等级讲，萧何第一，曹参第二，周勃第四，这三个人都进入了"世家"；而位居第三的张敖，与位居第五、第六的樊哙、郦商则下降到了"列传"；而"世家"中所列的另外两个人，陈平是位居第四十七，张良是位居第六十二。司马迁说他给什么人立传的标准是"扶义俶傥，不令己失时，立功名于天下"，我们在分析有关问题时应考虑这一条，尤其是其中的"扶义俶傥"四个字。原来历史就是这样挂一漏万，而且如此具有偶然性的。

　　这些列侯或在自身，或在二世、三世、四世、五世逐步被淘汰、灭绝的原因，有的是因为"无子国除"，这无需讨论；但绝大多数是在不同时期由于各式各样的"犯罪"而被诛灭或被贬为了平民。司马迁感慨这种好景不长与远古那种继世长久的巨大差异。这种不分析古今时代条件的变化，而单纯衡量年头长短，并将其归结为古人德高、今人德低的说法未免迂腐空泛。可是刘邦在当初分封他这些肱股辅弼、功人功狗的时候，原是相互盟誓要"黄河如带，泰山若厉，国以永存，爰及苗裔"的，怎么几年、几十年就变成这种样子了呢？司马迁将汉代列侯绝大多数迅速灭亡的原因归结为两方面，一是由于最高统治者的"罔亦少密"，一是由于诸侯们的"皆身无兢兢于当世之禁"。看起来像是两者各打五十，实际上对最高统治者的指责是主要的，司马迁对许多因"莫须有"的罪名而被剥夺封爵的诸侯们表现了深刻同情。我认为这与司马迁在其他篇章中所表现的对汉代统治者的批评是一致的。

刘邦所封列侯的大量被消灭是在武帝时代，日本人中井积德曾说："是时四方征伐，有功者不得不封，而天下无地可封焉，故不得不减旧封，是事所必至，虽孝武之残忍寡恩，亦少有可恕者，要之处之之道失宜耳。"这话说得很好，旧的不去，新的不来。至于手段嘛，有的自然是残酷了点，有的显然是强加罪名，无中生有，但我们后人也就不必再为此去替古人鸣什么不平了。

梁玉绳认为本表是谱列功臣，不应该将刘姓子弟与吕氏外戚混入其中。将没有尺寸之功的刘姓子侄杂入"功臣表"的确不好；但吕泽、吕释之却不仅仅是"外戚"，而且是与刘邦同时起事，并为刘邦作出了重要贡献的大功臣，简单地以"外戚"二字将其历史作用抹杀似乎于理不当。（韩兆琦《新译史记》）

2

《高祖功臣侯者年表》之安国侯的第 2 格：

以客从起丰，以厩将别定东郡、南阳，从至霸上。入汉，守丰。上东，因从。战不利，奉孝惠、鲁元出睢水中，及坚守丰，封雍侯，五千户。

安国侯是刘邦部将王陵的封号。有关王陵的事迹主要附见于《陈丞相世家》，其次为《高祖本纪》《吕太后本纪》《张丞相列传》与本篇年表。关于王陵归附刘邦的时间与王陵一生的主要事迹与其为刘邦所立的功勋，各篇的说法都有较大不同。而本篇所载的"入汉，守丰。上东，因从。战不利，奉孝惠、鲁元出睢水中，及坚守丰"云云，是王陵一生中的大事，也是为刘邦所立的重要功勋，但在本篇以外的其他地方都没有提到过一个字。只有在《陈丞相世家》的《集解》中出现过一回，文字与此处大同小异。

可以认为是裴骃从本表中引用过去的，但《陈丞相世家》并没有与这条材料相呼应的事实。比较奇怪的是在《樊郦滕灌列传》中有一段文字说："（夏侯婴）从击项籍，至彭城，项羽大破汉军。汉王败，不利，驰去。见孝惠、鲁元，载之。……汉王怒，行欲斩婴者十余，卒得脱，而致孝惠、鲁元于丰。"与此相应的《汉书·樊郦滕灌傅靳周传》也是说"……汉王怒，欲斩婴者十馀，卒得脱，而致孝惠、鲁元于丰。"这丰邑可是项羽的地盘呀，好不容易逃出险境，怎么能转身又把两个孩子送进敌占区去呢？这似乎就与王陵在这个时候是不是真的曾经"坚守丰"大有关系了。请参见《项羽本纪》《高祖本纪》《吕太后本纪》《陈丞相世家》《樊郦滕灌列传》《张丞相列传》之相关词条。这条材料很重要。

《高祖功臣侯者年表》之涅阳侯吕胜、中水侯吕马童、杜衍侯王翳、赤泉侯杨喜、吴房侯杨武五格：五人获得封侯的功劳是共同杀了项羽。这与《项羽本纪》所说的项羽败逃至乌江，不肯独自上船，而又下马持短兵再战，独项籍所杀汉军数十百人，最后项羽自杀，吕马童、王翳、杨喜、杨武、吕胜五人一拥而上，将项羽的尸体切成五块，因而遂被刘邦同时封侯的说法大致相同。但项羽的死，究竟是在乌江，还是在东城，仍无法确定。因为在这五个人的"功状"上，都是只说他们共同杀了项羽，但都没有说明他们是在何地杀的项羽。

4

《高祖功臣侯者年表》的文字与排列有可讨论者：

（1）平阳侯的"侯第"格，《索隐》有："封参在六年十二月，封何在六年正月，高祖十月因秦历改元，故十二月在正月前也。"

"高祖十月因秦历改元"，应作"高祖十月因秦历未改元"。因承秦历未改元，故以"十月"为岁首。故而该年的"正月"在"十二月"之后。

今依例重新标点数句作："高祖十月因秦历［未］改元，故十二月在正月前也。"

（2）阳夏侯之第三格："十年八月，豨以赵相国将兵守代，汉使召豨，豨反，以其兵与王黄等略代，自立为王。汉杀豨灵丘。"

"赵相国"，应作"代相国"。陈豨受命为"代相国，监赵代边兵"。陈豨是因赵相周昌向刘邦进谗而反。详见《韩信卢绾列传》。《高祖本纪》亦有所谓"赵相国陈豨反代地"云云，与此同误，前已提出。此处应依例标点作"豨以（赵）［代］相国将兵守代，汉使召豨，豨反"云云。

（3）阳都侯之第2格："属悼武王，杀龙且彭城，为大司马。"

"杀龙且彭城"，语误。应依《汉书》作"破龙且彭城"，此汉二年时事也。龙且是项羽的部将，汉四年被韩信破杀于潍水。详见《淮阴侯列传》。

此处应依例标点作："属悼武王，（杀）［破］龙且彭城，为大司马。"

七

《惠景间侯者年表》

《惠景间侯者年表》序：……及孝惠讫孝景间五十载，追修高祖时遗功臣，及从代来，吴楚之劳，诸侯子弟若肺腑，外国归义，封者九十有余。咸表始终，当世仁义成功之著者也。

从惠帝元年（前194），经吕后、文帝，到景帝末年（前141）共五十四年的时间里，受封为侯的共九十多人。这里面引起我们注意的是文帝时代与景帝时代的状况大不相同：

随文帝由代国入承大统，是当时的大事件，但由此被文帝封侯的却只有两个人，一个是宋昌，一个是薄昭。宋昌原在代国任中尉，职位已经不低。在周勃、陈平等铲除诸吕，派人往迎刘恒时，众人都劝刘恒不要冒险，唯有宋昌力排众议，坚主接受邀请。而后又亲自进京与周勃等面议，为文帝的进京铺平了道路。薄昭则既是文帝进京的翊卫功臣，又是文帝的亲舅舅，因此对于薄昭不能单纯看作是因"外戚"受封。窦皇后有两个兄弟，人品本来不错，但在文帝之世始终没有封侯。从以上数事看来，文帝对与自己有关的事情控制得是比较严格的。

与此同时，我们再看景帝对平定吴楚七国之乱的功臣，以及对外族叛逃来汉者所加的封赏，就可以知道是如何地既多且滥了。如果我们再联想一下汉景帝对吴楚七国士民的处置，看看他是多么狠毒、多么残暴地鼓动官兵极意杀戮，乃至将一座广陵城（今江苏扬州市）夷为平地。后来历史上又出过一个宋孝武帝刘骏，第二次又将扬州夷为平地，与汉景帝足称难兄难弟。当时的杰出文学家鲍照曾为此写过一篇《芜城赋》，其中描写道："白杨早落，寒草前衰。稜稜霜气，蔌蔌风威。孤蓬自振，惊沙坐飞。灌莽杳而无际，丛薄纷其相依。通池既已夷，峻隅又以颓。直视千里外，唯见起黄埃。"好凄凉、好悲惨啊！而汉景帝呢？似乎在中国两千多年来的历史上，从来没有受到黎民百姓的谴责，相反还让他一直顶着一个"文景盛世"的桂冠！

八

《建元以来侯者年表》

①

《建元以来侯者年表》序，太史公曰：匈奴绝和亲，攻当路塞；闽越擅伐，东瓯请降。二夷交侵，当盛汉之隆，以此知功臣受封侔于祖考矣。何者？自《诗》《书》称三代"戎狄是膺，荆荼是征"，齐桓越燕伐山戎，武灵王以区区赵服单于，秦缪用百里霸西戎，吴楚之君以诸侯役百越。况乃以中国一统，明天子在上，兼文武，席卷四海，内辑亿万之众，岂以晏然不为边境征伐哉！自是后，遂出师北讨强胡，南诛劲越，将卒以次封矣。

本表谱列了自汉武帝建元元年（前140）至太初年间（前104—前101）分封功臣的情况，表的形式与《高祖功臣侯者年表》《惠景间侯者年表》相同，都是"国经而年纬"；但纬栏在"侯功"下分成"元光""元朔""元狩""元鼎""元封""太初以后"六格，划分得比前二表更为详细，体现了司马迁重视当代史的撰写原则。

本表所谱列的主要是在汉武帝北讨匈奴、南诛劲越以及在征伐其他周边民族的战争中立有军功的人物，其中以伐匈奴立功封侯者二十五人；征两越、朝鲜立功封侯者九人；匈奴、两越、朝鲜、小月氏因归义而封侯者三十人；以功荫侯者三人；以父死事南越侯者二人；绍先代封侯者一人；以丞相封侯者二人；以方术封侯者一人：总共七十三人。令人奇怪的是在《大宛列传》中分明还写有李广利因伐大宛被封为"海西侯"；其部将赵弟因杀一俘虏被封为"新畤侯"，不知为何此表中都不见踪迹。

从篇前短序的表面文字看，司马迁引古证今，好像是在为汉武帝的征伐四夷寻找合理根据，似乎是皇帝的决策与这些将领的活动都是应该肯定，应该歌颂的。但这种理解与司马迁在《匈奴列传》《大宛列传》《南越列传》《朝鲜列传》《西南夷列传》《卫将军骠骑列传》，尤其是《平准书》等篇所反映的情绪是大不相同的。公孙弘与主父偃都不是司马迁喜欢的人物，但司马迁对他们所发表的反对汉武帝对外扩张的言论却极为欣赏，从而大篇幅地将它们引在列传中。正是由于有大量的材料与此做比较，所以从古到今读《史记》的人都说这篇表序含有对武帝时代的"好大喜功"与其滥行封赏的含蓄批评讽刺，是似褒而实贬。

从历史发展的角度看，汉武帝的开疆拓土对大一统的多民族国家的形成，对各民族之间的融合，对中外经济、文化的交流都有不可磨灭的功劳。但在当时却不能不说是一种非正义的武力扩张，而且这种扩张在当时给汉族与各兄弟民族的劳动人民都造成了深重的灾难。司马迁作为一个汉代臣子对此持批评态度，不论从民族主义还是从民主主义的立场，都不能不说是具有突出的进步性，其勇气更不是一般人所能达到的。

自"涅阳侯"以下为褚少孙所补，计武帝时四侯，昭帝时十一侯，宣帝时二十九侯，元帝时一侯，共四十五侯，表的格式均为通体一栏。褚少孙在补表序中谆谆告诫功臣侯者子孙须有"持满守成"之道，被清人尚镕在《史记辨证》中讥为"全不知迁意，可谓狗尾续貂"。（韩兆琦《新译史记》）

《建元以来侯者年表》之将梁侯的第2格："以楼船将军击南越，椎锋却敌侯。"

"椎锋"，应作"推锋"，犹言"挺枪""挺矛"。《南越列传》叙此事作"楼船将军将锐卒先陷寻陕，破石门，得越船粟，因推而前，挫越锋⋯⋯"《汉书·景武宣元成功臣表》于此正作"以楼船将军击南越，推锋却敌侯"。

今依例重新标点此句作："以楼船将军击南越，（椎）［推］锋却敌侯。"

九

《建元以来王子侯者年表》

《建元以来王子侯者年表》序，制诏御史："诸侯王或欲推私恩分子弟邑者，令各条上，朕且临定其号名。"

太史公曰：盛哉，天子之德！一人有庆，天下赖之。

所谓"王子侯"是指没有军功、政功，而单凭他是诸侯王的儿子而被朝廷格外施恩，封之为列侯的人。诸侯王的嫡长子世世代代继其父之位而称王，这是自远古以来的老规定，汉代建国后对此也是按古制实行。至于这些诸侯王的其他儿子老二老三老四等，是根本没有继承权的。有的人可能被封侯，但这要看皇帝的意愿，制度上没有规定；有的人凭自己的能力功勋博得封侯，这样的事例在诸侯王的儿子中为数不多。

汉武帝元光元年（前133），具有纵横家色采的主父偃给汉武帝上书，他说："古者诸侯不过百里，强弱之形易制。今诸侯或连城数十，地方千里，缓则骄奢易为淫乱，急则阻其强而合从以逆京师。今以法割削之，则逆节萌起，前日晁错是也。今诸侯子弟或十数，而適嗣代立，余虽骨肉，无尺寸地封，则仁孝之道不宣。愿陛下令诸侯得推恩分子弟，以地侯之。彼人人喜得所愿，上以德施，实分其国，不削而稍弱矣。"这的确是个好主意，既不损皇帝自己的一毫一厘就讨得了大量诸侯国的没有继承权的众子弟的欢心，同时又把各个地广势强的大诸侯国分成许多碎块，使它们成为一盘散沙，日后再也动不了什么谋反的念头。于是汉武帝采纳了主父偃的建议，从元光五年（前130）开始实行这项规定：在元光五年、六年，共封了王子侯7个。接着又在元朔的六个年头中（前128—前123），共封了王子侯127个；随后又在元狩的六个年头中（前122—前117），共封了王子侯25个；最后在元鼎元年（前116），又封了王子侯3个。本表就是专门谱列了汉武帝亲手所封的这163个王子侯从其受封，到他们的传子、传孙；或当世被灭、或其子其孙被灭的情形。

汉武帝所封的这些王子侯，历经汉武帝的元鼎、元封，到太初（前104—前101）的20多年中，以各种原因被消灭的总共84个，其中单是在元鼎五年（前112）的一次酎金检查的不合格中就被消灭了54个。如果再把那些王子侯以外其他在这次酎金检查中被灭的列侯通通加上，单这一个"酎金不合格"所牵连被废的列侯就有106个。而这个弥天大祸背后的原因究竟是什么呢？说来也简单：汉武帝要出兵打南越，他树立了卜式（人名）为积极响应、出钱出力的标兵，他希望各诸侯国都来有人出人、有钱出钱地支持朝廷。结果各列侯都相互观望，置若罔闻。汉武帝勃然大怒，于是在朝野上下的众目睽睽中采取了一个如此不顾一切的报复行动。

其他如芒侯刘申生坐"尚南宫公主不敬"国除，祈侯刘它坐"从射擅罢"国除，绛阳侯刘禄、宁侯刘指，坐"出界"国除，武原侯刘不害坐"葬过律"国除，高苑侯刘信坐"出入属车间"国除，安丘侯刘指坐"入上林谋盗鹿"国除，这些都算是什么罪名？不用问，这是武帝时代的现实需要，明白这一点就足够了。

张大可说："本表序与《汉兴以来诸侯王年表》序相昭应，合观两表及序，西汉一代封建之利害变化一目了然。推恩分削诸侯，符合古制亲

亲之义，有利于封建大一统，故司马迁盛赞之，特作专表，谓'一人有庆，天下赖之'。"（《史记新注》）

十

《汉兴以来将相名臣年表》

早在班固写《汉书》的时候就说《史记》"十篇有目无文"，晋朝的张晏指出这十篇的具体名目时其中就有《汉兴以来将相名臣年表》。但今天《史记》中的这篇表是从什么时候、由什么人增加到里头去的呢？详情不得而知。但明、清以后的学者断然否定此表非司马迁所作的人不多，即如梁玉绳作《史记志疑》，也认为"天汉"以前的部分是司马迁所作。近些年来的看法大致与梁玉绳相同，认为武帝以前的部分是司马迁所作，区别只在或断于"元狩"，或断于"太初"，或断于"征和"而已。

但即以武帝以前的部分而言，问题也很多，即如"大事记"一栏，许多重大事件没有，也有些小事反而写得较详。武帝时期的"大事记"有许多空格，有人认为这是司马迁意在言外，含有"讥讽"。该书的不书是"讥讽"，不该书的书了也是"讥讽"，这样以来就难免要失去客观性，杰出的历史家会存心设置这么多闷葫芦吗？有人说"大事记"中写了"行三分钱""行八铢钱"是体现了司马迁的"重民用"，但武帝时代的一系列经济活动，诸如盐铁官营、平准均输、以及算缗、告缗等又为什么不写呢？

该表的"相位"谱列历朝丞相比较完备，但把张苍的"计相"也写进去就没有道理；"将位"应写太尉、大将军、骠骑将军一流，因为他们都属于"三公"一级；而此表的"将位"中又写进了前、后、左、右甚至是一些杂号将军，杂号将军顶多相当于卿，照此而言，"相位"中缘何不写九卿？

　　此表与其他九表还有一点明显不同是出现了"倒书"。"倒书"问题，前人提出了许多解释，这些似乎只可作为参考，难以成为定论，因为原表在简策时代的"旁行斜上"究竟是什么样子谁也说不好。"倒书"是宋代刻本给我们提供的现象，是不是司马迁的原样尚未可知。总之，《汉兴以来将相名臣年表》所呈现的如今这种模样，是后人完全重作的呢？还是后人对司马迁原表进行了大量删削与补续而形成的呢？只有留待进一步的考古发现。（韩兆琦《新译史记》）

　　张大可说："《匈奴列传》突兀议论说：'孔氏著《春秋》，隐、桓之间则彰，至定、哀之际则微，为其切当世而罔褒，忌讳之辞也。世俗之言匈奴者，患其徼一时之权，而务谄纳其说，以便偏指，不参彼己；将率席中国广大，气奋，人主因以决策，是以建功不深。尧虽贤，兴事业不成，得禹而九州宁。且欲兴圣统，唯在择任将帅哉，唯在择任将帅哉！'可以说这段议论就是读《将相表》的凡例。择任将相关系国家兴亡，而汉家用人赏轻罚重，尤其汉武帝用亲斥疏，顺我者昌，逆我者亡，将相多危，司马迁用倒书作了集中的表现。丞相下场可悲，太尉废置无常，御史大夫多凶，不可用序以明书其旨，而用倒书暗喻其意，笔削之讥，用心良苦。这就是《将相表》有表、无序、倒书的原因。"（《史记新注》）

　　张先生对倒书的推断是否成立，还有待进一步研究；但张先生提出司马迁特别重视将相在治理国家中的作用，故特而为之列表，这一条是首先应该肯定的。《唐书》中设有"宰相表"，应该就是学习《史记》的证明。而《将相名臣年表》中对西汉高祖以来的历朝丞相，也谱列得比较完备，这也是一种现实的贡献。

书

一

《礼书》

《礼书》序：太史公曰：洋洋美德乎！宰制万物，役使群众，岂人力也哉？余至大行礼官，观三代损益，乃知缘人情而制礼，依人性而作仪，其所由来尚矣。

人道经纬万端，规矩无所不贯，诱进以仁义，束缚以刑罚，故德厚者位尊，禄重者宠荣，所以总一海内而整齐万民也……

安东说：《礼书》是《史记》"八书"中的第一篇，"八书"所写的都是朝章国典，是国家各个方面的制度。司马迁生活在武帝尊儒的时代，儒家是讲究"礼乐治国"的，故而司马迁理所当然地把《礼书》放在了第一的位置。司马迁在《太史公自序》中说他写《礼书》的目的是："维三代之礼所损益各殊务，然要以近性情，通王道，故礼因人质为之节文，略协古今之变，作《礼书》第一。"也就是说，他要探讨夏、商、周以来以至现当代有关"礼"的发展变化，为汉王朝的政治服务。

晋人张晏认为《礼书》是《史记》十篇"有录无书"者之一，但后代长期以来的流行本《史记》中却分明存有《礼书》，其开头部分是本篇的序，讲述了"礼"的产生、功用与大致的发展变化情景；接着后面的"正文"则是杂引《荀子》中的有关段落拼凑而成。如何解释这个问题，学者们的看法不一。有人断然否定，认为全篇都是后人所伪造；也有人认为本篇前面的序言仍是司马迁所作，只有正文部分是后人节取《荀子》所拼凑；也有人不仅认为序言是司马迁所作，连正文的节取《荀子》也是司马迁自己所为，这是一些暂放在那里尚未加工改写的原始资料。我们大体同意序言是司马迁所作，至于其正文部分的杂引《荀子》则难以定论。从其现存的文字中有"事在袁盎语中"以及"今上即位"云云，可知宋人吕祖谦把《礼书》《乐书》这种状况，都看做司马迁自己的罗列材料，是一种"草具而未成者"，似乎也有一定道理。

司马迁在这篇作品的序言中论述了"礼"的发生、功用及其发展的历史，其中包含了司马迁学术思想体系中三个重要方面的内容：一、它表明了司马迁对儒家礼制的基本看法和他政治观及学术思想受荀子的影响深刻；二、它回顾了礼制从西周至西汉的变化过程，体现了司马迁"世异备变"的历史进化观和辩证法思想；三、司马迁作八书的目的是记载历代改制的情况以"承敝通变"，从而探索西汉改制的成败，而定礼乐以明等级则是改制的核心内容。因此，司马迁作"八书"以《礼书》为首，在汉初改制及建立大一统王朝统治秩序中具有重要的现实意义。

正文从"礼由人起"至"是儒墨之分"，采自《荀子·礼论》；从"治辨之极也"至"刑措之不用"，采自《荀子·议兵》；从"天地者生之本也"至篇末"明者礼之尽也"，也是采自《荀子·礼论》。特别可恶的是在引文"至矣哉"前加了"太史公曰"四字，鱼目混珠，以《荀子》原文冒充司马迁的论赞，确系后世妄人之所为。（韩兆琦《新译史记》）

二

《乐书》

《乐书》序：太史公曰：余每读《虞书》，至于君臣相敕，维是几安；而股肱不良，万事堕坏，未尝不流涕也。成王作《颂》，推己惩艾，悲彼家难，可不谓战战恐惧，善守善终哉？君子不为约则修德，满则弃礼。佚能思初，安能惟始，沐浴膏泽而歌咏勤苦，非大德谁能如斯……

安东说：儒家所理想的"盛世"据说都是靠"礼""乐"治国的，司马迁生活在武帝尊儒的时代，自然也必须把"礼""乐"置于国家各项制度的前面，所以第一篇讲了"礼"，第二篇就得讲"乐"。司马迁在《太史公自序》中说到他写《乐书》的目的时说："乐者，所以移风易俗也。自《雅》《颂》声兴，则已好郑、卫之音，郑、卫之音所从来久矣。人情之所感，远俗则怀。比《乐书》以述来古，作《乐书》第二。"他是要研究音乐自古以来的发展变化，以及乐与礼相结合在治理国家过程中发挥作用的情形。

该篇亦是张晏所说《史记》十篇"有录无书"者之一。观《乐书》序，讲述了"乐"的政治功用、陶冶作用及其发展变化的历程,其首曰"余每读《虞书》,至于君臣相敕,维是几安;而股肱不良,万事堕坏,未尝不流涕也",其结语曰"世多有,故不论"云云,均为太史公书法,故《乐书》序为司马迁所作无疑。

序文自"又尝得神马渥洼水中"至"黯诽谤圣制,当族"一段,与史实有较大出入,当为后人所续,非司马迁之笔,但也是《乐书》序的内容。

《乐书》序在回顾历史的基础上,阐述了音乐与政治教化的密切关系,具体表现在四个方面:

一、感叹舜禹君臣相敕,及成王作颂,推己惩艾,强调君子修德,认为乐不忘初和政治上的治定功成是礼乐兴建的基础;

二、指出作乐的目的是为了"节乐",主张"君子以谦退为礼,以损减为乐",反对极意享受,放纵声色;

三、强调音乐具有陶冶感情的审美教育作用和移风易俗的巨大社会功能;

四、系统记述了自春秋治道亏缺而郑音兴起,直至汉武帝喜颂功名,作《郊祀歌》十九章这一音乐演变的历史过程。其中汉武帝令李延年次序其声,以至夜祠明终,虽与定礼仪、改正朔服色同为"损益"之举,然显然不合"节乐"之旨,是司马迁所否定的。

《乐书》正文自"凡音之起"始,依次取《礼记·乐记》之《乐本》《乐论》《乐礼》《乐施》《乐情》《乐言》《乐象》《乐化》《魏文侯》《宾牟贾》《师乙》。自"凡音由于人心"至篇末,不见于今本《乐记》。余嘉锡认为此即古《乐记》之《奏乐》与《乐器》两篇的佚文。对此,多数人都认为是后人所为,也有人认为是司马迁自己暂时辑录的资料,尚未来得及写成文章。(韩兆琦《新译史记》)

三

《律书》

①

　　《律书》序：王者制事立法，物度轨则，壹禀于六律，六律为万事根本焉。其于兵械尤所重，故云"望敌知吉凶，闻声效胜负"，百王不易之道也。武王伐纣，吹律听声，推孟春以至于季冬，杀气相并，而音尚宫。同声相从，物之自然，何足怪哉？

　　兵者，圣人所以讨强暴，平乱世，夷险阻，救危殆。自含齿戴角之兽，见犯则校，而况于人怀好恶喜怒之气？喜则爱心生，怒则毒螫加，情性之理也。昔黄帝有涿鹿之战，以定火灾；颛顼有共工之陈，以平水害；成汤有南巢之伐，以殄夏乱。递兴递废，胜者用事，所受于天也。

　　自是之后，名士迭兴，晋用咎犯，而齐用王子，吴用孙武，申明军约，赏罚必信，卒伯诸侯，兼列邦土，虽不及三代之诰誓，然身宠君尊，当世显扬，可不谓荣焉？岂与世儒暗于大较，不权轻重，猥云德化，不当用兵，大至君辱失守，小乃侵犯削弱，遂执不移等哉？故教笞不可废于家，刑罚不可捐于国，诛伐不可偃于天下，用之有巧拙，行之有逆顺耳。……

　　太史公曰：文帝时，会天下新去汤火，人民乐业，因其欲然，能不扰乱，故百姓遂安。自年六七十翁亦未尝至市井，游敖嬉戏如小儿状。孔子所称"有德君子"者邪？

以上文字是今本《律书》开篇的小序。但此序除本文开头的 85 个字是谈"律"外，其他都是叙述的有关战争与兵学方面的事情。结合《史记·太史公自序》说他写作《律书》的目的是："非兵不强，非德不昌，黄帝、汤、武以兴，桀、纣、二世以崩，可不慎欤？《司马法》所从来尚矣。太公、孙、吴、王子能绍而明之，切近世，极人变"云云，可以确知，司马迁在这里真正列出题目，真正要在本篇展开论述的是有关国家的军事与古代兵法方面的内容。因此这里的篇名不应该是"律书"，而应该是"兵书"。《太史公自序》中在叙述了本篇的写作目的后，接着说"作《律书》第三"，也应该说是"作《兵书》第三。"

这篇《兵书》的序言，应从"兵者，圣人所以讨强暴，平乱世，夷险阻，救危殆"云云，直到"孔子所称'有德君子'者邪"，共三百五十来字，是比较完整的，应该是司马迁《兵书》的原序。它明确地表现了司马迁的兵学思想，这种思想与儒家所空谈的"去兵、去食、存信"，"善战者服上刑"等一味否定战争是大不相同的。把司马迁这篇文章的序言，与《史记》中其他有关军事家的篇章与段落串连起来，一部我国古代军事史的框架就已经清晰地摆在读者面前了。这是《史记》对我国古代文化所做出的又一个方面的卓越贡献。

可惜这篇《兵书》的原文除了小序中"兵者，圣人所以讨强暴"云云一段文字外，其他通通散失了。后人不理解散失的是什么，由于旧文本的篇题是标作"《律书》"，于是有人遂把一小段讲"律"的逸文放到了这篇小序的开头；又把"《书》曰七正，二十八舍。律历，天所以通五行八正之气，天所以成熟万物也"云云直到篇末共两千来字的谈"乐律"的文章放到了小序之后，使之充当了《史记·律书》的正文。

张大可先生早就认为：《史记》的原书里本来没有单独的"《律书》"，而有讲"律"与讲"历"二者相合的"律历书"。他认为今本《律书》小序开头的85字，与今本《律书》正文所载的"《书》曰七正，二十八舍。律历，天所以通五行八正之气，天所以成熟万物也"云云共两千来字，都应该移入今本《史记》的《历书》，把这种谈"律"的内容，与《历书》中原本谈的"历"的内容相归并，合称之为《律历书》。

张先生这个说法我很赞成，《太史公自序》写司马迁写作《历书》的目的有所谓"律居阴而治阳，历居阳而治阴，律历更相治，间不容翲忽"云云，本来就是把"律"与"历"合为一篇论述的。再如后代的《汉书》《后汉书》《晋书》《宋书》等，又都无一不是将"律"与"历"合二为一的"《律历志》"，道理就更加明白无误了。

②

《书》曰"七正"，二十八舍。律历，天所以通五行八正之气，天所以成孰万物也。舍者，日月所舍。舍者，舒气也。

不周风居西北，主杀生。东壁居不周风东，主辟生气而东之。至于营室。营室者，主营胎阳气而产之。东至于危。危，垝也。言阳气之垝，故曰危。十月也，律中应钟。应钟者，阳气之应，不用事也。其于十二子为亥。亥者，该也。言阳气藏于下，故该也。……

阊阖风居西方。阊者，倡也；阖者，藏也。言阳气道万物，阖黄泉也。其于十母为庚辛。庚者，言阴气庚万物，故曰庚；辛者，言万物之辛生，故曰辛。北至于胃。胃者，言阳气就藏，皆胃胃也。北至于娄。娄者，呼万物且内之也。北至于奎。奎者，主毒螫杀万物也，奎而藏之。九月也，律中无射。无射者，阴气盛用事，阳气无余也，故曰无射。其于十二子为戌。戌者，言万物尽灭，故曰戌。

以上为后人所列入《律书》正文的第一段，介绍了八方、八风、二十八宿、十二月、十二律、十二子、十母之间的对应关系等。《梦溪笔谈》卷八曰："《史记律书》所论二十八舍，十二律，多皆臆配，殊无义理。"凌稚隆引柯维骐曰：“此乃太史公自言其《律书》之书，《尚书》并无二十八舍之文。”梁玉绳曰：“此语与下文不相贯，谓此语乃引《尚书》固非，或谓引当时律家之书，如《律历志》称‘书曰，先算其命’之类，亦非。”

③

律数：九九八十一以为宫。三分去一，五十四以为徵。三分益一，七十二以为商。三分去一，四十八以为羽。三分益一，六十四以为角。黄钟长八寸七分一，宫。大吕长七寸五分三分二。太蔟长七寸十分二，角。夹钟长六寸七分三分一。姑洗长六寸十分四，羽。仲吕长五寸九分三分二，徵。蕤宾长五寸六分三分二。林钟长五寸十分四，角。夷则长五寸三分二，商。南吕长四寸十分八，徵。无射长四寸四分三分二。应钟长四寸二分三分二，羽。……

太史公曰：在旋玑玉衡以齐七政，即天地二十八宿。十母，十二子，钟律调自上古。建律运历造日度，可据而度也。合符节，通道德，即从斯之谓也。

以上是后人所列入《律书》正文的第二段，叙述了计算律数的方法。沈括《梦溪笔谈》卷八曰：“至于言数，亦多差舛。如所谓律数者，八十一为宫，五十四为徵，七十二为商，四十八为羽，六十四为角，此止是黄钟一均耳，十二律各有五音，岂得定以此为律数？”董树年、戴念祖等认为：“司马迁《史记·律书》中有‘律数’一节，它记述了两种音律数据：其一，‘黄钟长八寸七分一，宫’的一组数据，至少从唐代以来就被认为‘难晓’‘多误’。历代学者从弦律出发对第二组数据作出校正更改，其校正值孰是孰非，聚讼千年”。根据他们的研究认为，《史记·律书》所载的该组数据原本是一组管律数据，它基本上没有错误，尤其是“黄钟长八寸七分一”是完全正确的黄钟宫音管长。历代校勘家改“七”为“十”，从而使这组律数失去它本来意义。

以上第二、第三两段讲"律"的文字，应依前文第一条的说法，连同"律书序"的前85字，一并从本文中删除，而移入后面的"《律历书》"中。

四

《历书》

①

《历书》序：昔自在古，历建正作于孟春。于时冰泮发蛰，百草奋兴，秭鸠先滜。物乃岁具，生于东，次顺四时，卒于冬分。时鸡三号，卒明。抚十二月节，卒于丑。日月成，故明也。明者孟也，幽者幼也，幽明者雌雄也。雌雄代兴，而顺至正之统也。日归于西，起明于东；月归于东，起明于西。正不率天，又不由人，则凡事易坏而难成矣。

王者易姓受命，必慎始初，改正朔，易服色，推本天元，顺承厥意。……

杜升云说："历法是我国古代天文学的一个重要部分。它一方面是为农业服务，正如李约瑟在他的长篇巨著《中国科学技术史》中写道：'对于农业经济来说，作为历法准则的天文学知识具有首要的意义，谁能把历法授予人民，他便有可能成为人民的领袖。这一点对于在很大程度上依靠人工灌溉的农业经济来说，犹为千真万确。'（《科学技术史》第四卷）历法的另一个方面也是为占星术服务，通过占星以通天意，由此来预测一个王朝的兴衰和国家所要发生的重大事件。这从我国历法绝大多数内容是对交食和五大行星运动的推算，这与农业完全无关的内容，以及颁布历法的权力被国家所垄断可以得到某些印证。"

又说："先秦时期施用的古六历、颛顼历等等，随着社会的变迁已经湮灭了，其内容只能在先秦的古籍中去寻找只言片语。这时期的历法尚未形成理论体系，有些甚至与物候历相掺杂。我国第一部完整的具有一定的理论的专业历法就是《史记·历书》。它对历法发生、发展的过程作了简要的概括，也论述了历法对社会的重大意义，结束了历书上正月安排不同的历法和制历原则，指出了夏正、殷正、周正之间的关系。对汉武帝改历的背景，《历书》作了较详细的说明。虽然其主要内容《历术甲子篇》只是给出了每年年首日和冬至日，但是根据这些数据，可以推导出闰月、大小月，二十四节气等完整历谱。"（韩兆琦《新译史记》）

　　历术甲子篇：太初元年，岁名"焉逢摄提格"，月名"毕聚"，日得甲子，夜半朔旦冬至。
　　正北
　　十二
　　无大余，无小余；
　　无大余，无小余；……

　　《历术甲子篇》究竟是一个怎样的文件，司马迁为什么要把它附存在《历书》里，人们对此的看法不同。有一种说法是：汉武帝在太初元年推行改历，受命制订历法的专家们共提出了十八套新的方案。经过审定，最初由汉武帝下诏书命令全国使用的是由司马迁与壶遂等人起草制订的"历术甲子篇"，也称"甲寅元历"的四分历法，当时称之为"太初历"。

　　实行了一段时间，人们感到这部历法有它明显的优点，但它的缺点也比较明显，故而到太初四年汉武帝便又再下诏书，重新肯定了邓平、落下闳等人所起草制订的那一套八十一分历,这就是当时所说的二次改历的结果。邓平、落下闳等人的这套八十一分历从此长期被使用,于是这"太初历"的名称也就随着时代移花接木地落到了邓平、落下闳所制订的历法上。

司马迁坚持四分历,也就是这个《历术甲子篇》;不赞成落下闳等人的八十一分历,但在口头与实践上又都无法反对,故而遂将《历术甲子篇》附在了《史记·历书》的最后。

此外也还有人认为"历术甲子篇"就是"颛顼历",也有人说是司马迁扼要地抽取了"颛顼历"的内容。近年贵州大学的张汝舟先生作《历术甲子篇浅释》《二毋室古代天文历法论丛》等,他考定以为《历术甲子篇》"是由司马迁悉心、原貌、完整保存,幸得以留长传远的属于古四分历的历术宝典。"

又,依前篇《律书》之第一词条所叙,上篇之所谓"律书",应改曰"兵书";而本篇原来之所谓"历书",应改曰"律历书"。上篇小序中之开头讲律的 58 字,以及上篇正文之第二、第三两段讲律的内容,都应该移入到本篇。至于本篇的内容究竟应该如何排列,后人无从揣度。

五

《天官书》

《天官书》：中宫天极星，其一明者，太一常居也；旁三星三公，或
曰子属。后句四星，末大星正妃，余三星后宫之属也。环之匡卫十二星，
藩臣。皆曰紫宫。

前列直斗口三星，随北端兑，若见若不，曰阴德，或曰天一……

杜升云说："我国古人为了辨认恒星，观测和记录天象的方便，把相
邻或相近的恒星多寡不等地组合起来，并给予命名，这种组合单位，称为
天官，亦称为星官。在早期，不同的天文学派有各自不同的星官和星官体系，
过去人们认为《天官书》的星官是抄自石申，但经过薄树人先生研究，《天
官书》的星官体系是司马氏的体系，也是汉代皇家机构所使用的体系。

《天官书》是中国古代天文学名著，也是一部星占学著作、史学著作、
哲学著作，可以看作是两千年前的一部天文综合全书。它包括有丰富的天
文学内容。首先它建立了一个完整的星官体系——司马氏的星官体系。他
将全天划分为五大部分，即'中、东、南、西、北'五宫，并且有条不

綦地加以描述。同时他以北极和黄赤道带的中间天区，不属于二十八宿的星官也划归到了五个星官中去，形成了自己独有的特点，这与后代三垣二十八宿的划分法是不同的。司马氏的星官体系，是汉代皇家天文机构一直使用的体系。其次他对恒星的颜色与亮度都有记载，确定了观测星体颜色的标准，同时对恒星的视亮度也有了一个粗略的定性式描述，譬如'大星，小星，星星不欲明，若见若否'就是例子。再次，《天官书》对于行星的运动状态作了详尽的讨论。他指出五星都有逆行，从而对行星的视运动有了正确认识。最后，《天官书》对太阳系其他天体以及不常见天象的各种表现都详加记录，还对其名称与同物异名一并列出，这对于阅读古籍是十分有用的。

星占是我国古代一种重要的社会活动，社会观念。我国古代天文学的高速发展的一个重要的原因就是为占星术服务。在西汉时期'天人合一''天人感应'的思想极为盛行。司马迁也曾说过，他立志通过《史记》这部书"究天人之际，通古今之变，成一家之言"，而'究天人之际'最直接的途径就是研究占星术了。历代的帝王天子都深信王朝的兴衰，世代的更迭，天都会有所预示，他们不得不求助于天文学家、星占学家，以了解上天的旨意，这就使中国古代的天文学具有明显的官办特点。作为史学家的司马迁，为我们详尽地记录了当时的星占活动，但作为哲学家的他对星占并不迷信，他叙述这些星占只是为了'警时君修德修政'（《古今源流至记·别集》）。他批判地继承了历史上各星占家的记述，总结了汉代以前的星占学。就这一方面而言，不能将《天官书》当成专讲星占方法的书，它是对星占客观地记录和整理，又加入自己一针见血的评论，闪耀着唯物主义的思想光辉。"（韩兆琦《史记笺证》第二版）

宋纹演先生于 1985 年第 05 期《人文杂志》发表一篇《〈史记·天官书〉论略》，韩兆琦以为此文观点清晰，读后颇受教益。主要感受有三：其一是宋先生说："《天官书》是秦汉封建集权国家建立、发展和强化在宇宙观上的反映。"他说："各个国家和民族的天文学家们，为了历法的测算与表达，总是要按照自己特有的适宜的方式，一方面给各个天体命名定位，一方面对整个星空予以完整的理论说明。这些命名定位与理论说明不管多么玄奇，文字不管多么佶屈聱牙，多么具有阶级或宗教的性质，但也必然生动逼真地对他们当时的政治、经济和思想文化有所反映，深深地打上历史和民族的特色与烙印，而且具有同样的历算观测的实用价值。仅此已经看出，《天官书》真不愧为'天官'，从内官到外职，从文武辅弼到子民士农工商，其名目之齐备，组织之严密，已非先秦的《甘石星经》类天文著述所能比拟，而这些几乎都是秦汉以来的政治体制、官仪等级的'天地合一'与'天人合一'；更是一个庞大无所不包的自给自足的经济庄园。奴隶制的痕迹已难看见，殷周的东西几无留存，而且有一种长治久安的升平气象。它不容外来的侵扰干犯，若有'贼星''彗星'出现，便是灾变。这些都反映出《天官书》作者的政治理想与国家的观念。"

其二是宋先生归纳了《天官书》比前人新提供的东西与其对后世的影响。这里面包括了它比《甘石星经》所提供的恒星数目有不少增加，《甘石星经》的实际星名不足一百个，大小星不足七百颗；而《天官书》记录定位的有一百一十八个，大小星数达到了七百八十三颗。对行星运动的记录，"最有价值的莫过于所记的水星、木星、土星的逆行"，"这使中国的天文观测前进了一大步，对天文学的发展有重大意义。"此外还校正了过去的岁星纪年法。

其三是宋先生指出了《天官书》对古代星占学与董仲舒的"天人感应"进行了某种实际上的否定与批判。他说："司马迁已深感星占学的荒诞不经，但又不敢不先示以虔诚，然后再假借'天'大作反面文章，立自己的一家之言。""可以说：《天官书》的问世，便是星占学破产的开始。自有《天官书》以后，很多天官、天象家便都不敢再大作悖于时务人心之言，而将'天人之道'弄成随机应变、左右逢源的工具。"他说："司马迁的《天官书》以特有的表现形式，做了貌合神离的制作，而且给予后世以极大的影响。"

宋先生对《天官书》这些方面的提点，我以为是很深刻、很重要的。司马迁生活在汉武帝大搞尊儒，董仲舒大力鼓吹"天人感应"，整个汉代社会充满一派浓重的神学迷雾的状态下，其《史记》中，尤其是《天官书》中也不时地出现一些星占学的、"天人感应"的痕迹，这是毫不奇怪的。但总的来说，在那种污浊环境中成长起来的司马迁，是出污泥而不染，或至少是受污染很少的。别的不用多说，就请大家把《史记》中的《天官书》，与班固《汉书》中的《五行志》与《天文志》翻开，稍稍对比几页就可以一目了然了。更何况《史记》中还有《封禅书》《伯夷列传》等这种专门揭露批判封建迷信、天道鬼神的檄文！司马迁是反对迷信、主张天人相分；对于董仲舒其人与其"天人感应"学说，是尽量躲避，并给予嘲弄与批判的。

六

《封禅书》

①

《封禅书》：自古受命帝王，曷尝不封禅？盖有无其应而用事者矣，未有睹符瑞见而不臻乎泰山者也。虽受命而功不至，至矣而德不洽，洽矣而日有不暇给，是以即事用希。传曰："三年不为礼，礼必废；三年不为乐，乐必坏。"每世之隆，则封禅答焉，及衰而息。厥旷远者千有余载，近者数百载，故其仪阙然堙灭，其详不可得而记闻云……

祭祀天地祖先是历代统治者所分外重视的大典，这与其说是出于他们对天地、祖先的孝敬，不如说这是对其本族以及全国臣民实行统治的一种手段更为准确。早在先秦的儒家经典中就有所谓"国之大事，在祀与戎"，说的就是这个意思。因此早从《尚书》《诗经》《国语》《左传》中，就一直充斥着连篇累牍、惹人生厌的这种自欺欺人的记载。《史记》是第一部史学意识非常明确的巨著，它记政治、记军事、记天文、记地理，自然也要记"祭祀"这种国家的大典，这是情理之必然，也是历史家的责任，更何况司马氏父子所任的"太史令"本身就有管理这方面事务的性质，因此《史记》中出现《封禅书》是理所当然的。

所谓"封"，是特指古代帝王到泰山顶上给泰山加土以祭天；所谓"禅"，是特指古代帝王到泰山脚下的某地拓土以祭地。《封禅书》记载了自远古以来历代帝王祭祀天地鬼神的发展变化史，其中尤其以大量的篇幅与细腻的笔触描述了汉武帝迷信神仙、祈求长生不死的愚蠢荒唐行径，是《史记》中讽刺性、批判性最强的篇章之一，即使在已经进入二十一世纪的今天，也仍有鲜活的警世意义。

"封禅"就是祭祀天地，从这个意义上说，它和"郊祀"的意思相同。但是"封禅"出现的年代较晚，而且所祭祀的场合也比较固定，所以二者还是有区别。祭祀天地主要有两方面的意思，其一是寻求天地上苍的福佑，其二是表现对天地上苍慷慨赐予的感谢。而谁来担当这种祭祀的职责呢？是皇帝，于是归根到底，这本身就是一种权力的象征。用《封禅书》里的话说就是"受命"。

对于以上性质的祭祀活动，作者是赞成的，甚至在此后两千多年整个封建社会的最进步的历史家、思想家也没有异议。而作者所不赞成的、所深恶痛绝的，是秦始皇与汉武帝所特别加进去的其他的东西，其一是炫耀他们的"成功"。在作者看来秦始皇与汉武帝都还不是"功德完满"的帝王，都还不够进行"封禅"的资格；其二是他们改变了"封禅"的性质，即把一般的寻求福佑、报谢神赐变成了祈求个人的长生不死。秦始皇与汉武帝在这方面的表现是非常愚蠢的，但因为他们手中有权力，于是便在这些问题上搞得乌烟瘴气，许多行为表现令人哭笑不得。作者将他们的这些荒唐行径像写小说一样地载之入史，其批判性是不言而喻的。《封禅书》像一面镜子，它不仅显现了秦始皇与汉武帝的"不伟大"的一面，同时也给此后两千年来依仗权势寻求长生不死的人们提出了深刻的教训。作品在这些方面所展示的生活哲理，所剖析的世态人情，直到今天仍是活生生的。"上有所好，下必有甚者焉"，统治者追求"长生"的效果是如此，追求任何其他东西的效果也都是如此。

关于本文的作者，顾颉刚、赵生群以为应是司马谈而不应是司马迁，但本篇的"太史公曰"中明明说"余从巡祭天地诸神名山川而封禅焉"，而且本文中也具体描述了汉武帝东封泰山的情景；我们从《太史公自序》中知道司马谈是没能参加封禅就死去了，所以本篇应该是司马迁在其父司马谈旧稿的基础上加工补写而成。其中既有司马谈的东西，也有司马迁的东西。（韩兆琦《新译史记》）

②

《封禅书》的讽刺性与滑稽性：

茅坤说："封禅之文不经见，特昉于齐桓，再见于秦始，又再侈于汉武。齐公、秦皇特侈心生欲，因之以告神明，颂功德，本非以求神仙不死之术也。及秦始皇东游海上，接燕、齐迂怪之士，然亦未尝设祠祀。秦虽遍祠名山川，亦非尽为封禅也。汉武初立，辄好祷祀，李少君辈倡之，而少翁、栾大、公孙卿、勇之属互为其说，而汉武至死且不悟矣。甚矣，人主之心不可以有欲也。一有欲，则天下技幻之士日夜巧伺，以至其术愈眇而不可信，而其所贪以冀遇者愈支而不可穷。两者相为主客，以终其身死且不悟，悲哉。自古以来，以雄才大略称者汉武，而秦皇、汉武为诸燕、齐迂怪之士舞弄之若偶然，以困于欲也。语曰：'东海之鳌惑于饵，则渔人狎之若羊豕'，信也。"（《史记钞》）

洪迈说："东坡作《赵德麟字说》云：'汉武帝获白麟，司马迁、班固书曰获一角兽，盖麟云。盖之为言，疑之也。'予观《史》《汉》所记事，或曰'若'，或曰'云'，或曰'焉'，或曰'盖'，其语舒缓含深意，参以《封禅书》《郊祀志》考之，漫记于此：'雍州好畤，自古诸神祠皆聚云'；'盖黄帝时尝用事，虽晚周亦郊焉'；'三神山盖尝有至者，诸仙人及不死之药皆在焉'；'未能至，望见之焉'；'新垣平望气，言有神气成五彩，若人冠冕焉'；'权火举而祠，若光辉然属天焉'；'出长门，若见五人于道北'；'盖夜致王夫人之貌云'；'天子自帷中望见焉'；'登中岳太室，从者在山下，闻若言万岁云'；'祭封禅祠，其夜若有光'。封栾大诏：'天若遗朕士，而大通焉'；河东迎鼎，'有黄云盖焉'；见神人东莱山，'若云欲见天子'；方士言蓬莱诸神'若将可得'；天子为塞河，兴通天台，'若见有光云'；'获若石于陈仓'。此外如所谓'群臣有言老父，则大以为仙人也'；'可为观如缑城，神人宜可致'；天旱，'意乾封乎'；'然其效可睹矣'，词旨亦相似。"（《容斋随笔》）

钱锺书说："马迁此篇用'云'字最多，如'其详不可得而记闻云'；'其牲用骝驹、黄牛、羝羊各一云'；'夜致王夫人及灶鬼之貌云'；'或曰郊上帝诸神祠报聚云'；'则若雄鸡其声殷殷云'；'风辄引云，终莫能至云'；'闻其言不见其人云'；'闻若有言万岁云'；'三元以郊得一角兽曰狩云'；'东入海求其师云'；'因以祭云'；'乃遣望气佐候其气云'；'食群神从者及北斗云云'；'见大人迹云'，复出迭见，语气皆含姑妄言而姑妄听之意，使通篇有惚恍迷茫之致。"（《管锥编》）

③

《封禅书》之文字与标点有可讨论者：

（1）益召歌儿，作二十五弦及空侯琴瑟自此起。

"作二十五弦及空侯琴瑟自此起"，此语视"二十五弦"为一名，加"空侯"、"琴""瑟"总数为四。谓此四种乐器皆"自此起"，岂事实哉？郭嵩焘《史记札记》云："'瑟'字疑当在'及'字上，与'二十五弦'相属。"梁玉绳又曰："'空侯'下'琴'字衍。"二家说是，检《孝武本纪》与《汉书·郊祀志》相应的句子，亦皆没有"琴"字。"琴"自远古已有，"五十弦瑟"前此亦有。"自此起"的新乐器盖只有"二十五弦瑟"与"空侯"二种。

今依二家说重新标点此句为："益召歌儿，作二十五弦［瑟］及空侯（琴）自此起。"

（2）其来年冬，上议曰："古者先振兵泽旅，然后封禅。"乃遂北巡朔方，勒兵十余万，还祭黄帝冢桥山，释兵须如。

"振兵释旅"，是一场战争或一次军事演习的全过程。振兵，即"治军"，整理部队，进行军事动员，做好战斗准备。释旅，即解除战备状态。但通行本原文于此作"振兵泽旅"，"泽"字应作"释"。黄善夫本于此径作"释"；本段后文的"释兵须如"也径作"释"。是"泽""释"二字古代常相互通用，如《货殖列传》有所谓"择人而任时"，即与时逐而不责于人之谓也。"择人"即"释人"。

为明晰起见，此处仍依例标点作"古者先振兵（泽）［释］旅，然后封禅"。

（3）方士有言"黄帝时为五城十二楼，以候神人于执期，命曰迎年"。上许作之如方，命曰"明年"。上亲礼祠上帝焉。

"上亲礼祠上帝焉"。梁玉绳曰："《补（武帝）纪》云：'上亲礼祠，衣上黄焉'；《汉志》云：'上亲礼祠，上黄焉'，疑此'上帝'是'上黄'之误。"梁氏说是，此祭乃为迎会某神，并非祭祀上帝。"上亲礼祠上黄"，意即皇帝亲自穿着黄衣以迎此神。

今依例标点此句作："上许作之如方，命曰'明年'。上亲礼祠，上（帝）［黄］焉。"

七

《河渠书》

①

《河渠书》序：九川既疏，九泽既洒，诸夏艾安，功施于三代。

"九泽既洒"，此语误。《汉书·沟洫志》作"九泽既陂"，正与上文之"陂九泽"相应，意即给湖泊修好堤防。"洒"是分散，疏通的意思，与此处要表达的意思不同。

今依例重新标点此句作"九川既疏，九泽既（洒）［陂］，诸夏艾安，功施于三代。"

②

《河渠书》：天子既临河决，悼功之不成，乃作歌曰："瓠子决兮将奈何？皓皓旰旰兮间殚为河！殚为河兮地不得宁，功无已时兮吾山平。吾山平兮钜野溢，鱼沸郁兮柏冬日。延道弛兮离常流，蛟龙骋兮方远游。归旧川兮神哉沛，不封禅兮安知外！为我谓河伯兮何不仁，泛滥不止兮愁吾人？啮桑浮兮淮、泗满，久不反兮水维缓。"

"延道弛兮离常流，蛟龙骋兮方远游"。《集解》引徐广曰："延，一作正。"《汉书·沟洫志》于此恰作"正道"，即正常的河道。是"延"字应作"正"也。

今依例重新标点此句作："（延）［正］道弛兮离常流，蛟龙骋兮方远游。"

"为我谓河伯兮何不仁？泛滥不止兮愁吾人"。以皇帝至高无上的口吻，对"河伯"进行谴责、声讨；站在普天下黎民百姓的立场，为苍生驱害祈福，一字九鼎，义正辞严。唐代韩愈有《祭鳄鱼文》，其略曰："刺史受天子命，守此土，治此民，而鳄鱼睅然不安溪潭，据处食民畜、熊、豕、鹿、獐，以肥其身，以种其子孙，与刺史亢拒，争为长雄。今与鳄鱼约：尽三日，其率丑类南徙于海，以避天子之命吏；三日不能，至五日；五日不能，至七日；七日不能，是终不肯徙也；是不有刺史、听从其言也。不然，则是鳄鱼冥顽不灵，刺史虽有言，不闻不知也。夫傲天子之命吏，不听其言，不徙以避之；与冥顽不灵而为民物害者，皆可杀。刺史则选材技吏民，操强弓毒矢，以与鳄鱼从事，必尽杀乃止。其无悔！"敏捷的读者，必能看出韩愈此文的源头之所自。

八

《平准书》

①

《平准书》：其明年，元封元年，卜式贬秩为太子太傅。而桑弘羊为治粟都尉，领大农，尽代仅筦天下盐铁。弘羊以诸官各自市，相与争，物故腾跃，而天下赋输或不偿其僦费。乃请置大农部丞数十人，分部主郡国，各往往县置均输盐铁官，令远方各以其物贵时商贾所转贩者为赋，而相灌输。置平准于京师，都受天下委输。召工官治车诸器，皆仰给大农。大农之诸官尽笼天下之货物，贵即卖之，贱则买之。如此，富商大贾无所牟大利，则反本，而万物不得腾踊。故抑天下物，名曰"平准"。天子以为然，许之。于是天子北至朔方，东到太山，巡海上，并北边以归。所过赏赐，用帛百余万匹，钱金以巨万计，皆取足大农。

《平准书》是综合记述与评论西汉建国以来全国所实行之经济政策的重要文章。国家的经济政策含有方方面面，而"平准均输"只是其中的重要方面之一，是当时主管经济事务的官员桑弘羊所推行的主要政策之一，也是司马迁所认为的最可恶、最扰民的政策之一。他用这项政策之名来代指汉武帝时期的整个经济形势，可见司马迁对汉武帝执政时期整个经济状况的评价之低。

究竟什么是"平准""均输"呢？司马迁在整个文章中，并没有给读者特别提出来讲清楚，只是在这很靠后的一段文字中淡淡地一扫而过，而且正好其中还有错字，这就令读者更难弄清它的意思了。

"乃请置大农部丞数十人，分部主郡国，各往往县置均输盐铁官，令远方各以其物贵时商贾所转贩者为赋，而相灌输。置平准于京师，都受天下委输。召工官治车诸器，皆仰给大农。大农之诸官尽笼天下之货物，贵即卖之，贱则买之。"

这段话的意思就是，让大司农分官设职，在全国范围内实行一种统购统销的政策。在首都长安设有主管全国"平准均输"的司局，在全国的各郡国、各县道，都设有相同性质的对口下属单位。其任务就是当本区域某种农产品获得丰收，物价就要转贱的时候，他们就大量按平价收购，以保证该地区的该种剩余物资不致落价。同时他们还要负责把他们收购上来的这些平价物资，一部分运送给首都主管部门的大库储存，一部分运送给其他地区因某种灾害而导致该项物资减产，以保证该项物资不会因为本地区的数量减少而造成价格上涨。一句话，"平准均输"的目的，就是为了稳定全国的物价，保证丰收地区与歉收地区的物价相对平衡。从理论上说，只要能够认真彻底地贯彻实行，这绝对是对生民百姓有利的好政策。但如果在某个环节上出现弊病，那给黎民百姓造成的灾难也就无法估量了。

也许汉武帝制订这些"平准""均输""盐铁官营""算缗告缗"政策时，所幻想的是最佳境界；而司马迁所看到的是其执行中的一些坏的结果吧！司马迁所写的现实情况是："于是天子北至朔方，东到太山，巡海上，并北边以归。所过赏赐，用帛百余万匹，钱金以巨万计，皆取足大农"；又说："于是商贾中家以上大率破，民偷甘食好衣，不事畜藏之产业，而县官有盐铁、缗钱之故，用益饶矣。"这恰好适用了后代人们所爱用的一个名词叫作"国进民退"，"国富民穷"。

武帝时代的经济问题是严重的，《汉书·刑法志》说："及至孝武即位，外事四夷之功，内盛耳目之好，征发烦数，百姓贫耗，穷民犯法，酷吏击断，奸轨不胜。于是招进张汤、赵禹之属条定律令，作见知故纵、监临部主之法，缓深故之罪，急纵出之诛。"其结果则是《酷吏列传》所说的"吏民益轻犯法，盗贼滋起，南阳有梅免、白政，楚有殷中、杜少，齐有徐勃，燕赵之间有坚卢、范生之属，大群数千人，小群以百计，不可胜数也。"幸亏汉武帝这时死去了，汉昭帝上台后，立即拨乱反正，改弦更张，从而得使西汉王朝又出现了宣帝时期的中兴。

其实司马迁在叙述这些问题时自己也是充满矛盾的，他并不是没有看到当时地方豪强、富商大贾的种种不法行为，以及桑弘羊采取这些国家宏观管理政策的客观急需。即如铸钱一项，开始写了这样不行，那样不行，直到桑弘羊采取了将铸钱之权通通收归"上林三官"后，问题才彻底解决，这不也分明看在眼里了吗？

《平准书》之文字、标点有可讨论者：

（1）东至沧海之郡，人徒之费拟于南夷。

"东至沧海之郡"。梁玉绳引《史诠》曰："《汉志》'至'作'置'。"梁说是，前文已出现"彭吴贾灭朝鲜，置沧海之郡"语。此段缕述汉武帝的劳民伤财，有时言一役所造成的灾难范围之广，有时言一役所造成的灾难之重。此文前面的十几句叙述了通西南夷所造成的灾难之广；后面的两句，即单指"置沧海郡"一役的灾难之重，"拟于南夷"。故此处应用"置"，不宜用"至"。

今依例重新标点此句作："东（至）［置］沧海之郡，人徒之费拟于南夷。"

（2）其后四年，而汉遣大将将六将军，军十余万，击右贤王，获首虏万五千级。

"而汉遣大将将六将军"。泷川曰："'大将'下疑脱'军'字，下文可证。"泷川说是。"大将军"即指卫青，非泛指也。应据增"军"字。

今依例重新标点此句作："其后四年，而汉遣大将［军］将六将军，军十余万，击右贤王，获首虏万五千级。"

（3）故白金三品：其一曰重八两，圜之，其文龙，名曰"白选"，直三千；二曰以重差小，方之，其文马，直五百；三曰复小，撱之，其文龟，直三百。

文字错杂重复。《史记评林》引姚范曰："'重八两''重差小''复小'上皆衍'曰'字。"姚氏说是也，"重八两""重差小""复小"，不可能成为三种白金的名称。新校本亦提出"二曰以重差小"中的"以"字是衍文，但未提出"曰"字。此处应据削三"曰"字、一"以"字。

今依例重新标点数句作："故白金三品：其一（曰）重八两，圜之，其文龙，名曰'白选'，直三千；二（曰以）重差小，方之，其文马，直五百；三（曰）复小，撱之，其文龟，直三百。"

（4）自造白金五铢钱后五岁，赦吏民之坐盗铸金钱死者数十万人，其不发觉相杀者不可胜计。赦自出者百余万人，然不能半自出，天下大抵无虑皆铸金钱矣。

整段文字错乱不堪，必须进行整理。"自造白金五铢钱后五岁"。梁玉绳曰："元狩四年造白金，五年行五铢钱，元鼎元年大赦天下，首尾才'四年'耳，'五'当作'三'。"梁说是也，应改"五"作"三"。"赦吏民之坐盗铸金钱死者数十万人"。句首"赦"字当削，此句乃指因盗铸造钱而被政府所杀者；"其不发觉相杀者，不可胜计"，此句文字不顺，"相杀"二字莫知所云。《资治通鉴》删"相杀"二字，作"其不发觉者，不可胜计"，此指那些未被发现，其实也是犯有死罪的；"赦自出者百余万人，然不能半自出"，句末"自出"二字，重复累赘，应削。这是指因自首而被赦免的。三者区划分明。

今依例重新标点此段作："自造白金五铢钱后（五）［三］岁，（赦）吏民之坐盗铸金钱死者数十万人，其不发觉（相杀）者不可胜计。赦自出者百馀万人，然不能半（自出），天下大抵无虑皆铸金钱矣。"

（5）乃请置大农部丞数十人，分部主郡国，各往往县置均输盐铁官，令远方各以其物贵时商贾所转贩者为赋，而相灌输。

"令远方各以其物贵时商贾所转贩者为赋，而相灌输"，数句的原意是让设立在各地区的主管平准均输的官员，都要在本地区何种货物价格低廉时令百姓即以此物充当赋税，犹如商贾之遇贱则囤积之。这正是国家平抑物价的宗旨。但通行本原文偏偏将这个"贱"字错写成"贵"，于是使整段文字变得很难读。梁玉绳曰："'贵时'当依《汉志》作'如异时'。""如异时"，即商贾之遇物贱则买入之时。应依理改"贵"字作"贱"。新校本也认为此处的"贵"字有问题，也主张按梁玉绳的"如异时"来理解这里的问题，但对原文中的"贵"字未做处理。但我觉得此处所错的只有一个"贵"字，其正确的也应该只是一个"贱"字，而不可能是将一个"如异时"的多音词，错成为"贵"字。

为使读者明瞭起见，今姑且将此数句依例标点为："乃请置大农部丞数十人，分部主郡国，各往往县置均输盐铁官，令远方各以其物（贵）［贱］时商贾所转贩者为赋，而相灌输。"

后　记

　　这本小书的编写，从酝酿到现在，断断续续也有七八年了，前后得到朋友们的帮助甚多，从答疑、解惑到提供学术讯息、提供学术资料，以至协助撰写本书的词条，使我由衷地感谢不尽。

　　感谢首都师范大学的牛鸿恩先生。早从二十年前编写《史记笺证》开始，牛老师不仅帮我整理了三篇表，还帮我审阅、修订了其他的书稿二十多篇。这以后经常向我提供市场新出的乃至不惜花重金购置的宝贵资料，如《中国古代文明起源》《商代史论纲》《清华藏战国竹简》等。有时是把我所需要的部分复印给我；有时干脆把新书让给我先读。在这次编写《史记研读随笔》中，牛老师又直接给我提供了有关夏、商的若干重要词条。

　　感谢西安工程学院的任刚老师。他是我近年结识的一位从事中国古代文史研究的中年学者。自从认识任老师，我便可以很及时地了解许多学术动态，诸如猃狁、兔子山、海昏侯、《赵正传》、里耶秦简等。他经常从手机上给我发来一些消息或图片。对于我感兴趣或有需要的资料，他便根据我的要求帮我收集，例如2015年北大出版的有关汉简《赵正传》的材料，以及学者们的研究情况等。

　　刘丽文是我校毕业的博士生，毕业后在北京传媒大学任教。她的毕业论文是对《左传》的研究，她对先秦文史的教学与研究，都是很优秀的。这次编写《史记研读随笔》，早在 2017 年印出的征求意见稿，就发给了她，希望她发挥专长，能对西周和春秋时代的问题，补充一些条目。感谢她给《周本纪》《燕世家》《卫世家》等增加了十多个词条。

杜升云是北师大天文系教授，王齐、安东、陈曦、周旻都是北师大毕业的博士生。他们几位早从 20 多年前就分别参加了我的《史记通论》《史记题评》《史记笺证》等的编撰工作，以后又分别在《新译史记》《史记》（三全本）的编撰中参加了工作。这次编写《史记研读随笔》，他们都是征求意见稿的最早阅读者，也是该书直接或间接的参加者。凡是他们重新为《史记研读随笔》写了词条的，都是在该词条的前面直接冠名；凡是我引用他们在《史记通论》《史记笺证》《新译史记》《史记》（三全本）中的某些观点的，则除在该词条的前面冠名外，还在该引文的最后写明其最早的出处。

关于本书的书名，我本人是从开始酝酿就想叫它 "史记研读随笔"的。中国青年出版社的编辑叶施水兄则一直提议改个更新颖、更动人的书名，几年来一直没有确定。今年春天，全部书稿写定后，施水兄又提出建议说："书名可否叫'志疑'？"我一听"志疑"二字灵机忽然一动，说："主题叫'点赞与志疑'，副题叫'史记研读随笔'。"叶兄说："不要'与'字，中间用圆点，全称为《点赞·志疑——史记研读随笔》。"我说："好极了！准确，全面，更无剩义。"我对这个书名，实在太高兴、太满意了，一直为之兴奋了半个多月。

感谢各位同志友好对此小书的拳拳之意。

韩兆琦

2019 年 7 月 4 日

（京）新登字083号

图书在版编目（CIP）数据

点赞·志疑：史记研读随笔／韩兆琦著.—北京：中国青年出版社，
2019.12

ISBN 978-7-5153-2093-9

Ⅰ.①点… Ⅱ.①韩… Ⅲ.①《史记》–研究–文集 Ⅳ.①K204.2-53

中国版本图书馆CIP数据核字（2019）第280971号

责任编辑：叶施水
书籍设计：瞿中华

出版发行：中国青年出版社
社址：北京东四十二条21号
邮政编码：100708
网址：www.cyp.com.cn
编辑部电话：（010）57350406
门市部电话：（010）57350370
印刷：北京科信印刷有限公司
经销：新华书店
开本：710×1000　1/16
印张：44.5
字数：563千字
版次：2020年1月北京第1版
印次：2020年1月北京第1次印刷
定价：87.00元

本图书如有印装质量问题，请凭购书发票与质检部联系调换
联系电话：（010）57350337